勞工法系列

個別勞工法
理論與實務

增訂**7**版

五南圖書出版公司 印行

楊通軒 著

七版序

　　本書此次的改版，主要是對一些內容加以修正，包括勞動事件法、勞工職業災害保險及保護法、一些案例的解析、程序法上的勞工概念、勞動習慣以及司法院大法官會議第 807 號解釋等，希望能及時將文獻增補。雖然，本書闕漏之處多有，希望書香同道不吝指正。

楊通軒

嘉義縣民雄鄉
國立中正大學勞工關係學系研究室
2022 年 4 月 15 日

目次

PART 2　勞動契約與勞動關係

PART 3　勞動契約法

PART 4 勞工保護法及勞動市場法

PART

1

基礎理論

第一章
勞工法之意義、體系及規範任務

 案例 1

　　甲受僱於乙交通公司，擔任司機員工作。於 2007 年 1 月 15 日清晨五時三十分許，因執行乙所承攬訴外人丙貨運公司之貨運業務，駕駛丙所提供之營業曳引車（後面懸掛一輛槽車），行經雲林縣麥寮鄉○○村○○○○○路北上 75.7 公里處時，因突然有犬隻從外側竄出，為閃避該犬隻乃將車輛往內側，致衝過中央分隔島並穿越對向車道，撞毀三戶民宅及路燈等公共設施。營業曳引車及槽車亦嚴重受損。扣除丙貨運公司投保第三責任險獲得理賠 30 萬元，乙尚須負僱用人責任賠償 994,169 元。乙在賠償所有損害後，乃轉而向甲求償。甲抗辯乙所提供的車輛具有「方向盤位置未校正」的缺陷，對於損害之發生與有過失。但此一抗辯不為法院所採。甲又抗辯乙要求其每日開車時間超過十二小時，導致其疲憊不堪，精神不濟而肇事賈禍，此已違反勞基法之規定，自係違反保護他人之法律而應負其損害賠償責任。此一抗辯為法院所採。因此，法院以乙對於損害之發生與有過失，減輕甲五成之賠償金額（即甲乙各負擔 50% 的賠償金額）。（台灣屏東地方法院 96 年度訴字第 421 號民事判決）

　　對於上述判決，請附理由及法條回答下列問題：

1. 僱用人損害賠償責任的規定在那裡？請簡單說明該條文內容。
2. 以職業駕駛為例，僱用人如何證明其已盡到法條所規定之「選任與監督」之責任？亦即僱用人先前已對於受僱人施以那些措施？
3. 本案中，乙主張甲到客戶處裝、卸料時，約有兩小時的等候時間可以休息，不應計入工作時間，但不為法官所採。依你見，法官係以何種理由認為該等候時間是工作時間？
4. 針對民法損害賠償責任之與有過失，請簡要說明該條文的內容。
5. 最後，針對本案，請你依德國「具損害性工作理論」，為甲尋找責任優

遇（待）的可能性。

6. 本案中，丙貨運公司與乙的法律關係為何？其對於甲的侵權行為，是否亦應負（部分）損害賠償責任？如果營業曳引車塗上丙公司的標誌呢？

 案例 2

甲工會的會員因為爭取工資的調升，乃對於其雇主乙進行罷工。問：

1. 工會會員在廠場內席地而坐，合法嗎？
2. 工會會員在廠場外進行糾察，違反集會遊行法？
3. 工會會員大聲喧嘩，導致居民生活作息受到影響，警察可以採取處分行為？

 案例 3

甲勞工求職於乙公司，雙方簽訂一定型化的勞動契約，言明甲擔任業務員的工作，月薪新台幣 4 萬元。二個月後，甲以受到乙公司之經理丙性騷擾為由，向乙公司要求適當處理。乙置之不顧。甲遂向乙要求性騷擾之損害賠償，乙同樣置之不理。甲乃向法院提起給付性騷擾損害賠償之訴。問：

1. 勞資間因性騷擾所生之爭執，是否有調解前置主義之適用？一旦進入訴訟程序，對於勞工有無特殊的保障做法？
2. 甲一旦向乙提起給付性騷擾損害賠償之訴，應由何造負舉證責任（法律規定在那裡）？又，甲可否向丙請求損害賠償？
3. 民事訴訟法第 406 條第 1 項第 2 款之「經其他法定機關調解」之「調解」，理論上應該（擴大）包括那些處理程序？
4. 本案調解期間中，乙認為甲既然已提出訴訟，雙方自然無繼續合作之理，遂將之強行解僱。法院為達到調解之目的，得採取何種定暫時狀態之處分？請一併說出法律規定。
5. 雖然定型化勞動契約中明定「勞雇間之因僱傭契約所生之爭議，一概由士林地方法院管轄」。但甲仍然決定向乙公司主事務所之地方法院起訴，則受訴法院是否應以其起訴程序不合法而予以駁回？理由為何？

第一節　意義、目的及法源

第一項　意　義

　　基於勞工保護的法律思想，勞工法（尤其是勞動契約法、集體勞工法）的各種理論、制度、原理與原則及概念，逐漸地落實於勞工法令中。在法域的定位上，勞工法為對於具有從屬性／依附性、聽從他人指示、為他人利益工作之人（勞工）之特別法；或謂：勞工法為對於勞工及雇主之特別法（例如醫生、律師原則上非其當事人的勞工）。此處之特別法，尤其是指其與民法之規定（總則編第二章第二節法人、第 188 條僱用人之責任、債編僱傭契約章）之關係而言[1]。相對於勞工法之侷限係在有從屬性的勞務，勞動法的適用對象及範圍則顯得較廣。後者適用的勞動者並不以具有從屬性者為限，而是包括為他人、甚至為自己工作的工作者或服務者。其適用對象早已超出傳統民法的承攬契約、委任契約、經理人契約、居間契約、行紀契約之外。除了勞動基準法第 3 條第 2、3 項及第 84 條之 1 已經有「工作者」的規定外（兩者所指之對象有異，前者是指非勞基法之勞工，後者則是指已適用勞基法者），基於類似於勞工保護的必要性，一些勞工保護法也（有限度地或全部地）將非勞工的「工作者」納入適用對象〔例如勞工退休金條例、職業安全衛生法等。只不過，勞工退休金條例第 7 條第 2 項第 3 款的受委任工作者，似乎已超出委任經理人之外，而及於其他委任契約的受任人。惟此似非均無法律疑義。蓋如係民法第 528 條以下之一般受任人，在無償委任之情形下，受任人應無自願提繳之可能，蓋其欠缺提繳退休金的計算基準。只有有償委任的受任人始得自願提繳。至於如係前述之律師、醫師或甚至會計師、建築師等專業人員，其或者獨立執業或者受僱於他人而工作，則在其獨立營業時，其得自願提繳退休金。惟其如係受僱於他人工作時，則在其已受到勞基法適用（律師、會計師）時，即應依同條第 1 項辦理提繳手續。如其尚未受到勞基法適用（醫師、建築師），則得依同條第 2 項第 4 款自

---

[1]　在一件針對隨車售票員長期找人代班、連班的案件中，最高法院認為：「勞基法第 1 條固揭明該法係明定勞動條件之最低標準，然所謂勞動條件在不同法律層次中均有其存在，在民法債編僱傭乙節之意義，乃指僱傭契約當事人對勞務給付與報酬之約定。勞基法施行後，該法未規定者，仍適用其他法律之規定。準此，有關勞基法未規定者，仍應適用民法債編之規定。民法第 484 條第 1 項後段規定受僱人非經僱用人同意，不得使第三人代服勞務，是謂勞務供給之專屬性。蓋勞務之供給因人而異，若使第三人代服勞務，則往往難達契約之目的……又勞基法並未就勞工違反勞務給付專屬性之事由加以規定……仍應適用民法第 484 條第 1 項、第 2 項規定，雇主無需預告，得隨時終止僱傭契約。」最高法院 86 年度台上字第 3333 號民事判決參照。

願提繳。無論如何，其均非由委任人／顧客為其提繳退休金〕。而法律未規定者，也有以不採「全有或全無理論」，以逐點地類推適用勞工法令規定保護的必要性。另外，也有勞工法令同時適用於公務人員者（例如性別工作平等法。針對職業安全衛生法第 1 條及第 2 條第 1 款及第 2 款的用詞定義觀之「工作者」「勞工」，2013 年 6 月 18 日第 1 條修正理由謂：「三、例如公務人員保障法第十九條授權訂定之公務人員安全及衛生防護辦法，對於公務人員之安全衛生已有特別規定，即應優先適用。」即其並無將公務人員納入適用之意。同樣地，依據就業服務法第 5 條第 1 項「求職人或所僱用員工」用語觀之，其亦不適用於經公務人員考試法考試及銓敘任用之公務人員。惟對於公部門的勞資關係，例如勞基法第 84 條之公務員兼具勞工身分者，除非有公部門特殊的人事法令規範，否則勞工法、就業服務法原則上仍有適用餘地）。在台灣，論者間雜然並用「勞動法」與「勞工法」，並不細微追究兩者間的差異或者兩者間外圍的不同，其或有將傳統勞工法的理論與規定、全盤（轉化）適用於未具從屬性之勞動者之用意者，自不得不察。另一方面，雖然憲法第 108 條第 13 款有「勞動法」之用語，但吾人並無法由之得出制憲者有意將未具從屬性的工作者或服務者（勞動者），全部作為勞工看待，而令中央立法者制定「勞動法」保障之用意。反而是，其僅只要求立法者：無論是具有從屬性的勞工、或者是未具從屬性的工作者或服務者（勞動者），均應以法律規範其權利義務，如此而已。

勞工法體系包括有：

第一款　個別勞工法（勞動契約法）

所謂個別勞工法，係指以規範個別勞工與雇主間權利義務關係的相關法規。在系統上，包括民法僱傭契約章、僱用人與受僱人的相關規定（例如民法第 188 條）、以及現代化的勞動契約法。在勞工法正初期發展的時候，個別勞工法兼指勞動契約法及勞工保護法，因其均以勞工與雇主間的權義為規範對象。但是，之後則漸漸地有所區隔，而將個別勞工法侷限於私法的法規部分，而且以勞動契約法為最主要的法規範。另外，勞工保險條例是屬於社會法的範疇，係以勞工先繳交保險費，而於一定給付事故發生後，可以向國家請領保險給付，其既非單純的勞工福利措施，也不屬於「個別勞動關係」的範疇。

不過，我國固然在國府時代，於 1936 年 12 月 25 日制定了一部勞動契約法，但因行政院始終未以命令公布施行日期（第 43 條）。因此，其並未具有法律的效力。學者間認其頂多具有法理效力而已（民法第 1 條）。目前，有關勞工與雇主間私法上權利義務關係之解決，殆皆回到民法僱傭契約章的規定，也就是說，原則

上民法僱傭契約章的規定，都可以適用於勞動契約。而且，民法總則及債編總論的規定及原理，原則上均適用於勞動契約。[2] 除此之外，公法性質的勞動基準法（以下簡稱勞基法）中勞動契約章之規定（第 9 條到第 20 條），當然亦有其適用，只不過其規範的重點是在定期勞動契約及契約終止之相關規定而已。至於私法性質的勞動契約，則應約定工作場所及應從事之工作、工作時間、工資等事項（勞基法施行細則第 7 條參照），以為勞雇雙方遵循之用。在 2020 年 1 月 1 日施行的勞動事件法第 2 條第 1 項第 1 款之勞動契約，即是指勞基法施行細則第 7 條之勞動契約而言。只是，值得一提的是，勞動事件法除了在第 2 條第 1 項第 1 款使用「勞動契約」及第 3 款使用「勞動關係」一詞外，其他規定反而較多使用僱用人、受僱人及僱傭關係（例如第 3 條、第 12 條、第 47 條、第 49 條等）的用語，似乎係將勞動契約／勞動關係等同於僱傭契約／僱傭關係。

　　雖然民法僱傭契約章的規定原則上可以適用於勞動契約，但是，民法畢竟是個人主義、自由主義下的產物，其假設契約當事人有同等議約的地位，顯然並不符合勞動契約當事人的實況。也因此，無論是民法總則、債編總則或債編各論中僱傭契約章之規定，有一些或者不能適用、或者應該予以修正。另外，有不少勞動契約的原理原則或應該有的規定，並未見之於僱傭契約章，而亟待於實務界及學術界加以研究釐清、並進一步予以落實於勞動實務。

　　例如針對企業或廠場轉讓所涉及的勞工勞動關係存廢及勞動條件變更之問題，台灣民法僱傭契約章並無如德國民法第 613a 條企業轉讓之「當然承受」的規定。[3] 而企業轉讓與債之移轉（民法第 294 條以下）並不相同。想要將台灣民法第 305 條適用於企業轉讓後的新、舊雇主與勞工間的權義關係，並非沒有疑義。蓋如有特別法（公司法、企業併購法等）者，應該優先適用之也。[4] 對此，德國是以參考「買

---

[2] 但是，值得注意的是，一般契約法中的撤銷及無效規定，其在勞動契約中之適用，顯然放寬了許多：例如針對錯誤，直接以解僱取代撤銷。只不過，面對雇主的詢問，求職者之隱藏實情，其受到雇主的解僱，應該僅限於其具有惡意（arglistig）時，即其係隱匿與工作直接相關者。否則，僅能回歸民法第 92 條規定主張其權利。至於民法第 485 條之終止契約，由於涉及勞基法第 12 條第 1 項第 1 款之情事，故應適用勞基法第 12 條第 2 項之三十日除斥期間。

[3] Adomeit, Der Dienstvertrag des BGB und die Entwicklung zum Arbeitsrecht, NJW 1996, 1713：依據許多學者的見解，按照歐盟法的標準而增定的德國民法第 613a 條規定，在立法技術上是錯誤的，其在社會政策上的影響力也是令人質疑的。尤其是基於（計畫）清算的目的而接收企業，但其卻被禁止解僱，更是會引發特殊的難題。

[4] 公司法第 185 條第 1 項所列的三種行為即是與企業併購有關者，由於其屬於有關公司的重大行為，必須經過股東會的特別決議。惟其只在處理公司股東與併購間的關係，與併購與員工間的權利義務關係尚無直接關聯。此一議題，另請參閱呂孟晉，勞動法上因企業併購基於勞動契約所涉問題研究—歐盟與英國法上比較，國立東華大學財經法律研究所碩士論文，2007 年 5 月，頁 14 以下。

賣不破租賃」的法理，處理新雇主與勞工間的勞動契約與勞動條件。而台灣學者間也有主張「買賣不破僱傭／勞動契約」之原則者，否定法人將其所有權（所有資產、設備）移轉時雇主可以行使解僱權。其所謂的「買賣不破僱傭／勞動契約」即是當然承受說。[5] 不過，吾人如觀台灣民法第 425 條第 2 項規定，買賣不破租賃並不適用於「未經公證之不動產租賃契約，其期限逾五年或未定期限者」。這表示除非經過公證，否則長期的租賃契約並無買賣不破租賃之適用，以免影響房地產行情。此一規定，對於「買賣不破僱傭／勞動契約」有何影響？蓋基於該規定之用意，為避免影響接手企業的意願，則除了勞雇雙方將其僱傭契約公證，否則似乎只有定期的僱傭契約始有其適用。另外，更重要的是勞基法第 20 條及企業併購法第 15 條以下之規定，即可知其並非採取當然承受說，而是採取「原則終止、例外存續」的做法，而且其規定的重點是「工作年資的繼續」，所以被留用者勞動條件也可以改變。留用的勞工必須承受勞動條件變更的不利益。[6] 只是，針對公司併購的案例，企業併購法第 15 條至第 17 條的規定，相對較為完善、且對勞工較為有利。尤其是受到留用通知的勞工，得向新雇主表示不同意留用（第 16 條第 1 項）（作者按：此一立法似乎錯誤，蓋勞工如不同意留用，就表示其意欲與舊雇主結束勞動關係，故其意思表示的對象應該是舊雇主才對。假設係向新雇主表示不同意留用，即表示勞工已經與新雇主發生勞動關係，即其採取當然承受說的立場），並且由併購前的舊雇主按照勞基法終止勞動契約的規定，進行預告終止或支付預告期間工資，以及發給勞工資遣費或退休金。在此，應該優先適用企業併購法的規定，勞基法第 20 條及中央勞政機關有關該條規定的解釋令（主要是指行政院勞工委員會

---

[5] 其實，在德國中世法時代，買賣的效力顯然大於租賃，當時的法諺是「買賣破租賃」（Kauf bricht Miete）。這與中國固有法的法理相同，亦即中國法諺有「租當不了典，典當不了賣」，意思是說：租賃抗不了典，典抗不了賣。請參閱戴炎輝，中國法制史，1990 年 10 月，初版十二刷，頁 335。

[6] 此從行政院勞工委員會 89 年 4 月 1 日 (89) 台勞資二字第 0012049 號函：「至於改組或轉讓過程中，被商定留用之勞工，如因其勞動條件有不利益之變動而拒絕另訂新約，或因個人因素拒絕留用，原雇主應依勞動基準法第十一條第一項第一款之規定予以資遣。」用語觀之，亦可得出如此之結論。在 2010 年 1 月初，行政院勞工委員會擬議修正勞基法，將金融業併購時勞工權益之保護，改採當然承受說的做法。此議一出，即引來各方的討論與撻伐。

最值得一提的是，中國時報，2010 年 1 月 15 日，A19 版（時論廣場）：「拼裝車式經濟政策 沒方向也沒前途」，文中提到：「『併購不變僱傭』是德國法律的精神，但德國勞工有綿密的證照保護、有淵源流長的哲學背景；台灣別的不學德國，卻只有勞工制度抄襲人家。這種半調子的制度移植，是否與社會情境格格不入，難免讓外界質疑。……拼裝的好處美其名是能『取各家之長』，但實質上卻極可能是左支右絀，各種移植器官在體內互不相容，最後極可能悲劇收場。」上述論調，姑不論其對「併購不變僱傭」的理解是否正確，其的確值得習慣直接引用、且一味「取法乎上」、忽略勞工政策／法令係財經政策一環的台灣學界反省之用。

89 年 4 月 1 日台 (89) 勞資二字第 0012049 號函）與之相牴觸者，即被排除適用。本書作者因此認為此種「原則終止、例外存續」的做法，已經相當程度靠近舊雇主結束營業，之後另一新雇主重新開業，並且重新開始僱用原來受僱人、以及表示願意承認舊雇主時的工作年資的做法（內政部 76 年 7 月 7 日勞司字第 14931 號函：「對留用之勞工，新雇主無庸先予資遣再予僱用」）。

　　如以集體勞動關係為例，台灣民法第 269 條之利益第三人契約，原則上亦適用於工會會員依據團體協約的約定，向雇主主張權利。不過，如依民法第 269 條的規定，工會會員是可以拋棄權利的。但依據團體協約法第 22 條第 1 項之規定，工會會員卻被禁止拋棄其權利。亦即民法的規定受到團體協約法的修正或限制。

　　除此之外，民法第 188 條之僱用人責任，[7] 亦未考慮某些工作具有相當程度風險及受僱人歸責事由之輕重程度，並不宜將所有責任歸給受僱人負擔的問題（所謂「具有損害性工作理論」schadensgeneigte Arbeit）。[8] 而民法第 266 條之不可歸責雙方當事人（勞工、雇主）之事由，雙方互相免除對待給付責任，也並未考量勞動關係中的各種風險（企業風險、經濟風險、爭議風險），一律適用「未工作、無工資」（ohne Arbeit, kein Lohn）的理論解決，並不妥當（一個鮮明的例子是，2012 年埃及革命風潮期間，一些出租海灘給遊客倘佯的雇主也失去了觀光客源。請問，勞工也喪失工資請求權？又，台灣在 2015 年 6 月底發生八仙塵爆事件，青年學子死傷慘重，導致八仙樂園被新北市政府勒令停業。則八仙樂園員工在停業期間有無工資請求權？其是屬於上述之企業經營風險？經濟風險？爭議風險？或者是可歸責於一方當事人之事由？）。簡而言之，所謂的企業風險理論，是指企業經營過程中所可能面臨之天災事變，所可能導致免除工資義務而言，例如颱風、洪水、地震、土石流等。所謂經濟風險理論，則是指企業經營中所可能面臨的無訂單、訂單不足、產品銷售無門、售價大跌等商場上的風險。至於爭議風險理論，則是指企業經營者所可能面臨的工會及其會員、非會員的集體爭議行為。在現代勞動契約理論上，與傳統民法第 266 條不同的是，企業經營者必須承擔企業風險及經濟風險，因

---

[7]　依據最高法院 94 年度台上字第 2243 號判決：「在客觀上為他人使用，從事一定之事務，而受其監督者，不問有無契約關係或報酬，及名稱為何，均屬民法第 188 條之受僱人。又受僱人侵權行為發生損害之事由，固須與受僱人執行職務有關聯性，僱用人始與受僱人負連帶賠償責任，但只須僱用人在客觀上可得預防之範圍內，自足當之。」由於其適用的對象包括「無契約關係」者，因此，自然可以適用於要派機構與派遣勞工之間。亦即當派遣勞工為要派機構執行職務而侵害第三人時，要派機構即應依民法第 188 條規定負連帶賠償責任。

[8]　例如擔任 CY 堆高機（移動式起重機）之駕駛工作。最高法院 99 年度台上字第 2037 號判決參照。另請參閱楊通軒，電傳勞動所引起勞工法上問題之研究，2002 年 5 月，初版一刷，頁 121 以下。

此，必須繼續給付工資。反之，基於勞動關係暫時中止的理論，工會會員及參加集
體爭議行為的勞工，必須承擔喪失工資請求權的後果。雖然如此，行政院勞工委員
會 83 年 5 月 11 日台 83 勞動 2 字第 35290 號函及「天然災害發生事業單位勞工出
勤管理及工資給付要點」並未採取企業風險理論。至於上述八仙塵爆事件應是屬於
可歸責於雇主之事由。

第二款　勞工保護法

　　勞工保護法，係指立法者制定法令，將勞動關係中特定責任，強制由雇主來
負擔。其本質為單方強制雇主的法律（例外規定，請參照職業安全衛生法第 32 條
第 3 項）。在 2018 年 11 月 21 日廢止施行的工廠法，最具代表性。這些責任部分
原本是私法上的關係而可予以更易，但經由立法者有意地昇華為強制法後，已不得
再由雇主與勞工任意約定變更或廢棄。原本，勞工法的起源即是為保護勞工，有一
段期間勞工法也就是勞工保護法的化身或代名詞。但是，今日勞工法已呈現多樣化
及細緻化。固然廣義上來講勞動契約法與集體勞工法也是勞工保護法（只是，台灣
近年來集體勞工法的發展，已經越發趨近勞工保護法，勞政機關藉由法令或行政手
段，強化介入集體勞資關係的形成，例如引進不當勞動行為即是一最好的例證。此
也會使得勞雇任何一方的活動權相當程度地萎縮），但終究與職業安全衛生法、勞
基法中之工作時間之嚴格意義下的勞工保護法有所不同。而且，整體上來講，勞工
法也只是一個在一定限度內有利於勞工的保護工具而已。這裡所謂的一定限度，是
指雇主也受到勞工法的一定保障，例如其受到生命身體健康的保護（勞基法第 12
條第 1 項第 2 款參照）及應該也有鎖廠權的爭議手段。

　　勞工保護法及集體勞工法之產生，均與勞工無法經由契約自由原則獲得足夠的
保護有關。蓋所謂契約自由，係法律上對於經濟過程的市場經濟的組織的實施，此
顯然是不夠的。以歐洲十九世紀的經驗，在該時勞工為了工資而從屬地提供勞務，
外表上是勞工有締結契約之自由，然而實際上卻必須屈服於雇主單方面所決定的勞
動條件。以實際的情形來說：勞工向雇主求職，雇主將會告訴他「你可以從我賺
取一定數目的工資，如果你不同意，則請你離開，你得不到這個工作」。這即表
示：由於其較個別勞工強勢，雇主即可單面強制決定勞動契約之內容。因此，這不
是真的有訂定契約之自由，而只是執行勞動契約所約定的條件而已。而此種市場運
作的後果是：過長時間的工作、不足以餬口的工資（饑餓工資）、女工與童工，以
及不健全的意外保險與健康保險。

　　為了對此種真實情形加以矯正，因此才有整部的勞工法，而團體協約自治（集

體勞工法）亦屬其中之一。在真正的契約自由不存在時，為了保護勞工，勞工法是唯一的機制，可以以其強制的效力，對之加以修正。如以德國為例，設使無團體協約自治及無具強制力的勞工法，那麼，今天在德國經驗上是否會有相似的結果，此間已受到德國的及其他工業國家的經濟學者的懷疑。簡言之，經由勞工保護法及集體勞工法，不僅勞工的生活已達到值得一提的富裕的程度，政治上也獲得高度的穩定性。

第三款　集體勞工法

　　所謂集體勞工法，係指以規範勞工團結體（Koalition）與雇主或雇主團結體間勞動關係的法規。惟亦兼及於勞工團結體與勞工、以及雇主團結體與雇主間之法律關係（例外地，勞工雖未依法組成一永久性團體，而係一臨時性組織，亦受到部分集體勞工法之適用。勞資爭議處理法第 7 條第 2 項參照）。一般所稱集體勞工法之範圍，包括勞工與雇主組織團結體、進行協商、進行爭議、以及雙方以勞工參與的方式，合作解決廠場及企業間的相關事項。此一集體勞工法的領域，隱含著相當高的政治性，國家將一些規範勞資關係的權限，委諸於勞工團體及雇主團體自行行使，希望由其尋找一利益的平衡點。但另一方面，集體的勞工與雇主或雇主團體如未能經由協商達成合意，勢必會引起更大的爭議，甚至以集體鬥爭的方式迫使他方屈服，如此，將難免會損及相對人、上下游廠商、不相干的社會大眾、以及整個國家公共安全與秩序的利益。因此，國家乃有必要合理地、適度地制定法律予以規範，而不得抽身由團體協商當事人自行解決。也就是說，國家有必要依據法律保留原則、在尊重團體協約自治的前提下，形塑集體勞工法的法規。所以，勞雇團體雖有自治的權限，但並無專斷的自治權，國家得依據憲法第 108 條第 13 款制定法規予以規範。況且，對於勞雇團體的違法或違規行為，國家也應該加以制裁（工會法第 43 條、第 44 條參照）。

　　在集體勞工法下，實際上是以工會與雇主、以及勞資會議為主體所引發之法律關係為處理對象。這乃引起一個有趣的問題：台灣是二元制度（Dualsystem）嗎？工會（或稱團結體、同盟、結盟）與勞資會議（尤其是勞資會議實施辦法在 2014 年 4 月 14 日修正增訂一些實質規定後）均能夠發揮其作用嗎？彼此間的權限與義務如何劃分？對此，從與雇主互動的角度來看：工會是一個鬥爭的模式（Konfliktmodell），而勞資會議則是一個合作的模式（Kooperationsmodell）。彼

此的角色、功能互有所分。[9] 我國勞資會議名義上擁有的權限或職能有：資訊權與諮詢權，[10] 但實際上並無法發揮效果。更不用說達到一個真正平（對）等的共同決定權。[11] 值得注意的是，台灣這幾年勞工參與的法令規定有更分散化的現象，也就是立法者在個別勞工法律中加入勞工參與的規定，而且是同意權（即共同決定權）的規定〔例如勞基法第 30 條、第 30 條之 1、第 32 條、大量解僱勞工保護法（以下簡稱大解法）第 4 條以下〕，形成「弱中央（即勞資會議實施辦法）、強地方（即個別的勞工法律）」的表徵，此種發展現象並非正道，在法制方式上並不足取。而基於權利事項的爭議，始為勞動事件法之勞動事件，因此，勞動事件法第 2 條第 1 項第 1 款之勞資會議決議，應將之限縮解釋為上述勞基法條文中之勞資會議同意。

再就勞工參與一言者。在評價上，原則上勞工參與並不會危害企業主的經營。勞工參與只是提供勞工一定程度的保護而已。雖然勞工法令或社會法令之賦予勞工權利，會同時限制雇主的經營自由，以至於墊高實施社會政策的費用。但國家如只關心企業的自由經營，則恐怕無法長期地維護社會正義（Sozialgerechtigkeit）。因此，為求利益的平衡，應該讓企業可以依據資本主義及市場經濟法則自由地決定企業經營，另一方面，則是藉由勞工法令及社會法令的規定，讓勞工也能共享其應得的福祉。果如此，社會的和諧才能到來。由此觀之，（至少廠場層次的）勞工參與應無牴觸憲法所保障的雇主的財產權。

另一個問題是，每一個國家的集體勞工法的設計，均與其經濟的及國家的基礎有關。也是其民族精神及文化的總合表現。其他國家的法制或模型，並不當然適合之。以德國而言，依據一般人的看法，整體而言，團體協約自治過去在德意志聯邦共和國的實施已證明其正面的效用。勞工的生活已達到值得一提的富裕的程度。雖然過高的社會政策費用而造成企業與其他國家競爭者競爭上的困難，但他們也已經可以妥善處理團體協約自治所產生的後果。對於政治上高度的穩定，團體協約自治有一顯著的貢獻。這也可以反映出：團體協約自治及與其相伴的社會的市場經濟要較社會主義或共產主義為優。值得一提的是，德國的團體協約自治是立基於強而有

---

[9] 值得一提的是，李震山，罷工糾察線作為預防犯罪的警察權發動對象—警察法觀點，發表於「爭議行為之行使所涉及相關法律問題」學術研討會，2006 年 12 月 8 日，頁 89：「所以集體協商是藉共同參與（Mitwirkung）與共同決定（Mitbestimmung）之制度。」此一見解混淆了鬥爭機制與合作機制的分野，顯不足採。

[10] 勞資會議實施辦法第 13 條規定參照。

[11] 其實勞工參與的極致的表現是一個提案權（Initiativrecht），不過，台灣勞工參與的相關法令並未賦予勞資會議有此一權限。試想：台灣的勞資會議勞方代表可以提出一個工作規則討論嗎？這似乎是一個不曾存在的問題。

力的部門聯盟（Branchenverbänden），[12] 以及其受到國家的支持，而不是社會主義的或共產主義的制度。而且，德國此一以部門為範圍的團體協約政策，也必須以廠場中的勞工參與補充之。這或許是不以部門或行業聯盟為準的台灣所必須思考的。值得注意的是，台灣在 2011 年 5 月 1 日修正施行的工會法第 6 條第 1 項第 2 款規定中，已經有產業工會的設計，理論上當能逐步發展部門別或行業別的協商政策。

又，即使在社會主義體制之下，也有工會的組織。但其與資本主義或社會的市場經濟下的工會組織，功能上並不相同，連帶地，其所衍生的集體勞工法亦有差異。例如以前東德（德意志民主共和國，DDR）而言，其亦存在有廠場工會（Betriebsgewerkschaft），[13] 這些廠場工會全部都在一個叫做自由德國工會聯盟（Freier deutscher Gewerkschaftsbund）的屋脊下組成聯盟（Dachverband），惟這些工會與西德的工會意義並不相同。其並非市民社會下利益團體的角色。東德當時是共產國家，在共產國家並不適用市場經濟的法律，而是適用國家的計畫。工會從未支持較高的薪資（相對而言，台灣的工會只會爭取基本工資？）。工會只是國家的計畫的一環，它並無決定權，決定權是在共產黨手上。這是共產主義制度所規定的。東德時期下的工會，從未成為「雇主」的談判對手，當然也就沒有真正的團體協約的訂定。[14] 這些自由德國工會聯盟及其所有附屬之工會，在德國統一之前即解散了，因此並不發生西德工會與其合併的問題，而只有德意志聯邦共和國的工會延伸至新的、現在已民主的、市場經濟的德東部分適用的問題，亦即統一的全德國一致適用之問題。

第四款　勞動司法

勞工司法是針對審理權利事項的勞資爭議而言。一直到 2020 年 1 月 1 日勞動事件法施行，台灣的勞工司法並非由特殊的民事法院體系、依據特殊的訴訟程序來進行。而是由（一）勞工主管機關依據勞資爭議處理法第 6 條、第 7 條的規定，以調解、仲裁或裁決的方式加以解決。但更重要的是，由（二）勞工法庭或民事法庭依據民事訴訟法及其他與勞動訴訟有關的法令（例如職業災害勞工保護法第 32

---

[12] 亦即以行／產業（金屬業、紡織業等）為準的工會聯盟與雇主聯盟的對抗模式。但台灣的產業工會恐怕仍不夠強。

[13] 東德工會具有細緻化、極小化及分散化的特色，根本難以想像會有進行爭議行為的能量或能力。

[14] 同樣地，依據中國全國人民代表大會常務委員會 2007 年 6 月 29 日通過的中國勞動合同法第 51 條第 2 項的規定，工會代表企業職工與用人單位訂立集體合同。其所謂之集體合同與台、德兩國的團體協約並不相同。

條、勞工訴訟輔助辦法等[15]）的規定，以判決或裁定的方式加以處理。這與德國、日本的勞動訴訟審判程序不同。後兩者已有特殊的訴訟法律（勞工法院法、勞動審判法），德國甚且有獨立的法院體系（勞工法院）。至於日本則是在地方裁判所中組成勞動審判委員會，專責個別勞動關係紛爭之調停及審理（介於調解與訴訟之中間程序）。經由勞動事件法的施行，我國已然成為擁有獨立勞動訴訟程序的國家，提供勞工程序正義的保障。惟須注意者，依據勞動事件法第 4 條第 1 項規定，「為處理勞動事件，各級法院應設立勞動專業法庭。但法官員額較少之法院，得僅設專股以勞動法庭名義辦理之。」可知其僅係在現行勞工法庭的基礎上，擴充至包括最高法院設立勞動法庭而已，並非設立一獨立的勞動法院系統。另一方面，該法中不乏舉證責任倒置的規定，性質上較屬於實體法的規定。可知其名為「勞動事件法」，即在與勞動法院法、或勞動審判法、或勞動訴訟程序法加以區隔。

　　因此，在勞動事件法施行前，民事訴訟法的相關規定，原則上均可適用於勞工與雇主間權利事項的爭議。諸如管轄法院、當事人、裁判費、訴訟救助、訴訟程序（含調解程序、簡易訴訟程序、小額訴訟程序）、舉證責任、保全程序（尤其假處分及定暫時狀態處分）、[16] 強制執行等規定。[17] 其中有些規定係新修正增入者，如將其適用於勞資爭議，應亦稱允當。例如民事訴訟法第 44 條之 1 第 1 項的選定當事人制度，使得工會有代表工會會員進行訴訟之權限。不過，為突顯勞資爭議的特殊性，尤應強化訴訟救助（民事訴訟法第 107 條以下）、調解強制主義（民事訴訟法第 403、424 條第 1 項）、簡易訴訟程序、以及小額訴訟程序等的適用。依據地方法院受理勞動事件事務分配辦法第 2 條第 3 項規定，「本辦法……所稱勞動訴訟事件，指應適用民事訴訟法之通常、簡易及小額訴訟程序之勞動事件。」解釋上，應全部移轉勞動法庭審理。再依同辦法第 8 條規定，「勞動訴訟事件未依其應適用之通常、簡易或小額訴訟程序分案，而誤分為他種訴訟程序事件者，分別適用同一地方法院適用簡易程序審理事件事務分配辦法第二條、第三條、第五條、第六條、第八條、第九條規定，並由原法官或受命法官依應適用之程序繼續審理（第

---

[15] 由行政院勞工委員會所發布的為輔助勞工訴訟的行政命令，尚有：大量解僱勞工訴訟及必要生活費用補助辦法、性別工作平等訴訟法律扶助辦法。另外，行政院勞工委員會依據 2011 年 5 月 1 日修正施行的勞資爭議處理法第 6 條第 4 項規定，已於 2011 年 4 月 20 日制定（並同步於 2011 年 5 月 1 日修正施行）勞資爭議法律及生活費用扶助辦法。而且勞工訴訟輔助辦法已在 2009 年 4 月 17 日廢止適用。

[16] 參閱最高法院 91 年度台抗字第 294 號裁定。另請參閱 Nauditt, Die Eingriffsbefugnisse der Polizei im Arbeitskampf, AuR 1987, 159; Grunsky, Prozessuale Fragen des Arbeitskampfrechts, RdA 1986, 196 f.

[17] 詳細的論述，請參閱鄭傑夫，勞動訴訟，收錄於：勞動基準法釋義─施行二十年之回顧與展望，2009 年 9 月，二版一刷，頁 575 以下。

1 項）。適用通常訴訟程序之勞動事件，因訴之變更或一部撤回，致其訴之全部屬於民事訴訟法第四百二十七條第一項或第二項、第四百三十六條之八之範圍者，分別適用同一地方法院適用簡易程序審理事件事務分配辦法第四條第一項、第二項規定，並由原法官或受命法官依應適用之簡易或小額訴訟程序繼續審理（第 2 項）。適用簡易訴訟程序之勞動事件，因訴之變更、追加、提起反訴或一部撤回，致其訴之全部或一部，不屬民事訴訟法第四百二十七條第一項或第二項之範圍，或致其訴之全部屬於民事訴訟法第四百三十六條之八第一項之範圍者，分別適用同一地方法院適用簡易程序審理事件事務分配辦法第七條第一項至第三項規定，並由原法官依應適用之通常或小額訴訟程序繼續審理（第 3 項）。」

　　雖然如此，民事訴訟法中的有些規定，實際上並不適合於勞動訴訟。例如合意管轄的規定，可能使弱勢的勞工必須遠赴他地訴訟，增加勞工精神上及金錢上的負擔。此在勞動事件法施行前，或許可以透過實務的操作，讓勞工得以在其原工作所在地訴訟，[18] 但解決之道，或在於將之限於「爭議發生時始能個案合意」，更能防堵不公平現象的出現。而在勞動事件法施行後，依據第 7 條規定，已對管轄合意做有利於勞工的設計。而且，依據第 15 條規定，「有關勞動事件之處理，依本法之規定；本法未規定者，適用民事訴訟法及強制執行法之規定。」顯示該法係特別法，應予以優先適用。

　　至於就司法院所修正的「法院辦理勞資爭議事件應行注意事項」（108 年 12月 12 日院台廳民一字第 1080033485 號函）來看，其規定「勞資爭議事件，由勞動專業法庭或專股（以下簡稱勞動法庭）辦理」。調整事項之勞資爭議事件，法院無審判權限。[19] 而且，當事人就該等事件，逕向法院起訴或聲請勞動調解者，法院應以裁定駁回之（第 3 點規定）。亦即應按照勞資爭議處理法之調解程序處理。此亦顧及勞資爭議的特殊性及調整事項的非訴訟性，故均屬正確而值得贊同。然而，其中仍然有些規定不明或有待商榷者，例如權利事項爭議應確實核定訴訟標的之金額或價額，徵收裁判費，並未考慮勞工無法負擔訴訟費用之事實，亦未在訴訟救助上給予較寬的認定，其結果，勞工可能根本未向法院起訴。所幸，在 2011 年 5 月1 日修正施行的勞資爭議處理法第六章（訴訟費用之暫緩及強制執行之裁定）中，已有針對裁判費（第 57 條）、擔保金額限制（第 58 條）及暫免裁判、執行費（第59 條）之規定。只是，勞工訴訟案件是否應限定期間迅速結案，並未規定。[20] 惟

---

[18] 鄭傑夫，前揭書，頁 579。

[19] 德國早在威瑪共和國時期，帝國法院即已採取此種見解，見 RGZ 106, 272 (277); sieh. auch Seiter, Streikrecht und Aussperrung, 1975, 176 f., 178 f.

[20] 楊通軒，國家中立原則在勞資爭議中之運用，國家科學委員會研究彙刊：人文及社會科學，第 10

此在勞動事件法第 24 條第 1 項已明定，「勞動調解程序，除有特別情事外，應於三個月內以三次期日內終結之。」另外，第 32 條第 1 項已明定，「勞動事件，法院應以一次期日辯論終結為原則，第一審並應於六個月內審結。但因案情繁雜或審理上之必要者，不在此限。」另外，依據勞基法施行細則第 50 條之 3 亦規定：「勞工因終止勞動契約或發生職業災害所生爭議，提起給付工資、資遣費、退休金、職業災害補償或確認僱傭關係存在之訴訟，得向中央主管機關申請扶助（第 1項）。前項扶助業務，中央主管機關得委託民間團體辦理（第 2 項）。」即針對法律扶助加以規範。此一條文頗為特殊，蓋相較於其他條文，此一條文在母法中並無任何相關的規定。顯然其係基於特殊的考量，而在 2009 年 2 月 27 日加以增訂。惟其涉及人民的勞動訴訟權，本應以法律加以明定，現在訂在施行細則即有逾越母法之虞，故應將之移至勞資爭議處理法第六章規定為宜。或者，移至勞動事件法第一章訴訟費用相關規定之處。

由上論述，可知在勞動事件法制定施行前，台灣的勞工司法是散布在不同的法令中，既沒有專門的「勞工法院」審理，也有一些規定仍然不符合勞工訴訟的特殊性。此種現象，在勞動事件法制定施行後始有改觀。

雖然如此，勞動事件法的施行，並未改變勞資爭議處理法行政解決的做法，而民事訴訟法之部分規定，例如簡易訴訟程序、小額訴訟程序等規定，似乎仍有適用的餘地。只是，移由勞動法庭進行而已。剩下的，是勞動事件法與勞基法施行細則、勞資爭議處理法（第 57 條到第 59 條）等勞動法規中有關訴訟的規定，其整合的問題（包括部分停止適用、部分繼續適用）。另外，1998 年 12 月 24 日開始施行之仲裁法中對於權利事項解決之規定，也似乎未被勞動事件法排除適用。

第二項　目　的

第一款　主要目的

從勞工法的源起觀之，其主要目的係在於對經濟上弱者之勞工提供保護及照顧。此一目的，至今並未有所改變，且不僅見之於勞工保護法，即使在勞動契約法、集體勞工法，甚至勞工司法的規定中，均得窺見此一立意。蓋勞工經濟上的弱勢及保護的必要性，並沒有隨著科技的發展或知識經濟的來臨而煙消雲散，反而產

卷第 1 期，2000 年 1 月，頁 97。有關德國勞動訴訟遷延時日（有的經過二十年審理尚未終結）的法律問題探討，請參閱Grotmann/Höfling, Kurze-Lange-Überlange Verfahren, AuR 2012, 346 ff.

生勞工法的新課題，諸如勞工定義的失靈、企業／廠場組織定義的瓦解，以及契約給付的再建構等問題，這也迫使立法者以新思維的方式、全盤地檢討現行勞工法令，並提出因應之道的必要性。[21]

第二款　附加目的

　　不過，另一方面，在西元 2000 年之後，台灣正以穩定的速度增訂勞工法規，其規範的密度也逐漸的完備。甚至其中有些法令的規定，都要比先進國家的規定嚴格許多。[22] 因此，法規的制定固然有其需要，但是，更重要的是：如何保障勞工人格之發展，亦即如何讓勞工在雇主經營企業中，也以各種方式貢獻其知識與經驗。蓋勞工的主人畢竟是自己，如能確實「我思故我在」，那才能彰顯人性的價值及符合人性尊嚴的勞動環境。所以說，如何建構勞工參與的法規，以確保勞工人格的發展，應是勞工法的另一個重要目的（或許，藉此也能適度擴充勞動保護的目的至勞工的家屬）。對此，不僅勞工參與的法規中未有所規定，即使法院實務對於（屬於特別人格權之一的）勞工隱私權保護的認知，也過於鬆散（最高法院 89 年度台上字第 2267 號判決：財團法人台灣省敦睦聯誼會案）。邇來，對於在事業單位中任職，而基於公益目的揭發弊端的（所謂「吹哨子的人／告密者 Whistleblower」），是否應該給予或強化公益告密的保障規定（類似勞基法第 74 條第 1 項及職業安全衛生法第 39 條第 1 項規定之保障），也與勞工的人格發展有關。但其最主要是涉及言論自由及社會大眾的利益保障，是否應該優先於勞工對於雇主的忠實義務的問題。對此，基於社會大眾利益之考量，我國如已在特別法中有所規定，即應優先於勞基法、職業安全衛生法等勞工法令適用。惟，以社會大眾的食品安全衛生為例，依據食品安全衛生管理法第 50 條規定，勞工亦是僅得向主管機關及司法機關揭露而已，並不及於民意代表或媒體。其立法體例與勞基法第 74 條第 1 項及職安法第 39 條第 1 項並無差異（另請參閱食品安全衛生管理法第 50 條第 4 項第 3 款）。倒是，歐洲人權法院（Europäischer Gerichtshof für Menschenrechte, EMRK）在 2011 年 7 月 21 日的 Heinisch 案件中持肯定的見解。本書以為其對於未來我國勞動契約中附隨義務之限縮或具體化，當會有一定的啟發作用。

---

[21] 楊通軒，資訊社會下勞動法之新課題—兼論業務性質變更，全國律師，2000 年 5 月，頁 14 以下。其最具體的做法，係將個別勞工法令的保障對象，從「勞工」擴充至「工作者」（職業安全衛生法第 1 條、第 2 條第 1 款參照）（但勞基法第 3 條第 2 項及第 84 條之 1 的工作者，並無擴大保障的用意）。

[22] 這可以大解法與德國解僱保護法中區區幾條大量解僱的規定相比較，即可知之。尤其是限制負責人出國的規定，更是德國的規定所未見之。

　　在我國實務上，針對告密者的勞動權益保障，早已有法院判決，其亦是以具有公共利益為前提。問題是，對於何謂「公益」，實務的見解似不一致。以不當勞動行為裁決委員會（簡稱裁決會）的裁決決定書為例，其似乎是將勞資關係的衝突或勞工對於企業階層的經營不滿，所發生的爭議，逕自擴大解釋為公共利益。例如在103年勞裁字第11號裁決決定書中，申請人工會對外發表清潔隊相關業務執行不當之言論，裁決會即認為「雇主在勞資關係中實處於優越地位，應受到較高程度之言論監督，如工會發布的言論是揭發企業不法情事，具有高度之公益性時，乃工會為維持企業之正規經營所為不法資訊的揭露，與雇主之勞動關係有關，亦應為雇主容忍義務的範疇。」（100年勞裁字第19號、101年勞裁字第4號及102年勞裁字第4號裁決決定書，也是採取同樣的見解）對此，本書以為其見解並不值採，蓋即使上述案例的相對人行為不合法令，也是涉及應否受到各種法規處罰的問題，與公共利益的關聯不大。申請人並不得以言論自由作為免於懲戒處分的理由。如依裁決會所見，則雇主所有違反法令之行為（不只對於社會大眾具有立即而明顯的行為，也包括基於勞基法、職業安全衛生法等勞動條件或安全衛生的行為），都具有「高度」之公益性，也均可以依據告密者條款予以處理矣！這不僅使得勞工法令現有規定（勞基法第74條、職業安全衛生法第39條、勞動基準法檢舉案件保密及處理辦法）棄如敝屣，更令人訝異的是：這恐怕是世界上採取最寬標準認定告密者公益的行政機關作為了。理論上，只有比單純違反勞工法規更嚴重之立即而明顯危害社會大眾之雇主行為，始具有公益的特質。但如依裁決會之見解，反而是違反勞工法規的雇主行為，要受到告密者條款的規範。規範價值似已錯亂顛倒。在此，更不用說裁決會未納入傳統的勞工保密義務了。或者，身居認定不當勞動行為職責的裁決會認為工會的散布企業經營的違反各種法規之行為，即應採取最寬的公益認定標準，否則不足以達到不當勞動行為的救濟目的。惟此終究過於寬濫認定公益的範圍了，也與我國長久以來法學界對於公益的多數看法不合。

　　因此，相對於裁決會的見解，最高法院98年度台上字第1042號民事判決（新海瓦斯股份有限公司案）即為正確可採。在該案中，被上訴人（雇主）以上訴人（產業工會常務理事）（依工會決議）召開記者會，散發不利公司言論，已足影響、破壞勞資雙方感情，有背忠誠義務，情節重大，予以懲戒解僱。上訴人雖主張記者會所發表言論，係屬可受公評之事，並無違反勞動契約或工作規則情節重大之情事。法院判決認為上訴人因爭取績效獎金未果，即召開記者會，以言詞及張貼標語主動爆料等方式，蓄意評擊被上訴人依法得收取之管線補助為不義之財，致使聯合報於翌日大幅報導，對被上訴人公司產生負面之評價，且造成被上訴人與消費客戶間關係之緊張，亦影響被上訴人公司之正常經營與運作。足認上訴人行為已違反

勞工忠誠義務，破壞與被上訴人之信賴關係，導致其與被上訴人間之勞雇關係受到干擾，無法期待被上訴人採用解僱以外的懲戒手段，而繼續與上訴人維持勞雇關係。被上訴人依勞基法第 12 條第 1 項第 4 款規定終止與上訴人間之勞動契約，於法有據。

第三項　關　係

第一款　個別勞工法與集體勞工法之關係

　　這是指勞動契約（含工作規則）是否會受到集體勞工法的影響而言。這裡會形成個別勞工法修正私法自治，而集體勞工法又修正個別勞工法之現象。個別勞工法與集體勞工法之起源，均是因為在勞工法的領域，並不存在一個能發揮功能的勞動市場及因而能發揮功能的私法自治。由於雙方並非勢均力敵，因此也無法確保契約內容的合理性。有問題的是，如何界定雙方已達到一勢均力敵的地位，亦即雙方已具有協商的對等（Verhandlungsparität）。無論如何，集體勞工法的產生，只是在修正、補強勞動契約法的不足。這是為了體現：契約關係的真正主人是勞工與雇主，而非工會與雇主。不應該樣樣越俎代庖。也因此，團體協約所約定的勞動條件，只是在設定一最低的基準，而非設定一最高的標準，其出發點正有如勞基法第 1 條的宗旨一樣。

　　在勞動契約與團體協約的關係上，原則上為修正、補強關係，而非取代關係。但是，例外的，卻會發生取代的現象。依之，依據 2011 年 5 月 1 日修正施行的團體協約法第 19 條之規定：「團體協約所約定勞動條件，當然為該團體協約所屬雇主及勞工間所訂勞動契約之內容。勞動契約異於該團體協約所約定之勞動條件者，其相異之部分無效；無效之部分以團體協約之約定代之。」其所謂「無效」，實際上是「停止適用」之意。基此，團體協約乃具有取代勞動契約之效力。而為了發揮此一替代的功能，當然不能任由當事人自由決定是否締定團體協約，而是應該賦予當事人之一方可以實力迫使他方屈服與之締定團體協約。在此，乃有團體協約自治保障、尤其是爭議行為保障之出現。

第二款　勞工保護法與集體勞工法之關係

　　這是指勞工保護法是否會受到集體勞工法的影響（修正或不得適用）而言。例如勞基法上之解僱保護規定，並不會受到集體勞工法不利的影響（團體協約法第 3

條參照）。嚴格上來講，集體勞工法並非勞工保護法，雖然前者的目的也在提供或強化個別勞工的保護。但是，由於經濟的發展所導致的勞資關係越趨複雜，勞工保護法原來所設計的規範，恐已逐漸無法滿足解決問題的須要，所以，立法者乃在勞工保護法中特別增入集體勞工法的規定，以求能對症下藥。例如原本勞基法第 11 條諸款之規定，也可適用於大量解僱的情形。但是，面對著大量勞工失業所造成的家庭、社會及政治的問題，勞基法的有限規定可能無法有效因應。為此，立法者乃在 2003 年 2 月 7 日制定通過的大解法第 4 條以下之規定，賦予工會或／及勞資會議協商或／及對話的權限。所以說，面對大量解僱的情形，吾人必須同時兼顧勞基法及大解法中有關解僱保護的相關規定，始能真正地解決其所引起的法律問題。

　　有問題的是，台灣的立法者越來越趨向於在勞工保護法中同時加入集體勞工法的設計，其是否將集體勞工法誤認為勞工保護法？實不無令人懷疑。例如勞基法第 30 條、第 30 條之 1、第 32 條第 1 項、以及第 49 條第 1 項但書規定。另外，此種立法方式是否侵害非工會會員集體勞工法的權利（尤其是消極的團結權），也有再深入探討的必要。三者，此種立法方式，恰可保障全體勞工（不延長工時）的權利、或剝奪了部分勞工（尤其是非會員）的（延長工時的）權利？似乎也有必要加以釐清。[23] 值得注意的是，司法院大法官會議在 2021 年 8 月 20 日所做成之第 807 號解釋，認定勞基法第 49 條第 1 項規定違反憲法第 7 條保障性別平等之意旨，應自本解釋公布之日起失其效力。只是，其並未以已加入或未加入工會作為區分標準。即其仍然以工會可代表全體勞工行使同意權作為立論基礎，而未對未加入工會之女工或男工的消極團結權表示看法，或者說，其至多僅是隱晦式地意識到本書所提到的上述問題而已。並無意對攸關勞工團結權的正確法理加以釐清。因此，對於已加入工會的女工或男工，是否應遵從工會對於夜間工作的同意或不同意權限？仍然留下疑義，此在團體協約法第 12 條第 1 項第 1 款之工作時間，團體協約得否約定夜間工作，同樣留有疑問，有待於將來修法加以釐清。無論如何，如前所述，近年來由於勞政機關藉由法令或行政手段，強力地介入集體勞資關係的形成，已使得集體勞工法逐步地趨近勞工保護法矣。長此以往，將會促使勞工團體越發喪失自主性與獨立性。

---

[23] 在理論上，雖然勞動基準法第 32 條第 1 項已賦予工會同意的權限，但是，2011 年 5 月 1 日修正施行的團體協約法第 19 條但書之有利原則是否當然即無適用餘地？似非無疑。果如此，則個別勞工的加班如是對其有利，其自行決定加班的權利，似乎即應優先受到保障。

第四項　法源：零碎主義（個別法主義）

　　雖然勞工法從學理上可以劃分為個別勞工法（勞動契約法）、勞工保護法、集體勞工法及勞工司法等。而也提供我們判斷現行勞工法令法律性格的標準。但是，台灣現行的勞工法規並未法典化，而是以個別法的方式散布在各個勞工法令中（甚至也規定在「法院辦理勞資爭議事件應行注意事項」中）。此種立法方式固然能夠針對個別對象或事項解決問題，不過由於欠缺體系化或欠缺整體的思考，勞工法的基本原理原則恐難以適用到各個勞工法律領域、或者法規難免有互相衝突、牴觸之處。另一個問題是，針對一項與勞動關係或勞動條件有關的事項，例如（大量）解僱，其所涉及的解僱理由、預告期間、通知期間、勞工團體的參與協商等，卻是分散在不同的法規（亦即勞動基準法及大量解僱勞工保護法），[24] 造成讀者閱讀上的困難。

　　不過，就現實面來看，想要將勞工法法典化，實際上正有如「想將布丁釘在牆壁上」一般，其機會可謂相當渺茫。這不僅是我國過去勞工法典立法過程的寫照，即便是勞工法規發展已達相當成熟的德國也是一樣。[25] 試想，即以攸關勞雇關係權義相當重大的「勞動契約法」為例，由於勞工團體與雇主團體的意見衝突，德國至今仍未立法通過。而且，立法可謂遙遙無期。至於在台灣，雖然 1936 年已制定通過勞動契約法，但因為未以行政命令公布施行，性質上頂多是法理而已，（除了第 1 條外）法官甚少引用為裁判之依據，其實際上的效用甚低。因此，行政機關乃有重新制定勞動契約法之意。不過，進程卻是相當有限。立法同樣是遙遙無期。

　　以下，簡單地說明台灣勞工法的法源。

第一款　制定施行之法律

　　就目前已經制定施行的有關勞工的法規來看，可以區分成私法性質的及公法性質的勞工法。在私法的部分，如前所述，目前主要以民法僱傭契約章的規定為適用依據。雖然其未明定可以適用於勞動契約，學者間殆皆認為其原則上也可適用。而實務界早就未區分僱傭契約或勞動契約，一律以僱傭契約章的規定予以裁判。雖然如此，僱傭契約章第 482 條以下之規定，畢竟是立基於舊的自由思想而來，其假設僱用人與受僱人是典型的勢均力敵的兩造，有能力自行決定訂約的對象、要不要訂約、契約的條件、以及契約的終止。不過，事實上勞動市場仍然是一供給與需求

---

[24] 嚴格來講，還有民法第 488 條及第 489 條之終止僱傭契約的規定。

[25] 德國歷史上法典化的過程有兩次成功：一次是民法典，另一次是社會法典。

的市場，常由於勞工資訊及議價能力的不足，呈現出契約失靈的現象。另外，僱傭契約章也欠缺針對勞動契約而生的特殊規定，諸如未明定試用期、調動（2015 年 12 月 16 日修正的勞基法第 10 條之 1 已增訂）、最低服務年限（2015 年 12 月 16 日修正的勞基法第 15 條之 1 已增訂）、競業禁止條款（2015 年 12 月 16 日修正的勞基法第 9 條之 1 已增訂）。更遑論外國法已有承認的就勞（僱用）請求權（台灣 2020 年 1 月 1 日施行的勞動事件法第 49 條僅是承認提起確認僱傭關係存在之訴者，得聲請法院為繼續僱用的定暫時狀態處分而已，尚非就勞請求權可言）及具損害性工作理論（gefahrgeneigte Arbeit），以減輕勞工的責任。此種私法規範的不足，迫使法官在審理勞動契約案件時，不得不參考學者的見解及國外的法令規定，以立法者替代者的角色，逐案地判決、並逐漸地形成勞動契約的共同準繩。其欠缺法律安定性及法律明確性，乃不言自明。

　　其次，相較於私法規定之不足，台灣公法性質的勞工法規（勞工保護法）就顯得質量俱豐得多了。其中，尤其是一般的勞工保護法，例如 1929 年工廠法、勞基法、職業安全衛生法、施行至 2022 年 4 月 30 日止之職業災害勞工保護法等，立法的速度一向較快，適用的對象也逐步地放寬。[26] 至於特殊的勞工保護法，亦即針對青少年、身障者、原住民等加深保護的法律，則是散布在相關的法規中，例如勞基法、2022 年 5 月 1 日施行的勞工職業災害保險及保護法第四章、身心障礙者權益保障法（自 2007 年 7 月 11 日施行）、以及原住民族工作權保障法。[27] 惟就身心障礙者權益保障法及原住民族工作權保障法來看，其規範重點是身障者及原住民的職業訓練與介紹，[28] 也規定了公務機構及事業單位應該僱用的最低比率。但是，並未加以公務機構及事業單位「強制僱用」的義務，[29] 而是以行政罰鍰（代金）取代

---

[26] 另外，位階屬於行政命令、目前已廢止施行的 1960 年的廠礦工人受雇解雇辦法，雖然條文不多，但其對於試用期間、定期契約、資遣費等的規定，對於當時的廠礦工人可謂影響重大。

[27] 國際上有關原住民族之公約，針對其工作權規定最為詳細者，厥在於國際勞工組織第 169 號「原住民及部落民族公約」，尤其是其中的第三部分「聘僱及工作條件」及第四部分「職業訓練、手工業及農村工業」。其內容包括禁止僱用、工資、升遷方面的歧視，以及團結權等集體勞工法上的權利（第 20 條）。至於職業訓練方面，則包括一般性的職業訓練計畫（第 21 條）與特殊的訓練計畫（第 22 條）。

[28] 就原住民族與適用於一般民眾（漢人）的勞動法令規定對照，約可區分成如下三個類別：禁止歧視原則、優惠性措施、以及有無特殊性措施之適用等。其中，如欲達到給予原住民族特殊性措施之待遇，則須要增修現行的法令。相關論述，請參閱楊通軒，淺談原住民族工作權之保障—其一般性與特殊性，發表於「尋找原住民族之文化與正義」研討會，2005 年 1 月 14 日，花蓮。

[29] 有關強制僱用之問題，實際上即是涉及求職者有無一訂立勞動契約的請求權。對此，最高法院 96 年度台上字第 296 號民事判決及最高法院 97 年度台上字第 2544 號民事判決雖有些微地討論到，但並未深入釐清。讀者或可自行思考正確的解決之道。

之。[30] 反面解釋之：身心障礙者權益保障法並未禁止雇主不得與身心障礙者終止契約，而且，雇主的終止契約也不需要事先得到主管機關的許可。[31]

　　值得一提的是，2020 年 1 月 1 日施行的勞動事件法，其第 2 條第 1 項第 1 款雖有「勞工法令」規定，但其立法理由謂「所謂勞工法令，除勞工行政機關主管之法令（如：勞動基準法、性別工作平等法）外，尚包括雖非勞工行政機關主管，但其有權解釋之法令（如：企業併購法第十六條、第十七條），及其他與勞工權利義務相關者（如：船員法第四章、公司法第二百三十五條之一）等。」可見其係採取廣義的勞工法令的立場。果如此，民法的僱傭契約相關規定、公務員兼具勞工身分的契約關係、甚至公務員與其任用機關部分約定適用勞工法令等，亦可解釋為此處的勞工法令矣。

第二款　制定未成之法律

　　就我國過去勞工法立法沿革觀之，制定未成之法律，首先是指失敗的法典化嘗試。就此，國民政府曾在 1929 年嘗試制定一部「勞動法典」，其內容共七編，凡二十一章，總共 863 條條文。另外，台灣政府一直要到 1968 年才再度提出一部「勞工法典」草案，惜仍然無功而返。

　　其次，也有幾個重要的個別立法，雖然公布但卻未正式施行。這是指：1936 年的最低工資（Mindestlohn）法、1936 年的勞動契約法。這兩個重要的法律，也就一直無聲無息地沉睡至今，仍然是在南柯一夢中。徒留世人聲聲地呼喚。其中，最低工資法更已在 1986 年 12 月 3 日總統令廢止。吾人如將該兩個法律的條文瀏覽一遍，即會發現其中仍有不少規定並未被時代的洪流所淘汰、甚至還走在時代的尖端。更重要的是，當時的立法者確實已考慮最低工資或勞動契約所應該納入的箇中因素，可以平衡地保障各方當事人的利益。以最低工資為例，其計算基準是勞工

---

[30] 有關身障者部分，請參閱台灣台北地方法院 93 年度勞簡上字第 52 號民事判決、高雄高等行政法院 93 年度訴字第 577 號判決。台灣新竹地方法院 95 年度勞簡上字第 7 號民事判決、台灣高等法院 95 年度勞上易字第 22 號民事判決。在 2014 年 4 月 18 日做成的司法院大法官會議釋字第 719 號解釋，認為政府採購得標廠商員工逾百者應進用一定比例原住民，未進用者令繳納金之規定，尚無違背憲法第 7 條平等原則及第 23 條比例原則，與憲法第 15 條保障之財產權及其與工作權內涵之營業自由之意旨並無不符。再依中央勞政機關 2014 年 9 月統計，全國公、私立義務單位 16,330 家，法定應進用 53,209 人，實際進用 73,461 人，已超額進用 20,252 人，超過法定應進用人數 38.06%，未足額進用單位 1,648 家（占應進用家數 10.09%），其中公立單位 59 家，私立單位 1,589 家為大宗（占未足額家數 96%），私立未足額單位則仍以民營事業機構 1,532 家（96%）為最多，其中 83%（1,326 家）不足進用 1 人。

[31] 台灣高等法院 98 年度勞上易字第 22 號民事判決參照。

加上配偶、然後再加上一個未成年子女。而不似今日的勞基法第 21 條之基本工資
（Grundgehalt）的計算，並未加入一個子女。其公平合理性自然有所差異。難道，
這可以基本工資與最低工資的定義及內涵不同，而合理化其差異嗎？所以，中央勞
政機關在最近幾年重新醞釀立法、但至 2022 年中尚未見立法院審議之「最低工資
法草案」，其第 1 條第 1 項即明定「保障勞工及其家庭之最低生活」，擴大保障的
對象範圍，應屬值得肯定。

第三款　施行於台灣的地方勞工法規

　　在我國勞工法規當中，也有只適用於地方的勞工法規。其中適用較廣者，有
1960 年 12 月 20 日公布施行的廠礦工人受雇解雇辦法，顧名思義該辦法是在規範
解僱的相關權義，惟其僅止於資遣費而已，倒是，該辦法也規定書面工作契約（或
與工會訂立團體協約）、定期與不定期契約、試用期、改組或轉讓時之資遣費與工
作年資的承認等。行政院於 81 年 8 月 1 日台 (81) 勞字第 26901 號令發布廢止該辦
法。另一個著名的地方勞工法規，是在 1951 年 7 月 30 日公布施行的台灣省工廠
工人退休規則。[32] 該規則並未有授權依據，但其退休金的相關規定，卻是後來勞基
法退休金相關規定參考的藍本，可知其在法制史上的重要地位。該規則於 2000 年
9 月 25 日被台灣省政府以 (89) 府法二字第 039745 號令發布廢止。除此之外，台灣
的地方政府也有制定一些地方的勞工法規，例如台北市勞工職業災害慰問金發給自
治條例、台北市勞工職業災害死亡重殘及職業病慰問金發給自治條例、台北市勞工
權益基金收支保管及運用自治條例。

第四款　下一步：重新制定一部「勞動契約法」？

　　我國有關勞動契約法制之立法過程，前後共歷經了 1929 年之勞動法典草案、
1929 年之工廠法、1936 年之勞動契約法、1968 年之勞工法草案以及 1984 年之勞
動基準法，其耗時之長久，在我國法制史上實屬罕見。[33] 然而，終未能有一部勞動
契約法之專法出現。對於日益繁瑣之勞動關係、日益增多之非典型僱用型態，以
目前有限之勞動契約的法律規範，實不免有捉襟見肘之感，而其往往反求民法僱傭
契約章之規定，亦時有扞格不入之感。行政院勞工委員會有鑑於此，乃在 1989 年

---

[32] 司法院大法官會議釋字第 189 號解釋及第 226 號解釋均與本規則有關，前者認為該規則之自願退
休規定與憲法尚無牴觸；後者認為該規則所指之工人，與工廠法中之工人定義相同。另請參閱最
高法院 101 年度台上字第 959 號裁定。

[33] 陳繼盛，我國勞動契約法制之研究，行政院勞工委員會委託，1989 年 7 月，頁 111 以下。

7 月委託陳繼盛教授從事「我國勞動契約法制之研究」，詳盡闡述勞動契約之基本原理原則及重要國家之勞動契約法制現況，該委託研究並且附有一相當完善之勞動契約法草案，以為重新訂立一勞動契約法參考之用。惟甚為可惜者，或許是主客觀環境的未臻成熟，台灣仍然未以之為藍本而通過一勞動契約法。在相隔十四年之後，行政院勞工委員會又在 2003 年 3 月到 11 月間，另行委託楊通軒、成之約、王能君、陳正良四位教授從事「各國勞動契約法規制度之研究」，以提供其立法之參考，惟同樣地，並沒有進一步的立法具體行動。

第五項　案例評析

　　針對本章第一節案例 1 所提的問題，（一）本來，民法第 188 條即有僱用人損害賠償責任之規定：「受僱人因執行職務，不法侵害他人之權利者，由僱用人與行為人連帶負損害賠償責任。但選任受僱人及監督其職務之執行已盡相當之注意或縱加以相當之注意，而仍不免發生損害者，僱用人不負賠償責任（第 1 項）。如被害人依第 1 項但書規定未能獲得損害賠償，則基於衡平責任的思想，法院得令僱用人為全部或一部之賠償（第 2 項）。但僱用人對於受僱人有求償權（第 3 項）[34]。」由於第 3 項係規定「僱用人賠償損害時，對於為侵權行為之受僱人，有求償權」，理論上包括「選任監督受僱人未盡相當之注意或有過失」（第 1 項）及衡平責任兩種情況，所以，這代表僱用人對內並無負擔部分可言，而是由受僱人負最後的責任，且不問受僱人從事之工作，是否具有相當高的危險性。只是，這是否合乎事理之平？並非無疑。（二）以職業駕駛為例，僱用人在僱用之前，應檢查受僱人是否領有駕駛車種的執照，是否有酒駕、肇事或違規的紀錄，定期或不定期地施以駕駛教育及訓練，以及在有違規或肇事情事時給予一定的懲罰等，均屬於選任及監督的責任範圍。而在給付薪資方式上，得以時、以趟或以段（例如台北到新竹、高雄到台北）來計薪。至於職業駕駛工作時的精神狀態的注意（尤其是給予法定的休息時間。假設職業駕駛在休息時間還要販賣飲食或其他物品給乘客、或者要修理車上廁所、從事清潔工作等，則其實際上並未在休息，而是在工作。另外，每日注意有無體力及精神萎靡不振的狀況，而決定是否讓其上工），也屬於監督的範圍，惟並不必要約定待命時間，一旦約定，則基於駕駛工作的危險性，該待命時間原則上即屬工作時間。（三）本案中，甲司機到客戶處裝、卸貨時，就算真的有兩小時的等候

---

[34] 類似立法有性別工作平等法第 27 條規定。

時間（一般貨車司機多要幫忙裝卸貨），但其並非休息時間（主要是沒有休息室可以休息或閉目養神。而且，他停留的地方，其他工人正在工作，他無法不受干擾），而是隨時準備裝卸完即開車上路，所以其應係工作時間的一部分，或者充其量也只是（緊鄰工作時間的）備勤時間（勞工須具備某種程度上的戒備或留意，處於可以隨時為雇主效力、受支配或利用的情形）的一種形式。（四）本案中，法院以乙未能遵守勞基法的工作時間限制，而認定乙對於損害的發生或擴大與有過失（民法第 217 條規定），減輕甲的賠償金額固然可採。惟法院並不認為車輛具有「方向盤位置未校正」，也是僱用人應負的與有過失責任，這或許是由於未能理解僱用人與受僱人對於使用的車輛，各應盡到何種程度的保管照料責任所致。一般而言，職業駕駛只對於車輛盡到起碼的保管照料責任即可，例如加水與加油，注意車況（輪胎有沒有氣，必要時打氣或更換輪胎），將車輛的異常狀況回報僱用人處理等。除此之外，如果車輛有瑕疵而受僱人無法得知時，即應歸屬於僱用人的責任。本案的車輛具有「方向盤位置未校正」，受僱人每天手握方向盤，本應將此狀況回報僱用人處理，否則，僱用人如何得知？如何加以與有過失的責任？（五）本案中，（也是制度上）最大的問題，應在於僱用人的求償權，蓋其未考量某些工作具有相當程度風險及勞雇雙方的平衡分攤責任也。對此，我國民法學者甚早即有主張加以限制者，以體恤受僱人的苦境[35]。其言略謂：應參考公法上（如國家賠償法第 2 條規定國家之求償權，限於行為人有故意或重大過失時）的規定，在民法第 188 條採取同一步驟，個案應考量勞雇雙方的實際情況（如企業之危險性如何，收入之利益如何，工資是否低廉，勞務是否過度，以及企業設施是否不完備等），而予以限制。否則，即屬求償權之濫用，或竟認為共同侵權行為而使僱用人亦應負擔部分的損害。本書以為上述民法學者的見解可採，也頗符合現代受僱人所面臨職場環境的日益複雜化與危險化的狀況。

附帶一言者，德國「具有損害性工作理論」，與我國民法學者的主張頗有相近之處。緣以危險分攤的角度觀之，對於勞工所造成之損害，雇主一般而言較有經濟上的能力及可能性，將該風險以責任保險（保險法第 90 條以下）加以分散，以及將該費用轉嫁給社會大眾。至於勞工則因經濟能力的弱勢，並無法將該風險轉嫁給社會大眾的可能性[36]。為此，德國聯邦勞工法院大法庭於二次大戰後即表示：對於具損害性之工作，要求勞工於任何過失所造成之損害均必須負擔全部的損害賠償

---

[35] 鄭玉波，民法債編總論，1980 年 8 月，八版，頁 186 以下。

[36] Brox/Rüthers/Henssler, Arbeitsrecht, 16. Aufl., 2004, Rn. 250 ff.

責任，實是對勞工過度的嚴厲，因其常與勞工之所得不成比例[37]。所謂具損害性之工作，係指一個由勞工負責執行之職務，在其本質上具有很高的危險性，雖然個性謹慎的勞工偶而亦會犯錯——而該錯誤從個別觀察，似乎每次都能避免，但因人類的能力有限，經驗上可以預料其正如在典型的勞務提供會發生疏忽一樣。在此，應依其過失的程度分成三個等級來決定其應否負責：1. 勞工只具輕微過失時，對雇主不負損害賠償責任；2. 勞工具故意及重大過失時，對雇主負完全之責任；3. 勞工具中度過失（mittlere Fahrlässigkeit）時，斟酌勞工之歸責可能性及雇主之企業風險，決定內部的分擔部分[38]。德國聯邦勞工法院所創造的具損害性工作理論，其目的在對民法上之過失責任加以修正，以減免勞工之責任（所謂對勞工責任之優遇），由於深合於公平正義之觀點，早為其他各級法院及學者所接受。此種依據過失程度的等級，在勞工具有輕微過失或具有中度過失時，享有不負或減輕損害賠償責任之優遇，而只以故意或重大過失令其負擔完全的賠償責任，在法理上應符合事理之平。

　　綜合觀之，除了我國民法學者的見解及德國具有損害性工作理論之外，尚須注意自 1996 年 12 月 27 日強制汽車責任保險法公布施行後，汽車所有人（本案之訴外人丙）應與保險人訂立強制汽車責任保險契約（第 6 條），而於發生事故後（第 10 條），不問加害人有無過失，被害人均得請求保險給付或向財團法人汽車交通事故特別補償基金請求補償（第 7 條）。此種以社會保險的方式，分攤個人所造成的損害，蘊含著民法的損害賠償責任規定及勞工法的內部責任分擔制度，會受到限縮或排除[39]。此應可從強制汽車責任保險法第 29 條規定，除非有第 1 項但書情形之一，否則保險人並無代位求償權，獲得理論支持。

　　針對案例 2 部分，屬於集體勞工法中的爭議行為合法性問題。本來，工會只要遵守爭議行為正當性（合法性）的要件，以追求勞動條件及經濟條件的改善或維持（例如調漲工資），應屬合法之舉。惟罷工係勞工單純地暫時地停止勞務之提供（勞資爭議處理法第 5 條第 5 款規定參照），其停留處所可以是住處、也可以是

---

[37] BAG GS v. 15. 9. 1957 AP Nr. 4 zu §§ 898, 899 RVO. 對於何種工作為具損害性之工作，實務及學說上一開始是採取類型的（一般的）審視法，例如擔任駕駛的工作，但後來則發展成採取依個別情況認定之方法。因此，一個本質上（an sich）並不危險之工作，卻也可能在具體狀況是危險的，例如過度疲勞或工作負擔過重；vgl. BAG AP Nr. 50, 53 zu § 611 BGB Haftung des Arbeitnehmers.

[38] MünchArbR/Blomeyer, § 57, Rn. 32 ff.; Hanau/Adomeit, Arbeitsrecht, 11. Aufl., 1994, 194 f. 呂榮海、俞慧君，勞基法實用 2，1988 年，頁 85 以下。

[39] 類似案例的探討，請參閱楊通軒，就業安全法—理論與實務，2012 年 1 月，初版一刷，頁 78 以下。另外，德國的相關討論，Deinert, Unfallversicherungsregredss und innerbetrieblicher Schadensausgleich, RdA 2013, 146 ff.; BAG v. 13.12.2012, NZA 2013, 622 ff.

事業單位的大門前，但不可以是事業單位內（基於勞動契約的原意：入廠即是要工作，而非不要工作）。後者，已屬於職場占據或罷工集會，將會受到違反勞動契約及刑法上侵入住宅罪的評價。另外，工會會員在廠場外的進行糾察，其目的是在呼籲及干擾想要入廠工作者的意願，與集會遊行法所要處理之公共議題無關。再者，工會會員大聲喧嘩，導致居民生活作息受到影響時，警察機關應可依據社會秩序維護法的相關規定予以處理[40]。

　　針對案例 3 部分，屬於勞工司法的問題，先則涉及到民事訴訟法及勞資爭議處理法等相關規定。在 2020 年 1 月 1 日勞動事件法施行後，即應優先適用該法之規定（第 15 條參照）。（一）首先，依據民事訴訟法第 403 條第 1 項第 8 款規定：「僱用人與受僱人間因僱傭契約發生爭執者」，應在起訴前先經法院調解[41]，此係調解強制主義[42]。本案之性騷擾所生爭執，是否屬此之適用對象，並非無疑[43]。惟所謂「因僱傭契約發生爭執者」，理論上外延要比「確認僱傭關係存在」來得寬，包括因僱傭契約所發生的各種爭議，所以也會及於性騷擾所生的爭執，這應該也符合民事訴訟法第 403 條第 1 項基於特定事項或特定人間的爭議，或者由於事屬輕微、或者由於關係特殊，故以先行調解為宜的規範目的。況且，勞資爭議處理法中之調解程序，也並未排除性騷擾爭議。此在 2020 年 1 月 1 日勞動事件法施行後，對於性騷擾爭議似乎是採取任意調解主義。依據該法第 16 條第 1 項第 2 款規定，勞動事件，除有「因性別工作平等法第十二條所生爭議」者外，於起訴前，應經法院行勞動調解程序。又，第 25 條第 2 項規定，「因性別工作平等法第十二條所生勞動事件，勞動調解委員會審酌事件情節、勞工身心狀況與意願，認為適當者，得以利用遮蔽或視訊設備為適當隔離之方式行勞動調解。」將兩條文對照，可知勞動調解委員會必須以「勞工身心狀況與意願」作為是否進行調解的主要依據。亦即勞工如不願進行調解，即應進入訴訟程序。再依據第 32 條第 4 項規定，「因性別工

---

[40] 請參閱楊通軒，集體勞工法─理論與實務，2015 年 9 月，四版一刷，頁 450 以下。

[41] 雖然是「調解前置主義」，但是，調解可以由簡易庭法官行之，或者由法官選任之調解委員進行之（民事訴訟法第 406 條之 1、第 410 條規定以下）。

[42] 與調解強制主義不可混淆的是「職權提出解決事件之方案」。依據民事訴訟法第 417 條第 1 項規定：「關於財產權爭議之調解，當事人不能合意但已甚接近者，法官應斟酌一切情形，其有調解委員者，並應徵詢調解委員之意見，求兩造利益之平衡，於不違反兩造當事人之主要意思範圍內，以職權提出解決事件之方案。」惟即使是「職權提出解決事件之方案」，當事人仍然不受其拘束，可以在送達方案後十日之不變期間內，提出異議，而使調解視為不成立（民事訴訟法第 418 條第 1 項及第 2 項規定）。

[43] 鄭傑夫，勞動訴訟，收錄於：勞動基準法─施行二十週年之回顧與展望，2009 年 9 月，二版一刷，頁 590，註腳 25 謂：至勞資間因職業災害或其他事項（如性騷擾）所生爭執，是否仍採調解前置主義，非無疑問。立法上，似應明文規定凡勞資爭議，於起訴前應先經法院調解。

作平等法第十二條所生勞動事件，法院審酌事件情節、勞工身心狀況與意願，認為適當者，得不公開審判，或利用遮蔽、視訊等設備為適當隔離。」此係一特殊的保障做法，惟仍應以「勞工身心狀況與意願」為準。（二）其次，甲一旦提起給付性騷擾損害賠償之訴，依據性別工作平等法第 27 條第 1 項規定：「受僱者或求職者因第十二條之情事，受有損害者，由雇主及行為人連帶負損害賠償責任。但雇主證明其已遵行本法所定之各種防治性騷擾之規定，且對該事情之發生已盡力防止仍不免發生者，雇主不負賠償責任。」這是以實體法明定舉證責任之分配（勞工職業災害保險及保護法第 91 條規定有同樣的立法方式），性質近於舉證責任倒置之立法方式。此一規定並不會受到勞動事件法或民事訴訟法有關舉證責任規定的影響，即其具有優先適用的地位。又，既然性別工作平等法第 27 條第 1 項已規定「由雇主及行為人連帶負損害賠償責任」，甲當然得向丙請求損害賠償。且由第 27 條第 1 項但書規定觀之，丙並不得舉證免責。即其應負較重的損害賠償責任。這是因其為侵權行為人之故。至於雇主（乙）則是基於保護照顧義務及公法上的義務，令其負損害賠償責任。在此，乙丙對甲應是真正連帶債務人（民法第 272 條參照）。只是乙得舉證免責而已。（三）再者，民事訴訟法第 406 條第 1 項第 2 款之「經其他法定機關調解」之「調解」，理論上應該（擴大）包括勞資爭議處理法中的調解程序（第 9 條以下規定）、以及鄉鎮市調解條例中之調解。但因其用語係「其他法定機關」，故解釋上不包括勞雇雙方所自行約定之調解程序（例如約定由具聲望之政治人物或學者專家來進行調解）。值得注意的是，依據勞動事件法第 22 條第 3 項規定，「勞動法庭之法官不得逕以不能調解或顯無調解必要或調解顯無成立之望，或已經其他法定調解機關調解未成立為理由，裁定駁回調解之聲請。」因此，民事訴訟法第 406 條第 1 項第 1 款、第 2 款之適用應予以限制。根據第 22 條第 3 項規定，即使已經其他法定調解機關調解未成立，仍可再次調解。反之，如果已經調解成立，則基於訴訟經濟的考量，即不得再聲請調解。（四）本案調解期間中，乙認為甲既然提起訴訟，雙方自然無繼續合作之理，遂予以解僱，法院為達調解之目的，應可依據民事訴訟法第 409 條之 1 第 1 項規定，在甲提出聲請後，禁止他造變更現狀（暫時禁止雇主為終止契約的意思表示）。如乙無正當理由不從第 1 項處置之命令者，法院得以裁定處新台幣 3 萬元以下罰鍰（民事訴訟法第 409 條之 1 第 5 項規定）。而在勞動事件法施行後，依據勞動事件法第 49 條第 1 項規定，「勞工提起確認僱傭關係存在之訴，法院認勞工有勝訴之望，且雇主繼續僱用非顯有重大困難者，得依勞工之聲請，為繼續僱用及給付工資之定暫時狀態處分。」此一規定應優先適用，但勞動法庭法官似仍得引用民事訴訟法第 409 條之 1 第 5 項規定。（五）雖然定型化勞動契約已明定雙方選定士林地方法院為管轄法院，但是，甲仍

然決定向乙公司主事務所之地方法院起訴，則基於民事訴訟法第 12 條規定：「因契約涉訟者，如經當事人定有債務履行地，得由該債務履行地之法院管轄。」只要是債務履行地（包括勞務提供地、工資給付地等），均當然有其管轄權，法院不應逕依職權移送至合意管轄之法院。在此，應將契約履行地擴大解釋，包括子公司、分公司、一般的廠場，甚至是派遣勞工現實的勞務提供地的地方法院，均有訴訟管轄權[44]。而在勞動事件法施行後，依據勞動事件法第 7 條第 1 項規定，「勞動事件之第一審管轄合意，如當事人之一造為勞工，按其情形顯失公平者，勞工得逕向其他有管轄權之法院起訴；勞工為被告者，得於本案言詞辯論前，聲請移送於其所選定有管轄權之法院，但經勞動調解不成立而續行訴訟者，不得為之。」再依據第 6 條規定，「勞動事件以勞工為原告者，由被告住所、居所、主營業所、主事務所所在地或原告之勞務提供地法院管轄；以雇主為原告者，由被告住所、居所、現在或最後之勞務提供地法院管轄（第 1 項）。前項雇主為原告者，勞工得於為本案言詞辯論前，聲請將該訴訟事件移送於其所選定有管轄權之法院。但經勞動調解不成立而續行訴訟者，不得為之（第 2 項）。」

第二節　體　系

一件勞資爭議之發生，往往會同時牽動到勞動契約法、勞工保護法、集體勞工法以及勞工司法等領域，其解決遂必須同時兼顧各個領域的規定。這也是我們在上面詳細敘述各個領域的內涵的原因。茲舉如下之例說明：

 案例 1

甲是某飯店乙之客房部總監。乙於 2003 年 3、4 月間受 SARS 病情衝擊，幾無營業收入，「經勞資雙方會議決議暫時停業（甲為該勞資會議資方代表之一），讓勞工在家休息或選擇辦理資遣自行離職」。甲選擇辦理資遣。乙給付甲資遣費及一個月的預告工資。雙方間勞動關係於 2003 年 5 月 31 日終止。甲事後單獨起訴主張乙未於六十日前「公告」即解僱上訴人及大量勞工，甲雖已離職，仍然有加班費、年假工作津貼、特別休假工資、福利

---

[44] 鄭傑夫，前揭書，頁 579 以下。

旅遊津貼等給付請求權。問，本問題涉及那些勞工法律問題？（台灣高等法院 93 年度勞上易字第 44 號民事判決）

　　對於上舉之例，其所牽涉之勞工法律問題如下：

1. 勞基法之資遣、或自行辭職、或合意終止契約？
2. 勞基法第 16 條之預告期間
3. 勞基法第 17 條之資遣費計算
4. 大解法第 4 條之通知義務（而非預告期間）
5. 大解法第 5 條以下之協商義務
6. 勞工司法：大解法第 2 條之「人數」，必須全體或超過最低門檻之人數提出訴訟，才能適用大解法
7. 末了，甲是勞工嗎？或者，大量解僱勞工保護法之勞工概念 / 定義大於勞基法第 2 條第 1 項第 1 款之勞工定義？

第三節　勞工法的規範任務及規範體系

第一項　私法自治與勞工法

第一款　契約自由原則之適用與限制

　　基於私法自治與契約自由原則，法律對於私法關係的形成，原則上不加以干預。這是因個人在私法範圍內，關於自己之生活條件，能為最合理的立法者，如不違反國家法之根本精神，皆得依自己之意思，自由創造規範，以規律自己之私法關係。雖然在憲法條文中，並未有明示對契約自由原則加以保障者，但憲法學者均以憲法第 22 條之概括規定（所謂種類不定原則）包含契約自由原則在內。[45] 而依據司法院大法官會議釋字第 576 號解釋：「契約自由為個人自主發展與實現自我之重要機制，並為私法自治之基礎，除依契約之具體內容受憲法各相關基本權利規定保障外，亦屬憲法第 22 條所保障其他自由權利之一種。」

---

[45] 陳新民，中華民國憲法釋論，1995 年 9 月，頁 133。

　　我國民法第 153 條第 1 項規定「當事人互相表示意思一致者，無論其為明示或默示，契約即為成立。」可知契約之成立非常簡單，只要當事人意思一致，即可成立，此即契約自由原則之表現。而依據學者見解，契約自由原則包括五種自由：締約自由、相對人選擇自由、內容自由、方式自由及變更或廢棄的自由。[46]

　　勞動契約亦為私法契約，其係民法第 482 條僱傭契約下的一個分枝（即僱傭契約採取廣義的定義，內含狹義的勞動契約），具有現代化從屬性勞務的精神、要素與特質，因此，原則上亦有契約自由原則之適用[47]。勞動事件法亦混和使用勞動契約／勞動關係與僱傭契約／僱傭關係名詞。不過，由於在現實的勞動環境，工作條件殆由雇主片面所決定，勞動契約遂有可能成為附合契約的實態之一（民法第 247 條之 1 參照），即使證據的提出，也有以定型化契約為之者（勞動事件法第 33 條第 2 項參照）。為求契約自由與契約正義之調和，勞動契約遂被社會化與團體化。對於契約自由原則在勞動契約中之限制，學者間早有認此原則在勞動法已被打破。勞動契約不但受法令上之限制（含程序上的特殊規定，例如消滅時效、除斥期間），並受協約上之拘束。[48] 亦有舉團體協約法第 14 條「團體協約得約定僱用勞工，以一定工會之會員為限」，亦即雇主不得僱用非工會會員（所謂封閉工廠條款 closed shop），來作為相對人選擇自由之限制的例子。[49] 惟契約自由原則在勞動契約中之限制，主要係受到法令及團體協約（包括封閉工廠條款之例）之規範，亦即勞動契約之締約、相對人選擇、內容、方式及變更或廢止等自由，會受到不同程度的限制。[50]

---

[46] 王澤鑑，民法實例研習叢書第三冊，債編總論第一卷，1988 年 1 月，頁 69 以下；楊通軒，非典型工作型態相關法律問題之研究，行政院勞工委員會委託，1999 年 4 月，頁 5 以下。另外，針對最低服務年限之適法性，行政院勞工委員會 83 年 8 月 10 日 (83) 台勞資二字第 58938 號函謂：「查勞動契約為私法上之契約，因當事人間之意思表示一致而成立。」

[47] 最高法院 101 度台上字第 479 號裁定及其前審之台灣高等法院 100 年度勞上字第 45 號判決（友聯汽車貨運股份有限公司案）參照。在該案中，法院認為：勞雇雙方於勞動契約成立之時，係基於平等之地位，勞工得依雇主所提出之勞動條件決定是否成立契約，則為顧及勞雇雙方整體利益及契約自由原則，如勞工自始對於勞動條件表示同意而受僱，勞雇雙方於勞動契約成立時即約定例假、國定假日及延長工時之工資給付方式，且所約定工資又未低於基本工資加計假日、延長工時工資之總額時，即不應認為違反勞基法之規定，勞雇雙方自應受其拘束，勞方事後不得任意翻異，更行請求例、休假日之加班工資。故關於勞工應獲得之工資總額，原則上得依工作性質之不同，任由勞雇雙方予以議定，僅所議定之工資數額不得低於行政院勞工委員會所核定之基本工資，此種工資協議方式並不違背勞基法保障勞工權益之意旨，且符合公平合理待遇結構，則雙方一旦約定即應依所議定之工資給付收受，不得於事後反於契約成立時之合意主張更高之勞動條件。

[48] 史尚寬，勞動法原論，1978 年 7 月重刊，頁 17 以下。

[49] 鄭玉波，民法債編總論，1980 年 1 月，頁 37；孫森焱，民法債編總論，1980 年 3 月，頁 23。

[50] 楊通軒，非典型工作型態相關法律問題之研究，頁 6 以下。

第二款　勞動契約之性質

　　勞動關係為債的關係，且為交換的關係（勞務與麵包交換）。[51] 其本質為雙務的法律關係，雇主與勞工間彼此負有給付義務，而此種存在於特定人間之給付關係，構成了法律上之特別結合關係。雖然勞動關係之內容並非全由勞動契約所決定，[52] 然而勞動關係之成立，必須以勞動契約之訂立作為前提。這是因為勞動契約作為交換的契約，依民法第 153 條第 2 項之規定，當事人必須對於必要之點意思一致，契約始能成立。[53] 團體協約或勞資會議所做成之決議，並不能直接成立勞動關係，而只能補充或強化勞動關係。

　　勞動契約是一法律行為（民法第 71 條以下參照）、私法上的契約（含公部門的勞動關係）、且是以勞務與報酬交換的雙務契約。[54] 勞工的主要義務是提供勞務，而雇主的主要義務是給付報酬。如依據最高法院 45 年台上字第 1619 號判例意旨：「僱傭契約在受僱人一方，僅止於約定為僱用人供給一定之勞務，即除供給一定勞務之外，並無其他目的，在僱用人一方，亦僅約定對於受僱人一定勞務之供給而與以報酬，縱使受僱人供給之勞務不生預期之結果，仍應負給與報酬之義務。」由此可知，受僱人必須努力執行工作，只是，並不負擔未生預期效果的風險而已。現代的勞工（尤其是工作於大公司者），很少會認為自己是雇主的扈從（Dienst-oder Gefolgsmann），而是視自己為雇主的對手而執行其職務，並獲得賴以生存的報酬。至於早期曾被學者支持的「勞動契約係身分法上之共同關係的契約」（ein personenrechtlicher Gemeinschaftsbegründender Vertrag），目前已不為學者所接受。[55] 我國法院也認為勞動關係是以勞動力為中心，受空間、時間限制之結合關係，並非勞工與雇主之全人格之結合關係（最高法院 97 年度台上字第 423 號判決參照）。而無論是身分法上之共同關係或全人格之結合關係，實際上典型的例子是家屬與家長或家的關係（民法第 1084 條、第 1085 條、第 1086 條、第 1123 條第 2 項、第 1125 條參照）。目前，勞基法第 12 條第 1 項第 2 款及第 14 條第 1 項

---

[51] 陳繼盛，前揭書，頁 17；Schaub/Linck, Arbeitsrechts-Handbuch, 12. Aufl., 2007, § 29 Rn. 4: Der Arbeitnehmer schuldet ein Wirken und nicht ein Werk.（勞工的義務是提供勞務，而非完成工作）。

[52] 除勞動契約外，法律之規定（尤其是勞工保護法）、團體協約及雇主之指示等，均得為確定勞動關係內容之依據。

[53] 民法第 482 條即為民法第 153 條之具體規定。惟民法第 483 條則為民法第 153 條之突破規定，亦即在報酬部分可以不必事前意思合致，而依價目表或習慣定之。

[54] Schaub/Linck, a.a.O., § 29 Rn. 1 ff.; Zöllner/Loritz/Hergenröder, Arbeitsrecht, 6. Aufl., 2008, 131 f.

[55] 黃越欽，論勞動契約，政大法學評論，第 19 期，頁 45 以下；Lieb, Arbeitsrecht, 6. Aufl., 1997, Rn. 38; Boemke, Neue Selbstständigkeit und Arbeitsverhältnis – Grundsatzfragen sinnvoller Abgrenzung von Arbeitnehmern, Arbeitnehmerähnlichen und Selbständigen, ZfA 1998, 291 ff.

第 2 款之雇主家屬，即留有工業革命前家事勞工及農業勞工，強烈地依附於雇主家庭的類家屬的身分的餘蔭。

　　勞動契約為關於無自主性／依附性勞務契約之特殊型態，就其法律性質而言，係屬一種僱傭契約。[56] 其雖為交換的關係，但不以一次的給付交換作為標的，而是通常為一持續性的行為或在一定的期間，債務內容繼續的實現，故為一繼續性債之關係。通常繼續性債之關係契約當事人結合之程度，相較於其他債之關係為強。但勞工在為雇主服勞務時，仍得借助於輔助工具，例如工人攜帶自有馬匹運送木材，農人攜帶牛隻及犁為他人耕種。這並無損於其勞工屬性。雙方當事人基於誠信原則（民法第 148 條第 2 項）所導出之照顧義務及忠誠義務（Rücksichtnahme- und Loyalitätspflichten），即相較於其他債之關係為強。[57] 此從民法第 483 條之 1 有僱用人保護義務的規定，但承攬契約及委任契約均無相同的規定，即可知之（惟依據民法第 535 條，受任人有服從指示及注意義務。而定作人依民法第 507 條規定，負有協力之義務）。只不過，此一「照顧／保護」或「忠誠」義務也必須與時俱新，且不可無限制地擴大範圍，以免損及勞動關係為利益交換關係的本質。惟不可否認的，勞動契約中亦有從給付義務（Nebenleistungspflichten）的存在，這是與其他的契約類型並無何不同的〔例如雇主以匯款的方式（而非以現金給付的方式）給付工資、勞工負責開啟營業處所大門、穿戴合適的服裝等〕。[58]

　　民法第 482 條至第 489 條之規定，雖原則上亦適用於勞動契約。但勞動契約對於大多數依賴勞動而生的人，卻有一重要之意義。勞動關係是許多人經濟上生存之基礎。另外，勞動的條件對於生活關係具有決定性的影響，因其對於人格的開展及生活意義之實現具有關鍵性的地位。勞動契約不僅是以「勞力」與「報酬」之交換為核心而建立之財產關係，而是經由勞動契約所建立之法律關係，人類始被當作一個人對待。亦即勞動契約特別強調人格性。這種特性，深具抽象性的民法規定對之並無正確地加以評價。[59] 傳統上係以勞務之提供具有無自主性，作為區別僱傭契約

---

[56] Konzen, in: Horst Konzen (Hrsg.), Lexikon des Rechts, Schuldrecht, 34. 實者，德國民法第 611 條之僱傭契約，包含了兩種契約類型，一種是無自主性勞之勞務，另一種是自主性的自由業者的（operae liberales）勞務（例如醫師、律師、稅務顧問等）。後者，在台灣屬於委任契約的範疇。

[57] 王澤鑑，民法學說與判例研究（二），1981 年 8 月，頁 247；Löwisch, in: Horst Konzen (Hrsg.), Lexikon des Rechts, Schuldrecht, 32. 另請參照台灣高等法院 96 年度重勞上字第 23 號民事判決（中華航空公司案）、台灣台北地方法院 96 年度重勞訴字第 11 號民事判決（中華航空公司案）。

[58] 所以說，銀行業可否以其勞工穿著牛仔褲而予以解僱？或者為其他懲戒處分？

[59] Konzen, in: Horst Konzen (Hrsg), Lexikon des Rechts, Schuldrecht, 35; Sieh. auch Adomeit, Der Dienstvertrag des BGB und die Entwicklung zum Arbeitsrecht, 1710 ff.

和勞動契約之標準。而所謂無自主性亦即勞動者具有人格從屬性。[60] 在此，人格從屬性的「人格」，同於民法第 195 條之人格。由於對於本身人格（尤其是身體及自由）的支配權，受到雇主相當程度的左右，並且帶有身分權的色彩，故名之為人格從屬性。惟過度的人格從屬性，可能構成人格權的侵害。例如過度／過當的指揮命令，會構成霸凌或公然侮辱；過度的懲戒權，會構成傷害罪。

　　勞動關係既以勞工之從屬性為其特徵，因此乃產生人的結合關係及勞工保護必要性之理念，故勞動關係之內容非僅單純的勞務與金錢之價值交換的對待關係而已。於此，民法僱傭未考慮人的組合關係及勞資雙方倫理義務之現象，必須於勞動契約時予以正視（這也會影響到恩惠性給付及一時性的非工資給付的進行。勞基法施行細則第 10 條參照）。民法中個別條文的規定不能完全毫無疑義地適用於勞動契約，有者須經修正才能適用，有者則根本無法適用。[61]

第二項　集體的自治與勞工法

　　除了私法自治之外，勞工法中最重要的特色，即是勞工團體及雇主具有相當程度的集體的自治，可以自行決定所轄的勞工或雇主的勞動條件及其他條件，在此其是具有一定公法上的任務，可以免除國家機關的干預或管制（工會法第 5 條、團體協約法第 12 條參照）。這在其他的法律關係中幾乎很少見到。也因此，勞動事件法第 2 條第 1 項第 1 款之團體協約及勞資會議決議，應以權利事項的爭議，且具有法院強制執行可能性者為限。以下即分別說明之：

第一款　勞資自治原則

　　首先，所謂勞資自治原則，係指個別的勞工與雇主、或者集體的勞工與雇主或雇主團體有權自行協商並決定其勞動條件及其他條件之謂。亦即，除了私法自治之

---

[60] 史尚寬，前揭書，頁 14；Wiese, Der personale Gehalt des Arbeitsverhältnisses, ZfA 1996, 439ff.; BAG AP Nr. 1 zu § 611 BGB Abhängigkeit; BAG AP Nr. 42 zu § 611 BGB Abhängigkeit; LAG Köln v. 28.4.95, AuR 1996, 412 (413). 須注意的是 LAG Köln v. 30.6.95, AuR 1996, 413ff. 重新對勞工加以定義，認勞工之特徵為：長期性的、僅為一賦予工作者服勞務、親自提供而無同事、基本上無自己的資金及基本上無自己的組織。至於傳統上所採行之人格之從屬性，LAG Köln 認為基於保護基本權之觀點，不應再加以採用。同說，Konzen, in: Horst Konzen (Hrsg), Lexikon des Rechts, Schuldrecht, 36.

[61] 這種情況在德國亦然，參 Lieb, a.a.O., Rn. 34; Adomeit, Der Dienstvertrag des BGB und die Entwicklung zum Arbeitsrecht, 1712.

外，團體協約自治及勞資會議自治亦在其內。台灣學者在語及此一原則時，往往不加細分。而 2011 年 5 月 1 日修正施行的勞資爭議處理法第 2 條規定為，勞資雙方當事人應本誠信及「自治原則」，解決勞資爭議。其用語亦未盡精確，實有必要修正之。蓋用語不同，內容亦不同也。

應注意者，勞動關係中應以個人的私法自治為先，而輔以團體協約自治或勞資會議自治。蓋不惟是雇主，即使每一個勞工都有權自主決定其是否訂約及其勞動條件、甚至自行辭職或退休等，不足之處，可以自由地加入勞工團體（尤其是工會）求助於其團體的力量。所以，原則上工會與勞資會議從旁輔助，[62] 而為之爭取較好的勞動條件及勞動環境，但究不是取而代之決定。尤其是針對非會員的勞工，工會應無法律地位為其發聲或主張代表權。可惜的是，台灣勞工立法上卻不乏見到企業工會代表「全體」勞工與雇主議定勞動事項者，例如勞基法中的變形工時（第 30 條、第 30 條之 1）、延長工時（第 32 條）、[63] 女工夜間工作（第 49 條）等。[64] 這也顯示出立法者不了解工會只是代表其會員的利益團體而已。真要代表全體勞工，勞資會議勞方代表才有此一權限。令人遺憾的是，大法官會議在 2021 年 8 月 20 日所做成之第 807 號解釋，並未明確否認企業工會得代表「全體」女工是否夜間工作的權限（即未明確肯定未加入工會女工的消極團結權）。不同的是，依據勞動事件法第 9 條、第 40 條及第 41 條規定，工會之輔佐訴訟，代表提起不作為之訴、為選定之會員訴訟，均是以工會會員為限。雖然如此，工時規定具有全體員工一致適用的必要性，此類企業規範也不宜區分工會會員或非會員而不同對待。即使第三企業派至廠場／企業內工作的人員（例如承攬人所僱用員工、派遣勞工）也應同樣受到適用。

在此，受領勞務之雇主，僅能綜合運用個別勞動契約、勞資會議決議或團體協約、承攬契約、以及要派契約等，將工作時間做一個統一的約定，以適用於所有的勞務提供者。

---

[62] 這也包括訴訟法上的地位，例如訴訟輔助／佐（勞動事件法第 9 條參照）、擔任選定當事人（民事訴訟法第 44 條之 1 第 1 項）、代理人、甚至以工會名義提起之訴訟（勞動事件法第 40 條參照）。

[63] 這裡所涉及的問題是：到底是延長工時以獲得較多的工資對勞工有利？還是拒絕加班領取較少的工資對勞工較為有利？工會可以清楚的判斷嗎？

[64] 另外，同樣可議的是，依據大解法第 4 條以下之規定，工會有權與雇主協商解僱計畫書的內容，而其中影響重大的是「大量解僱勞工人數與對象選定標準」，在此，有可能淪為被解僱的對象者，是非會員。

第二款　團體協約自治

　　所謂團體協約自治，[65] 是指工會和雇主或雇主團體擁有一個締結團體協約之自由，而經由這個團體協約對於勞資雙方的勞動條件有所規範。勞動條件之內容完全由勞資雙方以團體協約或協議（甚至必要時先經過罷工或鎖廠等爭議行為後）加以規定，國家不得加以干預。此一制度可以說是對於勞動生活秩序具有立法權限的立法者的一個輔助，國家因此不必事事涉入，而可令勞資雙方自行規範其勞動生活，由其自行判斷可以要求或接受的勞動條件，國家亦可藉此減輕其負擔。[66] 只不過，勞雇團體雖有自我規範的權限（Normsetzungsmacht），但卻無規範的獨占權（Normsetzungsmonopol），國家基於憲法第 108 條第 13 款，得立法限制之。

　　在團體協約自治之下，工會與雇主係居於對抗的角色，而其透過協商及爭議的手段，目的是在恢復典型的機會平等（typische Chancengleichheit）（類型的、抽象的平等，而非個別的、具體的平等）。因此國家只須創造健全的集體勞工法規範，給予雙方抽象的、實質的對等保障，以確保雙方可以協商對等及爭議對等，其後，乃由工會與雇主自行決定是否協商及爭議，不受國家的控制與監督。晚近，由於勞動環境的改變及非典型僱用的興起，針對一般僱用關係所制定之傳統的勞工法令，不免顯得左支右絀。因此，由工會提出而與雇主協商解決的方案，即有其必要性與急迫性。尤其是近幾年來群眾工作者（crowd worker）及平台經濟工作者（platform worker）所衍生之勞動權益問題。另外，觀察德國近年來的勞動契約法的發展，除了希望在勞動契約法中設定一最低的勞動保護外，也希望賦予團體協約自治團體、勞工參與團體自行約定符合其行業或廠場須要的規定，此其中尤其是賦予其在彈性化中扮演一定之角色。勞基法之變形工時（勞基法第 30 條第 2 項、第 3 項、第 30 條之 1 參照）、延長工時工作（勞基法第 32 條第 1 項參照）、及（施行至 2021 年 8 月 19 之）限制女工夜間工作（勞基法第 49 條第 1 項但書參照）等，即屬之。[67]

第三款　勞資會議自治

　　所謂勞資會議自治，是指勞資會議可以自行經由對話，針對社會事項（福利事

---

[65] 蔡維音，罷工行為規範之憲法基礎探討，台灣大學法律研究所碩士論文，1992 年 6 月，頁 142 稱此為「勞資集體自主協商制度」。

[66] BVerfGE 44, 322 (344); Müller, Arbeitskampf und Recht, 1987, 60 ff. 蔡炯燉，勞動集體爭議權之研究——中美日三國法制之比較，政治大學法律研究所博士論文，1992 年 6 月，頁 270 以下：美日勞動集體爭議立法，係出於協助之立場，而非積極地介入及干預。

[67] 楊通軒／成之約／王能君／陳正良，各國勞動契約法規制度之研究，行政院勞工委員會委託，2003 年 11 月，頁 109。

項）及勞動條件達成一定的合意，免於受到國家機關的干擾（勞資會議實施辦法第
13 條參照）。勞資會議是台灣勞工參與的最主要舞台，其雖非單純由勞工組成的
勞工團體，而是由各占一半的勞工代表與雇主代表所組成，但是，其亦具有集體地
議定勞動條件、以補充或（甚至）補強個別勞工議約能力之不足。此亦可從勞基法
中的變形工時（第 30 條、第 30 條之 1）、延長工時（第 32 條）、女工夜間工作
（第 49 條）及大解法第 4 條以下之有關與雇主協商解僱計畫書的內容規定，得知
之。另外，依據就業保險促進就業實施辦法第 8 條第 1 項規定：「僱用安定計畫，
涉及雇主與被保險人約定縮減工時及依其比例減少薪資者，應經勞資會議同意」；
第 10 條第 4 款規定：「雇主依第七條規定擬定之僱用安定計畫，應包括勞資會議
同意勞工縮減工時依比例減少薪資所為決議之文件。」以及 2015 年 7 月 1 日修正
施行的勞工退休金條例第 35 條第 1 項規定，也賦予勞資會議同意或部分決定的權
限。

　　當然，在勞資會議自治之下，會衍生出是否亦為憲法第 14 條或第 15 條或第
22 條保障之問題。對此，本書以為與團體協約自治不同的是，勞資會議自治並未
具有憲法保障的地位。甚至只是部分的法律保障而已，也就是除非個別法律明定勞
資會議有同意權者外（例如前述之勞基法、大解法），勞資會議自治僅是行政命令
保障的位階而已，此從我國現行法制只有「勞資會議實施辦法」之規定，即可知
之。整體來講，勞資會議係扮演一個合作的角色，其主要係在尋求共識決（勞資會
議實施辦法第 19 條第 1 項參照），而且勞資會議自治在彈性化中也扮演一定之角
色，此正如團體協約自治一般。因此，勞動事件法第 2 條第 1 項第 1 款之勞資會議
決議，僅係指個別法律明定勞資會議有同意權者（例如勞基法、大解法），不及於
勞資會議實施辦法之共識決。因其並非權利事項的爭議，並無法經由法院判決後予
以強制執行。在此，勞資會議既屬集體勞動關係的一環，則集體勞動法理優先於個
別勞動法及傳統民法理論的做法，當然仍有其適用。以勞資會議決議為契約或民法
上單方債務承擔的理論，並無法推翻集體勞動法理的優先效力。

第三項　法定的與法官所形成的勞工保護

第一款　勞工法與法官法的關係

　　規範有其困境（dilemma）存在，並無法窮盡描述一切。規範漏洞或不完
滿的產生，常見的法律事實，大致可分為自始的與嗣後的漏洞、拒絕審判式

（Rechtsverweigerungslücken）與原則的或價值的／合目的性的（teleologische Lücken）漏洞。[68] 台灣採行大陸法系的制定法方式，由於近年社會經濟的快速變遷，勞動法規常無法趕上滿足現實上之社會需求，人民對於法規範秩序在權利情感上遂逐漸產生差距。因此，司法裁判所做成的解釋，在權利保障與滿足情感需求上，益形其重要性。否則，將難免恐龍法官的形成。

傳統上，法官基於權力分立原則，應受法律之拘束（反面而言，不及於法規命令及行政規則[69]），這也是法治國原則的重要構成部分。然而，法律畢竟具有相當程度的抽象性，無法針對個案而訂定，而基於「禁止拒絕權利」的觀點，法院乃必須填補法律漏洞或不完滿性，此在十九世紀的西方法學即已被承認。[70] 即使在中國古代，其實亦已有類此觀念之體制存在，稱之為「擬律」。[71] 古時法官斷罪時，應就事實引其所合致的法律，此時法官僅需查其所合致的規範，便可為斷。惟於「擬律」時，則可比附援引，尤於刑事輕案及民事案件為然。[72]

「法官法」（法官造法）的意義為何，端視研究者的目的而定。它可以視為解釋意見、補充漏洞或調整規定。法官法存在的價值，即在於法律漏洞的填補以及法律的補充。學者因而稱之為「法官從事法之續造」。或有謂，勞工法是法官法（Arbeitsrecht ist Richterrecht）、法官是勞工法的真正主人（Der Richter ist der eigentliche Herr des Arbeitsrechts），雖不免於誇張，但在實務裁判上卻常能獲得應證。在此，法官只是將抽象的法律條文具體化而已，蓋在一個複雜的社會，必須在具體個案與法律條文間設置一定的距離，否則，整部法律將會變得無法透視。以德國基本法第9條第3項的規定來看，只是規定「任何人從事任何職業，均有權組織工會」。並未規定工會是否有權罷工及雇主聯盟是否有權鎖廠。惟基於歷史的沿革，團體協約自治及團體協約法制度必須受到保障，因此，人們遂承認法官可以造

---

[68] 詳見黃茂榮，法學方法與現代民法，1997年7月，頁374以下。

[69] 台灣憲法第80條規定法官依據法律獨立審判不受任何干涉（但是，不要落入只在主張或命令，而非在論證的窠臼）。又法官依據法律，獨立審判，依憲法第80條之規定，為其應有之職責。在其職責範圍內，關於認事用法，如就系爭之點，有為正確闡釋之必要時，自得本於公正誠實之篤信，表示合法適當之見解。各機關依其職掌就有關法規為釋示之行政命令，法官於審判案件時，固可予以引用，但仍得依據法律，表示適當之不同見解，並不受其拘束。司法院大法官釋字第137號、第216號及第407號解釋文足參。

[70] Karl Larenz 著，陳愛娥譯，法學方法論，2004年5月，初刷五版，頁279。BVerfGE 84, 212, 226 f.

[71] 戴炎輝，中國法制史，1990年10月，初版十二刷，頁180以下。

[72] 倒是，依據中國法家的見解，法官被禁議（即禁止創造法律）與禁止拒絕適用法律。蓋法律體系已屬完整。慎子威德篇記載慎子說：「法雖不善，猶愈於無法，所以一人心也。」慎到甚至認為：法律只要形式的已成立，就發生絕對效力，不問其是否與正義、道德相符合。請參閱戴東雄，從法實證主義之觀點論中國法家思想，1982年9月，三版，頁47。

法的方式，具體化罷工權與鎖廠權。即使是定期勞動關係的法理，也是以法官造法的方式形塑而成。在台灣，由於勞動三法已相當程度將團結體的存續保障與活動保障法制化，勞基法也明定定期契約的種類與期間，因此，似乎法官法的空間相對有限。惟在非典型僱用時代或平台經濟僱用或工業 4.0 時代，法官法仍係公平裁量勞雇權益所不可或缺的。

倒是，法官對於勞工法規範不足所引起的漏洞的問題，其填補並不應以本身的社會感受度或倉促地以「忠實義務及照扶義務」加以裁判。而是應以法學的方法論為基礎。即將科學的態度與方法應用到法律上，透過假設與驗證或否證加以確定。法官在勞工法中的漏洞填補及法律續造，其應遵守的標準，與其在其他法律領域所應遵守者，無殊。尤其應該注意的是，勞動關係畢竟是民法體系中的一環，因此，對於勞工法問題的解決，現代民法釋義學所能提供的助力，往往要勝過勞工法令的特別（法）規定。[73] 所以，不一定要制定特別法。

第二款　由法定的、到法官所定的勞工保護法

勞工保護法之形成，一般係由立法者經由立法裁量後，直接規定之。其內容包括原屬於公法領域的事項，例如雇主強暴、脅迫、拘禁的對象如果是勞工時，則會構成強制勞動（勞基法第 5 條規定）。[74] 但是，其規範對象也及於原本屬於私法性質的契約內容，經過立法者的價值判斷後，提升為勞工保護法者，以作為單方保護勞工的法律。此一部分之說明，可以參見前面有關勞工保護法的說明。

值得一提的是，除了屬性定位為保護法的勞工法律之外，對於原本屬性為私法的勞工法律，卻也可能逐漸流向保護法的領域。其原因，除了社會人士對於「勞工法就是勞工保護法」的期待之外，行政機關誤解法律目的與本意，而以行政命令或以行政解釋的方式，[75] 將原本中性的勞工法律導向勞工保護法外，另一個更重要的原因，則是法官藉由裁判的方式，將勞工保護的思想與價值，逐步地落實於現實勞動環境及勞動市場中。此種中性的勞工法律逐漸地質變為勞工保護法的現象，越是在標榜社會的市場經濟的國家，越是明顯。以德國為例，法院對於定期勞動關係之

---

[73] Söllner, Grundriß des Arbeitsrechts, 11. Aufl., 1994, 4.

[74] 相當於刑法第 302 條及第 304 條。

[75] 例如，針對事業單位改組或轉讓過程中，尚處於留用未定的勞工，其究竟有何自保的權利或作為？此在現行勞基法第 20 條及企業併購法第 16 條、第 17 條中，並未有所規定。但是，行政院勞工委員會 89 年 4 月 1 日台 (89) 勞資二字第 0012049 號函謂：「二、事業單位改組或轉讓期間，為免勞工因對未來充滿不確定感，長期處於惶惶不安情境中，從而影響勞資各自權益，新雇主應有義務將未來相關勞動條件之內容告知勞工或與勞工協商同意後簽訂新約，以穩固勞雇關係。」

成立，甚早即已要求必須具有客觀的理由始可。[76] 其理由為：基本法的工作權，係導自於基本權的保護義務功能，定期契約工作方面，將會造成勞動關係存續保障的落空。蓋對於勞工來說，定期的勞動契約與解僱保護之間實具有某種程度的關聯。亦即對於勞動關係之終止，設如立法者一方面在法令上設定嚴格的解僱保護規定（並且經由法院強化其監督），但在另一方面卻任令勞雇雙方肆意訂定定期的勞動契約，則兩者間即會發生價值上的衝突。雇主將會選擇以定期勞動契約的方式，以終止雙方間的勞動關係。[77]

　　另外，針對部分時間工作的勞動權益，德國聯邦勞工法院甚早亦已透過無數的判決，將平等待遇原則及兩性平等原則予以落實。[78] 此亦係與女性勞工保護息息相關。基此，工作時間範圍之不同，在勞工法上並無法合理化對於部分時間勞工之特殊待遇。此不僅在報酬方面，即在其他的勞動條件與措施亦然。只有具有實質上／客觀上理由時，始可對於全時勞工與部分時間勞工作不同的對待。至於實質上的理由，係指不是因為工作時間，而是因為工作能力、資格、工作經驗、社會狀況（交友狀況、親屬狀況等）、工作位置不同的要求等，而始能存在。[79]

---

[76] 原本，德國的解僱保護法有一系列的規定（例如員工代表會的參與權限），以確保面臨解僱的勞工的權利。惟在勞雇雙方簽訂定期勞動契約時，並無法令給予任何規範。而是依靠法院逐步建立起客觀理由的理論。此種現象，直到 2000 年 12 月 21 日公布施行的部分時間工作及定期勞動契約法（Teizeit- und Befristungsgesetz, TzBfG）第 14 條以下規定的出現，才獲得改正。請參閱 Maties, Arbeitsrecht, 2009, 109 ff.

[77] 部分時間工作及定期勞動契約法第 14 條第 1 項之規定如下：勞雇雙方之簽訂定期的勞動契約，必須具有實質上的理由（ein sachlicher Grund）始為有效。惟以下之情形，即為具有實質上的理由：1. 廠場或企業對於勞務的需求，僅是暫時性地而已；2. 在勞工的職業訓練或學業結束後，先以定期契約的方式僱用勞工，以促使勞工隨後取得繼續僱用的工作時；3. 勞工僅是暫時地代理（Vertretung）其他的勞工時；4. 勞務的性質適合定期的勞動契約時；5. 為試用之目的而訂定定期勞動契約；6. 存在於勞工身上之理由適合定期的勞動契約時；7. 勞工之工資係來自於政府的預算，而該預算僅止於定期的勞動契約的期限而已；8. 基於法院和解（Vergleich）所作的定期勞動契約。

[78] 楊通軒，我國部分時間勞動法律問題之探討—兼論德國之部分時間勞動法制，中正大學法學集刊，第 2 期，1998 年 7 月，頁 304 以下。

[79] Vgl. BAG v. 13.3.1997, 2 AZR 175/96, NZA 1997, 842 ff. 其實，我國中央勞政機關自 2014 年 1 月 27 日訂定施行之「僱用部分時間工作勞工應行注意事項」，頗多規定與全時工作勞工平等待遇者。可惜的是，該「應行注意事項」只是行政指導的性質，並未具有法律或行政命令的效力。

第二章
勞工法之形成

第一節 起源

 案例 1

甲男於 1970 年 3 月 1 日受僱於乙公司從事拋光工作。甲於 1972 年 12 月入伍服兵役，1974 年 12 月退伍後即回到乙公司工作。甲自認到 1996 年 8 月 8 日止服務年資已滿二十五年，乃依勞基法第 53 條規定向乙提出退休申請。乙拒絕之。乙認甲於 1976 年 3 月 5 日始至該公司工作，年資並未滿二十五年。問：

1. 乙公司雖在 1970 年 1 月 27 日已設立登記，但直到 1976 年始為員工辦理勞工保險。該保險年資是否即為工作年資？或者乙會遭致何種不利法律責任？
2. 何謂勞動關係之中止？其態樣有那些？其目的為何？
3. 內政部及勞委會的解釋令均曾認在營服役期間仍視為原機構服務年資，此一見解有無疑問？法院須要受到其拘束嗎？理由？
4. 假設甲退伍後到公營事業機構工作，其軍中服役年資是否併計為退休年資？如肯定，此一見解在法理上有無疑慮？
5. 又，假設甲係志願役軍人，在營期間四年，之後退伍並受僱於國防部所屬福利品供應站之特約聘僱人員，則其任職軍方年資應否併入工作年資計算？理由為何？（最高法院 91 年度台上字第 2260 號民事判決；台灣台北地方法院 94 年度勞簡上字第 30 號民事判決；台灣高等法院 98 年度勞上易字第 6 號民事判決）

案例 2

　　漢宣帝神爵三年（西元前 58 年）時，蜀郡王子淵到四川松藩縣拜訪寡婦楊惠。楊惠先夫蓄有一童奴，名叫便了。子淵請便了去買酒，便了甩著木棒到惠夫塚哭訴：「大夫買便了時，但要守家，不要為他人男子酤酒。」子淵大怒說：「難道你想賣嗎？」楊惠說：「童奴非常會忤逆人，沒有人想要他。」子淵立即草擬購買奴才的契約（買卷）。童奴又說，「要我做的事，都必須記載在契約中，否則，我就不做。」子淵說，「好。」雙方在買賣契約中載明如下：

　　「神爵三年正月十五日，資中男子王子淵從成都安志里女子楊惠買亡夫時戶下髯奴便了，決價萬五千，奴當從百般役使，不得有二言。晨起早掃，食了洗滌。居當穿臼縛箒，裁盂鑿斗。浚渠縛落，鉏園砍陌。」「舍中有客，提壺行酤，汲水作餔。餵豬縱犬，勿與鄰里爭鬥。奴當飯豆飲水，不得嗜酒；欲飲美酒，唯得染唇漬口，不得傾盂覆斗，不得辰出夜入，交關伴偶。」「牽犬販鵝，武都買茶，往來市聚，慎獲奸偷。入市不得夷蹲旁臥，惡言醜罵。多作刀矛，持入益州，貨易牛羊。奴自教精慧，不得癡愚。」「種植桃李梨柿，三丈一樹，八樹為行。果熟收斂，不得鈗吮嘗。犬吠當起，驚告鄰里。桭門柱戶，上樓擊鼓。荷盾曳矛，還落三周。勤心疾作，不得遨遊。」「奴老力索，種莞織席。事訖休息，當舂一石。夜半無事，浣衣當白。若有私錢，主給賓客。奴不得有奸私，事事當關白。奴不聽教，當笞一百。」（王褒僮約）[1] 問：

1. 依據目前的法律規定，童奴可以買賣嗎？
2. 按照今日的觀點，童奴便了可以「大夫買便了時，但要守家，不要為他人男子酤酒」，作為拒絕為王子淵酤酒的理由？這是勞務專屬性嗎？
3. 按照勞動契約的原理，僮約可以約定「奴當從百役使，不得有二言」？童奴的工作範圍／內容為何？指揮命令權多廣？
4. 如依現代的觀點，主人根據僮約所應負的義務為何？教養呢？
5. 僮約可以規範私人領域的行為？例如「餵豬縱犬，勿與鄰里爭鬥。奴當

---

[1] 收錄於：漢魏六朝文，臧勵龢選註，台灣商務印書館，1977 年 9 月，台三版，頁 111 以下。其實，類似的童工情節，亦見之於蒲松齡所著《聊齋誌異》中的「雲蘿公主」一文：安大業受鄰坊袁大用邀至其寓所，「有小童十二三許，拍板清歌，又跳擲作劇。生大醉不能行，便令負之，生以其纖弱，恐不能勝，袁強之，僮綽有餘力，荷送而歸，生奇之。」

飯豆飲水，不得嗜酒；欲飲美酒，唯得染唇漬口，不得傾盂覆斗，不得辰出夜入，交關伴偶。」

6. 童奴的工作時間為何？奴老力索時，可否要求主人給予一筆金錢告老還鄉？

7. 主人可以依據僮約給予體罰？亦即「奴不得有奸私，事事當關白。奴不聽教，當笞一百。」

8. 如以現代的觀點來看，規範童奴的法律規定在哪裡？

第一項　僱傭契約的演變

　　就中國的發展來說。從社會制度及經濟制度的角度觀之，中國是在春秋戰國時代（西元前 770 年至 221 年）才受到根本性的改革。直到春秋時代之前，國家內仍然奉行朝有世臣、野有世農、肆有世工、市有世賈的階級觀念。[2] 而自春秋時代起，仍然為半封建的社會結構，惟貴族已沒落、平民已抬頭。繼至戰國時代，都市人口的集中，工商業的發達，農業的大量生產，導致井田制度的廢除及土地自由買賣的興起，[3] 也產生新的地主。商號、行業的相繼成立，也促成商人階級的誕生。在這種環境之下，所有權的觀念產生，交易的媒介也由貨幣取代以往以物易物（民法第 388 條、第 389 條規定參照）的做法。[4] 而到漢朝初年，經濟方面更是採取了放任政策，結果不僅工商業發達，甚至導致了重商賤農之勢。[5] 此種社會制度及經濟制度的改變，促成了少量生產的模式，也勢所難免地借助於他人人力的使用，以完成自己所設定的生產目的。因此，不僅是商人階級，連新地主都有可能是雇主（例如，蒲松齡所著《聊齋誌異》中的「紅玉」一文：「遂出金治織具，租田數十

---

[2] 呂祖謙，楚人滅江，收錄於：東萊博議，大夏出版社，1979 年 10 月，初版，頁 229。呂氏曰：「春秋之世，王澤既竭，反道敗德，亂倫悖理，不可概舉。至如滅國之禍，尤所謂慘烈而可懼者！」

[3] 詳細論述，請參閱陳顧遠，中國法制史概要，1966 年 8 月，三版，頁 306 以下。

[4] 戴東雄，從法實證主義之觀點論中國法家思想，1982 年 9 月，三版，頁 22、24、25、36、42、44、64、65。

[5] 此觀亂錯在漢文帝 12 年（西元前 168 年）所上的「論貴粟疏」中所論，即可知之。其言曰：「而商賈大者積儲倍息，小者坐列販賣，操其奇贏，日遊都市，乘上之急，所賣必倍；故其男不耕耘，女不蠶織，衣必文采，食必梁肉，亡農夫之苦，有仟伯之得，……，此商人之所以兼併農夫，農人所以流亡者也。今法律賤商人，商人已富貴矣，尊農夫，農夫已貧賤矣；故俗之所貴，主之所賤也，吏之所卑，法之所尊也。」

畝，僱傭耕作，荷鑱誅茅，牽蘿補屋，日以為常。」）與之相對地，即是為之提供勞務的人。

　　雖然如此，中國有關奴婢或童奴的存在，顯然遠在周朝之前。依據學者的研究，當是時，固有法上的租賃、僱傭及承攬，並未十分分化。三種契約均稱為賃或庸。[6] 其與羅馬上的賃約，分為租庸、僱傭及承攬者相同。其原因，或在於視人為物（亦即奴婢與牲畜同為物；不惟如此，即使律有禁止規定，良人／自由人亦常為典賣之標的），且人身與勞務亦常分不清楚，導致租賃與僱傭互相混淆。[7]

　　詳言之，中國古代，奴婢與自由人／良民／良人都可作為租賃的標的。此種人身的租賃，自始即被當作僱傭看待，而後，始發生勞務的租賃，且與人身的租賃併存。對於僕婢的僱傭，唐律稱之為隨身或部曲，等同於明清律上之雇工人對家長的關係。在種類上，僱傭可以區分為臨時性與繼續性兩種，前者，有所謂日傭、日雇；後者，有所謂長雇工，其地位低，有身分的支配服從關係。[8] 以目前的法制現況或勞動實況觀之，臨時性僱傭實屬短暫性的或短期性的工作，較近於定期性勞動契約，其屬於按日計酬的工作。惟其並不要求須有客觀上的理由。[9] 至於繼續性僱傭，則是居住在家長家中的長工／家奴／農奴／蒼頭，其會受到如家屬般的支配服從及懲戒對待。[10] 如再與早期的人身租賃及勞務租賃相較，繼續性僱傭仍然在人身租賃餘蔭之下運作，但是，臨時性僱傭既是按日計酬，已漸具有勞務租賃的性格。臨時性僱傭與繼續性僱傭的另一個區別點是：後者，當事人雙方常有立契約規範雙方的權利義務。

　　值得注意的是，雇或傭，不僅指契約類型，尚且指工資的計算標準也。例如唐名例律規定：「平功庸者，計一人一日為絹三尺，牛馬駝騾驢車亦同。」又規定（明清律亦同）「計功庸者，從朝至暮。」明名律則謂：「計雇工錢者，一人一日為銅錢六十文（清律：銀八分五厘五毫）。」[11] 這是指雇工每日的工資為何、以及每日是指「從朝至暮」而言（惟這並不是現代精確的 08：00～17：00 或 09：00～

---

[6]　戴炎輝，中國法制史，1990 年 10 月，初版十二刷，頁 334 以下。不僅如此，例如蒲松齡所著《聊齋誌異》中的「伍秋月」一文：「夜買小舟，火急北渡。」其所謂「買」，實際上是租賃的意思。

[7]　漢朝時，「奴婢之市，與牛馬同闌」，此乃激起王莽變法時，「更名天下奴婢為私屬，不得買賣」。請參閱陳顧遠，前揭書，頁 21 以下。

[8]　戴炎輝，前揭書，頁 335。

[9]　即勞動基準法第 9 條第 1 項規定之「臨時性、短期性、季節性及特定性」工作。

[10]　這一點與日耳曼法下的身分法上的關係近似。有問題的是，針對台灣目前住在雇主家中的外籍監護工，由於難以切割工作時間與休息、休假期間，甚至有認為其是 24 小時工作及待命者，其所受到的待遇可否以人身租賃理解之？

[11]　戴炎輝，前揭書，頁 336。

18：00 而言）。此正有如現代勞動法制中所指的基本工資或最低工資以及每日正常工作時間（但並無每週正常工作時間）。

　　從歷史發展的推演，十九世紀中業的清朝及民國初年，中國因為接受工業革命的洗禮，引進大量生產的工商業模式，遂也產生了各式各樣的勞工問題。論者甚至認為十九世紀中期洪秀全能夠號召百萬民眾占領清帝國半壁江山，十九世紀末義和團所以全面失控終至八國聯軍攻陷北京，都與當時數百萬民眾長期失業密切相關。[12] 在這樣的環境下，遂有 1924 年工會條例及 1929 年工廠法的制定施行。這也開啟了現代化的勞工法的產生。[13] 也只有在這樣的工作環境之下，勞工始能成為勞動契約的主體，而不再是客體。[14] 惟勞動終究與其所有主係一不可分的整體（即勞動與人身分不開），這是與其他生產因素最大的不同。[15] 勞工因此容易掉入不自主性（依附性）勞動、甚至強制勞動的深淵。

　　如從比較法上來看。歐洲大陸的勞工法的形成，可以遠溯至古羅馬帝國時代。然而，在當時由於貴族階級普遍有奴隸可以使用，所以起初並未有真正的勞工出現。詳言之，奴隸無法律上人格，與物之概念相當，可以為買賣、贈與或租賃之標的。而中國周代首先出現的勞力也是奴隸。主人對於奴隸擁有所有權的各種權能（英國在 1772 年 6 月 23 日黑人奴隸 James Sommerset 案判決確定前，奴隸一直係以貿易法 Handelsrecht 進行交易的。在 1807 年，奴隸始被終局地禁止買賣。至於所有的奴隸被解放，則是已到 1838 年了）。[16] 惟在奴隸制度漸漸衰退之後，伴隨著自由人勞務須要的增加，羅馬法制上的租賃（locatio conductio）概念，除了原來的物之租賃外（locatio conductio rei），再增加勞動租賃（locatio conductio operaum 即僱用）及工事租賃（locatio conductio operaris, Werkmiete 即承攬），以解決其間所生之問題。其在西元 553 年的君士坦丁（Justinian）民法典（Corpus Iuris Civilis）的法律架構設計是：僱傭契約是承攬契約的附屬物（Anhängsel），而承攬契約又是租賃契約的附屬物。又，相對於勞動租賃以從屬勞動（operae illiberales）

---

[12] 工商時報，2009 年 8 月 28 日，A2 版：正視台灣長期失業人口倍增問題。

[13] 值得一提的是，約在 1930 年代，史尚寬先生即已草擬諸如勞動契約法等重要勞工法規的草案，其中的勞動契約法草案共 155 條，將重要的契約當事人的權利義務納入，確實是一劃時代的巨著。請參閱史尚寬，勞動法原論，1978 年 6 月重刊，頁 61 以下。

[14] 中華民國刑法第 296 條第 1 項規定：「使人為奴隸或使人居於類似奴隸之不自由地位者，處一年以上七年以下有期徒刑。」刑法第 296 條之 1 第 1 項規定：「買賣、質押人口者，處五年以上有期徒刑，得併科五十萬元以下罰金。」

[15] 施建生，經濟學原理，1980 年 6 月，七版初印，頁 231、233。

[16] 但這並不是說絕不存在自由人的勞務，而是在古代社會，如須獲得自由人的勞務時，是以消費借貸的方式受領一定金錢，然後以償還消費借貸之意旨，以提供勞務的方式抵償予貸與人。請參閱陳繼盛，我國勞動契約法制之研究，行政院勞工委員會委託，1989 年 7 月，頁 5。

為對象，針對自主勞動（operae liberales）則另以委任（mandatum）處理。約在西元十四到十五世紀間，羅馬法上的勞動租賃法制及承攬的概念（工事租賃），也被德國及其他歐洲大陸的國家所引進，並且產生其法制上的影響力。[17]

也就是說，以日耳曼法為例，其對於自由人勞務之使用，係以身分法（Personenrecht）/家族法為其基本理念，將自由人看成家屬成員。這是與羅馬法上的租賃概念有所不同的。亦即日耳曼民族在西元七、八世紀即已產生忠勤契約（Treudienstvertrag），規範家臣對於主人有服從與勤勞之義務，以及主人對於家臣有保護與扶養之義務。而且，主人也有代表家臣之權義。[18] 此種身分法性格的契約，一直要到十二世紀才逐漸轉化為債權契約，惟其內涵仍然帶有身分法的餘跡，亦即勞工被要求負有忠實之義務。此種附隨義務的要求，雖然伴隨著日耳曼民族在十四、十五世紀的繼受羅馬法的勞動租賃及工事租賃，新增僱傭契約與承攬契約而受到進一步影響，但卻仍然根深柢固地保留著。[19] 在此一階段／時期，德國法上盛行以人格法上共同體關係理論來解讀勞動關係之本質。[20]

一直到近代市民社會，始出現契約當事人地位平等的基本理念。勞工亦得以獨立的人格者、平等地與雇主訂立以勞務交換報酬的契約（所謂的債法給付交換關係理論）。這也是僱傭契約的設想。相較於羅馬法上之勞動租賃（即自由人的自我租賃），勞工與勞動力尚未成為兩個不同的概念。近代的市民社會已不再承認勞工可以作為權利的客體，而是僅能作為權利的主體（這表示：是勞工叫自己按照契約約定做事，而非雇主。這意味著：勞工得在最後一刻決意停止提供勞務，只是應負債務不履行責任。此在其有事假或家庭照顧假事由時，尤具有重大意義）。在法律上，「勞工」係為雇主提供「勞動力」，兩個概念截然可分。只是在外表上，勞動力始終附著於勞工的身體而難以切割而已，勞工尚且要到雇主指定的處所工作，此

---

[17] 依據德國 1887 年有關第一部民法典的動機（Motive zum ersten Entwurf）的第 559 條（作者按：相當於後來德國民法第 611 條、台灣民法第 482 條）規定：「對於僱傭契約所適用的規定，參考引用租賃契約的規定。這是因為兩種契約具有近親的關係（nahe Verwandtschaft）。」

[18] 當時的契約當事人，通常有兩種類型：一種是農人與其僱工（Knecht），另一種是主人與其僕婢（Gesinde）。Adomeit, Der Dienstvertrag des BGB und die Entwicklung zum Arbeitsrecht, NJW 1996, 1710.

[19] 但是，另一方面，日耳曼固有法的理念並未因繼受羅馬法而完全消失，例如僕婢契約，手工藝僱傭契約，海員契約，礦工契約等仍然保留濃厚的日耳曼固有法原味。陳繼盛，我國勞動契約法制之研究，頁 7。

[20] 相關論述，請參閱林更盛，工資的迷思：「恩惠性給與」，收錄於：勞動法案例研究（一），2002 年 5 月，初版，頁 59 以下；Günther, Der personale Gehalt des Arbeitsverhältnisses, ZfA 1996, 439 ff.

更令人難以界定權利主體與權利客體的不同與分野。[21]

綜上，吾人由歐洲大陸勞動力使用及各種契約的衍生歷史，可以得知：歐洲大陸現代化勞工法的形成，主要是立基於兩個前提：經濟制度的自由化及十九世紀的工業化。之前，社會的勞動實態，除了王室（Herrscher）有權施加以個人統治權，要求個人提供勞務外，社會上也存在一些使用自由人勞務的情形。但是，撇開奴隸的使用不論，對於自由人勞務的使用，在形式上，根本不存在平等地共同形成工資條件及工作條件。只是，之後經由自然法思想的逐步浸淫，終使此一從屬性的關係被置於契約自由之下處理，亦即給予當事人自由及平等的保障。也是在此一法律的基本決定之下，所謂的「由從屬性的勞務的經濟性的功能，與勞工個人分離」，始有可能產生。[22]

最後，再以德國為例。在十九世紀工業革命之後，產生大量的勞工、女工及童工。工資過低、工作時間過長、（普魯士的）童工夜間工作情況嚴重，職災意外頻傳，導致兵員不足。誕生了以國家的社會政策加以處理的想法。當時的立法者思考以勞工保護法加以保護，1839 年普魯士「礦場工廠青少年僱用法」首開其端，明定雇主不得僱用未滿九歲之兒童，至於未滿十六歲之青少年勞工每日工作時間不得超過十小時。1853 年將九歲修正為十二歲。[23] 至於 1881 年德國工廠法（Gewerbeordnung），則是首次使用了勞動契約的概念，此一契約類型的產生，實際上也是因工業革命後為保護勞工的需要而逐漸形成。[24] 其後，更為重要的是，Otto v. Gierke 在 1888/1889 年所提出的「民法典草案及德國法」（Der Entwurf eines Bürgerlichen Gesetzbuches und das deutsche Recht, 1888/1889），率先指出：在德國歷史上，提供從屬性的勞務是一個特殊的法律關係，其不僅是以勞務換取工資的債法的關係，而且具有人身法上的連結。V. Gierke 的見解，已經為勞工法中的兩個基本義務埋下種子，亦即忠實義務及照扶義務。也由於他的批評，民法典中終於塗抹

---

[21] 施建生，前揭書，頁 231：勞動乃與人身分不開。一個人出賣了勞動，則就其在擔任工作的那段時間論，也可以說已出賣了自己。他既不能因工資高而將自己變為二個人，（他當然可以延長工作時間，但仍有其限度），亦不能因工資低而永遠不工作。很顯然的，一個人的勞動是不能儲存的，今天不使用，並不能留待明天再使用。

[22] Richardi, Einführung, Arbeitsgesetz, 72. Aufl., 2008, XIV. 這也符合英國歷史法學者梅茵所著《古代法》（Ancient Law）一書中的「文明社會的法律，至今為止乃是由身分到契約的發展」的理論。Maine, H., Ancient Law, (orig. 1861), London: J.M.Dent & Sons, 1927. 轉引自楊日然，法理學，2011 年 8 月，初版二刷，3 頁。

[23] 中華民國 1929 年工廠法第 5 條規定：「凡未滿十四歲之男女，工廠不得僱用為工廠工人。」第 6 條規定：「男女工人在十四歲以上未滿十六歲者為童工，童工祇准從事輕便工作。」

[24] 德國在十九世紀末之社會保險立法行動，提供勞工疾病、意外、殘廢、及老年給付，也為世人譽為一進步的、獨立的立法。

了有「第一滴社會主義之油」（ein Tropfen sozialistischen Öls）之稱的第 618 條規定（相當於台灣民法第 483 條之 1 規定）。德國民法第 618 條規定，開啟了往後廣泛的釋義學的討論及一連串勞工法令的制定。[25]

<h2 style="text-align:center">第二項　案例評析</h2>

第一款　案例 1 部分

　　針對案例 1 部分，一、首先，乙公司雖在 1970 年 1 月 27 日已設立登記，但直到 1976 年始為其員工辦理勞工保險，其是否有違勞保條例第 72 條規定，應以其有否違反強制加保的義務與責任而定。換言之，勞工保險有強制保險（勞保條例第 6 條規定）與任意／自願保險（勞保條例第 8 條、第 9 條規定）兩種。依據勞保條例施行細則第 13 條規定，勞保條例第 6 條及第 8 條之雇主或團體或機構為其勞工申請投保時，應檢附相關的證件。故其應先依勞保局所提供的表格，先行成立投保單位。惟其僅在僱用員工五人以上（含）時，始被強制為其員工投保（勞保條例第 6 條規定）。至於本案乙是否為強制投保單位，事實並不明確。如其係肯定，則乙應依勞保條例第 72 條規定，負擔行政及民事責任。惟勞工保險的投保年資與勞基法上的工作年資究竟不同，各依其規定處理。即使未依勞保條例規定加保，但已符合勞基法退休的條件時（勞基法第 53 條規定），即可依法申請退休。

　　二、所謂勞動關係之中止，勞基法或勞動契約法中均未明文規定，其意為勞動關係並未永久的結束，而是基於一定的因素暫時地停止（中止／休止）。例如法定原因的留職停薪（育嬰留職停薪、服兵役、罷工等）、約定的留職停薪（因長期傷病[26]、照顧家人、處理個人事務、甚至因案停職或被羈押或服刑等）。而中央勞工

---

[25] 約在同一時期（1890 年），維也納民事訴訟法學者 Anton Menger 針對有關僱傭契約的第一部草案（Der erste Entwurf über den Dienstvertrag），提出嚴厲的批評，氏認為工資契約（Lohnvertrag）（作者按：這是 Menger 對於僱傭契約的貶稱）只有（少得可憐的）八個條文規定，完全無法保護到一無所有的老百姓。Menger 此種企圖將馬克思主義納入民法典中的觀點，實際上已完全否定契約自由原則在勞動契約中之適用可能性。此種思想，在幾十年之後並且為德國勞工法學者 Däubler 所承繼及發揚。Adomeit, a.a.O., 1711 f.

[26] 勞工請假規則第 5 條規定參照。依據行政院勞工委員會 76 年 12 月 11 日 (76) 台勞動字第 9409 號函：「勞工依勞工請假規則第五條規定申請留職停薪，雇主得否拒絕，可由事業單位於工作規則訂定，或由勞資雙方於勞動契約、團體協約中預先訂定；若對該項未明文規定者，則於勞工提出申請時，由勞資雙方自行協商。」言下之意，係雇主得予以拒絕。惟雇主一旦不同意留職停薪，即應依勞基法第 11 條第 5 款終止勞動關係，而非要求勞工自行離職。

主管機關基於照顧勞工的考量，也同意雇主可以單方發動留職停薪手段[27]。而最令人矚目的，係依據兵役法第 44 條第 1 款規定，國民在服役期間「職工保留底缺年資」，基此，雇主遂不得以職工服役為由而終止契約（例如勞基法第 11 條各款事由中，即無服役一項）[28]。這些不同種類的留職停薪，有者必需為意思表示或辦理留職停薪手續（約定的留職停薪及雇主單方基於照顧或懲戒原因的留職停薪），但有者並不需要（法定原因的留職停薪）[29]。無論如何，所有的留職停薪均有其一定的目的。在約定的留職停薪，勞雇雙方可以基於契約自由原則，自願地與他方合意暫停主要義務，而附隨義務則是部分暫停（例如勞工保險、特別休假[30]）、部分繼續（例如不競業與不洩露營業秘密）。一旦勞動關係重新啟動時，主要義務與附隨義務接續合併計算或重新回復。但勞工服役完不回原事業單位工作時，似應類推適用勞基法第 15 條第 2 項規定，向雇主預告終止契約。

　　三、針對在營服役期間是否視為原機構的服務年資，涉及到國防政策透過勞工政策及法令落實的構想，並非只是一個特殊時代的產物，而是更深遠的保家衛國精神。此從國防部函釋由憲法第 20 條規定之人民有依法律服兵役之義務，得出「權利與義務乃相對性概念，有權利必有義務，有義務必生權利，……為使其於服役時無後顧之憂而可盡其義務，特以法律保障軍人權利……。」及第 15 條規定人民之生存權、工作權及財產權應予保障，得出「查兵役法第 45 條（現為第 44 條）[31] 中有關「職工保留底缺年資」規定之立法意旨，係落實憲法第 15 條規定之做法，乃

---

[27] 行政院勞工委員會 76 年 5 月 28 日 (76) 台內勞字第 500276 號函：「按運輸業駕駛員因行車肇事致人於死，可因肇事吊扣駕駛照與照顧及其心理平衡而暫予留職停薪處理，惟如嗣後經法院宣告緩刑確定再予復工，其復工後之工作年資，除留職停薪期間外，前後年資應合併計算。」雖然解釋是從體諒勞工無法工作（吊扣駕照）及照顧勞工的角度出發，但是否也帶有一定懲罰的味道？似非無疑。也就是說，從車肇事致人於死、被吊扣駕照、進入刑事審理、到最終法院審理結果並未宣告緩刑，這麼漫長的留職停薪期間，可以同時看成是雇主懲戒手段的施行。問題是，雇主此種單方施以留職停薪手段，可否適用於勞基法第 12 條第 1 項第 1、2、4、5 及 6 款規定的情形？從比例原則來看？

[28] 同樣地，依據德國工作位置保障法（Arbeitsplatzschutzgesetz）第 1 條第 1 項規定，雇主不得以勞工服役而終止勞動關係。

[29] 最明確者，針對勞工服役前未辦理留職停薪，依據行政院勞工委員會 81 年 7 月 23 日台 (81) 勞動一字第 21587 號函：只要勞工向雇主為入營的意思表示，即受到修正前兵役法第 45 條及內政部 (75)台內勞字第 408297 號函示的適用。

[30] BAG v. 7.8.2012, NZA 2012, 1216 ff.; Powietzka/Christ, Urlaubsanspruch im ruhenden Arbeitsverältnis – oder doch nicht? NZA 2013, 18 ff.

[31] 依據 2013 年 1 月 2 日修正施行的兵役法第 44 條規定，國民為國服兵役時，享有下列權利：一、在營服役或接受常備兵役軍事訓練期間，學生保留學籍，職工保留底缺年資。又依兵役法施行法第 42 條第 1 款規定：依兵役法第四十四條第一款所定應徵、應召在營服役之學生與職工，原屬學校機關或公私事業機構仍存在者，即依其原有學校與職位、年資復學復職……。

確保現役軍人於服役時能全心盡職，退役時能立即與入營前之工作銜接，而不致產生社會問題之積極作為，……。」[32] 即可知之。國防部此種權利義務相對及安定軍人心理的主張，顯然獲得當時內政部的支持，並以台 (45) 內役字第 90645 號函進一步加以擴大解釋為「職工在營服役之時間，應視為在原機構服務之年資，與其入營前年資銜接合併計算。」如此一來，民營機構職工服役期間年資的計算，遂與公務機構／關職工一致[33]。惟自此後卻也埋下不斷接獲事業單位陳情的火種。一直到民國 75 年 8 月 8 日內政部以 (75) 台內勞字第 408297 號函變更及限縮民國 45 年的解釋，改以民國 75 年 8 月 8 日作為分段處理年資計算之時點「三、事業單位於本解釋函發布前或經指定適用本法前，其僱用之勞工已在役或已役畢者，在營服役期間仍視為原機構服務年資，併入工作年資計算。」這表示在本解釋函發布後或之後經指定適用本法者，「二、……，勞工服兵役前後在同一事業單位之工作年資應予併計，惟勞工在營服役期間未於事業單位從事工作，該期間得不計入工作年資，事業單位如規定可併入計算工作年資者，從其規定。」

在上述內政部 (75) 台內勞字第 408297 號函釋後，其後的中央勞工主管機關行政院勞工委員會亦以 81 年 6 月 16 日台 (81) 勞動一字第 17430 號函[34] 謂：「事業單位於上開內政部解釋函發布前（即 75 年 8 月 8 日），其僱用之勞工已在役或已役畢者，在營服役期間仍視為原機構服務年資，併入工作年資計算。」惟職工在營服役期間應否或得否併入工作年資計算的爭議，並未就此結束。爭執點主要是在「本解釋函發布前或經指定適用本法前，服役期間仍併入工作年資計算」的問題。尤其是在一件請求給付退休金的案件中，勞雇雙方即在爭執在營服役期間得否計入工作年資。對此，最高法院先則以肯定說的見解發回更審[35]，但在後的判決則以否定說終局確定[36]。其先前的肯定說見解，係引用修正前兵役法第 45 條第 1 款規定及內政部 (75) 台內勞字第 408297 號函釋、勞委會以 81 年 6 月 16 日台 (81) 勞動一字第 17430 號函及 81 年 7 月 23 日台 (81) 勞動一字第 21587 號函作為判決理由。其後的否定說見解，則認上述內政部及勞委會的函釋，係行政機關依其職掌就有關法規所為釋示，法院於審判案件時，不受其拘束，仍應依其獨立確信之判斷，認定事實，適用法律。勞工在營期間，既未於事業單位從事工作，除另有規定或別有約

---

[32] 國防部 92 年 9 月 12 日睦瞻字第 0920007492 號函參照。
[33] 既然是國防政策的考量，則此處的「職工」就必須做最廣義的解釋，包括經營階層及一般的勞工，且不分男性或女性。
[34] 持同樣看法者，行政院勞工委員會 81 年 7 月 23 日台 (81) 勞動一字第 21587 號函。
[35] 最高法院 89 年度台上字第 1225 號判決、台灣高等法院 89 年度勞上更字第 5 號判決。
[36] 最高法院 91 年度台上字第 2260 號判決、台灣高等法院 91 年度勞上更字第 11 號判決。

定外，自不能計入其工作年資。

　　約在同一時點，監察院也接獲人民陳訴上述內政部及勞委會分段處理併入計算工作年資的函釋，似有違反依法行政原則之虞，遂行文行政院檢討改善見復[37]。經過行政院函請勞委會召集內政部及國防部會商處理，勞委會乃於 2003 年 12 月 8 日召集相關單位開會獲致如下共識：「以勞動基準法公布施行日期為分段點，即該法公布施行前在營服役期間應併計工作年資；該法公布施行後，在營服役期間年資是否併計工作年資，得由勞資雙方協商決定。」此一共識，主要是將分段處理時點，往前推移到勞基法公布施行日。惟此一會議共識並未為內政部所接受，該部並且行文勞委會主張該部 1956 年及 1959 年有關兵役年資併計工作年資之函釋不應停止適用，仍宜維持該部 1986 年函釋之見解[38]。

　　吾人檢視勞委會所出版的「勞動基準法解釋彙編」，並未將上述 2003 年 12 月 8 日的會議共識以函釋登錄出，其有關此一併計工作年資（於民營企業）的最後一個解釋，是 82 年 9 月 4 日台 (82) 勞動一字第 48513 號函，仍然是採取內政部 75 年 8 月 8 日 (75) 台內勞字第 408297 號函釋的解釋意旨，亦即以「解釋函發布前（後）或經指定適用本法前（後）」，作為納入併計與否的時間點。這應該也是目前勞委會對外官方的意見。吾人以為在營服役期間是否計入工作年資，涉及到國防政策與勞工政策的整合問題，如果全面適用到行政機關、公民營企業，並非法所不許[39]。問題是，就目前兵役法第 44 條第 1 款規定「職工保留底缺年資」，是否能得出事業單位必須併計服役期間為工作年資？並非無疑。就該條款規定觀之，目的應該只是在避免職工被解僱或被迫離職，並未要求原雇主要負擔服役期間的工作年資成本（退休或資遣等）。惟既然是保留年資，就可解釋為職工服役後回原事業單位任職時，應與入營前的工作年資合併計算。所以，內政部 75 年 8 月 8 日 (75) 台內勞字第 408297 號函釋及採取相同意旨的幾號勞委會的函釋，其以「解釋函發布前（後）或經指定適用本法前（後）」，作為納入併計與否的時間點。該等見解仍然不可採[40]。基於此，最高法院及其前審法院所謂之行政機關依其職掌就有關法規所為釋示，法院於審判案件時，不受其拘束，仍應依其獨立確信之判斷，認定事

---

[37] 監察院 92 年 11 月 21 日 (92) 院台財字第 0922200785 號函。

[38] 內政部 92 年 12 月 16 日內授役字第 0920081517 號函。

[39] 勞基法第 44 條以下規定的童工，也同樣涉及國防政策、教育政策與勞工政策的調整問題。但是，對於民營企業來講，如能獲得抵免稅捐或其他獎勵措施的補償，當能適度降低其抗拒役畢青年回任原事業單位的心理，更能有助於穩固勞資關係。

[40] 其實，國防部在 92 年 9 月 12 日睦瞻字第 0920007492 號函中，也自認修正前兵役法第 45 條第 1 款「職工保留底缺年資」規定，並未提及「在營服役期間年資應視為原機構服務之年資，或與其入營前後年資銜接合併計算」。

實，適用法律。即屬有據。這也是司法院大法官會議釋字第 137 號及第 216 號解釋的意旨。因此，歸根結底之計，仍應經由修法程序，在兵役法第 44 條第 1 款規定中，納入「在營服役期間，計入工作年資」，始能符合法律保留原則[41]，並消除人民的疑慮，也有助於職工回任原職的決心。此一將服役期間納入工作年資計算的必要性與正當性，在 2022 年 2 月爆發俄羅斯派兵入侵烏克蘭之事，台灣各界重新討論延長義務役期間，以提升我國役男的戰鬥力，即會顯示出來。一旦役期延長，即應將國防政策與勞動政策併同考量，以彌補役男為國付出的損失。只不過，一旦如此規定，是否反而會造成國民服役後回任原事業單位的困難？因為雇主的抵制？必須注意防範。而且，在勞工服役期間，雇主如須僱用替代人力接替工作，則為免將來替代人力不願離職，形成尾大不掉的情況，是否應允許雇主與之簽訂定期勞動契約？即類推適用育嬰留職停薪實施辦法第 6 條規定[42]。至於職工決意回任原職時，也應在一定合理期間前（服役結束前或結束後）通知原事業單位，以便其預先做準備，尤其是先做人力的調整。在這裡，職工服役期滿日的次日，並不當然就是職工的復職日。勞雇雙方另可約定其他復職日。只是，如果是民營事業單位，假設職工已先轉往他單位工作，則不問其有無通知原事業單位離職，原勞動關係均已永久地終止。即使該職工嗣後又回頭到原事業單位任職，解釋上也是一新的僱傭關係，並無服役期間計入原工作年資之問題。倒是，兵役法第 44 條第 1 款規定如果修正，似可將服役期間之納入工作年資計算，擴充至役男服完兵役後，始初次任職工作的事業單位（即成年男子「先當兵、後工作」的狀況）。

　　四、針對國民軍中服役期間，是否計入於適用勞基法之公營事業機構從業人員的工作年資，勞委會函釋持肯定的見解[43]。依之，「查軍人及其家屬優待條例第 32 條第 1 項之規定：『後備軍人轉任公職時，其原在軍中服役之年資，應予合併計算。』司法院大法官會議已就該規定做出釋字第 455 號解釋，行政院亦以 87 年 7 月 14 日附人政給字第 210759 號函規定自上開解釋之日以後公營事業機構從業人員及司機、技工、工友退休（職、伍）者，其在軍中服役年資均予採計為退休

---

[41] 德國工作位置保障法（Arbeitsplatzschutzgesetz）第 6 條第 2 項即是如此規定，服役期間計入公務機構（含行政機關及公營企業）及民營事業單位。

[42] 依據內政部 74 年 2 月 5 日 (74) 台內勞字第 288244 號函：「女工產假，停止工作期間，依勞基法第 13 條規定，雇主不得終止契約。其所遺職務，可依事業需要僱用短期契約工代理。產假期滿後，勞雇雙方自應繼續履行原約。」更重要的是，依據行政院勞工委員會 91 年 4 月 12 日勞動二字第 0910017954 號函：「適用勞基法之勞工，依兩性工作平等法申請育嬰留職停薪期間，雇主僱用替代人力執行其原有之工作時，該替代人力之工作因係育嬰留職停薪期間勞工職務代理之性質，依勞基法第 9 條及其施行細則第 6 條規定，雇主得與其簽訂定期契約。」

[43] 行政院勞工委員會 87 年 9 月 29 日台 (87) 勞動一字第 041396 號函參照。

（職、伍）之年資。基上，該等人員之休假年資，亦應併計軍中服役年資。」本書以為上述軍人及其家屬優待條例第 32 條第 1 項之規定，同樣是基於國防政策的考量。大法官會議認為：「軍人為公務員之一種……，得依法以其軍中服役年資與任公務員之年資合併計算為其退休年資；其中對於軍中服役年資之採計，並不因志願役或義務役及任公務員之前、後服役而有所區別。」可知大法官係在解釋「軍中服役年資」與「公務員年資」合併計算之問題，而並不及於公營事業機構。其認為不問先當公務員、後當兵，或者先當兵、後當公務員 [44]，其「在軍中服役之年資，應予合併計算」。然而，行政院卻以函釋擴大釋字第 445 號至「公營事業機構從業人員（作者按：包括具有公務員資格者）及司機、技工、工友退休（職、伍）者」，似乎不合法律保留原則之要求。無論如何，本書認為：軍人及其家屬優待條例第 32 條第 1 項之規定，後備軍人轉任公職時，「其原在軍中服役之年資，應予合併計算」，其立法方式及法律用語與兵役法第 44 條第 1 款「職工保留底缺年資」不同，而是較近於內政部 (75) 台內勞字第 408297 號函釋、勞委會 81 年 6 月 16 日台 (81) 勞動一字第 17430 號函及 81 年 7 月 23 日台 (81) 勞動一字第 21587 號函中的「二、……，勞工服兵役前後在同一事業單位之工作年資應予併計，惟勞工在營服役期間未於事業單位從事工作，該期間得不計入工作年資，事業單位如規定可併入計算工作年資者，從其規定。」即其並不採分段處理工作年資計算的方式。而這也是最高法院 91 年度台上字第 2260 號判決、台灣高等法院 91 年度勞上更字第 11 號判決所採的見解。所以，只有原先即在「公營事業機構從業人員及司機、技工、工友退休（職、伍）者」、之後入營服役者，或者先入營服役、而後緊接著在「公營事業機構從業人員（包括具有公務員資格者）及司機、技工、工友退休（職、伍）者」，始能主張併計軍中服役年資。

　　五、假設甲係志願役軍人，在營期間四年，即具有公務員年資四年。其退伍後受僱於國防部所屬福利站之特約聘僱人員，則其服役期間可否併入工作年資？本書以為應持否定說為宜。蓋即使依據行政院 87 年 7 月 14 日附人政給字第 210759 號函，將公營事業機構從業人員及司機、技工、工友退休（職、伍）者，與在軍中服役年資併予採計。但是，國防部所屬福利站性質上並非公營事業機構，而是屬於國防部單位的福利設施的一環而已。

---

[44] 在這種「先當兵、後當公務員」的類型，還可能發生當事人服役完後一段期間，再考試或銓敘合格當公務員的狀況。也就是說，當事人有可能一段期間在民營企業做事，也不會影響公務員年資的併計。

第二款　案例 2 部分

　　針對案例 2 部分，一、中國一直到清末，存在著家奴（童奴、婢女、老媼、歌妓、藝妓等）制度，被鬻或自鬻者所在多有。台灣在日治時期也還存在著賣身契。惟自 1928 年中華民國刑法第 296 條禁止使人為奴罪、第 296 條之 1 禁止買賣質押人口罪[45]，1929 年民法對於人身自由的保障（民法第 16 條、第 17 條、第 18 條、第 195 條），2009 年人口販運防制法，以及 1947 年中華民國憲法對於人性尊嚴的保障（司法院大法官會議釋字第 585 號及第 603 號解釋）等，已經嚴刑峻法地禁止買人為奴（隸）矣。二、本案中，楊惠先夫「買便了時，但要守家，不要為他人男子酤酒。」從今日的觀點來看，似乎為勞務專屬性（民法第 484 條規定）的約定。果如此，便了得以之作為拒絕為王子淵酤酒的理由。三、假設家奴仍然合法存在於今日，則雙方約定「奴當從百役使，不得有二言」，表示家奴的工作範圍／內容是「無範圍」「無限制」，相對地，雇主的指揮命令權則是無限的大，甚至會有「違法、不道德或過於有害健康」（1936 年勞動契約法第 10 條但書規定）的情形。四、以現代觀點來看，與主人／雇主共同生活起居的童工，性質類似於年輕的家庭幫傭，甚且，（不僅那時候的風土民情，即使現在）也擁有民法第 1123 條第 2 項或第 3 項家屬或視為家屬的身分[46]。故主人一方面要遵守相關保護法令（兒童及少年福利與權益保障法[47]、勞基法童工女工章）的規定，另一方面也要遵守家事勞工的法令規範。如童工過於年幼（未滿十五歲），雇主還會受到刑事的制裁（勞基法第 77 條規定參照）。而由於其正值學齡，本書也主張應參考 2011 年國際勞工組織（ILO）第 189 號家事服務／勞動者公約（Decent Work for Domestic Workers Convention, 2011）第 4 條規定，被照顧服務的家庭不得剝奪其接受義務教育的機會。反面言之，必須提供並促成其接受義務教育。五、在契約的內容部分，一般的僱傭契約固然不能規範私人領域的行為，惟僅／奴約的工作範圍是無所不包、無所不在，當然會及於私人領域。家奴的任何舉動，都必須先經過主人的同意。六、童奴每日的工作時間不定，除了固定的工作外，必須隨時等候主人差遣，包括為第三人（親戚、朋友等）工作。其工作期間是「終身」，一直到其死亡或主人以其年老力衰不堪工作、遣其離去（或填溝壑）（類似強制退休）時，始結束其悲慘的一

---

[45] 1999 年 4 月 21 日增訂公布施行。

[46] 民法第 1123 條第 2 項規定：「同家之人，除家長外，均為家屬。」同條第 3 項規定：「雖非親屬而以永久共同生活為目的同居一家者，視為家屬。」

[47] 依據兒童及少年福利與權益保障法第 3 條規定：「父母或監護人對兒童及少年應負保護、教養之責任。」理論上，既然童奴居住於主人家庭中，即應將其解釋為具有監護人的身分。尤其要禁止兒童及少年不得有一定之行為（第 26 條規定參照）。

生。家奴即使已年老力衰或已達不能勝任工作的地步，仍然無自請離去之權，主人亦無義務給予一筆退休金或養老金或離職金 [48]。七、對於家奴，主人擁有體罰權。即使對已成年的家奴亦然。這是由於家奴並無獨立的人格權的緣故。法令並不加以干涉。八、除了如上所述法令已經禁止家奴或童奴的買賣外，我國勞基法第 5 條也明定禁止強制勞動，其當然亦適用於家奴或童奴（兒童及少年福利與權益保障法第 48 條第 2 項參照）。尤其應注意的是，1999 年國際勞工組織（ILO）第 182 號最惡劣形式童工公約第 3 條規定，更是禁止了各種最惡劣的童工工作，包括：（一）所有形式之奴隸或類似奴隸之習慣，諸如販賣兒童、債務奴役、農奴等之強迫或強制勞動。……（四）其性質或履行之情況，可能損害兒童之健康、安全或品德之工作。我國身為文明國家的一員，早已全力於人權保障的落實，自應掃除最惡劣形式的童工工作。兒童及少年福利與權益保障法第 48 條、第 49 條即為具體的規定。

第二節　勞動契約法之產生

 案例 1

　　甲乙丙三人任職於丁保險公司。丁公司在 1986 年訂定退休辦法。保險業自 1998 年 4 月 1 日起受到勞基法之適用。甲乙丙三人於 1996 年 6 月退休。依據丁公司 1986 年的退休辦法第 6 條規定，退休金最高給予六十一個基數。惟 1993 年所修正的退休辦法第 6 條規定，則已將其限制為四十五個基數。但其另增訂第 12 條之保留條款規定：「……為顧及員工已有權益，應於修正施行日將服務已滿十五年以上員工，……，按修正前辦法先行結算退休基數後保留，往後年資則照修正後辦法辦理……」丁公司另在 1996 年修正退休辦法，其中第 12 條規定：「本辦法修正後，本公司員工一律以四十五個基數作為退休最高基數」，已無保留條款之規定。其中，甲乙兩人在 1993 年修正的退休辦法施行時，已分別有五十九個、六十一個基數。
問：

---

[48] 在中國，一直到清朝結束，只有官員始有退休（休致）（致仕）的權利與保障。請參閱蒲松齡，聊齋誌異中的「羅剎海市」一文。而且，上級官員有強制下級官員退休的權利。根據宋王明清揮塵錄記載：北宋陳執中出任陳州郡守，認為錄事參軍蔡黃裳年紀大，要他自請退休；蔡黃裳本來不肯，但不敵陳執中威脅，只得被迫致仕，晚年流寓陳州。

1. 退休辦法與工作規則、僱傭契約（勞動契約）之關係／位階為何？勞資爭議處理法第 5 條第 2 款之勞動契約，是否包含工作規則在內？
2. 工作規則之不利益變更，其要件為何？即應考慮勞雇雙方的何種利益？
3. 退休金的法律性質為何？
4. 誠信原則（民法第 148 條第 2 項）在勞工法上的適用狀況為何？
5. 如果有法律明定或契約具體約定，資方即可以勞工曾經概括同意而逕行變更工作或退休內容事項？（最高法院 91 年度台上字第 1040 號民事判決）

 案例 2

某年，甲工會向其雇主乙要求調薪，乙拒絕之。甲考慮以間歇性罷工的方式對乙施以壓力。問：
1. 何謂間歇性罷工？其與警告性罷工、無預警罷工的區別為何？
2. 間歇性罷工有無違反誠信原則及禁止權利濫用原則（勞資爭議處理法第 55 條第 1 項參照）？（行政院勞工委員會 78 年 12 月 16 日台 (78) 勞資三字第 29111 號函）

第一項　勞動契約法之產生（勞工法與民法之關係）

勞動關係為私法關係（含公部門的約聘僱人員、職務代理人契約關係），有關民法的規定（例如民法第 25 條以下法人規定）及原理，原則上仍然有其適用。如上所述，契約自由原則之適用於勞動關係，只是受到一定限度的限制而已，並非完全排除適用。尤其重要的是，之前由於台灣的勞動法制／勞動契約法制仍然存在不少未規範的地方，因此，法院及勞工行政主管機關往往透過誠信原則等不特定法律概念的適用，以達到個案解決的目的。惟隨著在 2015 年 12 月 16 日勞基法修正增訂競業禁止條款（第 9 條之 1）、調職／動（第 10 條之 1）、最低服務年限（第 15 條之 1）、以及勞基法施行細則增訂第 7 條之 1～第 7 條之 3 後，此種以誠信原則等解決個案爭議的必要性已大大減低。雖然如此，其並非即全然無適用之餘地，

尤其是勞動契約仍然存在各式各樣的爭議。以下即分別說明之：

第一款　誠信原則之適用

依據民法第 148 條第 2 項規定：「行使權利，履行義務，應依誠實及信用方法。」所謂誠實信用，係指於具體的法律關係中，依公平正義理念，就當事人之利益為衡量、運用之意。[49] 誠信原則本質上是一種「命令規定」（Gebot）。學者間概皆認為此一原則是法律的最高原則，為帝王條款（Königlicher Paragraph），適用於所有法律領域。[50] 因此，其自當適用於勞工法領域。法院也多引用為解釋補充或評價法律行為的準則。法律行為違反誠信原則時，不發生行使權利及履行義務的效力。

以勞動契約而言。勞動契約為關於無自主性（依附性）勞務契約之特殊型態（但非特殊僱傭。所謂特殊僱傭，是指如海員契約、甚至漁船員契約、家事服務員契約），就其法律性質而言，係屬一種僱傭契約。其所涉及之交換的關係，並不以一次的給付交換作為標的，而是通常為一持續性的行為或在一定的期間，債務內容繼續的實現，故為一繼續性債之關係。通常繼續性債之關係契約當事人結合之程度，相較於其他債之關係為強。雙方當事人基於誠信原則（民法第 148 條第 2 項）所導出之照顧義務及忠誠義務，即相較於其他債之關係為強。[51]

也就是說，勞動關係正如同其他的契約關係，亦具有附隨義務。而且，更因為勞動契約涉及人的勞務提供，因此其附隨義務的內容也更加的廣泛、多樣性及不可預見性，致使其無法在法律中或契約中予以詳定，而係大多由民法第 148 條第 2 項之誠信原則所導出。[52] 在具體個案上，勞工負有對企業的或營業的秘密必須予以保密（營業秘密法、刑法第 317 條妨害工商秘密罪參照。此一保密義務，固然在勞工依據勞基法第 74 條或職業安全衛生法第 39 條申訴時，而受到排除。但勞工如係向民意代表或媒體進行告密／爆料，即已違反此一義務）、不得接受廠商的賄賂（清廉義務）、對於企業運作中之不正常狀態或逼近的損害的通知義務（勞基法第 14

---

[49] 最高法院 86 年度台再字第 64 號判決。王澤鑑，民法總則，2004 年，十三刷，頁 596 以下。另，有關歐洲契約法關於誠信原則之規定，請參閱陳聰富，誠信原則的理論與實踐，政大法學評論，第 104 期，2008 年 8 月，頁 1 以下。

[50] 在 1983 年 1 月 1 日民法修正施行前，誠信原則的適用範圍僅侷限於債的關係之內。當時民法第 219 條規定：「行使債權、履行債務，應依誠實及信用方法。」

[51] 就人的適用範圍而言，原則上誠信原則可適用於權利人及義務人，而權利禁止濫用原則僅適用於權利人。

[52] 台灣高等法院台中分院 97 年度勞上易字第 37 號民事判決參照。

條第 1 項第 3 款參照）等。同樣地，雇主負有保護照顧勞工之義務、[53] 應避免勞工受到其他同事或上司漫罵、騷擾／霸凌（勞基法第 14 條第 1 項第 2 款、職業安全衛生法第 6 條第 2 項第 3 款參照）、攻擊（此稱為對於勞工人格權之保護）等。[54]

實務上，有關誠信原則在勞動契約中之運用，僅例示如下：

一、調職

例如最高法院 77 年度台上字第 1868 號民事判決表示：查工作場所及從事之工作有關事項，應於勞動契約內訂定之（勞基法施行細則第 7 條第 1 款規定）。嗣後資方如因業務需要而變動勞工之工作場所及工作有關事項時，除勞動契約已有約定，應從其約定外，資方應依誠信原則為之，否則，應得勞方之同意始得為之。[55]

晚近，法院判決多有以「調職合理性」取代誠信原則或其他概括條款者。例如最高法院 97 年度台上字第 1459 號民事判決謂：依勞動契約行使權利、履行義務，應依誠實及信用方法，並不得違反公共利益或以損害他人為主要目的。雇主調動勞工工作，應斟酌有無企業經營之必要性與調職之合理性，尚非全以內政部所定調職五原則為衡量標準。[56] 至於最高法院 98 年度台上字第 600 號民事判決（東和紡織印染公司案）亦是強調：雇主調動勞工工作，應斟酌有無「企業經營之必要性及調職之合理性」。

隨著勞基法在 2015 年 12 月 16 日修正增訂調職／動（第 10 條之 1），立法者已綜合考量 1985 年內政部所做成的調職五原則函示及國內外的調職理論與實務做法，尤其是第 10 條之 1 第 1 款「基於企業經營上所必須，且不得有不當動機及目的」及第 5 款「考量勞工及其家庭之生活利益」。所以，從行政法理上而言，第 10 條之 1 已經取代調職五原則，即其不得再作為司法裁判之依據。至於中央勞政機關有關調職五原則之解釋，如其與第 10 條之 1 相牴觸者，亦失去其效力。

二、最低服務年限及違約金之約定

在勞基法 2015 年 12 月 16 日修正增訂最低服務年限（第 15 條之 1）前，司法

---

[53] 民法第 483 條之 1 之規定：「受僱人服勞務，其生命、身體、健康有受危害之虞者，僱用人應按其情形為必要之預防。」

[54] BAG AP Nr. 8 und 14 zu § 611 BGB Persönlichkeitsrecht.

[55] 本案中，上訴人調動被上訴人到高雄廠服務，僅記載「頭份廠徐天基至高雄廠服務」，而未載明被上訴人至高雄廠擔任何項職務工作，使被上訴人無法知悉新工作職務，內容是否與原工作職務內容相同，從而調動自與誠信原則有背。同樣以誠信原則審查者，有最高法院 101 年度台上字第 479 號裁定及其前審之台灣高等法院 100 年度勞上字第 45 號判決（友聯汽車貨運股份有限公司案）。該案中，勞工原擔任基隆高雄長程司機，後被改派為基隆短程司機。

[56] 又，最高法院 90 年度台上字第 3 號民事判決（前審為台灣高等法院 87 年度勞上更字第 1 號民事判決：台塑關係企業總管理處案）亦係涉及調職之爭議，法院也從必要性及合理性加以審查。

實務大多引用學說及中央勞政機關之函釋作為裁判依據。其中，行政院勞委會 83 年 8 月 10 日台 (83) 勞資二字第 58938 號函表示：查勞動契約為私法上之契約，因當事人間之意思表示一致而成立。因之事業單位若基於企業經營之需要，經徵得勞工同意，於勞動契約中為服務年限及違約賠償之約定，尚無不可，惟該項約定仍應符合誠信原則及民法相關規定。然而，本書以為：針對雇主未對勞工教育訓練即約定最低服務期間的約定，如其約定時間過長，恐無法通過嚴格的比例原則的審查。因此，屆時或者將約定的時間縮短、或者該約定全部無效。隨著勞基法修正增訂第 15 條之 1，由於第 1 項明定必須符合兩款情形中之一始能生效。因此，行政院勞工委員會 83 年 8 月 10 日台 (83) 勞資二字第 58938 號函已幾無適用餘地，除非雇主提供合理補償（第 15 條之 1 第 1 項第 2 款參照）。

三、 競業禁止條款

　　針對競業禁止條款，行政院勞委會 89 年 8 月 21 日台 (89) 勞資二字第 0036255 號函表示：勞資雙方於勞動契約中約定競業禁止條款，現行法令並未禁止，惟依民法第 247 條之 1 的規定，契約條款內容之約定，其情形如顯失公平者，該部分無效；另法院就競業禁止條款是否有效之爭議所做出之判決，可歸納出下列衡量原則：（一）企業或雇主須有依競業禁止特約之保護利益存在。（二）勞工在原雇主之事業應有一定之職務或地位。（三）對勞工就業之對象、期間、區域或職業活動範圍，應有合理之範疇。（四）應有補償勞工因競業禁止損失之措施。（五）離職勞工之競業行為，是否具有背信或違反誠信原則之事實。[57]

　　上述中央勞政機關的函示，（一）～（四）標準多為我國司法實務所接受並引用。惟（五）之背信則少見於法院裁判。此無他，依本書所見，背信多發生於高階經理人身上，甚難想像勞工有何背信之可能，且背信為刑事制裁行為，與競爭業務行為之違法性及不當性並無直接關聯，不宜將之作為違反競業禁止條款之要件或標準之一。而隨著勞基法 2015 年 12 月 16 日修正增訂競業禁止條款（第 9 條之 1），並且在勞基法施行細則鉅細靡遺地增訂第 7 條之 1 至第 7 條之 3，提供法院裁判之具體依據，上述中央勞政機關函示殆已失去其適用效力。

四、解僱權之限制

　　在一個雇主以業務緊縮為由終止契約的案件中，最高法院 100 年度台上字第

---

[57] 惟，似乎更多的法院判決是從公序良俗的觀點，認定競業禁止條款無效者。例如台灣高等法院 97 年度勞上易字第 28 號民事判決：「經權衡兩造利益，上述競業禁止條款對被上訴人之不利益與上訴人所欲保護之利益相較，顯不相當，應屬違反公序良俗而無效」。同樣地，台灣高等法院台南分院 97 年度上易字第 140 號民事判決。

495 號裁定及其前審之台灣高等法院 98 年度重勞上字第 26 號判決（聯強國際股份有限公司案）認為：「所謂業務緊縮，係指縮小事業實際營業狀況之業務規模或範圍。因雇主業務緊縮致產生多餘人力，雇主為求經營合理化，必須資遣多餘人力；基於憲法第 15 條工作權應予保障之規定，雇主資遣勞工時，既涉及勞工工作權益將喪失之問題，法律上自可要求雇主於可期待範圍內，捨資遣而採用對勞工權益影響較輕之措施，且勞基法第 11 條及第 12 條對雇主終止勞動契約之事由採取列舉之立法目的──限制雇主解僱權限，及勞基法第 11 條之立法方式係「非有左列情事之一，雇主不得預告勞工終止勞動契約」，不能以此推認有該條各款情事，雇主必可終止契約，暨民法第 148 條第 2 項所規定行使權利履行義務，應依誠實及信用方法，若當事人之一方行使其原所擁有之權利，已明顯偏離法律規定原先所預期之利益狀態，逾越法律所定該權利之目的時，法律即應否定該權利之行使。是以應認雇主依勞基法第 11 條第 2 款規定以虧損或業務緊縮為由終止契約，應具備最後手段性之要件，即必須雇主業務緊縮或虧損之狀態已持續一段時間，且無其他方法可資使用，雇主為因應景氣下降或市場環境變化，方可以虧損或業務緊縮為由終止勞動契約。」

吾人由上述判決中，得出其先引用憲法第 15 條、而後再引用民法第 148 條第 2 項誠信原則規定，似係間接第三人效力的適用。只是，以誠信原則（或禁止權利濫用原則）限制解僱權之行使，是否妥當？或者，這只是在極端例外之情形，始有適用的可能性？再者，在該案中，法院似乎認業務緊縮與虧損為兩種不同的規範事實，此一見解誠屬正確。只是，法院又認「業務緊縮之狀態已持續一段時間」，始可終止契約。此即有待再斟酌。最後，事業單位已經連續四年業績下滑，應已符合「一段期間」之要件，為何法院未能見及之？

最後，針對上述最高法院 91 年度台上字第 1040 號民事判決來看，法官所謂的「法律明定」，包括勞基法、勞動契約法等勞工法令及民法的相關規定；至於「契約具體約定」，應係指勞動契約或僱傭契約而言。另所謂「概括同意」，則是指工作規則或定型化契約條款而言。這表示在「法律明定或勞動契約／僱傭契約約定」之下，勞工的概括同意，使得雇主有權單方地為不利於勞工相關勞動條件之變更。如果僅是工作規則或定型化契約條款，則該事先的概括同意即屬違反誠信原則。本案因屬工作規則（退休辦法第 12 條）保留退休基數條款之變更／刪除，侵害勞工之既得權利，應屬無效。雇主應該在欲變更退休條件時，尋求勞工的同意（即變更契約）。

本案中有問題的是，假設是在訂立勞動契約／僱傭契約時，即已約定勞工概括地同意，雇主得單方地為不利於勞工工作或退休內容之變更。則該事先的約定是

否有效？吾人如從上述最高法院的判決觀之，似乎為肯定。但是，此一觀點實有疑義。蓋如從勞工工作條件的穩定性及其保護的觀點出之，將陷勞工於極為不利的地位。此種授權條款，尚難從勞動彈性化的角度合理化之，蓋其授權範圍過於廣泛矣。因此，本書以為上述最高法院的判決「契約具體約定」，應該將之限縮於雇主欲變更工作或退休內容之際，獲得勞工的同意始可。

　　除了勞動契約之外，誠信原則在集體勞工法中也有適用。其中，最著名者，當屬團體協約法第 6 條以下的誠信協商。另外，勞資爭議處理法第 55 條第 1 項也規定：「爭議行為應依誠實信用及權利不得濫用原則為之。」又，勞資會議實施辦法第 12 條第 2 項也規定：「勞資會議代表應本誠實信用原則，共同促進勞資會議之順利進行，對於會議所必要之資料，應予提供。」同辦法第 22 條第 2 項：「勞資雙方應本於誠實信用原則履行前項決議。」惟，在集體勞工法中，基於團體協約自治及勞資會議自治之尊重，考量勞雇團體之執行公共的任務，誠信原則之適用顯然較為複雜，必須與之取得一個平衡。

第二款　禁止權利濫用原則之適用

　　依據民法第 148 條第 1 項規定：「權利之行使，不得違反公共利益，或以損害他人為主要目的。」緣權利人基於其權利的泉源，本得自由地行使其權利，以實現其利益。雖其會造成相對人的損失，亦無何侵權行為可言。[58] 但是，隨著權利社會性與公益性的主張，權利人遂被要求不得假借權利行使的形式，以達到（違反社會性的）侵害相對人的權利的實質。否則即屬權利之濫用而不受到保護。構成權利濫用之情形，係指行使權利已逾越權利的本質及經濟目的，或逾越社會觀念所允許的界限。

　　在法院的實務上，針對勞工在提供勞務之義務外，是否亦有一（基於附隨義務而來之）請求雇主受領其勞務之權？亦即學者所稱之有無一就勞請求權（Beschäftigungsanspruch），法院與學者的見解並不一致。最高法院 29 年上字第 965 號判例，即是採取否定說，其認為債權人有受領給付之權利，而不負受領給付之義務，如其拒絕受領，通常只負遲延責任，債務人不得強制其受領給付。[59] 惟法

---

[58] 自羅馬法起，即已存在「行使自己的權利，對他人不構成侵害」（Qui jure suo utitur, neminem facit laedit）的觀念。

[59] 民事法律專題研究（六），1989 年 8 月，頁 252；台灣台北地方法院 79 年勞訴字第 46 號判決；台灣高法院 80 年度勞上易字第 3 號判決；Vgl. MünchArbR/Blomeyer, § 93, Rn. 2. 另外，針對受僱人提起定暫時狀態的假處分，以聲請暫時維持與僱用人間的僱傭關係，最高法院 100 年度台抗字第 862 號裁定也以如下的理由否定之：惟按僱傭關係應否存在，即終止勞動契約是否合法，僅生受僱人於訴訟結果受勝訴判決後得否請求復職、給付報酬或損害賠償之問題，並無因避免重大

院及學者間則是有採限制肯定說（即勞工如不就勞，致勞工之技術水準無法維持時，始有就勞請求權）[60]、原則肯定說（即在具體個案之利益衡量，若雇主有優位而值得保護之利益überwiegende und schutzwerte Interesse時，雇主之僱用義務始不成立）[61]、全面肯定說（即基於工作權，勞工因工作而建立群體生活、實踐工作價值及保持人格尊嚴，勞務之提供為勞工之權利）[62] 者。可見學說的分歧。

此其中，持限制肯定說者，即是以民法第 148 條權利濫用之法理，作為其依據。亦即雇主受領勞務固為其權利，然其權利之行使（即拒絕勞工就勞）如於自己無利益（或利益甚小），而卻造成遭拒絕就勞之勞工利益重大傷害時，解釋上應認為雇主濫用其受領勞務之權。於此，勞工有就勞請求權，且其可根據侵權行為規定向雇主請求損害賠償。[63]

對於上述之雇主之僱用義務，吾人以為：就勞請求權固係立於勞工人性尊嚴及人格之發展，而欲透過民法第 148 條第 2 項誠信原則加以落實。[64] 惟勞雇雙方訂立契約之目的，係雇主欲藉由勞工勞務的提供，以完成其企業經營之目的，因此是在給予雇主有一「要求工作的權利」（即勞工有工作的義務），而非在給予勞工有一「請求工作的權利」（即雇主有受領勞務的義務），也因此，除非工作與勞工能力的維持、（高）薪資的維持密切相關（例如藝文工作者、職業運動選手、模特兒）或身分的維持有重大關聯者（如工會幹部），即勞工工作的利益大於雇主不受領勞務之義務時，否則，即應原則上否定勞工有一工作請求權。亦即本書認為限制肯定說或部分肯定說係一折衷而可取的做法。[65]

損害或其他情事，有就爭執之法律關係，定暫時狀態必要之情形。就有關×××聲請維持僱傭關係及給付薪資部分，是否存在爭執之法律關係，已非無斟酌之餘地。

[60] 台灣台北地方法院 79 年度勞訴字第 25 號判決；參閱劉志鵬，勞動法解讀，1996 年 1 月，頁 83 以下；Hueck/Nipperdey I 1. Aufl., 1928, 218; RAG JW MüchArbR/Blomeyer, § 93, Rn. 2.

[61] 林更盛，勞動基準法第 16 條第 3 項之研究，中原財經法學，第 2 期，1996 年 10 月，頁 210；林更盛，德國勞動契約終止制度之研究，台灣大學法律研究所碩士論文，1989 年 5 月，頁 90 以下。

[62] 台灣台北地方法院 79 年度勞訴字第 26 號判決。

[63] 劉志鵬，論就勞請求權—勞工工作尊嚴之反省，中國比較法學會學報，第 13 輯，1992 年 11 月，頁 127 以下。有關權利濫用之效果，另請參閱施啟揚，民法總則，2007 年，七版二刷，頁 435 以下。

[64] BAG AP Nr.2 zu § 611 BGB Beschäftigungspflicht, B1.2; ArbG Solingen v.16.1.96_2 Ga 1/96 (Schuster), AuR 1996, 198 (199).

[65] 呂榮海、俞慧君，勞基法實用 2，1988 年 11 月，頁80：雇主之勞務受領義務在我國尚未被重視，尚未發展成「有影響力」的法律原理原則。反對說，BAG AP Nr.5 zu § 611 BGB Beschäftigungspflicht, B1.4 R., 5; Brox/Rüthers, Arbeitskampfrecht, 2. Aufl., 1982, Rn. 138, 155; Hanau/Adomeit, Arbeitsrecht, 13. Aufl., 2005, Rn. 721 ff.; Söllner, Grundriß des Arbeitsrechts, 11. Aufl., 1994, 250; Zöllner/Loritz/Hergenröder, Arbeitsrecht, 6. Aufl., 2008, 184 f.

　　雖然，2020 年 1 月 1 日施行的勞動事件法第 49 條已有繼續僱用的程序法規定。但是，須加分辨者：上述就勞請求權是從實體法之契約請求權為立論基礎，其請求權並得作為侵權行為之對象，相對地，勞動事件法第 49 條則為法院所裁定之程序上僱用。依據該條第 1 項規定，「勞工提起確認僱傭關係存在之訴，法院認勞工有勝訴之望，且雇主繼續僱用非顯有重大困難者，得依勞工之聲請，為繼續僱用及給付工資之定暫時狀態處分。」其似乎係採取全面肯定說。然而，本條為「繼續僱用及給付工資之定暫時狀態處分」，用語與最高法院 100 年度台抗字第 862 號裁定「維持僱傭關係及給付薪資」尚有不同。後者，似乎在肯定原來僱傭關係繼續存在的前提下，同意勞工之就勞請求權所為。而在前者，法院並未肯定原來僱傭關係繼續存續，毋寧係以原僱傭關係已經終止為前提，只是勞工確認僱傭關係存在之訴有勝訴之望而已。也是因為如此，所以在繼續僱用定暫時狀態處分中，原雇主並無為原勞工加保勞工保險之義務。

　　禁止權利濫用原則也適用於集體勞工法（勞資爭議處理法第 55 條第 1 項參照）。亦即，權利的行使究不得達到濫用的地步。團體協約所約定的工資及其他勞動條件的標準，也應該謹守此一界線。此尤其是公務機構（含政府機關及公營事業單位）的工作者要求過高的工資時，其對於社會大眾的不利影響更是清晰可見。理論上，公部門勞資關係受到禁止權利濫用之適用，要比私部門來得廣泛。因此，法官自然可以判斷其是否已屬於權利濫用。當然，如能由立法者以法律設定一個最大容忍限度的工資標準[66]，以避免社會大眾受到過的不利影響，亦是一可行之道。為此，可以在法律中規定如何確定最大容忍限度的程序，一旦當事人提出超出此最大容忍限度之外之要求時，即屬於權利濫用而無效[67]。

　　最後，一個目前最複雜的問題是：假設雇主先與勞工（合意）終止勞動契約，之後再以派遣勞動的方式聘回原來的勞工，是否屬於權利濫用？在此，要派機構常欲藉此「轉掛」的行為，以規避雇主的責任，並達到降低成本的目的。因此，配合著這種想法，雇主可能會以（大量）解僱、合意終止契約、以及要求勞工離職，先受僱於一家派遣機構，而後再重新送回要派機構工作之情形。其法律效力如何評價？對此，我國學者間有認為雇主（大量）解僱（資遣）勞工，[68] 再由派遣公司僱用後繼續派至要派機構處工作之「虛擬派遣」，解釋上原雇主與原勞工之終止契

---

[66] 我們姑且可以說：這是最低／基本工資的反向思考。

[67] MünchArbR/Otto, 2. Aufl., 2000, § 282 Rn. 93, § 287 Rn. 187; Seiter, Streikrecht und Aussperrungsrecht, 1975, 560.

[68] 邱駿彥，勞動派遣法律關係若干疑義之考察，台北大學法學論叢，第 60 期，2006 年 12 月，頁 60 以下。

約意思表示，屬於民法第 87 條之通謀虛偽意思表示，無效。[69] 即應肯定要派公司繼續僱用假象的終止契約的原勞工。[70] 至於合意終止契約之情形，基於私法自治原則，勞雇雙方當然得有效為之。但是，如所謂之合意終止契約，得視為雇主為達到某種目的之作為時，其契約終止之效力即屬可疑。

　　針對上述合意終止契約之法律效力，本書亦以為如同勞工之自我辭職有些係基於雇主之積極促成者，合意終止契約之簽訂亦有係起因於雇主者。此處所指之策動（Veranlassung），係指勞工如拒絕簽訂合意終止契約，亦將難免於雇主在同一時點，以解僱之手段終止勞動關係而言。[71] 果如此，該項合意終止應屬無效。否則，派遣勞工合意終止契約或自行離職後受僱於另一家派遣機構、再送回要派機構（原雇主）處工作的法律效力，應屬無疑。

　　至於要派機構自始決定人選後再掛名到派遣公司、以及先解僱自有勞工、令之掛名到派遣公司處、再送回到原來公司工作之情形，前者，是否代表要派公司已直接成為「雇主」，[72] 後者，是否應依台灣民法第 87 條（德國民法第 117 條）通謀虛偽意思表示（Scheingeschäft）無效處理？本書則以為有再加以探討之必要。亦即針對前者，固然要派公司不應直接參與選才的過程，否則，派遣公司將只淪為居間的角色而已。但是，在其選定人才後，實際上還要有一個「簽約」的動作，亦即「僱用」的過程，這是其契約自由的極致表現。他可以選擇直接與該應徵者簽約、他也可以拒絕簽約，他當然也可以商得派遣公司與應徵者同意後，由派遣公司僱用該勞工後，再派至要派公司中工作。這突顯出一個法律原則：立法上並無法強制要派公司一定要僱用派遣勞工，或者直接擬制其為派遣勞工的雇主。否則，即是不當地介入私法關係、而且也難免陷入強制僱用的漩渦中。（惟勞動部在 2014 年 2 月送行政院審查版的派遣勞工保護法草案，其中的第 7 條，即是採取擬制要派機構與派遣勞工成立僱傭關係的做法。依之：「要派單位不得於派遣事業單位依要派契約派遣其派遣勞工前，有面試該派遣勞工或其他指定特定派遣勞工之行為（第 1

---

[69] 在中國，2006 年濱中民終字第 109 號有關「崔文飛與濱洲市勞務派遣公司案」判決，也是採取此一看法。依之，「逆向勞動力派遣」（作者按：即轉掛也）是一種借用勞動力派遣名義，逃避法律責任的反向勞務派遣方式。在形式上，其顛倒了派遣單位與接受單位的關係，勞動者就是實際用人單位招聘的，兩者之間存在真實的勞動關係。由此引發的勞動爭議，其後果應由實際用人單位承擔，派遣單位不承擔責任。

[70] 邱駿彥並且認為：其實，在虛擬的勞動派遣中，虛偽的意思表示存在於三方當事人：原雇主與勞工終止勞動契約、原雇主與派遣公司訂定派遣契約、派遣公司與派遣勞工訂立勞動契約。後二者契約可視為係契約之聯立。邱駿彥，前揭文，頁 61。

[71] 如果雇主只是談到經濟不景氣或營業利潤下滑，勞工即自行辭職或與雇主合意終止契約，則當然不屬於此處「策動」的範圍。

[72] 邱駿彥，前揭文，頁 58 以下傾向持肯定說。

項）。要派單位違反前項規定，且已受領派遣勞工勞務者，自要派單位受領勞務之時點起，視為要派單位以不定期契約直接僱用該派遣勞工（第 2 項）。前項派遣勞工與派遣事業單位之勞動契約，於要派單位受領勞務之時點起視為終止，派遣事業單位應發給資遣費，其資遣費之給付標準依勞動基準法或勞工退休金條例規定計算（第 3 項）。派遣勞工於知悉第一項情形之日起三十日內，或於要派單位提供勞務之日起九十日內表示不同意者，不適用前二項規定（第 4 項）。」）

　　因此，在法理的解決上，本書以為原則上可以援用民法上間接代理人（行紀）（Strohmann）[73] 的規定解決此一問題。亦即除非原雇主（要派公司）係非法解僱勞工，再以派遣勞工的身分回到原公司工作，其原來的勞動關係（不受影響）繼續有效外。[74] 否則，所有的「轉掛」行為，性質上應該屬於民法第 576 條之行紀（間接代理），與民法第 87 條之通謀虛偽意思表示尚有不同。[75] 在派遣勞動的情況，雖然有稱此種間接代理人行為係「假象的勞動派遣」者，只不過，這並非否定其效力。在此，間接代理人（行紀人）先以自己的名義與派遣勞工訂定勞動契約，而後負有將所訂勞動關係移轉給委託人（要派機構）之義務，[76] 在還未移轉之前，其法律關係只存在於間接代理人與本人（要派公司），以及間接代理人與相對人（派遣勞工）兩面之間。本人與相對人並無直接關係。[77] 直至移轉之後，委託人始一變而為勞動契約中之雇主也。[78] 換言之，只有當派遣公司與派遣勞工、或者派遣公司與要派公司約定其不負契約所生的權利義務，其間的法律關係始依通謀虛偽意思表示處理。不過，在這裡由於民法第 87 條第 2 項有隱藏的法律行為有效之規定，故在派遣勞工（相對人）與要派公司（委託人）間終將成立一勞動關係。[79]

---

[73] 如果將德文 Strohmann 翻譯成中文，其意指「充當擋箭牌的人」。

[74] 在此，被非法解僱的勞工可以請求回要派公司繼續工作，民法第 487 條的規定可以適用於此。

[75] 與本文採取同樣看法者，Mengel, Anm. zu BAG v. 18.10.2006, RdA 2008, 178 (Befristung-Arbeitnehmerüberlassung-Rechtsmißbrauch).

[76] 不只是依據民法第 484 條規定讓與勞務請求權而已。

[77] 即使法律行為的相對人知道行為人只是一個間接代理人（後面仍然有一個本人／藏鏡人 Hintermann），該法律行為仍然有效。在此，是行為人享（負）有該法律行為的權利義務，而非背後的本人。

[78] 但是，王澤鑑認為：在間接代理之情形，間接代理人可以將對於相對人的債權移轉給本人（作者按：亦即債權讓與），由本人逕向相對人主張，並同時約定由本人承擔間接代理人之價金給付義務。參閱民法第 294 條、第 301 條。請參閱王澤鑑，民法總則，1983 年 11 月，頁 364 以下。本書以為：果如此，嗣後行紀人只是將仍然殘存的契約地位移轉給本人而已。

[79] 其實，有關間接代理人行為，其最著名的顯例是一人公司（Einmann-gesellschaft）。無論是德國 1980 年修正的有限公司法第 1 條或台灣 2001 年 11 月 12 日修正的公司法第 2 條第 1 項第 2 款規定，均已明白承認一人公司的合法性。不過，在其他的情況，間接代理人行為仍然有其適用的餘地。例如，想要從事一定法律行為的甲，由於具有消極的資格（曾被判刑確定 Vorbestraft 等），

　　進一步言之。此處所涉及的問題是：勞動派遣可以行紀的方式進行嗎？台灣民法第 576 條之行紀人以自己名義為他人所為之「其他商業上之交易」，是否包括委託人（要派人）與行紀人（派遣人）所為的代訂派遣勞動之行紀契約？對此，雖然「成立勞動契約」似乎與傳統的「商業上之交易」不合，但在資本主義講求擴大自己的經濟領域與影響力、以及盡量促成勞動關係的考量下，似乎應該承認其效力。何況，在一般代理的情況下（台灣民法第 103 條以下），要派人既可以委託派遣人（以本人名義）代為訂立勞動契約，[80] 則在間接代理的情形，似乎不必採取不同的處理態度。而且，行紀人既然負有將勞動關係移轉給委託人之義務（類似規定請參閱民法第 541 條第 2 項），即顯示出其與一般勞動派遣關係中，派遣人、要派人、派遣勞工始終保持三角關係者，有別。如此一來，在關係企業（設立一家派遣公司的）以間接代理人行為的方式（即行紀）所成立的勞動派遣，應該有效。[81] 惟該行紀人應該將勞動關係移轉給委託人，由其接替履行勞動關係的權利與義務。[82]

　　果若轉掛可以間接代理人的理論處理之，則實務上越來越多關係企業自行設立一家派遣公司，將原來所僱用的勞工解僱後掛名至該派遣公司、再送回至要派公司工作的法律效力問題，應該也可以解決。在此種情況下，假使該派遣機構並未在市場上活動，只承作關係企業本身的派遣工作，則該派遣機構並不負擔雇主的風險，實際上只是轉介勞工給使用企業，扮演人事管理部門的角色而已。[83] 只不過，在現實的情況下，還是有可能發生關係企業中沒有任何一家企業需要派遣勞工，因此派遣機構必須繼續承擔雇主風險的情形。如此一來，該派遣機構與沒有關係企業奧援的派遣機構，並沒有任何不同。[84] 又，在此，應該分辨的是：一般而言，關係企業中的一家企業短暫地將勞工派至其他關係企業工作，且預計在一段期間之後，該勞

而委由間接代理人乙從事該行為也。Medicus, Bürgerliches Recht, 13. Aufl., 1987, Rn. 126 f.; dess., Allgemeiner Teil des BGB, 5. Aufl., 1992, Rn. 602 f.

[80] 這是指派遣人改而以居間人的身分從事仲介行為。

[81] 值得注意的是，中國勞動合同法第 67 條似乎並未禁止此種關係企業內的派遣。至於依據 2008 年 9 月 18 日公布施行的中國勞動合同法實施條例第 28 條規定：「用人單位或者其所屬單位出資或者合夥設立的勞務派遣單位，向本單位或者所屬單位派遣勞動者的，屬於勞動合同法第 67 條規定的不得設立的勞務派遣單位。」是否即已表示禁止關係企業內的勞動派遣？本書以為仍以採否定見解為宜。持反對見解者，Däubler/Wang, Das neue chinesische Arbeitsrecht, AuR 2008, 86.

[82] 在概念上混淆不清的是，Schüren 認為在間接代理人行為時，應該推定派遣機構是在從事職業介紹。對此，本書以為一個是行紀行為，另一個是居間行為，法律評價上應該不一樣，不應加以混淆。Schüren, Leiharbeit in Deutschland, RdA 2007, 234.

[83] 就此看來，中國勞動合同法第 67 條規定「用人單位不得設立勞務派遣單位向本單位或者所屬單位派遣勞動者。」在規範效力上即有問題，蓋該條所規定者正是間接代理人之行為也，依法間接代理人應將權利義務移轉給委託人，三方當事人的權利義務分明，何須禁止之？

[84] Mengel, Anm. zu BAG v. 18.10.2006, RdA 2008, 178.

工會回到原來的企業服務者，原則上並不會受到（商業性的）勞工派遣法的拘束。蓋這本質上是借調（仍然保留原勞動關係的企業外調職）／真正的、非商業性的借貸勞動關係（或稱勞動派遣）（echt, nichtgewerbliches Leiharbeitsverhältnis）也。至於關係企業（設立一家派遣公司）以間接代理人行為（Strohmanngeschäft）的方式（即行紀）所成立的勞動派遣，該勞動契約也有效。只是，該行紀人應該將勞動關係移轉給委託人，由其接替履行勞動關係的權利與義務。

因此，無論是個別企業先解僱後轉掛的行為、或者關係企業設立一家派遣公司的轉掛行為，均將面臨一個難題：原來終止的勞動關係是否繼續有效？或者後來由行紀人移轉的勞動關係重新起算年資？對此，本書以為後來的行紀行為既然是有效的法律行為，自然與通謀虛偽意思表示的法律效果不同，亦即：前後的勞動關係並不連續，由行紀人移轉到委託人的勞動關係重新起算年資。

只是，隨著勞基法第 17 條之 1 的制定施行，本書上述以間接代理人（行紀）理論解決轉掛之主張，恐怕已難再維持。亦即要派單位不得再以契約自由為名，而商得派遣事業單位與應徵者簽約，而後再派至要派單位工作。相較於勞動部在 2014 年 2 月送行政院審查版的派遣勞工保護法草案，其中的第 7 條採取擬制要派機構與派遣勞工成立僱傭關係的做法，因而有強制僱用的疑慮。不同的是，勞基法第 17 條之 1 規定的用語已經較為緩和，但也顯得忸怩造作。依據勞基法第 17 條之 1 規定，「要派單位不得於派遣事業單位與派遣勞工簽訂勞動契約前，有面試該派遣勞工或其他指定特定派遣勞工之行為（第 1 項）。要派單位違反前項規定，且已受領派遣勞工勞務者，派遣勞工得於要派單位提供勞務之日起九十日內，以書面向要派單位提出訂定勞動契約之意思表示（第 2 項）。要派單位應自前項派遣勞工意思表示到達之日起十日內，與其協商訂定勞動契約。逾期未協商或協商不成立者，視為雙方自期滿翌日成立勞動契約，並以派遣勞工於要派單位工作期間之勞動條件為勞動契約內容（第 3 項）。派遣事業單位及要派單位不得因派遣勞工提出第二項意思表示，而予以解僱、降調、減薪、損害其依法令、契約或習慣上所應享有之權益，或其他不利之處分（第 4 項）。派遣事業單位及要派單位為前項行為之一者，無效（第 5 項）。派遣勞工因第二項及第三項規定與要派單位成立勞動契約者，其與派遣事業單位之勞動契約視為終止，且不負違反最低服務年限約定或返還訓練費用之責任（第 6 項）。前項派遣事業單位應依本法或勞工退休金條例規定之給付標準及期限，發給派遣勞工退休金或資遣費（第 7 項）。」其中有問題的是，依據第 3 項下半句「協商不成立者，視為雙方自期滿翌日成立勞動契約，並以派遣勞工於要派單位工作期間之勞動條件為勞動契約內容。」如此一來，要派單位事實上只有協商權或協商義務而已，如果派遣勞工不同意（但此並不包括拒絕協商在內），則

以派遣勞工於要派單位工作期間之勞動條件為勞動契約內容。果然如此，其亦具有強制締約的效力。換言之，僅有在派遣勞工未在「要派單位提供勞務之日起九十日內，以書面向要派單位提出訂定勞動契約之意思表示。」或雙方協商訂定一勞動契約時，要派單位始能免於第 3 項下半句規定的拘束。須注意者，本條第 3 項係規定「以派遣勞工於要派單位工作期間之勞動條件為勞動契約內容。」這是指與派遣事業單位所簽訂之勞動契約的內容。所以與「以要派單位所僱用的正職勞工的勞動條件為勞動契約內容。」尚有不同，後者，係指派遣勞工的平等待遇請求權，通常係發生在派遣勞工仍受僱於派遣事業單位，而向派遣事業單位提出請求之情形。

第三款　公序良俗原則之適用

　　民法第 72 條規定：「法律行為，有背於公共秩序或善良風俗者，無效。」民法第 17 條第 2 項也規定：「自由之限制，以不背於公共秩序或善良風俗者為限。」緣公共秩序及善良風俗是國家公共利益的要求，國民倫理的反映，故法律行為之內容不得違反之。[85] 而自由也是個人發展健全人格，人類發展文化所須，其限制當然也不得違反公共秩序或善良風俗。

　　違反公序良俗的具體例子，早期即有就業歧視的禁婚條款、禁孕條款。其係屬於無效之約定。至於經濟活動上的轉業限制（職業自由）及競業禁止（營業自由），也與此有關，自當遵守在「必要且合理」的限度內。[86] 除此之外，現實的工作實態上，也存在特種行業之公主條款或牛郎條款，要求當事人必須提供有關性的服務。由於台灣現行法令尚不允許性產業工作者，因此，該約款亦屬無效。[87] 而且，針對已經提供的服務，當事人也不得主張事實上勞動關係之適用。[88]（同樣地，與非法外勞所成立之僱傭契約，因違反民法第 71 條之禁止規定而無效，無事實上勞動關係之適用）

---

[85] 民法第 2 條規定：「民事所適用之習慣，以不背於公共秩序或善良風俗者為限。」

[86] 請參閱 1936 年勞動契約法第 14 條及第 15 條規定。台灣高等法院 97 年度勞上易字第 28 號民事判決。林更盛，限制過當的離職後競業禁止約定的效力，興大法學，第 5 期，2009 年 5 月，頁 79：離職後競業禁止約款若造成勞工職業自由過度的限制，則應直接認為牴觸民法第 72 條的公序良俗而無效。

[87] 這也反映一個事實：性別工作平等法中有關性騷擾防治之規定（第 12 條、第 13 條），實際上是與人性尊嚴、道德或公序良俗的觀念密切相關。

[88] 相關論述，請參閱黃茂榮，非法僱用童工與其所受損害間的因果關係，收錄於：民事法判解評釋（I），1978 年 9 月，初版，頁 206 以下。最高法院 56 年度台上字第 540 號民事判決。另請參閱台灣高等法院 94 年度重訴更（一）字第 6 號民事判決、台灣高等法院 98 年度勞上易字第 10 號民事判決、台灣高等法院台南分院 91 年度上更（一）字第 55 號民事判決。

　　倒是，應該採取不同思考的是，雖然勞基法第 45 條第 1 項規定禁止童工的使用，而且第 77 條也有刑事的制裁。因此，童工的使用違反法律的禁止規定（民法第 71 條），亦屬無效之法律行為。但是，為了保障童工以往所提供的勞務，[89] 還是應該以事實上的勞動關係理論處理之。這裡是從舉輕以明重的法理，認為相較於勞基法第 44 條第 1 項規定「十五歲以上未滿十六歲之受僱從事工作者，為童工」，未滿十五歲之工人更應該受到該等規定之保護。[90] 惟如果童工在未滿十五歲之前受僱，而被發現時已在童工的年齡之內、甚至已逾十六歲時，則自無令該勞動契約無效（並以事實上的／錯誤的勞動關係處理）之理。此處，即應視同該勞動契約自始有效，工作年資前後加總計算。[91]

　　附帶一言者，台灣對於童工的規定，仍然停留在勞動保護的思想，並且以勞基法的工作時間及勞工安全衛生法第 20 條的規定為主，較少考量童工個人與其家庭的需要以及業界（如農、林、漁、牧業、表演類）特性的不同，也未觸及精神或心理負擔能力或道德危險層次的問題，更不用說未將適用對象擴充及於家內勞動者。目前勞工健康保護規則中，對於童工健康及身心發育檢查的特殊規定，也幾乎付之闕如。其實，不僅是童工、準童工（例如三歲的童星）、甚至是未滿二十歲的青少年工，均應避免其工作的過早或過晚、過長、過繁重（過量）、過危險或者不適合。尤其是童工（及準童工）的勞務，應將之限於輕易的工作（勞基法第 44 條第 2 項規定的反面解釋）。至於職業安全衛生法第 29 條規定，已將原勞工安全衛生法第 20 條規定的「童工」，修正為「未滿十八歲者」，使得童工及青少年工同時受到保障，實是正確之舉（德國青少年勞工保護法第 22 條規定參照）。尤其是，雇主應該於使童工或青少年工工作前，教示或告知其所可能遭遇的意外危險與健康危險、以及其所採取之設置與避免危險的措施。在青少年工初次使用機器或危險的工作位置或接觸有害健康的物質時，雇主也應該教示注意這些工作的特殊危險及要求小心工作。另外，在職業安全衛生法及勞工健康保護規則中，理應增訂強化的檢

---

[89] 相關童工的報導，自由時報，2009 年 11 月 30 日，A8 版「剝削中國童工 廉價耶誕節禮物的真相」。

[90] 吾人如對照 1929 年工廠法第 5 條之僱用未滿十四歲之男女，而其應受到同法第 69 條規定之罰金刑時，亦會得到同樣之結論。但是，準童工比童工更需要強化保護。依據德國青少年勞工保護法第 5 條第 3 項規定，監護人得同意十三歲以上的兒童，從事輕易且適合其身分的工作。其每日工作時間不得超過二小時，農業的家族企業不得超過三小時。

[91] 如果不是按照事實上的／錯誤的勞動關係處理，而是按照傳統的不當得利法處理雙方的權義時，則依據台灣民法第 181 條但書規定應償還其「價額」，如此，僅能計入實際上所提供的勞務，而必須扣除因疾病、特別休假、例假日、國定假日等未工作的日子。對於勞（童）工較為不利。Maties, Arbeitsrecht, 2009, 24 f.

查規定（德國青少年勞工保護法第 32 條以下，即有初次檢查、初次追蹤檢查、特殊的追蹤檢查及補充的檢查等規定）。

第四款　勞動契約與承攬契約、委任契約的區別

一般所稱的勞務提供契約，其主要類型為僱傭／勞動契約、承攬契約及委任契約。其中，勞動契約具有從屬性為其主要特徵，而承攬及委任則以獨立性為其特徵。但基於契約自由原則，勞務（工作）的完成，究竟係以僱傭或承攬或委任契約履行之，當事人常具有選擇的自由（例如肉品工廠與其工人間，可以約定計時或計件給薪的僱傭契約，可以約定以分割完成一片／半隻或全隻屠體給付報酬的承攬契約，也可以約定委託處理分割切片屠體的委任契約）。這表示三個契約類型間，具有一定的流動性。而且，在特定的情況之下，為了確保僱用人的利益，僱傭、承攬或委任契約將會發生等價的效果。例如育嬰留職停薪實施辦法第 7 條固然規定，受僱者於實施育嬰留職停薪期間，不得與他人另訂「勞動契約」。但是，從僱用人的契約利益觀之，應該擴張解釋包括承攬及委任契約在內。

一、承攬契約與僱傭契約

(一) 理論

依據 1999 年 4 月 21 日新修正之民法第 490 條第 1 項規定，稱承攬者，謂當事人約定，一方為他方完成一定之工作，他方俟工作完成，給付報酬之契約。承攬人可以是自然人（個人承攬人、自然承攬人）、但也可以是法人。所完成之工作，可以是有形的結果（例如繪畫、雕刻、清潔）、但也可以是無形的結果（例如藝術表演、演講）。所以，承攬不僅是指工程承攬，還包括為數甚眾、形形色色的勞務承攬。例如營建工程（最高法院 101 年度台上字第 1045 號判決）、植栽工程（最高法院 101 年度台上字第 1307 號判決），以及依據政府採購法所進行的勞務承攬（行政院人事行政局 100 年 10 月 27 日局力字第 1000055848 號函）。

對於勞動契約與承攬契約之區別，很早就有文獻認為 [92]：1. 當事人之意思以勞動給付為目的者為勞動契約，以勞動結果為目的者為承攬契約；2. 勞動契約於一定期間內受僱人應依僱用人之指示，從事一定種類之勞動，而承攬契約承攬人只負責完成一個或數個工事；3. 勞動契約受僱人與僱用人多少有繼續之關係，而在承攬契

---

[92] 史尚寬，勞動法原論，1978 年 7 月重刊，頁 15。其實，在人類勞動的歷史上，以為他人完成一定的工作換取生活之資者，已經由來已久。舉例而言，在中國清代蒲松齡所著聊齋誌異「俠女」一文中，無論是金陵顧生或浙江俠女，均可歸類為承攬人或自營作業者。蓋顧生博於材藝，日為人書畫，受贄以自給。俠女則仰其十指（即女工）為業。

約則對公眾提供其勞務。此一見解，大致上也為內政部所接受[93]。而近來學說，大致上亦採類似觀點。但亦有其突出之處，例如劉春堂[94]指出：1.僱用人由於具有指揮命令權，所以原則上應與受僱人連帶負損害賠償責任（民法第188條規定），而承攬人由於具有獨立性，所以定作人原則上不負損害賠償責任（民法第189條規定）；2.僱傭契約具有勞務專屬性，所以原則上受僱人必須親自提供勞務（民法第484條規定）。例外地，受僱人應得使用履行輔助人幫助其完成工作，例如在律師事務所受僱的律師，自行聘用助理為其查閱資料或訪談特定證人。至於承攬人原則上無專屬性[95]，所以可以為次承攬（例如工程之轉包）。本書基於勞務專屬性的特質，以為受僱人僅能是自然人而已，不得為法人或非法人團體。雖然自然人承攬的事業體，事實上即是自然人本人。但是，其既與對手間成立承攬關係，即不能溯至自然人而認為雙方成立僱傭關係。所以，法院實務上雖有認為自然人承攬與其上手（中間承攬人）或甚至與原事業單位（定作人）間成立僱傭關係者（最高法院101年度台上字第2143號判決參照），本書實難以認同其見解。或許，可以思考的是，針對重要的勞動條件，例如工資、職業災害補償等，以「勞務的類似性及等值性」與保護必要性為由，採取類推適用的法學方法，令定作人負擔雇主的責任。但是，不可否認的，基於彈性化及成本的考量，有不少的企業主會思考以承攬契約取代僱傭契約[96]。另外，隨著勞動派遣使用的多樣化，派遣與承攬的界線越加模糊，企業主藉之從中獲得不當或不法利益的空間，也越加的大。或者，也有認為承攬契約比派遣勞動契約更為精簡有效，而優先採用承攬契約者。所以，面對種種的現象，除了在法令上規定派遣與承攬的區別標準外，也應強化規範個別的承攬人（Solo-Selbständige）（這裡，有可能涉及假象的自營作業者，所以自然人承攬也在其中）及全部部門（廠場）或重要生產活動外包的承攬行為[97]。因為，畢竟其與傳統的承攬不同。至於規範的手段，以工會或勞資會議自我的參與決定為宜[98]。

---

[93] 內政部74年7月19日(74)台內勞字第326694號函參照。

[94] 劉春堂，民法債編各論（中），2011年11月，初版四刷，30頁以下。

[95] 但是，承攬契約中，雙方也可以約定勞務專屬性，例如保險實務上保險業務員即常有此類約定。

[96] 依據德國學者Heuschmid的說明，在一項針對金屬工業5,000家的員工代表會的問卷中，得知約有三分之一（36%）的正職位置，被承攬人所取代。而依據Wank所引用歐洲統計局的資料，德國在2000年到2012年之間，自營作業者成長12%，低於同一時期歐洲各國的總平均值17%。Wank說，德國自營作業者成長的理由，有一部分是其想擁有自我決定的自由及政府為降低失業率，補貼鼓勵成立自我公司（Ich-AG）的緣故。請參閱Heuschmid, Werkverträge - ein arbeitsrechtliches Problem? AuR 2013, 105: Wank, Solo-Selbständige, RdA 2013, 187.

[97] 類似的場景及法律上的處理之道，在行政院勞工委員會89年5月12日台(89)勞資二字第0018469號函中，也有提到。

[98] 德國聯邦勞工法院即承認團體協約中，可以約定外包措施必須經過工會同意。BAG v. 26.1.2011,

　　承攬既以完成一定工作為契約內容，所以承攬人對於完成工作之方法及手段（含時間、工具、是否為次承攬等），擁有相當之自由裁量權。但也負有注意義務及瑕疵擔保責任（民法第 492 條以下參照）。承攬人自己也須面對企業經營的風險（自負盈虧）（在刑事上，承攬人也必須單獨負責。依據刑法第 193 條規定：「承攬工程人或監工人於營造或拆卸建築物時，違背建築術成規，致生公共危險者，處三年以下有期徒刑、拘役或三千元以下罰金。」）而由於信賴關係弱，原則上得為「復承攬」，即得使第三人為之（勞務之提供有替代性）。在從屬性上，雖然法院認為承攬人與定作人間無從屬關係，承攬人得自由裁量決定完成工作之方法（最高法院 100 年度台上字第 1739 號裁定、最高法院 101 年度台上字第 1333 裁定、最高法院 94 年度台上字第 573 號判決、最高法院 105 年度台上字第 1665 號裁定）。但是，承攬畢竟是繼續性勞務提供契約的一種，定作人仍然可有少量的指示權（民法第 189 條但書參照。而且，其似乎不以非專業的指示為限），謂勞雇雙方間完全無從屬關係，似乎與社會現實並不相符。

　　定作人在承攬人完成一定工作前，得隨時終止契約，但應賠償承攬人因契約終止而生之損害（積極損害及消極損害／所失利益）。根據最高法院 99 年度台上字第 818 號判決（澳商聯盛國際企業股份有限公司台灣分公司 vs. 國立故宮博物院：新建工程委託專案管理服務案。執行服務計畫書）：按法律行為之撤銷與解除契約不同，前者係指該行為具有法定撤銷之原因事實存在，經……溯及歸於無效；後者則係契約當事人依雙方之合意訂立契約，使原屬有效之契約歸於消滅[99]；而終止契約，僅使契約自終止之時起向將來消滅，並無溯及效力，當事人原已依約行使、履行之權利義務不受影響。……按承攬之性質，除勞務之給付外，另有完成一定工作之要件。工作之完成可能價值不菲，或須承攬人之特殊技術、耗費勞力與鉅額資金始能完成。是繼續性質之承攬契約[100]一經承攬人履行，若解除契約使其自始歸於消滅，將使法律關係趨於複雜，故僅得終止契約，使契約嗣後失其效力，始符公平原則。而民法第 511 條規定工作未完成前，定作人得隨時終止契約，但應賠償承攬人因契約終止而生之損害。因在終止前，原承攬契約既仍屬有效，是此項定作人應賠償因契約終止而生之損害，自應包括承攬人已完成工作部分之報酬（積極損害）

AuR 2011, 314. 同樣的主張，Heuschmid, a.a.O., 105.

[99] 但是，這樣的說明似乎不符合民法第 254 條規定以下之契約解除。因為解除權也是形成權，單方意思表示即可生效，無需合意。

[100] 由此一法律用語，並無法反證出承攬契約應該有一時性質者，蓋無論是工程承攬或勞務承攬，都會延續一段時間。

及所失其就未完成部分應可取得之利益（消極損害）[101]。

(二) 實務見解

1. 牛奶配售員與報社派報生的契約屬性

就勞動／僱傭契約與承攬契約間之差別，司法院第一廳[102]曾就以下的一則法律問題研究表示相關見解。

法律問題：食品公司之牛奶配售員，報社之派報生，與食品公司、報社間之法律關係，究屬經銷商關係，抑或勞雇關係？（例如牛奶一瓶市價 13 元，配售員每天早上向公司以每瓶 10 元提貨，販賣給零售店 11 元，每瓶賺取差價 1 元，未販賣完者，均得退回公司，每月月底結帳，由配售員將向零售店收取之貨款，扣除每瓶一元之差價後，支付予公司）。討論意見之甲說：本例應屬按件計酬式之勞雇關係。與一般按業績多寡計薪之業務員，並無何不同，且配售員，派報生並不負存貨風險，每件所能賺取之差價，亦早經雇主訂定，迥非經銷商所可比擬。乙說：應屬經銷商關係。按勞雇關係以勞務之提供及工資之獲取為基本前提，配售牛奶、分派報紙，均係「為自己賺取差價」而勞動，而非為食品公司，報社提供勞務，且事實上，食品公司，報社並未給付工資，反倒向配售員，派報生收取貨款，根本欠缺勞雇關係基礎，自非勞雇關係。丙說：本件究屬勞雇關係，抑經銷商關係？由法院依照具體情形認定之。研討結論：採丙說。司法院第一廳研究意見：同意研討結論採丙說。

司法院第一廳對前述問題表示應由法院依照具體情形認定之，固然對於本問題的答案保留許多法律適用上的彈性空間，頗有斟酌個案情形而定；然未能提出一些可供參考、依循的標準或特徵，以作為實務上之參考，於法律適用之安定性上，則不無缺憾。

2. 特約記者的身分

針對特約記者之身分為承攬關係或僱傭關係，最高法院於 92 年度台上字第 2361 號判決中表示：「……又基於保護勞工之立場，一般就勞動契約關係之成立，均從寬認定，只要有部分從屬性，即足成立。……上訴人每月既固定自被上訴人（××電視股份有限公司）領取一定金額，此一定之金額雖名之為工作補助費，實係因工作所獲之經常性給與，上訴人擔任被上訴人之基隆地區特約記者，製作基隆地區新聞採訪錄影帶及稿件之工作，被上訴人得隨時要求上訴人對特殊事件進行

---

[101] 惟類似的案子，在最高法院 100 年度台上字第 390 號判決台南市政府的委託案中，卻是承攬與委任的混合契約。怪哉！

[102] 民事法律專題研究（六），1989 年 8 月，頁 242 以下。

採訪製作新聞錄影帶，上訴人並應於指示期間內將錄影帶及稿件交付被上訴人，上訴人離去其採訪地區，必須事先報告，被上訴人又為上訴人加入勞工保險，以之觀之，上訴人係為被上訴人而勞動，相當程度受被上訴人之指揮監督及管理，而有其從屬性，依上說明，難謂其與被上訴人所訂立之契約非屬勞動契約。」[103]

3. 縫紉工的身分

在台灣高等法院 90 年度勞上易字第 23 號民事判決中，原告（甲）主張自1983 年 3 月 1 日起受僱於被告公司（乙）擔任服飾加工縫紉工作，除領得論件計酬之薪資外，並領取全勤獎金、旅遊津貼及未參加旅遊之補助款等，且須受到乙上班之時間、考勤、加班等之限制。乙主張雙方只是論件計酬之承攬關係，且其主要經濟活動為服飾之批發零售，而非製造業，其自 1998 年 3 月 1 日起始適用勞基法。經過法院認定，以乙在營業所備有機器設備，且僱用有員工從事成衣製造，故其為自 1984 年 8 月 1 日起即受到勞基法適用的製造業。

法院並且認為：按勞基法所規定之勞動契約，係指當事人之一方，在從屬於他方之關係下，提出職業上之勞動力，而由他方給付報酬之契約，故勞動契約以具有從屬性為其特質。[104] 從屬性可分為人格上的從屬性與經濟上的從屬性，……所謂經濟上從屬性，係指勞工完全被納入雇主經濟組織與生產結構之內，[105] 亦即勞工不是為自己之營業而勞動，而是從屬於雇主，為雇主之目的而勞動。……本案中，甲每日上、下班均打卡記錄，請假猶須向主管報備核示，每日早上九時至下午六時準時打卡，即有每月全勤獎金 1,000 元，當日有上班就有伙食費，亦曾領取旅遊津貼等，足證甲勞務之提供係受乙之指揮監督，甲顯非為自己之營業而勞動，而是從屬於雇主即乙，為雇主即乙之目的而勞動。核與承攬關係著重者為勞務之完成，工作具有獨立性質不同。

乙另以甲之勞保、健保均非在乙公司投保，據以否認兩造間之僱傭關係。然

---

[103] 本案較為特殊之處，係當事人的身分為記者。此在德國不僅涉及到勞務提供者的身分認定，更重要的是，其與德國基本法第 5 條規定所保障之新聞傳播自由間的平衡。歷來，德國法院實務上原則上認定其為自由的勞務提供者，而非勞工。 BVerfG v. 18.2.2000, NZA 2000, 653 ff.; BVerfG v. 22.8.2000, NZA 2000, 1097. 相較於最高法院 92 年度台上字第 2361 號判決，最高法院民事裁定 104 年度台上字第 1020 號裁定的見解即屬正確而可採。依之，「兩造約明上訴人為以稿計酬之特約記者，被上訴人按上訴人提供稿件之實際狀況，給付報酬，屬以一定工作之完成為目的之承攬契約，非勞動契約，上訴人不得依勞動基準法之規定，請求被上訴人給付退休金，被上訴人亦無義務為上訴人投保及繳納勞工保險之保險費及全民健康保險費。」

[104] 法院的此一界定似有疑義，蓋其係將 1936 年勞動契約法第 1 條之定義，直接引用於此。正確而言，依據勞基法第 2 條第 6 款規定：「勞動契約：謂約定勞雇關係之契約。」其法律用語中，根本未提及「從屬性」及「職業上勞動力」。

[105] 學者間亦有稱此為「組織從屬性」者。

是否有僱傭關係，應以甲是否受乙僱用從事工作，且獲致工資而定。縱乙未為甲投保，僅屬乙違反行政法令及基於與甲間僱傭關係所生之附隨義務，不得以其未為甲投保而否定兩造間之僱傭關係。[106] 是乙或因為節省雇主應負擔之保費而未為甲投保，甲因未諳法令而自行向工會投保，多年來未曾異議，亦不足否定兩造間僱傭關係之存在。

二、委任契約與僱傭契約

(一) 理論

依據民法第 528 條規定：「稱委任者，謂當事人約定，一方委託他方處理事務，他方允為處理之契約。」在委任契約中，受任人有償或無償地處理委任事務（含法律的事務及非法律的事務）時，係以委任人或者以自己的名義進行活動，接受委任人的、在一定的裁量權下代委任人完成一定之行為。至於處理事務之結果，其利益之歸屬何人，則非所問（但必須依照民法第 541 條處理）。委任契約是基礎（內部）法律關係，代理權的授與則是單獨行為。

傳統上，多數民法學者認為受任人以自然人為限。惟現今接受處理的事務及商業行為趨向多元化，似乎應將之適用及於法人（例如各種管理顧問公司、投顧公司、人力仲介公司 [107]、人力派遣公司等）[108]。如此一來，從事人力派遣業務的派遣機構，其與要派機構間可以是委任契約。事務之處理，並不以產生一定之結果為必要，所以在有酬的委任契約，一經代為處理事務，委任人即應給予報酬。除非委任人與受任人有「成功報酬」特約。例如包打贏、包醫好、包收取債款成功，始有拒絕給付的理由。如此般的契約條款，雖然看似承攬，但仍然是委任。只是得類推適用承攬之有關規定而已。

委任契約，人格信賴關係較強，原則上不得「復委任」，即不得使第三人代為處理（民法第 537 條）。但得使用履行輔助人（民法第 224 條）。所以，一旦信賴關係動搖，當事人之任何一方即得隨時終止契約（民法第 549 條第 1 項）。相對於此，適用勞基法之勞動契約的終止，即必須有法定的事由、且必須依照一定之程序始可（勞基法第 11 條規定以下、大量解僱勞工保護法之規定），顯得困難重重。有問題的是，當事人可否約定拋棄任意終止權？有效？或無效？多數民法學者採取

---

[106] 在這裡，法院似應更直接指出加入勞、健保，只是勞工形式的認定標準，頂多只具有輔助性的角色而已。楊通軒，勞動者的概念與勞工法，中原財經法學，第 6 期，2001 年 7 月，頁 279。

[107] 最高法院 100 年度台上字第 2216 號判決（先豐通訊股份有限公司 vs. 縱橫開發有限公司）。

[108] 在最高法院 100 年度台上字第 1441 號裁定中，委任人是優鋼機械股份有限公司，受任人是鋸鼎國際智慧財產權有限公司，契約內容是為委任人在美國找到代理人銷售產品。另外，請參閱劉春堂，民法債編各論（中），2011 年 11 月，初版四刷，頁 133。

前者，蓋此種約定可以視為停止條件，該約定也沒有違反公序良俗[109]。惟最高法院則是採取後者[110]。

依據民法第535條規定，委任人對於受任人處理事務之方法、形式、時間、地點或過程等，具有指示權。有問題的是，這是否即為從屬性的表徵？其與受任人的裁量權是否相衝突而無法相容？對此，指示權當然隱含一定程度的從屬性，只是，其不能達到勞動契約從屬性的強度，而且，其也不能影響受任人一定程度的自由裁量權限。在此，雖有最高法院認為[111]：委任契約之受任人，以處理一定目的之事務，「具有獨立之裁量權及決策權。」惟此一見解，似乎誤解了裁量權的本質與內涵，蓋裁量權講的並不一定是最後決定／策權。所以，以「具有一定程度自由」或「相當程度自由」的裁量權，都要比「獨立的」裁量權來得合理、實際、具有可行性。試想，「一定程度的」「相當的」或「獨立的」裁量權，其間不僅有質的差異，而且，以前者來看，當事人間較容易成立經理人契約；以後者來看，則很難成立。所以，要思考的是，立法者的立法價值取向為何？較傾向前者？或較傾向後者？在勞工法逐漸成為獨立領域時，價值取向轉變？

另外一個問題是，依據民法第529條規定：「關於勞務給付之契約，不屬於法律所定其他契約之種類者，適用關於委任之規定。」所以，由此可以導出：無法區分僱傭契約或委任契約時，即「適用關於委任之規定」。這是因為在勞務提供契約的個案性質認定上，雖然「為他方處理事務」與「為他方服勞務」，在概念上與特徵上可以區分，惟在個案認定的涵攝上卻是具體而微、甚至困難重重，這乃引發歷來民法學者對於究竟為僱傭或委任契約不明時，均主張應解釋為委任較妥的看法，蓋因委任為典型的勞務契約也[112]。只不過，最高法院89年度台上字第1301號判決及81年度台上字第347號判決認為，「勞動契約非僅限於僱傭契約，關於勞務給付之契約，其具有從屬性勞動性質者，縱兼有承攬、委任等性質，亦應屬勞動契

---

[109] 鄭玉波，民法債編各論（下），1980年1月，五版，頁447；劉春堂，民法債編各論（中），頁183以下。

[110] 最高法院98年度台上字第218號判決、最高法院101年度台上字第1333號裁定。最高法院認為：「當事人之任何一方，得隨時終止委任契約，民法第549條第1項定有明文。惟終止契約不失為當事人之權利，雖非不得由當事人就終止權之行使另行特約，然按委任契約，係以當事人之信賴關係為基礎所成立之契約，如其信賴關係已動搖，而使委任人仍受限於特約，無異違背委任契約成立之基本宗旨。因此委任契約縱有不得終止之特約，亦不排除民法第549條第1項之適用。」

[111] 最高法院101年度台簡上字第1號判決、最高法院100年度台上字第670號判決、最高法院96年度台上字第2630號判決。

[112] 史尚寬，民法債編各論（上），頁356；鄭玉波，民法債編各論（下），頁419；劉春堂，民法債編各論（中），頁145以下。

約」，其是採取「僱傭契約／勞動契約」具有攔截效果的看法[113]。如此一來，民法第 529 條規定與最高法院的見解即互相牴觸。究應如何處理？以何者為準？本書以為在未修法或制定新法（例如勞動契約法）前，法院的見解究不宜與法律規定牴觸。這應該是法治國家的基本原理。

上述委任契約與僱傭契約糾纏不清的案情，在法院實務上，經理人契約可以說最具有代表性、最為頻繁，案情的結局也最無可預測性。這或許是由於：經理人的法律規定多元（公司法經理人規定、民法經理人及委任契約規定）；身分多元（一般經理人與專業經理人、由勞工升任經理人與初始即為經理人、單純經理人身分與具有股東身分者），等諸種因素使然。再加上經理人從屬性的對象與強度認定上的困難，致使其與勞動契約有混淆之疑者。另外，企業實務上多有依據勞工法令及社會保險法的規定，加之於委任經理人身上者，這也增加其身分認定的困難。惟無論如何，斷非法院一句「勞動契約或委任契約，係以契約之實質關係為斷，而非以名稱為準。」（最高法院 97 年度台上字第 1510 號民事判決：中壢魚市場股份有限公司案）就可了然其中之緣由。在這裡，委任經理人身分的浮現，不僅要看其實質上有無處理事務的權限，亦即是事業單位的機關（民法第 28 條），尚且必須經由一定程序選任，亦即依照公司章程由董事會通過決議派任（證明依公司法第 29 條第 1 項第 3 款規定程序委任）（最高法院 99 年度台上字第 2377 號判決）、經股東會決議同意（最高法院 100 年度台上字第 670 號判決）、並依法律登記在案。至於解任時，則是由董事會決議通過，授權董事長終止契約[114]。如果有經過此等程序，而且經理人也在執行其權限，則即使雙方未簽訂書面的委任契約，也應該承認雙方已經完成委任（默示）[115]。

首先，就事業單位將勞工法令及社會保險法上的規定，適用於委任經理人而言，例如加入勞健保（最高法院 100 年度台上字第 670 號判決）、依據勞基法第 12 條（及第 11 條）規定解僱委任經理人（最高法院 100 年度台上字第 1795 號裁定）等。這是否會影響契約性質的界定？也就是說，勞基法第 12 條規定是否也為民法第 549 條第 1 項規定欠缺「信賴關係」的具體表現？本書以為似應採取肯定說。這樣一來，直接引用勞基法第 12 條並不會使得委任契約質變為勞動契約。但

---

[113] 採取同樣看法者，最高法院 101 年度台簡上字第 1 號判決（雲嘉廣播股份有限公司案）：基於保護勞工之立場，一般就勞動契約關係之成立，均從寬認定，只要有部分從屬性，即足成立。

[114] 請參閱最高法院 101 年度台上字第 1 號判決（雲嘉廣播股份有限公司案）、最高法院 100 年度台上字第 2235 號裁定（陽信商業銀行股份有限公司案）。這裡的問題是：如果是勞工，需要董事長解僱嗎？或者這只是形式要件？

[115] 惟最高法院 99 年度台上字第 1689 號判決及最高法院 100 年度台上字第 670 號判決均採否定說。而最高法院 100 年度台上字第 2235 號裁定似乎也採否定說。

是，反之，勞基法第 11 條規定之各款事由，除了第 5 款的不能勝任工作之外，是否亦可適用於經理人？理論上不可。從民法第 564 條規定的論理（擴張）解釋觀之，也應採否定見解。連帶地，解僱最後手段原則也沒有適用的餘地 [116]。這裡會引發另一個問題：是終止委任關係容易（民法第 549 條第 1 項）？或者僱傭關係／勞動關係容易（民法第 488 條、第 489 條；勞基法第 11 條以下）？本書以為應是前者。

其次，在委任經理人從屬性的對象與強度認定上，經理人的從屬性是屬於企業經營階層的構造，與勞工人格從屬性的特質（工作執行層次）尚有不同。前者，經理人的從屬性是聽命於事業單位（公司、行號）或／及董事會及股東會或／及上級之董事長、總經理、副總經理（最高法院 99 年度台上字第 2377 號判決，最高法院 100 年度台上字第 670 號判決，最高法院 100 年度台上字第 1795 號裁定採取肯定說）。這與勞工的從屬性係聽命於其所有的上級主管者，在對象及強度上均有不同。另一方面，委任經理人係事業單位的機關，其是為自己營業而勞動，要面臨企業經營的風險，並且負擔營業損益虧損（最高法院 101 年度台簡上字第 1 號判決）（最高法院 99 年度台上字第 2377 號判決）[117]。再加上其必須以自有財產負擔保責任（侵權責任、債務不履行責任），並無具損害性工作理論或民法第 217 條之適用。這也與勞工不同。而且，其居於組織體系及生產體系中的指揮領導地位，雖也與下屬形成合作的綿密網，但究與勞工的組織從屬性不同。

三者，在身分的多元上，對於一開始即聘請為經理人（含總經理）者 [118]，應該區分一般經理人或專業經理人而分別看待。後者，通常簽有委任契約；前者，則可能簽僱傭契約或委任契約。如果是簽委任契約（含一般經理人及專業經理人），則原則上即應認定為經理人，例外始個案認定為勞工（以契約之實質關係為斷，而非以名稱為準）[119]。

四者，針對勞工升任委任經理人（可以是勞工升任，也可以是一般經理人升任），當事人雙方事實上是終止或暫時停止僱傭契約、而另外成立一個委任契約，

---

[116] 同樣地，委任固可變更委任事務（民法第 528 條），惟其應先獲得受任人的同意。這與僱傭契約上調職尚有不同。如果委任經理人不同意變更委任事務，則表示雙方應依民法第 549 條規定終止契約。此處並無解僱最後手段原則之適用。

[117] 但這不是經濟從屬性，最高法院 100 年度台上字第 761 號判決的見解錯誤。

[118] 例如研發部經理（最高法院 100 年度台上字第 1795 號裁定），會計部經理、稽核處經理代處長（最高法院 100 年度台上字第 1295 號判決）。

[119] 此處，或許也可以思考：有沒有可能一般經理人是簽訂委任契約，而專業經理人簽訂委任經理人契約？委任契約與委任經理人契約有何關聯？互補？

惟不以書面為限，默示的成立亦可（以行動承擔起經理人的職權）[120]。在判斷上，重要的是，要看經理人的工作內容 1. 是否屬於經理的範圍或升任經理人後的給付內容，與 2. 原勞務給付之內容有無不同或者擁有（較原來權限大的）一定裁量權。不能只是換一個名稱而已[121]。勞工如果升任委任經理人，則原則上原來的勞動關係隨之消滅，除非當事人明白約定只是暫時休 / 停止。所以，當勞工升任經理人時，應與事業單位談妥原來勞動關係的處理方式，例如要求累積入經理人契約中或者將其年資結清，由事業單位給予一筆離職金或退休金。

承上而來之問題是，當雇主將委任經理人降調為勞工時，其法律意義究竟為何？對此，本書以為是終止委任契約另定一個勞動契約（可以默示為之）（最高法院 100 年度台上字第 1795 號裁定）。而不是單純工作內容（即處理事務）的變更，所以，並不適用調動五原則（月薪改日薪是勞動條件的不利變更）（尤其是事前已合意調職）。同理，在委任經理人拒絕雇主將其降調為勞工時，意味著經理接受解任、但不同意另訂一勞動契約。所以，事業單位已無義務接受經理人的勞務，並不會發生適用民法第 487 條或第 234 條及第 235 條規定之問題[122]。

五者，針對委任經理人之具有其他的身分而言，具有股東身分的人，當可以受任為委任經理人（最高法院 99 年度台上字第 1970 號判決）[123]。至於其與事業單位的權利義務關係，一方面以股東的身分為準，另一方面以經理人關係處理。另外，委任經理人可以股東身分（擁有股份）當選（出任）董事，此時，其係以經理人的身分繼續行使職權。惟如果是一般經理人（僱傭關係），其以擁有股份而當選為董事時，則基於董事為法人的機關，有其固有的職權，與勞工的身分並不相容。所以，其一旦當選並出任董事時，其勞動契約即當然終止。此處並不宜承認董事可以兼具勞工身分[124]。同樣地，具有委任經理人身分的人，並不得同時擁有勞工的身分，蓋其與專業原則及專職原則不合。否則，將會混淆其權利義務關係。

最後，一旦確定為委任經理人身分，則其仍然擁有分紅的權利，但無勞基法

---

[120] 例如在最高法院 100 年度台上字第 2016 號裁定（家福股份有限）中，勞工升任公司愛河分店之經理時，兩造之原僱傭契約無變更為委任契約之合意，即應以默示的同意認定之。

[121] 參看最高法院 100 年度台上字第 670 號判決、最高法院 100 年度台上字第 1795 號裁定。但是，當形式的委任程序與實質的經理工作內容不一致時，以何者為準？勞工法學者似乎多以後者為準，但是，本書以為不能放得太寬。

[122] 最高法院 101 年度台簡上字第 1 號判決、最高法院 92 年度台上字第 1979 號判決（受領勞務）遲延參照。

[123] 從法律上看，具有股東身分的人，也可以受聘為勞工。如此一來，其與事業單位的權利義務關係，一方面以股東的身分處理，另一方面以僱傭關係處理。

[124] 惟最高法院 100 年度台上字第 1795 號裁定似乎均持肯定說。

的退休金請求權或企業年金請求權[125]。為此，事業單位可以另外提撥經理人退休金，並且設立「經理人退休金管理委員會」管理運用[126]。而在終止委任關係後，如果當事人雙方沒有特別的約定，則經理人仍然可以從事競爭業務之行為，這是民法及公司法規定的反面解釋而來。

(二) 實務見解

1. 司法院第一廳[127]

「公司與其依公司法委任之經理間，有無勞動基準法之適用」？則以勞務之從屬性作為判定勞工之標準，其所表示之研究意見認為：「一、公司與經理間之法律關係，通說認係委任契約。惟勞動基準法所稱之勞工，依同法第2條第1款規定固係指受僱主僱用從事工作獲致工資者而言，然非若僱傭契約之受僱人明定以供給勞務本身為目的（民法第487條參照），故祇要受僱於雇主從事工作獲致工資者，即足當之，不以有僱傭契約為必要。又勞動基準法第2條第6款規定，約定勞雇間之契約為勞動契約。據此而言，凡是具有指揮命令及從屬關係者，均屬之，亦是未以僱傭契約為限。公司負責人對經理，就事務之處理，若具有使用從屬與指揮命令之性質，且經理實際參與生產業務，即屬於勞動契約之範疇，該公司與經理間，即有勞動基準法之適用。反之，則否。二、本題，經理與公司間有無勞動基準法之適用，本諸上述說明應視具體情況認定之。」

2. 最高法院

最高法院97年度台上字第1510號民事判決（中壢魚市場股份有限公司案）：爭議當事人之一方為中壢魚市場「主任兼總經理」，是公司經理人於事務之處理，縱或有接受公司董事會之指示，倘純屬為公司利益之考量而服從，其仍可運用指揮性、計畫性或創作性，對自己所處理之事務加以影響者，亦與勞動契約之受僱人，在人格上及經濟上完全從屬於雇主，對雇主之指示具有規範性質之服從，迥然不同[128]。

---

[125] 最高法院99年度台上字第1970號判決（昇曜國際股份有限公司案）採取否定說。依之，具有股東身分的總經理為委任關係，不得引用只適用於勞工的提前退休優惠辦法。事業單位對於該總經理之非勞工身分認識有錯誤，屬於當事人之資格錯誤，因其錯誤係自己之過失所致，依民法第88條第1項但書規定，不在得撤銷之列。

[126] 最高法院100年度台上字第670號判決、最高法院100年度台上字第2235號裁定。

[127] 民事法律問題研究（六），1989年8月，頁242以下。然而，司法院第一廳之此一意見，恐怕已被2019年5月15日修正公布施行的勞基法第2條第6款勞動契約為「具有從屬性之契約」，所推翻。

[128] 在最高法院100年度台上字第2224號裁定（福懋油脂股份有限公司案）中，原告為顧問，法院認為不得率以職稱或是否有投保勞工保險，遽為僱傭關係之推論。

最高法院 100 年度台上字第 670 號判決（聚益化學工業股份有限公司案）：上訴人為財務經理，被上訴人予以解任，並指派訴外人接任其職務。上訴人主張被上訴人係非法終止勞動契約。法院審理結果認為：按勞基法所定之勞動契約，係指當事人之一方，在從屬於他方之關係下提供職業上之勞動力，而由他方給付報酬之契約，與委任契約之受任人，以處理一定目的之事務，具有獨立之裁量權或決策權者有別。公司之經理與公司間關於勞務給付之契約，究屬僱傭或委任關係，應依契約之內容為斷，不得以職務之名稱為經理逕予推認。查上訴人自 2002 年起擔任財務經理，兩造間之勞動契約原為僱傭關係，似為被上訴人所不爭執。而上訴人一再主張：委任經理人須由公司董事會提出簽署委任契約。然被上訴人迄未與伊簽訂委任契約；又伊之薪資係依勞基法之規定計算，且伊係以被上訴人之勞工身分加入勞保及健保，被上訴人之「委任經理人退休準備金委員會委員」名單，將伊列為勞方，可見伊仍屬被上訴人之勞工，並非委任經理人云云，則上訴人雖自請加入為委任經理人，但是否即係與被上訴人終止僱傭關係？上訴人於加入委任經理人後，其給付之內容與原勞務給付之內容有何不同？兩造間之約定為何？尚未臻明瞭，有待查明澄清，乃原審未予調查明晰，遽以上訴人於 2006 年 3 月 19 日自請加入委任經理人，經被上訴人公司股東會決議同意為理由，即認兩造勞務給付契約為委任契約性質，遽為上訴人敗訴之判決，自嫌速斷。其次，……上訴人係受總經理、董事長指示處理一般財政事務，自 2006 年 3 月 19 日之後，仍與原來工作內容相同，一般財務事務及公司決策性事務，專業事務處理方法可自行決定，但須向總經理、董事長報告，並由總經理、董事長核決；每筆款項支出由總經理審核，再由董事長蓋章各等語，倘所證非虛，上訴人處理一般財務事務既須接受總經理及董事長之指示，其處理此項事務並公司決策性事務猶須總經理及董事長核決，以此以觀，則上訴人處理事務已無獨立之裁量權及決策權，兩造間之關係，能否謂係委任關係，即非無疑。……再按所謂委任者，謂當事人約定，一方委託他方處理事務，他方允為處理之契約，民法第 528 條定有明文。可見委任人欲變更委任事務，仍應得受任人之承諾。原審既認兩造間之法律關係為委任關係，竟謂被上訴人得隨時變更委任事務，所持法律見解亦有違誤。

最高法院 100 年度台上字第 2216 號判決（先豐通訊股份有限公司 vs. 縱橫開發有限公司）：上訴人／委任人（先豐公司）經營電路板加工與買賣，上訴人／受任人（縱橫公司）為人力仲介公司。兩者簽立委任招募契約書，約定縱橫公司代為辦理引進外勞相關事宜。後因先豐終止委任契約，縱橫乃起訴請求損害賠償。最高法院審理結果認為：查縱橫公司為營利法人，藉由提供委任人人力仲介之服務以收取各項之服務費。故兩造間委任關係之存在，非純為委任人之利益為目的，委任事務

之處理與否對於兩造均具有相當之利益關係。故民法第 549 條第 2 項規定：當事人之一方，於不利於他方之時期終止契約者，應負損害賠償責任。其所謂損害，係指不於此時終止，他方即可不受該項損害而言，固非指當事人間原先約定之報酬。然非謂一切預期利益之損失，均在不得請求賠償之列。

查先豐公司係於不利於縱橫公司之時期終止系爭委任契約，因而須賠償縱橫公司之損害，又外勞住宿管理費性質同外勞服務費，為原審所認定。而縱橫公司一再主張其所請求給付之外勞服務費、重新招募將引進外勞之服務費、住宿管理費等，均曾與外勞訂立於書面契約中，應係屬民法第 216 條規定所失利益、所受損害，並非兩造原約定之報酬，此從縱橫公司於計算引進外勞服務費及住宿管理費時，並非純以外勞入境之第一、二、三年之服務費及定額住宿管理費計算，而係扣除應負擔之成本、費用後計算等語，並提出縱橫公司與外勞之書面契約、計算表為證。乃原審逕認該項請求項目，係為原約定之報酬，已滋疑義。且該項服務費及管理費之性質究係如何？先豐公司終止與縱橫公司之系爭委任契約後，是否與他家仲介公司簽約？縱橫公司引進仍在台（先豐公司內）之外勞如何處理？承接之仲介公司是否接續處理後續作業？後續作業內容為何？與該服務費是否對等？又自先豐公司終止契約後，迄今已逾三年，原先引進之外勞應已紛紛屆滿三年，該等外勞或有離境返國者，縱橫公司如何再向之追償服務費及管理費？則縱橫公司所受之損害是否不僅止於上揭之違約金而已，乃原審未遑調查審認，逕認外勞服務費及管理費非屬民法第549 條第 2 項規定及系爭委任契約書第 6 條第 1 款約定所謂之損害，進而為縱橫公司不利之判決，不免速斷。

3. 法律結構的再思考

我國民法中主要的勞務提供契約類型，為僱傭契約、承攬契約及委任契約。其中，委任契約具有攔截／補充的功能（民法第 529 條規定）。另一方面，法院實務有關勞動契約或勞工屬性的判決，也不斷地出現。其中最具代表性的，當首推最高法院 89 年度台上字第 1301 號判決及 81 年度台上字第 347 號判決。只不過，其卻是採取「勞動契約為上位概念，僱傭契約、承攬契約或委任契約為下位概念」的思考模式。這與民法第 529 條的規範哲理不合。究應如何處理？

就最高法院 81 年度台上字第 347 號判決觀之，最高法院認為「按勞基法第 2條第 6 款僅規定『勞動契約，謂約定勞雇關係之契約』，對於勞動契約之性質及成立生效要件如何，未有具體明確之規定。惟依國民政府於 1936 年 12 月 25 日公布尚未實施之勞動契約法第 1 條規定，稱勞動契約者，謂當事人一方對於他方在從屬關係提供有職業上之勞動力，而他方給付報酬之契約。一般學理上亦認勞動契約當事人之勞工，具有下列特徵：(1) 人格從屬性，即受僱人在雇主企業處組織內，服

從雇主權威，並有接受懲戒或制裁之義務；(2) 親自履行，不得使用代理人；(3) 經濟上從屬性，即受僱人並不是為自己之營業勞動而是從屬於他人，為該他人之目的而勞動；(4) 納入雇方生產組織體系，並與同僚間居於分工合作狀態。勞動契約之特徵，即在此從屬性。又基於保護勞工之立場，一般就勞動關係之成立，均從寬認定，只要有部分從屬性，即應成立。足見勞基法所規定之勞動契約，非僅限於典型之僱傭契約，只要該契約具有從屬性勞動性格，縱有承攬之性質，亦應屬勞動契約」[129]。

　　再觀最高法院 89 年度台上字第 1301 號判決（從事件工的木工），在該案中，上訴人（原告）於被上訴人（被告）所有之工廠內擔任木工工作，時間長達十六年十一個月，職稱為「件工」，編入製造課，並登錄於考勤表，被上訴人於 1996 年 8 月將上訴人解僱，並未遵守預告期間且拒絕給付資遣費。雙方爭議上訴人究為承攬工或勞工。上訴人主張應為勞工之理由為：上訴人從事木工工作近十七年，持續為相同單一雇主工作，必須在被上訴人工廠內工作，而無選擇在外工作之自由；需於上午八時上班前打卡，工作時間為上午八時至下午五時；工作時需受公司主管指示分配，公司並指定完工日期；如違反廠規、規定情節重大者，被上訴人得將之解僱；工作材料、所需器具及設備皆由被上訴人提供；每月定期兩次獲得薪資，並經扣繳薪資所得稅；已辦理勞工保險，由被上訴人負擔 80% 之勞工保險費。被上訴人主張上訴人為承攬人（工）之理由為：上訴人承攬家具製作工程，僅需與被上訴人協商單價、數量、交貨期及品質等；有關承攬工作之時間及是否另找他人幫忙，被上訴人均不予干涉；上訴人不需上下班及請假。最高法院駁回台灣高等法院上述之見解，其所持之理由為：按「勞工：謂受雇主僱用從事工作獲致工資者。」「工資：謂勞工因工作而獲得之報酬。」「勞動契約：謂約定勞雇關係之契約。」勞動基準法（以下簡稱勞基法）第 2 條第 1 款、第 3 款、第 6 款定有明文。是勞動契約之勞工與雇主間具有使用從屬及指揮監督之關係，勞動契約非僅限於僱傭契約，關於勞務給付之契約，其具有從屬性勞動性質者，縱兼有承攬、委任等性質，亦應屬勞動契約。

　　上述兩個法院判決的見解，並且常為其他法院所引用。惟依據民法第 529 條規定：「關於勞務給付之契約，不屬於法律所定其他契約之種類者，適用關於委任

---

[129] 最高法院 81 年度台上字第 347 號判決，最高法院民事裁判書彙編，第 7 期，頁 755（757）以下。就勞動契約與委任契約之區別，最高法院則兼採以上二觀點，認為「按經理人與公司間為委任關係，此觀公司法第 29 條第 2 項「經理人之委任……」之規定自明。而勞動基準法所規定之勞動契約，係指當事人一方，在從屬於他方之關係下，提供職業上之勞動力，而由他方給付報酬之契約，與委任之受僱人，以處理一定事務之目的，具有獨立之裁量權者有別」。

之規定。」所以，由此可以導出：無法區分僱傭契約、承攬契約或委任契約時，即「適用關於委任之規定」。即委任契約具有攔截的功能。只不過在法院實務上，上述最高法院 89 年度台上字第 1301 號判決及 81 年度台上字第 347 號判決卻是採取「勞動契約吸收僱傭契約、承攬契約或委任契約」的見解，顯示出與制定法不同的理論推演。這是否可以將之名為「法超越的正義」（勞動契約為上位概念，僱傭契約、承攬契約或委任契約為下位概念）？又其是否可以取代「法內在正義」（委任契約為攔截契約）[130] ？

　　本文以為並非如此。蓋契約類型的規定，係基於法律思想而來，有其固有的理論與哲理，也是個人意志與企業經營的展現。無論是私法人或自然人，均應予以尊重。基於依法行政的理論，司法機關及行政機關也應予以落實。單靠「基於保護勞工之立場，一般就勞動契約關係之成立，均從寬認定，只要有部分從屬性，即足成立」（最高法院 101 年度台簡上字第 1 號判決：擔任雲嘉廣播股份有限公司的台長）一語，似乎無法排除承攬契約或委任契約或（甚至是）居間契約的合法運用。

　　反而是「查勞雇間之勞動契約，於勞基法施行後，應優先適用勞基法之規定，勞基法未規定者，始適用民法關於僱傭之規定。」（最高法院 100 年度台上字第 2016 號裁定）的見解可採，其採取「僱傭契約是上位概念，勞動契約是下位概念」的思考模式，與多數勞工法學者的看法符合，而與最高法院 89 年度台上自第 1301 號判決及 81 年度台上字第 347 號判決的見解不同。

　　其實，從科學哲學的角度，根據或然率理論，「從屬性」（依附性）不是真命題。從屬性只是個概念，無真假可言，也沒有否證性，但下位概念及實質的標準卻可以否證。再者，「受僱人單純提供勞務，有如機械，對於服勞務之方法毫無自由裁量之餘地」。也具有否證性，因為，這與很多實態不合。

第二項　案例評析

第一款　案例 1 部分

　　首先一言者，本案所涉及之工作規則相關法律問題，已在本書第六章第六節第三項有所說明，本案僅為個案的運用而已。

---

[130] 有關「法內在的正義」與「法超越的正義」的討論，請參閱韓忠謨，法學緒論，1980 年 9 月，七版，頁 129 以下。

一、退休辦法與工作規則、僱傭契約（勞動契約）之關係／位階為何？勞資 爭議處理法第 5 條第 2 款之勞動契約，是否包含工作規則在內？

　　何謂工作規則？勞基法第 2 條並未加以定義。2020 年 1 月 1 日施行的勞動事件法第 2 條第 1 項第 1 款雖有工作規則之規定，但同樣並無定義。本書以為其應係由雇主依據勞基法單方所制定，「規定統一化勞動條件及應遵守紀律之文書」。其並無固定的形式，且不須以工作規則為名，因此，退休辦法亦屬工作規則的一部分。依據勞基法第 70 條規定，工作規則既係由雇主單方訂定，無須經個別勞工或工會同意，即其法律性質為「修正的法規範說」，經過核備及公開揭示後即為勞動契約的內容。但是，並不得牴觸勞動契約的約定，更不得違反團體協約。本書也以為勞動事件法第 2 條第 1 項第 1 款有關工作規則之勞動事件，並未改變向來學說及法院實務對於工作規則法律性質之界定。其毋寧係以向來工作規則的法律位階為前提。至於勞資爭議處理法第 5 條第 2 款之勞動契約，解釋上也包括工作規則在內。

二、工作規則之不利益變更，其要件為何？即應考慮勞僱雙方的何種利益？

　　由於本書對工作規則之法律性質採取修正的法規範說，一旦工作規則公開揭示、且無違反法令之強制禁止規定或團體協約時，即成為勞動契約的附件，其變更即必須按照勞動契約變更之方式為之，即必須雙方協商或得到勞工同意始可。這表示即使雇主單方變更，但如涉及勞動條件之不利益變更時，仍然需要勞工之同意，否則該不利之變更並不得拘束勞工，所謂既得權之保障、誠信原則適用於此。只不過，最高法院 88 年度台上字第 1696 號民事判決係採取嚴格意義的法規範說的見解，認為：「雇主就工作規則為不利勞工之變更時，如其變更具有合理性時，即可拘束表示反對之勞工。」對此，雖然雇主可單獨針對作為契約附件的工作規則修正，但是，想要以「合理性」要件合法化工作規則的變更，似乎並未考慮工作規則已成為勞動契約一部分之事實、且未考慮各種勞動契約原理原則（例如調動五個原則、懲戒權之比例原則等）仍然有其適用之問題，故即使在法規範說的前提下，該判決仍然有加以補充的必要。

三、退休金的法律性質為何？

　　勞基法上退休金之法律性質為何？學者、實務間並無一致之見解。本書以為，台灣勞基法之退休與退休金，係公法上之強制規定，依法而言，雇主並無迴避之可能，雖退休準備金之所有權仍屬於雇主，然勞工一旦有退休之事實時，雇主即需給付退休金，由此觀之，退休金並不是贈與，否則雇主應得依民法第 408 條第 1 項隨時撤銷其贈與。其應是雇主因為勞工先前已對之提供勞務之故，所為之給付。即使吾人認為企業退休金係對於勞工長期來忠誠義務之報酬，亦不得以之為贈與。

　　至於將企業退休金視為工資的延付，似乎亦有問題，因其有違反勞基法第 22 條第 2 項本文剋扣工資之嫌，設使勞工因故提早離開職場，則將喪失該部分工資。因此，企業退休金亦不宜視為相對於提供勞務的嚴格意義的薪資，而應視為具有固有意義的照護給付。換言之，將之視為同時具有照扶性質與薪資性質之雙重性格，這是因為一者由於勞工長期地服勞務，雇主為感謝其忠誠而必須以退休金予以照顧；二者退休金之額度係依工作年資與薪資的額度而定。雖然勞基法退休金具有雙重性格，但因其是勞基法之強行規定，而非雇主基於任意所為之給付，因此勞工如符合前提要件即可請領（就此觀之，事實上勞基法的退休金是附有停止條件的照護給付），雇主並不因給予退休金而得期待勞工不應利用其勞力或知識做對其不利之營利行為，換言之，勞工並不當然即因之負有不為競業之義務。雇主如要限制或禁止離職勞工的競爭業務行為，必須與之明確約定始可。

四、誠信原則（民法第 148 條第 2 項）在勞工法上的適用狀況為何？

　　所謂誠實信用，係指於具體的法律關係中，依公平正義理念，就當事人之利益為衡量、運用之意。其適用於所有法律領域。因此，其自當適用於勞工法領域。之前由於台灣的勞動法制／勞動契約法制仍然存在不少未規範的地方，因此，法院及勞工行政主管機關往往透過誠信原則等不特定法律概念的適用，以達到個案解決的目的。惟隨著勞動契約法制的日益完備，以誠信原則等解決個案爭議的必要性已大大減低。雖然如此，不僅勞動契約主要義務的履行仍然需要經過誠信原則的檢驗，勞動契約附隨義務的具體化更是必須以誠信原則為最高準則。

五、如果有法律明定或契約具體約定，資方即可以勞工曾經概括同意而逕行變更工作或退休內容事項？

　　最後，對於勞動契約所約定的工作或退休內容事項，為確保勞雇雙方的信賴利益，除非具有重大的公共利益或因天災事變等不可抗力，否則，立法者並不得經由立法或修法途徑予以變更或廢止。至於勞動契約可否約定或授權雇主在具有一定事由時，即可單方決定變更或廢止之？本書也持否定見解，蓋此並不可以勞動契約彈性化而合理化之，畢竟，勞動彈性或有其必要性，但仍然不得造成勞工權益的不保或不明。如有變更工作或退休內容的需要，仍應經由勞雇雙方協商變更勞動契約約定的方式為之。

第二款　案例 2 部分

　　本案屬於爭議行為限制的問題，作者所著「集體勞工法—理論與實務」一書第六章第五節五、爭議行為合法性的判斷基準及第六節有詳細的說明，此處只針對所

列問題解析之。

一、何謂間歇性罷工？其與警告性罷工、無預警罷工的區別為何？

　　依據勞資爭議處理法第 5 條第 5 款規定，「罷工：指勞工所為暫時拒絕提供勞務之行為。」其並未具體指出罷工的種類。惟從罷工的策略或目的觀之，警告性罷工、無預警罷工、間歇性罷工均為罷工種類之一，其具有成本低、動員人數少、機動、以及騷擾、突襲的特質，故工會多有採用者。其中，警告性罷工在實務上較常出現，其目的在示威，展現工會及會員的實力與意志力，通常伴隨著團體協商而進行。無預警罷工則係工會決議進行罷工，但將罷工發動時間授權工會幹部決定，其並不向雇主提前預告何時罷工。至於間歇性罷工係指工會並非自始不定期罷工，而是只在特定時段罷工，其後回復正常工作，並在一段時間後再次定期罷工。形成一個間歇的現象。上述三種罷工是否合法？學者及實務多有爭議，尤其是其已否違反誠信原則或禁止權利濫用原則。

二、間歇性罷工有無違反誠信原則及禁止權利濫用原則（勞資爭議處理法第 55 條第 1 項參照）？

　　依據勞資爭議處理法第 55 條第 1 項規定，「爭議行為應依誠實信用及權利不得濫用原則為之。」這表示：誠實信用及權利不得濫用原則不僅適用於個別勞動法的領域，也及於集體勞動法，尤其是爭議行為。畢竟，勞資爭議處理法並未鉅細靡遺地規定合法性或正當性條件。再依據行政院勞工委員會 78 年 12 月 16 日台 (78) 勞資三字第 29111 號函，「查目前我國法律無有關間歇性罷工之明文規定，惟就學理而言，所謂間歇性罷工應係指『受僱者在一段時間內以工作及罷工交替進行的一種罷工方式』，此類罷工在法理上均被認係不當之爭議行為，有違公平原則：外國判例皆不認其適法，……。我國民法亦規定行使權利履行義務應依誠信原則及權利之行使不得專以損害他人為目的，採行間歇性罷工應依事實認定有無違反上揭原則與法理；……。」值得注意的是，上述函釋所引用之美國、日本案例，本質上係「工會之不當行為」案例，但在我國勞動三法卻只有雇主的不當勞動行為，而無工會之不當勞動行為。雖然如此，本書以為可以工會爭議手段違反誠實信用及禁止權利濫用原則處理即可。

第三項　勞工法與其他法的關係：以勞工法與公平交易法為例

　　我國實務上對於勞雇關係可否適用公平交易法，意見似不一致[131]。至於團體協約與公平交易法之關係，則更無人論及。但吾人如考諸於工會發軔時期，工會被認為與自由放任思想（Laissez-Faire）相違背，惟現時立法加以保護，免除團結權之刑事及民事責任，鼓勵勞資雙方進行團體協商觀之，團體協約當亦是如德國、美國般，例外的受到法律允許之（企業）聯合行為[132]。然而，台灣在 2011 年 5 月修正施行的工會法及團體協約法，已經分別在其第 35 條及第 6 條規定不當勞動行為及誠信協商，並且配合著不當勞動行為加以行政制裁，這已經使得集體勞工法相當程度質變為勞工保護法。連帶地，也扭曲了團體協約自治的本質。因此，工會的行動是否仍能免除公平交易法的規範？已經不無疑義。而且，法院已經可以對於工會的行動、團體協商、及團體協約內容的合法性加以審查。傳統團體協約自治要求免於法院審查或監督的理論，已經必須加以修正。

第三節　目前的趨勢

第一項　去規範化（Deregulierung）

　　依據法律保留原則，立法者負有規範勞動關係之根本問題之義務，以創造雇主及勞工一個法律安定的環境。然而，即使立法者努力以赴，仍難將所有與工作有關的事項鉅細靡遺地規定，因此對於法所未規範者，即應由法官以「立法替代者」的角色透過裁判予以補充。只不過，法官針對個案所做成判決，其不利於法律安定性自明。為了處理此種見解不一的現象，實有賴立法者逐步完備的立法過程，以收統

---

[131] 工商時報，1996 年 1 月 23 日，4 版：勞雇關係也可適用公平法？公平會委員根據國外經驗，認不能全部豁免；經濟日報，1994 年 5 月 3 日，10 版：公交會看公車罷駛　意見紛歧，一派主張違反公交法　一派認係勞資糾紛。另請參閱楊通軒，聯盟策略與勞工政策—從工會聯盟觀之，勞資關係論叢，第 8 期，1998 年 12 月，頁 140。

[132] 然而，團體協約由於具有直接、強制的效力（法規範效力），加上工會強力地行使，致使團體協約自治陷入困境中。學者並有以為之前德國長期的失業問題，團體協約未能因應經濟的需要而作調整，也是其原因之一。Reuter, Möglichkeiten und Grenzen einer Auflockerung des Tarifkartells, ZfA 1995, 3.

一法律見解之效，並且引導契約當事人法律行為的形成。

另一個問題是，勞工法令的完備固然有利於勞雇關係的明確性，但是，針對已經過時的法令或者過於僵硬的法令，也應該檢討廢止或修正。例如非常時期農礦工商管理條例於 1994 年 2 月 7 日廢止及國家總動員法於 2004 年 1 月 7 日廢止，免除勞動關係當事人受到特別法令制裁的疑慮（我國並且在 2001 年 11 月 14 日公布施行全民防衛動員準備法，以取代國家總動員法）。[133] 在此，除了 1936 年的最低工資法已於 1986 年 12 月 3 日總統令廢止外，本書也主張同時廢止 1936 年的勞動契約法，這是因為此兩個法律都已經制定許久、且在實務上幾乎沒有被引用過，已經無法符合目前勞動環境的須要。尤其甚者，是制定於 1929 年的工廠法，[134] 更有必要儘速予以廢止，蓋其主要內容已被勞基法所承受及修正，實務上幾乎已無任何重要性及實用性可言。若謂其仍有足供參考的條文，則可考慮將之移至他處規範即可。所幸，該法已公告自 2018 年 11 月 21 日起廢止適用。

在台灣，勞工立法過程中較有爭議的是，針對諸如勞動派遣的非典型工作，有無必要立法規範？對此，除了勞動部在 2014 年 3 月送行政院審查的「派遣勞工保護法草案」外，雇主與勞工及工會的態度可能分成兩派，一派支持立法，另一派則反對立法。其立場當然會影響立法者的立法態度及快慢。當立法者決定不予規範時，即表示回歸到現行法令處理，契約當事人擁有廣泛的契約形成空間。至於立法者決定規範時，即必須選擇非典型工作的法律定位在勞工保護法、或者就業促進法、或者兼具兩種特色與功能。雖然立法者有其法律形成權限，但必須認清一個問題：台灣勞工立法是否要逐步走向彈性化之路？畢竟，目前有關非典型工作的規定相當有限，突顯出立法者擔心非規範化及彈性化可能會損及勞工權益。而隨著 2019 年 5 月 15 日修正公布施行的勞基法第 2 條第 7 款至第 10 款有關勞動派遣的相關定義，吾人應可推知立法者係將勞動派遣定位在勞工保護法，並且確認其為一合法的、彈性化的僱用型態，這對於事業單位之部分僱用企業外員工完成業務，應會造成長遠之影響，尤其是尚有不少權利義務事項，並未納入法律規範中，究應如何處理？目前的勞基法、職業安全衛生法及性別工作平等法的規定，只部分保障派遣勞工的權益而已。

又，必須稍加說明的是，支持非規範化的學者間，有提出「沒有勞工法的勞工法是最好的勞工法」（Kein Arbeitsrecht ist das beste Arbeitsrecht）者，如依其

---

[133] 隨著上述兩個法律的先後廢止，也可以看成是爭議行為除罪化之過程。其所可能引發的後續效應為：假使對於爭議行為動輒以刑罰加以制裁，將有陷入「規範矛盾衝突」的疑慮。
[134] 內政部在 1976 年 6 月 24 日始發布施行工廠法施行細則。

見解，則勞工法將會如磁磚般一片一片地被剝落，終至於回歸到沒有勞工法的時代。本書並不支持此種論點（就如同厭惡一切講究速成的旅人一般，其追求內心所吶喊的去速度化 Entschleunigung 的生活，並非想要完全靜止不動，而是放慢而已）。其實，德國勞工法學者 Hanau 在 1993 年的演講中即已指出：[135] 要求去規範者的主張，與一百多年前 Bismarck 發言反對實施（保護勞工的）正常工作日（Normalarbeitstag）及週日休息的主張，幾乎如出一轍。Bismarck 主張：彈性化的必要性、雇主負擔能力的設限、必須考慮與外國廠商競爭的關係、國家補貼的危險性、勞工工資增加的利益要大於工時縮短的好處等。在 2000 年前後失業率高漲的年代，主張去規範者多有將其原因歸咎於解僱保護法制過於僵硬者，並且提出適度鬆綁之論者。[136]

第二項　新的工作型態的基本要求

第一款　勞基法適用對象的再思考

第一目　不區分事業單位之大小、不區分本國企業或外商

　　勞基法性質上屬於勞工保護法，由於定位為規定勞動條件最低標準之法律，因此其適用之對象原則上並不區分事業單位之大小（第 3 條第 3 項之「適用確有窒礙難行者」亦不以企業之大小為準）[137]，舉凡大企業或中小企業，甚至只僱用一位（含部分時間勞工）到數位員工之事業單位，均受到勞基法之規範。但不包括自營作業者、非法外勞、未被我國政府接受並容許工作的難民。事業單位並非以完成商業登記法或商業會計法等相關法規（含消防、建築等）之要求者為限，只要具有實質的完成相關法規要求的條件者即可。也就是包括具有實質條件的地下工廠（非法工廠）（但如果基於特定政策目的而免除商業登記或營業登記者，例如工會之舉辦事業或監獄工廠及其作業成品售賣所銷售之貨物或勞務，即不在內）。至於事業單位地處於基於一些特別法令（例如科學工業園區設置管理條例）而成立的管理行政區域（例如科學園區等），仍然必須受到勞基法的適用。也就是說，依據科學工

---

[135] Hanau, NZA 1993, 338 ff.

[136] Griese, Die Gesetzentwürfe der Länder für ein Arbeitsvertragsgesetz, NZA 1996, 804.

[137] 台灣的性別工作平等法、就業服務法第 5 條第 1 項（例如年齡）所適用的事業單位，也不問廠場的大小。至於勞基法第 70 條有關雇主工作規則之訂立，雖以勞工三十人之界限。惟工作規則是否可視為勞動條件，似不無疑問。

業園區設置管理條例第 6 條,「十九、園區管理局掌理關於勞工行政、勞工安全衛生、公害防治及勞動檢查事項。」但這只是分工而治的行政管轄劃分,並非謂園區管理局對於勞基法的見解,得與中央勞政機關不同(至於中央勞政機關的見解是否合法或可採,即會受到法院的審查)。同樣地,對於勞資爭議的調解或仲裁,也應該採取同一步調。至於在設置於園區內事業單位工作的員工,如因勞資爭議事項而尋求園區外的勞政機關的協助,基於法律一致性及行政協助的立場,應該具有法律效力。同樣地,加工出口區管理處依據加工出口區設置管理條例第 5 條掌理「十三、關於工廠設置及勞工安全衛生檢查事項。」亦應遵守勞工法令的相關規定,不得採取與勞政機關不同的見解。而法院在審理設置於科學工業園區或加工出口區的勞資爭議案件時,也應與其審理一般勞工案件時採取相同的態度與標準。即便是外商,如其在我國設立據點(不以分公司或子公司或總公司為限)並聘有員工,亦有勞基法之適用,而不問其所僱用之勞工係本國籍或外國籍〔對於在外國訂立僱傭契約,而被派至我國長期或短期工作之勞工,例如外國航空公司在台櫃台人員或空服人員,也必須遵守勞基法及其他公法性質的勞工法規規定。以基本工資而言,即使只是短暫在台灣停留數日或數小時,仍然應給予台灣的基本工資。所以,廉價航空公司的員工也受到保障。針對如台灣的海洋國家,如果外國郵輪或貨輪到港口從事營利行為(載運旅客或裝卸貨物),亦同樣有其適用。但如果只是路過短暫停留(補水、補油、補食品等),即無需將之納入;同理,針對內陸國家,外國的職業駕駛駕駛車輛至其國內裝卸貨,固可要求其遵守基本工資規定。但如果只是經過內國道路期間,其既無營利之行為,即不應要求其基本/最低工資係按該內國規定計算,而是依據車輛登記國或出發地國家的規定〕〔如果是勞動契約部分,則可能有契約準據法的問題〕。然而,自該法適用以來,即受到來自企業界之批評,尤其是來自中小企業之反彈。究其原因,不外乎對於雇主而言,勞動力是其生產成本之一,中小企業的籌資能力本來即較弱,在有限的資源下,如果因勞動條件提升所引起之生產成本提高,必將排除其資金之合理運用,甚至導致營運的困境。換言之,勞基法上勞動條件之要求,大企業履行的能力的確較高,而中小企業的負擔能力則較弱。此從實務上所調查之數據即可得知 [138]。亦即,對於為數不少的中小企

---

[138] 不僅是大企業與中小企業對於勞基法之適應能力不同,同樣地,雖是大企業,新設立的及老企業的適應能力亦有差異。而適用能力最差的,應是新設立的小型企業、然後是新設立的中型企業。而對於中小企業影響最大的,應是解僱保護的規定。亦即雇主即使只僱用一位勞工,在其面臨勞基法第 11 條規定之各款事由時,亦必須踐履勞基法的各種規定與義務。雇主如要履行該等規定,可能會面臨企業經營毀滅的下場,導致其憲法第 15 條規定之財產權不保的結果。如從比較法來看,德國解僱保護法第 23 條即有五人或十人門檻的規定,其應該可提供我國立法者參考之用。

業而言，勞基法上之勞動條件，早已非最低標準，即使有心履行之，有時仍難免心餘力絀。[139] 為了解決此一問題，針對勞基法的特定項目設定僱用人數門檻，似乎係一可以思考的做法。例如勞基法第 11 條規定之適用，以雇主僱用勞工人數五人以上者為限。惟此必須與大量解僱勞工保護法第 2 條的適用人數連動考慮。至於勞基法之其他勞動條件（例如特別休假、退休年齡與年資等）是否也得設定例外？則為免法規過度複雜化與零碎化，似以持否定說為宜，此所以 2016 年 1 月 1 日修正施行的每月四十小時工時制，即無僅以中大型企業為適用對象的設計。

　　除了事業單位的大小之外，事業單位的性質／工作型態是否適合納入勞基法，其實問題更大。由於中央勞政機關已經逐漸將各行各業及工作者納入勞基法適用，所以由覆蓋率來看，勞基法的恩澤的確已廣被天下。然而，一個事業單位的性質／工作型態並不會因為被納入勞基法適用之列，而就會驟然改變其本質。強將其納入，會不會造成反生產（contraproductiv）的效果？是否須要事先加以評估？例如「私立藝文業及私立學術研究及服務業之研究人員」能否與之訂立定期勞動契約？在 2007 年 4 月 12 日德國科學研究人員定期勞動契約法（Gesetz über befristete Arbeitsverträge in der Wissenschaft）[140] 中原則上即採肯定的態度。亦即在該法中，除了隸屬於邦公務員法適用範圍的高校的教師外，其他的科學研究人員、藝文工作者、博士生、博士後研究員均可與之訂立定期契約，以配合該等人員的本質或工作型態。所以，有問題的是，台灣的中央勞政機關透過「專科以上學校兼任助理勞動權益保障指導原則」及「專科以上學校強化學生兼任助理學習與勞動權益保障處理原則」，要求各大專院校必須給予「勞動型」學生兼任助理勞工法及社會保險法的保障，則其除了加保勞健保外，首先即必須告訴「雇主」：其可否與學生兼任助理簽訂承攬契約或委任契約？如果是勞動契約，是否得簽訂按時計酬或按件計酬？是

---

[139] 對於原未納入勞基法之行業或工作者，於其僱傭關係存續中經納入適用者，基於法律保留原則（中央法規標準法第 5 條第 2 款），如勞基法中有明文規定工作年資合併計算者，自應受其規範。勞基法第 84 條之 2 即屬此一規定，而勞基法施行細則第 5 條第 2 項則是將之具體化界定。因此，工作年資雖然合併計算，但基於工作年資給付之資遣費及退休標準卻是分段計算。換言之，如納入適用勞基法前之事業單位依其當時應適用之法令（主要是台灣省工廠工人退休規則、廠礦工人受雇解雇辦法、以及工廠法）並無需給付資遣費及退休金，而且事業單位並無資遣費及退休金的規定或約定，勞工即不得主張該時期的給付。惟勞基法第 84 條之 2 只針對資遣費及退休金規定，因此，對於僱傭關係早已存在，而於契約結束時，與工作年資有關的其他的權利（例如久任獎金），似仍應回溯自受僱日起算。至於尚未納入勞基法之行業或工作者，則或者回歸到民法第 482 條以下之僱傭契約章規定、或者在工廠法未廢止前的時代，依據工廠法的規定處理之。內政部 75 年 8 月 28 日 (75) 台內勞字第 436528 號函謂：原適用工廠法但依勞基法第 3 條及其施行細則第 3 條規定尚未納入勞基法適用範圍之廠（場），在本部依法指定適用勞基法前，仍暫繼續適用工廠法。

[140] BGB. I S. 506. 該法總共只有六個條文。

否得簽訂定期勞動契約？其是屬於勞基法第 9 條之哪一類型定期契約？或者是以學生在校期間為準的定期契約？甚至是包括學生畢業後也要繼續僱用的不定期契約？假設學生延畢多年，是否還必須繼續僱用之？或者有一定年限的上限？且既然學生兼任助理具有勞工身分，大專院校當然得從事績效管理（學生突然是教職員的同事），並且進行獎懲（甚至要求其先受聘於派遣公司、再以派遣勞工的身分回校工作）。又，對於違反勞動契約、甚至已違反校規者，是否得同時予以懲戒及進行校規懲處？至於其既然具有勞工身分，理論上當然得組織及加入工會、進行協商與罷工。

　　只不過，本書以為有關大專院校學生兼任助理（還有工讀生）的學習與工作，均是屬於高教政策的一環，理應由教育部統籌規劃及將相關立法草案送立法院審理（就像建教合作生一樣。不然，教師也是勞工，教育部也可以轉請勞政機關訂定或修正教師法等相關法律）。事實上，工讀生及學生助理均以具有某校的學生身分為前提（對於僱用他校的學生當工讀生或助理者，問題相對的少），其屬於公法性質的教育規章的範圍，屬於特別法律關係下的一環，至於其上位指導原則是大學自治及學術自由。所以，在此一面學習及同時工作之情況，其身分實際上（頂多）類似技術生、建教合作生及學徒。其法律關係並非勞動關係，而是（至多）類推適用勞基法第 64 條以下或高級中等學校建教合作實施及建教生權益保障法第 21 條規定以下解決（因此，依據勞動事件法第 2 條第 1 項第 2 款，受到勞動事件法的適用）。否則，舉輕以明重，技術生及建教生更有理由要求將其直接認定為勞工！如果勞政機關認為必須給予較佳的保障，其恐怕必須透過正常的立法途徑為之，而非以兩個原則（再外加 2015 年 9 月 15 日的新聞稿）作為行政指導的依據。從依法行政及法律保留原則來看，此種迂迴立法程序（逃避立法院監督）之便宜行事的做法，實在不足取。如果對照於其他行政機關，中央勞政機關此種勇於制定各種原則要求勞雇雙方遵守的做法（以行政指導之名，而行法律規範之實），實在顯得唐突（類似此種便宜行事的原則，在中央勞政機關還存在不少）。這只會徒然造成學校、教師、學生、工會間的法律糾紛，而終須依恃法官依法判決加以處理（試問，即使確實是「學習型」的學生助理，一旦發生身分認定的爭議，是要由學校的校務會議或其他部門、組織認定？教育局或教育部？或是由地方勞政機關？假設是後者，是否會一律認定為「勞動型」、而無「學習型」的空間？）

　　因此，基於大學自治、學術自由及高教政策的要求，大專院校在研究助理及一般助理的使用上，本來就有極高的自主權，如此也才能在自由風氣中創造出與國際上著名大學的產品。而助理在教學研究上扮演相當重要的角色，也對於其本身漫長的學術生涯的養成有相當大的助益。現在，中央勞政機關以一紙不具法律效力的

「指導原則」打破了大學自治及高教政策，已違反司法院大法官會議釋字第 380 號行政機關不得為不當行政監督的要求（還有第 563、684 號解釋參照），其視大專院校為一般的生產事業單位，並將裡面的學習者作為勞工看待，恐怕只會不利於我國學術的發展及有學術發展潛力的年輕學子的研究能力養成。所謂的「招募或僱用兼任助理，應遵守就業服務法」、「由學校、學生代表及專家學者共同組成，其中學生代表部分，由大學與研究生學生會、工會（如有工會者）代表推派，就校內欲規劃之相關兼任助理制度進行溝通討論與凝聚共識」，甚至勞政機關進入學校進行勞動檢查，真不知何以說之？亦不知其如何符合大學自治及高教政策的精神？果如此，在目前已有一些研究單位的圖書館開放時間為 08:00～17:00，或許在未來，公私立大專院校也應以生產事業單位的角色，回歸到勞基法每日八小時工時制度的要求。如此，始能避免觸法（及掃除「人類是唯一會加班的動物」的污名）。

第二目　納入規定的勞動條件眾多

　　勞基法上規定之另一項特色是：規定的工作條件種類眾多，可謂集所有保護規定之大成（另外，職業安全衛生法及性別工作平等法中，也有工作條件或生活條件〔例如托兒所設置、家庭照顧假等〕的規定）。如果再加上「附則」具有實質效力的規定，其範圍越廣（問題是，勞資會議並非勞動條件，立法者在勞基法第 83 條規定勞資會議，除了體例有問題外，更會引起其是勞動條件的誤會）。此種廣泛的立法方式（鉅細靡遺地保護勞工之權益。然而，由於其規定得太過廣泛），是否會造成政府機關落實的困難？或甚至地方政府的反對推動（例如 2017 年 7 月 1 日起施行的一例一休）？並非無疑。固然負有保護之義務，惟法律所重者，不在於該法規定之廣泛及理想的崇高，而是在於該法所規範者確實具有絕對必要性，而且得以有效地將之施行、落實。這樣看來，勞基法第 8 條將職業安全衛生及福利事項，回歸各該法律（職業安全衛生法、職工福利金條例）辦理，毋寧是正確之舉。那麼，勞基法第 64 條以下規定之技術生及建教合作班學生，既然已在職業訓練法及高級中學建教合作實施及建教生權益保障法有所規定，是否也應回歸各該法律辦理？雖然其並非勞工，但處理的方式應不宜不同。

第三目　定期契約過於僵硬

　　勞基法是勞工保護法，因此，基於勞動關係存續保障的考量，嚴格限制定期契約的約定。此從育嬰留職停薪實施辦法第 6 條「育嬰留職停薪期間，雇主得僱用替代人力，執行受僱者之原有工作」，即可知中央勞政機關避諱「定期契約」之態度（諷刺的是，在公布施行育嬰留職停薪實施辦法第 6 條的同一時間，中央勞政機

關卻以民國 91 年 4 月 12 日勞動二字第 0910017954 號令及民國 91 年 4 月 26 日勞動 3 字第 0910020358 號函肯定雇主得與替代人力簽訂定期契約。形成暗度陳倉的現象，實不可取）。然而，由於勞基法定期契約的種類及期限有過於僵化之虞，除了實務上多有不遵從者外，恐怕也不利於企業為配合經營環境變遷的用人政策，連帶地也影響其國際競爭力，終至於不利於企業的生存與勞工的就業。在 1996 年 12 月 27 日修正之勞基法，雖有放寬工作時間之彈性化，惜並未同時考慮將定期勞動契約之限制加以放寬。之後，勞基法第 30 條之 1 的變形工時，分別在 1998 年 5 月 13 日、2002 年 6 月 1 日、2002 年 12 月 25 日修正公布施行。勞基法並在 2015 年 6 月 3 日修正為每週四十小時工時制時，惟其間均未就定期契約加以檢討調整，使得民法第 488 條「依勞務之目的之定期契約」，是否在勞基法下合法？也留下疑點。另一個更重要的問題是，勞基法只允許具有客觀事由的定期契約，而不允許「以期限為準」的定期契約，不利於基於政策須要的僱用及中高齡勞工就業的促進（這尤其是指雇主得否與已經退休勞工、之後重新進入職場者訂立定期契約的問題。可喜的是，2020 年 12 月 4 日公布施行的中高齡者及高齡者就業促進法第 28 條，已經有「以期限為準」的定期契約規定）。

第四目　部分規定涉及社會給付（例如資遣費）

又，我國勞基法中之規定，有部分涉及社會保險之範圍，在先進國家，係轉由保險或由企業界全體或甚至全民共同負擔，而非由僱用該勞工之單一雇主承擔。蓋經濟解僱的理由多端，並非絕對可歸責於雇主。然而勞基法的規定，例如資遣費之設計，卻是該雇主自行負責。此或與資遣費具有損失補償之法律性質有關，學者間多有討論，而且，對於被資遣而找尋工作之人，資遣費也具有過渡金的性質，與失業給付共同構成勞工找尋到下一個（好）工作前的生活來源。所以，在現行的勞動環境下似乎亦有其必要性。也因此，雖在 2005 年 7 月 1 日施行勞工退休金條例時，曾經考慮將之刪除[141]。但勞工退休金條例第 12 條第 1 項仍然採取部分保留的規定，亦即「資遣費由雇主按其工作年資，每滿一年發給二分之一個月之平均工資，未滿一年者，以比例計給；最高以發給六個月平均工資為限，不適用勞動基準

---

[141] 楊通軒，勞基法中退休與資遣法制之研究，勞資關係論叢，第 9 期，1999 年 6 月，頁 58 以下。採取保留態度者，聯合報，「對勞基法修正內容的建議」，1999 年 6 月 1 日，二版。又，依據勞工請假規則第 4 條第 3 項規定：「普通傷病假一年內未超過三十日部分，工資折半發給，其領有勞工保險普通傷病給付未達工資半數者，由雇主補足之。」顯見在台灣多有以社會保險與雇主責任，同時確保勞工在該段所得中斷期間的（部分）生活來源者。這與德國勞工普通傷病假期間，前六週由雇主責任取代社會保險責任者，尚有不同。請參閱 Steinmeyer, Überblick über die Gestaltungsprinzipien des Europäischen Sozialrechts, EAS, Gesamtausgabe, 54. Erg.-Lfg. Mai 2000.

法第十七條之規定。」另外，勞基法雖無公假之規定，但勞工請假規則第 8 條卻有「勞工依法令規定應給公假」之規定。從性質上來看，公假係為公共利益而為，故因公假所生的薪資具有社會給付的屬性，本應由國家負擔，而不應要求雇主承擔。況且，台灣法令少見有公假規定，大多是由中央勞政機關透過函示而公告者（例如選舉假），已經違反法律保留原則，也不符合勞工請假規則第 8 條「依法令給公假」的要求。此種狀況本應予以矯正，並且以昭公信。至於工會法第 36 條之會務假，雖有稱為「會務公假」者，但事實上為「有薪事假」的性質。最後，在社會給付的理論及雇主財產權的憲法保障上，勞基法施行細則第 23 條之 1 第 1 項明定「本法第三十七條所定休假遇本法第三十六條所定例假及休息日者，應予補假。」似有違法之疑義。從勞基法第 37 條第 1 項來看，是否要補假及哪些日子要補假，屬於內政部的權限，應由內政部統一規定。中央勞政機關僅有「指定應放假日」而無指定應補假之權。

第五目　例示：基本工資的法律問題

另外，值得一提的是，基於以往的政經環境，我國以往集體勞工法並未能落實，政府大多以勞工保護法的方式，保障勞工的勞動條件。此種立法方式，固然也提供勞工一些保障，然而不可避免地，將導致國家介入勞資間的關係太深。勞基法中之部分規定，即有介入太多之嫌，而過度侵犯勞資雙方協商之權。蓋究竟最適當、合理之勞動條件為何，本非身為第三人之國家所能知悉。而是由勞資雙方自行協商到雙方可接受之勞動條件，始能確實消弭勞資爭議於無形。如以基本工資為例，究竟合理的基本工資為何？是否應由各行各業自行決定？[142] 似乎應放手由團體協約當事人自行協商，而在無工會或工會無法與雇主協商出基本工資時，始

---

[142] 在中國，則是以地域來規定。例如在 2015 年初，已有六個地區宣布調高每月最低工資標準，其中海南為 1,270 元人民幣、北京為 1,720 元人民幣、湖南是 1,390 元人民幣、天津是 1,850 元人民幣、深圳則是提高到 2,030 元人民幣。另外，上海也自 2015 年 4 月 1 日起，將月最低工資自 1,820 元調高到 2,020 元，時薪最低工資自 17 元調高到 18 元。而且，在 2010 年時，中國的最低工資內含養老保險金、醫療保險金等三金，工人在扣除三金後，所拿到的最低工資只有 500 元至 600 元〔但之後已經修法不再內含，雇主必須在最低工資外另外提供五險一金（養老保險、醫療保險、失業保險、工傷保險、生育保險及住房公積金，總稱社保基金）。相關報導，社保金亂象 張志軍承諾解決，中國時報 2015 年 2 月 15 日，A12 版〕。但是，在台灣，基本工資並不包含勞保費及健保費中雇主所負擔的保費〔勞基法施行細則第 10 條第 8 款、全民健康保險法第 27 條參照一（一）〕，蓋其是屬於雇主對於勞工保護照顧義務的表現。（至於勞工負擔的保費，則是由雇主依據勞保條例第 16 條第 1 項第 1 款及全民健康保險法第 29 條第 1 項第 1 款自勞工薪資中扣繳。故解釋上其應為基本工資的計算內容之一。其即為勞基法第 22 條第 2 項但書所指「法令另有規定者」）。中國時報 2010 年 1 月 25 日，A12 版：江蘇調高基本工資 台商殺很大。中國時報 2010 年 1 月 31 日，A13 版：調高工資掀效應 台商積極應對。

由國家機關代為制定。[143] 勞基法第 21 條之基本工資之制定方式「基本工資，由中央主管機關擬定後，報請行政核定之」，似值得檢討。蓋其係採取國際勞工組織（ILO）第 131 號公約「對於所有勞工應廣泛地適用最低工資」之要求。亦即，係一般地適用於境內所有行業別、職業、勞工，屬於「單一最低工資制度」。這是我國執政者的自我要求及自我落實，並非基於國勞組織會員國之義務而來。

　　承上之基本／最低工資的制定方式，實際上主要涉及以下幾個問題：首先，現行法由基本工資審議委員會擬定之方式，有無改弦更張的必要？除了上述或者改由工會與雇主以團體協約自治的方式，自行協商決定外，尤其重要的是，有無必要修正勞基法第 21 條第 2 項規定，由中央勞政機關自行決定基本工資的調整？或者基本工資審議委員會移到行政院？其次，是否應按照各行各業自行決定 [144]？或者在台灣分區實施不同的基本工資？或者各直轄市或縣市政府得否依據地方制度法自行訂定基本工資？如此的決定機構或程序的改變、以及分業、分區或分由地方自治團體的訂定，其目的都是在落實公平正義的勞動條件（公平正義的工資）。只是，無論如何的機構、程序、區域等的改變，均無法擬定出一個符合各界需要的基本工資（確定公平正義的界限）。相對地，現行基本工資審議委員會的組成、審議程序以及擬定基本工資，既是基於蒐集而來的各種資料（基本工資審議辦法第 4 條參照）而定，其當然仍能適當地扮演著平均正義的角色。

　　再者，台灣雖採國勞組織第 131 號公約「單一最低工資制度」的規範模式，即其不分行職業及不分本外勞地一體適用基本工資。但是，多年來一直有一股倡議本、外勞基本工資脫勾的聲音，且有引用各種論證者。但由於基本／最低工資具有極高人權的象徵，屬於評量國際文明社會的重要指標，恐怕任何一黨的執政者都難攖國際間指責之鋒。所以，這恐怕並非中央勞政機關一己之力即可決定脫勾與否 [145]，甚至連行政院也難以完全做主。

---

[143] 工商時報 2010 年 1 月 5 日，A4 版：官方全面退出基本工資審議。報導中引述勞動條件處長的發言，表示新基本工資審議委員由勞資學各三分之一組成，主委由社會公正人士出任，採取共識決，由勞資雙方提出心目中的「理想基本工資」後再協商。本書對於當時勞委會的初步構想，認為：1. 它是朝向社會對話的方式改進；2. 由勞資雙方對話或協商「基本工資」，仍難免忽略各行各業薪資水平差異極大的事實，即使能夠取得共識，也只能從低規範而已。另外，有關德國最低工資法制的討論，請參閱 Lakies, Gesetzliche Mindestlohn: Zur Legitimation der Staatsintervention gegen Niedriglöhne, AuR 2013, 69 ff.

[144] 如果按照區域或行業，理論上即有可能部分外籍勞工被排除在基本工資之外。

[145] 依據勞動部前身行政院勞工委員會 82 年 6 月 8 日台 (82) 勞動二字第 29918 號函：一、查外籍勞工來華工作，應遵守我國法令，亦受我國法令保障。勞動基準法對於外籍勞工並無另訂基本工資之規定，凡受僱於適用勞動基準法事業單位之勞工，不論本國勞工或外籍勞工，其工資均不得低於基本工資。二、關於建議對外籍勞工參酌該國當地工資與生活指數另行訂定最低工資乙節，其

　　倒是，本書以為應該密切注意本勞與基本工資日益連動的現象。根據聯合晚報，2014 年 11 月 3 日，A3 版記者陳素玲報導：以基本工資投保勞工保險，去年已飆到四分之一勞工（八年前占 4.5%，去年已占 24.9%）。學者憂「基本工資恐變起薪」。中央勞政機關則說：該檢討的是起薪這麼低。否認基本工資帶衰薪資，但高達四分之一勞工以基本工資投保，的確非正常現象。本書以為應該思考的是：多少比例的勞工以基本工資投保勞工保險，才算是正常現象？以大學畢業生而言，是否會被框住？如果是，一般是多久（幾年）？如何突圍？尤其是：以基本工資投保勞工保險的數字是否還會繼續飆高？如何因應？中央勞政機關有腹案嗎？

　　另外，本書也以為應朝向適度調整或切斷基本工資與社會政策的聯結，以還給基本工資的原貌。這是因為：基本工資斷非僅是一個「工資」（勞務對價）的問題。它除了是一個跨越國界的普世的價值之外 [146]，即使在兩岸四地人員及貨物交流日益密切的現代，在涉及貨物價格與工資高低競爭之問題時，也不得不納入基本／最低工資的考量（尤其是台灣與中國基本／最低工資的競逐）。在此，特別是基本工資與各種社會給付的掛勾，其所摻雜的政策意涵，可謂複雜而多元，包括：身心障礙者權益保障法的差額補助費（第 38、43 條）、原住民族工作權保障法的代金（第 12、24 條）、勞工保險投保薪資分級表第 1 級的連動調升（勞工保險條例第 14 條、勞工保險條例施行細則第 28 條）[147]、就業被保險人於失業期間另有工作之收入，與請領失業給付之關係（就業保險法第 17 條）、建教生的生活津貼（高級中等學校建教合作實施及建教生權益保障法第 22 條）[148]。

　　以下，擬以一法院判決作為例示。在一個外籍勞工因遭遇職業災害而請求補償金的案件（統益汽車公司案）[149] 中，雙方爭執究應以我國基本工資或該外籍勞工所屬國家的年所得薪資為計算基礎？緣受僱人甲（阮氏秋賢）係越南國人，自 2012 年 8 月 30 日起受僱於乙（統益汽車股份有限公司），擔任中空成型機（下稱系爭機器）操作員，每月薪資新台幣（下同）15,840 元。2014 年 1 月 28 日因操作

---

[146] 他國家無類似做法，故未便同意。雖然如此，本書以為：基於國際間慣行的平等互惠主義，對於未能提供我國人民在當地工作最低工資的國家，我國應可排除該國人民之適用基本工資。

[146] 但這並非謂每個國家的基本或最低工資的額度要一致，反而是隨著每個國家的產業發展程度而定，而且，每個國家的落實的程度也不一樣，仍然有些國家停留在口頭上或紙面上的承諾而已。

[147] 基本工資調升，甚至對於中央勞政機關有關於決定職業工會工人之勞保最低投保薪資，是否也要向上調整發生影響。行政院勞工委員會 100 年 12 月 6 日勞保二字第 1000140436 號函、台灣台北地方法院行政訴訟 103 年度簡字第 88 號判決參照。

[148] 這麼一來，技術生的保障反而不如建教生，因為勞基法第 69 條第 1 項並無準用工資之規定，而只是在第 2 項中規定：技術生災害補償所採薪資計算之標準，不得低於基本工資。

[149] 最高法院 97 年度台上字第 1838 號判決。

系爭機器不合標準作業程序，即其為節省系爭機器操作之時間，以達雇主乙規定之工作數量而冒險於系爭機器閉合之際，以左手伸入放置子件，致生系爭事故。其就損害之發生即屬與有過失（原審認為：審酌兩造之過失情形，認由乙負十分之九、甲負十分之一之過失責任為適當）【作者按：甲的過失責任是否太低？甲乙的過失責任比例應該反過來才對？】。至於甲得請求之減少勞動能力損害部分，在訴訟中，乙主張甲係越南國人，除得在台灣工作期間之損害外，應以其在該國薪資可能獲取之年所得為計算基礎，始屬公允。

原審（台灣高等法院高雄分院）審理後認為：因被上訴人係越南國人，其本於侵權行為之法律關係，請求上訴人賠償損害，依涉外民事法律適用法第 9 條第 1 項規定，即應適用侵權行為地法即我國民法及相關實體法，而就損害賠償之法定要件、範圍及計算依據等，均一體適用我國之法律規定，不宜割裂適用。亦即應以我國勞動法規規定之最低基本工資為計算被上訴人減少勞動能力損失之基礎。上訴人抗辯：應以被上訴人在越南國可能獲得之年所得薪資為計算依據，自無足取。是以依被上訴人得請求減少勞動能力損失之三十八年期間，所減少勞動能力百分之六十及其在台灣每月之最低基本工資 15,840 元按霍夫曼式法計算結果，被上訴人得請求減少勞動能力損失為 2,391,621 元。

經雇主上訴至最高法院審理後，予以廢棄發回。最高法院認為：按民事事件之主法律關係，常由數個不同之次法律關係組合而成，其中涉外民事法律關係本具有複雜多元之聯繫因素，倘該涉外民事事件係由數個不同之次法律關係組成其主法律關係，若僅適用其中單一之衝突法則以決定準據法，即欠缺具體妥當性。在此情形下，自宜就主法律關係可能分割之數個次法律關係，分別適用不同之衝突法則以決定其準據法，始能獲致具體個案裁判之妥當性。本件被上訴人係越南國人，其因系爭事故受傷，得請求上訴人賠償減少勞動能力損害部分，並非侵權行為（主要法律關係）不可分割之必然構成部分，當無一體適用單一之衝突法則決定其準據法之必要 [150]。是以關於上訴人應否負侵權行為損害賠償責任之法律關係部分，固應依涉外民事法律適用法第 25 條規定以侵權行為地法即我國法為其準據法，然屬於損害賠償責任確定後，需定其賠償範圍之減少勞動能力損害部分，既非侵權行為不可分割之必然構成部分，則此部分之計算準據如被上訴人之本國（越南國）法律規定與我國法律所規定者未盡相同，而其得請求之年限實際上又分段跨越於兩國之間，即應視其可得請求之期間究在我國內或國外（本國）之情形而分別適用我國法或其本國法為計算損害賠償範圍之準據法，不宜一體適用我國之法律，始符公平、適當

---

[150] 對此，本書表示懷疑。

原則 [151]。且身體或健康受侵害，而減少勞動能力者，其減少及殘存勞動能力之價值，不能以現有之收入為準，蓋現有收入每因特殊因素之存在而與實際所餘勞動能力不能相符，現有收入高者，一旦喪失其職位，未必能自他處獲得同一待遇，故所謂減少及殘存勞動能力之價值，應以其能力在通常情形下可能取得之收入為標準（本院 61 年台上字第 1987 號判例參照）。

以下即擬說明基本／最低工資的功能：[152]

一、最低工資之功能

（一）以法律規定最低工資（最低工資律，minimum wage law），首先係為符合國家保護勞工的職能。因此，個別勞工在交涉工資時的不對等地位及不同勞工間因競爭而可能拉低工資之現象，乃得以被排除。[153] 在此，只保證維持生存之最低水準，亦即以平均的水準認為合理的與必要的為限。這是從整個社會福祉的觀點來看，對於弱勢的勞工所不得不給予的特殊照顧，也是現代自由經濟社會的價格體系的一種弱點，而不能不設法予以補救的。[154] 經過基本工資的轉由雇主負擔，國家遂得以避免假藉稅金（捐）籌措之名以補助勞工生活不足的費用。例如，依據勞工退休基金收支保管及運用辦法第 4 條第 2 款規定，本基金之來源如下：依勞工退休金條例第 50 條第 1 項所收繳之罰鍰。此一罰鍰作為基金的一部分，實際上即具有補助勞工之用。

（二）相對於團體協約所約定之薪資，法定的最低工資係設定一客觀的、較

---

[151] 對此，本書以為如果雙方有約定準據法呢？外勞契約似乎都有約定適用本國法律，本案應該也有。

[152] 楊通軒，歐洲聯盟最低工資法制之研究—兼論德國之法制，政大勞動學報，第 22 期，2007 年 7 月，頁 54 以下。

[153] 張清溪／許嘉棟／劉鶯釧／吳聰敏，經濟學理論與實際，2004 年 5 月，五版上冊，頁 378：「通常最低工資規定並不是適用於所有行業。……如此，在適用行業裡遭到解僱的人，會轉到未適用的行業，使未適用勞基法的行業之勞動供給增加，工資下跌，僱用量增加，但其就業之增加量通常不足以彌補遭受解僱的人數。」同書作者並在頁 379 表示：基本工資通常會被市場機能化解，「影響有限」。
施建生，經濟學原理，1980 年 6 月，七版，頁 245：「最低工資律之實施促進了以效率較高的工人去代替效率較低的工人。那麼，這些被解僱的非熟練的工人又怎麼辦呢？他們自然會擁往其他不受此種最低工資律之約束的產業去尋求工作，結果這些產業中之工資自會因而趨於更低，非熟練工人的境遇就更為悽慘。」

[154] 然而，針對邊際勞工，基本工資的訂定，卻可能導致該行業或該事業單位面臨被淘汰的命運。例如，在一家專為成衣縫紉紐扣的工廠，其所僱用之勞工大多為四、五十歲的婦女，以 15,840 元年的基本工資給付時，工廠勉強損益兩平，但是，一旦基本工資調高到 17,880 元時，該工廠即會面臨倒閉的命運。連帶地，勞工也共嘗失業的苦果。

低的界限。[155] 較重要的，毋寧係其他的功能：確保團體協約制度的能夠運作及填補其運作時所生的漏洞，以便最低工資能適用於未能被團體協約所涵蓋之勞動關係。[156] 以德國而言，由於雇主及勞工組織的衰退、以及（基於外國勞動契約規定）被派遣至德國境內的工人日增，因此欲以傳統的團體協約及團體協約法上的一般拘束力宣告之機制保障而不可得之領域，乃日益增加。[157] 德國因此在 2014 年制定最低工資法，且自 2015 年 1 月 1 日起施行，除了少數的行業及工作者之外，時薪一律為 8.50 歐元。經由法定的基本工資，也可以避免團體協商費時費力的情況。（德國最低工資自 2017 年 1 月 1 日起，調升為每小時 8.84 歐元。又，根據 Lutz Bellmann 為「勞動市場及職業研究機構」（Institut für Arbeitsmarkt-und Berufsforschung, IAB）所做的計畫案，得出最低工資的施行，並未造成雇主裁減人員的現象，整體而言，對於勞動市場有正面的影響。Lutz Bellmann, Mindestlohn: Längsschnittstudie für sächsische Betriebe, IAB 2016）。

（三）低工資不僅反應了低技術勞工的較低生產力及低發展的經濟領域，如果不考慮上述因素而從統計上來看，婦女及外籍勞工係低工資領域之主要人口。[158] 以法律規定最低工資雖未能全面禁絕薪資差異，但卻能某種程度限制差別待遇的現象，達到男女平等及外勞與本勞的平等。[159] 倒是，基本工資或最低工資的實施，對於青（少）年的（初次）就業，是否有不利之影響？學者間有持肯定見解者。更甚者，是否不利於全體工作者的就業，造成失業率的上升？這在 1991 年的英國實證調查，答案是否定的。但是，時移是否境遷？台灣的實證調查的實際數據又是如何？中央勞工主管機關有（委託）調查嗎？如再以德國第二電視台 ZDF 在 2014 年 3 月 28 日夜間新聞 Heute Journal 中政治觀察站（PolitBarometer）一節針對大聯合政府執政 100 日所做的民意調查，其中針對聯合政府計畫施行的每小時最低工資 8.50 歐元，有 82% 的民眾表示支持，反對者僅有 16%。另外，此一最低工資 8.50

[155] Peter, AuR 1999, 296.
[156] 反面觀之，國家如果以最低工資立法不當地介入勞資雙方工資的形成，將會造成工會職能被不當排除或擠壓的後果、馴致造成以國家所定的最低工資「取代」團體協約最低工資的下場。歐盟各國的實務發展中，英國即是一個顯例。不可不慎。相關的討論，請參閱 Lorenz, EU-Dienstleistungsrichtlinie und gesetzlicher Mindestlohn – rechtliche Bewertungen und mögliche Schlussfolgerungen, AuR 2006, 97 f.
[157] 以德國為例，在原西德地區，約有 30% 的受僱人未受到團體協約的拘束或保護，而在原東德地區更是高達 45%。請參閱 Bispinck/Schäfer/Schulten, WSI-Mitt. 2004, 575; Däubler/Lakies, TVG, § 5 Anhang 1 Rn. 20.
[158] Schäfer, in: I. Becker/R. Hauser(Hrsg.), Einkommensverteilung und Armut, 1979, 83 ff., 95 ff.
[159] 張清溪／許嘉棟／劉鶯釧／吳聰敏，前揭書，頁 378：「基本工資無法保護得了外勞，因外勞的供給價格很低。」Peter, AuR 1999, 296; ders., Gesetzlicher Mindestlohn, 1995, 145 ff.

歐元的施行是否會導致雇主削減工作位置？有 40% 的民眾持肯定見解，反對者則有 58%。或許這並不未經嚴謹的科學調查，但從民意中亦可窺知人心的向背。

（四）隨著基於正常（普通）勞動關係（Normalarbeitsverhältnis）受僱人的持續下降，非典型僱用關係（atypische Beschäftigungsverhältnisse）則呈現持續增加。[160] 再加上失業人口的日增，團體協約所能提供勞工的保障已大為降低，連帶地也造成低工資的氾濫。此顯示出現行的法律機制（尤其是團體協約），並無法掃除已逐漸變成為結構性問題之低工資的問題，因此有賴於法定的最低工資加以救濟。這也就是說，持續地調整（升）最低工資，應該是放寬使用非典型僱用的前提要件。

（五）法定的最低工資（尤其是時薪）設定了一個絕對的界限，該界限實已屬於「公共秩序」（ordre public）或公共利益（民法第 148 條第 1 項）的一環，因此較易於將之落實。與所謂禁止薪資重利（Lohnwucher）[161] 及以誠信原則或公平原則審查不同，最低工資可在法院作為訴訟標的，亦可藉由國家的勞動檢查加以貫徹。[162]

總之，一旦法定的最低工資存在，而其配合著薪資水準及物價指數發展，即可為薪資結構設定一合理的薪資開端，其將同時拘束勞動契約當事人及團體協約當事人。[163] 團體協約當事人亦可免於為確保最低薪資族群協商其薪資額度，雙方盡可在最低工資額度（Mindestlohnsockel）之上協商。而對於未在團體協約適用範圍之內而未有任何機制提供保護之勞工，最低工資亦可以給予實質的保障。[164]

二、模式

在所有 OECD 領域內，絕大部分係以法律規定最低工資。在程序法上則有工會及雇主聯盟的總會（Spitzenverbände）共同參與。少數國家，例如比利時及希臘，則完全放任團體協約當事人確定最低工資。較不尋常的是，之前英國係以特別

---

[160] Vgl. Bäcker/Hanesch, Arbeitnehmer und Arbeitnehmerhaushalte, 52 ff.

[161] 在德國法上，雇主與勞工約定的薪資顯然不合理（即不成比例）時，即會構成薪資重利罪。在台灣，刑法並無類似的規定，但民法第 74 條第 1 項則有類似規定。理論上，弱勢勞工或外籍勞工的工資約定，較容易陷入「急迫、輕率、無經驗」的情境。惟這並不容易證明。

[162] § 5 Arbeitnehmer-EntsendeG.

[163] 所以說，最低工資固應區別各行各業而定。但是，歸根結底的問題仍是：所謂最低工資的數額，究竟如何訂出來？或者其應占國家一般平均薪資所得的多少比例？對此，德國學者 Lorenz 參考歐洲參議會專家委員會所設定的數據，而認為一開始可以以 50%，其後再緩升至 60%。本文以為 Lorenz 的看法固有所據，但是衡量台灣的政經環境及多年來基本工資的形成模式，似乎尚難適用至我國。請參閱 Lorenz, a.a.O., 98.

[164] Peter, AuR 1999, 296.

的委員會（即工資委員會，wage councils）針對各別的行業訂定最低工資。最後，即使德國在家內勞動法及最低勞動條件法所採取之模式，經由完全獨立於國家之外的由團體協約當事人所組成之委員會，來確定所有重要的勞動條件（包括最低工資），在其他國家也未發現有相同的做法。[165]

三、最低工資法與其他替代方式之比較

相對於最低工資法，雖然仍有幾種其他的替代方式可以考慮，惟其效果似乎較為不彰。

（一）以禁止薪資重利（民法第 74 條第 1 項參照）或例如公平與合理（Billigkeit und Angemessenheit）、[166] 誠實信用原則等概括條款來控制最低工資。此種方法，隱含者勞工首先應先接受違法的工資，且勞工或者在勞動關係中或者在終止契約關係後，勞工需各別的提起訴訟要求給付差額。況且此種控制只涉及相對的標準，亦即一般的薪資為何。它並無法如最低工資法般，有一明確的最低工資額度。

（二）以德而言，即使將團體協約宣告具有一般性拘束力，效果亦有限。它不僅在大部分使用非法勞工的領域毫無作用。況且只有總會的代表同意一般性拘束力宣告始能生效，而其往往忽略公眾對於最低工資之益處。最後，聯邦勞工法院 [167] 並不認為具有一般性拘束力之團體協約係屬「公共秩序」之一環，因此團體協約自然不能成為國家監督之標的，也因此不能強制地將之適用於越境派遣的勞工。

（三）德國最低勞動條件法與德國團體協約法宣告團體協約具一般的拘束力一樣，同樣具有程序法上之缺陷。其適用的前提是，應由總會所占有之委員會事先同意。

就最低工資與其他幾種替代方式比較，最低工資顯然較為有效，能提供勞工確實的保障。[168]

四、基本工資之計算

依據勞基法第 21 條規定，勞雇雙方議定之工資不得低於基本工資。基本工資由基本工資審議委員會擬定後，報請行政院核定之。惟基本工資審議委員會的擬

---

[165] Bieback, Rechtliche Probleme von Mindestlöhnen, insbesondere nach dem Arbeitnehmer-Entsendegesetz, RdA 2000, 208.

[166] § § 242, 315 BGB.

[167] BAG AP Nr. 30 zu § 1 TVG Tarifverträge: Bau.

[168] 對於基本工資的功能持懷疑的看法者，張清／許嘉棟／劉鶯釧／吳聰敏，前揭書，頁 377：「最低工資除了影響就業與工資外，通常不利於廠商對員工的職業訓練。」

定，只針對擬調整的基本工資百分比及數額而已，並不及於基本工資之計算及可以作為基本工資之「工資 / 報酬項目」。有關基本工資的計算，係規定在勞基法施行細則第 11 條至第 14 條。其中，第 11 條規定尤為重要。依之，「本法第 21 條所稱基本工資，係指勞工在正常工作時間內所得之報酬。但延長工作時間之工資及休假日、例假日工作加給之工資均不計入。」雖其主要在釐清計算基本工資之「時間」，但該但書應可反面解釋為「休假日、例假日所給付之工資計入基本工資」。至於該條所謂「延長工時的工資（主要是夜間工作的加班費）不計入基本工資」，係立基於給予面對特別困難的 / 不利的工作條件的勞工、一項額外的給付而來。同樣地，針對休息日工作，由勞基法施行細則第 20 條之 1 第 2 款觀之，其工作加給之工資亦不計入。理論上，基本工資的「工資」，係以勞基法所規定的「工資」定義為前提（勞基法第 2 條第 3 款規定參照）。亦即採取「功能的等價 / 值性」（funktionale Gleichwertigkeit/Äquivalenz）理論：雇主的給付工資，目的是在作為勞工勞務的對價。換句話說，工資與勞務間具有對價性，或者說具有內部的關聯性（EuGH, NZA 2011, 1167 Rn. 26 = NJW 2011, 3355 L; BAG v. 18,4,2012 - 4 AZR 168/10, NZA 2013, 389; BAG v. 18.4.2012 – 4 AZR 139/10, NZA 2013, 394）。在此，必須確定是否具有實質給付（reale Leistung）的功能（BAG, NZA 2004, 1183 Os. = AP BetrVG § 112 Nr. 170; BAGE 109, 244 = NZA 2004, 667）。但是，對於何者可以計入工資的項目（即各項給付的目的為何），仍然充滿疑義。一般較無爭議的是，恩惠性給付、非工資之一時性給付、以及福利等，雇主給付的目的並非將之作為勞務的對價（另外，雇主償還勞工所支出的必要費用，也非工資。民法第 546 條第 1 項規定參照）[169]。此外，目前對於可以作為基本工資之「工資 / 報酬項目」，主要是由中央勞政機關經由勞基法的解釋提出其看法。例如（一）全勤獎金。勞工每月於正常工作時間內所得之工資，不得低於每月基本工資扣除因請假而未發之每日基本工資後之餘額（行政院勞工委員會 77 年 7 月 26 日台 (77) 勞動字第 14423 號函）。（二）生產獎金。員工全月出勤，惟因作業疏忽被扣生產獎金者，勞工於正常工作時間內所得之工資總額，仍不得低於基本工資。另依勞基法第 22 條第 2 項規定「工資應全額直接給付勞工」，勞工如因違約或侵權行為造成雇主損害，在

---

[169] 與德國不同的是，台灣目前並無類似財產形成法（Vermögensbildungsgesetz, VermBG）的規範，以落實國家促進具體的社會政策的目的。惟假設雇主有類似的自願性的財產形成制度（據聞一些具有公股色彩的企業即有類似的制度），亦不應將其視為勞務的對價，蓋其係為正式僱用的勞工（亦即排除試用期間的勞工）長期的投資以形成其財產（例如債券或其他形式的財產參與），通常至少要有六、七年以上的持有期間，故並非作為短期各種支出之用（工資）。BAG v. 18.4.2012, NZA 2012, 391.

責任歸屬、金額多寡未確定前，其賠償非雇主單方面所能認定而有爭議時，得請求當地主管機關協調處理或循司法途徑解決，但不得逕自扣發工資（行政院勞工委員會 82 年 11 月 16 日台 (82) 勞動二字第 62018 號函）。（三）膳宿、水電費用等實物。雇主提供勞工之膳宿、水電費用等均得約定為工資之一部分，連同以法定通用貨幣給付之一部分，若不低於基本工資，應屬合法（行政院勞工委員會 87 年 4 月 13 日台 (87) 勞動二字第 014421 號函）。提供外勞之膳宿費用可由勞雇雙方自行於契約約定納入工資給付之項目（行政院勞工委員會 89 年 7 月 31 日台 (89) 勞動二字第 0031354 號函）。

　　除此之外，以下數項的計入基本工資即有討論的空間：（一）特別休假工資。此係採取與例假、休假同樣的思考邏輯與處理方式（勞基法第 39 條本文）。即使是雇主為鼓勵勞工特別休假所提供的額外津貼（特別休假補助），應該都可以列入基本工資計算。勞工請假規則中之各種有薪休假〔婚假、喪假、普通傷病假（含生理假、安胎假）[170]、工傷病假、公假〕，以及性別工作平等法中的產檢假、陪產假，也是作同樣的處理。（二）產假工資。此一產假工資請求權，係基於母性保護的禁止僱用理念而來，希望給予母性勞工在生產前後充分並且有效的休息。與上述各種假別工資相同者，都是無須提供勞務。而且，這些工資或津貼，與勞工因其具有一定的職業的地位而獲得者相類似，例如其本身所具有的較佳的資格能力、是否擔任管理職的職位（主管加給）、以及年資的長短（久任獎金即與此有關。所以，勞基法施行細則第 10 條第 2 款將其列為非工資的一部分，似非無疑）等。（三）僱傭契約所約定的第十三個月或第十四個月，或者甚至更多月數的工資。只要雙方或雇主未言明是年終獎金、年節獎金等，即可平均分散到每個月，作為基本工資的一部分之用。惟其仍需具有（抽象的／制度性的）經常性／長期性、按比例給付性（anteilig）及不可撤回性等性質（EuGH, Slg. 2005, I-2733 = NZA 2005, 573 Rn. 31 – Kommission/Deutschland）。所以，以年終獎金而言，在我國屬於恩惠性的給付，而且也欠缺此一「不可撤回性」的特質，故不能計入基本工資。（四）團體協約的一次給付／一次金（Einmalzahlung）。此是針對原團體協約到期後，到協商完成

---

[170] 只是，依據中央勞政機關先前的見解，「勞工普通傷病假全年未超過三十日部分，工資折半發給。上開工資折半發給期間應不列入計算平均工資。各事業單位應於勞動契約、團體協約或工作規則中明定。」此一見解只經由解釋的途徑，將工資折半發給期間排除在平均工資計算期間之內而已，其並未否認「工資折半發給」的部分，仍然計入基本工資計算。依據本書見解，此一解釋已經逾越勞基法施行細則第 2 條規定之外，其適法性頗令人懷疑。正確途徑，應係將之修法納入該條規定的項目之內。此在台灣，一直到 2017 年 6 月 16 日，中央勞政機關始修正增列勞基法施行細則第 2 條第 5 款「依勞工請假規則請普通傷病假者。」或者，更佳的處理方法是，修法給予普通傷病假的勞工「工資全額給付」，如此自然無不列入平均工資計算之問題。

新的團體協約，可能已經過一段時間，勞雇團體約定「一次給付／一次金」的方式，給予全體會員（不分其職級與薪資的高低）數額相同的給付，以填補該空窗期未調薪的損失（BAG v. 18.4.2012, NZA 2012, 391.）。其目的亦係在勞務與工資的交換關係中，作為調薪之用。此種「一次給付／一次金」，亦應按照團體協約施行的期間，按比例地分散到每月的工資裡，亦即計入基本工資。（五）辛苦或高溫津貼等。依據職業安全衛生法第 19 條規定，雇主不得使在高溫場所工作之勞工每日工作時間超過六小時；對於在異常氣壓等具有特殊危害之工作，應規定減少工作時間。對於違反該規定者，並應依同法第 43 條第 2 款處以新台幣 3 萬元以上 30 萬元以下罰鍰。顯然，我國對於此類在特殊環境工作的勞工，係以減少工作時間的方式因應。不過，是否能符合或滿足業界及勞工的需要？並非無疑。或許，另外可以思考的是提供此類勞工辛苦或高溫津貼，以彌補勞工在超出一般工作外的艱難環境下的精神與體力的負擔（類似的規定，請參閱勞基法第 54 條第 2 項）。果能如此，則同樣基於彌補的理由，此一辛苦或高溫津貼不應計入基本工資。〔與此不同的是，假設非屬職業安全衛生法第 19 條規定所列之特殊環境工作，即客觀上只是一般性的工作，而雇主卻有此類辛苦或高溫、低溫津貼之設計，則基於功能的等價／值性理論，仍應將該項給付計入基本工資之中。例如清洗或清潔高鐵或台鐵車廂或營業用客貨車所得之勞務對價（Verkehrsmittelzulage）。在此，並不問雇主主觀的意志為何，而是以客觀的事實為準 [171]。〕

第二款　「正常的（或一般的）勞動關係」一個概念的解釋

第一目　「正常的勞動關係」的概念

長久以來，無論是人力經濟的或勞工法的運作，均是環繞著「正常的（普通的、一般的）勞動關係」而為。至於所謂的「正常的勞動關係」，係指一個長期的、存續受到法律相當程度保障的全時的勞動關係而言。其特徵為：一、係全時的（或依據團體協約所約定的時間 tarifliche Regelarbeitszeit 而定）。二、係五天制、且在同一廠場的（依此，我國勞基法施行細則第 19 條解釋上允許勞工與雇主約定在兩個以上的廠場工作，即與此不合。更者，此一同一廠場，實際上也在排除企業外調職／借調及勞動派遣之適用）。三、係依受僱者之資格（能力）及受僱期間

---

[171] 德國實務上所承認的特殊辛苦的工作條件，包括有：必須穿戴人身保護配備的工作、屋頂灰塵清洗工作、使用放射性物質清洗房屋立體石子作業、高壓作業、封閉的特殊污染場所的清洗作業等。其與台灣職業安全衛生法第 19 條的規定不盡相同。這似乎隱寓著我國的特殊艱辛的工作，仍然有調整的空間。BAG v. 18.4.2012 – 4 AZR 139/10, NZA 2013, 395.

長短而定之月薪（此處的強調月薪，實際上是在排除按件、按日、按時計酬之適用）。四、具有解僱保護。五、其勞動條件受到團體協約所保障。[172]

第二目　歷史的發展

從歷史的發展來看，約在 1980 年代，學者間對於正常勞動關係的存否激烈討論。其背景是因企業界大量採用定期僱用、部分時間勞動或微量工作、以及派遣勞動，以因應生產基地的負擔。為此，親勞工團體之作者創造一「正常的勞動關係」，以對抗「非典型的勞動關係」及「正常勞動關係的腐蝕」。其目的，無非是在要求所有違反「正常的勞動關係」的作業，都需要一個特殊的正當理由（客觀理由）始有合法性可言。

第三目　「正常的勞動關係」與「私法自治」

然而，對於所謂的「正常的勞動關係」理論，德國多數的勞工法學者毋寧是持懷疑的態度的，而其立論根據主要是私法自治。依之，所謂「正常」，應是指標準值（Richtschnur）或規則之意，亦即普通值／平均值（Durchschnittstandard）也。決定法律原則的，不是企業實務的做法，而是以法律的規範為準。而法律的規範並不以實務出現次數是否頻頻之現象的、經驗的，而是以法律的價值判斷為準。無論是民法或勞工法，法律規範之形塑都是私法自治原則，該原則且受德國基本法第 12 條第 1 項所保障。因此，總括而言，勞工法上並不存在「正常的（或一般的）勞動關係」，「正常」應是指契約當事人可以自由形成契約而言。所謂「正常」應是指繽紛不一的圖像，而非「齊一原則」。也因此，新的工作型態的願景（Visionen）是可以加以構思與推展的。[173] 由此看來，雖然立法者將勞動實務的特徵納入法律規定（例如每週五天工作制），實務上也大多依年齡及年資逐漸累積工資，但除非法律明文禁止（例如禁止勞動派遣）或法官以判決形成勞工保護法，否則，「正常的勞動關係」只是學說上的討論而已，契約當事人仍得自由地約定不同的契約型態與內容（例如目前到處可見的線上工作者或平台經濟工作者、或工業 4.0 或勞動 4.0 下的工作者）。以台灣而言，契約自由受到憲法第 22 條及民法第 153 條保障，並無「正常的勞動關係理論」的討論，所以，當然無法要求與其特徵不合的工作型態，均須要客觀的理由（例如部分工時、派遣勞動）。與此一理論有關的特徵，主要是規定在勞基法中，例如 2015 年 6 月 3 日修正、2016 年 1 月 1 日

---

[172] Däubler, AuR 1988, 302 f.

[173] Boemke/Föhr, Arbeitsformen der Zukunft, 1999, Rn. 7 ff.

開始施行的勞基法第 30 條第 1 項「勞工正常工作時間，每日不得超過八小時，每週不得超過四十小時。」惟其強調的「正常工作時間，每日不得超過八小時」，而未明言「每週五天工作制」，這是因為配合變形工時的運用，一週工作日可能並非五天所致（也就是沒有「正常工作日」的規定）。至於勞基法第 11 條以下也有嚴格的解僱保護規定。但是，我國勞工的勞動條件大多未再受到團體協約的另一層保障。至於中央勞政機關 89 年 3 月 31 日台 (89) 勞資二字第 0011362 號函「有繼續性工作」之解釋，也並無法作為立法者主張或支持「正常勞動關係」之基礎。況且，在德國部分學者所主張的「正常勞動關係」的特徵，也並無不定期或終身僱用的項目。

第三項　彈性化（Flexibilität）

現代的勞動環境是一個變化莫測的、勞資雙方均感不確定的時代，蓋資訊科技的不斷推陳出新、以及全球化及國際化下資本及人力的移動，無形中使得勞資雙方無所適從。尤其是，在這種環境中，勞工無力阻止工廠的外移及外勞的進入本國（基本工資的保障甚至會吸引部分外勞入國工作），勞工甚至必須搖身一變作為一隻隨處漂泊的候鳥（就如台灣早年台語歌曲中「舊皮箱的流浪兒」、「流浪到台北」所描述的出外人一般）。這也使得勞工憂鬱（Melancholie）的逐漸加深。僅以美國 1969 年鄉村歌手 Merle Haggard 的 “ Workin'Man Blues” 及 2006 年 Bob Dylan 的 “Working Man Blues # 2” 相對照。前者還滿懷幸福、滿足之感，但後者已對日子失去信心或期待。在這種環境中，勞工的工作尊嚴也逐漸失去（落），亦即低薪資（或饑餓工資）的出現、政府社會保障的逐漸無力負擔（如勞保基金的流失及給付項目的增加、以及勞工職業災害保險及保護法第 78 條至第 81 條之各種補助、津貼）。

第一款　彈性化的形成

在嚴峻的勞動市場裡，企業有關工作位置的決定會受到勞工法令的影響。尤其是解僱保護法制的嚴格與否，將會影響企業新增人力的考慮。此種嚴峻的勞動環境會影響生產基地是否外移，企業採取合理化措施以延長生命。[174] 在另一方面，勞

---

[174] 但是，即便在台灣，雇主對於工作位置的占有，還是有權決定是給予勞工或者給予承攬人完成或甚至以外包（outsourcing）的方式完成，而此也會影響廠場中工作位置的增減。至於日本勞工法彈性之討論，請參閱 Kuwamura, Die Flexibilisierung des Arbeitsrechts und die Vertretung der

動市場的及契約所約定的勞動關係的「框架條件」（Rahmenbedingungen）不斷地變更。包括法律、判決、團體協約及國際的影響（如國際公約）等，持續地影響勞動契約的締結及履行，使得契約自由原則在勞動契約中之運用，受到相當程度的限制。

　　由於上述法令規範的限制，使得雇主在用人方面採取謹慎的態度，大多數的雇主會以加班方式取代僱用勞工，或者說先觀察一陣子，再決定是否要新增人力。這當然會影響勞工就職或受僱的生態。換言之，在現代職場中，將會有越來越多的勞動者在其職業生態中，無法僅與一位雇主從事工作。他必須不斷地在受僱及自僱（自營作業）間輪轉。這可以從 2008 年下半年起的金融風暴中，獲得部分印證。在該波不景氣中，使得許多企業裁員，促使原先有固定雇主的勞工一變而為無一定雇主或自營作業者，例如開計程車、開早餐店、擺攤、打零工等，以度過職場的寒冬，這也致使職業工會的被保險人人數增加。[175]

　　上述勞工身分的轉變，代表雇主使用人力的彈性化。傳統上的僱傭關係具有高度僱用安全之繼續性的勞動關係、幾乎無變化之單一技能、高度的勞動保護等，已逐漸地不符合現代工作環境的須要，或者要做相當程度地修正。相對地，彈性化的工作方式則逐漸占有重要地位。至於勞動關係彈性化的可能方式，主要有：工作時間彈性〔尤其是採用時間戶頭（Arbeitszeitkonto）〕、派遣勞動、電傳勞動、及以外包形式構成勞務提供關係等。只不過，這一些對於未來具有吸引力之現代化的僱用關係，有者並不為勞工法令所容、有者不見得能適合於所有的企業，蓋每個企業都必按照本身的須要，選擇對其經營最有利的人力使用方式。一般來講，「正常的勞動關係」仍然是企業內最主要的人力使用方式，且將持續下去相當久的時間，這是因為它能為企業帶來獲利，符合當代勞動關係之需要也。[176]

Arbeitnehmer in Japan, RdA 2012, 155 ff.

[175] 所以，我們也應該要想一想，到底那一個階段是規範重心？是勞工？或者自營作業者及無一定雇主之勞工？這當然也會連帶引發下一個思考，也就是逐步加強自營作業者及無一定雇主之勞工在社會法（勞保條例、勞工職業災害保險及保護法、就業保險法的育嬰留職停薪津貼）、甚至勞工法（例如勞退條例第 7 條第 2 項第 2 款的自提勞工退休金）中的保障，而非固守在其應自食己力的想法。台灣中央勞政機關在 2014 年 11 月 19 日即函釋職業工人領取老年給付後，可再加保職業災害保險，似乎即有朝此方向的意義。只不過，這是重大就業政策及社會政策的決定，必須經過各界深入討論凝聚共識後，以法律予以明定及推動始可。中央勞政機關以函示的方式拓寬勞保條例的適用範圍，就如同其不斷拓寬任意保險的種類或對象，難免違反法律保留原則及陷入違法行政裁量的疑慮。其做法實屬可議。

[176] Boemke/Föhr, a.a.O., Rn. 97 ff. 換個比喻：雖然現代人的婚姻價值觀與以前人們的看法有所差異，對於男女在家庭中角色的認知也逐漸地脫離傳統的觀念。但是，男女共組家庭的模式還是被大多數的人所採納，而且，大多數還是採行「男主外、女主內」的生活模式。此無他，男女共組家庭的「男主外、女主內」的生活模式，還是一個（被證明）最有效率的及最能為家庭帶來財富的生

　　只是，上述工作者在受僱與自僱間輪轉之現象，卻隱含著一些勞動保障及社會保障不保的後果。例如由勞工轉成自營作業者，將會喪失育嬰留職停薪津貼的請求權。這是否合乎事理之平？是否有必要在社會保險法中加以增修補救 [177]？又，上述的派遣勞動與電傳勞動，屬於勞務提供契約類型的彈性選擇，當事人本有極大的自由，法令並不加以禁止。至於時間戶頭為工作時間彈性問題，在現行勞基法工作時間保障的架構下，是否合法？即非無問題。但是，如果我們回到勞基法第 1 條的最低勞動條件保障的立法宗旨，則整體觀之，如果高於最低標準，似乎即有合法的空間。尤其是越短時間結算的時間戶頭，即有越高的合法性，這就如以一定期間（例如一個月、半個月或一週）為準計算的平均工作時間，應屬合法之約定一樣 [178]。在法院實務上，目前廣泛被承認的彈性化約定，當屬調動，甚至連企業外調動也被納入適用。惟無論如何，發生爭議最多彈性化約定，則屬工資無疑，特別是雇主將工資或分紅與勞工的年資或績效表現相連結 [179]。至於雇主依據勞基法施行細則第 10 條所為之恩惠性給與及福利等給付，法院原則上應予以尊重，不必加以審查。

第二款　彈性化的可能做法

　　從比較法上來看，本書擬以德國 1994 年北萊茵——威斯特法倫邦（Nordrhein-Westfalen）勞動契約法專家草案為例。其綱要條項係參考 1992 年德國第五十九屆法學家年會之教授草案及薩克森邦之草案草擬而成。[180] 此一草案之目的，固在於

　　活方式。

[177] 在規範的做法上，例如根據歐洲聯盟自營作業者社會安全保障指令，為保障女性受僱者因職業地位不明而遭到歧視，因而將懷孕女工歸屬於自營作業者範疇而加以保障。RL 86/613/EEC.

[178] 相關論述，請參閱 Preis, Unangemessene Benachteiligung des Arbeitnehmers durch Vereinbarung einer Durchschnittsarbeitszeit, RdA 2012, 101 ff.; BAG v. 21.6.2011, mit Anm. v. Uffmann, RdA 2012, 113 ff.;

[179] 德國學者論述及法院判決，Salamon, Bestandsabhängige Vergütungsgestaltung – Grenzen und Gestaltungen der Einbindung von Sonderzahlungen in das Synallagma, NZA 2013, 590 ff.; BAG v. 18.1.2012, NZA 2012, 561 ff.; BAG v. 12.10.2012, NZA 2012, 450ff.; BAG v. 12.10.2012, NZA 2012, 464ff.; BAG v. 12.10.2012, 680 ff.

[180] 草案全文共六章 154 條。第一章規定了一般規定（法例）（第 1 條至第 10 條）；第二章規定了準備訂定勞動契約前及訂定勞動契約時之法律問題（第 11 條至第 27 條）；第三章勞動關係進行之相關問題，包括：勞務之內容、工資、工資繼續給付、休假、繼續訓練、勞動契約雙方當事人之附隨義務、勞工之違反勞動契約及其責任、改進工作之建議、特殊型態的勞務提供、以及勞動條件之變更等（第 28 條至第 114 條）；第四章規定了勞動契約終止時之法律問題（第 115 條至第 145 條）；第五章規定了消滅時效及除斥期間（第 146 條至第 148 條）；第六章規定了過度條款及附則（第 149 條至第 154 條）。Neumann, Die Entwürfe zu einem Arbeitsvertragsgesetz, Das Arbeitsrecht der Gegenwart, Bd. 33, 1996, 59 ff.

在勞動契約法中設定一最低的勞動保護，但除此之外，條文中亦儘量從高度彈性化的角度，賦予團體協約自治團體、勞工參與的團體自行約定符合其行業或廠場須要的規定。其重要者如下：

一、法定的定期勞動契約，可以被團體協約之約定加以更改，尤其是定期契約之最長時限。

二、團體協約當事人有相當大的權限，可以自行約定工作時間。

三、工資領域之事項，係團體協約當事人可以參與的核心事務[181]。

四、有關勞工疾病期間之工資繼續給付，團體協約當事人不僅可以為不同於法律所定之計算方式與額度，也可以針對提出無法工作之證明，採取較法律所定者為嚴格之規定。

五、企業的利益，對於本年度未休完的特別休假之過度到下一年度，採取較為彈性之規定（此在我國 2018 年 3 月 1 日修正施行的勞基法第 38 條的四項，即已加入此一彈性設計。依之，「勞工之特別休假，因年度終結或契約終止而未休之日數，雇主應發給工資。但年度終結未休之日數，經勞雇雙方協商遞延至次一年度實施者，於次一年度終結或契約終止仍未休之日數，雇主應發給工資。」並且，勞基法施行細則第 24 條之 1 第 2 項二、規定，「發給工資之期限：（一）年度終結：於契約約定之工資給付日發給或於年度終結後三十日內發給。（二）契約終止：依第九條規定發給。」）。

六、簡化勞動契約變更之可能性（即勞動契約變更），以因應勞動關係存續中外在環境的變動。

七、團體協約當事人有權參與基於企業經營因素而生之解僱之社會計畫的擬定、以及擬定退休年齡的上限（此在我國即為延長企業退休年齡至六十七歲或七十歲，並且得約定勞工在屆滿退休年齡時或屆滿後次月底，勞動關係即自動終止，無須再經預告退休）。

第三款　面對彈性化時，勞工法令及社會法令因應之道

　　面對上述勞動市場現象的發生，迫使勞工法令及社會法令的規定必須趨向彈性化。因此，乃發生彈性化是否會侵蝕社會安全、甚至社會國原則的疑慮。換言之，彈性化與社會安全能否並存？台灣的社會（福利）國原則有無改絃更張或者再強

---

[181] 有關工資彈性化之討論，請參閱Simon/Hidalgo/Koschker, Flexibilisierung von Bonusregelungen – eine unlösbare Aufgabe? NZA 2012, 1071 ff.

化的必要？或者說：台灣有沒有必要引進其他的經濟模式及社會模式（Wirtschafts- und Gesellschaftsmodell）（例如丹麥的模式 Dänisches Modell），[182] 以處理變動下勞動市場所引起的勞工問題及社會問題？在此，吾人以為應該逐步發展一個台灣模式（Taiwanesisches Modell），適度地建構社會對話模式，以處理及應付台灣的勞工法律及社會法律問題。這是指：我們應該在不定期勞動關係的基礎上（但不是「終身僱用制」、也不是「勞動關係的存續保障」），適度地加入彈性的僱用（部分時間工作、派遣勞動等），而且，將雇主的責任適度地轉移到國家負擔（主要是勞工保險及就業保險）。而且，在法律設計上，也要儘量降低或減緩微量工作的大量產生，以避免窮忙族及老年貧窮的出現。這樣也可以避免我國的高級人力移向高工資的國家。

　　因此，勞資政應該有的認識及作為如下：

一、可以思考適度提高工資的做法，以體現勞動的尊嚴：尤其是基本工資的確定。[183]

二、加強職業教育與訓練（養成、進修、轉業、繼續訓練），特別是要讓中輟生／延畢生有權回到／繼續學校（中學、大學）完成學業的機會。另外，面對瞬息萬變的職場環境，似乎亦可研擬自願離職者有權要求參加職業訓練、並且領取訓練生活津貼的可能性。

三、工作時間自主性的落實（自我的工作時間管理）：現代化的工時政策加上一個工作時間戶頭。其特色為「可以隨時存入及提領、並且可以預支」；特別是，針對加班所累積的工時，可以攜帶到新的事業單位（所謂「可攜帶式的時間帳戶」），不會隨著轉換工作或事業單位破產而隨之消失。在此，政府或雇主必須設立一個「工作時間銀行」（Arbeitszeitbank）。[184]

四、政府尤應確保自營作業者、無一定雇主的勞工，以及其他自由業者的老年照護（不要有老年貧窮 Altersarmut）。為此，我們應該思考將職業工人（會）及其他的無一定雇主的勞動者納進來保障，由其自行設立一個自組的組織運作，政府只做一定費用的補助即可。亦即：我們必須改變目前職業工會與一般工

---

[182] 所謂丹麥的模式，簡單地來講，是一個解僱相當自由的體制，但失業勞工卻可以獲得完備的社會保險給付的制度。

[183] 倒是，是否可以設置一個「團體協約」或勞資會議的開放條款，讓工會或勞資會議可以約定較法定基本工資還低的工資額度？這是指針對大量失業或無薪休假（減班休息）時期，所賦予團體協商當事人的決定權限。此必須在團體協約法明定始可。

[184] 這個可以零存整付的觀念，並無法適用到勞工保險老年給付的「紓困貸款」上。正確而言，可以借的，應該是勞工退休金帳戶裡面的錢。

人（幾乎）受到同樣社會保險保障的情況。[185] 畢竟，職業工會並不符合憲法第 14 條之結社自由是以「從屬性勞工」的前提。然而，2022 年 5 月 1 日施行的勞工職業災害保險及保護法第 6 條、第 7 條等規定，仍然給予同等的保障。相對地，依據勞退條例第 7 條第 2 項第 2 款規定，自營作業者得自願提繳退休金。

五、在彈性化的對策上，勞工團體與雇主（團體）應該加強與落實（具有建設性）社會對話，在此政府頂多只扮演提案的角色而已。此處應包括勞工的參與收益與資本，以台灣的分紅入股而言，其推展不僅限於大型的電子業，尤其應該強化在中小企業的實施。

第四款　彈性化的例示：企業外包（outsourcing）所引起之勞工法律問題

外包，並非法律用語，其係彈性化的現實表現。根據中央勞政機關的見解，針對業務部門裁撤外包，如確因符合勞基法第 11 條法定事由必需減少勞工，亦宜由勞資雙方代表先行協商有關員工轉業及訓練事宜，以保障勞動者之工作權，並免衍生爭議，如能以團體協約方式，約定協商結果，將對勞資雙方權益，更有保障（行政院勞工委員會 87 年 8 月 18 日 (87) 台勞資二字第 036644 號函參照）。再依據行政院勞工委員會的解釋，[186] 事業單位如確基於經營型態考量，將其生產或相關業務之部分適當轉包予勞務外包公司承攬，現行勞工法令並無明文禁止。假設 A 醫院鑑於牙科部門的成本過高及醫療糾紛太多，而欲將牙科部門外包，則其所涉及之法律問題有：

第一目　外包所涉及之契約類型

原來醫院牙科部門中有人員及機器設備。如果 A 醫院淨空牙科部門，而由 B 牙醫師攜帶自己所有人員及醫療器材進駐，並由 A 醫院在 B 完成醫療行為後給付報酬，則其法律關係首先可以定位為定作人與承攬人。[187] 在承攬關係下，承攬人的工作地點是在醫院外或醫院內（即使在原來牙科辦公室），並無關緊要。亦即兩

---

[185] 因此，自營作業者失業保險或育嬰留職津貼，其解決途徑並不在於就業保險法。

[186] 行政院勞工委員會 89 年 5 月 12 日台 (89) 勞資二字第 0018469 號函。

[187] 行政院勞工委員會 89 年 5 月 12 日台 (89) 勞資二字第 0018469 號函即是將外包定位為承攬。惟其忽略了承攬契約只是其中一種可能的型態而已，外包還有可能是其他契約類型。又，在該函示中，勞委會表示「如確基於經營型態考量」「部分適當轉包」，加諸以業務外包時的限制，增加外包被認定為「不合法」或「不適當」的風險，實屬不當。

者間並不須要有一定的空間距離。只不過，由於承攬人係使用原來的牙科部門，外表上容易被病患（第三人）誤認為屬於醫院所僱用人員，因此，假設病患到醫院中的外包單位看診，結果診斷錯誤造成他身心嚴重受創，則應該由承包人與醫院連帶負責（民法第 189 條參照。但此一規定已被職業安全衛生法第 25 條以下及勞基法第 62 條、第 63 條所修正）。

A 醫院當然也可以將牙科辦公室（及機器設備）賣給或出租給 B 牙醫師經營。雙方因此成立買賣契約或租賃契約。在這種契約關係下，理論上，A 只有收取價金或租金之權利，之後，並不須為 B 經營牙科業務的好壞擔心或負責（A 若未撤走自己的醫療人員時，則受勞基法第 20 條的轉讓規定適用）。惟 A 為避免病患誤認其與 B 的法律關係而遭致法律上不利後果，A 負有採取明確化 A、B 間的法律關係的積極作為義務（或者要求 B 在牙科部門張掛自有招牌、或者要求 B 在與病患訂立醫療契約時，明確說明 B 與 A 間並無法律關係或只具有租賃關係而已）。

在 A 與 B 的外包契約中，也可能是 A 撤走自己的醫療人員，而由 B 以派遣人員的身分進駐。惟派遣的法律關係，也可能是：A 結束與原來醫療人員的契約，而要求其改以勞動派遣契約與其維持業務關係。在後者的情況，工作人員身分一變而為派遣勞工，其工作地點可以是原來的牙科辦公室，也可能是外移到醫院外的其他地點。[188]

第二目　外包過程所涉及之勞工法律問題

在上述各種外包契約關係中，如果 B 承接牙科部門的人員及機器設備，即會有企業轉讓（勞基法第 20 條及第 11 條、企業併購法第 15 條以下）之法律問題。B 尚須當然承受 A 所積欠之勞工退休金（勞退條例第 56 條、勞退條例施行細則第 11 條）及未清繳之保險費或滯納金（勞保條例施行細則第 18 條第 2 項參照）。惟如果 B 並不願承接原來的醫療人員（尤其是護理師），則 A 必須與醫療人員終止勞動契約，並且給付資遣費。[189] 後者，如係涉及大量的醫療人員時，尚須適用大量

---

[188] 另一種派遣勞動關係的產生，是原來醫院另行設立一家醫療院所，而將原來的醫療人員派遣至該處工作。

[189] 最高法院 97 年度台上字第 1880 號民事判決（美商西北航空公司案）：「兩造間之爭議為被上訴人於經營上有無產生巨大虧損，而必須採行減省經營成本之外包措施。按雇主因虧損決定將某部分營業外包與第三人，本質上乃雇主經營權行使，非屬勞資爭議處理法第 4 條第 2 項所定權利事項之爭議。」至於針對多餘之人力，被上訴人得以勞基法第 11 條第 2 款之虧損事由行使終止權。但是，同樣是本案當事人、案情也一樣，只是勞方的主張不同，最高行政法院 98 年度判字第 1127 號判決卻採取不同的見解。有關本案之評釋，請參閱楊通軒，勞資爭議行政調處期間不利行為之禁止最高行政法院 98 年度判字第 1127 號判決評釋，勞動法精選判決評釋，2013 年 9 月 1 日，頁 232 以下。

解僱勞工保護法之規定。

　　在 A 與 B 成立承攬關係時，其權利義務即應按照民法第 490 條以下之規定處理。有問題的是，B 有無權利要求 A 給予其如同 A 所僱用人員相同的勞動條件？對此，依據行政院勞工委員會 89 年 5 月 12 日台 (89) 勞資二字第 0018469 號函：「二、所詢勞務外包公司派至發包公司提供勞務之人員，是否可要求發包公司所僱用勞工享有相同待遇或勞動條件乙節，查現行勞工法令並無強制規定，惟事業單位基於事業整體運作管理一致性，就部分勞動條件（如工時、休息與休假等），宜要求外包公司提供相同條件予所屬員工，至其他勞動條件部分，發包公司亦應本照顧勞工權益原則，避免於同工作場所中有過大差距而滋生爭議，於承攬時要求承包公司提供適當條件，較為允當。」本書認為上述解釋並不完全正確，蓋其（此時又）將勞務外包看成是勞動派遣處理，忽略了勞務外包如果是勞務承攬，即應按照承攬關係處理之道。換言之，其係單純地將勞務外包公司等同於派遣公司，而將發包公司等同於要派公司。在這裡，實在應該區分勞務承攬及勞動派遣之不同。只有在勞務外包實質上為勞動派遣時，上述函釋的見解始屬正確。

　　至於在 A 與 B 間成立派遣關係時，表示 A 是要派機構，B 是派遣勞工，而 B 另有其雇主（派遣機構 C）。此種三方當事人、兩個契約關係（A 與 C 間成立要派契約，B 與 C 間成立勞動契約），使得 A 與 B 間並無契約關係存在。雖然如此，在病患因 B 執行職務而受到侵害時，A 仍應依民法第 188 條規定負連帶賠償之責。

　　有問題的是，如果 A 醫院中本有工會及團體協約，則其在外包過程中，是否會隨之消滅？對此，如果 B 承接牙科部門的人員及機器設備，而牙科部門的人員及機器設備只是整個醫院體系中一部分，但是，工會及團體協約（工會法第 38 條、團體協約法第 30 條）仍然會繼續存留下去。至於工會可否以罷工行為，以對抗 A 醫院所計畫的外包？本書認為應採否定見解，蓋外包本係企業經營權的使用，並不屬於團體協商的範圍（團體協約相關性。團體協約法第 12 條第 1 項參照）。

第四節　資訊社會下勞工法的新課題

　　隨著新科技及資訊社會的來臨，傳統的勞工法針對固定職場、固定時間所設計之架構，其適用性將越發面臨困難，為解決此一日益險峻的挑戰，似非對於勞工法稍加修改即可成事（例如勞基法施行細則第 17 條至第 19 條），而是須以新思維的

方式、大幅度地檢討現行的勞工法，並提出因應之道[190]。以下即舉其所提犖犖大者，加以說明。

第一項　勞工概念的失靈

　　作為勞工法及社會法樞紐的傳統的勞工定義，係以傳統有固定職場的勞動關係作為基礎。[191] 如果僅是偶而地偏離一般的勞動關係（勞基法施行細則第 18 條之因出差或其他原因短暫在事業場所外工作者，即屬此類），則作為聯結需要保障的人士範圍的勞工的定義，當還能足敷使用。惟隨著勞動生活中大量的採用新科技，一般的勞動關係已經在三方面急遽地改變：一、時間上：除了全時的勞動關係，也出現了不同形式的部分時間勞動關係。而且，隨著 line 的廣泛使用，工作時間與非工作時間的界限也為之模糊。二、空間上：除了在一有外圍的廠場工作外，亦可將廠場的一部分外移或是個別的工作以在勞動者家中提供的遠距勞動（Fernarbeit）或線上工作的形式存在。三、法律上：截至目前以無自主性的勞務執行的工作，其內容上雖未有何改變，但卻從勞動契約轉而以承攬契約完成[192]。這尤其會發生在一開始事業單位即與個別勞動者簽訂服務契約或承攬契約上。況且，其他事業單位勞工進入本事業單位工作的情況，也越來越普遍。再加上非在廠工作、平台經濟也日益發達。上述傳統僱傭關係無法因應資訊社會快速變遷的職場現況，也連帶造成市場失靈及僱傭契約失靈的結果。雖然，中央勞政機關多有以行政指導加以指引者，以提供勞務提供者及受領勞務者權益處理的參考，例如「食品外送作業安全衛生指引」、「勞工在事業場所外工作時間指導原則」等。其雖非以法令的形式出現，但

---

[190] Adlerstein, Neue Technologien – Neue Wege im Arbeitsrecht, AuR 1987, 102 ff. 此處所謂「全盤地檢討現行勞工法，並提出因應之道」，並非指提出一統一的規範，此誠如張天開，非典型就業人員的勞工權益問題，勞工研究季刊，第 89 期，頁 8 所言：對所有非典型就業人員，做一全盤或一致性的處理規範，絕不可能。因此，採取多元化或多種不同處理的方案，應為可行的辦法。

[191] 如前所述，有稱之為正常的或一般的勞動關係（Normalarbeitsverhältnis）者。惟勞工概念的失靈，也會牽動到工作時間及退休概念的失靈。甚至最終到整個公民社會的失靈。例如勞基法施行細則第 17 條之工作時間跨越二曆日、第 19 條之工作時間橫跨至雇主所屬不同事業場所（當然也含家中職場），已非偶而偏離一般的勞動關係的現象，而是經常的或常態的空間上的配置，這使得傳統工作時間、廠場、勞工的概念都失靈而必須重新予以校準。另外，傳統退休的概念係退出職場，但由於部分時間工作及短期性工作的盛行，勞工的老年給付及企業退休金不足以確保老年經濟安全，使得退休勞工不得不重回或留在職場者比比皆是，這也反映出退休概念的失靈，而且在禁止年齡歧視的理論下，退休原先所蘊含的權利本位，也逐漸地蛻色中。請參閱勞動部 103 年 11 月 19 日勞動保三字第 1030140437 號令。

[192] Adlerstein, a.a.O., 102.

部分為職業安全衛生法令所涵蓋、部分為學說所採、部分且為法院實務的見解，因此，應可作為權利義務的依據。

因此，越來越多的受僱者，雖然在經濟上具有從屬性，也具有社會保護的必要性，然而其作為判斷勞動關係的標準並不明確，亦即聽從指示、納入企業組織、雇主對於工作時間、時間長度及地點的指示權、以及與企業體內之其他勞工共同合作等標準[193]。具體而言，其改變有：電腦軟體的命令（含透過機器人施行）取代了雇主本人的指示；放棄對工作的指示而單以工作產出為準；執行工作時，受僱者不再受到時間的拘束；由於報酬已經約定，受僱者自行到位提供勞務，而不再聽命於雇主的使用；與企業體內其他勞工之合作，不再存在；在企業體外的工作（例如在家中），使得納入企業組織變成多餘[194]。

由於上述的改變，以具有勞工身分為前提之勞工保護法，只能適用於一般勞動關係，卻無法對於非典型僱用關係下的勞務提供者給予保障，雖然其更具有保護的必要性。許多具有從屬性之受僱者，已然掉落於勞動領域之外[195]。有鑑於此，職業安全衛生法已修正擴大其適用對象至「工作者」（職業安全衛生法第 2 條第 1 款、職業安全衛生法施行細則第 2 條參照）。

為了改變上述不合理的情況，論者有建議不再以勞動契約與僱傭契約、承攬契約或其他契約的界定標準為據，而完全以經濟的從屬性及社會保護的必要性，作為其是否受到勞工法及社會法保障的準據[196]。至於所謂經濟上的從屬性，係指勞務提供者本身為不超過兩個以上委託人執行工作（例如只為嘉裕西服及另一家西服代工者）；或本身並不參與市場競爭等。而所謂社會保護必要性，係指從屬的程度已達排除自由地形成契約關係之境界而言。

對於上述學者所提，由於新科技所致之勞工定義失靈之論點，吾人亦有同感。但為解決此類勞務提供者之保護，而跳脫於多數學者見解所採之人格從屬性，並改以經濟的從屬性及社會保護的必要性作為勞工之認定標準，是否妥適，由於事涉勞工法最核心的部分，茲事體大，似未宜驟然採取肯定之見解[197]。實者，如為達到

[193] Pfarr, "Arbeitsrecht: Neue Formen der Solidarität – Hardware – Software – Gegenwart", in: Menschen-gerecht, Arbeitsrecht – Genforschung – Neue Technik – Lebensform – Staatsgewalt (Hersg. Däubler-Gmelin/Adlerstein, 1986, 256.

[194] Pfarr, a.a.O., 257.

[195] 參張天開，前揭文，頁 5 以下。

[196] Pfarr, a.a.O., 258. 有關社會保護必要性之標準，請參林更盛於楊通軒／林更盛，非典型工作型態相關法律問題之研究，行政院勞工委員會委託，1999 年 4 月，頁 69 以下。

[197] 同說，林更盛，勞動契約與承攬契約之特徵與區別，收錄於勞資關係論文集，1999 年 1 月，頁 60 以下。

保護非典型僱用型態勞務提供者之目的，並無須將勞工認定標準之人格從屬性，改而以經濟的從屬性或社會保護必要性為標準。其可行的途徑，例如有：在個別的勞工保護法中予以納入（性別工作平等法第 3 條第 5 款至第 7 款），或將其適用對象擴大到工作者（例如職業安全衛生法及勞退條例第 7 條第 2 項）；以立法的方式（如勞工派遣法 Arbeitnehmerüberlassungsgesetz, AÜG）明定針對特定事項（例如職業安全衛生及職業災害責任），要派機構必須與派遣機構連帶負責，直接提供其保護[198]；亦可以個案認定的方式，檢驗企業體與非典型僱用型態勞務提供者的互動，是否已達人格從屬之程度，就此觀之，例如以電腦軟體指示取代雇主本身的指揮命令，當然未改變係雇主親自進行指揮命令之事實，並無損於人格的從屬性。最後一種方式，即是勞資雙方將不具勞工身分的勞務提供者納入團體協約適用（團體協約法第 12 條第 2 項參照），此種方式在新的立法未出現前、而個案認定仍難免有其固有的盲點時，實為較為理想而可行[199]。

第二項　企業組織概念的瓦解

隨著「雇主」定義的日益模糊（勞基法第 2 條第 2 款、職安法第 2 條第 3 款參照），企業或廠場組織的定義（Betriebsbegriff）亦漸趨瓦解。傳統上由雇主或企業／廠場負擔僱用責任的做法，也受到相當程度的腐蝕。其理由不外為：企業界多有採行成立一個獨立於企業外的決策中心的做法，尤其是多國籍的關係企業[200]、企業的分割、勞工租賃公司（Arbeitnehmer-Leasing-Gesellschaft）等原因。而早已在美國風行的「加盟店」（Franchising），亦逐漸為各國所引用[201]。加盟店在企業經營及人事任用上受到總店的嚴格規範，以至失去其經營決策的自由，不僅使其本身是否仍然符合企業／廠場組織的定義受到懷疑，甚至衍生出其與總店間是否實際上為僱傭關係的疑義。而長榮總管理處或台塑總管理處（本書第五章第二節案

---

[198] 同說，張天開，前揭文，頁 8：短期工、臨時工、兼職員工、家庭工作人員、自僱員工、包工、及其他非典型就業者，均應分別研究檢討，如能得到適用能行的「管理」方案，應設法分別訂定「管理條例」，公布實施，以逐漸予以法律保障，如能逐步使這些人員「升級」而為一般性的全時受僱人員，這當然是我們大家所共同追求的理想與目標。

[199] 例如德國電信公司及其子公司 T-Mobil 與電信工會在 1995 年締定且於 1998 年繼續簽訂之有關電傳勞動之團體協約，即是最著稱的例子，其詳將於後面第十一章非典型僱用型態「電傳勞動」部分敘述之。

[200] 有關關係企業之相關問題，請參廖義男，企業與經濟法，國立台灣大學法學叢書（十八），1980 年 4 月，頁 35 以下。

[201] Adlerstein, a.a.O., 102 f.; Pfarr, a.a.O., 264.

例 1）的組成，亦與傳統企業組織概念相去甚遠。另外，勞動合作社是否具有企業／廠場組織的要素，也常引起爭議（行政院勞工委員會 97 年 1 月 17 日勞保 2 第 0970140019 號函、98 年 4 月 3 日勞保 2 字第 0980006307 號函參照）。

　　由於企業組織定義的模糊，已對勞工權益造成莫大的影響。就責任問題而言，勞工所面臨的，可能是一個既無權、又無錢的「雇主」；對於個別勞工、或對於勞工團體而言，一個可以對於個別勞動契約或團體協約達成合意的談判對手，已然不存在；團體協商時之「武器對等」，已然陷入危機[202]。亦即欠缺一個具有協商資格的雇主（團體協約法第 6 條第 3 項參照）。

　　為了解決上述問題，在德國，早期已有論者建議以推定條款及責任條款（Vermutungs- und Haftungsbestimmungen）為之，亦即：當事人如於企業內工作，而該企業係由其他公司所經營者，推定其為該公司之勞工、並且得向該公司主張雇主責任。惟如有實質上的理由時，則不在此限。勞工受僱之公司有企業改變之情事，而該企業因從屬於（abhängig）其他公司或企業而無法參與市場競爭時，則依據企業組織法第 111 條之利益衡量及社會計畫（Interessenausgleich und Sozialplan）[203]，由該控制公司（das beherrschende Unternehmen）負擔之。這是因為，有關企業改變之資料，通常係由該控制公司所做成[204]。

　　上述德國有關推定條款及責任條款之主張固然值得注意，但是，即使是關係企業，仍然須要兼顧我國每個事業單位具有獨立法人格的企業法制問題。因此，對於推定條款及責任條款的範圍，似乎即有加以限制的必要，無法要求控制公司或事實上具有控制權的事業單位，完全與從屬公司或是被控制的事業單位，負起相同的責任。例如，當從屬公司或是被控制的事業單位未給付薪資、未加保勞健保、未提撥職工福利金、或甚至未給予恩惠性給付時，即要求控制公司或事實上具有控制權的事業單位給付，而是應將之限制在企業退休金或企業年金、資遣費的給付上（但這不表示與年資有關的權利，統統應由控制公司或事實上具有控制權的事業單位負責。例如特別休假、久任獎金等）。值得注意的是，最高法院在 2009 年 4 月 16 日所做成之 98 年度台上字第 652 號判決，似乎即採上述之見解。案中當事人之一方甲（雇主）在訴訟進行中，另外成立一家持股百分之百的股份有限公司（乙），甲並可指派乙的董事，甲將大部分員工移至乙，且繼續承認員工的薪資、年資及福

---

[202] Adlerstein, a.a.O., 103.

[203] 有關利益衡量及社會計畫，請見郭玲惠，企業關廠或倒閉時，勞工權益之保障—以德國制度為例，中興法學，第 42 期，1997 年，頁 59 以下。

[204] 有關控制公司與從屬公司，亦見之於我國於 1997 年 6 月 25 日新修正的公司法第六章之一關係企業，即第 369 條之 1 以下。

利等。惟甲並未將丙勞工轉至乙,尚且以勞基法第 11 條第 4 款及第 5 款為由資遣丙。丙訴請確認僱傭關係存在。本案中,最高法院認為:按勞基法第 11 條第 4 款關於「業務性質變更,有減少勞工之必要,又無適當工作可供安置時」之規定,預告勞工終止勞動契約,因該款所謂「業務性質變更」,除重在雇主對於全部或一部分之部門原有業務種類(質)之變動外,最主要尚涉及組織經營結構之調整,舉凡業務項目、產品或技術之變更、組織民營化、法令適用、機關監督、經營決策、預算編列等變更均屬之,故解釋該款末句所稱之「無適當工作可供安置時」,為保障勞工之基本勞動權,加強勞雇關係,促進社會與經濟發展,防止雇主以法人之法律型態,規避不當解僱行為之法規範,杜絕雇主解僱權濫用之流弊,自可將與「原雇主」法人有「實體同一性」之他法人,亦無適當工作可供安置之情形併予考慮在內,即「原雇主」法人另成立之他法人,縱在法律上之型態,名義上之主體形式未盡相同,但該他法人之財務管理、資金運用、營運方針、人事管理暨薪資給付等項,如為「原雇主」法人所操控,該他法人之人格已「形骸化」而無自主權,並有適當工作可供安置勞工,二法人間之構成關係顯具有「實體同一性」者,均應包括在內,始不失該條之真諦,庶幾與誠信原則無悖。

本書以為上述最高法院所採之見解,固然可以作為處理轉投資或互相持股公司間、錯綜複雜的勞動關係時參考之用。經由該案法院的判決,丙遂可主張到乙公司繼續工作,免於被資遣的命運(至於丙與甲之競業禁止及最低服務年限約定,是否在丙與乙間繼續有效?似應一併加以斟酌)。然而,應注意的是,案中的乙,不僅是由甲百分之百投資成立的公司,更重要的是,其經營決策(財務管理、資金運用、營運方針、人事管理暨薪資給付等)完全為甲所控制,形成乙為甲「從屬公司」(Subunternehmen)的現象,即只在扮演甲的手腳功能而已。[205] 因此,令甲負擔安置丙工作之義務遂亦有所本。法院援引誠信原則作為判決依據,遂亦有所據。這表示:假設經過事實認定後,乙並未達到從屬公司之程度,則甲自亦有權資遣丙。此種以從屬公司之程度來作為認定標準的做法,應較能折衷勞雇雙方的利益。如果不如此作,那麼,現行實務上不少公司將原來的人事部門獨立出去或者公司再設立一家人力派遣公司,將被原公司終止勞動關係的勞工接收,並再派遣往原公司工作的情形,將可能被法院以違反誠信原則而認定年資等轉至人力派遣公司、或者原來的勞動關係繼續存在。

---

[205] 有關從屬企業之說明,另請參閱楊通軒,歐洲聯盟勞動派遣法制之研究—兼論德國之勞動派遣法制,中原財經法學,第 10 期,2003 年 6 月,頁 286 以下。

　　近些年，最高法院除了再度確認 98 年度台上字第 652 號判決的見解外 [206]，其更將「實體同一性」的概念，進一步地拓寬其外沿。此不僅與本書「從屬公司」的主張不相符合，也與傳統公司法（企業法制）法人主體的認識有所出入，值得注意。或許，法院意在建立勞工法的自有體系與內涵。例如在一件請求給付退休金的案件中，被上訴人（原告）甲起訴主張原先係任職於上訴人（被告）乙（蕾斯瑪公司）法定代理人丙（及其兄共同持股）所經營之旭清公司，後來始轉入蕾斯瑪公司，繼續工作至退休止。旭清公司與蕾斯瑪公司並非同一公司，惟二公司從事之主要營業項目相同，所在地鄰近，公司名稱又併列在營業所門柱或廠房上方，報價單上同時蓋用二公司圖章，員工名片上亦將二公司並列。所以只是名稱不同而已，旁人由外觀上難以區分。丙承諾甲轉任時年資照算，故甲未結清年資領取資遣費。甲乃訴請乙給付退休金。法院審理結果認為：乙（現雇主）與旭清公司（原雇主）兩法人具有「實體同一性」，依據誠實及信用原則，應將前後段工作期間合併計算。即公司名稱雖由進益公司進而為旭清公司，再進而為蕾斯瑪公司，均應屬事業同一單位，僅係名稱不同，應有勞基法第 20 條規定之適用。進益公司及旭清公司的辦理解散登記，顯均在於意圖脫免將來擔負勞基法責任甚明（最高法院 100 年度台上字第 875 號判決、100 年度台上字第 1016 號判決：蕾斯瑪工業股份有限公司案）。

　　至於其原審之台灣高等法院台南分院或者認為「尋繹勞動基準法第 1 條第 1 項所定之立法目的，再參諸該法乃企業併購法之補充法（企業併購法第 2 條第 1 項）及民法第 484 條之規定意旨，並將企業併購法第 16、17 條詳為規定當成法理（民法第 1 條）以觀，該條所稱之「事業單位改組或轉讓」，於事業單位為公司組織者，自應包括依公司法規定變更組織、合併或移轉其營業、財產，以消滅原有法人人格另創立新法人人格之情形，始不失其立法之本旨（最高法院 93 年度台上字第 331 號判決意旨參照）。」或者認為「依舉輕明重原則，類推適用勞基法第 20 條規定，將具有『實體同一性』的工作年資合併計算。」吾人觀此處法院判決之理由，除了以誠信原則認為進益公司與旭清公司的解散，顯均在於意圖脫免將來擔負勞基法責任，所以前後雇主具有「實體同一性」外，另以「舉輕明重原則」類推適用或直接適用勞基法第 20 條規定，將前後工作年資合併計算。這是因為乙（蕾斯瑪公司）的法定代理人丙，承諾甲轉任時年資照算。理論上，隨著年資長度計算的特別休假及久任獎金等，也會隨之而由乙承續。只是，如此的處理方式，與勞工在

---

[206] 最高法院 100 年度台上字第 246 號判決參照。本案當事人，即為 98 年度台上字第 652 號判決的當事人。雇主為財團法人中華顧問工程司，勞工為王立我。法院再度強調法人人格的形骸化及實體同一性。

關係企業中被借調,當事人雙方合意工作年資併計者,尚有不同[207]。

　　另外,在一件請求給付退休金的案件中,當事人同時在「總部公司」與「紙上公司」的文件簽署。法院並未明言以「實體同一性」理論解決其間爭議。而是認為「總部公司」與「紙上公司」雖為不同之法人人格,但是,「(惟)查兩造間之勞動契約並無任何變更,伊為被上訴人/總部公司處理之事務,亦無任何之不同。此在現行公司經營實務中甚為常見,蓋公司因經營之需要,常於營運主體之總部公司外,另成立多家紙上公司作為營銷、保留營業收入、轉投資、節稅之營運機制,惟於各紙上公司相關文件、單據簽名者,仍為在總部公司擔任經理人之原班人馬,斷無可能因紙上公司之設立,而另聘經理人或員工,否則反將徒增人事成本,自非精於營利算計之生意人所願。」(最高法院 99 年度台上字第 2377 號判決:新菱實業股份有限公司案)吾人由上述判決推知,法律關係只存在於總部公司,並非「雙重僱傭關係」,亦非存在兩個部分時間工作。所以,紙上公司所未履行之勞動契約上義務,包括工資及勞健保等,總部公司負有共同履行之義務。另外,在計算退休金及資遣費時,應將總部公司與紙上公司的工作年資及工資額度合併計算。

　　近年來,實體同一性或「實質管理權」說的倡議,甚至已經擴及於集體勞資關係上。例如台北高等行政法院 101 訴字第 1389 號判決亦從複數工會及實質管理權之觀點,肯定控制公司具有同一地位之雇主,並且推論出不當勞動行為的結果。再以 103 年勞裁字第 12 號裁決決定書為例,針對金控公司與其子公司是否有義務提供申請人工會辦公室義務一案,申請人工會主張相對人公司(金控公司)為對於其子公司有「實質管理權」之雇主,故應提供辦公室。至於不當勞動行為裁決委員會雖未對於「實質管理權」說加以置喙,但其以金控公司對其子公司為 100% 持股,且子公司的董監事全部為金控公司指派,且金控公司與子公司的董事長、總經理均相同。進而推論出金控公司對於其子公司已經提供子公司企業工會辦公室之事實,「自無不知悉之理」。並且以金控公司拒絕提供申請人工會辦公室,「其差異之對待有造成申請人工會遭壓抑結果之事實,自有所認識。」裁決委員會甚且認為「相對人公司並非全無空間可提供部分辦公室予申請人工會使用」。並且,「(則)相對人公司如確有不能提供辦公室予申請人工會時,亦非不能協調相對人甲公司提供適當空間之辦公室予申請人工會。」本書由此觀之,裁決委員會實際上已經接受「實質管理權」一說,並且演繹出金控公司與其子公司均負有提供辦公室之義務。此一裁決意見並且為最高行政法院 104 年度判字第 338 號判決所採。雖然如此,本

---

[207] 行政院勞工委員會 84 年 6 月 14 日台 (84) 勞動三字第 119983 號函、88 年 3 月 3 日台 (88) 勞動三字第 007091 號函參照。

書以為工會法中既然無「會務場所」之規定，與會務假及代扣工會會費有明文規定者（工會法第 36 條、第 28 條第 3 項參照）不同，況且，將實質同一性或「實質管理權」適用於會所提供上，或將難免引發集體勞資關係上更複雜的問題，例如金控公司工會與子公司工會是否應進行一致性的「聯合團體協商」（團體協約法第 6 條第 4 項）？可否進行支援性的或警告性的罷工或一般的聯合罷工？而雇主的勞動鬥爭政策為何？在這一些問題尚未釐清前，本書毋寧採取反對的見解。

第三項　契約給付之再建構

　　傳統的勞工法及社會法，係以勞工持續地以其熟練的或半熟練的工作能力全部地投入工作，作為出發點（所以，雖包含粗工，但並不包括技術生、建教生、實習生及學生助理等非勞工之人）。即使是這一點也已有所轉變，並且發展為極精確的人力使用計畫。較常見的，是勞雇雙方簽訂部分時間工作契約，但雇主卻常要求勞工工作量達八小時、甚至還要加班。論者認為：只有直接與生產有關的勞動力部分，始為被雇主所「購買」，至於不具生產力的、與職務無關的個人的天賦（例如美術設計能力），則不包括在內 [208]。這表示：該勞工即使具有天賦，但既未用之於工作上，雇主在計算薪資時當然無須將之納入考慮。這就有如「高資低用」之情形。如果只是徵求一位員工從事影印工作，則一位博士前來應徵並錄取，並不得要求雇主針對其博士學歷予以額外計薪。惟一旦雇主要求勞工將其天賦或專長運用於工作上時，表示其工作內容已經有所改變，雇主即必須為此增給報酬。

　　此一轉變的特徵為：一、新科技的及時性與隨時性，諸如 line 的使用，使得勞工處於隨時準備接受工作指令的狀態，私人生活領域變得模糊或消失（相關討論，Emilie Durlach/Maud Renaud, Das Recht auf Nichterreichbarkeit；拒絕連繫權—Droit a' la De'connexion – nach der Loi Travail, AuR 2017, 196 ff.）。各種與工作時間有關的態樣組合，亦即下班→候傳（on call）→值班→待命→上班，也造成契約給付範圍的擴大。又，新科技高度地將工作過程標準化，不僅大大地減少雇主所需為的個別的指示，也使得突然發生的狀況、勞工的工作能力或個人的決定，對於雇主的影響大為降低。勞工的工作容易被取代。二、新的僱用型態，例如部分時間工作中的應傳喚的工作（Beschäftigung auf Abruf），使得勞務的提供完全地配合生產的步驟。在此，必須確實有一定時數以上的僱用，始為有效。如果只是掛名式或登錄式的僱

---

[208] Pfarr, a.a.O., 261.

用，應將之認定為無效。即勞工自始並不負勞動契約之義務。三、資訊科技的使用，使得雇主得以對於勞工勞務的提供及個人的行為，不間斷地給予監視（惟雇主並不得要求勞工植入晶片，以作為監視或控制之用。另外，這也並非表示雇主藉由電子儀器的監視勞工工作，即無侵犯隱私權或人格權的疑慮。至少勞工有「知悉」正在被監視的權利。如為免法律爭議，最好取得勞工的事前同意），也可以較仔細地區分其「具生產力」及「不具生產力」的特徵。四、雇主利用新科技中的基因染色體檢驗（Genomalyse），甚至可對勞工所遺傳而來的健康上的問題，輕易地了解，且可依據此項檢驗，作為勞工職務的分配[209]。五、隨著生物科技的發達，雇主為提高勞工的生產力或降低瑕疵給付的風險，可能會要求勞工服用增進特殊能力或提神食／藥品或飲料（包含保力達 P、蠻牛、紅牛等）。如此一來，長期地將有損於勞工的身體健康。

基於上述的轉變的說明，遂引發人們一個疑慮：新科技似乎只給予單方好處，但其壞處卻全由他方所承擔（例如員工的隱私及個人資料受到侵害）。尤其值得重視的是：雇主可否以資訊科技的改變而作為其解僱勞工的事由？此一解僱是否具有社會的正當性（sozial gerechtigt）[210]？此一資訊科技的改變，是否符合勞基法第 11 條第 4 款「業務性質變更」的要件？

對於新科技所帶來利益、負擔分配不公現象，德國論者主張以下列措施加以因應：一、企業體的引進、使用新科技，甚至是將勞務的提供外移至企業體外，均必須獲得員工代表的共同決定。二、工會及（屬於勞工參與機制的）員工代表會的談判代表，必須強化對於非典型僱用型態勞務提供權益的保護，以避免全體受僱者分崩離析。三、急需強化對於勞工資料的保護。四、在承認基因染色體檢驗得在職場被使用之前，必須全盤地對於法令，尤其是勞工法、社會法、資料保護法、以及與身體健康有關的法令，加以修正及補充[211]。五、本書以為從雇主的保護照顧義務觀之，雇主本不得要求勞工服用提升身體精神特殊能力的食／藥品或料。勞工得拒絕之。

有關新科技環境下契約給付之問題，本書擬以電傳勞動為例，探討雇主可否以之為解僱之事由，而此一問題卻往往與勞工參與機制之勞工團體或勞資合作團體，在雇主實施電傳勞動時應扮演之何種角色有關，故一併敘述如下。

---

[209] Adlerstein, a.a.O., 103. 只是，為免侵害求職者的人格權或人性尊嚴，雇主不可要求求職者進行基因／染色體的檢驗。惟適性測驗或其身家調查表應該仍屬合法。

[210] 有關德國解僱保護之規定，請參林更盛，德國勞動契約終止制度之研究，台灣大學法律研究所，1989 年 5 月，頁 66 以下；楊通軒，論勞工確不能勝任工作，收錄於：勞資關係論文集，1999 年 1 月，頁 270。

[211] Adlerstein, a.a.O., 103 f.

　　就電傳勞動的開始而言，以德國為例，大體上係勞資雙方當事人共同的合意而發動。亦即，由在廠工作型態轉而為電傳勞動，比例上約有 75% 係雙方自由約定而行之。約有 20% 未達成任何協議。而在少數的個案中，雇主卻是以調職或變更解僱（Änderungskündigung）的方式，促使勞工提供電傳勞動[212]。然而以調職方式進行電傳勞動，在具體情況下，必須係個別勞工法或集體勞工法所允許的。例如員工代表會依據企業組織法第 99 條，對於調職有共同決定權（台灣團體協約法第 12 條第 1 項第 1 款：調職）[213]。如員工代表會已同意雇主以調職來行使電傳勞動（包括調職到勞工家中），在法律上自然無問題[214]。如勞動契約、團體協約或企業協定上未有任何約定，則由於雇主欠缺一對於勞工私有住宅處分的權限（Verfügungsgewalt），雇主欲將勞工調往其家中提供電傳勞動，即會受到限制[215]。再者，雇主所需要的進入勞工住宅的權利，例如為履行雇主所負擔的勞工安全保護義務，亦必須基於雙方一致之同意始可[216]。同樣地，即使是主管機關的勞動檢查員，亦不當然因進行勞工安全衛生的檢查，而得以不受限制地進入勞工之住宅。主管機關為了進行勞動檢查，而得以拘束企業所受到來自憲法及法律的保護，並無法擴及於勞工之住宅。為了確保其勞動檢查無違法之虞，勞動檢查員仍應事前獲得勞工的同意。除此之外，在團體協約、企業協定或勞資會議的共識決、甚至勞動契約中，亦得明定勞工同意勞動檢查員得進入勞動者之住宅，以從事勞動檢查。有問題者，如未經契約明定或未獲得勞工事前的同意，勞動檢查員可否在特殊狀況下進入勞工之住宅？對此，如係為防止與工作位置無關的危險的發生或避免公共安全的受害，似宜例外的允許之。

　　再就以變更解僱來促成電傳勞動觀之。在勞動契約、團體協約或企業協定中未對電傳勞動有所約定時，德國實務上遂有以變更解僱的方式行之者，值得加以說明。所謂變更解僱，係指終止勞動契約並附以在變更後的勞動條件下繼續勞動關係之要約。緣勞動關係具有繼續性，於其存續中如發生訂約時所未預見之情事時，必須令當事人對此有加以調整因應之道。然設若逕行終止原勞動契約而另定新約，將

<hr />

[212] Wedde, Aktuelle Rechtsfragen der Telearbeit, NJW 1999, 530 Fn. 45.

[213] 員工代表會依據企業組織法第 80、90、92 及 111 條，對於雇主實施電傳勞動的規劃，有要求提供資訊及諮詢的權限。而依據企業組織法第 87 條第 1 項第 6 款，對於雇主引進電傳勞動，員工代表會有共同決定權。Sieh. Schmidt/Koberski/Tiemann/Wascher, Heimarbeitsgesetz, 4. Aufl., 1998, Rn. 105. Simon/Kuhne, Arbeitsrechtliche Aspekte der Telearbeit, BB 1987, 205 ff.

[214] Otten, Heim- und Telearbeit, 1996, C Rn. 49.

[215] 同理，雇主亦不得藉由指示權之行使，而將勞工原在企業內或廠場內提供勞務，改為在勞工的家內提供電傳勞動，見 Kilian/Borsum/Hoffmeister, Telearbeit und Arbeitsrecht, 1987, 404.

[216] Wedde, Aktuelle Rechtsfragen der Telearbeit, 530.

原本勞動契約之年資等權利逕行切斷，自然不利於勞工，此雖非前面所提將原勞動契約合意改為承攬契約，但同樣是將原來勞動關係中之各種權利做一結算，故同樣會有是否屬於脫法行為之嫌。因此，變更解僱即能避免上述不利情況，而同時達到變更契約及不中斷原勞動契約之目的[217]。

學者認為[218]，為保障勞動契約之內容，避免雇主藉此達到終止勞動契約之目的，變更解僱（終止）亦有終止保護規定之適用。亦即對雇主所為之變更解僱，勞工在一、接受；或二、不予保留地拒絕而提起一般終止保護之訴外；三、更可保留其社會正當性而接受該變更要約，並提起終止保護之訴；第三種情形乃顯示本規定之獨立價值。蓋勞工若認變更終止不具社會正當性，固得依德國解僱保護法第 4 條提起解僱保護之訴；但如此將不能妥為兼顧雇主所追求之主要在於勞動條件變更之目的及勞工若敗訴將喪失全部勞動關係之狀態；故尤其為保障勞工職位之存續，使免於被迫接受新勞動條件，乃明定勞工得保留變更解僱之社會正當性而接受雇主之要約。保留乃意味著對變更要約之同意附以該解僱有社會不當性為解除條件；若條件成就，該變更合意效力結束，勞動契約依原條件進行；若條件不成就，由該解僱生效起以新勞動條件為契約內容；至於在條件確定前仍以新勞動條件為準。

變更解僱由於一方面終止原勞動契約，另一方面又延續原來勞動關係中的權利，且勞工保留其之社會正當性而接受該要約，因此並不會對於勞工造成不利。然而如果係單純地以新科技的變更而終止勞動契約，即會有問題。德國聯邦勞工法院針對企業如採取企業內改變結構措施（Umstrulturierungsmaßnahme），例如引進新的經銷制度，可否將原先僱用的經銷人員改任為自由的勞務提供者（freie Mitarbeiter），採取肯定的見解[219]。然而，如欲進一步以之為企業經營上的理由而終止勞動契約，學者即有持反對見解者。其理由為，雇主實際上的用人需求並未喪失，自然不能允許雇主有一經由企業經營上理由而改變契約的權利[220]。實則，德國解僱保護法上之基於企業經營上理由之解僱，除了有一定事由的限制外，另外必須有急迫必要性始可。其所謂的事由，包括：市場狀況及信用上之障礙、原料不足、動力不足（原料及動力不足原屬企業經營風險或經濟風險，但在一定期間後亦應允許雇主終止契約，而非無限期地繼續勞動關係下去）、新機械之採用、生產方式之變更、其他合理化之措施等[221]。因此新科技所帶來之雇主採用電傳勞動，應

[217] Zöllner/Loritz/Hergenröder, Arbeitsrecht, 6. Aufl., 2008, 297 ff.

[218] 林更盛，德國勞動契約終止制度之研究，頁 77 以下。

[219] BAG NZA 1996, 1145.

[220] Körner, Telearbeit – neue Form der Erwerbsarbeit, alte Regeln? NZA 1999, 1192 f.

[221] 林更盛，德國勞動契約終止制度之研究，頁 66 以下；林武順，勞工法上解僱問題之研究，政治大

已符合生產方式的變更之條件，設其又符合急迫必要性之條件，雇主之終止勞動契約應屬可行[222]。

　　然而新科技所帶來的電傳勞動，在我國雇主如欲終止勞動契約，由於事非可歸責於勞工，如有法律上的依據，當係在於勞動基準法第 11 條各款規定之中，以令雇主負擔資遣費。而在各款之中，又以第 4 款「業務性質變更，有減少勞工之必要，又無適當工作可供安置時」及第 5 款「勞工對於所擔任之工作確不能勝任時」最有可能。

　　就第 4 及 5 款綜合觀之，與第 11 條其他三種情形一樣，基本上勞工並無可歸責之原因，且雇主基於經營上的困境，亦無法苛責其不能阻止該等情事之發生，例如經濟景氣衰退，導致企業營運困難而不得不解僱部分勞工即是，為了彌補勞工必須中途離職另尋工作、以及工作年資的損失等[223]，雇主因此給予特定數額的補償。然而兩者間究竟有何不同？其間的關係為何？

　　論者有認為：第 4、5 款之情形，係屬於技術性或組織性的理由，亦即因為市場條件、國際競爭、技術革新等所造成作業過程改變而引起之勞動力削減，例如生產效率增加，自動化的結果造成所謂「剩員」。事實上兩款之間有因果關係，第 5 款之情形有很多是因為第 4 款情形所造成，即勞工本來並非不能勝任，而是在事業採行自動化或新生產技術才使得勞工面對新技術而顯得不能勝任[224]。

　　然而，第 11 條第 4 款之「業務性質變更，有減少勞工之必要，又無適當工作可供安置時」中之「業務性質變更」究竟何所指？多數的見解似均肯認：行業的類

學法律研究所碩士論文，1984 年 1 月，頁 42 以下。

[222] 同說，Kilian/Borsum/Hoffmeister, a.a.O., 404：雇主不得藉由變更解僱，將勞工之工作位置轉移至勞工的私有住宅。設如未獲得勞工的同意、或未有強制性的企業經營上的或勞工人身上的事由，則上述變更解僱係侵犯了勞工的私有領域（Privatsphäre）且侵害憲法上所保障的住宅不受侵犯之權。

[223] 對於工作年資的損失，雖然論者有主張勞工即使有勞基法第 12 條第 1 項規定情形之一，基於期待利益之考量，剝奪其補償，似有違公平原則。惟本書以為該說並不可採。蓋在此應將雇主（因勞工有勞基法第 12 條第 1 項之情形而受害）的損害賠償請求權一併納入思考，亦即除非雇主的損害過大的情形，否則在雇主依據勞基法第 12 條解僱勞工時，意含著雇主已拋棄損害賠償請求權。如此地以勞工工作年資補償的喪失，相對於雇主的不再請求賠償，應該符合事理之平。

[224] 黃越欽，勞動法新論，2000 年，頁 224。反對說，呂榮海，勞基法實用 1，1986 年，頁 145 以下：第 11 條第 4 款係「存在於雇主的解僱事由」，而第 11 條第 5 款係「存在於勞工本身的解僱事由」，兩者不同。後者規定在第 11 條顯得格外特別。……「勞工對於所擔任之工作確不能勝任」與「違反勞動契約或工作規則情節重大」二者不易區分，前者似乎是後者的「具體態樣」，但法律效果卻較輕，以至於在實務上雇主可能會儘量引用第 12 條第 1 項第 4 款，而不引用第 11 條第 5 款，如果如此，那麼，第 11 條第 5 款就較少有適用之餘地了！惟本書以為：事實上行政機關及司法機關較常引用第 11 條第 5 款作為處理依據。

別、或業務的內容有所改變,屬於此 [225]。至於提供勞務方式的改變、生產方式或生產技術的變更,是否亦為業務性質變更,則論者間見解並不一致。惟似乎仍以持肯定說者較眾 [226]。對於此,雇主基於企業經營上的需要,而改變提供勞務的方式或生產方式、生產技術,實係其面對著國內外競爭時,所不得不採取的措施,例如工廠改成自動化,因此似不宜過於嚴格地解釋,否則難免危及整個企業的生存,而損及整體勞工的權益。相較於德國解僱保護法中基於企業經營上理由之解僱,亦包括有「新機械之採用、生產方式之變更、其他合理化之措施等」,當係亦採取從寬的解釋。因而只要輔以其他的條件,理論上即可避免雇主濫用此一條款,這在德國法上係以「急迫必要性」為條件,而在我國法上則是「有減少勞工之必要」及「安置適當工作」。

如就電傳勞動之引用,雇主得否以第 5 款「勞工對於所擔任之工作確不能勝任」而終止勞動契約?其適用的時機為何?對於此,吾人以為由於提供勞務方式的改變、生產方式或生產技術的變更,屬於第 4 款業務性質變更,故雇主首應考量有無該款「有減少勞工之必要,又無適當工作可供安置時」之情形,一俟並無適用第 4 款之可能性時,亦即「無減少勞工之必要」或「雖有減少勞工之必要,但有適當工作可供安置」時,始需(得)進行第二階段第 5 款「勞工對於所擔任之工作確不能勝任時」之檢討。如此解釋,當較為合理,因為先給予「安置工作」後,才能夠檢驗其是否「確不能勝任」。不過,依理而言,如果所安置者係「適當」的工作,則不能勝任者應屬少見,則第 5 款被適用的可能性將大大的降低(也就是說,這裡的不能勝任,不應採取從寬解釋,以加予勞工自行調整的壓力)。

惟如一旦第 11 條第 4 款所規定之條件不成就時,但雇主如仍欲終止勞動契約,則需進入第二階段第 11 條第 5 款「勞工對於所擔任之工作確不能勝任」之檢驗。此處涉及「勞工確不能勝任工作」之意義為何。對於此,最高法院 86 年度台上字第 688 號民事判決認為,「所謂『確不能勝任工作』,非但指能力不能完成工作,即怠忽所擔任之工作,致不能完成,或違反勞工應忠誠履行勞務給付之義務亦屬之。」其後,最高法院 86 年度台上字第 82 號民事判決同樣認為,「所謂『不能勝任工作』,不僅指勞工在客觀上之學識、品行、能力、身心狀況,不能勝任工作者而言,即勞工主觀上『能為而不為』,『可以做而無意願做』,違反勞工應忠誠履行勞務給付之義務者亦屬之。此由勞動基準法之立法本旨在於『保障勞工權益,

---

[225] 黃劍青,勞動基準法詳解,1997 年,頁 140;呂榮海,前揭書,頁 142 以下。
[226] 最高法院 98 年度台上字第 652 號民事判決。呂榮海,前揭書,頁 143 以下。

加強勞雇關係，促進社會與經濟發展」觀之，為當然之解釋。」[227]

對於上述最高法院的見解，雖有學者加以贊同[228]，但多數學者似均採反對之態度[229]，本書從多數學者的見解。其理由如下：考我國解僱法制，自 1929 年工廠法起、中經 1936 年勞動契約法、終至 1984 年之勞基法，均是採取解僱正當事由說，明白列舉預告解僱與即時解僱之各種事由，以嚴格限制雇主解僱權之行使。而就勞基法第 11 條及第 12 條之終止條件、各自規範不同的事實，此亦係立法者當初延襲工廠法及勞動契約法而建構勞基法第 11 條及第 12 條之原意。學者間以體系解釋之觀點，將第 11 條第 5 款與前四款同樣限於不可歸責於勞工之事由（例如因生產方式改變、年齡因素），應可贊同。不過，隨著就業服務法第 5 條第 1 項規定的修正增入「年齡」歧視，往後因年齡因素導致客觀能力的下降或不足，以至於被解僱的現象，將會被大大地限縮。

因此，勞基法第 11 條第 5 款之勞工確不能勝任工作，應限於勞工客觀上因年齡、學識、能力及體力無法負荷工作之情形。此等情形，勞工本身並無法改變事實或有相當大的困難，就其個人而言，亦不希望有該等事實的發生，因此給予其預告期間及資遣費，以保障其新職找到前的生計。而勞工如已達退休年齡及年資者，即應依退休的規定處理。

當然，勞工主觀上無工作熱誠、以及其他勤務狀況不佳之情形，對於雇主的企業經營造成一定程度的不利影響。然而此應視其情節是否達到嚴重的程度，給予不同的處理。如其情節未達嚴重程度，雇主得援用工作規則之懲戒處分，給予警告、申誡、減薪，甚至降職、停職等不同程度的處分。而如果勞工勤務不佳之情形嚴重，屢犯不改，雇主當可依勞基法第 12 條第 1 項第 4 款之違反勞動契約或工作規

---

[227] 最高法院 95 年度台上字第 1866 號民事判決參照。另，最高法院於 2007 年 11 月 29 日做成的最高法院台上字第 2630 號民事判決仍然採取此一見解。之後，2011 年 5 月 26 日的最高法院 100 年度台上字第 800 號判決（環瑋企業股份有限公司案），亦同。只是，針對勞工主觀的無意願工作，應該無解僱最後手段原則之適用。

[228] 郭玲惠，終止勞動契約─兼論德國之制度，中興法學，第 37 期，頁 33 以下；林武順，前揭書，頁 148 以下。

[229] 楊通軒，論勞工確不能勝任工作，頁 265 以下。其實，吾人如觀最高法院 99 年度台上字第 1309 號判決，受僱擔任清潔隊員者為身心障礙者，雇主以其無法勝任所安排之各項工作，而依勞基法第 11 條第 5 款予以資遣。法院以雇主已詳列不能勝任工作之各項具體事由，而判決雇主勝訴。由此可知，其完全係以客觀的事由為資遣基礎。對於此一判決心證的形成，其背後是否與勞基法第 54 條第 1 項第 2 款規定「心神喪失或身體殘廢不堪勝任工作」有所關聯？吾人實不得而知，只是，該款規定卻也是以客觀的情事為準。所以，在判斷上較為困難的，是對於遭遇職業災害未達嚴重失能者，但其卻假藉各種理由百般逃避回廠工作者（含多次以留職停薪方式），是否屬於主觀無意願工作者？本書毋寧較傾向肯定的見解。相關判決，請參閱最高法院 101 年度台上字第 544 號判決。

則情節重大,而給予不經預告的終止契約[230]。

　　採取如上嚴格區分勞基法第 11 條第 5 款及第 12 條第 1 項第 4 款的處理方式,對於勞工及雇主權益的保障,才能取得平衡。設如勞工係主觀上無工作意願、工作態度不佳,則只能在具體個案上評價其是否已達情節嚴重之程度,斷不宜因其未達情節嚴重,再回頭嘗試適用「不能勝任工作」,如此做法將造成勞基法第 11 條第 5 款及第 12 條第 1 項第 4 款的界限不明,甚且會混淆第 11 條及第 12 條的體系架構,造成勞工權益的不保,故不宜為之[231]。

---

[230] 林武順,前揭書,頁 190 以下。

[231] 楊通軒,論勞工確不能勝任工作,頁 268 以下。行政院勞工委員會 81 年 11 月 23 日 (81) 台勞動一字第 37704 號函:「至於勞工對所擔任工作確不能勝任之各種情事,涉及個案事實認定問題,如確有於工作規則中列舉明定之必要時,亦可由勞資協議訂定,俾免日後發生爭議。」內政部 74 年 9 月 14 日 (74) 台內勞字第 347040 號函亦持相同看法。

第三章
勞工法與經濟制度

第一節　經濟制度的組成要素

　　勞工法係針對具有從屬性（依附性）的勞工的特別法。決定勞工法的最重要的因素，是個別的經濟制度與社會制度。如要探究勞工法與經濟制度間的關係，即要知道經濟制度中擁有幾個要素。對此，現代自由經濟學者稱之為混合性的經濟體制（mixed economy）、[1] 社會法治國學者稱之為社會的市場經濟（soziale Marktwirtschaft）（德國）、[2] 至於馬克思主義者則稱之為資本主義（Kapitalismus, capitalism）。惟只有混合性的經濟體制同時含括了市場經濟及資本主義，至於社會的市場經濟及資本主義則均只談及經濟制度的一面、而漏掉了另一面，因此，尚難稱為完備。

　　再進一步言之。台灣目前的自由經濟社會係立基於兩根柱石上：私有財產與經濟自由。兩者相輔相成、相得益彰。個人由於擁有私有財產，所以有使用、收益、處分的權能（憲法第 15 條、民法第 765 條參照）。個人由於擁有經濟自由，所以對於自己所要從事的經濟活動有充分的自主權，即其擁有企業自由、[3] 就業（工作）自由、[4] 以及消費自由。在這些自由下，個人乃有政治自由及行動自由可言。在現代自由經濟社會中，由於大部分是資本的所有主肩負了創業的任務，而企業的

---

[1] 本書以為台灣即為此種制度，此或可稱為社會國的或福利國的市場經濟。在這種制度中，私營企業與公營企業同時并存；價格機能與政府干涉同時發揮功能。

[2] 差堪比擬、卻又有所不同者，係中國學者稱其國內現行的體制為社會主義的市場經濟。

[3] 所謂企業自由，係指個人得自由地進行創業或參加他人的企業，此種制度被稱為「自由企業制度」（free enterprise system）。施建生，經濟學原理，1980 年 6 月，七版，頁 27。

[4] 台灣憲法第 15 條規定：「人民之工作權，應予保障。」這裡的就業自由，當然也包括不就業/休閒的自由，或者減少工作時間的自由。與此相反者，中國憲法第 42 條第 1 項規定：「中華人民共和國公民有勞動的權利和義務。」
另外，依據司法院大法官會議釋字第 514 號解釋，「人民營業之自由為憲法上工作權及財產權所保障。」由此觀之，營業自由亦為工作權保障之一環，所以，企業自由與工作自由亦合而為一了。

形成與發展則為此一經濟社會不斷成長的關鍵所在，故世人概皆稱之為資本主義。再由於此一社會中，一切經濟活動都是在市場中進行的（網路行銷也是市場）、且依據價格機能決定的，故又稱為市場經濟（market economy）。

第一項　市場經濟

　　台灣經濟制度中的第一個要素是市場經濟。在市場經濟中，價格（錢）及工資原則上依市場法則（Marktgesetze）（供給 vs. 需要）而定（所謂「合理的工資」），而非依據國家的行政命令或經過國家同意而定。[5] 這代表市場經濟係以政治自由及民主政治為前提，而且與公民社會互相結合（世人以為此一顛撲不破的政治真理，卻是在中國被打破了。中國以極權政治或單一政黨政治的統治，卻能夠與市場經濟的運作巧妙的結合或者至少大體上不發生水火不容的情形）。先就價格來說，其意係指一物（例如勞務）與另一物（例如工資）相交換的比率，在現代經濟社會中通常會以貨幣來表示。由於用來交換的貨物與勞務都有了價格，遂形成了自由經濟社會中的價格體系。此種價格體系是經濟活動的指揮機構，在他自動運行的過程中就將無數人的選擇與判斷登錄下來，而使生產的進行有所遵循。例如透過顧客的購買貨物，會顯示出貨物的需要量，企業家乃會決定其生產的方向與數量。如此，也會形成對於生產因素（勞動、土地、資本、企業才能等）的需要、以及生產因素價格的漲跌。連帶地，生產因素的所有主乃會將生產因素轉移至需求最殷的貨物上，勞工亦會選擇工資最多的職業或事業單位提供勞務。[6]

　　至於市場經濟中工資的高低，則係由勞工所提供之勞務的供給與需要（雇主的需要）而定。雇主的需要多於勞工的供給時，工資自然漲高。反之，則下降。另外，工資的漲跌，也會影響勞動供給量的增減。亦即：當工資提高時，原則上勞動的供給量增多；工資降低時，原則上勞動的供給量減少。[7] 惟例外，工資提高，反而會引起勞動供給量的減少；工資降低，反而會引起勞動供給量的增加。當此種

---

[5]　例外，當國家有法定的基本工資或最低工資規定時。例如台灣勞基法第 21 條規定。或者，在 2011 年 5 月 1 日前的舊工會法時代，其第 26 條第 3 項亦有標準工資的規定。

[6]　這印證了亞當・史密斯（Adam Smith）在其 1776 年的「國富論」（An Inquiry into the Nature and Causes of the Wealth of Nations）中所說的：整個社會之經濟活動是冥冥中受「一隻看不見的手」（the invisible hand）的指揮而進行的。

[7]　論者稱此為「代替效果」大於「所得效果」。亦即休閒與工作間因相對價格改變，引起以較便宜者替代較貴者的效果。張清溪／許嘉棟／劉鶯釧／吳聰敏，經濟學理論與實際，2004 年 8 月，五版上冊，頁 373。

情況發生時，即表示出現了「後彎的勞動供給線」（backward bending labor supply curve）。[8]

　　相對於市場經濟所採的市場法則（供給 vs. 需要），共產主義及社會主義的國家則採取計畫經濟或中央行政的經濟，由國家的或地方的機關確定或控制生產、工資及價格。例如（在 1990 年 10 月 3 日走入歷史的）前東德（Deutsche Demokratische Republik, DDR）憲法第 9 條第 3 項規定：「在德意志民主共和國境內，國民經濟及其他社會的領域，一律適用指導及計畫原則。德意志民主共和國的國民經濟是社會主義的計畫經濟（sozialistische Planwirtschaft）。與社會發展的基本問題有關的中央國家的指導與計畫，應與地區的國家機關與廠場的自我負責、甚至與工人（Werktätiger）的提案密切結合。」

　　再依據中國憲法第 1 條規定：「中華人民共和國是工人階級領導的、以工農聯盟為基礎的人民民主專政的社會主義國家（第 1 項）。社會主義制度是中華人民共和國的根本制度。禁止任何組織或者個人破壞社會主義制度（第 2 項）。」第 6 條規定：「中華人民共和國的社會主義經濟制度的基礎是生產資料的社會主義公有制，即全民所有制和勞動群眾集體所有制（第 1 項）。社會主義公有制消滅人剝削人的制度，實行各盡所能，按勞分配的原則（第 2 項）。」第 7 條規定：「國有經濟，即社會主義全民所有制經濟，是國民經濟中的主導力量。國家保障國有經濟的鞏固和發展。」第 8 條第 1 項規定：「農村集體經濟組織實行家庭承包經營為基礎、統分結合的雙層經營體制。農村中的生產、供銷、信用、消費等各種形式的合作經濟，是社會主義勞動群眾集體所有制經濟。參加農村集體經濟組織的勞動者，有權在法律規定的範圍內經營自留地、自留山、家庭副業和飼養自留畜。」第 16 條規定：「國有企業在法律規定的範圍內有權自主經營（第 1 項）。國有企業依照法律規定，通過職工代表大會和其他形式，實行民主管理（第 2 項）。」第 42 條規定：「中華人民共和國公民有勞動的權利和義務（第 1 項）。……勞動是一切有勞動能力的公民的光榮職責。國有企業和城鄉集體經濟組織的勞動者都應當以國家主人翁的態度對待自己的勞動。國家提倡社會主義勞動競賽，獎勵勞動模範和先進工作者。國家提倡公民從事義務勞動（第 3 項）。」

---

[8] 論者稱此為「所得效果」大於「代替效果」。張清溪／許嘉棟／劉鶯釧／吳聰敏，前揭書，頁 373。一般而言，當勞工的工資不斷提高時，其也會要求每週工作時數的縮短，以增加閒暇的時間。只不過，台灣在 2001 年 1 月 1 日修正施行的勞基法第 30 條第 1 項規定，將工作時數限制在「每二週工作總時數不得超過八十四小時」、並且在 2016 年 1 月 1 日修正縮短為「每週不得超過四十小時」，是否代表立法者已體認到台灣已屬「所得效果」大於「代替效果」的國家？則是令人未明所以。

第二項　資本主義

　　台灣經濟制度的第二個要素是資本主義。這表示：原則上生產工具的所有權並不為勞工所有（問題是，勞基法施行細則第 7 條第 6 款之工作用具費，究竟是何意？雇主得要求勞工負擔使用工作用具的費用？），而是籌集資本的私自然人或法人（通稱為資本家）所擁有（依據勞基法施行細則第 7 條第 6 款，勞動契約應依本法有關規定約定勞工應負擔之工作用具費有關事項。言下之意，勞雇雙方得約定勞工必須支付費用，始能使用工作用具。然而，除了與工作無關的特殊狀況或非工作所需的特殊工具之外，雇主基於勞動契約本有提供工具的義務，該款「工作用具費」實在難以想像。可以想像的是，勞工在非上班期間使用雇主的廠房設備或工作用具，雇主得要求支付一定的費用，蓋其本質為租賃）。這裡具決定性的，是生產工具的所有權能產生那些權利及各種作為可能性。論者間常謂自由企業制度的基礎並不在於生產工具的所有權，而是在於國家的經濟憲法（staatliche Wirtschaftsverfassung）。[9] 也有說：並不是所有權，而是由勞工自由締定的勞動契約，建構了雇主的法律地位。其實，吾人如從我國的經濟與勞動憲法（第 15 條之財產權與工作權）觀之，亦可得出同樣結論。[10] 另有謂：針對無數的小型廠場，其影響力主要係依恃企業的創新能力而定，而非其資本額。至於大型廠場之資本的影響力，也逐漸受到專業經理人權限的制約，而且也越來越受到工會及勞資會議參與權限的限制。

　　由於市場制度是一個在所有權制度外、另外存在之具有獨自意義的制度，顯示出資本主義並非國家經濟制度的全部。它只是經濟制度的一個根本要素而已。因為，無論是法律上或事實上，對於一個並非對等參與的企業，其企業領導的確定、財產增加的占有、以及盈餘歸屬等，除非國家法令、市場法則及員工代表另有規定或約定外，即歸資本所有主、銀行、債權人、以及專業經理人所有。即便是透過工會的團體協商或勞資會議的勞工參與，企業經營者將經營所得部分分與員工共享，亦未改變資本主義的本質。

　　相對於資本主義，社會主義或共產主義的所有權制度，主要係以兩種不同的形式出現：國家所有制（Staatseigentum）與工人自我管理

---

[9]　Söllner, Grundriß des Arbeitsrechts, 11. Aufl., 1994, 23.

[10]　BVerfG NZA 1986, 200. 所以，越來越多的事業單位要求勞工提供（具有先進功能的）私人的手機供其使用（所謂的 Bring Your Own Device, BYOD），並不會使得勞工的身分喪失。蓋雙方只是另外簽訂一個使用借貸契約而已。Göpfert/Wilke, Nutyung privater Smartphones für dienstliche Zwecke, NZA 2012, 765 ff.

（Arbeiterselbstverwaltung）。先就前者而言，前東德即是以國家所有制取代私人對於生產工具的所有權。雖然人們喜稱國／全民所有制及工人對於生產工具的社會主義的所有制。惟從功能性的觀察來看，稱為國家所有制更為適當。例如前東德勞工法學者 Michas 等人即謂：[11]「社會主義的所有權功能—相應於其作為整個社會功能的本質—，將會由社會主義的國家及工人的政治組織所執行，並且由社會主義社會的成員在每日工作中，實踐所有權的功能。」至於後者，係前南斯拉夫共產政權所採的制度，表示資本所有主與受僱人的界線原則上已被廢棄。廠場屬於工人所有。工人的代表（勞工委員會／職工代表大會Arbeiterrat）決定廠場經營的重要事項及共同選任廠長（Betriebsdirektor）。惟國家經由架構計畫（Rahmenplanung）、財政的支援、及地方機關的共同選任廠長，仍然保有其影響力。[12]

　　如以中國來看，其係採取社會主義制度的國家。依據其憲法第 6 條規定：「中華人民共和國的社會主義經濟制度的基礎是生產資料的社會主義公有制，即全民所有制和勞動群眾集體所有制（第 1 項）。社會主義公有制消滅人剝削人的制度，實行各盡所能，按勞分配的原則（第 2 項）。」再依據第 16 條規定：「國有企業在法律規定的範圍內有權自主經營（第 1 項）。國有企業依照法律規定，通過職工代表大會和其他形式，實行民主管理（第 2 項）。」

第二節　經濟制度對勞工法之影響

　　有問題的是，市場規範及生產工具的所有權，對於勞工本身及勞工法有何影響？對此，有認為勞工之行為公式如下：資本主義→低薪→住者有其屋→安於其位→不敢跳槽→不敢罷工。惟，在這裡，正確之舉，應是在比較經濟制度與勞工法時，同時考量市場經濟與資本主義兩個要素，而不應僅將其重點置於其中一個要素（例如所有權制度），蓋市場經濟與資本主義本是可（區）分的。雖然市場經濟可以作為生產工具所有權的補充，而國家所有制與國家的計畫經濟則密切相關／水乳交融。但是，在計畫經濟之下卻也可能保有私人對於生產工具的所有權或者社會主義的所有權與市場經濟要素仍有連結。[13] 整個來看，在中央計畫經濟制度下的勞

---

[11] Michas und anderen, Arbeitsrecht, Staatsverlag der DDR, 2. Aufl., 1970, 44 f.

[12] Hanau/Adomeit, Arbeitsrecht, 9. Aufl., 1988, 18.

[13] 例如中國憲法第 8 條第 1 項規定：「農村集體經濟組織實行家庭承包經營為基礎、統分結合的雙層經營體制。農村中的生產、供銷、信用、消費等各種形式的合作經濟，是社會主義勞動群眾集體所有制經濟。參加農村集體經濟組織的勞動者，有權在法律規定的範圍內經營自留地、自留山、家庭副業和飼養自留畜。」第 13 條規定：「公民的合法的私有財產不受侵犯（第 1 項）。國

工法，其核心的問題是在於（如何）創造一個同時可以滿足國家計畫經濟的利益及勞工利益的工具／機制（中國勞動法第 33 條～第 35 條、中國勞動合同法第 51 條～第 56 條參照）。惟此與我國國營事業所欲追求之「發展國家資本，促進經濟建設，便利人民生活為目的（國營事業管理法第 2 條參照），仍然性質上不同。況且，國營事業也必須依照企業方式經營（國營事業管理法第 4 條參照），除了有特別規定外，也應與同類民營事業有同等之權利與義務（國營事業管理法第 6 條參照）。至於，國營事業之用人，除特殊技術及重要管理人員外，應以公開考試方法行之（國營事業管理法第 31 條參照）。而國營事業人員考試、甄審及考績辦法，由行政院會同考試院定之（國營事業管理法第 33 條參照）。受僱員工之待遇及福利，應由行政院規定標準，不得為標準以外之開支（國營事業管理法第 14 條參照）。在我國，這都顯示出公部門勞資關係的特殊之處（勞基法第 84 條參照）。即便是非公務員兼具勞工身分者，也會受到公部門人事法令的規範。

第一項　報酬的組成與團體協約自治

　　基於當事人自治原則，工資的訂定與調整，本應由個別的勞工與雇主自行協商決定（勞基法第 21 條第 1 項參照）（此稱為「合理的工資」）。理性的勞資雙方當事人自然知道其所可要求或給予的工資及其他勞動條件的底線。至於勞工在市場上所能夠要求之工資的高低，端視勞動之供給總量及勞動的移動性等因素而定。在供給總量方面，又決定於二個因素：工人願意工作的時數及勞動人口的多寡。[14] 此處的勞動人口除了本國人民之外，[15] 當然也包括（合法的及非法的）外籍勞工在內。至於勞動的移動性，不問其是地點的移動或職業的移動，[16] 如其較易（即地點較近、職業的技能較一般），則會流向工資較高的地點或職業。[17] 此種移動性的大小，又決定於時間的長短。一般而言，時間越長，移動性就越大；反之，則越小。

　　家依照法律規定保護公民的私有財產權和繼承權（第 2 項）。」尤其值得注意的是，中國在 2007 年 10 月 1 日開始施行物權法，全文共 247 條，給予中國人民所有權等權利的展開，一定程度的保障。

[14] 工作時數一般是按照法律所規定的及當事人雙方所約定的為準。前者是勞工保護的思想，後者是契約自由的思想。

[15] 一國人口數量在短期內通常是相當穩定的。

[16] 從勞動契約來看，這其實就是涉及調職所產生的問題。

[17] 雖然如此，勞動力與其主人（勞工）究無法分開，因此勞工主觀上對於工作的感受（滿足感、與同事的合作狀況、工作地的居家環境），即可能影響其前往工作的地域及職務的種類。也就是非貨幣性的因素對於勞動移動性的影響，要遠大於對於其他生產因素的影響。

　　再就職場上勞工工資的差異而言，或有因為其提供勞務的品質不同者，例如一般的醫師與名醫相比，以及同在電影市場中的小演員與大明星相較。又，或有因為工作的種類不同者，例如行政機關的公務員與民營企業的業務員相較。因其職務本身的繁重程度不同、工作環境的優劣情形、以及所能接觸到的人物的品類等，乃形成其工資的高低。

　　較有爭議的是，勞動市場的工資會受到來自於勞工法令及勞工團體／雇主／雇主團體的干預，形成存在一基本／最低勞動條件（尤其是工資）或工資高（或低）於勞動的邊際生產力的現象。前者是政府的干預（包括修法提高加班工資率。勞基法第 24 條參照），後者則是勞資團體的集體行動，目的均在於矯正個別勞工無力於爭取合理工資的現象，以實現社會的正義。惟基本／最低工資的擬定，亦有委之於勞資團體自行約定者。

　　先就一般工資的調整而言，在平常的時日，工會（尤其是產業工會 industrial union）即可能透過各種手段或途徑，以達到調高工資的目的。經濟學者認為有以下四種方法：[18] 增加對於工作的需要、減少工作的供給、[19] 直接要求增加工資、[20] 以及減少專買者對於工作的剝削。為使訴求落實，產業工會有必要採取廣泛招攬會員的手段，將非會員納進來，以減弱雇主行使罷工替代的可能性。[21] 工會的目標是希望成為專賣勞動力的壟斷團體。

　　至於在每隔一段期間（例如一年）的要求調薪及調整其他勞動條件行動，勞工團體向雇主或雇主團體要求進行團體協商或甚至經由爭議行為以達到其訴求，此亦係基於經濟制度的市場經濟的要素而來。此種打破一般私法法理的集體活動，係立基於國家並無權規定價格及工資的額度的理由之上，蓋國家並不清楚合理價格或工資的界限所在也。因此，自然也不存在一個法定的最高工資或最低工資（工資是否過高，最後只能由國際競爭得到驗證。假使產品具有國際競爭力，工資當然可以節節攀高；反之，工資不僅無法調升，還可能不動或調降。假使產品無國際競爭力，

---

[18] 施建生，前揭書，頁 239 以下。
[19] 這裡可能包括幾種措施：限制移民人口、禁止使用外籍勞工、減少童工數量、減少或禁止使用機器（人）、勵行強制退休、縮短工作時間等。但並不包括禁止加班或禁止使用派遣勞工。另外，由於禁止年齡歧視的思想逐漸興起、甚至在一些國家或地區已被法院所承認或納入法規範中，所以強制退休的合法性也逐漸受到懷疑或挑戰。
[20] 不可諱言的，工會如果極力追求工資的提升，將有可能導致失業率的上升、減少創業或甚至企業外移。
[21] 但是，如果是具有一定技藝人士始能加入的職業工會（craft union），例如木匠工會、泥水匠工會、以及土地代書工會，則其理論上應採取限制申請者入會的閉關政策，始有可能達到減少工作供給、進而達到調高工資的目的。惟這又是以具有專門技藝（尤其是具有證照者）、且又加入工會始能執業為前提，在台灣顯然並不如此，亦即不加入職業工會亦可工作。

但仍然調升工資，最後可能面臨裁員解僱，甚至關廠歇業之路）。[22] 在此，團體協商及爭議行為也並未與所有權制度有所牴觸。正確而言，即雇主的所有權必須與勞工／工會的集體的基本權取得一個調和，或者說所有權權能應受到適度的限縮或修正。惟如前所述，根本的問題仍在於：一般認為在資本主義下，如果勞工受到低薪之苦，而且社會又普遍瀰漫著住者有其屋的想法，則大部分勞工將會選擇安於其位，既不敢隨意跳巢，也不敢進行罷工。

　　勞動市場的工資所受到的最大干預，係來自於國家直接立法施行一基本／最低工資，或者適用於全部行業、或者適用於部分行業。這在台灣即是採取此種規範方式，所有適用勞基法的行業即應遵照基本工資的底線。[23] 依據勞基法第 21 條第 2 項規定，基本工資是由中央主管機關設基本工資審議委員會擬定後，報請行政院核定之。此種立法方式固然忽視了各行各業基本工資有差異的事實，也剝奪了團體協約當事人先行協商基本工資的可能性，[24] 然而，其仍然具有以下幾點優點：一、符合國家保護勞工的職能，避免不同勞工間發生低工資競爭的現象。二、相較於團體協約所約定之薪資，法定的最低／基本工資可以作為一個客觀的、較低的界限。三、最低工資可以抑制差別待遇的現象，達到男女平等及外勞與本勞的平等。四、給予非典型工作者最低的保障。[25] 其實，如再就最低工資與其他幾種替代方式比較（以禁止薪資重利或例如公平與合理、誠實信用原則等概括條款來審查、甚至政府提供低工資者補助），最低工資顯然較為有效，能提供勞工確實的保障。

---

[22] 國家可能認為工資已經達到不合理高的程度，而欲藉由立法干預或行政干預的手段，予以適度壓低或減緩（少），亦即扮演一煞車軸的角色，但是，撇開其合法性不論，實際上也很難發揮其作用。台灣已廢止的「非常時期農礦工商管理條例」即具有此種管制的功能，惟現行法令中已無類此法規，不惟「處理重大勞資爭議事件實施要點」的目的不在干預工資，即使 2000 年 7 月 19 日公布施行之「災害防救法」的適用對象，也不及於勞資爭議。

[23] 這表示尚有部分未受到勞基法適用的行業或工作者，其並無基本工資的保障，形成兩個領域間的現象。因此，會不會發生勞工選擇職業的意向受到左右、以及（基本）工資間的彼此競爭，即有必要加以關注。

[24] 德國依據 1952 年 1 月 11 日公布施行的「最低勞動條件法」（Das Gesetz über die Festlegung von Mindestarbeitsbedingungen v. 11.1.1952, MiArbG）第 1 條第 2 項規定，有關工資及其他勞動條件之規定，如有下述情形時，（聯邦勞工部長）得為之設定最低的勞動條件：a. 在該行業（Wirtschaftszweig）或僱用種類（Beschäftigungsart）並不存在工會或雇主組織、或者工會或雇主組織只涵蓋部分勞工或雇主，以及 b. 設定最低勞動條件對於滿足勞工不可或缺之社會的及經濟的需求係必要的，以及 c. 未能經由一般性的拘束力宣告達到工資及其他勞動條件之規定。

[25] 楊通軒，歐洲聯盟最低工資法制之研究：兼論德國之法制，政大勞動學報，第 22 期，2007 年 7 月，頁 54 以下。

第二項　個別勞工法的觀點

第一款　指示權

　　雇主對於勞工（基於勞動契約）具體的或個案的發布有關工作的地點、形式（種類）及時間、以及在廠場中應遵守的行為準則，此一權限，在勞工法中即被稱為指示權或指揮命令權。依據 1936 年 12 月 25 日勞動契約法第 10 條規定：「勞動者應依僱方或其代理人之指示，為勞動之給付。但指示有違法、不道德或過於有害於健康者，不在此限。」[26] 先就此處的違法而言，當係指違反法律的強制及禁止規定而言。其除了刑法及行政法的規定外，當也包括民事法中的強制或禁止規定。例如貨運行不得要求其所僱司機闖紅燈或闖越平交道，以確保貨物的準時被送達。又例如雇主面對交易相對人賴帳的行為，不得要求其勞工採取私刑的方式以達到債務清償的目的。有疑問的是，對於傳統上屬於勞工保護法領域之工作時間，在勞工面對雇主違法加班之要求時，其得否拒絕之？對此，一方面固應一併納入公務員服務法第 2 條及刑法第 21 條考量，給予勞工較強的拒絕指示權（傳統上公務人員始具有服從義務，勞工則是具有接受指示的義務）、並且賦以勞工援用勞基法第 74 條或職業安全衛生法第 39 條之規定。惟另一方面勞基法本是規範公權力機關與雇主間之關係，故對於雇主違反勞基法第 32 條第 1 項勞工團體之同意程序之加班要求或者第 32 條第 2 項一日不得超過十二小時工作或者一月不得超過四十六小時之加班時數，勞政機關本得依勞基法第 79 條第 1 項第 1 款處以罰鍰。而在雙重效力理論下，勞工亦得依之拒絕加班。惟假設勞工仍然接受雇主指示而加班，雇主仍須受到行政制裁，而勞工之加班行為仍然有效，雇主仍須給付加班費。至於所謂「過於有害於健康者」，並非指使用或接觸職業安全衛生法規定之危險機具，且並不以勞工稍有因工作而危及健康即已足（例如加班或輪班），而是必須已達到「過於」的程度始可，以免勞工動輒引為拒絕工作的理由（勞基法第 42 條參照）。至於其適用的範圍，則是應超出民法第 483 條之 1 規定之外，即不以雇主要求勞工工作的環境、材料或成品有害其生命、身體、健康為限，而是應及於正常的工作環境下，雇主指示權的實施會過於傷及勞工的健康者。惟不論是民法第 483 條之 1 規定或勞動契約法第 10 條規定，均是雇主保護照顧勞工義務（照扶義務）的表現。

---

[26] 德國聯邦勞工法院 2008 年 4 月 24 日判決謂：雇主單純地宣布一個無效的基於企業經營因素的解僱時，並未侵害勞工的人格權。……雇主在解僱保護訴訟中撤回該解僱，其後又在超出指示權的範圍下交付勞工新的工作，勞工並因之自殺時，尚難謂雇主的指示與勞工死亡間有相當因果關係，除非對於勞工的自殺存在一個客觀可以確認的證據。BAG v. 24.4.2008, NZA 2009, 39 ff.

　　另一個問題是，勞動契約法第 10 條規定之不道德，是否指一般社會規範中的道德？本書以為應採否定見解，否則會陷於過於廣泛且不確定的疑慮，故應將其限縮於指善良風俗而言。只是，善良風俗的觀念必須隨時代的推移而轉變。例如在台灣到處可見的穿著清涼的檳榔西施，除非其暴露程度已達到刑事罰或社會秩序維護法制裁的標準外，否則即無此處違反善良風俗可言（雖然一般社會人士會從道德上苛責檳榔西施及檳榔攤）。另外，較有問題的是，此處的道德是否可以包括「良心自由」[27] 的案例在內？例如西藥房勞工基於宗教信仰的理由，拒絕販賣避孕丸或墮胎藥。又例如印刷廠勞工基於反戰的理由，拒絕印刷鼓勵戰爭的宣傳品或海報。對此，本書採取肯定的態度，亦即當西藥房或印刷廠有多位勞工時，受到指示的勞工原則上有權拒絕雇主販賣及印刷的要求。但是，當西藥房或印刷廠只有該位勞工時，則勞工僅能遵照雇主的指示販賣或印刷，不得拒絕。這表示良心自由的外延不宜過廣，以免勞工動輒以此為理由拒絕提供勞務。

　　雇主的指揮命令權固然是在補充勞動契約及工作規則規定的不足或不明，並且使得雇主得以因應職場突發狀況的出現。例如雇主甲發現職場中某處的垃圾桶起火，遂要求勞工乙滅火（提水桶或用滅火器），此時，乙不得以勞動契約或工作規則中沒有規定此一義務而拒絕之。[28] 當然，如果火勢已大，乙只須通知消防隊前來滅火即可，無須身先士卒地勇敢滅火，蓋其可能收不到效果，而且也可能身受其害也。況且，雇主也不會期待勞工從事該行為（勞工保險被保險人因執行職務而致傷病審查準則第 8 條參照）。

　　值得一提者，台灣的勞工法令中，已有賦予工會或勞資會議的參與決定權限，以限制或修正雇主的指示權。此尤其是在工作時間方面（勞基法第 30 條以下，第 49 條）。這表示雇主不得單方地指示勞工實施變形工時、延長工時或者夜間工時。這些條文制定的目的，是希望藉由工會或勞資會議的參與決定，避免或減緩正常工時的變動或延長損害到勞工的身體健康。但更重要的是，將彈性工時的決定權限交給工會或勞資會議。而且，除了大量解僱的情況之外（大量解僱勞工保護法第 4 條以下規定參照），現行勞資會議實施辦法第 13 條第 2 項已明定「工作規則之訂定及修正等事項，得列為前項議事範圍」，亦即得作為報告事項或討論事項或建議事項。另外，團體協約法第 12 條第 1 項也規定「團體協約得約定調動、資遣」。[29]

---

[27] 有關良心自由之一般論述，請參閱李建良，自由、平等、尊嚴（上）—人的尊嚴作為憲法價值的思想根源與基本課題，月旦法學雜誌，第 153 期，2008 年 2 月，頁 195；劉得寬，民法的世界與其展望，月旦法學雜誌，第 171 期，2009 年 8 月，頁 109。

[28] 如果勞工因此而被火紋身或受到傷害，仍然應以職業災害處理。

[29] 另外，法院間卻有判決雇主在資遣之前，必須先徵詢被資遣勞工調整職務的意願者（台灣高等法

第二款　解　僱

　　從企業經營的角度來看，無論是勞工具有可歸責事由（人身上的事由或行為上的事由）的解僱或不可歸責事由的資遣（企業經營上的事由），均是其不得不施行的正常權限，其亦符合資本主義及市場經濟的本質。蓋經濟自由（企業自由）本即包括經營企業及組織人員的權限。何況，即使企業經營失敗而走上破產之路，其仍然會產生一批勞工失業（被解僱）的後果。

　　然而，在解僱的法制上，廠場經濟的利益與勞工社會保障的必要性，衝突尤其激烈。畢竟，勞工的失去工作，對於其個人、家庭及社會均會造成相當程度的不利影響。這裡，勞工繼續保有工作位置的利益及雇主要將多餘的（含不勝任工作及不遵守廠場紀律的）人力，即會發生利益的衝突。此所以在勞工法令及相關法規中，均有針對勞動契約之終止加以規定的原因，例如勞基法第 11 條以下、第 20 條、大量解僱勞工保護法、企業併購法第 16 條及第 17 條、金融機構合併法第 19 條規定等。

　　吾人如觀上述法令的規定，其立法精神均是肯定雇主在一定情況之下，可以終止勞動契約。並且以勞工是否具有可歸責事由為準，區分雇主應否給予資遣費。[30] 此種立法方式，顯示台灣只給予勞工「資遣費的保障」，而不給予勞工「勞動關係存續的保障」。亦即立法者並無意課雇主一個無論如何必須持續勞動關係下去之義務，而是課雇主給付資遣費，以使失業勞工可以兼領失業給付及資遣費，確保找到下一個工作前的所得中斷時期的生活來源。[31]

　　上述「資遣費的保障」的規定，意含著雇主仍然有終止契約的自由，只是應該

院 93 年度重勞上字第 10 號判決）。惟該判決被其上級審的最高法院 95 年度號台上字第 1692 判決所駁回。最高法院認為：「勞基法第 11 條第 2 款的意旨，在於考量企業有進行組織調整、謀求生存之必要，以保障雇主的營業權。如果雇主的確有本條情形，如資遣勞工之前必須先徵詢其是否有調整職務之意願，此係增加勞基法規定所無之限制，自有可議。」針對業務緊縮，最高法院 100 年度台上字第 495 號裁定及其前審之台灣高等法院 98 年度重勞上字第 26 號判決（聯強國際股份有限公司案）認為：「所謂業務緊縮，係指縮小事業實際營業狀況之業務規模或範圍。因雇主業務緊縮致產生多餘人力，雇主為求經營合理化，必須資遣多餘人力。」

值得注意的是，2008 年 1 月 9 日修正公布的團體協約法第 12 條第 1 項第 1 款規定，團體協約得約定「調動、資遣」事項。給予工會適度介入企業經營權及人事權的權利。

[30] 例外地，針對勞基法第 11 條第 5 款之勞工確不能勝任工作，法院見解兼採取客觀說及主觀說，使得勞工在主觀上無工作意願時，也有資遣費請求權。惟，本書以為法院此一見解並不正確。況且，主觀說所肯認之「能為而不為」、「可以做而無意願做」（解釋上並不包含故意地瑕疵給付），也與就業保險法第 11 條第 1 項第 1 款之「具有工作能力及繼續工作意願」之失業給付要件不合。

[31] 雖然如此，勞基法第 17 條之資遣費規定，已被勞工退休金條例第 12 條的規定大幅限縮。蓋強制性的資遣費規定，帶有社會給付的特質，與失業給付或失業保險金的請領重疊。

受到修正而已。即使在現行的法院實務上，也承認合意資遣之合法性，表示勞基法第 11 條之規定，並未排除勞工自行離職及勞雇雙方合意終止契約之權限。[32] 這並未與福利的市場經濟體制有所牴觸。有問題的是，學者間及法院實務上不乏要求雇主應遵守「解僱最後手段原則」者，其見解是否可採？對此，先以最高法院 96 年度台上字第 2630 號民事判決為例。該案中，原告（勞工）與被告（雇主）間簽訂一「主持人暨演藝經紀契約」。被告認為兩造間係訂立委任契約，原告並無從屬性，並且以原告業績達成率不佳終止契約。原告主張其對被告具有從屬性，且被告在終止勞動契約之前未先進行其他的改善措施（例如施以教育課程），有違解僱最後手段原則。另外，被告之終止契約與勞基法第 11 條第 5 款最低終止勞動契約之規定有違。

最高法院判決認為：按勞基法所規定之勞動契約，係指當事人之一方，在從屬於他方之關係下，提供職業上之勞動力，而由他方給付報酬之契約，[33] 就其內涵言，勞工與雇主間之從屬性，通常具有：人格上從屬性、經濟上從屬性、組織上從屬性。又同法第 11 條第 5 款規定，勞工對於所擔任之工作確不能勝任時，雇主得預告勞工終止契約，揆其立法意旨，重在勞工提供之勞務，如無法達成雇主透過勞動契約所欲達成客觀合理之經濟目的，雇主始得解僱勞工，其造成此項合理經濟目的不能達成之原因，應兼括勞工客觀行為及主觀意志，是該款所稱之「勞工對於所

---

[32] 最高法院 95 年度台上字第 889 號民事判決（台灣高速鐵路公司案）、最高法院 93 年度台上字第 572 號民事判決（財團法人中央通訊社案）、最高法院 88 年度台上字第 1773 號民事判決（台達化工案）、台灣高等法院 97 年度勞上字第 72 號民事判決（中華航空公司案）、台灣高等法院 96 年度勞上字第 51 號民事判決（中央電影事業公司案）、台灣高等法院 93 年度勞上字第 30 號民事判決（東聯光訊玻璃公司案）。以最高法院 88 年度台上字第 1773 號民事判決為例，最高法院判決認為：被上訴人於該信函所表達之意思，係願在解僱之外給予較優惠之資遣方式以解決兩造間之爭端，而向上訴人為資遣之要約。上訴人於收受信函後，並未為反對之意思表示，且將支票提示兌現，實行因契約所得權利之行為，可認為上訴人之意思實現已有承諾之事實。兩造間之僱傭關係即因合意資遣而終止。

[33] 同樣的定義亦見之於最高法院 98 年度台上字第 1276 號民事判決，顯示最高法院已漸將勞動契約（不分 1936 年的勞動契約法第 1 條規定及勞基法第 9 條以下規定）界定／收攏在從屬性的觀念之下。此在立法論上固然無疑義，也是為本書作者一向的主張。惟就目前勞基法的規定觀之，實難看出其係以從屬性為前提或為對象，而是有相當程度擴張適用於委任契約或承攬契約的可能。請參閱，楊通軒，勞動者的概念與勞工法，中原財經法學，第 6 期，2001 年 7 月，頁 240：我國從屬性之法律依據當在於民國 25 年勞動契約法第 1 條，至於學者間及實務上於論及勞動契約或勞動者概念時，大多直接引用勞基法第 2 條第 1 款及第 6 款，並且由之直接導出從屬性，其推論方式顯有疑義。雖然如此，為了避免法律用語同為「勞動契約」、「勞工或勞動者」，但其法律內涵卻不相同，以及為避免勞基法上勞動契約之外沿擴及於無從屬性之勞務提供契約（例如公司法上之委任經理），有違勞基法第 1 條第 1 項之立法目的，立法上應將民國 25 年勞動契約法第 1 條及勞動基準法上之勞動契約、勞動者（勞工）及雇主作相同之定義。且依據法律保留原則，立法者本有對此加以立法之權義。

擔任之工作確不能勝任」者，舉凡勞工客觀上能力、學識、品性及主觀上違反忠誠履行勞務給付義務均應涵攝在內，且須雇主於其使用勞基法所賦予保護之各種手段後，仍無法改善情況下，始得終止勞動契約，以符「解僱最後手段性原則」。

　　針對上述法院及學者間所主張之台灣解僱法制上應遵守「解僱最後手段原則」者，吾人如觀目前台灣勞工法令，似乎並無此一規定或要求，如要從勞基法第 11 條第 4 款的規定導出，則又似乎太過單薄且又違反法律保留原則。緣所謂「解僱最後手段原則」，表示雇主應窮盡一切可能性，以確保勞工的工作位置，其係由「勞動關係存續的保障」的理論引申而來。至於具體的作為，較無爭議者，是要求雇主在解僱之前，應先採取調職的動作或者進行職業訓練。惟其他的手段是否較為溫和？勞工得否要求雇主優先採行（反面言之，雇主得否予以拒絕）？即非無疑。所以，上述最高法院 96 年度台上字第 2630 號民事判決所謂之「雇主於其使用勞基法所賦予保護之各種手段後」，仍無法改善情況下，始得終止勞動契約。究竟所指為何？另一言者，在德國，此一原則最主要的配套規定是「社會性考量因素」（德國解僱保護法第 1 條參照），也因此，在台灣，如果沒有「調職」及「社會性考量因素」的通盤性規定，則一切將流入空談。所以說，根本之計，還是要修正勞工法令規定。而在修正之前，至少要將解僱最後手段原則的適用範圍加以釐清，如果是勞基法第 12 條第 1 項規定的各款事由，原則上無其適用。另外，基於勞基法第 11 條第 5 款之勞工主觀的無工作意願，應該也排除其適用，蓋這是基於可歸責於勞工的事由，尤其是其工作態度與欠缺工作倫理而來，勞工尚且會受到雇主的懲戒處分，所以，如何能要求雇主先採取其他較輕微的手段呢？就此看來，上述最高法院 96 年台上字第 2630 號判決及最高法院 100 年台上字第 800 號判決（環瑋企業股粉有限公司案），其見解均有再斟酌的必要。另外，是否為對於勞工較為溫和的手段，除了必須由勞工的角度觀之外，也必須兼顧雇主的企業經營權與人事權，而在具體適用上，更必須具有相當程度的可確定性及符合社會通念，不宜過度寬濫致損及勞工或雇主的權益。因此，最高行政法院 101 年度判字第 1036 號判決認為縮減工時、減薪或留職停薪屬於較溫和之管理手段，即屬可疑。同樣地，本書也以為勞工並不得基於解僱最後手段原則，而要求雇主將其由具有從屬性的勞工，改聘為無從屬性或從屬性未達勞工程度的自由的受僱人或工作者（飛特族）。

第三節　勞工法與僱用政策

　　無論是自由經濟社會、福利國的市場經濟、社會的市場經濟、或者甚至是社會主義的市場經濟，在其制度下的勞工法均是欲提供勞工助力，希望勞工能受到合乎社會正義的公平對待。因此，雖然有些學者（包括經濟學者、勞工法學者，以及其他領域的學者）批評勞工法並未為勞工帶來好處，反而造成勞工僱用上的障礙，尤其是一些特殊的勞工（例如身心障礙者）受害尤烈。其理由毋寧均是認為現行的勞工法令過於僵硬、限制雇主的事項或標準過多。此在團體協約運作上軌道的國家，由於其推升工資及其他勞動條件的水準更高，遂有要求適度減低團體協約自治力量之議者。[34]

　　雖然如此，勞工保護法令固可重新校準其方向或路線，或者適度鬆綁不合時宜的規定。但是，究不宜全盤否定勞工法令的積極效用、或者過度貶低團體協約自治的功能。畢竟，無論是台灣或其他國家，經由勞工法令的實施及勞資團體自治的運作，已為勞工爭取一定程度的保障，也帶給勞工一定程度的社會正義。從團體協約自治及勞資會議自治的另外一個作用來看，其應可避免國家勞工法令過度繁細的現象出現，即國家將一部分的規範功能轉由勞資團體代為實行也。

　　觀察勞工法令的產生，其原始的目的即在於保護勞工。因此，總的來看，經過多年的立法過程及勞資團體自行運作的結果，雇主僱用勞工的成本遂節節上升，因為工資不斷地提升、工作時間不斷地縮短、雇主所應負擔的各種假期也不斷地增加。[35] 此種勞動條件不斷向上發展的現象，在經濟繁榮的時節，配合僱用人力的需求，固然不會或較少有人質疑。但是，當經濟發展反轉向下時，其所帶來的僱用危機，造成人們質疑勞動力過貴、並思考減少使用勞動力。此時，如果團體協約自治及勞資會議自治未能配合調整策略，自然未能有效地創造就業效果。甚至還有可能造成失業率的上升。[36]

　　因此，不可否認地，勞工法與一國的經濟發展及僱用政策息息相關，所應思

---

[34] 以德國而論，例如要求允許企業協定可以低過團體協約所約定的標準，或者要求廢止團體協約法第 5 條之拘束力一般性宣告規定。

[35] 依據性別工作平等法第 20 規定，受僱者為照顧家庭成員的預防接種、嚴重的疾病或其他的重大事故，一年之內可以請七日的家庭照顧假，並以事假計算。亦即雇主無庸給薪。然而，在立法過程中，各界人士爭議最大的，還是在雇主應不應給薪或者勞工有無薪資請求權的問題。

[36] 試想，如果工會要求雇主應負擔的工資及其他勞動條件已高，那麼，雇主當會合理地緊縮用人策略、甚至在須要引進新人時，一再地蹉跎，造成裡面的人工作負擔過重（不斷地加班），而廠場外面的人卻無工可作（進不了廠）的現象。

考的是：勞工法如何降低或減緩經濟的危機及僱用的危機？[37] 在此，舉例而言，本書以為：除了將臨時性工作與短期性工作的六個月、以及季節性工作的九個月的期間，放寬解釋為在上限下、可以分次使用外，或可考慮修正勞基法第 9 條的規定，將定期勞動契約的期限與種類放寬（期間放寬到兩年、種類加入不需要客觀理由者）。另外，開放全時工作與部分時間工作間的通道（Übergang），讓雇主與勞工在面對突發的企業經營狀況時，可以不使用終止契約的手段，而改採將全時工作變更為部分時間工作的方式（惟不可誤會的是，此一從全時變成部分工時或縮短工時的工作，除非法律明定勞工或雇主有單方（請求）變動之權，否則即必須由勞資雙方約定行之。亦即：並無法由解僱最後手段原則，而導出雇主在行使解僱之前，必須先進行部分工時或縮短工時的工作調整。蓋相較於資遣，對於勞工而言，部分工時或縮短工時工作並非必然較為溫和。如果雇主以解僱最後手段原則為由不進行資遣，勞工是否能夠接受部分工時或縮短工時的工作？至於對於雇主而言，是否進行部分工時或縮短工時的工作，對於其企業經營影響重大，並不宜強制其必須先行行使）。[38] 最後，參酌國外的發展經驗，為輔助職業介紹／仲介的不足，勞動派遣也可以發揮一定程度促進就業的功能，面對目前勞動派遣四處可見的現象，為兼顧各方的利益，妥善地規劃制定勞工派遣法制，應係一可思採取之道。[39]

第四節　中小企業的勞資關係：中小企業之解僱保護問題

中小企業在台灣所有企業中，一向占有相當高的比例（高達九成以上）。[40] 論

---

[37] Hanau/Adomeit, Arbeitsrecht, 11. Aufl., 1994, 17 ff.

[38] 在此，有問題的是，勞資雙方要如要採取縮短工作時間的工作，而不採取部分時間工作，立法者及行政機關應該採取何種態度？對此，首應分別者，縮短工作時間的工作只是一個短暫的、負有（在一定期間後）回復到原來工作時間的工作，這是與部分時間工作有所不同的。其次，其本質是雙方合意免除勞務及工資的給付。因此，如從避免失業或促進就業的角度觀之，立法者及行政機關實應採取鼓勵或樂觀其成的態度，不宜動輒介入指揮縮短工時的工作不得低於基本工資的給付數額等。反而，所應思考的，是如何以社會給付的手段給予縮短工時的工作者薪資的差額補助。

[39] 其實，現行民法第 484 條之讓與勞務請求權的規定，即是非營利性的勞動派遣規定所在。本書以為在緊急狀況下（尤其是為避免解僱），原雇主得將勞務請求權讓與第三人。而且，指示權及懲戒權也併同移轉之。

[40] 以德國而言，中小型企業占德國所有企業的 99%，其僱用勞工人數占所有勞工人數的 68%。請參閱 Pfarr/Bothfeld/Bradtke/Kimmich/Schneider/Ullmann, Personalpolitik und Arbeitsrecht – Differenzierung nach der Unternehmensgröße? RdA 2004, 194, Fn. 14.

者有謂，在經濟發展到一定程度，大型企業的用人呈現飽和狀態時，中小企業即會一躍而擔當起「僱用的火車頭」（Jobmotor）的角色。[41] 只不過，不可否認地，中小企業的僱用行為受到複雜的勞工法的影響，要遠大於大型企業。尤其是受到解僱保護訴訟程序的冗長及其帶來的高額的補償費的影響，更是嚴重。[42]

本來，中小企業由於人事精簡及財力上的限制，對於勞工法的認識，就不如大型企業。尤其是以微型廠場而言，其勞工人數通常在十人以下，[43] 通常並無人事部門或勞資會議的設置，亦無外部的諮詢機構或顧問可以請益，其對於勞工法令的欠缺認識（包括解僱保護法令的資訊）毋寧是必然的結果。[44] 亦即其所面臨之解僱保護的問題，可以說大多肇因於欠缺了解解僱保護法令資訊的管道所致。[45] 實務上，甚至有相當多的中小企業，是因為與其勞工在解僱時發生爭議，才對於勞基法與其他有關解僱保護之法令發生興趣、並且對之加以研究與了解。

就解僱保護訴訟與小型廠場或小型企業的關係而言，由於訴訟程序的提起，影響其財力負擔極巨，因此，絕大多數的小型廠場當然都會盡力避免雙方對簿公堂。影響所及，小型廠場的解僱保護訴訟，僅占所有解僱保護訴訟的一小部分而已。[46] 即使進入訴訟程序，小型廠場也會盡力促成程序的早日終結（例如在法庭上達成和解），因此，相較於大型廠場或企業，其必須支付受領遲延工資的風險也大大的減低。再從比較法的觀點，德國解僱保護的訴訟實務上，隨著廠場規模的大型化，提起解僱保護訴訟的數字、受領遲延的風險、補償費的有無及其高低，均是逐步地增加。[47] 反面言之，只有少數的微型廠場及小型廠場有補償費的給付，而這又與大型

---

[41] Rüthers, NJW 2002, 1601, 1604. 根據台灣經濟部中小企業處 2011 年底的統計資料，顯示我國總企業家數為 131 萬 791 家，其中 127 萬 9,784 家是中小企業，中小企業占全體企業的 97.63%；而在全體就業人數 1,070 萬中，有 833 萬左右受僱於中小企業，占 77.85%。

[42] Pfarr/Bothfeld/Bradtke/Kimmich/Schneider/Ullmann, a.a.O., 193. 另一個會影響中小企業的僱用政策的，是薪資水準的高低。這是因為中小企業大多無法支付團體協約所約定的工資（Tariflöhne），不管其是否為雇主聯盟的成員，其薪資水準的高低都會受到直接的或間接的影響。

[43] 這是德國解僱保護法第 23 條所設定之「小型廠場條款」（Kleinbetriebklausel）的門檻。

[44] Schiefer, Kündigungsschutz und Unterfreiheit – Auswirkungen des Kündigungsschutzes auf die betriebliche Praxis, NZA 2002, 176 f.

[45] 但是，大型企業在面對日益複雜的勞工法令時，即使有人事部門與法務部門的處理，也會日益的困難。以近年所施行的大量解僱勞工保護法為例，其所規定的通知義務及協商程序等，錯綜複雜，並不易了解與運用，不要說企業，就算是行政機關及法院，也面臨解讀上的困難。

[46] 以德國而言，微型廠場的解僱保護訴訟比例不高，只占 7%。請參閱 Pfarr/Bothfeld/Bradtke/Kimmich/Schneider/Ullmann, a.a.O., 199.

[47] Pfarr/Bothfeld/Bradtke/Kimmich/Schneider/Ullmann, a.a.O., 200. 其實，勞動關係因定期契約、雙方合意終止契約、以及退休而終止，也是隨著廠場或企業的趨向大型化而逐步提高。

廠場中勞工工作的年資，普遍要比小型廠場勞工的年資為長，有直接的關係。[48]

　　另一個問題是：小型廠場的僱用行為是否會受到解僱保護門檻之影響？尤其是微型廠場（Kleinstbetriebe）是否會憂懼喪失免受解僱程序適用的特權，而設法在門檻下僱用人，以致產生抑制僱用效果的現象？對此，台灣勞基法對於個別或少量解僱的情形，並未設定最低適用人數的門檻，因此，抑制效果的產生並不明顯。亦即：即使是微型的廠場，在其決定增聘新的勞工或減少原有的勞工時，並不會考慮到勞基法的規定如何。

　　然而，在大量解僱勞工的情形，依據大量解僱勞工保護法（以下簡稱大解法）第 2 條第 1 項第 1 款之規定：「同一廠場僱用勞工人數未滿三十人者，於六十日內解僱勞工逾十人」，即應受到大量解僱勞工保護法之適用。該條款顯然是針對小型廠場及（僱用勞工未達十人之）微型廠場所做的規定。[49] 由於其使得小型廠場彈性運用人力的機會大大地減低，增加企業經營上的風險，雇主之迂迴在門檻下解僱勞工，乃是一必然的結果。論者甚至認為「如對照大量解僱勞工保護法第 2 條所設定之解僱比例或人數觀之，實即含有（鼓勵或要求）分散解僱之用意，因此只要雇主所解僱勞工之人數低於該條所設定之比例或人數，即為法之所許，並無法加以苛責，亦無權利濫用之可言。」應有幾分的可信度。[50]

　　至於大解法第 2 條第 1 項第 1 款之「解僱勞工逾十人」之「十人」，是否為大解法之適用門檻？似乎是有疑義的。這是由於該款規定並無（如德國法般）「經常」僱用之用語，而是規定「僱用勞工人數未滿三十人」，因此，解釋上即使只僱用三人或五人之事業單位，如其有可能在六十日內解僱勞工人數逾十人，即有大解法之適用。亦即：並不以十人為適用基準。[51] 因此，雇主在增聘新的勞工時，也不會受到該條款的影響。只是在解僱勞工時，會儘量迴避「於六十日內解僱勞工逾十人」的情況出現而已。

　　最後，如從國際的比較觀之，OECD 的研究報告認為一國解僱保護法的嚴格與否，對於其僱用水準並無明顯不利的影響，頂多只是對於僱用的文化（Struktur）及失業率有所影響而已。[52] 至於在僱用行為上，只有經濟的繁榮才會促進僱用，而

---

[48] 但是，不容否認的，實務上小型廠場的雇主行使解僱權，是要比大型廠場的雇主來得普遍得多。Pfarr/Bothfeld/Bradtke/Kimmich/Schneider/Ullmann, a.a.O., 197 f.

[49] 這從立法院衛環委員會之審查會所採取之立法理由，即可知之。

[50] 楊通軒，大量解僱勞工保護法相關法律問題之研究，律師雜誌，第 282 期，2003 年 3 月，頁 38。

[51] 楊通軒，論大量解僱勞工保護法之實施檢討與重設計，發表於大量解僱勞工保護法制學術研討會，行政院勞工委員會主辦，2005 年 7 月 22 日，頁 1-3-10 以下。

[52] OECD, Employment Outlook, 1999. Pfarr/Bothfeld/Kaiser/Kimmich/Peuker/Ullmann, REGAM-Studie: Hat der Kündigungsschutz eine prohibitive Wirkung auf das Einstellungsverhalten der kleinen Betriebe?

且廠商會先採取定期僱用的方式，而後才會陸續以不定期契約僱用勞工。這種最後才僱用不定期工的現象，較少與解僱保護有關，而是主要與經濟發展狀況及員工的工作能力有關，尤其是高級的人力的徵聘及訓練費用較高，迫使廠商採取較為謹慎的態度。在此，無論是小型廠場或微型廠場，較中大型廠場更容易受到經濟榮枯的影響。惟有關廠場人事的決策，無論是微型廠場、小型廠場、或中大型廠場，其受到解僱保護的影響，均較其他的因素（例如定單、設備負荷、經營期待等）來得輕。[53]

　　雖然從上述之分析，中小企業的僱用行為，並不會明顯地受到解僱保護門檻的影響。從德國實證資料也可以得知，中小企業在適用解僱保護法上，並不會發生特別的問題。因此，雖有論者提出應該依據企業或廠場的大小而制定有區別的勞工法（ein differnziertes Arbeitsrecht）、以及提高適用門檻以促進僱用。[54] 惟其主張似乎稍嫌躁進、且不適當，而有待進一步的討論。[55] 然而，對於僱用人數未達十人之微型廠場而言，平常對於勞工法令及解僱保護法令的認知即已不足，而在面臨長期的解僱保護的訴訟時，即有可能導致其倒閉的命運。因此，似乎可以修法將之排除在解僱保護適用之外，而且不問是一般的解僱保護（主要是勞基法）或大量解僱保護（大解法），均是同樣地處理。[56]

BB 2003, 2286, Fn. 4.

[53] Pfarr/Bothfeld/Kaiser/Kimmich/Peuker/Ullmann, a.a.O., 2289.

[54] 對此，可參閱 Pfarr/Bothfeld/Bradtke/Kimmich/Schneider/Ullmann, a.a.O., 193, Fn. 4 ff. 例如 Junker 即主張將適用解僱保護之門檻提高到僱用二十位勞工以上之小型廠場。Junker, Gutachten zum 65. Deutschen Juristentag, 2004, zweiter Teil unter B III 3c.

[55] Hromadka, Unternehmerische Freiheit – ein Problem der betriebsbedingten Kündigung, ZfA 2003, 396：是否對於小型廠場、或甚至是中型廠場採取不同的解決（differenzierte Lösungen）方式，係立法者（在綜合考量各種情況後）所必須做的決定。

[56] 本人甚至認為大解法第 2 條第 1 項第 1 款之適用門檻，提高到僱用勞工三十人以上。請參閱楊通軒，論大量解僱勞工保護法之實施檢討與重設計，頁 1-3-12。

第四章
勞工法與社會保險法

 案例1

　　在一個以行業別（例如金屬工業）為準的工會聯盟與雇主聯盟中，為了訂定特定區域（例如嘉義縣）的團體協約，其中有些金屬工業的勞工（含會員及非會員）參加了爭議行為。但是，此一爭議行為，卻引起了雲林縣的（同在此一金屬工會的）金屬工業間接地受到波及而無法生產。問：

1. 位在嘉義縣的、直接參加爭議行為的勞工，因其喪失工資的收入，可否請求失業給付？
2. 屬於爭議的團體協約的適用範圍，但卻未參與爭議之勞工—亦即只有間接受到波及者—，是否擁有失業給付請求權？
3. 雲林縣的（同在此一金屬工會的）金屬工業間接地受到波及的勞工，是否擁有失業給付請求權？[1]

 案例2

　　甲係隸屬於國防部從事軍事物品研究的單位，為配合行政院「永續促進就業小組」之「短期僱用措施」，與身心障礙者乙於 2002 年 12 月 31 日簽訂一短期僱用人員工作約款，期間自 2002 年 12 月 30 日起至 2003 年 12 月 30 日止（簡稱短期工作契約）。期間屆滿後，甲因專案計畫之需要，再於 2003 年 12 月 31 日與乙簽訂期間自 2003 年 12 月 31 日起至 2006 年 12 月 30

---

[1] 有關此一議題，處於勞工法與社會法的交界地帶，其處理方式，請參閱楊通軒，國家中立原則在勞資爭議中之運用，國家科學委員會研究彙刊：人文及社會科學，第 10 卷第 1 期，2000 年 1 月，頁 88 以下。

日止之定期勞動契約,從事專案計畫之倉儲管理與庫儲帳務處理工作。甲於 2006 年 12 月 31 日以期間屆滿為由,終止系爭勞動契約。(台灣高等法院 98 年度勞上易字第 22 號民事判決)

1. 本案之短期工作契約,性質上為私法的僱用關係?或者為公法救助關係?

2. 訂立特定性工作之勞動契約之要件為何?「因專案計畫之需要」符合其要件嗎?核心、常態性的工作可否以公法救助關係完成之?

3. 在公法救助關係下,用人單位(行政機關/構)可否給予工作者部分的勞動條件或社會保險法的保障?

4. 承上,用人單位的部分給予保障,是否會導致與工作者成立僱傭關係?

5. 又承上,公法救助關係是否得一再訂定延長?不受任何限制?

6. 當面臨經濟嚴峻情勢、天災、事變,行政機關/構欲採取一時性的僱用措施,以幫助人民度過難關或降低失業率時,行政機關/構是否得自由選擇以公法的救助關係為之或私法的僱傭關係?其界限為何?

7. 依據 2009 年 8 月 28 日莫拉克颱風災後重建特別條例第 13 條第 2 項規定「災區失業者得至用人單位從事臨時性工作,獲得臨時工作津貼,不適用勞基法、就業保險法及勞工退休金條例之規定」,則從事臨時性工作之災區失業者,其與用人單位間的法律關係為何?

8. 行政院各機關依「97～98 年短期促進就業措施」所僱用之臨時人員,其法律性質為何?

9. 本案乙為身心障礙者,甲之僱用或解僱乙是否受到特殊法令限制?

第一節　社會國或福利國原則的產生

第一項　法治國原則與社會國原則的比較

第一款　法治國原則

依據學者的見解，法治國家係指國家一切組織與行政須以法規範為基礎，國家權力須受形式法律規範拘束。此階段受十八世紀自由主義及更早啟蒙思想影響，講究國家任務的有限性及法規的「制式性」，不強調法律的內容，僅重視法律的「形式」。[2]

第二款　社會國原則

至於在社會國原則方面，除了我國憲法第 155 條明定「國家為謀社會福利，應實現社會保險制度」外，憲法增修條文第 10 條第 8 項規定：「國家應重視社會救助、福利服務、國民就業、社會保險及醫療保健等社會福利工作，對於社會救助和國民就業等救濟性支出應優先編列。」更突顯出社會安全制度的多面向。況且，司法院大法官會議釋字第 472 號及第 473 號解釋，也都明確化我國社會福利國家的國家定位與任務。再依據德國基本法第 28 條第 1 項規定：「各邦的憲法秩序必須符合聯邦基本法所定之共和、民主及社會法治國（sozial Rechtsstaat）原則。」本條規定，亦在於呼應基本法第 20 條第 1 項之規定：「德國應為一聯邦的社會國（sozial Bundesstaat）。」學者間因而有謂德國係一結合法治國與社會國之「社會法治國」，[3] 但亦有謂德國已由自由的法治國轉而為社會的法治國者，[4] 其稱謂固然不一而足，但均在於強調法治國必須具有社會國的內涵則無何不同。

就其內容而言，社會法治國以強調追求社會實質正義為目的，認為人生而自由平等，貧富懸殊是國家、社會制度不良所造成，國家的任務在造福人民，因而國家行政擴張到扶助社會大多數的中下層人民（大法官會議釋字第 549 號、第 560 號

---

[2]　陳新民，德國十九世紀「法治國」概念的起源，政大法學評論，第 55 期，1996 年，頁 68。

[3]　陳新民，國家的法治主義—英國的法治（The rule of law）與德國的法治國家（Der Rechtsstaat）之概念，台大法學論叢，第 28 卷第 1 期，頁 111。

[4]　洪淳琦，我國文化藝術補助機制之相關法律問題研究—以「財團法人國家文化藝術基金會」為中心，台灣本土法學雜誌，第 63 期，2004 年 10 月，頁 19 以下。

解釋參照）。[5] 相異於自由法治國家所強調之「最少的干涉」，社會法治國家係積極地提供福利給人民，人民並得要求國家積極給付，人民遂擁有一給付請求權（例如社會保險給付請求權）。[6] 但這一給付請求權係以符合一定要件為前提，而且，由於其具有一身專屬權的性質，故原則上各項保險給付（失能給付、老年給付、失業給付等）並不得繼承，例外地，傷病給付始得作為繼承標的（台北高等行政法院93年度簡字第956號判決）。

第二項　社會國原則的基礎、內容與目標

就社會安全制度觀之，社會安全法一般即被視為社會法。[7] 以勞工而言，由於大多數的勞工並無充分照顧自己之能力，因此立法者必須採取相關的措施（例如制定職工福利金條例，要求雇主必須提供勞工一定的福利措施或設施），尤其是經由社會保險，以彌補其財政上之弱勢。社會保險是一根據法律的公法上的對於勞工的強制保險（司法院大法官會議釋字第568號及第609號解釋參照）。依據德國聯邦憲法法院之判決，社會國原則（Sozialstaatsprinzip）之要素是對於需要救助者予以生活照顧。而當一個人人格的及社會的發展受到嚴重阻礙時，即存在需要救助的狀態。藉由此救助始能確保維持人類尊嚴生存最低限度的條件。[8] 另外，社會國原則也要建立一社會的社會安全制度，以應付生活上的落差。由此可知，社會國原則最重要有兩個任務：一、建立社會的正義。二、關心公共的福祉，尤其是經由基本生活的照顧、社會的保險及社會急難的救助。[9] 吾人亦可由此得知，社會國原則是作為負擔平衡（Lastenausgleich）的基礎。基此，由全體分子的命運所產生但卻偶然地只發生於某些人身上的負擔，原則上即應由社會大眾共同承受，這是符合社會國原則的。[10]

---

[5] Neumann, Sozialstaatsprinzip und Grundrechtsdogmatik, DVBl. 1997, 92 ff.

[6] 施文森，論社會保險權益之性質，軍法專刊，第45卷第10期，頁12。

[7] 郭明政，社會法之概念、範疇與體系—以德國法制為例之比較觀察，1997年11月29日發表於勞動法與社會法學術研討會，頁4以下；Hambüchen, Einführung in das Sozialrecht, in: Hambüchen (Hrsg), Rn. 1. ILO 第102號與社會安全有關之公約認為社會安全是指：1. 社會成員因遭受疾病、生育、勞動災害、失業、殘廢、老年及死亡等社會風險，以致發生所得中斷或減少，進而發生社會或經濟困境，所採取之公共措施；2. 醫療給付；3. 有子女家庭之津貼。

[8] BVerfGE 40, 121 (133).

[9] Kutzki, Das Sozialstaatsprinzip und aktuelle Entwicklungen des Sozialrechts, RiA 1996, 241 (241 f.). Allgemein, sieh. auch Neumann, a.a.O., 92 ff.

[10] Kutzki, a.a.O., 241 (242); 蔡維音，社會福利制度之基礎理念及結構—以德國法制為中心，月旦法學雜誌，第28期，1997年9月，頁26；林萬億，老年年金制度之建立，月旦法學雜誌，第28期，

　　承上之說明，如再以社會保險為例，則可知社會保險係以危險分攤及彼此互助為基礎，係強制性的保險，於具備法定保險條件時，理論上即當然成為被保險人，當事人並無選擇不加入之自由。惟無論是勞工保險、就業保險、或全民健康保險，均是採取申報主義，即是經過申請加保後，始會受到保險之適用。只不過，勞工保險與就業保險一方面採取在職保險、另一方面又嚴格採取申報制度，因此，未申報加保者，不僅無法向勞保局申請給付，勞工或投保單位並且會受到勞保條例第 71 條或第 72 條之制裁。至於健康保險部分，雖然投保單位應依全民健康保險法第 16 條辦理投保手續，但是，依據第 15 條規定，保險效力之開始自合於第 10 條所定條件或原因之日起算。且依第 45 條規定，不予保險給付者，限於保險對象依第 11 條規定應退保者。這表示投保手續並非全民健康保險的生效要件，而只是一制裁要件而已。所以，未申報加保健康保險者，投保單位固應受到第 69 條之制裁，而對於勞工及其他的保險對象，依第 69 條之 1 規定：「處新台幣三元以上一萬五千元以下罰緩，並追溯自合於投保條件之日起補辦頭保，於罰緩及保險費未繳清前，暫不予保險給付。」至於其保費額度並非以危險程度決定費率的高低，而係以被保險人收入之高低決定保費之收取，其具有所得重分配的用意。[11]

第三項　社會法典的產生與內容

　　依據德國著名的社會法學者 Zacher 的見解，德國之社會法典，可謂是繼十九世紀之民法典後，最重要之法典化工程。當民法典意味市民社會與民法時期業已瓜熟蒂落之時，社會法典則意指社會國（福利國家）以及後民法與社會法時期亦已逐步邁向成熟之階段。[12] 自 1970 年代起，德國即已展開漫長的社會法典計畫，截至今日為止，社會法典總共已有十二部，體系雖然龐雜但各部法典卻又彼此獨立分明。[13] 其中較重要的：第一部總則，第四部社會保險之一般規定，第五部疾病保險，第六部年金保險，第七部職業災害保險，第八部兒童及青少年救助，第十部

頁 32。楊通軒，當事人違法或過失時職業災害補償責任之探討，發表於 1998 年 2 月 19 日，行政院勞工委員會主辦、政治大學勞工研究所承辦之「我國職業災害補償制度實務研討會」，頁 63 以下。

[11] Gitter/Schmitt, Sozialrecht, 5. Aufl., 2001, § 7 Rn. 92.

[12] 有關 Zacher 之「德國社會法典計畫」，可參閱郭明政之中譯本，政大法學評論，第 60 期，1998 年 12 月，頁 325 以下。

[13] 相反地，1969 年德國總理 Willy Brandt 所期望之一起法典化之勞工法典，卻是至今尚無成果可言。勞工法規仍然是採取個別法主義，各自針對特定事項加以規範。

社會行政程序，第十一部社會的照護保險（Pflegeversicherung），第十二部社會救助。[14] 就此觀之，社會法已然自成一獨立的法律領域。[15]

　　總括 Zacher 教授的見解，可知其一再強調制定社會法典的必要性，蓋其認為：為了實現社會法治國之任務，為了追求法律之明確與體系，社會法典有其不可替代之社會功能。並且，回顧過去的立法缺失，如何超越政治的影響，追求以事物性為依歸之法典化，乃是未來所最應注意之基本原則。

第二節　勞工法與社會學、社會政策、社會法之區別

第一項　勞工法並非社會學的分枝

　　勞工法學並非是社會學的一個分支。只是，勞工法係起源於勞工的社會保障必要性（soziale Schutzbedürftigkeit），亦即一種特定的社會情況。在勞工法的領域，有必要以特殊的方式研究與法律密切相關的事實。相較於其他的法律領域，勞工生活由於其事實的多樣性及複雜性，須要較多的法律事實研究。然而，社會學作為一個描述性的及解釋性的科學（研究人的行為與人的關係的科學），對於社會事實並未給予規範評論。它並未說明何者是正當的（Rechtens）或者應該是正當的。

　　在勞工法中，特別會存在一個危險，亦即沒有經驗根據的社會學的主張會流入其法律的論述中，例如所謂的「勞動生活之觀念」、「社會連帶」（Solidarität）、「廠場共同體」（Betriebsgemeinschaft）等。[16] 這些主張並未經過規範評價，所以也未具有法律效力。

第二項　勞工法並非與社會政策同義

　　勞工法並不等同於社會政策。雖然社會政策的考量使得勞工法的建構導引至勞工保護法。然而，勞工法的規定卻是以特定的方式評量互相衝突的利益。適用勞工法律規範者，必須遵守規範制定者的利益評量，並且不可想要以自己的社會政策的

---

[14] 可參閱 Kittner, Arbeits- und Sozialordnung, 32. Aufl., 2007, 1370 ff.

[15] 至於 1953 年 9 月 3 日所公布施行之社會法院法則是單獨成為專法，不在社會法典之內。

[16] Söllner, Grundriß des Arbeitsrechts, 11. Aufl., 1994, 2 f.

觀點取代立法者的評量。所以，屬於法律思想的「照顧勞工權益原則」或勞工保護原則，至多僅具有社會政策的地位，並無法取代或排擠法律的規定。法律思想（例如勞工保護／勞工是弱勢、社會正義）似不得作為司法者的裁判依據。

　　勞工法與社會政策的關係，同樣亦適用於勞工法與政策的關係。值得注意的是，相較於其他的法律領域，勞工法領域的立法行動，顯然更會成為政治討論的對象。許多勞工法令的規定，是立法過程中政治上妥協的產物。因此，明瞭法律規定的政治背景，會有助於正確了解其用意。[17] 個人在運用法律規定時，不得企圖以主觀的法律政策的觀點，排除法律規範所內含的政治的平衡。

第三項　勞工法與社會法處理的對象不同

　　人類歷史自二十世紀以降，各國憲法所保障之人民基本權利，多有轉而強調社會基本權者。以往所強調之法治國原則，殆已為社會國原則所補充或強化，一躍而為社會法治國之理念。此不僅於歐陸各國為然，即便是台灣 [18] 或中國亦是如此。晚近，中國學者甚至有從比較法的觀點，以德國的社會保障爭議處理制度為研究對象，希冀能提供中國社會保障救濟制度的參考，尤其令人注目。[19]

　　實者，無論是社會法或勞工法，均是在處理工業革命後，所新生之社會的弱勢族群之生存權與工作權的問題。只不過，勞工法（以勞基法為例）所處理之勞工，仍然有工作能力，而社會法所處理之對象，則有不少連工作的能力或機會均已喪失矣。因此，國家對之以社會安全體系給予照顧，即顯得相當的迫切需要。也因此，社會法的領域被歸類為公法領域，屬於特別的行政法，而且也跳脫傳統之干預行政而轉為保障人民具有人格尊嚴之最低生存條件之給付行政也。

---

[17] 例如，想要進一步了解勞動基準法各條文制定通過的背景者，可以參閱立法院第 73 卷第 63 期委員會紀錄（勞基法第 64 條以下）。

[18] 根據司法院大法官會議釋字第 549 號解釋：「勞工保險係國家為實現憲法第 153 條保護勞工及第保險制度之基本國策而建立之社會安全措施。」第 560 號解釋，「勞工保險乃立法機關本於憲法保護勞工、實施社會保險之基本國策所建立之社會福利制度，旨在保障勞工生活安定、促進社會安全。」至於中華民國憲法第 153 條則規定：「國家為改良勞工及農民之生活，增進其生產技能，應制定保護勞工及農民之法律，實施保護勞工及農民之政策（第 1 項）。婦女兒童從事勞動者，應按其年齡及身體狀態，予以特別之保護（第 2 項）。」第 155 條規定：「國家為謀社會福利，應實施社會保險制度；人民之老弱殘廢，無力生活，及受非常災害者，國家應予以適當之扶助與救濟。」中華民國憲法增修條文第 10 條第 8 項規定：「國家應重視社會救助、福利服務、國民就業、社會保險及醫療保健等社會福利工作，對於社會救助和國民就業等救濟性支出應優先編列。」

[19] 程延園，德國社會法院與中國社會保障爭議處理制度比較研究，北京市勞動法學和社會保障法學研究會，2004 年，http://www.1dbzfx.org/DEFAULT.ASP。

　　社會保險、社會補償及社會救助所共同組成之社會安全制度固然立意深遠，然而，基於其目的與本質的特殊性，如欲以一般的行政程序予以處理，則會有相當程度的扞格不容。因此，似應有一特殊的行政程序規範及爭議處理規範，以促使社會保障之落實。此所以德國在一般行政程序法（Verwaltungsverfahren）及行政訴訟法（Verwaltungsprozessordnung）之外，另外制定社會行政程序法（Sozialverwaltungsverfahren）及社會法院法（Sozialgerichtsgesetz）之由來，一方面減輕一般行政法院之負擔，另一方面則是確立社會行政的獨立性與特殊性。[20]

第三節　勞工法與社會保險法的互動

第一項　概　說

第一款　為了確保所得中斷時的第一層保障及第二層保障的設計

　　為了確保勞工在所得中斷時的生活來源，無論是歐洲國家或台灣均有第一層保障及第二層保障的設計，此即涉及社會法（尤其是社會保險法）與勞工法（尤其是勞工保護法）的關係與互動。立法者必須在綜合國內各種因素（例如財政狀況、是否賦予雇主較重的社會保險的角色）後，決定以何者為主？何者為輔？蓋雖然同樣是所得中斷，但其原因可能是普通疾病、職業災害、生育、失業、或退休，在處理上並非採取同一方式不可。[21] 如果僅以所謂「保護勞工之內容與方式應如何設計，

---

[20] 根據司法院大法官會議釋字第549號解釋理由書：「社會保險所提供之保障，依國際公約及各國制度，通常分為兩類：金錢補助及福利服務。金錢補助係為補償被保險人因為老年、殘障、死亡、疾病、生育、工作傷害或面臨失業情況喪失所得時所為之金錢給付，此類金錢給付分別具有所得維持、所得替代之功能；社會福利服務則指直接提供諸如住院照護、醫療服務、復健扶助等，學理上稱為『實物給付』。」至於社會行政程序法之說明，請參閱楊通軒，社會保險救濟制度淺析─以德國法制為例，中華文化社會福利事業基金會、中南財經政法大學、武漢大學「2005年兩岸四地社會福利學術研討會」，2005年6月17日。

[21] 例如在勞工遭遇普通疾病的情形，依據勞工請假規則第4條第3項規定：「普通傷病假一年內未超過三十日部分，工資折半發給，其領有勞工保險普通給付未達工資半數者，由雇主補足之。」再參照勞工保險條例第35條，可知我國仍是由保險人（勞動部勞工保險局）負擔第一層保障責任（平均月投保薪資半數），且普通傷病補助費的給付期限可能長達一年。同樣地，大多數的歐洲國家係以社會保險給付的方式處理，唯有丹麥、英國、及德國係要求雇主繼續給付薪資給勞工。其中，德國係要求雇主先給付六個星期的工資後，如勞工尚未痊癒，再由社會保險承保機構（Sozialversicherungsträger）給付，相當程度地賦予雇主社會保險承保機構的角色與責任。

屬於立法自由形成的範疇」一語帶過，似乎略顯單薄。[22]

　　實者，長久以來，勞工法與社會法即被視為屬於同一整體的、息息相關的（zusammengehörig）法律領域。德國勞工法學者 Hanau 甚至稱之為「有如雙胞胎般的（siamesische Zwillinge）緊密相連、甚而無法分割」。[23] 勞工法與社會法的基本問題，即在於決定那些族群應被納入強制保險的體系內，以提供其強制性的保護。由於兩者間的關係密切，社會保險法初期甚至被視為勞工保護法的一部分。之後，經過長期的演繹，學者間始逐漸認為公法的勞工保護法與社會保險法係不同的法律領域。在面對經濟成長快速，企業需求人力殷切之時，立法者即應思制定大量的勞工保護法、改善法定的社會保險的給付、並且開放其他的族群加入。[24] 而在經濟成長遲滯，失業人口不斷增加時，勞工法即會適度地走向鬆綁，[25] 社會法也會提高領取給付的門檻或降低各種給付，同時也會要求勞工加強私人預護。

　　此種隨著經濟成長或衰退，所作的勞工法與社會法上規定的調整，實際上隱含著一項中心的思想，亦即：是擴大社會保險義務或是增加勞工法上的請求權，對於勞工的工作位置的危害較大？對此，德國學者早期是認為過度擴增勞工法上的請求權影響較大，但近時學者則認為如考慮與社會保險連動的薪資的附帶費用的急速增加，[26] 則擴大社會保險義務顯然影響較大。此種前後態度的轉變，對於台灣立法者在選擇勞工所得中斷時的幫助措施時，或可提供一些啟示。無論如何，不能單純地想像「社會保險共同體要比個別雇主，較能承擔擴大社會保障所帶來的費用」，而一味地加重社會保險給付的責任。

　　上述以個別雇主或社會保險交錯使用的複雜性，也可以從與勞工失業有關的積欠工資、退休金或資遣費的清償上略知一二。此亦與確保勞工所得中斷有關。即其採取雇主連保的方式，由全體雇主按照當月僱用勞工投保薪資總額及規定之費率，

---

[22] 司法院大法官會議釋字第 578 號及第 596 號解釋均有如斯之用語，請參照之。

[23] Hanau/Peters-Lange, NZA 1998, 785.

[24] 通常是指非勞工而言，包括自營作業者、實際從事勞動的雇主等。其中，在修正前的勞工退休金條例第 7 條第 2 項，本已將實際從事勞動的雇主列為自願提繳對象。而在 2015 年 7 月 1 日修正施行的第 7 條第 2 項，更是納入自營作業者及受委任工作者。如從委任經理人較實際從事勞動的雇主更需要保障的角度看，納入受委任工作者自屬正確之舉。然而，所謂的「受委任工作者」，其對象似乎已擴充及於所有委任契約下的（無酬及有酬的）受任人，例如受任律師、醫師、居間人等，果如此，恐怕已與傳統民法受任人、居間人的身分地位與權利義務分道揚鑣。這與人民的法律認知及法律感情恐不一致。所以，正確之舉，應將「受委任工作者」限縮解釋為「受任的委任經理人」，以回歸法律常態與正途。

[25] 此包括勞工法的去規範化、放寬解僱保護的規定、增加訂定定期契約的可能性、以及取消普通疾病的薪資繼續給付的規定等做法。

[26] 有關德國薪資的附帶費用的一覽表，請參閱 Boemke/Föhr, Arbeitsformen der Zukunft, 1999, 57.

繳納積欠工資墊償基金，作為墊償積欠工資、退休金或資遣費之用。一旦積欠工資墊償基金墊償後，雇主即應於規定期限內，將墊款償還積欠工資墊償基金（勞基法第 28 條參照）。依據司法院大法官會議釋字第 595 號解釋，勞工保險局以墊償基金所墊償者，原係雇主對於勞工私法上之工資給付債務；其以墊償基金墊償後取得之代位求償權（即民法所稱之承受債權），乃基於法律規定之債權移轉，其私法債權之性質，並不因由國家機關行使而改變，勞工保險局與雇主間因歸墊債權所生之私法爭執，自應由普通法院行使審判權。

第二款　社會保險法的地位是憲法所有權法所保障的地位

以德國為例。基本法第 14 條第 1 項的所有權保障（台灣憲法第 15 條財產權保障），亦包括形式上為獨占性的權利（Ausschließlichkeitsrecht）（專屬權）、而為私的利益歸屬於權利人之社會保險法的地位在內。此一社會保險法的地位，如其植基於被保險人非少量的自己給付且係作為確保其生存之用者，享有所有權的保障。[27] 失業保險金（Arbeitslosengeld）請求權即屬之，假設勞工經由繳交保費，在法定的等待期間（Wartefrist）已取得全部的期待權（Anwartschaft）。[28] 所謂的法定等待期間，係一法律明定必須經過之期間（期待期間），例如台灣就業保險法第 11 條第 1 項第 1 款之「非自願離職辦理退保當日前三年內，保險年資合計滿一年以上」之規定。也就是，此處並非指就業保險法第 11 條第 1 項第 1 款規定之「自求職登記之日起十四日內」之等待期而言。與此不同的是，依據 2011 年 1 月 14 日修正發布施行之就業保險促進就業實施辦法第 9 條第 1 款規定，請領僱用安定薪資補貼之被保險人，也必須滿足「於僱用安定計畫實施前，就業保險投保年資累計達一年以上」的條件。惟此並非期待權／期待期間，而是採取與就業保險法第 11 條第 1 項第 4 款領取育嬰留職停薪津貼的同樣立法方式。

再就上述就業保險法第 11 條第 1 項第 1 款之「非自願離職」一言者，其是針對被保險人因投保單位關廠、遷廠、休業、解散、破產宣告離職；或因勞動基準法第 11 條、第 13 條但書、第 14 條及第 20 條規定各款情事之一離職（就業保險法第 11 條第 3 項參照）。對於被保險人來講，因為該等事由，勞動關係違反其意願而結束。所以，假設勞工參加罷工或被鎖廠，則只是勞雇雙方主要義務的暫時中止，

---

[27] 所謂非少量的自己給付，是指「繳費比例／數額×繳費期限」的總和而言，在台灣，勞工只負擔所繳交總保險費的二成，似乎並不符合「非少量」的條件。Vgl. BVerfGE 53, 257(289 ff.); 72, 9(18 f.); 74, 9(25); 74, 203(213).

[28] BVerfGE 72, 9(18).

雙方並無結束勞動關係的意思，故勞工並非失業且難以視為非自願離職。因此，當然不符合請領失業給付的條件【案例 1(1)】。至於屬於爭議的團體協約的適用範圍，但卻未參與爭議之勞工，同樣因為並未失業，故也無失業給付請求權。從集體勞工法來看，由於同屬一個團體協約的適用範圍，具有共同的風險，並且可因新的團體協約而取得較佳工作條件，故不應再給予失業給付的優待【案例 1(2)】。但是，假設是不在同一個團體協約的適用範圍，因為罷工而間接地受到波及的勞工，即使在罷工結束後簽訂團體協約，也不會獲得好處，是否應賦予失業給付請求權？對此，似應為否定，蓋間接受到影響之勞工並未被終止勞動契約，並不符合就業保險法第 11 條第 3 項之條件。在此，勞工應可以領域理論（Sphärentheorie）為由，向其雇主要求給付工資。而基於集體法優先適用理論，雇主應不得依據民法第 266 條規定，主張免除工資義務【案例 1(3)】。

有問題的是，此處的社會保險法的地位，其範圍有多廣？是否包括不須要等／期待期間的各種給付？例如就業保險法中各種津貼及補助（就業保險法第 10 條）？對此，德國聯邦憲法法院 1995 年 7 月 4 日的判決認為縮短工時（Kurzarbeit）的津貼，並不在所有權的保障範圍。蓋與失業保險金不同的是，短時工作津貼無需履行一個等待期間。另外，短時工作津貼的給付，最主要是讓有關的企業保留熟練的勞工。因此對於短時工作津貼的請求權，並非在可預見的短期失去僱用時，即自動地產生。而是繫於一喪失工作的通報，此一通報非由勞工，而是由雇主或企業代表所製成。雖然短時工作津貼是由保費來負擔，它卻是一有利於雇主與勞工的共同負責的補償／連帶補償（Solidarausgleich）的給付。[29] 由此觀之，就業保險法中各種津貼及補助有無所有權的保障地位，應區別對待：肯定者為失業給付（第 11 條第 1 項第 1 款），否定者為職業訓練生活津貼（第 11 條第 1 項第 3 款）、育嬰留職停薪津貼（第 11 條 第 1 項第 4 款）、以及僱用安定薪資補貼（就業保險促進就業實施辦法第 9 條第 1 款）。至於提早就業獎助津貼，雖然其請領條件以符合法定的等待期間為前提，但由於其本質為獎勵金的性質，似乎也難以得出其具有所有權保障的地位。附帶一言者，職業災害勞工保護法中之補助及津貼，其中第 8 條之補助及津貼雖具有職業災害給付的性質，但並無一最低等待期的要求，至於第 6 條的補助及第 9 條的補助與津貼則是社會救助的性質，因此均無所有權保障的地位。

最有疑問者，係「失業之被保險人其全民健康保險保險補助費」。此一規定，係因應司法院大法官會議釋字第 472 號解釋而來。依據該號解釋，「對於無力繳納

---

[29] BVerfG v. 4.7.1995, JZ 1995, 1172 f. = BVerfGE 92, 365 (405 f.).

保費者，國家應給予適當之救助，不得逕行拒絕給付，以符憲法推行全民健康保
險，保障老弱殘廢、無力生活人民之旨趣。」由於此一規定已屬社會救助的範圍，
而非社會保險法的領域，其憲法上的保障應由社會國或福利國的原則思考之。行政
院勞工委員會已經依據就業保險法第 10 條第 2 項規定，訂定「失業勞工全民健康
保險費補助辦法」，並於 2002 年 11 月 13 日公布施行之。其後，再於 2007 年 1 月
29 日修正全名為「失業被保險人及其眷屬全民健康保險費補助辦法」。依據該辦
法第 2 條之規定，被保險人非自願性離職辦理退保後，「於依本法請領失業給付或
職業訓練生活津貼期間」，參加全民健康保險時，依本辦法予以補助。而保險人所
補助者，係「全額補助其參加全民健康保險自付部分之保險費」。蓋依據全民健康
保險法第 27 條之規定，投保單位必須負擔一定比例之保險費也。這裡的「投保單
位」，其實是指「原投保單位」而言。蓋原勞工既已離職，原來雇主以自己為投保
單位、為原勞工繼續加保健康保險的義務，應已結束。這是立法者透過立法程序，
要求原雇主繼續為非自願離職的原勞工負擔公法上的義務。

第二項　勞工法與社會法——一對充滿爭議的兄妹

　　勞工法與社會法，係為了解決工業革命後私法社會（Privatrechtsgesellschaft）
所產生的社會問題，而生根與茁壯。蓋在私法社會中，工業的生產手段大大地強化
了勞工的依賴性，並且升高了對其肉體的工作能力的要求。而在另一方面，想要
藉由傳統的私法的或公法的照顧制度，來解決勞工所遭遇的急難，也越發的不足。
因此，德國學者 Wieacker 在其所寫的「近代的私法史」（Privatrechtsgeschichte der
Neuzeit）中，即認為：「對於社會的或經濟的問題，其解決的方法不在於私法，而
是在於行政法、經濟法及社會法中。」[30]

　　此種以勞工法與社會法來處理社會的問題，並非是井然有序或是平靜無波的。
實際上常是主客不明或是暗潮洶湧的。這是因為勞工法與社會法發展的歷史長短不
一、立法者常未能一併考量增修勞工法與社會法的規定，以處理社會問題，[31] 以及
兩個法的領域在性質上有所不同所致。其中，就歷史的發展而言，每個國家在勞
工法與社會法的進程上容或有所不同。在德國，早在十九世紀末的俾斯麥時代，就

---

[30] Wieacker, Privatrechtsgeschichte der Neuzeit, 2. Aufl., 624.
[31] 但原則上兩者是緊密連結的，例如社會保險（勞工保險條例）之保險費的繳費義務
　　（Beitragspflicht），係依據勞工法上的工資定義與額度而定。請參閱勞保條例施行細則第 27 條。
　　Schmidt, Zum Harminisierungsbedarf arbeits- und sozialrechtlicher Konflichtlösungen, AuR 2001, 423.

已開始社會法的造法運動，尤其是二次世界大戰後的社會法典化運動，致使社會法（社會保險法）已成為一個體系龐雜但卻又井然有序的法律領域。相對地，勞工法卻尚未法典化，零（碎）散的規定往往使得當事人要花費一番的功夫，才能找得到想要的法條。[32] 如在台灣，勞工法與社會法的發展歷史較短，雖然近年來勞工立法的速度頗快，[33] 但兩者似均尚未達到法典化及體系化的地步。

如再就法的性質而言，勞工法領域中的勞動契約法是屬於私法，適用私法自治原則，而非締約強制（Kontrahierungszwang）及制度強制（即由一定的機制來處理）（Institutionenzwang）。在訴訟外，對於勞動契約所生的請求權，當事人之一方得允許他方當事人延期清償或者拋棄請求權。在訴訟上則是適用當事人自治原則（Parteimaxime），當事人得自由地達成和解（Vergleich）。為了確保勞資雙方的和睦及法律安定性，勞工法上通常有除斥期間（勞基法第 12 條第 2 項及第 14 條第 2 項參照。另請參閱最高法院 100 年度台上字第 1393 號判決）或消滅時效的設計。至於為提供勞工必要的保護，絕大多數是經由強制性的或半強制性的私法方式達成。[34] 由於勞工法的規範方式，是將社會問題在勞資雙方當事人間尋求解決之道，學者因而稱之為「內部處理」的方式。[35] 但雙方亦可以透過調解、仲裁、裁決或訴訟程序（勞動事件法、民事訴訟法）解決爭議。

相反地，社會保險法係強制的公法的設計，[36] 性質上屬於特別的行政法。個人的權利與義務完全由法律所明定，而其相對人則是擁有公權力的社會保險承保機構（在台灣是具有行政機關地位的勞工保險局負責，在德國則是由勞雇共組的公法社團負責）。（勞資雙方）當事人不得以私人的約定，而企圖改變法律的規定。在訴訟上，並不適用起訴權衡原則（Opportunitätsprinzip），訴訟進行則是採取職權調查原則（Amtsermittlungsgrundsatz）（行政程序法第 36 條參照）。[37] 顯然地，立法

---

[32] 請參閱 Hanau 所引用 Martin Becker, Arbeitsvertrag und Arbeitsverhältnis in Deutschland, 1995, Vorwort.

[33] 依據中國時報 2005 年 5 月 20 日，A11 版：農漁勞老 政府重點照顧，其中有一段話：「2000 年到 2004 年更是推動勞動法制改革，成果最豐碩的四年，也是台灣勞工法制從落伍到進步的歷史轉捩點。四年中共完成六項新立法，包括性別工作平等法、職業災害勞工保護法、大量解僱勞工保護法、就業保險法、公共服務擴大就業暫行條例、勞工退休金條例。四項修法工作，包括勞基法縮短工時、彈性工時；勞保老年給付放寬與年資併計、勞保紓困貸款。」

[34] Preis, Koordineirungskonflikte zwischen Arbeits-und Sozialrecht, NZA 2000, 914.

[35] 蔡維音，評釋字第 578 號，月旦法學雜誌，第 111 期，2004 年 8 月，頁 187。

[36] 司法院大法官會議釋字第 568 號及第 609 號均表示勞工依法參加勞工保險及因此所生之「公法上權利」，應受憲法保障。Zöllner/Loritz/Hergenröder, Arbeitsrecht, 6. Aufl., 2008, 33.

[37] 但是，依據勞動事件法第 33 條第 1 項規定，「法院審理勞動事件，為維護當事人間實質公平，應闡明當事人提出必要之事實，並得依職權調查必要之證據。」又，對於有關社會保險案件之爭

者係將紛爭抽離當事人間之具體個別關係，藉由第三人所主導的機制（在台灣，是指勞工保險爭議審議委員會、訴願委員會、行政法院）來解決問題，因此為「外化處理」的模式。[38]

第三項　勞工法與社會法——誰先？誰後？

勞工法的源起與目的，係在於確保勞工的生存。惟其有不足之處，遂有社會法（尤其是社會保險法）來加以補強（在台灣，另外有兼具勞工保護法及社會法的勞工職業災害保險及保護法提供另一層保障）。雖然勞工法的或社會法的解決方式，都可以達成社會保護的任務，而且在功能上，兩者也具有等值性，因此在法政策上，也具有相當程度的可替代性。落實到法律的設計上，則可以見到累積（兼得）的方式（例如勞保條例老年給付與勞基法的勞工退休金）、或者抵充的方式（例如勞保條例職業災害給付／補助／補償與勞基法的職業災害補償）。[39] 凡此，均顯示出有必要對於各法律領域之關係再加以稍加說明。

第一款　社會法的主導（與勞工法的優先）地位

首先，為了實現社會保險之社會保護的作用，必須將其與勞動關係及勞動契約的事實密切連結。因此，在勞工遭遇所得中斷時之社會給付的高低，係以勞工依據工資額度所繳納的保險費的高低為準（勞保條例施行細則第 27 條第 1 項參照）。對於此種現象，社會法的學者將之稱為「優先地位」（Präjudizialitätslagen），[40] 以示一個法律領域所使用的概念，可以優先適用於另一個法律領域。[41] 此種「優先地

議，在台灣係依據行政訴訟法進行其程序，至於在德國則是依據 1953 年的（獨立於社會法典外的）社會法院法來進行審理。

[38] 蔡維音，前揭文，頁 187。

[39] 在德國的制度設計上，尚有「前後相連」的方式，亦即在勞工普通疾病時，先由雇主繼續給付工資六週，如尚未痊癒，則由社會保險承保機構給予七十八週的傷病給付（Krankengeld）。

[40] Eichenhofer, Internationales Sozialrecht und Internationales Privatrecht, 43; V. Maydell, FS Kissel, 761, 769; Fuchs, Zivilrecht und Sozialrecht, 148, 152 f.

[41] 惟事實上，我國中央勞政機關對於月薪資總額之「工資」概念的範圍的認定，早已逾越勞基法工資範圍之外。同樣地，德國社會法學者也有對於「優先地位」提出質疑之音者，認為應該依據各自的目的而做概念的修正、或者各自對於概念的內容加以確定。例如藉由「社會保險法的僱用關係理論」（die Lehre vom sozialversicherungsrechtlichen Beschäftigungsverhältnis），社會保險法上的「勞工」概念已與勞工法上的「勞工」概念有所不同，前者的範圍已較後者為廣。請參閱 Schimidt, Arbeitsrecht und Sozialrecht, RdA 1999, 125 ff.

位」理論當然會直接地影響私法的交換關係的形成。企業經營者並且認為社會保險將會加重勞動關係中「勞動」這項成本，而思將之以其他工作方式或契約關係〔例如微量工作者、假象的自主者（Scheinselbständiger）、或者自由的工作者（即俗稱的「飛特族 freelancer」）〕完成。[42]

除了優先地位理論之外，對於勞工法與社會法之關係，德國學術界及實務界長久以來均認為社會法在法律體系上具有主導的地位。亦即對於社會爭議案件的解決，社會法上的規定具有優先適用性。勞資雙方當事人依據勞工法令所做的合意，不得牴觸社會法的強制規定，例如勞資雙方不得在勞動契約中約定「雇主無須為勞工投保勞工保險」（德國社會法典第一部第 32 條，台灣勞工保險條例第 7 條、第 72 條第 1 項、第 2 項）[43]或者雙方約定將非工作作為投保勞工保險的工資（台灣勞工保險條例第 72 條第 3 項）。又例如勞工法上一直要求必須具有客觀上的理由始能訂定的定期勞動契約及勞工法上的平等待遇原則，惟其一旦碰觸到具有特定政策意義的（幫助）就業措施（Arbeitsbeschaffungsmaßnahme, ABM）（德國社會法典第三部第 260 條以下），則在以僱用越多人員（越好）的考量下，即被排除適用。顯見為達到社會法上的就業目的，甚至是歷史悠久的勞工法的制度與原則，也必須屈膝退讓，以顧全大局。[44]

第二款　社會法的補充地位

社會法固然具有主導的地位，但不可忘記的是，其本質上也僅有補充的及補償的、或者所得中斷補充作用（Komplementär-und Kompensations-bzw. Ausfallfunktion）而已。從釋義學的角度來看，所謂對於勞工法的補充作用，是指作為強制保險的社會保險係以「無自主性的僱用」（unselbständige Beschäftigung）為前提要件。而所謂的補償的或所得中斷補充作用，是指社會法一直僅在具從屬性的受僱人喪失工作位置或一時地或終身地喪失工作能力時，始會介入處理。[45] 以職業災害保險法為例，其補充的或所得中斷補充作用即甚為明顯：遭遇職業災害的勞工，可以向社會保險承保機構勞保局請求職業災害給付，而平常的保費則是由雇主所繳交。[46]

---

[42] BAG v. 9.5.1996, AP Nr. 19 zu § 1 KSchG betriebsbedingte Kündigung.

[43] BAG v. 18.11.1988, NZA 1989, 389 = AP Nr. 3 zu BGB § 611 Doppelarbeitsverhältnis. 理論上，民法第 482 條的受僱人，也包括自由的工作者在內，蓋受僱人並不以具有從屬性為必要。

[44] Preis, a.a.O., 915 f. 但德國通說係將 ABM 作為勞動契約看待。

[45] Schimidt, Arbeitsrecht und Sozialrecht, a.a.O., 125.

[46] 就社會保險機構給予職業災害勞工給付而言，德國的社會法典第七部第 104 條以下規定，雇主可

　　然而，原本僅有補充的及補償的、或者所得中斷補充作用的社會法，卻因為社會立法過程而逐漸地被打破：由於社會保險法自行採取與勞動關係脫鉤的保險事故的定義，致使所得中斷補充作用遂被忽略；[47] 當社會保險逐步地將非勞工、但卻與勞工具有差堪比擬（vergleichbar）保護必要性之人納入，[48] 傳統的補充作用也隨之消失。德國 1999 年的社會法典第四部第 7 條將受僱人的概念加以擴充，即是打破社會保險法補充作用的一個著例。[49] 而社會法典第十一部之照護保險更是與補充作用毫不相關，蓋其雖課雇主繳交保費的義務，但其所發生的保險事故的風險，卻是與勞動關係風馬牛不相及。這應該也是我國在制定長期照顧保險法時，所應該注意的，至少勞雇雙方所繳交的保險費，應該與勞保條例及就業保險法的勞雇雙方保險費比例有所不同。

第四項　對於勞工退休給付之關係

　　無論是勞工保險的老年給付或年金保險，其目的均是在於確保勞工無工作能力而所得中斷時，有一可以維持生活的經濟來源。而其中最主要的情形，是勞工退休離開職場。惟如要達到照顧退休勞工之生活，必須所得替代率達到相當的程度始可，[50] 而這並無法單靠社會保險給付即可達到（如果是部分時間工作者，則距離基本生活的需要更為遙遠）。因此，適度地以勞工法的手段來處理社會法的問題或者

以完全免除民法上的損害賠償責任，亦即可以獲得責任的優遇。德國聯邦憲法法院甚至認為民法上所規定的精神上的慰撫金（Schmerzensgeld），雇主也可一併獲得免責。相反地，在台灣，勞保條例的職災給付與民法上的損害賠償僅是抵充關係而已。有關德國法制的部分，請參閱 BVerfG v. 8.1.1992, BVerfGE 85, 176 = NJW 1992, 1091. BVerfG v. 8.2.1995, NJW 1995, 1607.

[47] 這裡應該也可以包括「不在承保範圍內的工作所致之傷病，亦屬職業災害者」。依據行政院勞工委員會 2008 年 10 月 20 日勞保三字第 0970140478 號函：「勞工保險條例第 2 條第 2 款、第 6 條第 7 款及第 8 款規定，無一定雇主，或自營作業而參加職業工會者、漁會之甲類會員，因從事非本業或與本業專長無關之工作，於工作場所因執行職務而致傷病者，得請領職業災害保險給付。」

[48] 此尤其是指委任經理人而言。至於勞保條例第 8 條第 3 款之實際從事勞動之雇主，則是已將適用對象擴充至董事或實際負責人。如從保護必要性角度觀之，該等人員是否符合此一要件？並非無疑。所以，將之納入適用，除了充裕勞保基金的考量外，主要還是出自於有利於勞工保險的推動與落實。

[49] Preis, a.a.O., 917.

[50] 李偉鳳，我國勞工退休問題之研究，中國文化大學勞工研究所，1985 年 7 月碩士論文，頁 152 以下，頁 189：「一般而言，若能為高薪資者約為退休前薪資水準的 50%～55%，低薪資者約為退休前薪資水準的 70%～75%，則可維持其退休後適當生活水準，平均水準約為 60%～65% 則屬相當。」

賦予雇主社會保險承保機構的角色，似乎是必要的。正如學者所云，多重的社會安全網所提供的制度保護，毋寧是制度設計的常態，而且也與憲法無所牴觸。[51] 也因此，德國的企業退休金遂成為德國社會給付制度不可分割之部分。[52] 至於台灣的勞基法之退休金規定，同樣也是取之於社會安全責任由雇主負擔之原意，雖其早期實施成效或有不如德國企業退休金之處，但應無損於其制度設計的美意。[53] 況且，在2015 年 2 月 4 日修正公布施行的勞基法第 56 條第 2 項已經強化落實提撥，並已取得改善成果。而勞工退休金條例理論雖與勞基法退休金有所差異，但仍然是在補充勞保老年給付之不足。

　　無論如何，為使勞工法與社會法的交相作用，確能保障退休勞工的生活，而又不至於破壞社會法的補償的或所得中斷補充作用，正確的做法，應是令退休勞工離開原有的職場，專心地領取老年給付（或年金保險）與企業退休金。一個一面退休，一面卻在原職場繼續工作的勞工，不僅破壞了退休的意義、破壞了社會法的補償的或所得中斷補充作用，而且也會帶來災難。[54] 另外，有關退休年齡與年資的量定，立法者並不得肆意為之，[55] 尤其不應太早或太晚。在此，立法者尤應將勞工法與社會保險法的退休年齡與年資，採取一致性的規定。[56] 在此，尤應注意各國法定

---

[51] 蔡維音，前揭文，頁 187。

[52] 楊通軒，勞基法中退休與資遣法制之研究，勞資關係論叢，第 9 期，1999 年 6 月，頁 47 以下。

[53] 如依據釋字第 578 號解釋中大法官廖義男所引用的行政院勞工委員會的統計資料，「依勞工保險條例領取老年給付之退休勞工人數中，有 40% 以上比例之人數亦自事業單位勞工退休準備金專戶領取退休金，顯示符合退休金請領資格之勞工人數仍有相當數目。」果如此，如過度地輕忽或蔑視勞基法退休金規定的社會政策的功能，則顯然並不適當。

[54] 由此觀之，勞工退休金條例第 24 條之 1 規定「勞工於領取退休金後繼續工作者，其提繳年資重新計算，雇主仍應依本條例規定提繳勞工退休金；勞工領取年資重新計算之退休金及其收益次數，一年以一次為限。」似乎是一個值得商榷的立法，恐會引發退休法理上的爭議。

[55] 再一次以「保護勞工之內容與方式應如何設計，屬於立法自由形成的範疇」自圓其說？

[56] 吾人如將 2009 年 1 月 1 日修正施行前的勞保條例第 58 條第 1 項第 2 款及第 3 款之規定與勞基法第 53 條之規定兩相對照，即可發現兩者的內容是一致的。然而，如將台灣的退休年齡（五十五歲）與德國的退休年齡（六十五歲）相較，台灣的退休年齡顯然年輕了不少。此種規定，恐將過度地加重社會保險基金及雇主的負擔能力，不利於社會安全制度長期的發展。吾人實不知當初的立法原意為何？或許是直接引自舊法時代的「台灣省工廠工人退休規則」第 5 條的規定？果如此，是否仍應說明舊法時代的理論背景可否適用於勞基法的退休金制度？不過，值得慶幸的是，勞工退休金條例第 24 條已將退休年齡提高到六十歲，雖然仍然稍嫌早了一些，但較之於勞基法的五十五歲已有相當的改進。只是，美中不足的，卻又創造了修正前勞保條例第 58 條與勞退條例第 24 條退休年齡不一致的弊病。

另一點值得肯定的是，勞保條例在 2008 年 7 月 17 日作了重大修正，其中，勞保條例第 58 條第 1 項第 2 款及第 3 款修正為第 58 條第 2 項第 2 款及第 3 款，內容保持不變。更重要的是，新增的第 1 項將退休年齡延至六十歲，（配合第 1 項之）新增的第 5 項並將老年給付之請領年齡，從修正條文施行之日起，第十年提高一歲，其後每二年提高一歲，逐步調高至六十五歲為止。

退休年齡提高的做法，並且配合我國就業服務法第 5 條年齡歧視的規定，從高齡勞工僱用政策的角度，融合退休政策與就業政策。如此，對於勞保基金與個別雇主退休金的負擔、以及我國人力資源的充分利用，應該都是有正面的助益。

第四節　公法救助關係之成立

第一項　公法救助關係之憲法定位

　　在現代社會國家理念之下，各國多在其憲法及各種法規中，建立符合公平正義的秩序，以確保社會正義，並解決社會貧困問題，進而全力消弭人民間之貧窮與經濟困頓及階級或族群間歧視待遇[57]。台灣憲法第 152 條規定：「人民具有工作能力者，國家應予以適當之工作機會。」第 153 條規定：「國家為改良勞工及農民之生活，增進其生產技能，應制定保護勞工及農民之法律，實施保護勞工及農民之政策（第 1 項）。婦女兒童從事勞動者，應按其年齡及身體狀態，予以特別之保護（第 2 項）。」第 155 條規定：「國家為謀社會福利，應實施社會保險制度。人民之老弱殘廢，無力生活，及受非常災害者，國家應予以適當之扶助與救濟。」上述憲法規定，傳統上多將其視為一種「憲政目標」或「國家發展政策」，人民對於國家機關並不擁有具體請求權[58]，即無法以國家未落實基本國策中任一條款為由，直接請求或訴諸司法手段的給付訴訟，請求國家為一定之積極作為。

　　惟，值得注意的是，不同於憲法中之基本國策，近代憲法學者藉由「國家保護義務作用」功能詮釋，將原本只為防止國家對於人民基本權利侵害的消極防衛權，逐漸地演變為具有超越公法而擴及於各公、私法領域之效力，稱為基本權利之間接效力[59]。使得憲法規範中之基本權利，成為國家社會整體法秩序客觀價值判斷的一種準則。甚至，將基本權利保障由原先消極的防止國家對於人民侵害，擴張及於防

---

[57] 法治斌、董保城著，憲法新論，2003 年 9 月，初版，頁 59 以下。

[58] 按照多數見解的否定說，憲法中基本國策，乃是對於「國家願景」的一種宣示，基本國策與基本權利條款的不同處，在於基本國策具有「不可訴訟性」。因此，除非憲法所創造之權即立法（權）者，以法律方式實踐憲法基本國策精神，而賦予人民對於國家有某項積極直接給付之請求權；否則，人民並無法直接接引憲法基本國策中之規定，具體請求國家為各項積極給付。法治斌、董保城著，前揭書，頁 101。

[59] 法治斌、董保城著，前揭書，頁 124。

止國家以外之「第三者」[60] 的侵害，成為國家針對第三者侵害必須採取一定作為或防止之「國家保護義務」[61]。亦即藉由積極行政措施及釋憲機關關於憲法上與時俱進之補充性解釋方式，憲法基本國策中之積極防禦功能，乃逐漸地具體化。吾人觀大法官會議解釋，可謂更為明顯，以第 549 號、第 560 號、第 568 號等解釋為例，都是直接引用憲法第 153 條、第 155 條及憲法增修條文第 10 條第 8 項作為違憲的依據，反而沒有引用憲法第 15 條（工作權）。

第二項　公法救助關係在行政法上之屬性──以「以工代賑」為例

在人民之生命權、財產權、工作權及其他基本權利遭受國家以外第三者，亦即天然災害侵害時，國家為使免於匱乏或恐懼，並且落實基本權利之積極給付功能，自能採取一定的救助措施。以遭受 1999 年 9 月 21 日地震災害之台灣南部人民而言，當時之行政機關採行了「以工代賑[62]」措施，以安置人民，其在行政法概念上，應屬國家為達成特定行政上任務，所採取之授益行政處分、或行政契約等屬於公權力措施之行政行為[63]。亦即此種措施的提出，乃是國家基於人民之生存照顧義務，其屬於以具有一定資格與條件之人提出登記與審查，由政府提供其基本生存權與工作權之滿足，並充分運用受災戶方面處於閒置人力的一種積極行政措施。

又，行政機關基於法定職權為達成特定之行政法上目的，於不違反法律規範前提下，自得與人民約定以提供某種給付，並使接受給付者負有合理之負擔；或其他公法上之對待給付義務，而成立具有公法救助性質之行政契約關係【案例2(1)】[64]。

針對「以工代賑」措施，實應按照其審查階段，界定其法律性質。首先，在第一階段，國家要求只有具備一定資格與條件之受災人民，始得提出申請，進而加以

---

[60] 所謂的「第三者」，不僅指國家以外之「私人」，而是及於「自然災害」。法治斌、董保城著，前揭書，頁 104 以下。

[61] 對於遭受「自然災害」的人民應受國家基本權利積極給付，詳見司法院釋字第 571 號解釋。

[62] 實證法中，「以工代賑」一詞，可見之於社會救助法第 15 條第 1 項規定、失業補助措施，以及相關地方自治團體自行制定之自治條例、規則、命令或要點之中。

[63] 基於國家負有「生存照顧」（Daseinversorge）之義務，進而採取行政上措施改善人民生存環境及生活條件，有屬公權力行使而成為公法事件，以給付行政藉由授益處分或行政契約方式達成；亦有屬私經濟活動而屬私法領域者。晚近，多以具有社會救助性質者，認其屬公權力行政。吳庚，行政法之理論與實用，增訂八版，2003 年 8 月，頁 18。

[64] 參閱司法院釋字第 348 號解釋文內容。又此類行政行為，應屬人民與政府間互負給付義務、且訂有一定要件與給付方式之雙務契約。陳敏，行政法總論，2004 年 11 月，四版，頁 583 以下。

審查與准駁。此一行為，應屬公權力行政中之行政處分 [65]。

其次，在經過審查後，假設主管機關以其資格或條件不合而予以駁回，則申請人即可對於該「行政處分」依法循序提起行政救濟或行政爭訟。惟如經審查通過，則行政機關／構即應與具備「以工代賑」身分者，議定關於工作之內容與條件，並在行政契約內加以規定。由於此一行政契約具有公法救助性質、短期性、應變性、給付性、授益性及公權力行使之本質 [66]，故非傳統之僱傭契約可加以比擬。倘若人民對於其與國家間所締結之「以工代賑」契約，於締約後因其內容或履行上發生爭議，由於屬於公法上關於公權力行使之事件，人民得依據相關法令，循序提起各類救濟或行政爭訟。

值得注意的是，在諸如「以工代賑」行政契約的履行中，國家對於契約之相對人之勞動權益及社會保險法益的保障 [67]，雖無法如勞動契約中勞工一般，給予相同或平等的對待，惟亦得儘量循著參考援引的做法，給予一定限度的保障【案例 2(3)】。

第三項　公法救助關係與勞動關係的交錯與分辨

如上所見，所謂公法的救助關係，係指依據傳統行政法的理論，政府基於特定的政策目的，以公法關係進用人員，以完成特定的任務，並且藉以落實福利國的或社會國的目標者。台灣長久以來，在行政法上即已承認政府基於特定的政策目的（度過突發事件、天災、事變或者嚴峻的經濟景氣），可以採取較為廣泛的給予行政者，例如職業訓練教育及就業服務等，而在特別的政策考量下，也可以公法救助關係晉用人員。從歷年行政機關／構的各種措施來看，包括行政院「永續促進就業小組」之「短期僱用措施」、行政院勞工委員會之「公共就業方案」、「多元就業開發方案」，以及「88 臨工專案」等均屬之。該等措施發揮了安定人心、救民於急的功能【案例 2(6)】。

---

[65] 具體案件之訴訟，究應循普通訴訟程序抑或依行政訴訟程序為之，應由立法機關衡酌訴訟案件之性質及既有訴訟制度之功能等而為設計。關於民事訴訟與行政訴訟之審判，依現行法律規定，分由不同性質法院審理，係採二元訴訟制度。除法律別有規定外，關於因私法關係所生之爭執，由普通法院審判；因公法關係所生之爭議，則由行政法院審判之。參閱司法院釋字第 348 號、第 466 號及第 533 號解釋文內容。

[66] 參閱司法院釋字第 540 號理由書。

[67] 在以工代賑契約履行期間，應使人民參加勞保、健保；或以補助款方式，使其由原投保單位繼續投保。其他，諸如基本工資與勞動基準法之最低勞動條件規定之限制，亦可考慮比照引用。參閱陳敏，前揭書，頁 590、592-594。

　　由此觀之，舉凡公法的救助關係，均有其特定的公共目的或政策考量，並且常有補充平常行政行為之不足之寓意。因此，這一批人員的工作外表或許與一般勞工類（雷）同，但是，其所根據的法源基礎卻是不一樣，這也形成了行政法與勞工法的界限所在。各司其職、各如其份。其結果是：在公法救助關係下工作的人員與一般勞工的勞動權益不同，或者完全不同，或者部分相同。端看政府機關在法規上的設計而定【案例 2(7)】。[68]

　　此種政府機關基於特定政策目的所晉用的人員，與一般正職人員構成一個繽紛的色彩，彼此間相輔相成、互補有無。而這種多元的用人現象，其實在平常政務推動中即已存在，包括以勞務承攬方式進入政府部門工作的人員，而以工代賑或者在多元就業開發方案下所晉用的人員，身分上也難以界定為政府機關所僱用的勞工。同樣地，行政機關／構為配合行政院「永續促進就業小組」之「短期僱用措施」，與特定人士所簽訂之短期僱用人員工作約款（簡稱短期工作契約），性質上也是公法上之救助關係【案例 2(1)】。這代表著此類人員的晉用都有其特殊的背景，也隱含其一定的目的，但絕對與勞動契約是「在藉由勞工提供職業上的勞動力，以獲得企業經營上的利益者」，不同。這是我們在思考這個問題時，所不可忽略的。[69]

　　有問題的是，在公法救助關係下，用人單位（行政機關／構）可否給予工作者部分的勞動條件或社會保險法的保障？對此，本書認為是可以的。這完全視立法機關的立法形成及／或行政機關的自由裁量而定【案例 2(7)】。如在衡量 2009 年 8 月八八水災臨時工人的工作性質後，政府機關當然可以將現行勞工法令或社會法令的部分權益賦予給他們，也就是採取比照／引用的方式，讓他們也獲得部分的保障。而這也是 2009 年 8 月 28 日「莫拉克颱風災害重建特別條例」第 13 條第 2 項規定及第 14 條第 1 項規定的立法方式。依據第 13 條第 2 項規定：「災區失業者得至用人單位從事臨時性工作，獲得臨時工作津貼，不適用勞基法、就業保險法及勞工退休金條例之規定」。依據第 14 條第 1 項規定：「用人單位應為前二項所進用之人員，於進用期間依法辦理參加勞工保險及全民健康保險；其不符合勞工保險條例加保資格規定者，用人單位應為其投保其他平安保險或意外險。」[70] 由此可知，

---

[68] 反對說，林奕志，災民臨時工 權益特別低。自由時報，2009 年 8 月 27 日，A19 版。

[69] 楊通軒，「雇災民臨時工 應拋公法枷鎖」，聯合報 2009 年 9 月 18 日，A23 版。在此，試想，如果多元開發就業方案下的人員可以受到就業保險法的適用，則在該方案結束後，該等人員還可以受領六～九個月的失業給付，則這種循環保護的現象，恐怕會引發依賴的效果，也不是當初多元開發就業方案的本意。

[70] 依據第 14 條第 1 項規定，從事臨時性工作之災區失業者於具備加保勞工保險之資格時，用人單位有為之加保之義務，至於所謂加保資格，必須 1. 勞工；2. 實際從事勞動，因此，理論上由於該等人員是公法的救助關係，用人單位即無為之加保勞工保險之可能或義務。

立法者係欲藉由該條例的設計，給予災區失業者一定程度的照顧。其並無欲令用人單位與從事臨時性工作之災區失業者間成立勞動契約或僱傭契約。即使用人單位給予部分的勞動條件（例如自願為之提繳退休金）或社會保險的保障，[71] 也不會導致雙方成立僱傭關係【案例2(4)】。

　　雖然如此，所謂公法的救助關係比照或引用勞工法令或社會法令，其正確的立法方式應是「××法之規定（例如勞工退休金條例），適用於本法／本方案／本計畫下之工作人員」，以突顯出例外引用之寓意。[72] 但是，「莫拉克颱風災害重建特別條例」第13條第2項卻是規定：「災區失業者得至用人單位從事臨時性工作，獲得臨時工作津貼，不適用勞基法、就業保險法及勞工退休金條例之規定」。是否可以反面解釋為從事臨時性工作之災區失業者的身分是勞工？享有「勞基法、就業保險法及勞工退休金條例」外之其他勞工法令（尤其是勞動契約或僱傭契約）之適用或保障？對此，本書採取否定的見解。蓋其只是立法方式不同或者不夠精確而已，雖隱含著仍有適用其他勞工法令或社會法令的可能性，且也見之於其他條文（例如第14條規定），惟此種立法方式並未能實質提供災區工作者較佳的保障，反而因為規定的不夠清楚而致災區工作者的權益不保。

　　整體而言，本書以為行政院勞工委員會89年11月30日(89)台勞資二字第0053122號函有關「以工代賑」安置人員法律關係之說明二，應屬正確而可採。依之，「二、按政府採以工代賑方式對於社會救助法所稱之低收入戶給予生活扶助，或對人民遭受水、火、風、雹、旱、地震及其他災害，致損害重大，影響生活者，予以災害救助，其係由政府發給救助金或津貼，分派工作予以安置，以協助其暫時疏解生活困境，所受領之救助金或津貼，屬公法救助扶助性質，非屬工資報酬性質。從而領取救助金或津貼受分派工作安置之人員與政府間，僅係公法之救助關係，應無勞動基準法之適用。」上述函釋中之「從而領取救助金或津貼受分派工作安置之人員與政府間，僅係公法之救助關係，應無勞動基準法之適用。」同樣有表達上的語病，容易引起有無「勞動基準法」外之其他勞工法令或社會法令適用之疑義。

　　同樣令人疑惑的，是上述 (89) 台勞資二字第 0053122 號函之說明三部分。

---

[71] 依據行政院勞工委員會98年4月3日勞保三字第0980066722號函：農保被保險人於參加政府基於公法救助目的所辦理之短期就業輔導措施或職業訓練「期間」，得選擇參加勞工保險並退保農民健康保險，或繼續參加農民健康保險並僅參加勞工保險職業災害保險之規定，不得追溯適用。

[72] 例如行政院勞工委員會89年11月30日(89)台勞資二字第0053122號函說明四「另不具私法僱傭關係之以工代賑人員，於從事所分派之工作時，政府仍應注意其工作安全衛生環境，維護其身心之安全健康。」

「然政府機關（構）、團體對於以工代賑工，如係基於雙方意思表示合致之私法關係，對於其基於從屬關係提供之勞動力，給予報酬者，應依勞動基準法有關業別與工作者適用之規定，予以適用（同說，台灣台中地方法院 102 年度勞簡上字第 16 號判決）。例如實務案例上，政府以工代賑之經費撥補特定機構、單位或團體（例如安養機構），再由該等機關（構）、團體基於雙方意思表示合致訂定契約而自行進用具一定資格者（例如低收入者），其間關係仍應屬私法僱傭關係之範疇，與政府基於公法之救助扶助關係顯有不同，從而依其業別與工作者是否適用勞動基準法，允有該法之適用。」吾人由此一部分說明，可知勞委會仍欲對公法救助關係予以設限，其用心可謂良苦。問題是，其恐怕誤解了公法救助關係的本質，淪為只是在堆砌文字遊戲而已。況且，如果政府機關（構）自己可以公法救助關係使用人力，那麼，為何經由第三人（團體）使用，即應成立私法僱傭關係？

　　更為複雜者，同樣是針對天災、事變或其他嚴峻的經濟情勢，行政機關／構欲採取一時性的僱用措施，以幫助人民度過難關或降低失業率，如不將之定位為公法的救助關係、反而將之定位為特定性的定期勞動契約者，其在法理上是否可取？是否沒有疑義？對此，最為著例者，係行政機關／構依據行政院「97～98 年短期促進就業措施」所僱用之臨時人員，即被界定為特定性的定期勞動契約。其理由，見之於行政院勞工委員會 2009 年 6 月 29 日勞資二字第 0980075459 號函：「……二、定期契約之簽訂，非以工作期限為準，應以工作性質為判斷。僅臨時性、短期性、季節性及特定性工作得為定期契約，有繼續性工作應為不定期契約。三、上開『97～98 年短期促進就業措施』屬政府於因應經濟嚴峻情勢而於特定時空背景下所採取之短期性措施，提供難以謀職者短期工作，蘊有社會安全之目的而非單純之經濟活動，其因此新增之工作，所自行進用之人員，可與其簽訂特定性定期契約。」

　　本書認為上述勞資二字第 0980075459 號函的見解並不妥當【案例 2(8)】。[73]蓋既然是社會安全之目的，即表示其係在政策意涵下所創造出來的（不自然的／人為的）工作，與一般經濟活動下的（自然的／非人為的）工作不同。如謂此一解釋函之見解可採，那是否代表行政機關／構得自由選擇以公法的救助關係或私法的僱

[73] 同樣令人難以苟同的是，針對公務機構以工代賑僱用的清潔工是否適用勞動基準法，行政院勞工委員會 87 年 4 月 16 日台 (87) 勞資一字第 13435 號函謂：「凡係公務機構僱用之臨時清潔工，如其所擔任之工作與技工、駕駛人、工友及清潔隊員工作相同者，不論其僱用經費來源及目的，均應自 87 年 7 月 1 日起適用勞動基準法。」蓋既然是以工代賑，其經費來源已固定，且有其明確的社會安全目的，其應屬公法的救助關係無疑，行政機關有何權限將其解釋為適用勞基法的勞動關係呢？其在法理上如何自圓其說？

備關係為之？如是，則其選擇的（考慮）界限又何在？此一疑義如不予釐清，恐將不利於法律安定性。從法律手段的選用來看，如果是具有市場價格的經濟活動（政府約聘僱人員、臨時人員所從事者），行政機關／構本不得以公法救助關係的方式使用人力，以免不利於工作者、且有脫法之嫌疑而有被認定為僱傭契約的可能。[74] 但是，反之，如果是面對天災、事變，甚至金融風暴，政府為安定人心、安置人力所採行之措施，即應是以公法的救助關係援引人力，以達到多量安置的效果。如衡量政府機關／構受到預算編列之限制，亦不容其自行選擇私法僱傭關係使用人力。[75]

換言之，勞基法第 9 條之特定性定期勞動契約的適用對象，並不及於政府機關／構為因應天災、事變、甚至金融風暴，所採行安置人力以達安定人心之手段。雖然「特定性工作」的對象似乎無所限制，但是，實則其係以具有職業上價值的工作為前提，亦即以勞動契約為限，性質為公法救助關係的用人，並不可套用特定性工作的理論，以界定其間的權益關係。[76] 也就是說，（特定性）定期勞動契約有其特定用意及目的，提供給勞雇雙方選擇使用，且漸已失去其非典型工作的本質，與政府機關／構因應突發狀況下的用人無關，並不宜將兩者掛勾。[77]

因此，問題的癥結點並不在於依據行政院「97～98 年短期促進就業措施」所僱用之臨時人員，其契約能否為特定性的勞動契約，或者只能成立不定期的勞動契約。[78] 而是，該等人員之法律關係是否為私法的僱傭關係。本書原則上採取應成立

---

[74] 在此種狀況下，行政機關／構固可與約聘僱人員、臨時人員成立不定期的勞動契約，但也可以預算的理由只成立定期勞動契約。蓋針對各級政府機關的固定用人費用，民意機關大多予以尊重。但是，針對臨時工作人員之費用，即有其為預算把關的正當權限。因此，在預算被刪減時，當然會造成行政機關／構失去繼續用人的可能性。本書贊同德國部分時間及定期勞動契約法第 14 條第 1 項之規定：「勞雇雙方之簽訂定期的勞動契約，必須具有實質上的理由（ein sachlicher Grund）始為有效。惟以下之情形，即為具有實質上的理由：……7. 勞工之工資係來自於政府的預算，而該預算僅止於定期的勞動契約的期限而已；……」

[75] 因此，行政院勞工委員會將公務機構僱用之臨時工，解釋為適用勞基法，其見解自屬不當而不值採。請參閱勞委會 87 年 1 月 5 日台 (87) 勞資一字第 56414 號函。

[76] 台灣高等法院 97 年度勞上字第 71 號民事判決：「是所謂特定性工作，必須是雇主僱用勞工之目的即在完成固定之事務、提供一定量的勞務，當該事務完成後對該勞工之勞務給付即欠缺需求者言，且勞務性質是否屬特定性工作，尚應以訂定契約前後雇主所從事之業務內容及規模綜合判斷。」

[77] 此一見解，亦可從行政院勞工委員會 89 年 3 月 11 日台 (89) 勞資二字第 0011362 號函獲得印證。依之，「特定性工作是謂某工作標的係屬進度中之一部分，當完成後其所需之額外勞工或特殊技能之勞工，因已無工作標的而不需要者。」依據此一函示，中央勞政機關似已承認「完成目的」（民法第 488 條參照）之定期契約。

[78] 針對第三屆國民大會代表聘用之國會助理，其契約可否為定期勞動契約，行政院勞工委員會 90 年 4 月 2 日台 (90) 勞資二字第 0014250 號函認為：「……國會助理係協助國大代表研究憲政及服務

公法救助關係的見解。此處考量的重點是該措施的目的，而非其工作的內容（例如檔案工作、公文收發、文書作業等），與此一人員之使用差堪比擬者：行政機關／構的核心工作本應由公務員擔任，惟現行的實況卻是多有由聘僱人員完成者，則其法律效力為何？影響該等人員之身分變更？答案應該是否定的。整體而言，既然是公法救助關係，本來即可依據其目的訂定一施行期間，無所謂定期或不定期之問題，行政機關也可伺機延長（重複訂定）或縮短原定的施行期間，如此，始可令行政機關／構更易達成原定的行政目的【案例 2(5)】。[79]

　　雖然如此，行政機關／構的啟動公法救助關係並非毫不受限制，而是應該將之侷限在特殊的事故。即其公法救助關係下人員的進用，受到突發性、地域性、以及限／短時性事故或時期的限制。因此，如非具有特殊事故，本就不宜輕易發動公法的救助關係，否則，即便是不具有經濟價值或市場價格的活動，行政機關／構所進用的人力，仍然可能例外地被個案認定為私法的僱傭契約。至於經常性業務所需的人力，行政機關／構在平時更不宜假借公法救助關係迂迴本身所應負的雇主責任。即原則上可以認定其為私法的僱傭關係。所以，只有在特殊時期之必要範圍內，始應承認公法的救助關係有其較廣的適用空間，包括將具經濟價值的商業活動及一般性的業務交予該等工作人員完成。這裡首要釐清者，係「特殊事故」或「特殊時期」的範圍為何？對此，本書認為是指天災、事變、突發事件等超出人力控制之外的天然災害或社會動盪／亂，造成一定地區或一定數目的人群受害者。至於國家經濟上的風暴，則必須達到會動搖人心的程度（例如亞洲金融風暴或 2008～2009 年的世界金融風暴）或者失業率已達相當高點，迫使政府採取短期人力安置措施始可。至於短期失業率的上揚、失業率未達相當高點的嚴重程度，政府機關／構均不宜啟動公法的救助關係，否則其所採用的短期促進就業措施即有可能被認定為私法的僱傭關係。換言之，本書認為為降低失業率之短期促進就業措施，並不一定符合「特殊事故」或「特殊時期」的前提，所謂的「嚴峻的經濟就業情

選民等事務，因國大代表有法定任期，於任期屆滿時，國會助理職務身分隨之消滅。依上開條例聘用至國民大會代表任期屆滿為止，其期間之勞動關係為定期勞動契約。」其實，豈止只有國大代表有任期的問題，各級民意代表全部都有此一任期限制，因此，本書認為所有各級民意代表的助理，除非擔任事務性的工作（如選民服務）外，如其係擔任研究法案、召開公聽會等工作者，均為定期勞動契約。此亦反應一個事實：民意代表均面臨選民定期篩選的命運，並無如公務人員的僱用穩定性可言。由此觀之，行政院勞工委員會 89 年 3 月 9 日台 (89) 勞資一字第 0009281 號函指定地方民意代表僱用之助理人員適用勞基法，應係一錯誤之舉，誤解了民意代表的工作本質，不利於法案的品質及民智的形成。

[79] 如果當事人雙方原先是成立公法救助關係，時間屆滿後再成立一般的僱傭關係，則前段期間（年資）並不能併計。如果時間屆滿後成立一定期勞動契約，也不能依勞基法第 9 條第 2 項第 2 款視為成立一不定期勞動契約。

勢」語意也不夠明確，有必要將之侷限在相當高點的嚴重程度始可。[80] 也只有在為降低失業率之短期促進就業措施、且其僅屬短期失業率的上揚或失業率未達相當高點的嚴重程度，而政府機關／構之推動措施受到預算編列之限制者，始有成立定期的勞動契約之可能。[81] 倒是，（也是）在此種定期勞動契約之場合，如果政府機關／構延長或重複僱用該等人員，即表示有與其訂立不定期勞動契約之意圖。如此，始能適度避免政府機關／構「短期」促進就業措施變成「長期」僱用手段，損害該等人員的勞動權益。[82] 所以，在例外必要時，該等人員應可依據民事訴訟法第 247 條提起確認之訴，以確定雙方並無訂立定期契約之意或該定期勞動契約的約定無效（此類同於德國部分時間及定期勞動契約法第 17 條定期契約控制之訴（Befristungskontrollklage）。

　　另外，為免政府機關／構捨棄一般的各種促進就業措施而不為，本書認為理應將政府機關／構的公法救助關係定位在最後手段，亦即俟各種促進就業措施（例如採取全面延長失業給付到九個月、各種僱用獎補助措施）無效後，始能啟動。如此，始能體現政府基於社會安全目的之安置人力，即係一在特殊時期下的必要措施。更且，在進用該等人員前，政府機關／構應善盡告知雙方係一公法救助關係之義務（亦可透過公告的方式為之），令其知悉權利義務之所在，避免事後發生爭議。

---

[80] 但是，針對失業時間一年以上的長期失業者，本書認為可以不受到此一「相當高點的嚴重程度」的限制，讓政府機關／構有較大介入輔助的空間。
　　有問題的是，「相當高點的嚴重程度」到底要達到如何高點的失業率？對此，論者間看法恐怕南轅北轍。因此，最好能在相關法規中加以明定。惟無論如何，本書並不認為 6% 或 7% 的失業率已達到此一門檻。所以，工商時報，2009 年 11 月 27 日，A2 版「促進就業方案不應會促退場」，其所持之理由為失業率仍然高達約 6%，其看法似乎誤解了短期促進就業方案的本質與目的，並不足採。

[81] 台灣勞基法第 9 條之定期勞動契約的規定，具有兩個特色：一、種類限制，二、時間限制。此種規定並不一定合乎事業單位或生產活動的實態。例如臨時性或短期性的工作如何將之界定在六個月內一定可以完成？又，為促進就業之不需要客觀理由的、完全以一定期間為準（例如兩年）的定期勞動契約，現行的勞基法第 9 條並未有所規定。這當然不利於新進人員的僱用及失業率的下降。從法理上言，「97～98 年短期促進就業措施」完全係以期間為準的定期契約，並不是所謂的特定性的定期契約。硬將之解釋為特定性契約，突顯出勞動法令的僵硬與不備。

[82] 如果是以特定性的勞動契約來理解，那麼，依據勞基法第 9 條第 3 項規定，延長或重複僱用並不會導致成立不定期的勞動契約。惟這一見解或處理方式並不為本書所採。

第五章
勞工法的基本概念

第一節　勞　工

 案例 1

從事件工的木工（最高法院 89 年度台上字第 1301 號民事判決）[1]

上訴人（原告）自民國 68 年 8 月起於被上訴人（被告）所有之工廠內擔任木工工作，迄今已達十六年十一個月，職稱為「件工」，編入製造課，並登錄於考勤表，被上訴人於民國 85 年 8 月將上訴人解僱，並未遵守預告期間且拒絕給付資遣費。雙方爭議上訴人究為承攬工或勞工。上訴人主張應為勞工之理由為：上訴人從事木工工作近十七年，持續為相同單一雇主工作，必須在被上訴人工廠內工作，而無選擇在外工作之自由；需於上午八時上班前打卡，工作時間為上午八時至下午五時；工作時需受公司主管指示分配，公司並指定完工日期；如違反廠規、規定情節重大者，被上訴人得將之解僱；工作材料、所需器具及設備皆由被上訴人提供；每月定期兩次獲得薪資，並經扣繳薪資所得稅；已辦理勞工保險，由被上訴人負擔 80% 之勞工保險費。被上訴人主張上訴人為承攬人（工）之理由為：上訴人承攬家具製作工程，僅需與被上訴人協商單價、數量、交貨期及品質等；有關承攬工作之時間及是否另找他人幫忙，被上訴人均不予干涉；上訴人不需上下班及請假。

---

[1] 楊通軒，勞動法上之勞動者概念—最高法院 89 年度台上字第 1301 號民事判決，台灣勞動法學會學報，第 2 期，2001 年 2 月，頁 217 以下。

案例 2

彈奏鋼琴的女琴師

　　甲係鋼琴四重奏（乙）之成員之一。多年來以獨立演奏人的身分與交響樂團（丙）合作演出。雖然甲不是自始至終參與演出，但卻是經常性地參與演出。在一年中，甲每週平均演出超過三十小時。丙無需與甲商量，即可將演出表張貼在公布欄上。甲與丙的契約約定，「甲可以不受限制地拒絕演出」。但是交響樂團負責人事的主管卻告訴她，將來有可能優先令其他音樂家上場表演。由於甲依賴丙所給予的報酬過活，所以甲從未拒絕參與演出。甲起訴確認其係丙的勞工。有理否？

案例 3

　　本案中，原告馬君身為董事會成員之一，在被告（上海匯豪信息技術有限公司，以下簡稱匯豪公司）成立後，即至被告處工作，並擔任被告處的總經理主持日常工作，保管公司公章及被告法定代表人私章等。原告先與自己簽訂聘用協議書，在總經理部門工作，對價為工資及保密費。協議期滿後，原告先後以公司名義與自己簽訂了兩個協議書：一為聘用協議書，聘用原告繼續擔任總經理職務，對價為標準工資 1,600 元；另一為聘用協議書（補充），約定補充工資 4,400 元。前者標準工資是原告通過造工資表領取，該工資表進入被告公司的財務帳冊。後者，原告是以發放勞務費、總經理室借款等名義通過暫支單的形式提取現金後，再發放給自己及其他員工，發放後的簽字憑證並未進入被告公司的財務帳冊。2003 年 3 月，被告停發了原告的標準工資及補充工資。雙方乃發生了請求積欠工資、終止勞動契約、終止勞動契約之損害賠償，以及返還契約有效期間原告所支出各種費用之爭議。[2] 爭議先由勞動爭議仲裁委員會仲裁，其後並經兩審法院判決。[3]

---

[2]　本案中，原告似未爭議勞動關係仍然存續〈確認僱傭關係存在之訴〉，反而是要求解除勞動合同並辦理退工手續及支付經濟補償金。

[3]　楊通軒，論公司高層管理人員之勞動者身分，月旦民商法雜誌，第 14 期，2006 年 12 月，頁 182 以下。

案例 4

　　本案中，原告（甲）先於 1999 年 8 月與被告（乙）（XX 保險股份有限公司）簽訂「高階承攬人（CI）契約」，擔任保險業務員的工作。其後，雙方在 2000 年 8 月另訂立「籌備主任（ST）僱傭暨承攬合約書」。雙方在 2004 年 3 月終止勞動契約，甲乃起訴主張工資及資遣費等權利。法院基於契約自由原則，在考量保險業務員之工作特質之下，肯定僱傭與承攬併立之契約，並且認為甲為部分時間工作勞工。問：[4]

1. 適用勞基法之行業，其從業人員必然有勞基法之適用／保障？
2. 財政部依據保險法第 177 條制定「保險業務員管理規則」，保險業務員即據此規則登錄，可否因此認為保險公司與業務員間成立勞動契約？
3. 基於契約自由原則，保險公司可否與業務員成立委任契約以招攬保戶？[5]
4. 果如法院所云：保險公司與業務員間可以成立僱傭與承攬或委任之混合契約或聯立契約或併立契約，則何謂契約聯立或契約併立？
5. 以保險公司為例，契約聯立或契約併立的正當性何在？在契約權義歸屬不明時，其不利益應歸由甲或乙負擔？
6. 承上，在契約聯立或契約併立的情況下，僱傭契約終止時，承攬契約能否獨立存在？
7. 在契約聯立或契約併立的前提下，勞務提供者概為部分時間工作勞工（甚至為微量工作勞工），有理否？甲的勞動權益是否不保？乙是否應事先明確告知甲所欲從事者為部分時間工作？

第一項　概　說

　　就台灣目前的法制現況觀之，一直到 2020 年 1 月 1 日勞動事件法施行前，提供勞務之人是否為勞動者（勞工），僅具有實體法上之意義。之後，始有司法院依

---

[4] 台灣台北地方法院 95 年度勞簡上字第 17 號民事判決（安泰人壽保險股份有限公司案）。

[5] 最高法院 95 年度台上字第 1175 號民事判決（台灣人壽保險股份有限公司案）即是採此見解。同樣地，司法院大法官會議釋字第 740 號解釋及勞動部 105 年 11 月 28 日勞動關 2 字第 1050128739 號函，亦是採取保險業務員的勞務契約，其類型可以為僱傭、委任、承攬或居間之一的見解。

據勞動事件法之勞動法庭之設置，勞動訴訟即由普通法院移轉勞動法庭管轄（勞動事件法第 4 條、第 51 條、勞動事件法施行細則第 2 條～第 6 條參照），再依據勞動事件法第 15 條規定，「有關勞動事件之處理，依本法之規定；本法未規定者，適用民事訴訟法及強制執行法之規定。」可知訴訟進行程序原則上與一般的民事案件有其不同之處，因此是否具有勞工之身分，在訴訟程序上已具有如德國法般的重大意義。[6] 不過，隨著僅具有少許的指示權、而且不在固定的企業組織內的工作型態（尤其是非典型僱用型態）日益增加，使得傳統的勞工概念的標準是否已被滿足，產生了疑義，連帶地也造成訴訟上確認勞工之訴日益廣泛。

實際上，勞工概念之所以難以界定，其理由主要有二：一是其事實本質（tatsächliche Natur）所致。勞工概念必須符合各個面向的需求。例如外勤勞工（保險業務員）、從事按件計酬（且自備車輛之）運輸工作者等。勞工的概念因此必須無所不能，亦即必須具有一般性。[7] 二是法律本質（rechtliche Natur）所致。爭議提供勞務之人是否具有勞工之身分，通常發生於該法律關係出之以其他名稱，而不稱之為勞動關係時。例如稱之為承攬契約、委任契約等。在台灣，對於勞工之認定，向來係依人格的從屬性及由之所導出之具體的標準為之。問題是，即使在非勞動關係的其他法律關係，往往亦多存在有從屬的關係、單方的指揮命令權、以及多多少少需納入他人的生產組織等情形。例如承攬人依定作人之指示而工作（台灣民法第 496 條、德國民法第 645 條）、受任人（例如委任經理人）應依委任人之指示而處理事務。[8] 上述諸種例子，外表上雖呈現出從屬的關係，但卻未必使得提供勞務之人變成勞工。雖然如此，並不表示勞工的概念需全盤地重新加以建構，而是表示勞工概念在規範上具有開放性，理當配合社會結構的轉變而做調整。[9] 只有在從業人員從屬關係的程度明顯地超過其他法律關係一般的、被允許（內含）的從屬關係時，勞工的身分始會存在。[10]

在提供勞務者身分之認定上，截至目前為止，台灣的學者及實務大多仍依循著從屬性之標準為之，[11] 且將其討論重點置於人格從屬性。隨著判決質量的增加及

---

[6] 德國自 1979 年 7 月 2 日起，即已開始實施勞工法院法（Arbeitsgerichtsgesetz）。

[7] 德國學者 Herbert Wehner 比喻勞動者概念的界定為「如同欲將布丁釘在牆壁上一樣」（的困難）。

[8] 受任人處理委任事務，應依委任人之指示，並與處理自己事務為同一之注意（台灣民法第 535 條）。受任人非有急迫之情事，並可推定委任人若知有此情事亦允許變更其指示者，不得變更委任人之指示（台灣民法第 536 條、德國民法第 665 條）。

[9] BVerf AP Nr. 82 zu § 611 BGB Abhängigkeit, Bl. 1 R.

[10] Wank, Anm. zu BGH v. 4.11.1998, RdA 1999, 272. BAG AP Nr. 90 zu § 611 BGB Abhängigkeit.

[11] 史尚寬，勞動法原論，1978 年重刊，頁 14；黃越欽，家內勞動法之研究，政大法學評論，第 38

學者論述的日漸深入與具體，確實也已達相當可觀之地。然而，卻也略顯凌亂，此無他，乃是由於對於人格從屬性標準的認識不一所致。因此，本書之目的，是希望藉由勞工身分之認定，導引出從屬性之實質內涵、具體標準等，以作為處理類似案例時參考之用。在此，首先一言者，只有勞務提供者始會有從屬性的問題，各種的勞務提供契約並不會有「從屬性」，所以，勞基法第 2 條第 6 款「勞動契約：指約定勞雇關係而具有從屬性之契約。」此一定義用語並不精確。理應將「從屬性」移至第 1 款作為「勞工：指受雇主僱用從事從屬性工作獲致工資者。」之定義。而一個非簽訂勞動契約或僱傭契約的勞務提供者，也是先經由程序實質認定其為「勞工」，而後始有「非勞動契約」一變而為「勞動契約」的結果。所以，中央勞政機關使用「勞動契約採實質認定」一語，將有可能導致本質上為承攬人或受任人而簽訂勞動契約者，經過程序後實質認定為承攬契約或委任契約，此係中央勞政機關所意料者？

第二項　定　義

　　勞工，是依據私法契約在他人的指示下提供無自主性勞務之人（勞動契約法第 1 條規定：「稱勞動契約者，謂當事人之一方，對於他方在從屬關係提供其職業上之勞動力，而他方給付報酬之契約。」）。在這個概念之下，已排除學習型勞工（技術生、養成工、見習生、建教生、學徒及其他與技術生性質相類之人）及求職者（勞動事件法第 3 條第 1 項第 2 款、第 3 款參照），但包括公部門的受僱人（勞基法第 84 條參照），惟其會受到公部門勞資關係特殊法令之適用。至於非於私法契約之提供勞務，不屬此。例如公務員、法官、軍人、受刑人及家中之成員等〔這是指家屬幫忙處理諸如炊事、灑掃、餵豬、捕魚等家事而言。民法第 1003 條之 1 之家事勞動及第 1125 條之家務，應該將之限縮解釋為非經濟性的家事而言。然而，對於幫忙執行一定經濟活動者，例如幫忙販賣米麵的小餐廳／小店／小攤販的工作，似乎即有界定為勞雇關係的可能性與必要性、或者至少採取逐點類推適用

期，頁 111；陳繼盛，我國勞動契約法制之研究，行政院勞工委員會委託，1989 年 7 月，頁 12 以下。台灣台北地方法院 83 年度勞訴字第 4 號判決；司法院民事第 1 廳研究意見，司法院公報，第 36 卷第 10 期，1994 年 10 月，頁 61 以下。值得注意的是，劉志鵬於其所著「勞動法理論與判決研究」，2000 年 5 月，頁 5 提出反對見解：我國勞動法體系中，判別勞工身分時，從屬關係是否亦列為判斷之標準，頗值檢討。
在中國學者的討論中，也不乏有論及從屬性者，例如王全興、侯玲玲，淺論如何界定勞動爭議處理的受案範圍，中國勞動，2004 年 12 月，頁 19。

勞動條件保障（例如工資、職業災害、勞工保險等）的做法。此從讓弱勢的勞務提供者提早獲得勞工法及社會保險法保障的角度來看，應有其必要性與合理性〕〔更重要者：惟這並非表示整部的勞工法均不適用於非勞工。先就強制勞動而言，現行刑法第 90 條及組織犯罪防治條例第 2 條之「想當然爾」之規範思想，即有重新加以檢討修正的必要。這不僅是現代獄政的思想，也是國際勞工公約及兩公約禁止強制勞動及保障勞動人權所要落實者。其次，尤其是職業安全衛生法等之勞工保護法規，似乎亦有（至少逐點或逐項）擴充適用或類推適用於受刑人的必要。以發生在 2015 年 2 月 11 日晚間高雄監獄挾持案為例，六位飲彈自盡的受刑人所提出的五大訴求中，即有工時工資（據報導每月 200 元學習技術作業金）的改善要求，雖然勞作金是根據監獄行刑法的規定而來，目的也在養成受刑人一技之長或勞動的習慣。但是，根基於特別權力關係而來的「強制勞動」也應該隨著時代轉變，以符合現代人的思想及收其實效。這種悲劇收場的（也算是另外一種形式的）血諫，實在值得我們檢討，並且反省在刑事法規及勞工保護法規中如何加以修正。相關報導，只領 200 元《監行法》剝削？中國時報 2015 年 2 月 13 日，A4 版〕。[12] 至於公務機關（構）中所僱用的清潔隊技工、自來水廠技工等，其身分關係則仍為私法關係，而非公法關係。[13] 又，如係提供有自主性之勞務者，亦不在此列。例如承攬及委任，即依公司法委任之經理人不可為勞工。獨立工作者（藝文工作者，可以拒絕演奏之女鋼琴師。【案例 2】）；實際從事勞動的雇主；以及自營作業者等。至於屬於學

---

[12] 依據最高法院 101 年度台上字第 85 號判決意旨，台灣銀行股份有限公司的駐衛警，係由警務處派充擔任，非由台灣銀行自行招考、遴選，且駐衛警之職務調動、升派，均由警務處或警政署裁決或核備，並由警政署核定屆齡命令退職，所以兩造間並無勞動關係存在。不同意見說：蔡震榮，集會遊行與罷工集會，發表於「爭議行為之行使所涉及相關法律問題」學術研討會，2006 年 12 月 8 日，頁 153：就連公務員亦屬於受僱於國家之勞工。

[13] 台灣澎湖地方法院 89 年度訴字第 7 號民事判決，司法院大法官會議釋字第 266 號解釋，行政法院 59 年度判字第 292 號判例。依據勞委會的解釋令，87 年 1 月 5 日台 (87) 勞動一字第 56414 號函，公務機構技工、駕駛人、工友及清潔隊員自 1996 年 7 月 1 日起適用勞基法。勞委會並以 96 年 11 月 30 日勞動一字第 0960130914 號函，指定公部門各業（包含公務機構、公立教育訓練服務業、公立社會福利機構、公立學術研究服務業及公立藝文業）非依公務人員法制進用之臨時人員適用勞基法，並自 2008 年 1 月 1 日生效。之後，針對在公立學校（公立教育服務業）擔任清潔工作之員工，勞委會並以民國 97 年 2 月 4 日及 7 月 18 日函（此二號函並未刊行在勞委會勞基法規彙編中，或許是私人向勞委會函詢所得到的回函），解釋說該等「臨時人員」如其所從事之工作與技工、工友、駕駛人工作相同者，即屬該等人員之範圍，應自 1996 年 12 月 31 日起適用勞基法。最高法院 99 年度台上字第 553 號判決引用勞委會的上述見解，認為：「本於勞基法係保護勞工之強制規定，自不許當事人間以契約（『國立體育學院臨時人員工作契約書』『國立體育學院校區環境清潔維護人員聘僱契約』）排除該法之適用，是兩造間有關被上訴人『工作期間』（自 2007 年 1 月 1 日起至同年 12 月 31 日止）之約定，因違反勞基法規定而無效。」雖然如此，教育法規畢竟仍然有其特殊性，在法規的競合上，究無法謂勞基法具有全面優先適用性，而是應依其特質作特殊的規定。

習階段之人員，例如技術生、實習生〔在少子化及職業價值觀變化的時代，願意委身學徒、技術生或實習生（及工讀生）者或將難免逐步緩降的趨勢，業者（施訓者）勢需調整放寬訓練過程的要求或約束，始能達到逐步收攬學習者的心的目的。例如麵包店雇主與員工通常清晨二、三點就開始揉麵團烘烤的工作，但學徒仍然應顧及其身心發展及生活習性，除了類推適用勞基法第 48 條規定外，對於滿十六歲未滿二十歲的未成年工，仍應允許其較晚抵達工作現場，等其適應工作方式及時間後，再逐步朝向提早到場的生活模式。這與職業安全衛生法第 29 條之未滿十八歲者不得從事一定的危險性或有害性工作（不包含烘焙食品製造業），其係出自於工作者安全健康的考量者，尚有不同〕、見習生、建教合作班學生、以及學生（含研究生）助理等，亦非勞工。本書也認為工資未達一定數額或工作未達一定時數之微量工作者（Geringfügige），[14] 由於其與提供工作機會的人的連結已屬淡薄，如要對其提供保障也較適宜從社會保險法的角度出發，例如令提供工作機會的人為之加保職業災害保險，惟並不須為之繳納一般的保險費。[15] 至於在勞動權益方面，微量工作者本無加班之義務。而在面臨解僱時，微量工作者亦不得要求解僱保護，亦即有關勞基法第 11 條之相關規定並不適用之。[16] 也就是說，本書認為微量工作者應獨立於部分時間工作的定義之外，採取不同的對待。[17] 雖然如此，欲將微量工作者獨立於部分時間工作者之外，仍然有待於立法者的法令（尤其是勞工法與社會法）區分。

　　除此之外，即使具有形成節目內容之專業能力高之新聞廣播工作者，在台灣亦會成立勞動關係。但因其具有專業的能力，而且強調其本身的創意以吸引聽／觀眾，採取固定僱用的方式，可能導致勞工因循苟且或者不思精益求精的態度，因此，新聞台或廣播電視台以承攬或工作外包的方式求取最佳的作品及最佳的利潤，

---

[14] 依據德國社會法典第四部第 8 條第 1 項的規定，每月通常的工資少於 400 歐元者、或者每曆年至多工作兩個月或五十天者，為微量工作者。至於在台灣，依據林涵芸的推論，共有三種可能性：每月工時低於 33.6 小時者，每月低於四十二小時者，以及每月低於十四小時且每月工資低於 5,760 元者。林文主張從嚴採取第三種選項。惟本書認為採取每月低於四十二小時者，較為適當。蓋換算成每日工時，也不過一小時左右，已足顯示其微量的含義。林涵芸，部分時間工作者勞動權益之保護，國立中正大學勞工研究所碩士論文，2009 年 6 月，頁 114 以下。

[15] 依據德國之立法例，微量工作者（geringfügig Beschäftigte）得免繳疾病保險及年金保險之保險費（§§ 7 SGB V, 5 II SGB VI, 8 SGB IV）。

[16] 本書作者以往的文章中認為微量工作者，亦得享有一般的終止保護（終止期限及終止理由）。惟此種見解將其與一般的部分時間工作者同等對待，並不恰當，允宜予以改正。楊通軒，我國部分時間勞動法律問題之探討─兼論德國之部分時間勞動法制，中正大學法學集刊，第 2 期，1999 年 7 月，頁 306。

[17] 有關微量工作者之討論，另請參閱林涵芸，前揭書，頁 114 以下。

應係一值得採取之道。又，在配偶之間亦有可能成立夫妻勞動關係，例如夫或妻的一方經營企業，而他方受僱從事工作者。以現行的企業實態來看，夫妻間不乏合作開設加盟店者，如此一來，一方是店長，另一方則是伙計（勞工）。

<h1 style="text-align:center">第三項　不同法域間的勞工概念</h1>

　　勞工概念是否統一地適用於所有法域，或者憲法上、社會保險法上、勞工法上及稅法上各自有本身的勞工概念，係一存在已久的爭議。其中爭議尤眾者為：社會保險法上與勞工法上之勞工概念是否完全相同？大部分相同，但少部分相異？或者大部分相異，但少部分相同？

第一款　憲法上的勞工概念

第一目　內　容

　　憲法上並未對於勞工的概念有所規範，同樣地，亦未對於雇主、企業主或自營作業者的概念有所規範。欲從憲法上得以間接推出勞工概念，則其條文依據當在於第 14 條之結社權 [18]。惟其所包含之勞工有多廣，則有不同之見解。一說認為團結自由基本權、團體協約自治及爭議權應以真正的（echt）勞工為限，這是因為傳統上只有工廠的工人始享有集體勞工法上的權利。雖然隨著經濟環境的轉變，從事服務業的勞工亦有集體勞工法上的權利，但超出此範圍外之群體，例如自營作業者、或只有經濟從屬性但無人格從屬性之人（例如德國法上的類似勞工），則無集體勞工法上的權利 [19]。

　　另一說則認為團結自由基本權所包含之提供「從屬性勞務」之對象應採廣義之見解，舉凡其提供之勞務在人格上、或經濟上、或甚至在其他方面，對於契約相對人具有從屬性而且必須依恃團體協約制度與勞動爭議制度保護者，均在於其內 [20]。因此，類似勞工當享有集體勞工法上的權利。

---

[18] 相當於德國基本法第 9 條第 3 項之團結自由基本權。

[19] BVerfGE 84, 212, 224 = AP Nr. 117 zu Art. 9 GG Arbeitskampf unter C I 1 a.

[20] 這是團體協約法（Tarifrecht）上的通說，MünchArbR/Löwisch, § 236, Rn. 20; Wiedemann-/Stumpf, TVG, 5. Aufl., 1977, § 12a Rn. 5. 台灣團體協約法第 12 條第 2 項，也將非勞工身分者（學徒、技術生、養成工、見習生、建教合作班學生等）納入適用。對於具有類似學習身分的大專院校學生助理，工會的團體協約亦可將之納入保護。惟這並非謂該等學習身分人具有勞動三權，亦即其無權申請加入工會，而且無權參加爭議行為。請參閱楊通軒，技術生法律地位及其權益保障之研究，東吳法律學報，第 22 卷第 4 期，2011 年 4 月，頁 83 以下。

　　本書以為：團結自由基本權之對象是否包括非勞工在內，實係一影響極為深遠之問題，亦即其範圍是否兼及於外緣超出於勞工之外之民法上之受僱人、承攬人、甚至受任人在內？此一問題不應單以憲法對於締約時結構上居於劣勢之一方負有保護義務而遂肯定之（就此點觀之，承攬人及受任人是否於締約時居於劣勢，實有疑問），而應兼顧經濟制度。亦即團結自由基本權對於提供從屬性勞務之人，實際上是一聯合行為的保障（Kartellgarantie），公平交易法上之對於聯合行為之禁止，對之並不適用[21]。勞動市場與物品市場各自追求不同的目的。因此，勞工概念之擴張，均會衝擊到經濟制度所規範之邊緣地帶。因此，有關非勞工之保護，應由民法及經濟法中尋求救濟，而非在勞工法中或憲法中[22]。

第二目　以教師為例

　　針對教師，無論其工作於公立學校或私立學校，其教學、研究及服務受到學校的規章適用，學校在其具體教學時並可針對個案狀況予以指揮命令，故其應屬具有從屬性的勞工無疑（台灣台北板橋地方法院 79 年台訴字第 9 號判決：教師聘僱契約為廣義勞動契約之一種，要非不能準用【作者按：類推適用】勞基法第 19 條規定）。雖然在一些與教師有關的法規中，例如教師法、大學法、公務人員任用法等，賦予公立學校教師部分公務員的權利義務，而且其所得薪資及調薪亦係由民意機關透過預算而來，但是，這應該只是出於給予教師優遇的考量，運用「以勞動契約引用公務員權利義務規定」的方式，免去其每年向學校要求調整薪資待遇的冗長程序或甚至艱難的談判協商過程（必要時也要進行爭議行為）而已。其並無損於教師為勞工身分之本質。也因此，教師應符合憲法上之勞工概念[23]。由此觀之，2009年 6 月 5 日新修正的勞資爭議處理法第 54 條第 2 項規定：「下列勞工，不得罷工：一、教師」，肯定教師為勞工的身分，只是給予教師一個「正名」的機會。但是，話又說回來，我國法規及行政措施給予教師特殊待遇的現象，恐怕也不會因為

---

[21] 依據德國聯邦勞工法院之見解：經由社會自治當事人互相控制所得的結果，對於外部的第三者亦是有利的。團體協商當事人應該賦予一可取代國家地位的規範勞動生活的權限，因為與利益直接有關的當事人較清楚其利益之所在，且較能做一好的交涉。經由基本法第 9 條第 3 項的保障，團體協商當事人可賦予一公共利益有關的任務，以及在核心的部分（Kernbereich），尤其是薪資及其他實質的勞動條件，在國家立法權限所釋放出來的空間，以自己的責任與大體上不受國家干涉下，有意義地訂定具有強制力的團體協約。BVerfGE 55, 7,22; 34, 307, 317 f.; 44, 322, 340 f.

[22] Rieble, Die relative Verselbständigung von Arbeitnehmern-Bewegung in den Randzonen des Arbeitsrechts? ZfA 1998, 331 f.

[23] 楊通軒，勞動者的概念與勞工法，中原財經法學，第 6 期，2001 年 7 月，頁 231 以下。尚且，依據司法院大法官會議釋字第 308 號解釋意旨：公立學校聘任之教師不屬於公務員服務法第 24 條所稱之公務員。惟兼任學校行政職務之教師，就其兼任之行政職務，則有公務員服務法之適用。

修正條文的通過而即時改觀或回歸常態。

第二款　社會保險法上的勞工概念

社會保險法上之適用對象為受僱人（者）（Beschäftigter），其目的在給予提供勞務之弱勢的一方，透過保險的方式以集體的力量來提供個人保護。惟近來亦有認為社會保險之重點應係在於重分配，亦即強令無保護必要之財富豐厚者多繳保費，以便照顧只有少許財富之人 24。我國勞工保險條例之被保險人為「勞工」，但其條文用語兼亦使用「受僱之員工」25，惟勞工保險條例並未對於「勞工」或「受僱之員工」加以定義，如由該條例第 6 條所包含之對象觀之，其範圍相當的廣，蓋係體現「保障勞工生活，促進社會安全」之故 26。其對象甚至包括自營作業者在內 27。相異於台灣，德國社會法法典第四編第 7 條第 1 項則規定，受僱係指無自主性的勞務，尤其是在勞動關係而言。作為受僱的根據，是一項工作的執行必須聽從他人的指揮命令及納入他人的生產組織之中。

有問題的是，雖然勞工的概念基本上是一雙頭怪獸（januskopfig），亦即其同時是適用勞工保護法令及社會保險法令的閘門，具有連結的功能 28。然而，受僱人是否完全與勞工同義？其主要的見解有二：

第一目　大部分相同說

採取此說者，認為社會保險法上之受僱人概念大體上與勞工法上之勞工概念相符。惟受僱人概念係勞工概念之上位概念（Oberbegriff）29。由於兩者間密切的

---

24 Rieble, a.a.O., 332.

25 參閱勞工保險條例第 6 條規定。

26 對此，最高行政法院 87 年度判字第 338 號判決中，法院對於原告之主張並不採納，似亦採取與本書相同之見解。在該案中，原告主張：依勞工保險條例所稱之被保險人於各該條文內均明示「勞工」而不稱「受僱人」，足證其稱「勞工」即明示與民法僱傭契約條文所稱「受僱人」有別，可知勞工保險條例之「雇主」與「勞工」之間之成立係以「勞動契約」為標準而非以「僱傭契約」為標準。而判斷是否「勞工」，則應以勞僱間有無「從屬關係」為準。

27 勞工保險條例第 6 條第 1 項第 7、8 款。依據勞工保險條例施行細則第 11 條第 2 項規定，所稱自營作業者，指獨立從事勞動或技藝工作，獲致報酬，且未僱用有酬人員幫同工作者。

28 Hümmerich, Arbeitsverhältnis als Wettbewerbsgemeinschaft – Zur Abgrenzung von Arbeitnehmern und Selbständigen, NJW 1998, 2625.

29 Bauer/Diller/Lorenzen, Das neue Gesetz zur "Scheinselbständigkeit", NZA 1999, 169; Berndt, Arbeitnehmer oder freier Mitarbeiter, BB 1998, 894; Boemke, Neue Selbständigkeit und Arbeitsverhältnis, ZfA 1998, 321; Reinecke, Der Kampf um die Arbeitnehmereigenschaft – prozessuale, matrielle und taktische Probleme, NZA 1999, 734 f.; Reiserer, Schluß mit dem Mißbrauch der Scheinselbständigkeit, BB 1999, 366.

連動關係，勞工法上有關界定勞工的標準大體上亦可適用於社會保險法上，反之亦同[30]。

第二目　完全相同說

採取此說者，係認為社會法法典第四編第 7 條第 1 項之規定，雖然形式上只是針對受僱者而為，但事實上亦應適用於勞工法[31]。勞工概念於勞工法上、社會保險法上及稅法上本來就應相同，只不過在各該領域仍免不了維護自有領域的觀念。因此為了與勞工法上的勞工概念區別，在社會保險法上乃引用了受僱者此一名詞。但兩者的內涵本係同一。社會法法典第四編第 7 條第 1 項規定，受僱係指無自主性的勞務，「尤其是」在勞動關係而言。其中「尤其是」三個字並不合邏輯[32]。

第三款　勞工法上的勞工概念

有關勞工法上之勞工概念係本書探討重點之所在，其詳將留待於後面，此處僅欲澄清一個觀念。

就勞工法上的勞工的概念而言，最重要的問題，毋寧係在於私法上（尤其是民法）、個別勞工法上、集體勞工法上、勞工保護法上等應採取一致的勞工概念？或是依據個別法律而採取不同的定義？如就台灣目前法律現況而言，已（在 2018 年 11 月 21 日）廢止的工廠法施行細則第 3 條、勞基法第 2 條第 1 款、及職業安全衛生法第 2 條第 2 款分別對於工人或勞工有所定義，而其所指對象範圍並不一致。顯見係依據個別法律的立法目的而採取不同的定義，與該勞工或工人是否具有從屬性並不相干[33]。

---

[30] Beckmann/Zwecker, Bekämpfung der Scheinselbständigkeit – Zur Anwendung von § 7 IV SGB n. F. auf Franchisevereinbarungen, NJW 1999, 1615; Raab. Anm. zu BAG v. 30.9.1998, RdA 1999, 339.

[31] Wank, Telearbeit, NZA 1999, 225; ders. Anm. zu BGH v. 4.11.1998, 272 Fn. 10. 同說，Hromadka, Arbeitnehmerbegriff und Arbeitsrecht, NZA 1997, 570 Fn. 19.

[32] Wank, Die Gesetzesänderung zum Arbeitnehmerbegriff, RdA 1999, 298. 反對說，Reiserer, Schluß mit dem Mißbrauch der Scheinselbständigkeit, 368：傳統上亦步亦趨（gleichlaufend）的勞工法上的勞動者概念與社會保險法上的受僱者，將會隨著社會法法典第四編第 7 條第 4 項第 1 句之推定的規定，而分道揚鑣（auseinanderfallen）。

[33] 反對說，邱駿彥，勞動基準法上勞工之定義—台灣台中地方法院 75 年度訴字第 5026 號判決評釋，收錄於：勞動法裁判選輯（二），頁 94 以下：勞工安全衛生法第 2 條第 1 項之勞工定義，與工廠法施行細則第 3 條中之工人定義，解釋上與勞基法規定「受雇主僱用者」應無二致。甚至於民法第 482 條以下、勞工保險條例、民國 25 年公布迄今尚未施行之勞動契約法等，法條中雖未就勞工加以定義，但仍得解為與勞動基準法之規定同意。現行工會法中亦未就工人加以定義，然其內涵亦不可欠缺「指揮監督下從事勞動」與「獲致工資」之屬性。

雖然如此，職業安全衛生法及勞工保護法上之勞工，其範圍之所以宜採較廣之定義，無非係如同社會保險法上的勞工一樣，希冀提供給提供勞務之人最低限度的保障，以避免勞動條件的過低及勞工發生職業災害。至於民法上之受僱人概念，由於不以從屬性為其要件，其範圍已逸出勞工之外，亦係採取較廣之定義[34]。除此之外，無論是勞動契約法、工會法、勞資會議實施辦法上之勞工概念，均應採取一致之見解，亦即均應以提供勞務之人具有人格從屬性為其前提要件。其所採取之人格從屬性之特徵及標準亦應相同。此處所指之「勞工，係指一個人基於私法契約，在他人指示下提供具有人格從屬性的勞務[35]」而言。立法者基於法律保留（國會保留 Parlamentsvorbehalt）原則，有權利亦有義務，於界定勞動契約法、工會法、勞資會議實施辦法上之勞工概念時，採取一致性的規定[36]。至於勞基法之勞工概念，固然在第 2 條第 1 款無從屬性之要求，但第 6 款已有從屬性之規定。惟誠如本書前面所述，只有勞務提供者始會有從屬性的問題，因此，應將第 6 款之從屬性移至第 2 款。果然如此，即是採取狹義之定義矣。這是否符合勞基法為勞工保護法的本質？恐是另一爭端。

第四款　稅法上的勞工概念

如前所述，學者間有主張稅法上之勞工概念應與社會保險法上及勞工法上之勞工概念相同者，此乃係因基於稅法之目的，並無由清楚地導出一稅法上的勞工概念應採異於前述兩者的定義的見解[37]。學者間亦有採取三個法域勞工概念係大體上相同之見解者[38]。

就吾人觀之，稅法（尤其是所得稅法）上之勞工概念，只要工作委託人對於工作受託人有少許的指揮命令或領導權即可，並無需達到人格從屬性之程度，而經濟

---

[34] 最高法院 80 年度台上字第 2276 號判決：民法第 188 條第 1 項所謂受僱人，係以事實上之僱用關係為標準。僱用人與受僱人間是否訂立書面契約或僱傭契約上是否稱為受僱人皆非所問。凡客觀上被他人使用為之服勞務而受其監督者，均係受僱人（同樣見解：同院 45 年台上字第 1599 號、57 年台上字第 1663 號等判例）。

[35] BAG NZA 1996, 34; BAG NZA 1998, 873 = AP Nr. 94 zu § 611 BGB Abhängigkeit; Griebeling, Der Arbeitnehmerbegriff und das Problem der "Scheinselbständigkeit", RdA 1998, 211; Hümmerich, a.a.O., 2626; Lieb, Arbeitsrecht, 6. Aufl., 1997, Rn. 1; Reinecke, Der Kampf um die Arbeitnehmereigenschaft – prozessuale, matrielle und taktische Probleme, 731; Reiserer, Schluß mit dem Mißbrauch der Scheinselbständigkeit, 366.

[36] Boemke, a.a.O., 290 f., 320 f.

[37] Wank, Die Gesetzesänderung zum Arbeitnehmerbegriff, 298, 311.

[38] Berndt, a.a.O., 894; Olbing, Neue Gefahren in der Besteuerung freier Mitarbeit, ZIP 1999, 229.

上的從屬性亦僅居於次要的角色 [39]。稅法上係以提供勞務之人之收入的多寡為準，並不問其身分。如以所得稅法第 14 條第 1 項，「第三類：薪資所得：凡公、教、軍、警及公私事業職工薪資及提供勞務者之所得：一、薪資所得之計算，以在職務上或工作上取得之各種薪資收入為所得額。」之規定觀之，其所指之勞工實包括公、教、軍、警及公私事業職工在內，其勞工概念顯然要較社會保險法上及勞工法上之勞工概念來得廣 [40]。當然也包括學生助理在內。

第五款　程序法上的勞工概念

如前所述，在 2020 年 1 月 1 日勞動事件法施行後，勞工概念已具有程序法上的意義。不過，先從比較法來看，對於提供勞務之人是否為勞動者，在德國法上實具有雙重意義，一為實體法上之意義，另一為程序法上之意義。前者是指：只有具有勞動者之身分，始能受到勞工法令之保護 [41]；後者是指：如具有勞動者之身分，則其爭議管轄法院為勞動法院，而非普通法院 [42]。在勞動訴訟程序上，當事人之爭議並不侷限於勞動者身分確定之訴及解僱保護訴訟，其中更為棘手的，毋寧係在於確定訴訟管轄程序（Rechtswegbestimmungsverfahren）——亦即是由普通法院管轄或由勞動法院管轄。此種爭議之發生，係因為只具有少許的指示權、而且不在固定的企業組織內的工作型態日益增加，使得傳統的勞動者概念的標準是否已被滿足，產生了疑義。再者，假象的或新的自主者（或稱自營作業者Schein- oder Neue Selbstaendiger）——亦即外表上雖未締結勞動契約，但實際上卻具有人格從屬性之事實，亦急遽地增加所致 [43]。在此類爭議中，可以推知的是：提供勞務之人會主張

---

[39] Fischer/Harth, Die Behandlung des sogenannten "Scheinselbständigen" in arbeitsrechtlicher und steuerrechtlicher Hinsicht, AuR 1999, 129; Rieble, a.a.O., 334.

[40] 此亦可由財政部認為「委任」經理人屬於所得稅法第 33 條第 1 項之適用對象推知之。詳言之，財政部為顧及經理人之退休金權益保障問題，於 83 年 5 月 11 日台財稅第 831593075 號函謂：營利事業依公司法「委任」之經理、總經理，其退休金不得自勞工退休準備金專戶撥付，惟基於提列或提撥基礎不重複之原則，准另依所得稅法第 33 條第 1 項規定，擇一提列職工退休金準備或提撥職工退休基金。

[41] Boemke, Neue Selbständigkeit und Arbeitsverhältnis, ZfA 1998, 291.

[42] 依據德國勞動法院法第 5 條第 1 項第 2 句規定，家內勞動者（Heimarbeiter）及類似勞動者（arbeitnehmerähnliche Personen）視為勞動法院法上之勞動者。

[43] 聯邦勞動法院依案例而區別管轄權之有無：一、設如提出訴訟之人只有於具有勞動者身分，其於勞動法院之訴訟始有勝訴之望時（所謂sic-non-Fälle），則只需其單純地主張其是勞動者，勞動法院即有管轄權。二、設如一個請求權可以於勞動法院或普通法院獲得實現時（所謂aut-aut-Fälle-et-Fälle），則雖提出訴訟之人自認為勞動者，尚無法即肯定勞動法院之管轄權。例如醫生與病患間因報酬所生之爭議，不得因其主張其為勞動者即歸由勞動法院管轄。在此種情形，提出訴訟之人必須舉出其他證據，並由法院以裁定確認是由勞動法院或普通法院管轄。請參Reinecke, Der

應由勞動法院管轄，而有權接受他方提供勞務之人會主張應由普通法院管轄。

　　在台灣，必須係勞動事件法第 3 條所列舉之勞工或雇主，始得為勞動事件法及民事訴訟法中勞動訴訟之當事人。依據該條規定，「本法所稱勞工，係指下列之人：一、受僱人及其他基於從屬關係提供其勞動力而獲致報酬之人。二、技術生、養成工、見習生、建教生、學徒及其他與技術生性質相類之人。三、求職者（第 1 項）。本法所稱雇主，係指下列之人：一、僱用人、代表雇主行使管理權之人，或依據要派契約，實際指揮監督管理派遣勞工從事工作之人。二、招收技術生、養成工、見習生、建教生、學徒及其他與技術生性質相類之人者或建教合作機構。三、招募求職者之人（第 2 項）。」依其立法理由：「一、明定本法關於勞工及雇主用詞之定義。又本條關於勞工及雇主之定義，僅係為本法程序上適用所為，不涉及實體法律關係主體之意義，併為敘明。」可知其只是本法為訴訟的定義，並非勞動契約法或勞基法的定義。客觀而言，本條只是一描述性的規定，並非定義性規定，真正的定義應是如勞基法第 2 條第 1 款、第 2 款，職業安全衛生法第 2 款、第 3 款，性別工作平等法第 1 款至第 4 款規定，亦即採取個別法主義的規範方式。本條係基於擴大訴訟當事人的思想，除了狹義的勞工定義外，也將學習型勞工、向雇主應徵工作之人（求職者）納入。只是，基於實質認定身分的做法，即使傳統不被認為勞工的工作者，包括委任經理人、家庭代工者（家內勞動者）、平台經濟工作者、甚至志工、義工等，均可向勞動法庭主張其為勞工的身分。也就是說，德國勞工法院之所謂 sic-non-Fälle 做法，亦適用於台灣。勞動法庭必須具體審查認定之。換言之，該等人員並無須回到民事法院提起確認「勞工」身分之訴。

　　須注意的是，勞動事件法第 3 條之勞工，必須係因第 2 條第 1 項之勞動事件，始得向勞動法庭主張調解或提起訴訟。只是，兩個條文多有無法同時啟動的狀況。亦即第 2 條第 1 項之勞動事件，有不少是第 3 條之勞工不會違反者。例如第 3 條第 1 項第 2 款、第 3 款之勞工，應該不會有第 2 條之團體協約、工作規則、勞動契約、工會活動與爭議行為、競業禁止等規定之適用。同樣地，第 3 條第 2 項第 1 款之「依據要派契約，實際指揮監督管理派遣勞工從事工作之人」，對於派遣勞工，應該也不會有勞動契約、勞動習慣等之適用。所以，第 3 條之勞工及雇主，是否得因第 2 條之勞動事件而主張調解或提起訴訟，必須按照個案具體認定之。簡單而言，如果是一般的勞工，其適用之勞動事件較多；反之，如果是學習勞工、求職者、要派單位等特殊的當事人，其能適用之勞動事件即較少。

Kampf um die Arbeitnehmereigenschaft – prozessuale, matrielle und taktische Probleme, NZA 1999, 730 f.

第四項　勞工之認定標準：從屬性

第一款　從屬性的法律依據

　　從屬性之法律依據為何，台灣學者間大抵並未就之加以說明，而是直接從理論上加以衍繹而來。如就現行法觀之，在 2019 年 5 月 15 日修正公布施行勞基法第 2 條第 6 款勞動契約為「具有從屬性之契約」之前，由於勞動契約係特殊型態之僱傭契約（或稱勞動契約係僱傭契約之下位概念），兩者之差別點在於前者為提供無自主性勞務，後者則係提供自主性之勞務，因此，欲以民法第 482 條作為法律依據，實際上即有困難，此從民法第 482 條之規定「稱僱傭者，謂當事人約定，一方於一定或不定之期限內為他方服勞務，他方給付報酬之契約」並未含有任何從屬性之實質內涵或具體標準，即可知之。

　　由於以民法第 482 條作為從屬性法律規定並不可行，而現行法中對於勞動契約有所規定者，厥在於勞基法。學者間遂有從勞基法第 2 條第 1 款之規定「勞工：謂受雇主僱用從事工作獲致工資者。」推論出其係具有從屬性者。依之，受雇主僱用，在雇主的指揮監督下從事勞動，就其勞動之價值獲致工資者為具勞工身分。氏並謂職業安全衛生法第 2 條第 1 項〔作者按：已經修正為職業安全衛生第 2 條第 2 款〕之勞工定義，與工廠法施行細則第 3 條中之工人定義，解釋上與勞基法規定「受雇主僱用者」應無二致。甚至於民法第 482 條以下、勞工保險條例、1936 年公布迄今尚未施行之勞動契約法等，法條中雖未就勞工加以定義，但仍得解為與勞動基準法之規定同義。現行工會法中亦未就工人加以定義，然其內涵亦不可欠缺「指揮監督下從事勞動」與「獲致工資」之屬性[44]。

　　對於從屬性法律依據之找尋，固應以現行法為優先，惟是否應以勞動法令為限，或另可及於其他法的領域，例如商法（假設有類此的規定）？不無可疑[45]。再者，勞基法第 2 條第 1 款之規定「勞工：謂受雇主僱用從事工作獲致工資者。」亦

---

[44] 邱駿彥，勞動基準法上勞工之定義—台灣台中地方法院 75 年度訴字第 5026 號判決評釋，頁 94 以下。劉志鵬，前揭書，頁 19 以下：就解釋論之立場來看，勞動契約法既已揭櫫從屬關係之概念，顯然立法者早在建構我國勞動法體系時，即有意以從屬關係來定義勞動契約，因之，於解釋勞基法之勞動契約概念時，加入從屬勞動概念，並不發生不適當之問題。惟若站在立法論來觀察時，從屬勞動概念之存在意義尚待澄清。

[45] 德國有關人格從屬性之法律依據，多數見解即是以商法典第 84 條第 1 項第 2 句為準，雖然按照其規定的內容「具有自主性的商業代理人，係指該人對於工作的形成大體上（im wesentlichen）具有決定權限，而且能自行確定工作時間」，然而一般均以為其蘊含有立法者一般的評價，可以運用於勞工的認定上。

未有任何從屬性之實質內涵或具體標準，似未可遽論其為從屬性之法律依據。實者，勞基法第 2 條第 1 款有關勞工之規定，必須配合勞基法第 2 條第 6 款之規定併同觀察，截至 2019 年 5 月 15 日止，依據後者之規定：「勞動契約：謂約定勞雇關係之契約。」其所謂「勞動契約：謂約定勞雇關係之契約」，實際上並未能釐清勞動契約之意義。既曰「約定勞雇關係之契約」，顯然並不強調勞工之從屬性，已超出學者間所認識的狹義的勞動契約的範圍，而及於勞資間所約定的僱傭「契約」、承攬「契約」及委任「契約」——即廣義的勞動契約[46]。就此觀之，勞基法第 2 條第 1 款有關勞工之規定，並不以具有從屬性之勞工為限，其外延顯已超出依據勞動契約提供勞務者之外矣。姑且不論是否包括承攬人或受任人在內，觀其用語「勞工：謂受雇主僱用從事工作獲致工資者。」已將民法第 482 條以下之受僱人包括在內，應無疑義。

由於當時並無有關從屬性之規定，因此 1936 年 12 月 25 日公布但未施行之勞動契約法乃成為唯一有此明文規定之所在。依據勞動契約法第 1 條規定「當事人之一方對於他方在『從屬關係』提供其職業上之勞動力，而他方給付報酬之契約。」雖然何謂「從屬關係」，其實質內涵或具體標準為何，法條中並未加以定義，而造成實務運用上的法律不確定性（Rechtsunsicherheit），然而，勞動契約必須具有從屬性之特性，可謂明確而無疑。因此學者之工作，當在於依循此一法律規定的前提下，進一步對於從屬性的內涵加以闡釋、並具體化其標準（Kriterien）或特徵（Merkmalen）。至於學者所謂：「民法第 482 條以下、勞工保險條例、民國 25 年公布迄今尚未施行之勞動契約法等，法條中雖未就勞工加以定義，但仍得解為與勞動基準法之規定同意。……其內涵亦不可欠缺『指揮監督下從事勞動』與『獲致工資』之屬性[47]。」民法第 482 條僱傭契約之受僱人及勞工保險條例上之勞工，應係提供具有自主性的勞務，故並不具有人格從屬性，並非在雇主「指揮監督（指揮命令）下從事勞動」[48]。因此，其與勞基法中之勞工之所以同義，並不是同具有從屬

---

[46] 陳書敏，勞動契約之研究，國立政治大學法律研究所碩士論文，1982 年 5 月，頁 36 以下。陳繼盛，我國勞動契約法制之研究，頁 141：「勞動基準法上之定義，則不強調從屬之特性，或許其意在擴大勞動契約概念上之範圍，惟同法第 3 條規定適用範圍，僅限下列行業，即……」此固為 1996 年 12 月 27 日勞基法修正前之適用行業，修正後之適用行業原則上已無限制，除了「其適用確有窒礙難行者」始被排除適用。因此，一個無需從屬性之勞動契約，其影響的層面顯然已擴大、且複雜許多，無論在實務面或理論的建構上，似均應再加以檢討。

[47] 邱駿彥，勞動基準法上勞工之定義—台灣台中地方法院 75 年度訴字第 5026 號判決評釋，頁 94 以下。

[48] 反對說，陳繼盛，我國勞動契約法制之研究，頁 10：「僱傭以具有從屬性為其特徵，而承攬及委任則以獨立性為其特徵。」同樣持反對說者，劉志鵬，前揭書，頁 22：（僱傭契約與勞動契約）兩者理念固有不同，惟兩者同係受僱用人（或雇主）指揮命令而提供勞務；再者，在提供勞

性，而是同不具有從屬性。至於 1936 年勞動契約法中雖未就勞工加以定義，但因勞動契約以具有從屬性為特性，勞工（勞動者）自然具有人格從屬性。就此觀之，1936 年勞動契約法，法條中雖未就勞工加以定義，但其與勞動基準法之勞工定義並不相同[49]。

由此觀之，在 2019 年 5 月 15 日勞基法第 2 條第 6 款修正公布施行之前，我國從屬性之法律依據當在於 1936 年勞動契約法第 1 條，至於學者間及實務上於論及勞動契約或勞工概念時，大多直接引用勞基法第 2 條第 1 款及第 6 款，並且由之直接導出從屬性，其推論方式顯有疑義。雖然如此，為了避免法律用語同為「勞動契約」「勞工或勞動者」，但其法律內涵卻不相同，以及為避免勞基法上勞動契約之外延擴及於無從屬性之勞務提供契約（例如公司法上之委任經理），有違勞基法第 1 條第 1 項之立法目的，立法上應將 1936 年勞動契約法第 1 條及勞動基準法上之勞動契約、勞動者（勞工）及雇主作相同之定義。且依據法律保留原則，立法者本有對此加以立法之權義。所以，勞基法第 2 條第 6 款在 2019 年 5 月 15 日修正公布施行，即在於回應本書多年來的主張。不過，瑕不掩瑜的是，「從屬性」本屬人的屬性，故應修正在第 2 條第 1 款，而非第 6 款。

第二款　從屬性的實質內涵

勞工，係指一個人基於私法契約，在他人指示下提供具有人格從屬性的勞務。此在台灣迨為實務界及學者間所採納。[50] 然而，所謂提供具有人格從屬性的勞務，其中人格從屬性所涉及問題之複雜性，可謂既廣且遠，尤其是人格從屬性之法律依據、實質內涵及具體標準等問題，由於居於認定勞工之關鍵地位，實有必要加以釐清。

又，台灣有關「勞工」或「勞動契約」之法律規定眾多，包括勞動基準法、職業安全衛生法、勞工保險條例、工會法等。但在 2019 年 5 月 15 日勞基法第 2 條第 6 款修正公布施行之前，該等法律中均未有「從屬性」之用語。唯一有此明文規定者，係在於 1936 年 12 月 25 日公布但未施行之勞動契約法第 1 條規定。依之，

務時，兩者皆與勞工人格具有不可分離之關係，因此，僱傭與勞務（動？）契約同具從屬關係氏（作者按：指史尚寬先生而言）所言「民法關於僱傭規定，亦適用於勞動契約」之立足點所在！管見認為所謂勞動契約有從屬關係，乃係立法者因立法政策之需要而刻意予以強調、認知，並藉此為勞工保護法之制定架構鋪路而已！

[49] 其實勞工之定義，不僅在各個法律領域（勞工法、社會法、稅法，甚至憲法）中不同，即使同在勞工法領域內，其分散式的個別法律皆具負有特定之目的，勞工的範圍有者較廣、有者較狹，並不必然皆以具有從屬性為限，實際上也無此必要。

[50] 有關中國勞動者的概念和分類，請參閱王全興，勞動法，2004 年 9 月，二版，頁 78 以下。

「當事人之一方對於他方在『從屬關係』提供其職業上之勞動力，而他方給付報酬之契約。」在此，首應釐清者，台灣的勞工法律係採個別法主義（零碎主義），立法者依據環境及時代的須要，制定個別的法律（令），並無一部勞動法典存在。而且，各個法律中之用語（例如勞工、勞動契約），其法律意義及所指對象範圍之廣狹並不一致，以配合各個法律的宗旨及實際的須要。因此，當難以主張所有勞工法律中之「勞工」、「勞動契約」之法律用語，均以具有從屬性為前提。否則，有可能限縮了某些勞工法律之適用範圍與對象（亦即經個案認定後，排除某人未具有從屬性），反而不利於提供勞務的人。[51]

只不過，1936 年的勞動契約法第 1 條雖有「從屬關係」之規定，但對於「從屬關係」之實質內涵或具體標準為何，卻是未加以定義。其後，立法者在相關的勞工法律中，也未有對於從屬性的進一步具體規定。在 2019 年 5 月 15 日修正公布施行的勞基法第 2 條第 6 款，也有同樣之問題。因此造成行政機關解釋及法院判決寬嚴不一、以致於引發法律的不確定性的情況。如從台灣行政機關及法院實務多有將公司法上的委任經理人認定為具有從屬性的勞工，即可知其對於從屬性的實質內涵尚有認知不清之處，更不用說此種認定將會紊亂了公司法與勞工法的法律體系與法律領域的分野。實在不可不慎。[52]

第一目　學者見解

從屬性係勞工之特徵，勞動契約即是以之與僱傭契約、承攬契約及委任契約作為區別。除了上述 1936 年的勞動契約法第 1 條及 2019 年 5 月 15 日修正施行的勞基法第 2 條第 6 款，有「從屬關係」及「從屬性」之規定外，學者史尚寬氏於其於1934 年問世之勞動法原論，即已論及「勞動契約有身分的契約之性質，即受僱人在從屬的關係提供勞動之契約。[53]」可見勞動契約以具有從屬性為表徵，學者間及實務上甚早即已有此意識。

至於從屬性之實質內涵為何，雖然學者間及實務上討論較多，但見解卻未見

---

[51] 所以，應該思考的是職業安全衛生法及勞工保護法上之勞工（勞動者），其範圍實在應該採取較廣之定義，以提供給提供勞務之人最低限度的保障，以避免勞動條件的過低及勞工發生職業災害。換言之，其所規定之「勞工」，並不以具有從屬性為限。

[52] 在中國的部分，可以參閱「眾議勞動合同法草案」，華東政法學院董保華教授之發言：「勞動法是以保護勞動者為重心的，但我國立法對勞動者界定的模糊，導致我國將董事長、總經理等各國規定為雇主的對象，都當做勞動法的保護對象。董事長、總經理利用勞動合同自我加薪、討要加班費，在改制中利用法律規定自我解職獲得巨額補償金，然後再自我招聘等，已經成為不容迴避的問題。」中國勞動，2006 年 5 月，頁 7。

[53] 史尚寬，勞動法原論，1978 年重刊，頁 14。

一致。其中，人格從屬性係認定勞工之主要標準，幾乎為各家學說及實務界所一致認同。至於從屬性是否包括經濟的從屬性或組織的從屬性在內，則爭議頗多。[54] 主張從屬性應包括組織的從屬性者，係認為在現代企業組織型態之下，勞工與雇主訂立勞動契約時，其勞務之提供大多非獨自提供即能達到勞動之契約目的。個別勞動力應編入生產組織之內以成為有用之勞動力。勞工也將依據企業組織之編制，安排其職務成為企業從業人員之一，同時與其他同為從業人員之勞工共同成為有機的組織，此即謂組織的從屬性。[55]

主張從屬性應包括經濟的從屬性者，[56] 其說理亦不一致；有認為「經濟從屬性乃指勞工基本上為無資力者而為無產階層，必須受僱於人從事工作以謀取生活之狀態而言。……或者雖然本身擁有相當的資產，已可不必受僱於人從事工作以維生計。但是只要勞動者決意以其職業技能提供於雇主謀求更多的收入，以累積更多的財富，乃不足以否認勞動關係經濟從屬性概念之存在。[57]」另有認為「所謂經濟上的從屬性指受僱人完全被納入雇主經濟組織與生產結構之內，但與受僱人和雇主間之經濟或財政狀況無關，換言之，受僱人之經濟狀況未必不如雇主。經濟上之從屬性重點在於受僱人並不是為自己之營業活動，而是從屬於他人，為該他人之目的而勞動，因此與經濟上不獨立性（Wirtschaftliche Unselbständigkeit）顯然有同一意義，受僱人既不是用自己的生產工具從事勞動，亦不能用指揮性、計畫性或創作性方法對自己所從事工作加以影響，斯乃從屬性之最重要涵義。[58]」

有關從屬性之內涵，究應僅指人格從屬性而言？或者兼具經濟從屬性或甚至組織從屬性在內？此一問題並非僅係歸納方式的差異而已，實際上亦涉及價值判斷、以及因之而來之被認定為勞工之人範圍的多寡，除理論上探討有其實益外，亦影響當事人之權益至鉅。

---

[54] 請參閱林更盛於楊通軒／林更盛，非典型工作型態相關法律問題之研究，行政院勞工委員會委託，1999 年 4 月，頁 62。中國學者王全興、侯玲玲，「淺論如何界定勞動爭議處理的受案範圍」一文中，同樣雜列了人格從屬性及經濟從屬性。中國勞動，2004 年 12 月，頁 19。

[55] 陳繼盛，我國勞動契約法制之研究，行政院勞工委員會委託研究，1989 年，頁 14 以下稱此為「勞動從屬性的第三涵義」。

[56] 其實，帝國勞動法院（RAG）在其初始的判決，也採取勞動者必須兼具有人格從屬性與經濟從屬性的見解。其後始放棄（從未具體化其特徵的）經濟從屬性而單以人格從屬性為準。請參閱 RAG ARS 4, 143; 15, 505.

[57] 陳繼盛，我國勞動契約法制之研究，頁 14 稱此為「勞動從屬性的第二個涵義」。

[58] 黃越欽，勞動法新論，2000 年 7 月，頁 133。台灣台北地方法院 83 年度勞訴字第 4 號判決亦採取同樣見解。

第二目　實務見解

　　雖然台灣立法上及學者間早已肯認勞工應具有從屬性，然而其後實務上卻幾乎見不到有關從屬性之行政或司法解釋、或法院判決，更遑論有指出人格從屬性者。直到 1984 年勞基法實施後，由於勞基法第 2 條第 1 款及第 6 款分別有勞工及勞動契約之定義，提供勞務者（例如經理或董事）為求受到勞基法之適用（例如為求領取退休金），乃爭議其係勞基法上之勞工而非委任契約中之受任人或非承攬契約中之承攬人者。自此而後，實務上有關勞工從屬性之解釋或判決始逐漸增多。

一、行政院勞工委員會解釋

　　有關經理人是否為勞基法上之勞工，行政院勞工委員會雖對之作有數號解釋，但觀其解釋中，少有出現「從屬性」之用語者，例如行政院勞工委員會 83 年 5 月 17 日台 (83) 勞動一字第 34692 號函：「事業單位之經理人依公司法所委任者，與事業單位之間為委任關係，其受任經營事業，擁有較大自主權，與一般受僱用勞工不同，故依公司法所委任負責經營事業之經理人等，非屬勞動基準法上之勞工。」同樣地，行政院勞工委員會 86 年 1 月 9 日台 (86) 勞動一字第 001032 號函：「依公司法委任之經理人及依民法第五百五十三條委任有為商號管理事務及為其簽名之權利之經理人，均不屬勞動基準法所稱之勞工，亦不適用勞動基準法。」

　　值得一提的是，行政院勞工委員會 83 年 7 月 6 日台 (83) 勞動一字第 45638 號函，即是以從屬性作為經理人是否為勞基法上之勞工之標準。依之，（一）查勞工謂受雇主僱用從事工作獲致工資者、雇主謂僱用勞工之人、事業經營之負責人或代表事業主處理有關勞工事務之人，勞基法第 2 條第 1 款及第 2 款定有明文。事業之經理人乃事業經營之負責人，符合勞基法上之雇主定義，應屬雇主，迨無疑義。惟有無兼具勞工之身分，應視其與事業單位之關係而定。蓋以目前事業單位為便利起見，常將僱用之職員賦予不同之經理名銜，實則與一般員工並無太大差異，若僅以其具有經理職稱即認係雇主而非勞工，致無法受勞基法之保障，似非適當。惟事業之經理人亦有依公司法所委任者，人數不多，但確為事業之經營負責人，其與事業單位之間為委任關係，雙方建立於互信基礎上，其受任負責經營事業，擁有較大自主權，實與一般僱用勞工係在從屬關係上從事工作獲致工資之情形不同，應不能謂該等依公司法所委任負責經營事業之經理人，既屬勞基法上之雇主又屬勞工。（二）依公司法所委任總經理、經理等不屬勞基法所稱之勞工，惟具有總經理、經理職稱等人員，如僅係受僱用從事工作獲致工資者，有關其勞動條件，自應依勞基法辦理。

二、司法院第一廳解釋

司法院第一廳之解釋則明確指出從屬關係，依之：「公司與其依公司法委任之經理間，有無勞動基準法之適用？」則以勞務之從屬性作為判定勞工之標準，其所表示之研究意見認為：「一、公司與經理間之法律關係，通說認係委任契約。惟勞動基準法所稱之勞工，依同法第二條第一款規定固係指受雇主僱用從事工作獲致工資者而言，然非若僱傭契約之受僱人明定以供給勞務本身為目的（民法第 482 條參照），故祇要受僱於雇主從事工作獲致工資者，即足當之，不以有僱傭契約為必要。又勞動基準法第 2 條第 6 款規定，約定勞雇間之契約為勞動契約。據此而言，凡是具有指揮命令及從屬關係者，均屬之，亦是未以僱傭契約為限。公司負責人對經理，就事務之處理，若具有使用從屬與指揮命令之性質，且經理實際參與生產業務，即屬於勞動契約之範疇，該公司與經理間，即有勞動基準法之適用。反之，則否。二、本題，經理與公司間有無勞動基準法之適用，本諸上述說明應視具體情況認定之。[59]」

上述司法院第一廳以指揮命令及從屬關係界定勞工與經理人，惟仍留下一些疑點，有待於進一步加以釐清，亦即：（一）其所謂「指揮命令及從屬關係」究竟意義為何？是否即係指人格從屬性而言？蓋我國多數見解認為「指揮命令」即係指人格從屬性的表徵，然而，果如此，則其所謂之從屬關係是否仍有意義？是否指經濟從屬性或甚至組織從屬性而言？（二）此處所謂之「具有使用從屬與指揮命令之性質且實際參與生產業務」之經理，是否包括公司法上之委任經理在內？如為肯定，則其所指之經理將可分為三類：1. 僅係受僱用從事工作獲致工資而非公司法上之委任經理；2. 公司法上之委任經理，無從屬關係且不參與生產業務者；3. 公司法上之委任經理，但具有從屬關係且實際參與生產業務者。其中，1.、3. 所指之經理，依其語意，仍為勞基法上之勞工。

三、台灣法院判決

台灣法院在有關界定經理與勞工之判決中，如其涉及勞基法上之權利（例如資遣費），大多仍是以勞基法第 2 條第 1 款之「受雇主僱用從事工作獲致工資」作為判決依據，[60] 而少有觸及（人格）從屬性者。惟仍有於判決詳細敘述從屬性者，例如最高法院於其 81 年度台上字第 347 號判決中，認為：「按勞基法第 2 條第 6 款僅規定『勞動契約，謂約定勞雇關係之契約』」，對於勞動契約之性質及成立生效要

---

[59] 司法院公報，第 36 卷第 10 期，頁 62 以下。
[60] 如台灣台中地方法院 75 年度訴字第 5026 號判決、台灣高等法院 83 年度勞上字第 37 號判決。

件如何，未有具體明確之規定。惟依 1936 年 12 月 25 日公布尚未實施之勞動契約法第 1 條規定，稱勞動契約者，謂當事人一方對於他方在從屬關係提供有職業上之勞動力，而他方給付報酬之契約。一般學理上亦認勞動契約當事人之勞工，具有下列特徵：（一）人格從屬性，即受僱人在雇主企業處組織內，服從雇主權威，並有接受懲戒或制裁之義務。（二）親自履行，不得使用代理人。（三）經濟上從屬性，即受僱人並不是為自己之營業勞動而是從屬於他人，為該他人之目的而勞動。（四）納入雇方生產組織體系，並與同僚間居於分工合作狀態。勞動契約之特徵，即在此從屬性。又基於保護勞工之立場，一般就勞動關係之成立，均從寬認定，只要有部分從屬性，即應成立。足見勞基法所規定之勞動契約，非僅限於典型之僱傭契約，只要該契約具有從屬性勞動性格，縱有承攬之性質，亦應屬勞動契約」。[61]

　　觀察最高法院 81 年度台上字第 347 號判決，可以發現其有幾點特色：（一）其從屬性的內涵包括人格從屬性、經濟上從屬性及需納入雇主生產組織。（二）對於人格從屬性、經濟上從屬性並且有加以定義。（三）以「親自履行，不得使用代理人」作為勞工之特徵，不區分其係上位概念或下位概念。（四）勞動關係之成立應從寬認定，只要有部分從屬性，即使為承攬契約，亦應認其為勞動契約。最高法院於該號判決中，顯然已盡力於從屬性內涵之建立。惟其所提出之見解之正確與否，仍然有必要進一步加以探討。[62]

四、小結

　　由以上之說明可知，台灣實務上有關人格從屬性之演進，時間尚短、所累積之案例亦不夠充分，無法提供足夠的資料以便學者及實務界了解人格從屬性之實質內涵。長久以來，台灣學者間及實務界之所以以人格從屬性作為認定勞工之標準，實係因為學者長年的著書立論形塑而得。然而，隨著最高法院或最高行政法院有關從屬關係之判決的量的增加，有關從屬性理論內涵的建構，也日益的完備，此將有助於實際案例的處理，且提升了法律的安定性。[63]

---

[61] 最高法院 81 年度台上字第 347 號判決，最高法院民事裁判書彙編，第 7 期，頁 755、757 以下。值得一提者，最高法院 81 年度台上字第 347 號判決理由所持之見解，其後並多次出現於其他判決中，顯現其重要性，例如最高法院 88 年度台上字第 1864 號判決、最高行政法院 87 年度判字第 909 號判決。

[62] 台灣台北地方法院 83 年度勞訴字第 4 號判決中，認為從屬性可分為人格上從屬性及經濟上從屬性，並以之界定公司經理究係委任關係或勞動契約。

[63] 尤其值得注意的是，最高法院在 2001 年後數號有關經理人是否具有勞工身分之判決，在經過人格從屬性及經濟從屬性之檢驗後，最高法院有肯定其勞工身分者（90 年度台上字第 1985 號判決、91 年度台上字第 592 號判決、92 年度台上字第 2374 號判決），但亦有否定其勞工身分者（90 年度台上字第 1795 號判決）。無論其所持之理由為何或者其見解是否一致，均值得吾人進一步加以

第三目　本書見解

依據德國聯邦勞動法院於 1998 年 9 月 30 日的判決：勞工的概念係一不確定的法律概念（ein unbestimmter Rechtsbegriff）。[64] 雖然如此，為了避免勞工的概念無法發揮功能，學者間因而有主張勞工的概念必須具有一般性，以便能適用到所有的生活領域及各種不同的職業，亦即勞工的概念必須「無所不能」。[65]

依據目前通說，勞動關係與其他法律關係的區別，係依據負有提供勞務之義務人之人格從屬性的程度而定，而不是依據其「有無」人格從屬性而定。蓋其他的法律關係，亦往往存在有從屬的現象，此不僅於民法上的契約類型，例如僱傭、承攬及委任契約是如此，即使在商法上亦是如此，例如自主營業的銷售仲介人（selbständig Vertriebsvermittler）或商業代理人，亦須聽從於來自契約相對人的指示。[66] 因此，如果從屬的程度係在法律所定的契約類型所允許範圍之內者或者依據事物之本質，該指揮命令係對於自主的營業人有必要施行者，則仍然未影響其係提供自主性勞務之事實。惟一旦逾越此一界限，則一具有從屬性的僱用即已存在。[67] 由此觀之，前述台灣的最高法院 81 年度台上字第 347 號判決之見解，「勞動關係之成立應從寬認定，只要有部分從屬性，即使為承攬契約，亦應認其為勞動契約。」即顯然有誤。吾人如再以律師為例，往往亦需聽命於其委任人之指示，且不因此種從屬關係而即認定其具有勞工身分，即可知上述最高法院見解之不當。

因此，有問題的是：既謂依據人格從屬性的程度而定，然而究竟應達到何種「強度」之從屬，始可謂已具有勞工之身分？對此，由於個案的事實狀況不同，必須依據人格從屬性之具體標準、綜合個案的所有情況始能加以斷定。以現時頗為盛行的加盟店而言，雖然各個加盟店的契約內容雖差異頗大，但加盟店的自主性通常受到很大的限制。一般均認為加盟店關係的特徵有指揮命令、控制及納入他方生產組織等，加盟店對於總店通常存有經濟上的從屬性。但是，究不能說加盟店當然即是其總店的勞工。有關加盟店與總店之法律關係，原則上仍應依民法及（尤其是）

觀察、探討。

[64] BAG v. 30.9.1998, NZA 1999, 376 = BAG AP Nr. 103 zu § 611 BGB Abhängigkeit. Bl. 6.

[65] Griebeling, Der Arbeitnehmerbegriff und das Problem der "Scheinselbständigkeit", RdA 1998, 209. 相較於勞工的概念，學者間有認為企業主（Unternehmer）及自營作業者之概念更不清楚，sieh. Hromadka, Arbeitnehmerbegriff und Arbeitsrecht, NZA 1997, 575 Fn. 98.

[66] BAG v. 19.11.1997, AP Nr. 90 zu § 611 BGB Abhängigkeit, Bl. 4：總體而言，自主的貨運司機（Frachrführer），依其職業的本質，實有很深的指揮命令關係存在。Hromadka, Arbeitnehmerbegriff und Arbeitsrecht, 576 f.

[67] BAG v. 19.11.1997, AP Nr. 90 zu § 611 BGB Abhängigkeit; BAG v. 16.7.1997, AP Nr. 37 zu § 5 ArbGG 1979; BAG v. 8.9.1997, AP Nr. 38 zu § 5 ArbGG 1979.

經濟法的規定處理，例外始會涉及勞工法，亦即原則上不宜依據工作的方式及組織來認定加盟店當事人之身分而肯定其為勞工。勞工法的效力應止於民法及（尤其是）經濟法起始之處，各有固有的領域，不宜貿然侵入其他法的領域。

在界定勞動關係與其他法律關係上，最重要的是要考量勞務係在何種狀況下被提供，而非報酬給付的形式、或稅法上的與社會保險法上的處理、或者契約上的風險是否轉嫁由他方負擔。[68] 依據通說，每一個契約類型，均是由其實際上的內容而定。如果契約的約定（契約的名稱）與其實際的進行不相符合，則以實際的進行為準。[69] 從實際上的運作及對於契約約定的具體的落實，可以推論出當事人實際上係以何種權利及義務為契約內容。[70] 綜括而言，於認定勞工身分時，必須衡量個案的所有狀況[71]而定，並無特定的某一或某些標準是絕對不能欠缺的，而是於欠缺該標準時（例如業務上的受到拘束），得以其他具特殊強度的標準（例如時間上的受到拘束）加以彌補。[72]

因此，工作委託人如欲避免將來被認定為雇主，則必須在締約時清楚地及公平地規範契約內容，之後，亦必須謹守該契約內容行事。有關委任契約、承攬契約等所不允許之監督權限，工作委託人應避免將之訂入契約。因為一旦訂入，即使未行使，亦無法改變法律上其有監督權限之事實；而法律上並沒有規定工作委託人負有行使監督權限之義務。[73] 亦即其將來極有可能被認定為雇主。

---

[68] 至於報酬的額度、提供勞務者是否依據該份報酬維生、工作時間的長度、是否僅為一工作委託者提供勞務，亦無關緊要。Hromadka, Arbeitnehmerbegriff und Arbeitsrecht, 577; ders., Arbeitnehmerähnliche Personen, NZA 1997, 1252; Reiserer, Schluß mit dem Mißbrauch der Scheinselbständigkeit, BB 1999, 366.

[69] BAG v. 6.5.1998, NZA 1999, 296 f.; BAG v. 30.9.1998, AP Nr. 103 zu § 611 BGB Abhängigkeit, Bl. 4 R., 5; Hümmerich, Arbeitsverhältnis als Wettbewerbsgemeinschaft – Zur Abgrenzung von Arbeitnehmern und Selbständigen, NJW 1998, 2626; Rost, Arbeitnehmer und arbeitnehmerähnliche Personen im Betriebsverfassungsrecht, NZA 1999, 114. 反對說，Boemke, Neue Selbständigkeit und Arbeitsverhältnis, ZfA 1998, 292 f., 303 f., 308：實務上於契約的約定與契約的執行發生歧異時，一概以契約的執行為準，此從私法自治原則來看並非沒有疑問。……這是因為依據私法上的一般原則，當事人之一方並不得違反雙方先前所達成之合意、以及當事人之一方並不得違反契約上之約定以騙取（erschleichen）勞動者之身分。因此，得以契約的實際執行為準，應限於只有下述情況：由契約的實際進行可以推論出，當事人於締約時未能正確地表達其真正的意思或者經由實際地進行，雙方已默示地另行約定其他的法律關係。

[70] BAG v. 6.5.1998, NZA 1999, 206 f.; Boemke, a.a.O., 295 f.

[71] BAG v. 30.9.1998, NZA 1999, 376 = BAG AP Nr. 103 zu § 611 BGB Abhängigkeit. Bl. 4 R., 5. Reiserer, Schluß mit dem Mißbrauch der Scheinselbständigkeit, 366.

[72] Boemke, a.a.O., 315.

[73] Vgl. BAG AP Nr. 1 zu § 611 BGB Freier Mitarbeiter.

　　最後，勞工在典型上雖對於雇主具有經濟的從屬性，但不必然是如此。[74] 因此，以經濟的從屬性來作為具有勞工身分之理由「既不必要也不足夠」。[75] 然而，一般而言，經濟的從屬性是被人格的從屬性所內含（indiziert），反之，人格的從屬性亦被經濟的從屬性所內含。[76] 只不過，兩者間仍有界限，締約之一方雖在經濟上居於弱勢，但不得即認為其在人格上具有從屬性。[77] 有關目的在確保勞工經濟上的安全無虞之勞工保護法令之建構，實際上兼有出之於勞工之經濟從屬性的考量。

第五項　人格從屬性之具體標準

　　勞工之認定應以人格從屬性為準，亦即勞工係在雇主的指揮命令下提供勞務為準，勞工被納入雇主生產組織之內，雇主對之擁有廣泛的指示權，得對於工作時間、地點、業務的進行單方地予以確定，而勞工喪失其對勞務處分的可能性，其提供勞務具有利他的特性，為其特徵。且既言特徵，雖其係從社會現象的觀察而來，但勢必須要兼具所有的特徵，始得認定為勞工。就此看來，不問是實務或學者，如其主張勞工的特徵有「人格從屬性、經濟上從屬性及組織從屬性」，即表示欠缺「經濟上從屬性及／或組織從屬性」時，即非勞工可言。則似與本書所主張的以人格從屬性作為認定勞工的唯一標準者，尚有不同。惟由於上述人格從屬性的特徵仍然顯得抽象，因此有必要進一步再加以具體化，方能方便個案的認定，使得提供勞務的人獲得合理公平的對待，並且有助於法律安定性。[78]

　　詳言之，為公平合理地認定提供勞務者之身分，本文以為應該按照個案的所有狀況認定提供勞務者之身分，亦即認為勞工概念（Begriff）必須加以類型

---

[74] BAG AP Nr. 6 zu § 611 BGB Abhängigkeit; Buchner, Das Recht der Arbeitnehmer, der Arbeitnehmerähnlichen und der Selbständigen – jedem das Gleiche oder jedem das Seine? NZA 1998, 1146, 1151.

[75] BAG AP Nr. 68 zu § 611 BGB Abhängigkeit, Bl. 4 R. Rieble, Die relative Verselbständigung von Arbeitnehmern – Bewegung in den Randzonen des Arbeitsrechts？ZfA 1998, 337：勞工與企業主在社會的與經濟的從屬性，以及社會保護必要性方面，並無本質上的差別。企業主在建造設備上，常要依賴銀行及其他的資本主。

[76] Griebeling, Die Merkmale des Arbeitsverhältnisses, NZA 1998, 1140; Rost, a.a.O., 114.

[77] BAG AP Nr. 103 zu § 611 BGB Abhängigkeit, Bl. 6：原告雖需按照被告先前已印好之契約簽署，但也只能證明其在經濟上居於弱勢，並無法謂其在人格上亦具有從屬性。有關該定型化契約條款之救濟，可依一般契約條款法（Allgemeine Geschäftsbedingungen – Gesetz）第 23 條以下，以及民法上之第 138 條（違反善良風俗行為、重利行為）與第 242 條（誠信原則）為之。

[78] 劉志鵬，前揭書，25 頁：國內僅見之學者論述一致認為從屬關係「勞工」、「勞動契約」之標準，但深入說明從屬關係之意義、內涵者，猶屬鳳毛麟角，從而無法達成共識、塑立判斷「勞工」、「勞動契約」之具體標準，而此當係國內對經理人是否為勞工產生重大爭論的原因。

（Typus）化。姑且不論台灣勞基法第 2 條第 1 款之定義「勞工：謂受雇主僱用從事工作獲致工資者」，於具體個案時無法提供足夠的認定標準；即使是德國多年來學說及實務所贊同之定義「勞工，係指一個人基於私法契約在他人的指示下提供具有人格從屬性的勞務」，[79] 其在實際運作時亦只能提供一原則性的基準，尚稱不上已正確地描述人格從屬性之實質內涵（或稱上位標準或特徵）。因此，於認定提供勞務者之身分時，必須依據上位標準或細部的具體標準（或可稱之為下位標準或特徵），始能妥當而無誤。至於所謂下位標準，係指提供勞務者在工作時間、地點、專業上（或內容上）[80] 是否應受他方指示權之拘束而言，此皆為實質的標準（materielle Merkmale），而非形式的標準（formelle Merkmale）。形式的標準於提供勞務者身分的認定上，並無關緊要，或者至多只扮演輔助性的角色。

此處實質的認定標準之從屬性，即是以雇主有無指揮命令權為準，亦即雇主對於工作的時間、地點、內容得對勞工加以約束，勞工原則上並無自己決定組織工作之自由。在此一點上，可以導引出勞工對於工作並無不接受的自由、勞工要自行提供勞務（勞務的專屬性）、勞工並非為自己營業而勞動。至於在從屬性方面，專業上的從屬性並不必要。

所謂形式的認定標準為（其中有些也具有經濟從屬性）：企業主是否有為其代扣所得稅、代繳社會保險費、[81] 健保費、（於工作受託人與他人發生訴訟時）企業主是否為之支出訴訟費用、[82] 有無營業登記或商業登記、報酬之給付方式（按時、按件或按趟）、[83] 報酬額度之高低、[84] 勞工是否依賴該份報酬維生、[85] 裁量權之有

---

[79] Lieb, Arbeitsrecht, 1997, Rn. 1; Griebeling, Der Arbeitnehmerbegriff und das Problem der "Scheinselbständigkeit," 211.

[80] 所謂專業上的指示權，係指於勞務提供時，得對於勞務之種類及方式予以影響而言。勞務受領人只要有此權限即足，至於其是否行使，則在所不問。Sieh. Boemke, a.a.O., 310 f.

[81] 最高法院 85 年度台上字第 2727 號判決：任職農會所屬家畜市場主任，雖每月支領薪資，參與勞保，仍為委任關係而非僱傭關係。

[82] 最高法院 88 年度台上字第 1864 號判決。

[83] 最高法院 82 年度台上字第 2158 號判決：按承攬人之報酬，依民法第 505 條，並未強制規定計酬之方式，按件或按時計酬均無不可；而僱傭之報酬，依民法第 486 條，並未規定應按時或按件計酬；法亦無明文按時或按件計酬者，即屬僱傭。

[84] Hromadka, Arbeitnehmerähnliche Personen, NZA 1997, 1252 Fn. 40, 41.

[85] Hromadka, Arbeitnehmerbegriff und Arbeitsrecht, 577 Fn. 121; 577.

無、[86] 職業之高低、[87] 生產手段（車輛等）是否為提供勞務者所有、[88] 作有人事資料或紀錄，[89] 以及於契約關係存續中不得為競業之行為，[90] 如前所述，均無關緊要，或者至多只扮演輔助性的角色。[91]

　　至於在認定順序上是否應以上位標準為先，待無法認定時始輔以下位標準？似乎無此必要，蓋兩者均係認定勞工之標準，所不同者在於後者更為具體而已，故可以參雜適用之。實際上，具體的標準顯然要比抽象的標準更能切合案例的需要，其適用的順序理當先於上位標準。因此，在認定提供勞務者之身分上，其順序應為：下位標準（實質的認定標準）→上位標準（廣泛的指示權、納入企業生產組織、勞務的利他性或社會保障必要性）→形式的認定標準（輔助性的標準）。

第六項　案例 3 及案例 4 評析 [92]

第一款　案例 3 部分

　　本案中，雖然法院引用了《中華人民共和國勞動法》及《上海市勞動合同條例》的相關條文規定，認定原告與被告兩造間具有「勞動關係」、而且已於 2003 年 5 月終結。然而，上述條文並未有「人格從屬性」或「從屬性」或「從屬關係」之法律用語，容易引起人們誤以為勞工不以具有從屬關係為前提，理論上自有不當之處。此種現象同樣也發生在台灣勞基法第 2 條第 1 款「勞工：謂受雇主僱用從事工作獲致工資者」及在 2019 年 5 月 15 日修正施行前之勞基法第 2 條第 6 款「勞動

---

[86] 對此，最高法院則持不同之見解。最高法院 77 年度台上字第 2517 號判決及 83 年度台上字第 1018 號判決均認為：僱傭之目的，僅在受僱人單純提供勞務，有如機械，對於服勞務之方法毫無自由裁量之餘地。實者，在典型之僱傭契約，勞動者為執行職務而需裁量者，不乏其例。而在中間類型（Grenzfälle）時，裁量更為常見。

[87] 醫師、律師或會計師亦得與醫院、事務所成立勞動契約。

[88] BAG v. 19.11.1997 = AP Nr. 90 zu § 611 BGB Abhängigkeit, Bl. 6：是否擁有自己的車輛，於認定其係勞動關係或其他自由的法律關係並無關緊要。反對說，邱駿彥，勞動基準法上勞工之定義—台灣台中地方法院 75 年度訴字第 5026 號判決評釋，頁 98 以下。

[89] BAG AP Nr. 68 zu § 611 BGB Abhängigkeit, Bl. 5.

[90] BAG v. 15.12.1999 – 5 AZR 566/98, BB 2000, 827; BAG v. 15.12.1999 – 5 AZR 700/98, NZA 2000, 484.

[91] Rost, a.a.O., 114 頁謂：形式的標準在價值上一般被認為是中性的（wertneutral），只有在運用實質的標準而無法獲得清楚的結果時，形式的標準才得以被引用。

[92] 有關本案之詳細評析，請參閱楊通軒，論公司高層管理人員之勞動者身分，月旦民商法雜誌，第 14 期，2006 年 12 月，頁 182 以下。

契約：謂約定勞雇關係之契約」，是否以具有從屬關係為前提之爭議。如為避免類似爭議不斷地發生，中國立法者實應本於法律保留原則之權義，儘速於《中華人民共和國勞動法》等相關法律中明定勞動契約（勞動合同）、勞動者（勞工）均以具有從屬性為其前提要素。或許正在立法中之《勞動合同法》恰巧提供一最適合規範從屬性之所在。[93]

　　本案中，最主要的爭議點，應該是在於原告究竟為勞工或總經理（委任經理人）。但是，原被告均未加以爭執，所以勞動爭議仲裁委員會及法院當然未加以處理。就案例事實觀之，原告自被告公司成立後，即擔任總經理主持日常事務，並且保管公司公章及被告法定代表人私章等。顯然具有一定之權限，而且也在行使一定的職權。似乎不宜直接將其認定為勞工。此處，首先應該依據有限責任公司法有關（委任）經理人之規定處理，蓋傳統上委任經理人是公司法、民法所規定之對象，其負責公司業務的經營，其有關的權利義務自然也應該依據公司法及民法的規定處理。所謂兼具委任經理人與勞工雙重身分之現象，自然不會存在。否則，如何適當區分經理人的那些行為應該依據公司法及民法處理、另外的那些行為應該依據勞動法處理？此不僅增加處理的困難度，也危及法律的安定性與明確性。

　　只不過，名為經理人（含總經理）之人，在例外的情況下，也可能經由個案的認定，而具有勞工之身分。在此，首先是指單純受到「僱用」的經理人而言。亦即其是由公司以經理人的名義僱用，為公司提供職業上的勞動力，以換取報酬之人。其並未經過公司依據公司法之相關規定委任為經理人，也未被賦予一定的決策權限、負責經營一定業務之人。這在實務上並不少見。被認定為具有勞工身分，並無何不當之處。

　　有問題的是，被公司依據公司法之相關規定委任為經理人，而且也擁有一定的決策權限、負責經營一定業務之人，是否可以主張其實際上具有從屬性而為勞動者？對此，本書以為可以參考上述台灣行政院勞工委員會 83 年 5 月 17 日台 (83) 勞動一字第 34692 號函之見解：「事業單位之經理人依公司法所委任者，與事業單位之間為委任關係，其受任經營事業，擁有較大自主權，與一般受僱用勞工不同，故依公司法所委任負責經營事業之經理人等，非屬勞動基準法上之勞工。」至於上述台灣司法院第一廳之所謂「公司負責人對（依公司法委任之）經理，就事務之處理，若具有使用從屬與指揮命令之性質，且經理實際參與生產業務，即屬於勞動契

在中國，許建宇在「眾議勞動合同法草案」中發言表示：「我國《勞動合同法》也應專設條文，對不屬於『勞動者』範疇的人員（主要是『雇主方代表』）做出排除式規定。從法理上說，企業經營者、高級管理人員等不屬於勞動者一方，他們與雇主的關係屬於資產授權經營關係，應由《公司法》、《企業法》、《物權法》等其他法律予以規範。」中國勞動，2006 年 5 月，頁 9。

約之範疇」，其見解則不可採。[94] 蓋其忽略了其他的法律關係，亦往往存在有從屬的現象。此於委任經理人亦然。只不過，委任經理人是從屬於股東會及董事會，有權者斯有責。而非如一般的勞工，必須聽命於雇主及為數不少的上司，而且是在提供未具有裁量權或少數裁量權之勞務。

因此，本書回顧前面之論述，認為只有在極為例外的狀況下，委任經理人始能經由個案認定為勞工。這是指下述兩種情況之一：一者，公司或事業單位在與經理人的委任契約中，加入過多的監督權限，致使經理人固有的裁量權限受到擠壓，淪落為雇主的勞工地位。而且此處之監督權限一旦訂入，即使未行使，亦無法改變法律上其有監督權限之事實；二者，公司或事業單位與委任經理人所訂定之經理人契約名實不符、或者說掛羊頭賣狗肉。公司或事業單位實際上係將經理人當作勞工使用。如前所述，每一個契約類型，均是由其實際上的內容而定。如果契約的約定（契約的名稱）與其實際的進行不相符合，則以實際的進行為準。

當然，委任經理人是否可以在極例外的狀況之下被認定為勞工，事實上是爭議的焦點所在。蓋勞動關係與其他法律關係的區別，係依據負有提供勞務之人之人格從屬性的程度（Grad der persönlichen Abhängigkeit）而定，而不是依據其「有無」人格從屬性而定。必須人格從屬性的特徵顯然勝過雇主或自營作業者之特徵時，始得被認定為勞工。而此即是必須依照本文所建立之「下位標準→上位標準→形式的認定標準」，依序加以認定。

很可惜的是，本案中認定原告是否為勞工之下位標準及上位標準，均極不明確，形式的認定標準也極為有限（這或許與當事人雙方並非在爭議勞工身分有關）。換言之。本案中，上位標準（尤其是必須接受雇主的指揮命令）並不存在。反而是具有委任經理人身分的特徵較多（總經理的職權範圍明定於公司章程中、保管被告公章及被告法定代表人的私章）。下位標準（尤其是在工作時間、地點、內容上接受他方指示權的拘束）也不存在。至於形式的認定標準則有：原告以公司名義與自己簽訂聘用協議書及補充聘用協議書、工資的領取方式不同（一為以工資表的方式領取，該工資表進入被告公司的財務帳冊。另一為以發放勞務費、總經理室借款等名義通過暫支單的形式提取現金後，再發放給自己及其他員工，發放後的簽字憑證並未進入被告公司的財務帳冊）。整體而言，經由「下位標準→上位標準→形式的認定標準」之順序加以檢驗，本書以為尚難以認定原告具有勞工之身分。

---

[94] 如果我們說台灣行政院勞工委員會的解釋，係針對「負責經理事業」委任經理人，所以並不具有勞工之身分；反之，司法院第一廳係針對「實際參與生產業務」委任經理人，所以實際上為勞工。本書實在難以苟同。蓋所謂「負責經理事業」與「實際參與生產業務」的界線或差異點究竟何在？恐怕沒有人知曉。

只不過,如前所言,本文所建立之「下位標準→上位標準→形式的認定標準」之認定順序,係針對委任經理人是否在極例外的狀況之下,可以被認定為勞工而設。假使原告一開始即未與公司訂立經理人契約,而是單純地被僱用為經理來提供勞務,則其勞工的身分即會自始至終存在。

本案中,另一項問題為:原告為原始出資人之一,具有原始股東的身分,是否可以再受聘為公司的勞工(假設本案原告經認定為勞工)?對此,由於公司法與勞工法係兩個不同的法律領域或法律體系,各自規範自己的對象,故應無互相牴觸或互相排斥之問題。原告會同時受到公司法及勞工法的拘束,必須同時遵守公司法及勞工法的規定。原告也不會因其勞工的身分,而喪失其股東的權益。此正如股東可以被選任為總經理或委任經理人一般,將會同時享有股東及總經理或委任經理人之權義。

第二款　案例 4 部分

針對案例 4 部分,可以再與最高法院 100 年度台上字第 761 號判決(南山人壽保險股份有限公司案)相對照。該案涉及一個保險業務員權利義務的爭議案件中,上訴人／原告自 1992 年 12 月 9 日起先擔任壽險部業務代表,之後陸續升任壽險部業務主任、壽險部業務襄理及壽險部區經理,並分別(依續)與被上訴人／被告簽訂聘約書。嗣因任職滿十五年,上訴人乃函請被上訴人辦理退休及給付依勞基法規定的退休金、並且申請老年給付。對於上訴人的主張,被上訴人雖承認與上訴人訂有業務主任聘約書、業務襄理聘約書及區經理聘約書,但否認雙方間為僱傭關係,其並於 2008 年 3 月 7 日註銷保險業務員之登錄證與職務。

在處理上,並非適用勞基法之行業,其從業人員當然有勞基法之適用／保障。根據保險業務員管理規則第 3 條第 2 項規定:「業務員與所屬公司簽訂之勞務契約,依民法及相關法令規定辦理。」可知保險業務員契約,並不僅限於僱傭契約,而是回歸到民法的規定,由當事人雙方任意約定僱傭或承攬或委任契約。如果雙方已明確約定「承攬契約書」,則即應採取文義解釋(最高法院 17 年上字第 1118 號判例、最高法院 100 年度台上字第 1739 號裁定意旨參照。採取同樣見解者,司法院大法官會議釋字第 740 號解釋及勞動部 105 年 11 月 28 日勞動關 2 字第 1050128739 號函)。否則,在勞務提供契約的屬性認定上,主要係以人格從屬性為準,並且兼納其他兩種從屬性。如果各種因素不能兼而有之,則應以整體狀況及主給付義務為斷。須注意者,此處並非以勞務專屬性(專屬招攬)為準,蓋即使是承攬或委任契約,也可以有專屬招攬保險的約定。而在實際運用上,應將人格從屬性細緻化為具體標準:下位標準(實質的認定標準)、上位標準(廣泛的指示權、

納入企業生產組織、勞務的純粹利性或社會保障必要性）及形式（輔助）標準（代扣勞健保費、代扣所得稅等），並且以下位標準為先，其次為上位標準，而形式的標準只是輔助的標準而已。至於是否加入勞保，只是形式標準，與勞務提供契約之性質是否屬勞動契約，亦無必然關聯，此由勞工保險條例第 6 條及第 8 條同時規定有強制加保與自願加保之情形可知（最高法院 101 年度台上字第 1333 號裁定及其前審台灣高等法院 101 年度勞上字第 21 號判決（南山人壽保險股份有限公司案）參照）。又，勞工主管機關及勞保局對於保險業務員的身分，固然有初步的認定權，但是，並無法拘束審理法院，蓋爭議的最終解決仍在法院判決（最高法院 101 年度台上字第 1333 號裁定、最高法院 91 年度台上字第 2260 號判決意旨參照）。

其次，一旦認定保險業務員所成立者為承攬契約，並不表示承攬人對於工作時間、地點、方式及招攬的對象等，承攬人絕對無從屬性（反對說，最高法院 100 年度台上字第 1739 號裁定：中國人壽保險股份有限公司案：無從屬性，承攬人得自由裁量決定完成工作之方法），而是指揮監督關係薄弱（甚為薄弱？）未達僱傭契約的強度而已。在承攬契約中，定作人仍然可以有考核權及懲戒權。具有承攬關係的保險業務員，必須負擔企業經營風險，亦即其業務津貼及獎金之取得，繫之於成功締約、收取保費及未取消保險契約等一連串風險。惟，就承攬報酬的計算方式而言，將保戶的不確定因素的風險（尤其是續約），轉嫁給業務員承擔，並不合理，尤其是佣金的扣還部分。又，即使是承攬契約，也要依據保險業務員管理規則第 3 條第 1 項規定辦理登錄。而且，「聘用」可以早於「登錄、領得登錄證」。只是，由於登錄及取得登錄證是招攬保險的前提，所以未有登錄證的招攬保險，將會受到行政制裁。而在註銷登錄證上，係依據保險業務員管理規則第 10 條第 3 款規定「終止合約」之情事而來。保險人的終止契約並不須要理由，但承攬人如有因契約終止而受有損害者，保險人即應賠償之。

再者，就契約訂立的順序而言，壽險部業務代表，之後陸續升任壽險部業務主任、壽險部業務襄理及壽險部區經理，並分別（依續）簽訂聘約書。則後面所簽訂的聘約，並非與前面的聘約並存，而是取代前約。至於承攬人考核不過，被調整為次一級主管或終止聘約（所謂「調整契約」）的做法，應作如下之解釋：一、假設後約是承攬契約，則並不存在由一個承攬契約、降級到另一個承攬契約的可能性，所以，對於實務界「調整契約」，實際上應將之解釋為終止原承攬契約、而後再新訂一承攬契約。一個承攬契約本身並不存在降級的問題。倒是，在承攬契約中，應該可以肯定定作人有考核權，只是考核未通過者，其所受到的契約懲罰，與勞動契約中勞工所受到的懲戒權不同而已。不過，二、假設後約（壽險部業務主任、壽險部業務襄理及壽險部區經理）是僱傭契約，則由於該三個契約名稱及權限不同，

被上訴人是否有權將之調整為次一級主管（區經理降級為業務襄理，而業務襄理降級為業務主任）？似非無疑。也就是，即便是業績未達目標而考核不過，被上訴人（雇主）的懲處（調職）也必須符合一定的原則，尤其是比例原則。否則其調職即屬無效。三、在後約是委任契約（尤其是壽險部區經理）之情形，如被上訴人與上訴人的信賴關係動搖時，即可任意終止委任契約（民法第 549 條第 1 項規定）。如果被上訴人要將上訴人調降一級（壽險部業務主任、壽險部業務襄理），則解釋上應係終止原委任契約、而後再新訂一契約（有可能是僱傭契約、或承攬契約、或另一個委任契約）。同樣地，一個委任契約本身亦不存在降級的問題。

　　最後，針對保險實務上存在「單一契約當事人、但卻有數個（性質相近的）勞務提供契約或一個契約、但卻混合數個勞務提供契約特徵」的契約組合現象，大多指的是「僱傭與承攬」，但也有指「僱傭與承攬」及「承攬與委任」的混合契約及契約聯／併立（最高法院 104 年度台上字第 603 號判決亦是採取混合契約的見解）。所謂混合契約，係指個案所涉及之契約，含有不同契約類型的重要因素（部分），具有不可分割的關係。性質上屬於一個契約，與契約聯立有別（最高法院 77 年度台上字第 1286 號判決參照）。這表示契約聯立為兩個以上契約併存的形式，其類似有二：單純外觀之結合及具有一定依存關係之結合。後者，指依當事人雙方之意思，一個契約之效力或存在，依存於另一個契約的效力或存在。即一個契約的不成立、無效、撤銷或解除時，另一個契約亦同其命運。

　　本書以為此種混合契約或契約聯／併立欠缺合法性及正當性的基礎。蓋勞務提供契約本質上的相似性及從屬關係的貼近性，理論上雖可切割不同契約的時段，但卻與契約當事人及人民的法律情感與法律認知不合。況且，承認混合契約或契約聯立，即會使得勞務提供者掉入部分時間工作勞工（甚至微量工作勞工）的不利處境。所以，正確而言，應該以「單一契約說」的模式，單純地以契約特徵較強者，認定其為僱傭／勞動或承攬或委任契約。假設確實要承認保險業務員混合契約或契約聯／併立的合法性，則應係立基於保險業務員工作的特殊性而來，不宜將之適用及於其他的工作者。此處，也不宜採取最高法院 89 年度台上字第 1301 號判決及81 年度台上字第 347 號判決所採的「勞動契約吸收僱傭契約、承攬契約或委任契約」的見解處理。值得注意的是，在一件同樣涉及保險業務員勞務契約定性的爭議中，最高法院 106 年度台上字第 301 號判決一方面肯認混合契約或契約聯立的可能性，另一方面卻又採取「從屬性程度高低判斷」之標準，而不再言及「只要該契約具有從屬性勞動性格，縱有承攬、委任之性質，亦應屬勞動／僱傭契約」。這是否代表法院的立場或見解已經有所改變或修正、或者起碼有所鬆動？似乎值得進一步觀察。

第七項　小　結

一、有關從屬性之實質內涵，應僅指人格從屬性而言。雖然勞工大多具有經濟從屬性，但以之作為認定勞工之標準，既不必要亦不足夠。至於勞工雖有納入生產組織之事實，但無需將之獨立成組織從屬性一項。

二、勞動關係與其他法律關係的區別，係依據負有提供勞務之人之人格從屬性的程度而定，而不是依據其「有無」人格從屬性而定。蓋其他的法律關係，往往亦存在從屬的現象，但不得即謂之為勞動關係。此於委任經理人亦然。本案中，首先應視原告是否係依據有限責任公司法有關（委任）經理人之規定而被選任。果如此，原告之權利義務應依公司法及民法的規定處理。所謂委任經理人兼具勞工雙重身分之現象，並不容許存在。其次，如果原告只是單純地為被告以經理人的名義所「僱用」，以提供職業上的勞動力換取報酬，則其自始僅具有勞工之身分。整體而言，依據公司法所委任之經理人，因其擁有一定的決策權限、負責經營一定業務之人，原則上不應承認其為勞工之主張。只有在其經理人權限受到過度地限制或被告以經理人之名行勞工之實時，始會例外地被認定為勞工。惟其應經「下位標準→上位標準→形式的認定標準」之順序嚴格審查。

三、至於原告雖然具有股東的身分，並不妨礙其再受聘為公司勞工之權利。果然如此，則其將同時受到公司法及勞工法的拘束，但也同時享有公司法及勞工法的保障。股東與勞工的身分，並不互相牴觸。原告並無須捨棄其中之一種身分。

第八項　類似勞工

第一款　意　義

　　所謂類似勞工，係德國法上的一種概念。緣德國對於勞務提供者身分之認定，向來採取三分法，亦即自營作業者、類似勞工（Arbeitnehmerähnliche）、勞工。所謂類似勞工，係指提供勞務的人，對於工作委託人並無人格的從屬性（未被納入企業的組織、可自行決定工作的進行方式），但因其大多由同一工作委託人接受工作的委託，生活上的來源大多從該委託人賺取（具有經濟的從屬性），因此其遂具有

如同勞工一樣的保護必要性（例如委託人負有工資續付的義務）。[95] 一般認為，從事家庭代工者（Home Worker）是類似勞工的適例。然而，比較困難的是，從事家庭代工的人，常是從工作委託人處接受工作後，全家一起完成，而且有時難以區分誰是主要工作者，誰是偶而從旁輔助者。因此，會遭遇難以確定「誰」應獲得部分勞工法令或社會法令保障之問題（吾人究不宜要求工作委託人，對於家庭代工的所有參與人，負擔部分的勞工法及社會法上的責任）。而對於線上工作者及平台經濟工作者（例如外送員），如其具有經濟從屬性，即相當可能為類似勞工。

第二款　自營作業者

依據勞工保險條例施行細則第 11 條第 2 項規定，本條例第 6 條第 1 項第 7 款及第 8 款所稱自營作業者，指獨立從事勞動或技藝工作，獲致報酬，且未僱用有酬人員幫同工作者。例如個人計程車行、自行開設鐘錶店或鎖匠或刻印業者、自行開設早餐店，而（在家或特定處所從事中國文學或其他專業知識教授的）私塾教師、獨立的街頭藝人亦屬之。這些人自行經營業務獲取生活收入，獨立負擔經營風險（含企業風險及經濟風險），而在面對顧客時（乘客、吃早餐者、觀看表演的人），雖有時會受到一些指示或要求（例如被觀眾要求唱某一條歌、演奏特定曲子、跳某段舞等），但並不影響其獨立意志的形成，因此其並非類似勞工或勞工。惟其屬於強制加保之對象。

第三款　藝文工作者 [96]

由於獨立的藝文工作者並無一定之雇主，當無與特定人發生人格從屬關係之餘地。惟論者有認為一旦獨立的藝文工作者創作完成，則其著作物大多需經由出版商或銷售商之仲介，始得以與一般消費者發生連結。而且在工業化及資本化之社會，台灣的藝文活動已明顯地趨向市場化。獨立的藝文工作者日益倚賴於出版商及銷售商。因此，獨立的藝文工作者即可能與出版商或銷售商間成立如德國勞工法上之類似勞工之關係。亦即，雖然其在創作的進行上，不受出版商或銷售商之指揮命令，但因其著作物之經濟上的價值，是否受到消費者的認同而加以購買、以及出版商或

---

[95] 參楊通軒，勞動者的概念與勞工法，頁 288 以下。Meiser/Theelen, NZA 1998, 1044 ff. 本書以為：由於概念的類似性與相近性，德國法中的類似勞工，實可作為自營作業者下的一個分支概念加以處理。

[96] 有關藝文工作者權益的詳細論述，請參閱楊通軒，藝文工作者之身分及其法律上保障之研究，中原財經法學，第 11 期，2003 年 12 月，頁 151 以下。

銷售商究竟給予多少的報酬，均影響到獨立的藝文工作者的生計，其因而在經濟上具有從屬性，而有加以保護之必要性。[97]

對於上述論者之主張，係希望能藉由德國法上類似勞工之概念，以類推適用部分勞工法規保護之，例如勞動法院之管轄（§ 5 ArbGG）、團體協約法（§ 12a TVG）、基本休假法（§ 2 BUrlG）、家內勞動法（HAG）之規定等。而對於其可能遭受營業上不當的限制，經濟法上也有相關規定（§§ 15、18、22、26 II GWB）[98]。吾人以其站在保護獨立的藝文工作者權益之立場立論，固值得贊同。有問題的是，我國法律制度上並無類似勞工之設置，雖然學者間多有論及者，但亦僅止於德國勞工法之引介而已，似無主張我國勞工法上應採取類似勞工之制度者。況且，即使承認類似勞工得適用於獨立的藝文工作者身上，但隨即又會觸及「誰」應被視為工作委託人而由其負擔（類似雇主）義務之難題。亦即是以最多工作量來源之出版商或銷售商為負擔義務人？或由所有與其連結之出版商或銷售商為負擔義務人？凡此問題，均有待釐清。

再者，一旦引進該制度，必將對於我國長久以來所採取之勞工認定標準之學說，造成相當程度之衝擊，究應如何調處，實非易事。2020 年 1 月 1 日施行的勞動事件法第 3 條，也並無類似勞工之規定。而法院又該依據那些標準，將那些勞工法規類推適用於類似勞工身上，恐亦將聚眾紛紜。當然，設如我國未來學說及實務界轉而以經濟從屬性作為勞工之認定標準，則獨立的藝文工作者在個案的認定上，即有可能被認定為勞工。[99] 如此一來，似無需再繞道類似勞工之路矣。然而，我國長久以來，無論是學者間或實務界，向來均係以人格從屬性作為認定標準，雖有兼採人格從屬性與經濟從屬性者，其意亦僅在於經濟從屬性通常為勞工之特徵而已，而非謂單純具有經濟從屬性者，即已具有勞工之身分也。[100]

---

[97] 阮曉眉，藝文工作者的社會保險—以台灣現行制度及德國藝術家社會保險法為例，國立政治大學社會學研究所碩士論文，1998 年，頁 23 以下。

[98] 林更盛於楊通軒／林更盛，非典型工作型態相關法律問題之研究，頁 71。

[99] 但同樣地，在此亦會發生「誰」是雇主的問題。

[100] 楊通軒，勞動者的概念與勞工法，頁 247 以下。

案例 1

　　本案中，原告甲於 1973 年 10 月 11 日到台塑關係企業（丙）應徵，獲錄取後被分發至丙所設的總管理處的法律事務室工作，惟其雇主自始（掛名）為被告南亞塑膠工業股份有限公司（乙）。台塑關係企業總管理處（由董事長王永慶具名）於 1995 年 5 月 25 日將甲由法律事務室調至總管理處總經理室，甲接受該職務。總管理處並於 1995 年 12 月 21 日將甲調往台灣塑膠股份有限公司（丁）駐廠總經理室（駐麥寮），工作場所變更為雲林縣麥寮鄉，遭甲拒絕。1996 年 1 月 9 日，總管理處又將甲調往總管理處總經理室（駐麥寮），工作場所仍在麥寮，亦遭甲拒絕。1996 年 2 月 14 日，總管理處以甲不願配合調動為由，依勞基法第 12 條第 1 項第 4 款違反勞動契約或工作規則情節重大為由，將甲解僱，惟仍決定「比照資遣」發給甲資遣費。[101] 問：

1. 何謂雇主？功能性雇主？

2. 「台塑關係企業」具有法人格嗎？為何其組織表下有董事長、總經理、總管理處、以及台塑公司、南亞公司等各關係公司？其有自己的營業項目嗎？或者管理業務可以作為營業項目？

3. 總管理處之法律地位為何？其具有法人格嗎？是否為乙之內部機關？是否為甲之雇主？

4. 總管理處既係由董事長代表台塑關係企業所屬之公司處理有關勞工事務，則其是否亦為乙公司或丁公司之功能性雇主？

5. 總管理處是否具有派遣機構的功能？換言之，本案中，台塑關係企業是否已將高階人員均借調（類似派遣勞動中的「轉掛」）至總管理處，由其負責調度？

6. 本案甲自始不在乙公司內工作，而是在總管理處服務，其法律關係是調職或借調（企業外調職）？其法律規定何在？甲與乙之勞動關係是否早已終局結束／終止？

---

[101] 最高法院 90 年度台上字第 308 號民事判決（台塑總管理處案）（前審判決為台灣高等法院 87 年度勞上更字第 1 號民事判決）。

7. 在借調的情況，其最長期間為何？有無（必要予以）限制？

8. 在借調的情況，勞務請求權受讓人得否將勞務請求權再度讓與他人？有無限制？

9. 在現行法下，台灣的借調（企業外調職）是否包括勞工與原雇主已終止契約關係、而與受讓人成立新契約關係（即日本法上所謂之「移籍出向」）的情形？

10. 總管理處欲將甲調往總管理處總經理室（駐麥寮），將工作場所變更為雲林縣麥寮鄉，並且將「現行法求知之專職」，擴大至糾紛之調解及溝通，是否仍可以內政部 1985 年 9 月 5 日之調動五原則作為法律依據？[102] 或者以必要性及合理性審查其調動？本案所涉及者，仍然是調職嗎？

11. 承上，雇主因業務需要而欲變更職務，可否以指示權的方式為之？或者，工作規則中得否規定雇主有調職／動權？

12. 又，乙公司工作規則或台塑關係企業人事管理規則中得否規定：「總管理處有權隨時調動甲至關係企業工作，年資併計」？

13. 承上，如採肯定見解，則依據解僱最後手段原則，甲在面臨勞基法第 11 條規定各款事由之一時，得否要求調職或借調至任何一家關係企業？

14. 在非法調職或者非法借調的情況下，甲如何主張其權利？反之，如係合法調職，甲拒絕之，是否已構成違反勞動契約或工作規則情節重大之程度？

15. 台塑關係企業之六輕計畫是一新的法人／事業單位？或者其屬於各個關係企業／公司下的一個廠場？

16. 如果總管理處總經理室駐麥寮只是一臨時任務編組（統一管理建廠計畫），甲只臨時性派駐，那麼，（原在總管理處總經理室任職之）甲之調往麥寮，係一調職或借調（企業外調職）？或者只是出差而已？

17. 承上，如果原先名義上為臨時任務編組的單位，事後設立時間已長，則是否視為一新設的事業單位（廠場），而將甲之調任視為借調？

18. 「台塑公司駐廠總經理室駐麥寮」與「總管理處總經理室駐麥寮」兩個主體／單位是否一樣？總管理處先後將甲調往前者與後者，其有何法律

---

[102] 內政部 74 年 9 月 5 日 (74) 台內勞字第 328433 號函。

意義？

19. 最後，總管理處乃台塑關係企業的專業幕僚單位，用為整體關係企業之幕僚及服務部門，其董事長為王永慶，而台塑、南亞等關係公司的董事長亦為王永慶，則以總管理處董事長名義所發布之命令，是否已足代表台塑、南亞等關係公司的意見而有其效力？

 案例2

本案中，甲於 2003 年 8 月 1 日受僱於乙，擔任總經理特助一職。乙在訂約後四日即指派甲前往中國，擔任乙與他人合資成立丙公司的總經理職務。甲在中國期間，仍由乙指揮監督，乙並持續為之投保勞、健保，及按月給付工資。丙公司董事會決議自 2005 年 11 月 15 日起解除甲總經理職務，雙方並在 2005 年 12 月 16 日辦理職務交接。甲在中國大連市勞動爭議仲裁委員會申請仲裁，在 2006 年 3 月 6 日仲裁決議（解職不合法）前，甲並曾回台灣，隨後即出境。乙自 2005 年 12 月起即未再給付甲薪資，乙並且辦理甲勞、健保退保。甲在 2006 年 3 月 9 日向乙為準備勞務給付之通知，乙予以拒絕，乙並且在 2006 年 3 月 23 日以甲曠職數月為由終止契約。[103] 問：

1. 本案中，甲主張其與乙、丙間成立雙重勞動關係（甲與乙不定期勞動關係、甲與丙定期勞動關係，即乙、丙為雙重雇主），有理否？[104]
2. 乙可否以「為指派甲前往中國任職」為由與甲訂立定期勞動契約？
3. 乙指派甲前往中國工作之情形，與企業外調職（借調）有何不同？或者，乙指派甲之行為與非商業性的勞動派遣的差別何在？
4. 甲在中國擔任總經理職務，其身分果真為丙之委任經理人？或者為乙之勞工？
5. 承上，如甲為委任經理人，則其一旦接任總經理職務，可否解釋為其與乙之勞動關係已永久終止？或者暫時中止？

---

[103] 最高法院 97 年度台上字第 13 號民事判決（鴻新船務股份有限公司案），最高法院 97 年度台上字第 2328 號民事判決（鴻新船務股份有限公司案）。

[104] 在最高法院 93 年度台上字第 939 號民事判決（廣豐實業股份有限公司案）中，針對甲雇主將乙勞工調派至其關係企業丙公司工作，但仍維持其僱傭關係時，法院認為乙在甲丙公司工作的年資併計，並且甲丙公司「比例分擔退休金」。此一判決也有可能引起甲丙皆為乙之雇主之疑義。

6. 對於台商在中國境內所生的勞資爭議，台灣的勞工主管機關或司法機關之處理權限為何？其與中國行政或司法機關之管轄權衝突應如何解決？
7. 基於乙停止給薪、辦理勞健保退保、且在訴訟中一再堅持甲乙兩造之定期勞動契約已經屆期而終止，甲向乙為準備勞務之通知，是否已屬合法的言詞提出？

 案例3

　　甲公司（被告）係供應電力的國營事業，多年來其人力的使用均透過公開招標的方式，與各人力派遣顧問公司（訴外人）簽訂人力支援之商務契約，由各人力派遣顧問公司僱用人力後派至甲處工作。其運作過程如下：被告係將同性質工作所需人員全數委外處理，均由新簽約之派遣機構與前一顧問公司所指派至被告處工作之員工逐一徵詢是否仍願繼續擔任原職，而與新顧問公司簽訂新僱傭契約後，由新顧問公司指派至被告處工作，形式上，原告等人均與前一顧問公司終止原僱傭契約，而與新顧問公司簽訂新僱傭契約（原告均從前一顧問公司領取資遣費並且與之簽署任職同意書）。乙（原告）在被告施工處執行相同性質勞務之期限，短則九年，長則高達十五年。原告起訴主張：原告等人為獲取工作權，僅得依資方（甲）之要求，與名義上之雇主訂約，或依其規定簽署任職同意書，然本件原告之工作年限、工作內容及其工作之從屬性，實際雇主應為被告。有理否？[105]

第一項　意　義

　　就雇主的概念而言，台灣目前的勞工法規中，勞基法第 2 條第 2 款及職業安全衛生法第 2 條第 3 款分別對於雇主有所定義。前者規定：「雇主，謂僱用勞工之事業主、事業經營之負責人或代表事業主處理有關勞工事務之人。」後者則規定：

---

[105] 最高法院 96 年度台上字第 2103 號民事判決（台電公司案），其前審為台灣高等法院台中分院 95 年度重勞上字第 3 號民事判決、台灣台中地方法院 93 年度重勞訴字第 3 號民事判決。

「本法所稱雇主，謂事業主或事業之經營負責人。」由於兩者之用語並不一致，而且也未能對於何謂「雇主」加以界定清楚，是否可能導致適用對象範圍不一致之疑慮？似應加以探討。

在界定上，雇主是指一個僱用他人作為勞工之自然人、獨資、合夥、公司或法人。他必須至少僱用一位勞工始可（而且，他不可以僱用自己：所謂「校長兼撞鐘」）。雇主可以是生產工具的所有人，也可以是承租人，也可以是無工具的人（徵得勞工同意自行攜帶工具，例如手提電腦、送報生的摩托車等）。在特殊狀況下有所謂職務區分之問題〔「雇主職（功）能之分離」（Aufspaltung der Arbeitgeberfunktion）〕，即：一、法人：勞動契約之相對人。二、法人之董事或經理：具有指示權者〔只是在代行功 / 職能的「功能性的雇主」（funktioneller Arbeitgeber）〕。至於勞基法第 2 條第 2 款之「代表事業主處理有關勞工事務之人」，亦是此處之功能性的雇主。這代表功能性的雇主必須是自然人，而非一個內部單位（例如台塑關係企業的總管理處只是多數企業的結合而已）。此處的「代表事業主處理有關勞工事務之人」，解釋上並不必要以事業主的法定代理人為限，而是包括具有委任經理人資格的人事經理及人事協理在內（反對說，最高法院 101 年度台上字第 1075 號判決參照）。

詳言之。如就學理觀之，在一般的勞動關係，雇主即是勞工在勞動契約的相對人，有權要求勞工提供勞務並且受領之的人。[106] 雇主可以是自然人、法人或非法人團體（例如獨資、合夥），必須至少與一人以上的勞工訂定勞動契約或僱傭契約始可。此處之雇主可能是生產工具的所有人，但也可能只是承租人而已。但均不影響其對於勞工的指揮命令權。雇主的權源係基於勞動契約或僱傭契約，而非生產工具或生產資料的所有權（台灣民法第 765 條、德國民法第 903 條）。否則，在國營事業或社會主義經濟中，由於生產資料所有權歸國家所有，將難以產生勞雇 / 資關係。另一方面，在一些不需巨額資本經營的行業（例如清潔公司），由於雇主只對於價值不高的生產工具（例如掃帚、水桶、擦窗戶的抹布）具有所有權，甚至勞工還要自備生產工具（例如泥水工自備泥刀、音樂家自帶樂器），更可知雇主的指示權並不來自於所有權。[107] 此種雇主之指揮命令權，亦係憲法第 15 條財產權所保障之營業自由的內涵之一（相對地，勞動關係的存續保障係憲法第 14 條工作權之內涵之一）。

---

[106] Brox/Rüthers/Henssler, Arbeitsrecht, 16. Aufl., 2004, Rn. 66. 由於要受領勞務，才會有台灣民法第 487 條之受領勞務遲延之規定。

[107] BVerfG AP Nr. 15 zu § 87 BetrVG Arbeitszeit.

　　只不過，在雇主是自然人時，是由其本身行使指示權，但在雇主是法人或非法人團體（獨資、合夥）時，卻只能藉由其機關（董事、委任經理人）或高階職員行使指示權。一般而言，由於企業的大型化，企業的組織架構越趨龐大、精細，法人藉由其機關或高階職員行使指揮命令權的情況，就會越趨普遍。對於此種公司行號的機關行使指揮命令權之現象，學者間遂有稱之為「雇主職（功）能之分離」者，並將代行指示權之機關稱為「功能性的雇主」。[108] 功能性的雇主會隨著職務的異動而由他人取而代之，但法人或非法人卻仍繼續存在。[109]（只是，我國法院判決及中央勞政機關卻少有使用「功能性雇主」一詞者，例如行政院勞工委員會 83 年 10 月 21 日 (83) 台勞動一字第 99215 號書函，即直接稱董事長屬勞動基準法所稱之「雇主」。）

　　然而，有問題的是，此種法人假手機關行使指揮命令權之現象，可謂相當普遍。法人的意志經由其機關形成與執行，也是一自然之理。[110] 蓋其本身僅是由自然人或財產所組成之組織體而已。因此，似無必要以「雇主職能之分離」理論，認代行指示權之機關為「功能性的雇主」，以免引起勞動契約中有「兩位或雙重」雇主的疑慮。吾人如再對照勞工法學者所稱之「雇主職能之分離」理論，大多針對非典型的僱用關係或特殊的勞動契約關係（尤其是派遣勞動關係）而言，其中參與的雇主或使用人分別行使雇主職權的一部分，並且也分別或共同負擔一部分的義務與責任，勞工也似乎有可能有「兩位或雙重」雇主，[111] 即可知在一般的勞動關係並無需引用「雇主職能分離」理論界定法人、法人機關及其受僱員工間之權利義務關係之必要。[112]

---

[108] Söllner, Grundriß des Arbeitsrechts, 11. Aufl., 1994, 22. 值得一提者，Söllner 並且引用德國商法學者 Titze 在 1918 年著作中的用語，將法人稱為「抽象的雇主」（abstrakter Prinzipal），而代行指示權之機關則稱為「具體的雇主」（konkreter Prinzipal）。相關文獻請參閱 Titze, Ehrenbergs Handbuch des gesamten Handelsrechts, 2. Bd. (1918), 545 ff., 549 ff.; Ramm, Die Aufspaltung der Arbeitgeberfunktion (Leiharbeitsverhältnis, mittelbares Arbeitsverhältnis, Arbeitnehmerüberlassung und Gesamthafenarbeitsverhältnis), ZfA 1973, 263 ff.

[109] 然而，實務上發生問題最多者，毋寧係委任經理人是否為勞工的爭議案件。對此，請參閱最高法院 97 年度台上字第 1510 號民事判決（中壢魚市場股份有限公司案）、最高法院 97 年度台上字第 1542 號民事判決（興達股份有限公司案）、最高法院 97 年度台上字第 330 號民事判決（台中果菜運銷股份有限公司案）。

[110] 此在雇主破產時，破產管理人執行職務或繼續破產人之營業，亦有同樣現象。台灣破產法第 83 條規定以下參照。

[111] 如以派遣勞動關係為例，派遣人或可稱為「法律上的雇主」，而要派人即為「事實上的雇主」。但這不表示派遣勞動關係中有「兩位」雇主。所謂事實上的雇主，只是用語上的方便稱呼而已。有關勞動派遣法制之相關問題（包括「雇主職能分離」理論），請參閱楊通軒，論德國勞動派遣法制，收錄於：台灣勞動法學會學報，第 1 期，2000 年，頁 77 以下。

[112] 採此說者，Zöllner/Loritz/Hergenröder, Arbeitsrecht, 6. Aufl., 2008, 44 f.; Hanau/Adomeit, Arbeitsrecht,

　　經由上述之說明，在界定勞工安全衛生及職業災害案件之「雇主」責任時，該「雇主」的概念，亦應以勞工在勞動契約的相對人為限，而無需引用「雇主職能分離」理論將法人機關之董事、委任經理人等包括進來。此一見解，亦為林更盛教授所採。林教授在討論勞基法第 59 條雇主之職災補償責任時，即認為：「勞基法第 2 條第 2 款（雇主之）定義無非是採取所謂的『功能性的雇主概念』，其範圍似較廣泛。然其主要目的不外為使事實上執行、實施雇主權限者，在該定義的範圍內，於有違反勞基法的情事而應受處罰時，亦應共同負雇主之責，藉以貫徹勞基法藉處罰規定所要達成保護勞工之旨。因此並無法推論到除法人外，法人的負責人、代表事業主處理有關勞工事務之人，亦同時為雇主。原則上仍應認為雇主乃勞工於勞動契約上的相對人，……」[113]

　　雖然如此，由於社會經濟環境的日益複雜，各種非傳統的工作型態日益盛行，馴至「雇主」概念的日益模糊，勞工的權益遂也因之日益不保。[114] 舉例而言，在借調（即企業外調職）的勞動關係下，勞工之雇主究竟為誰？是否已轉移至使用企業？在此，首先應釐清「借調的勞動關係」之意義：「乃勞動者在原雇主僱用下，在他企業從事相當期間工作之謂。」亦即勞工的編制、薪資請求權仍然存在與原雇主間，只不過其係在使用企業中工作。[115] 一旦勞工的編制、薪資請求權已隨同移轉至後面之企業（例如關係企業），則應已非借調矣。[116] 此種（原來勞動關係繼續存在之）借調的勞動關係，其法律依據應係在民法第 484 條，蓋勞務提供之專屬性因勞工的同意而被打破（反面言之，所謂之與原雇主中斷勞動關係之「企業外調職」，既已表示原勞工已與新的雇主建立勞動關係，則其法律依據當非在民法第 484 條。對於該種型態的調職，其正確的理解，是原雇主與原勞工合意終止勞動契約，並由原勞工與新雇主建立一全新的勞動契約）。由於民法第 484 條係以限制勞務移轉之立場出發，且其係以「讓與勞務請求權」為內容，故其本質上應是屬

---

　　11. Aufl., 1994, 148 f.

[113] 林更盛，承攬關係中職業災害案例評釋，法學叢刊，第 174 期，1999 年 4 月，頁 166。

[114] 有關企業組織概念的瓦解及雇主概念的日益模糊的論述，請參閱楊通軒，電傳勞動所引起勞工法上問題之研究，2002 年 5 月，頁 7 以下。

[115] 行政院勞委會 82 年 7 月 29 日台 (82) 勞動三字第 41107 號函。最高法院 93 年度台上字第 939 號民事判決。又，行政院勞委會 98 年 12 月 9 日勞職許字第 0980502205 號函「有關營造業雇主辦理重大工程國內招募所聘僱之本國勞工，得調派至同一准地點之工程分包商從事分包工程工作，尚無違反就業服務法相關規定。」其本質上亦係借調的勞動關係。

[116] 行政院勞委會 88 年 3 月 3 日台 (88) 勞動三字第 007091 號函。Zöllner/Loritz/Hergenröder, a.a.O., 45：對於關係企業而言，在界定誰為雇主時，往往會發生困難，特別是針對具有特殊技能之勞工（hochqualifizierte Arbeitnehmer），雖其被某一企業僱用，但卻巡迴於關係企業中的其他企業提供勞務。

於民法第 294 條債權讓與之內涵。只不過，由於民法第 484 條有「同意」之規定，而民法第 297 條卻只有「通知」之規定，因此，應該優先適用前者之規定。[117] 在此，其適用範圍或對象，似乎應該僅限於與原雇主仍然繼續勞動關係的借調、或者說應該限於「真正的、非營利性（非商業性）之借調（貸）的勞動關係」（echt, nichtgewerbliches Leiharbeitsverhältnis），而不及於「營利性之借調（貸）的勞動關係」。[118]

　　然而，隨著資本主義的高度發展，不僅債權的讓與具有經濟上的價值，即使勞務請求權的讓與，也蘊含著雇主組織權限的運用與行使、而不宜給予過度的限制。也因此，民法第 484 條上半段之「讓與勞務請求權」規定，解釋上似乎可以含括其他的型態在內。亦即，首先，在雇主將勞工派至廠商處，以從事機器安裝或教導如何使用之時，固然是在第 484 條適用範圍之內。其次，在上述之雇主面臨具體的情況時、所做出的嗣後約定讓與勞務請求權的非商業性的勞動派遣／借調（貸）勞動，亦為民法第 484 條之適用對象。三者，至於有問題的是，在目前高度資本主義、強調人力資源使用的時代，以第三人利益契約（民法第 269 條規定）型式所成立的、自始約定向第三人提供勞務的、非真正的／商業性的派遣勞動關係（unecht, nichtgewerbliches Leiharbeitsverhältnis），其是否亦應為民法第 484 條所允許？對此，擬於下文第二項再進一步加以說明。

　　在此，不可否認的，無論是「非營利性之借調的勞動關係」或「營利性之借調的勞動關係」，雖其勞動關係仍存在於原雇主與勞工間，但勞工卻已與使用企業發生組織上的從屬性（Eingliederung），並且應聽從其指揮命令，所有使用企業中所隱藏之勞工安全衛生設施之不足所可能引起之職業災害風險，均將直接加諸於勞工身上，使用企業因而亦必須負擔保護勞工身心健康之義務。如從企業風險理論觀之，要求使用企業負擔此一風險與責任，亦頗具事理之平。[119] 與此相對者，在承攬契約，則承攬人之勞工並未融入定作人的組織，也並不接受定作人的指揮命令，理論上並不宜令定作人負擔保護勞工身心健康之義務（惟定作人依據勞基法第 63 條第 1 項應負督促義務，甚至依據同條第 2 項應負連帶補償責任）。此在承攬的工作係在定作人所有之企業或廠場之外完成時，尤是如此。因此，「融入他人的組織

---

[117] 惟無論如何，依據民法第 294 條之債權讓與，原則上是允許再度讓與的。或者民法第 484 條上半段之讓與勞務請求權，只要勞工再度同意即可再讓與。此與商業性的勞動派遣不同，後者，為免派遣勞工被無止境地轉派出去，甚至被層層剝削，實在應該立法禁止之。

[118] 此即所謂之「派遣勞動關係」。

[119] 有關企業風險理論與職業災害間之關係，請參閱楊通軒，當事人違法或過失時職業災害補償責任之探討，發表於：我國職業災害補償制度實務研討會，1998 年 2 月 19 日，頁 68。

及接受他人的指揮命令」，係判斷特定人是否應負保護勞工身心健康之義務之主要
標準。[120]

　　因此，無論是何種工作（高級職務或低階的工作）、或是否為其「事業」、[121]
亦不問是「非營利性之借調的勞動關係」或「營利性之借調的勞動關係」，勞工一
旦具有「融入他人的組織及接受他人的指揮命令」之特徵，該受領勞務權利人即為
（負有保護照顧義務的）雇主。[122] 至於承攬契約，由於承攬人的勞工仍然隸屬於
承攬人的企業組織、且只接受其指揮命令，理論上不應將定作人作為雇主處理。[123]
惟因我國勞動環境特殊，少數事業單位將危險之事業或工作委由承攬人完成以脫免
雇主之職災責任，[124] 故在立法上（勞基法第 62 條以下、職業安全衛生法第 25 條
以下、職災勞工保護法第 31 條）乃強制其與承攬人負連帶責任。[125]

第二項　民法第 484 條作為借調與勞動派遣之法律依據之探討

　　借調，係雇主將對於勞工的勞務請求權讓與第三人，而勞動派遣是「三方當
事人、兩個契約（派遣機構與派遣勞工間的勞動契約、派遣機構與要派機構間的派
遣契約）」。兩者均牽涉到第三人的請求提供勞務。惟其間究有何差異？尤其派遣
勞動契約是否也以民法第 484 條作為其法律依據？針對此，學者間及實務界的看法
卻不盡一致。學者間或有未討論其法律依據者、[126] 或有以民法第 269 條第三人利

---

[120] 即使是職業安全衛生法第 27 條之「共同作業」，亦係指受到事業單位與承攬人所分別僱用之勞
工，在同一期間、同一工作場所工作，即其需接受事業單位與承攬人的指揮命令，且在外表上亦
具有融入他人組織的特色。

[121] 反對說，林更盛，承攬關係中職災補償責任—最高法院 90 年度台上字第 948 號判決評釋，台灣本
土法學，第 34 期，2002 年 5 月，頁 69：「又依最高法院之見解推論，打掃清潔的工作亦將是任
何事業單位的事業；縱然事業單位（要派人）將清潔工作外包給清潔公司（派遣人），事業單位
仍須就派遣勞工於清潔工作時所生之職災連帶負責，似亦與社會一般通念不符。」

[122] 此與前面林更盛教授之見解並不衝突，蓋其論述的重點是：在雇主是法人的情形下，是否除法人
外，法人的負責人、代表事業主處理有關勞工事務之人，亦應同時為雇主？而本文此處則是涉及
「借調勞動關係」中之使用企業，是否應負擔保障勞工身心健康義務。

[123] Schaub/Koch, Arbeitsrecht-Handbuch,12. Aufl., 2007, § 109 Rn. 12.

[124] 參閱中國時報，2004 年 8 月 23 日，A5 版：沼麻煩 台電外包工二死一傷（侷限空間意外多成長逾
三倍）；中國時報，2004 年 8 月 24 日，A15 版：低價外包政策工安殺手。

[125] 在德國法上，假設承攬人及其所僱用之勞工必須在定作人的工作場所或必須使用定作人的設備、
工具工作，即有其民法第 618 條之適用。亦即將民法第 618 條的「僱用人」作廣義的解釋。請參
閱 MünchKomm/Lorenz, 3. Aufl., 1997, § 618, Rn. 8.

[126] 例如邱駿彥在定義派遣勞動時，並未明確指出其法律規定所在。請參閱邱駿彥，勞動派遣法律關

益契約加以解釋者、[127] 或有認為民法第 484 條讓與勞務請求權為第三人受領勞務之權限所在者，而越來越多的法院則是直接引用民法第 484 條之規定加以判決。雖然適用這些法條的理論或有重疊之處、結果上也大體能解決三方當事人的爭議。但是，其間的細微差異何在？有無加以分辨的必要或實益？甚至將來台灣勞工派遣法制的發展與立法，也應該慎重注意法律依據的選擇？[128]

第一款　以民法第 484 條讓與勞務請求權作為法律依據

先就目前法院實務的見解觀之，其普遍認為，「派遣公司之雇主，與勞工訂立勞動契約，於得到勞工同意，維持勞動契約關係之前提下，使其在要派公司事業主指揮監督下為勞務給付，該勞工與要派事業主間並無勞動關係存在而言。是要派公司與派遣勞工間，僅存有勞動力使用之指揮命令關係，至於基於勞動契約關係成立而發生之雇主義務，則係存在於派遣公司，要派公司對派遣公司應負擔給付派遣費用之責任，故有關勞動契約、解僱、工資及工作規定等事項只由派遣公司雇主負擔法律上之主體責任。此種特殊之勞動關係，可視為派遣公司將其勞動請求權乃至勞務指揮權讓與要派公司後所發生。依據民法第 484 條規定旨趣，僱用人於得到受僱人同意後，得將其勞務請求權利讓與第三人，只要派遣勞工基於與派遣公司間之勞動契約約定，同意此種勞務給付型態，勞動派遣即屬適法。」[129]

觀察上述法院對於派遣勞動的見解，無疑地是以派遣機構為唯一雇主的一重勞動關係說為判決依據。因此，派遣機構為勞動契約、解僱、工資及工作規定等事項的法律上主體。要派公司僅對派遣公司負擔給付派遣費用之責任，與派遣勞工並無契約關係。由於民法第 484 條之勞務專屬性僅是相對性的規定，只要獲得派遣勞工的同意，派遣機構即可將勞動請求權及勞務指揮權讓與要派機構行使。此種見解，從民法僱傭契約採自由主義、契約自由原則的精神觀之，無疑應係正確的。其從法

係若干疑義之考察，台北大學法學論叢，第 60 期，2006 年 12 月，頁 2。
[127] 楊曉蓉，勞動派遣法律問題探析─從裁判的角度出發，收錄於：勞動派遣的發展與法律規制，2007 年，頁 277 以下。Schüren, Leiharbeit in Deutschland, RdA 2007, 234.
[128] 至於本書前面所提的行紀關係，大體上是在處理關係企業成立一家派遣機構或合意終止契約再轉由一家派遣機構僱用（而後送回至原事業單位工作）之情形，並非可以全面適用於派遣勞動關係的法律架構之用。亦即其目的僅在於區隔與民法第 87 條通謀虛偽意思表示無效之規定也。
[129] 台灣高等法院台中分院 95 年度重勞上字第 3 號民事判決。針對台中高分院判決所採之見解，最高法院已在 2007 年 9 月 19 日以 96 年度台上字第 2103 號民事判決予以確認。另外，採取同樣見解的，還有台灣高等法院 94 年度勞上易字第 6 號民事判決、台灣高等法院 94 年度勞上字第 7 號民事判決、台灣高等法院高雄分院 95 年度上易字第 7 號民事判決、台灣高雄地方法院 93 年度重勞訴字第 8 號民事判決、台灣高雄地方法院 94 年度訴字第 1667 號民事判決、台灣花蓮地方法院 94 年度勞簡字第 1 號民事判決等。

官造法的角度企圖具體化並明確化勞動派遣的各項處理原則，也值得肯定。雖然我國民法學者對於民法第 484 條讓與勞務請求權之內涵說明不多，[130] 但應該也可以得出同樣的結論。雖然如此，勞務請求權的讓與型態，包括（仍然保留勞動關係的）企業外借調、非營利性的勞動派遣、以及營利性的勞動派遣等勞工到第三人公司提供勞務之情形，是否均可以民法第 484 條作為規範依據？民法第 484 條之受僱人同意是僅指（有讓與須要時之）事後同意？或者包括自始約定的同意？尤其重要的是，民法第 484 條僱用人是受領勞務之主體，這在營利性的勞動派遣（特別是登錄型的派遣）是否還符合此一構成要件？蓋其是自始約定「以向要派人提供勞務」為契約內容，而非為僱用人工作也？這一切，似乎都有必要加以釐清。

其實，台灣勞工法學者間早已有認為就目前的法律現況觀之，民法第 484 條規定，僱用人非經受僱人同意，不得將其勞務請求權讓與第三人。該條既規定如經受僱人同意，即得由第三人受領勞工所提供之勞務。理論上即可適用於派遣公司讓與派遣勞工之情形。[131] 只不過，該讓與勞工使用應該僅限於例外的狀況，亦即係為度過一緊急狀況始可，且應只限於非營利性之行為。[132] 關於營利性之勞動派遣，鑑於其對於勞動市場可能造成阻礙的危險，亦即其同時影響到派遣勞工及正職勞工之勞動條件，甚至工作位置的得失，並無法僅由民法第 484 條加以規範，而應該委之於特別的勞動派遣立法始可。

吾人以為上述的論述是從民法第 484 條規定之解釋論（限縮解釋）及從勞動派遣立法論的角度出發，期待有助於派遣勞動法律架構的釐清及法律問題的解決。[133]雖然如此，其並未否認勞動派遣具有讓與勞務請求權的本質。此種勞務請求權與勞動派遣之連動關係，德國學者在論述該國民法第 613 條規定時，雖然也旁引到第三人利益契約（德國民法第 328 條），但是，卻也是不加區（細）分地認為：雇主可以與勞工自始約定，為第三人服勞務。在這種情形，原來的雇主仍然具有雇主身分，必須負擔給付工資之義務。假設雇主得將勞務請求權讓與第三人，則此是一種借貸勞動關係／勞動派遣關係。如果雇主僅是短暫地[134] 將多餘的勞力讓與其他雇主使用，則此是一真正的、非商業性的勞動派遣。相對地，假使雇主自始即與勞工

---

[130] 請參閱鄭玉波，民法債編各論（上冊），1981 年 3 月，頁 338。

[131] 楊通軒，台灣勞動派遣法立法雛議—機會與風險的平衡，萬國法律，第 138 期，2004 年 12 月，頁 41。

[132] BGHZ 21, 102; Lieb, Arbeitsrecht, 6. Aufl., 1997, Rn. 324.

[133] 例如，派遣勞工既已在要派機構處工作（納入他的企業組織），是否僅以派遣機構處的工作規則為準？或者也要遵守要派機構處的工作規則？台灣各級法院有關此一問題的見解有無修正或補充的必要？

[134] 這裡指的是「非自始約定」。

約定，其提供勞務的對象是第三人，則其是一種非真正的、商業性的勞動派遣。在此，第三人享有勞務請求權，但也負有照顧的義務。至於雇主則仍然負有給付工資之義務。[135] 而且，除非法律明定（例如制定通過「派遣勞工保護法」）派遣勞工享有工資平等待遇請求權，否則，其並不得向要派機構請求與要派機構受僱勞工同樣的薪資待遇。同樣地，即使是非營利的勞動派遣／借調，被派往第三人處工作的勞工，亦不得主張工資的平等待遇。

承上所述之法院及學者的見解，吾人可以得出無論是台灣民法第 484 條規定或德國民法第 613 條規定，解釋上，首先，（台灣民法第 484 條）勞務請求權讓與之規定，性質上固然是屬台灣民法第 294 條以下之債權讓與，亦即受讓人是受讓原雇主的契約請求權，但契約當事人並未變更，原雇主仍須給付工資，而且仍然保有契約終止權。不過，此種嗣後約定讓與勞務請求權的情形，不僅適用於隨著機器到客戶處提供服務（安裝機器、教導使用）的勞工。尤其重要的，是指（仍然保留原勞動關係的）真正的借調關係或非商業性的（真正的）勞動派遣的情形。並且也及於派遣勞動契約。亦即原雇主在與勞工訂定勞動契約時，即與其自始約定必須為第三人服勞務也，此稱為商業性的（不真正的）勞動派遣。由此可知，在原雇主與受讓人所訂的讓與勞務請求權的契約，解釋上包括嗣後約定的讓與契約及自始讓與的派遣契約在內。

然而，不可否認的是，畢竟勞務請求權之讓與具有一定特殊性，與一般債權讓與理論仍然有其差異。[136] 在引用此一勞務請求權讓與理論處理派遣勞動契約時，必須特別注意其特殊之處。尤其重要的是：民法第 484 條之勞務請求權讓與，必須獲得受僱人的同意始可。這種規定，係基於僱傭契約當事人間具有信賴關係，性質上並不適宜隨意讓與他人而產生。而且，原來僱傭契約的要素（工作地點、時間）也會隨之變更。因此對於債權原則上具有讓與性（民法第 294 條），[137] 給予一定程度的限制。[138] 此對於（仍保留原勞動關係的）企業外調職（借調）及非營利性

---

[135] Schaub/Linck, Arbeitsrecht-Handbuch, 12. Aufl., 2007, § 45 Rn. 9 ff.; Staudinger-Richardi, 1989, § 613 Rz. 18 ff.

[136] 民法第 294 條第 1 項規定，係立基於資本主義經濟下，擴大債權讓與之自由，並促進其安定性而來。

[137] 民法第 294 條之債權讓與並不以得到債務人的同意為必要。因此，為保護債務人的利益，民法設有重要的配套制度。例如民法第 297 條之「通知」。而民法第 484 條第 1 項上半段規定為「同意」，應是一個特別規定，其意在表示對於受僱人意願的重視、並且明定僱傭契約要素之變更必須由契約當事人合意為之。

[138] 在債權人變更時，行使債權之方法極有可能發生變更。例如僱用人將勞務請求權讓與受讓人時，受讓人對於工作要求的寬嚴程度、以及其要求受僱人工作的時間、地點可能會有所不同。讓受僱人有一個同意權，也在適度地確保其不會掉入一個不可預測的或不可知的工作環境也。

的勞動派遣的勞工，應該只能夠勉強給予最低限度的保障。[139] 現在，如將之運用於派遣勞動，派遣機構基於營利上的考量，將難免會在契約中事先約定同意（重複的）外派。如此，將使得原本「例外」始能讓與勞務請求權之規定，一變而成「原則」可以讓與，形成規範的衝突，顯不妥當、亦不宜遽然採取。[140]

第二款　以民法第 269 條第三人利益契約作爲法律依據

　　其次，基於派遣勞工接受派遣機構的指示到要派機構處工作的事實，學者間乃有以第三人利益契約詮釋派遣勞動契約之法律架構者。[141] 依據此一學說，派遣勞動契約的內容，自始即非向派遣機構給付勞務，而是約定派遣勞工要為不同的要派機構工作，因此並無勞務請求權之實質移轉，自然也沒有勞務給付受領人變更（Auswechselung des Leistungsempfängers）之問題。在此，假設要派機構具有獨立的、原始的勞務請求權，則其法律結構上為真正之利他契約（德國民法第 328 條第1 項，我國民法第 269 條第 1 項）。[142] 派遣勞動契約也是派遣勞工債務不履行（不給付、不完全給付、給付遲延）的責任基礎。在利他契約之下，要派人享有一個契約請求權，但並不至於與派遣勞工成為契約當事人，二者間只有一個類似契約關係／準契約關係。或有稱之為「第三關係」或「實（執）行關係」者。[143] 通常，並未賦予此一關係稱謂，是因為其係隨著補償關係而定。基於此一類似契約關係／準契約關係，要派人遂負有一個在派遣勞工履行給付時，不得有損害派遣勞工之行為之義務。更且，由於要派人與派遣勞工既有緊密的社會接觸，其因而也要負擔保護義務。[144]

---

[139] 針對（終止原來勞動關係之）企業外調職，一旦調職，則原受僱人即與第三企業成立一新的僱傭關係，已非單純的讓與勞務請求權也。所以說，（終止原來勞動關係之）企業外調職並非民法第484 條第 1 項上半段所指之對象。

[140] 其實，在商業性的派遣勞動契約之下，是否表示派遣勞工一律同意接受派遣？派遣勞工可否拒絕為特定要派機構服勞務？並非絕無疑問。例如要派機構無法履行勞工安全衛生義務。尤其是將之置於民法第 484 條討論時，給予派遣勞工在一定條件下擁有「拒絕權」或「異議權」，才能讓他／她在企業國際化及關係企業化的環境下，獲得最低限度說「不」的保障及尊嚴。

[141] 有關第三人利益契約，例如保險契約係由要保人與保險人約定由受益人取得保險金請求權是。

[142] 黃程貫教授稱此為：基於利益各該當要派人之勞動契約（真正利他契約）而生之原始給付義務（primäre Leistungsplicht aufgrund eines Arbeitsvertrages zugunsten des jeweiligen Entleihers）。黃程貫，德國勞工派遣關係之法律結構，政大法學評論，第 60 期，1998 年，頁 284。

[143] 須分辨者，要派人在此所享者係一個真正契約請求權，與所謂的「類似契約請求權」不同。有關「類似契約請求權」，請參照王澤鑑，請求權基礎理論體系，法律思維與民法實例-請求權基礎理論體系，2000 年 9 月，頁 140 以下；民法實例研習叢書第一冊，基礎理論，1982 年 10 月，頁 65以下。

[144] 一旦要派人違反此一義務，即應依德國民法第 280 條第 1 項／台灣民法第 226 條之可歸責於債務

　　進一步言之。吾人如以第三人利益契約來定位派遣勞動契約，即可知：

一、要派人是基於第三人利益契約「直接取得獨立之權利（原始取得契約請求權）」，[145] 既非基於第三人之承諾，亦非繼受當事人之權利，實係基於契約當事人之意思，使其契約所生之法律效果，直接歸屬於第三人（要派人）。基於第三人利益契約，派遣人得請求派遣勞工向要派人為給付，要派人對於派遣勞工亦有直接請求給付之權。[146]

二、然而，第三人利益契約是附隨在基本行為／基礎關係（Deckungsverhältnis）的「第三人約款」，[147] 在目前無勞工派遣法存在之情形下，解釋上，此一基本行為之契約應是民法第 482 條之僱傭契約。

三、債權人如未對債務人為補償，則債務人即可基於基本行為所生抗辯事由，對抗第三人。因此，一旦派遣機構未給付工資給派遣勞工，派遣勞工即可拒絕向要派機構提供勞務。[148] 又，派遣勞工已經向要派機構提供勞務，卻發現要派機構與派遣機構間的對價關係（Valuta-oder Zuwendungsverhaltnis）有無效之情形，亦不會影響派遣勞工與派遣機構間的勞動契約及派遣勞工基於契約所生的權利。[149]

四、民法第 269 條第三人利益契約尚可以區分真正第三人利益契約及不真正第三人利益契約。[150] 多數台灣學者雖是採真正利他契約說，惟勞動派遣可否以不真

　　人之事由，負擔損害賠償責任。Musielak, Grundkurs BGB, 7. Aufl., 2002, Rn. 888. 董保華，論勞動力派遣中的理論問題，收錄於：勞動合同研究，2005 年，頁 288 以下。但是，董保華認為此說不斷地擴大忠誠與照顧保護義務的外延，將勞動法上大量的雇主義務以附隨的方式加以要派企業，使得真正利他契約中受益第三人的地位值得懷疑。從結論上看，董保華係採取反對第三人利益契約說的立場。

[145] 這是第三人利益契約各種學說中，所謂之「直接取得說」。

[146] 王澤鑑，債編總論第一卷，1988 年 1 月，頁 20。

[147] 王澤鑑，法律思維與民法實例—請求權基礎理論體系，2000 年 9 月，頁 128。另請參照最高法院 58 年台上字第 3545 號判例。

[148] 在僱傭契約工資後付主義之下，受僱人當然不能夠援引同時履行抗辯權拒絕先提供勞務，但是一旦受僱人已經工作，但僱用人卻未能給付工資時，受僱人即得拒絕後續的工作。而這也包括受僱人可以向要派機構拒絕提供勞務的情況。

[149] 最高法院 58 年上字第 3545 號判例。在這種情形，僅生派遣機構得向要派機構請求返還不當得利之問題。但是，德國在修正前的勞工派遣法第 12 條、第 10 條及第 9 條第 1 款曾經規定，要派機構與派遣機構之派遣契約欠缺書面形式而無效時，視為派遣勞工從在要派機構處工作第一日起，即為要派機構正職的勞工。此種擬制的規定，效力顯然比不當得利強大許多，立法上是否值得參考？似乎應該保守以對。請參閱楊通軒，論德國勞動派遣法制，台灣勞動法學會學報，第 1 期，2000 年 11 月，頁 95；台灣勞動派遣法立法之雜議—機會與風險的平衡，頁 38。

[150] 所謂不真正第三人利益契約，係指債權人與債務人約定，應由債務人向第三人為給付，第三人則不得向債務人直接請求給付也。例如為慶賀第三人結婚，向禮品店訂購喜幛，囑其逕送第三人宅也。

正第三人利益契約的方式出現？亦即要派機構並無直接向派遣勞工請求給付的權利？對此，本書以為此說雖為德國學者的通說，但因無法解決其中的一些法律問題、[151] 而且在台灣派遣實務上，多年來要派人已經習慣於將直接請求權視為其契約的當然內容，因此並不宜採用。

五、基於第三人利益契約，要派人取得權利，但亦僅限於此債權而已，其他若基於契約所發生之撤銷權、解除權、終止權等則不得行使，蓋要派人僅為債權人，而非契約當事人也。[152] 因此，派遣勞工如嚴重違反要派人處的工作紀律，也只能經由派遣人予以解僱。

六、在第三人利益契約下，債權人與債務人可以約定只給予第三人有條件的或有期限的權利，也可以約定債權人與債務人可以共同地撤銷或變更第三人的權利。因此，派遣人與派遣勞工的勞動契約，可以約定只給要派人享有一定限度的使用權，或者在要派人不遵守勞工安全衛生義務或照顧保護義務時，派遣人與派遣勞工共同撤銷（即撤回派遣勞工）要派人的使用權。[153]

七、在要派人所取得之權利內容方面，可以依第三人利益契約約定之。因此，應該可以約定要派機構取得調職權。例如在派遣勞動契約中約定：「派遣勞工應向要派機構提供勞務，並應接受要派機構的調動」。但是，如果沒有此等規定，即不能說在第三人利益契約之下，要派機構當然有調職權。

八、在第三人利益契約之下，倘若派遣勞工不履行債務（不給付、不完全給付、給付遲延），派遣人及要派人分別享有不同內容之債權，派遣人得請求賠償因派遣勞工未向要派人為給付所生之損害，[154] 要派人亦得請求賠償未向自己為給付所生之損害。因此，要派人既然有債權，即可直接向派遣勞工請求損害賠償。[155] 有問題的是，在派遣勞工債務不履行時，包括主要義務及附隨義務，例如其違反保密義務及競業禁止義務，要派人可否直接向派遣勞工請求損害賠償？似應持肯定的見解。

---

[151] 例如派遣勞工所造成之要派人的財產損害，如果不是因為其違反保護義務，則要派人即無損害賠償請求權。Wank, in: ErfKomm, 8. Aufl., 2008, Einleitung AÜG, Rn. 40.

[152] 王澤鑑，法律思維與民法實例─請求權基礎理論體系，頁130。

[153] Musielak, a.a.O., Rn. 890.

[154] 孫森焱，民法債編總論，1980年3月，三版，頁613。德國民法學者 Musielak 則是進一步指出「派遣人只能請求派遣勞工向要派人賠償」。Musielak, a.a.O., Rn. 893.

[155] 王澤鑑，法律思維與民法實例─請求權基礎理論體系，2000年，頁130：債務人債務不履行時，第三人得請求損害賠償，此稱為次給付請求權。例如甲向乙購車，約定向丙給付，丙取得給付請求權，則當乙交付之車具有瑕疵時，丙得依不完全給付債務不履行向乙請求損害賠償。最高法院66年上字第1204號判例。Musielak, a.a.O., Rn. 893; Wank, in: ErfKomm, 8. Aufl., 2008, Einleitung AÜG, Rn. 42.

九、承上，在派遣勞工（在要派機構處工作）有不履行債務（不給付、不完全給付、給付遲延），例如有勞基法第 12 條第 1 項各款情形時，雖然派遣機構才有契約終止權，但其是否即得當然立即地行使終止權？對此，似應採否定說，除非得到要派機構的同意。蓋要派機構既已讓派遣勞工為其工作，其權利即歸確定，派遣機構即不得就其契約變更、撤銷或終止。在此，要派機構可以同意派遣機構終止與派遣勞工的勞動契約，改派其他的派遣勞工前來工作。

十、依據民法第 269 條第 3 項規定，第三人對於當事人之任何一方表示不欲享受其契約之利益者，視為自始未取得其權利（他並沒有請求給付的義務）。因此，要派機構可以直接向派遣勞工表示不欲受領其勞務。如此一來，第三人約款即屬標的之自始給付不能，其契約應歸無效。因此，在要派機構不欲受領特定派遣勞工之勞務者，即應依據此一原則處理之。[156] 這裡還須要注意的是，依據民法第 269 條第 2 項規定的解釋，要派機構已表示接受派遣勞工到廠工作或未拒絕其工作時，派遣機構即不得召回（含變更派遣勞工），派遣勞工也不可以隨意離開要派機構處。至於要派機構亦無權單方要求派遣機構（隨時）更換派遣勞工，亦即要派機構基於第三人利益契約原本所擁有之「更改（換）」權限，應該予以限制。[157]

十一、承上十，在要派人表示不欲受領派遣勞工之勞務時，為基本行為之補償關係（派遣勞動關係），是否亦隨同無效，仍應分別情形判斷。如果第三人約款為補償關係之契約所不可缺之部分，因其無效，其他部分即無成立之實益者，依民法第 111 條前段，應認全部皆為無效。但是，如果依契約意旨，派遣人非不得另行指定第三人享受其契約之利益者，依民法第 111 條後段規定，就該補償關係之契約，應認定為有效。在此，本書以為在派遣勞動關係中，應是屬於後者之情形。亦即派遣人應為派遣勞工尋找另一派遣的機會。[158]

綜合上面之說明，民法第 269 條第三人利益契約可以解釋派遣勞動關係的法律架構，而且由之引申出的三方當事人的權利義務也較為清晰，同時也兼顧到當事人間的利益平衡。但是，在適用時仍然必須作部分的修正。例如：一、在第三人利益

---

[156] 孫森焱，前揭書，頁 612 以下。但是，德國民法學者 Musielak 則是認為應該依據嗣後給付不能（unmöglich）解決（德國民法第 275 條第 1 項，台灣民法第 225 條）。Musielak, a.a.O., Rn. 890.

[157] 這樣的解釋，係配合商業性勞動派遣的本質，避免派遣機構及要派機構（不問工作表現）隨時更換派遣勞工，也希望帶給該段派遣期間的僱用安定。當然，如果派遣勞工有工作不力或債務不履行之情形，派遣機構或／及要派機構仍可依據派遣勞動契約對之進行懲戒處分及／或請求損害賠償。

[158] Musielak, a.a.O., Rn. 890.

契約之下，要約人（債權人）不得要求諾約人（債務人）向自己給付。[159] 但是，如果我們承認、甚至鼓勵長僱型的勞動派遣，則在無派遣期間時，派遣勞工仍然繼續支薪，則派遣機構可否要求勞工向自己為一定行為（內容）之給付？至少以雙方合意更改契約內容的方式為之？二、依據第三人利益契約說，在債權人與債務人間之補償關係，可以為有償、但也可以為無償。但是，如果是民法第 482 條之僱用關係或勞動關係，僅能為有償關係。三、在第三人利益契約之下，第三人亦得對於債務人之債權為讓與、抵銷、更改或免除。這一切，在勞動派遣關係中並非當然可以適用。尤其是讓與部分，要派機構並無權利將對派遣勞工的勞務給付請求權，有償地或無償地「再度讓與」給其他要派機構，亦即不得為轉派行為，此在前面已有所說明。至於在更改部分，亦應予以否認，亦即要派機構無權單方要求派遣機構（隨時）更換派遣勞工。由於具有此等的差異性，學者間以第三人利益契約來看待派遣勞動關係，實際上也不盡正確，充其量應該稱之為「修正的第三人利益契約」也。

第三款　兩者的異同

承上第一款及第二款之說明，可知勞務請求權讓與與第三人利益契約雖然有不少相同之處，但是，也有一些根本的差別，可能會影響到勞動派遣關係三方當事人的權利義務，不可不加以注意。以下即略加以比較之。

首先，如從兩者相同者觀之：一、在法律地位上，無論是民法第 294 條、第 484 條之債權（勞務請求權）受讓人、或者第三人利益契約之第三人（要派人），都只是具有債權人的地位，其並不負擔義務，亦不成為契約當事人。連帶地，有關基於契約所發生之撤銷權、解除權、終止權等，受讓人及要派人均不得行使。[160] 二、在行使抗辯權部分，債務人（派遣勞工）無論是對於民法第 484 條之受讓人，[161] 或對於民法第 269 條之第三人，其均得以由契約所生之一切抗辯，對抗受讓人及第三人（要派人）。包括實體法上固有之抗辯事由及否認第三人權利之抗辯事由。前者如同時履行抗辯權；後者如契約無效、已撤銷、已解除或已終止等。舉例而言，派遣勞工得以派遣機構未給付工資為由，拒絕繼續為要派機構提供勞務。又，派遣機構有勞基法第 14 條第 1 項各款情形之一時，派遣勞工既得立即終止契約，即得以之對抗要派機構。

其次，再從兩者相異者觀之：一、民法第 484 條之勞務請求權讓與，係一個

---

[159] 孫森焱，前揭書，頁 612。

[160] 孫森焱，前揭書，頁 702 以下。

[161] 學者稱此為「債權之同一性」。請參閱孫森焱，前揭書，頁 693。

固有的契約類型，是立法者在僱傭契約下，為勞務專屬性所設的一個例外規定。然而，第三人利益契約並不是一個固有的契約類型（nicht als eigener Vertragstypus），而只是契約類型的修正而已，[162] 第三人利益契約的特殊性，是在原來契約當事人間加入了一個第三人，債務人與債權人約定向之為給付。由於此一特殊性幾乎存在於所有的契約類型，包括租賃、僱傭、承攬及買賣。因此，如果僱用人與受僱人自始成立一個向第三人給付勞務的契約，[163] 則其正確的法律設計應該是民法第482條及第269條之結合使用，而非只是單獨的民法第484條規定。民法第484條應該沒有加入第三人利益之修正設計。二、在第三人利益契約時，一旦派遣人與派遣勞工簽訂派遣契約（或者是結合民法第482條及第269條之僱傭契約）時，派遣勞工即負有義務前往第三人處工作，並無所謂同意之問題。對於派遣勞工，派遣機構及要派機構均有（向要派機構）提供勞務的請求權。但是，如果是民法第484條之勞務請求權讓與，由於涉及到僱傭契約的要素（工作時間、地點）變更，須要獲得受僱人的同意，始能讓與。一旦讓與，只有受讓人始有提供勞務的請求權。

第四款　派遣勞動契約之法律依據選擇

綜合上面的說明，雖然以民法第484條及民法第269條規定解構派遣勞動契約，有不少重疊之處、結果上應該也大致相同。在理論的探討中，我們也知道兩者有相同處、但也有不同處，似乎並沒有必要為其定位那一個理論絕對較佳。不過，吾人以為從民法第484條的規範目的來看，還是應該將其限制在一般的勞務請求權讓與、仍然保留勞動關係的企業外調職（借調），以及非營利性的勞務派遣等情況，蓋在當事人自治原則之下，僱用人之取得受僱人同意讓與勞務請求權，應不困難，故其所能提供給勞工的保障實際上相當有限。至於從修正的第三人利益契約所導出的三方當事人的權利義務關係，尤其是派遣勞工與要派人間的關係，較能釐清彼此間的法律地位、也較能平衡其間的權義關係、也更能明確化要派人的保護照顧義務，因此，理應選擇將修正的真正利他契約與民法第482條結合運用，以解決勞動派遣所引起的爭議，並且暫時地替代及實現營業性的勞工派遣法所能夠發生的效用。[164]

---

[162] Musielak, a.a.O., Rn. 883.

[163] 此種在基本行為之契約，訂定債務人應向第三人為給付之意旨，即為「第三人約款」的表現。

[164] 另一個可以思考的法律依據選擇，是將登錄型勞動派遣依據第三人利益契約處理，而將長僱型勞動派遣、借調、非營利性勞動派遣依民法第484條規定處理。在長僱型的派遣，由於派遣機構係藉由派遣勞工追求本身廠場的營業目的，且在未有派遣機會時留在派遣機構企業組織之內，派遣機構自始至終在履行雇主的義務。則將「以向第三人提供勞務」的義務內容，作為等同於「為自

第三項　案例 2 評析

　　針對案例 2，可再加入如下案例一起思考：甲於 2005 年初受僱於乙（環瑋企業股份有限公司），外派至（在中國設立登記的獨資企業）中國廠（丙）（環瑋五金公司）擔任針車部經理，從事針車部現場生產、打樣及採購等查核工作。甲因英國防火泡棉欠料一事，在 2009 年 5 月間被乙解除職務及退保勞、健保。甲訴請確認僱傭關係存在，並請求包括勞健保與勞退金的損害賠償。乙則主張丙並非伊投資設立。乙只是受丙委託招募員工，招募時已告知甲此情，伊自非甲的僱用人。乙以委任經理人的身分，為甲投保勞工保險。有開立薪資扣繳憑單。原審判決認乙丙二公司固各有獨立人格，但負責人同為丁，丁與其配偶戊且共同持有乙近九成股份，丙是因乙業務需要（工人難找）而成立（最高法院 100 年度台上字第 800 號判決）。

　　首先，有關此種由台商轉投資（獨資）或與中國商人合資成立事業單位，並且聘僱台灣勞工前往中國任職之情形，是屬於跨國或跨區的人力使用行為。會出現行政機關與司法機關管轄權限及處理權限衝突、以及裁判結果互相承認之問題。此並非法院基於個案的善意承認〔例如最高法院 97 年度台上字第 13 號民事判決及 97 年度台上字第 2328 號民事判決（鴻新船務股份有限公司案），即是如此〕即可解決，而是須要適用國際法律衝突法或區際法律衝突法的規範與理論、或者經由雙邊的協議或協定，尋找一共同的解決之道。

　　其次，在法律關係的認定上，甲係由乙僱用，之後，在得到甲同意的情形下，被派往丙處任職。而且，甲乙似無永久終止僱傭契約關係之意，而是有意在甲結束與丙勞務提供關係後，回到乙處繼續原來的僱傭關係。所以，其法律構造似乎是民法第 484 條第 1 項規定之借調／企業外調職、或者是非商業／營利性的勞動派遣。只是，在借調及非商業／營利性的勞動派遣的架構下，勞工與第三人應無法律關係存在。而在本案中，甲卻是與丙成立（總）經理契約關係。所以，從關係企業或者母公司與子公司關係的角度，在甲與丙發生法律關係期間，認為甲乙雙方默示地暫時中止契約關係，應屬較為可行。只不過，此處又會發生另一個問題：甲在任職丙期間，仍受乙指揮監督，應定期向乙報告在中國工作情形。這是否表示甲乙原來之契約關係仍然存在？如果是肯定的，那麼，乙丙的關係就只能以「實體同一性」或者將丙看成乙的「紙上公司」對待了。這樣一來，甲在丙處提供勞務的行為（總經理職務），實際上即為甲乙法律關係的內涵，難以發揮委任經理人一定程度的裁量

己提供勞務」的主要義務，應無何不妥之處。

權限，所謂甲的總經理職務受到丙「解任」，在法律上也沒有意義（並非真正委任契約的解任），所以雙方間僅存在一個不定期的僱傭契約，而非雙重勞動關係。所謂甲丙成立一定期的勞動關係，或者說，乙得以「為指派甲前往中國任職」為由，而與甲訂立定期勞動契約的說法，均不可採。連帶地，即使甲接任丙事業單位的總經理職務，也不能解釋為其與乙之勞動關係已永久終止或者暫時中止。

三者，至於乙為甲加保勞健保、開立薪資扣繳憑單、以及乙直接匯錢給甲，僅是認定勞雇關係的形式標準，而非實質標準。只是，此種跨國或跨區提供勞務之行為，實際上無論是勞工法令或社會保險法令，基於屬地主義的法律原則[165]，公法部分本應由所在地國管轄（或者說負擔），私法部分始有「當事人意思自主原則」之適用。以台灣勞保條例的適用範圍而言，其所保護對象為在中華民國境內從事勞動之我國人或外國人，蓋其為對我國國計民生有貢獻之人。例外地，對於派遣被保險人出國考察、研習或提供服務者，得繼續參加勞工保險。這是因為此類行為有利於雇主，且僱傭關係仍然存在之故。所以，將勞健保的保障範圍擴張至境外，不僅有違屬地主義原則，也對於勞健保財務造成嚴重的負擔。只是，本案乙丙的關係具有「實體同一性」或者丙為乙的「紙上公司」，甲乙的僱傭關係仍然存續。因此，乙可以面臨全球金融風暴，以勞基法第 11 條第 2 款業務緊縮為由，通知甲與丙終止勞動契約，並且返台辦理離職及交接手續。甲應向乙請求資遣費。並且，甲可以向台灣的就服機構申請失業給付。

第三節　廠場及事業（單位）

除了雇主之外，現行相關法令對於提供工作機會給勞工的相對人，其用語可謂眾多，包括：事業主、事業（單位）、獨資、合夥、公司、（關係）企業、廠場等。其定義各不相同，其內涵當也有所不同，但這些工作場所卻也有可能重疊（例如獨資、合夥可能是一個廠場）。至於勞工到底受僱於那一種對象（主體），其勞

---

[165] 在台灣，依據勞工保險條例第 78 條規定，本條例施行區域，由行政院以命令定之。行政院在 68 年 6 月 29 日發布台 (68) 勞字第 6361 號令，指定勞保條例的施行地點為台灣省、台北市、高雄市及福建省之金門、馬祖為施行區域。相對地，依據中國 2011 年 7 月 1 日施行的中華人民共和國社會保險法第 4 條第 1 款規定，中華人民共和國境內的用人單位和個人依法繳納社會保險費，……再依據中國 2008 年 1 月 1 日施行的中華人民共和國勞動合同法第 2 條第 1 款規定，中華人民共和國境內的企業、個體經濟組織、民辦非企業單位等組織與勞動者建立勞動關係，訂立、履行、變更、解除或終止勞動合同，依照本法執行。相關資料，請參閱勞工保險條例逐條釋義，行政院勞工委員會出版，2011 年 12 月，頁 780 以下。

動權益的保障即有可能差異。例如在其雇主是自然人時，[166] 即有可能因其無「事業（單位）」或無廠場，而使得勞工不受到勞基法及職業安全衛生法的保障，或者其並無法組織工會（工會法第 6 條參照）。惟此一法無保障的狀況，由於內政部的兩號解釋而受到相當程度的限縮。依據內政部的見解，勞動基準法第 3 條及該法施行細則第 3 條規定之事業，其認定依中華民國行業標準分類規定之場所單位之主要經濟活動為其分類基準，凡經濟活動之性質相同或相似者，均歸於同一類目。另外，場所單位係指經濟活動之構成主體，（如一家工廠、一個農場、一家事務所等），以備有獨自之經營簿冊或「可單獨辦理事業登記者」，以為判斷（內政部 75 年 11 月 22 日 (75) 台內勞字第 450693 號函）。之後，內政部進一步解釋：所稱「備有獨自之經營簿冊」係指備有經稅捐機關驗印之會計簿冊而言。至所稱「可單獨辦理事業登記者」，係涵蓋所有可單獨辦理之各種事業登記，且不問其實際已否辦理登記，事業單位如未備有上開簿冊事業登記，則另依事實認定之（內政部 76 年 2 月 7 日 (76) 台內勞字第 470454 號函）。由此可知，其係以經營簿冊或可單獨辦理事業登記為準，如果自然人的營業已具備此一條件，即應屬之。

　　上述不同的僱用或使用勞工的工作場所，其中對於勞工權益關係最大者，應屬廠（場）及企業，蓋其在涉及特定事項門檻之計算時，往往具有關鍵性的地位。

第一項　廠　場

　　所謂廠場（Betrieb），係一組織的單位，在之中雇主自己或與其勞工、藉由技術的及非物質的手段，以直接追求勞動技術上的目的（家庭係以滿足個人的需要為目的，故不屬此處之廠場。ArbG Essen v. 17. 12. 2015, AuR 2016, 514 ff. mit Anmk. Barbara Bucher）。而其生產之目的，並不在於滿足自己本身的需要。在此，所強調的是其在組織上是否為一個經濟的單位，至於在空間上是否為一個單位，以及是否為民營或公營事業，則無關緊要。

　　台灣勞工主管機關在認定勞基法第 3 條及勞基法施行細則第 3 條規定之事業時，係依中華民國行業標準分類規定之「場所單位」之主要經濟活動為其分類基礎，凡經濟活動之性質相同或相似者，均應歸於同一類目。換言之，我國勞工主管機關係以場所單位作為經濟單位的統稱。依其見解，場所單位係指經濟活動之構成

---

[166] 例如甲是水果大盤商（商人或商自然人），自行購買五輛貨車，每輛車上僱用五個勞工，往來於中南部購買當季水果。甲並不作商號或公司登記。相關報導，請參閱薈菁葉農范茂森：外配娘子軍變農務主力無敵快刀採茶日薪 2,000 起跳，中國時報，2015 年 3 月 13 日，A5 版。

主體，備有獨自之經營簿冊或可單獨辦理事業登記之營業單位。[167] 至於其具體的構成主體，例如為一家工廠、一家礦場、一個農場、一家事務所等。事業可以只有一個場所單位，也可以具有二個以上場所單位。[168] 在二個以上場所單位時，其所從事之經濟活動不相同者，原則上應分別認定其行業。至於較有問題的是，如事業設有總管理（處、室）（例如台塑關係企業總管理處）或分支管理部門，其是否具有廠場／場所單位的地位？對此，如其自成個別場所單位者，亦可認定其行業；若非屬個別場所單位者，其所屬場所單位之經濟活動分類，應依其所轄場所單位中，有勞基法適用範圍者，該等部門即應適用勞基法。

　　由上說明，可知廠場／場所單位非僅指「工廠」而言。至於所謂工廠，係指凡僱用工人從事製造、加工、修理、解體等作業場所或事業場所（工廠法施行細則第 2 條後段）。此處的廠場／場所單位與其中的部門尚有不同，其範圍比「部門」大。一般所稱之部門，係指廠場或企業的內部單位（例如製造部、業務部、人資部）。

　　就台灣勞工法令觀之，原則上是以廠場作為適用的對象／主體。例如職工福利金條例第 1 條第 1 項規定：「凡公營、私營之工廠、礦場或其他企業組織，均應提撥職工福利金，辦理職工福利事業。」又，勞工保險條例第 6 條第 1 項第 1 款規定：「僱用勞工五人以上之公、民營工廠、礦場、鹽場、農場、牧場、林場、茶場之產業勞工」為投保單位。至於工會法第 6 條第 1 項第 1 款亦規定：「企業工會：結合同一廠場、同一事業單位、依公司法所定具有控制與從屬關係之企業，或依金融控股公司法所定金融控股公司與子公司內之勞工，所組織之工會。」[169] 其所謂廠場，除了指「工廠」、「礦場」、「農場」、「事務所」以外，依據勞工主管機關的看法，尚包括「工作場所」之意。因此，同一事業單位之總公司為一工作場所，其營業處亦為一工作場所，自得依現行工會法「同一廠場」之規定分別組織工會。[170]

　　上述廠場，固係指經濟的單位，以完成各自的勞動技術上的功能。然而，即使依附於廠場而成立的勞工組織或半勞工組織，例如企業工會或職工福利委員會，

---

[167] 此一定義，亦見之於大量解僱勞工保護法第 2 條的立法說明。又，既指「可單獨辦理事業登記」，即是不問其實際已否辦理登記。內政部 76 年 2 月 7 日 (76) 台內勞字第 470454 號函。

[168] 內政部 75 年 11 月 22 日 (75) 台內勞字第 450693 號函。

[169] 圍繞著廠場所訂的團體協約即為「廠場團體協約」。假設在團體協約中欲按照勞工工作期間的長久作為給予福利（例如年終獎金、久任獎金）多少的評判依據，則亦是以廠場的歸屬性（Betriebszugehörigkeit）為準。

[170] 行政院勞工委員會 76 年 12 月 8 日台勞資字第 8530 號函。由此觀之，本書認為金控公司本身也應是一個「工作場所」。

其非在分攤追求生產的目的，而是在實現員工的福利事項或社會事項或產業民主，則在辦理此類事務的範圍內，當然可以僱用有專職或部分時間工作的人員。依據勞委會的見解，職工福利委員會依中華民國行業標準表，屬於社會福利服務業，自1998 年 7 月 1 日起適用勞基法 [171]。由此可見，職工福利委員會或企業工會均可以是雇主的身分 [172]，職工福利委員會或企業工會均非事業單位的內部組織，而且，其設置地點並不一定要在事業單位內部。按照工會法及職工福利金條例的規定，事業單位亦無提供辦公處所的義務。語焉不詳的是，行政院勞工委員會 82 年 5 月 26日 (82) 台勞保二字第 29778 號函謂：「依據職福條例規定設置職福會係屬事業單位內部組織之一，並無依法應為法人登記之規定，惟若向法院登記為財團法人者，仍適用民法之規定。」這是否可反面解釋：如未登記，就不是內部組織？對此，本書採否定說，即使未登記為財團法人，亦不是內部組織。至於投保勞工保險方面，根據行政院勞工委員會 81 年 1 月 20 日台 (81) 勞保 2 字第 34454 號函：「依據現行勞工保險條例第 6 條第 1 項第 3 款規定，受僱於僱用五人以上公益事業之員工，應以其雇主或所屬團體或所屬機構為投保單位辦理加保。本案職工福利委員會經向主管機關依法申請設立，且屬公益團體者，其僱用人數逾五人以上，依上開規定應為其所屬員工申報加保；如僱用人員未滿五人，得依同條例第 8 條第 1 項第 2 款自願加保；若非屬公益團體且未辦理法人登記者，得依同條例第 8 條第 1 項第 1 款自願加保。又產業工會屬人民團體，其僱用專職人員得依同條例第 8 條第 1 項第 1 款規定以所屬產業工會為投保單位自願加保。」針對上述函示，本書以為似有再加斟酌的必要。也就是說，職工福利委員會本為公益性的團體，並不因其有無登記而有所不同。而且，即使未登記，只要其僱用人員逾五人以上，即應依勞保條例第 6 條第 1 項第 3 款強制加保。至於工會部分，即使僱用的人員為兼職人員，如其逾五人以上，也應依勞保條例第 6 條第 1 項第 3 款規定，予以強制加保。

　　惟，在所有適用對象中，與勞工權益影響尤大者，毋寧係勞基法之以廠場為

---

[171] 行政院勞工委員會 87 年 6 月 22 日台 (87) 勞動一字第 024310 號函。相對於此，工會應是屬於人民團體項下的勞工團體。

[172] 在最高法院 100 年度台上字第 1104 號裁定（台灣中油股份有限公司案）中，甲上訴人起訴主張與乙被上訴人（台灣中油股份有限公司）所屬高雄煉油總廠（丙）職工福利委員會（簡稱高雄廠福利會）訂有勞動契約，而受僱辦理被上訴人職工福利事業，並以丙為投保單位辦理勞工保險。甲後來參加乙的內部考升而成為丙的正式員工。甲訴請確認與乙間有僱傭關係存在，惟被法院以福利委員會與台灣中油股份有限公司分屬不同之權利主體，而判決甲敗訴確定。本書以為：乙為甲所舉辦的考升，實際上只是「考試」的性質，所謂的升等日期，實際上是「正式就職日期」。甲經由內部考升而成為丙的正式員工，並非調動，而且，職工福利委員會與丙之間並不是關係企業（公司法第 369 條之 1；之 2；之 3）。至於丙自為投保單位為甲辦理勞工保險，也只是時空背景下的產物，無法作為認定甲乙間具有勞僱關係的實質認定標準。

對象。此可從內政部 75 年 8 月 28 日 (75) 台內勞字第 436528 號函「原適用工廠法但依勞基法第 3 條及其施行細則第 3 條規定尚未納入勞基法適用範圍之廠（場），在本部依法指定適用勞基法前，仍暫繼續適用工廠法。」得知之。因此，在考量勞基法第 11 條各款事由是否存在時（例如判斷虧損或業務緊縮時），係以每個廠場為準，而非以整個企業或部門為準。相應於勞基法第 11 條之適用對象，大量解僱勞工保護法第 2 條之計算大量解僱的人數，原則上也是以同一「廠場」作為適用對象（第 1 項第 1 款至第 3 款）。只是，令人不解的是，最高法院 100 年度台上字第 495 號裁定及其前審之台灣高等法院 98 年度重勞上字第 26 號判決（聯強國際股份有限公司案），卻是以部門（元件事業部）作為適用對象。其語略謂：況且被上訴人所任職之「元件事業部」97 年度營收較 96 年度之營收尚多出 2 億 3,000 萬多元，其資遣被上訴人尚難認係「經濟性解僱」。

至於「部門」，例外地亦可作為判斷勞工權益是否受到影響的標準。在此，首先，勞工在部門間的轉換職務，固然已成立調職。其次，若雇主將一個或數個部門轉讓與他人，是否屬於勞基法第 20 條及企業併購法第 15 條以下之企業轉讓或讓與？則是不無疑問。對此，本書以為可參考德國民法第 613a 條之企業轉讓的設計處理之，[173] 亦即德國聯邦勞工法院對於民法第 613a 條「企業或部分企業」中之「部分企業」的認定是：買受人承受了物質的及（或）非物質的經營工具，且勞工與之密不可分（例如油漆部門由修理廠中獨立出來）。設如經營工具對於企業或部分企業不具重要性，例如服務業（如清潔或保全工作），則並不存在一部分企業的轉讓的事實。[174]

另外，依據大量解僱勞工保護法第 4 條第 2 項第 3 款及第 3 項之規定，雇主通知義務所涉及之全體勞工，並不包含未涉及大量解僱部門之勞工。本書認為此一規定實有欠妥當，蓋既是大量解僱，不僅有大量的勞工被終止契約，而且，基於企業經營的考量，雇主極有可能有下一步的動作（人員的調動、或者人力的再精減），因此，實難將大量解僱所牽涉到的人員侷限在大量解僱的部門。根本之計，應要求雇主將大量解僱的相關事項，不分部門地通知全體的勞工。

---

[173] 楊通軒，歐洲聯盟勞工法律之研究，中原財經法學，第 7 期，2001 年 12 月，頁 198。

[174] BAG AP Nr. 76 zu § 613a BGB; BAG AP Nr. 88 zu § 613a BGB; BAG AP Nr. 41 zu § 1 KSchG 1969 Betriebsbedingte Kündigung. 但是，我國法院實務似乎不承認一部轉讓。依據最高法院的見解：一部轉讓後，原有之法人資格並未消滅，兩個經營主體均仍存在，似非依公司法規定變更組織、合併或轉讓其營業或財產之情形，無勞基法第 20 條規定之適用（最高法院 99 年度台上字第 2205 號判決參照）。

第二項　事/企業（單位）

　　所謂事/企業（Unternehmen, Enterprise），係一組織的單位，事業主藉之追求一較遠的經濟的或精神上的目的。事業是廠場的集合體（或者：一個事業單位是由數個組織上互相關聯的廠場所組成）。但是，也有可能一個事業只有一個廠場。[175] 一般來講，事業與廠場都只能作為法律行為的客體，但例外亦得作為主體。

　　就事/企業（單位）的型態來講，實包含獨資、合夥（Partnership）及公司等三種。[176] 三者均可以為商法的主體，此處法律關注的焦點不在商業經營體有無法人格，而是其是否形成為一種與個人對立的組織力量。[177] 此三種企業型態，均具有：一、自己的名稱或商號。二、營業場所（一個或數個）。三、營業登記及商業帳簿。[178] 四、通常僱用有從業人員（經理人及員工）。[179] 五、但不一定具有法人

---

[175] 與公法關係相較，事業相當於公法關係中的行政機關、公法社團、公法財團，至於廠場則相當於公法關係中的工作場所（Dienststelle）。

[176] 針對此三種企業組織的規範法制，分別稱為獨資企業法制、合夥企業法制，以及公司法制，三者合稱為企業法制。
　　此處的公司，當然包括依照我國公司法制及企業法制設立的外國子公司。至於外國分公司，本書以為應將之視為廠場處理，並且獨立地作為我國勞工法令（例如勞基法第 11 條規定）的適用對象，不應納入其設立在外國的總（本、母）公司的經營盈虧。此種割裂處理的方式，較能符合我國勞工法令的宗旨，也較能確實保障勞工的權益。只是，法院實務的處理，與本書的見解並不相同。請參閱最高法院 97 年度台上字第 1880 號民事判決及最高行政法院 98 年度判字第 1127 號判決（美商西北航空股份有限公司案）。
　　另外，依據最高法院 66 年台上字第 3470 號判例，分公司為受本公司管轄之分支機構，並無獨立之財產，為謀訴訟上便利，現行判例雖從寬認分公司就其營業範圍內之事項涉訟，有當事人能力，但不能執此而謂關於分公司業務範圍內之事項，不得以總公司名義起訴。再依據內政部台內勞字第 675044 號函：外國公司在台分公司亦應依職工福利金條例之規定，提撥職工福利金辦理職工福利事業，其中第 2 條第 1 項第 1 款可按該外國公司在台分公司執照登記之運用資本額提撥福利金。惟對於分公司之提撥職工福利金，勞委會 (85) 台勞福（一）字第 141822 號函卻有不同的看法，依之：查本案如貴分公司係數公司法第 3 條規定受本公司管轄之分支機構，並無獨立法人資格，且分公司資本總額登記為與總公司相符，自無職工福利金條例第 2 條第 1 項第 1 款規定創立時就資本總額提撥之適用。惟貴分公司仍可依職工福利金條例施行細則第 5 條：「工廠礦場或其他企業組織，凡由總機構統一營業而不在同一地區者，應將依法提撥之福利金，視所屬各單位職工人數統籌辦理福利事業。」之規定辦理。

[177] 就現行台灣勞工法令中，「大量解僱勞工時禁止事業單位董事長及實際負責人出國處理辦法」第 2 條規定，即同時（在同一條文中）提到公司、合夥、獨資企業。由此可知，勞工法令中的事業單位，均可解釋為包括此三種企業型態。

[178] 如是公司，依據公司法第 1 條、第 6 條、第 12 條規定及公司之登記及認許辦法規定辦理登記。如是獨資及合夥，則依據商業登記法規定辦理登記。惟依據商業登記法第 5 條規定，小規模商業無須登記（商業登記法施行細則第 2、3 條有加以定義），其對象包括：攤販、家庭農林漁不牧業者、家庭手工業者、合於中央主管機關所定之其他小規模營業標準者。（依據商業會計法第 82 條規定，小規模之合夥或獨資商業，得不適用本法之規定。前項小規模之合夥或獨資商業之標準，由中央主管機關斟酌各直轄市、縣（市）區內經濟情形定之。）

[179] 由於獨資企業者通常僱用有從業人員，因此與自營作業者「未僱用有酬人員幫同工作者」（勞保

格。六、獨資及合夥負無限責任（民法第 667 條以下、第 681 條）。[180] 七、營業終止時應辦理解散、清算。

再以獨資企業為例，其是由個人出資獨自經營，即由一個自然人單獨所擁有及控制，[181] 並且不採取法人形式的企業。[182] 企業本身沒有所有權，企業本身不是獨立的權利義務主體，不能以企業的名義承擔財產責任。其無法人格，民事或商事活動均以獨資企業主的個人人格或主體身分進行。出資的個人對於企業債務負無限清償責任（但也擁有全部的盈利及自由處分權）。此處的無限責任，包括經理人及受僱人執行業務過程中，所產生的損害賠償責任（民法第 28 條、第 188 條）。至於在企業經營管理上，企業主擁有決定一切事項、管理所有業務的權限。惟其得委任（經理人）或僱用他人管理或執行企業的事務或工作。因此，在內部關係上，即會產生企業主與經理人或受僱人間的權利義務、以及企業主對於受僱人行為的法律責任。[183]

在此，相較於商法及經濟法（例如企業併購法）多以企業作為適用對象，勞工法中只有少數規定係以事業作為出發點者。例如大量解僱勞工保護法第 2 條第 1 項第 5 款之計算大量解僱的人數，係以同一「事業」單位作為適用對象。依之，「同一事業單位，於六十日內解僱勞工逾二百人或單日逾一百人。」又，勞基法第 20 條及企業併購法第 15 條以下之企業轉讓或讓與，其所指之企業（事業單位），實包括獨資、合夥及公司在內。

另外，在工作年資的計算上，依據勞工主管機關的見解，「勞基法第 57 條規定勞工工作年資以服務同一事業者為限，所稱『同一事業』係指同一事業單位，涵蓋總機構及分支機構。」[184] 即其在年資的計算上，是以企業為對象。此種解釋或規定係為促使企業退休金的成就，以免勞工轉換廠場即年資中斷，固其應屬正確

條例第 6 條第 1 項第 7 款、第 8 款，勞保條例施行細則第 11 條第 2 項規定），不同。

[180] 此處的合夥，包括公司籌備處未依法定程序登記完成者、或者公司一直未去申請辦理登記者。其即未擁有獨立之人格，其所有的法律關係（包括勞動關係）及責任，即應由所有合夥人連帶負責。陳峰富，認識公司，1996 年 4 月，頁 35 以下。

[181] 即不包含由單一法人（本國商人、外商）所投資設立者。

[182] 至於在實務運作上，獨資企業可能以電傳工作者（或稱遠距工作者）（Teleworker, Telearbeiter）、或「特約工作者」（Freelancer）、或「個體工作者」（Small Office Home Office，簡稱 SOHO 族）、或「個人工作室」（Studio）的型態出現。

[183] 依據商業登記法施行細則第 2 條規定，本法第 5 條第 2 款之家庭手工業者，以自任操作或雖僱用員工而仍以自己操作為主者為限。此種定義，理論上與獨資企業自行僱用員工工作雖可區分，但實際操作上可能不容易。

[184] 內政部 75 年 12 月 26 日 (75) 台內勞字第 464100 號函。在勞基法施行細則第 5 條第 1 項亦有同樣的規定，依之，「勞工工作年資以服務同一事業單位為限，並自受僱當日起算。」

而可採。蓋廠場與事業在概念上雖屬可分，廠場／場所單位亦可單獨作為雇主僱用勞工，如該廠場是事業（單位）的唯一單位（具有同一體性），自應單獨計算工作年資及企業退休金（企業年金）。惟如在事業單位是由數個廠場組成，則雖然是由個別廠場僱用勞工，究不宜僅以該廠場的財產單獨負責，而應令整個事業負責。畢竟，在現代企業的組織下，企業主多有以多數廠場的組合，以追求事業單位的目的者。此種部分與整體的關係，反而得工作年資及企業退休金的不宜割裂處理。[185]

較有問題的是，針對關係企業中某企業（子公司）所應該負擔的雇主責任（工資、年資與企業退休金等），於其未能履行時，另一企業（母公司）應否為之（連帶）負擔？對此，首先應知企業間結合成關係企業（台灣公司法第 369 條之 1 以下），並未改變原來個別企業才是雇主的事實，故原則上母公司並不須為之負責。不過，在一件關係企業間借調勞工之行為，最高法院即認為兩家企業間必須合併承認勞工的工作年資，並且「比例分擔退休金」。詳言之。在最高法院 93 年度台上字第 939 號民事判決（廣豐實業股份有限公司案）中，針對甲雇主將乙勞工調派至其關係企業丙公司工作，但並未辦理離職，而是仍維持其僱傭關係時，法院認為「乙自 1987 年間被調派至丙公司服務，迄至 2000 年 8 月 31 日乙退休時，依甲公司所訂立工作規則第 67 條第 3 款、第 76 條及丙公司所訂勞工退休辦法第 3 條規定，乙服務之年資應予併計，甲與丙各應依乙服務其公司之年資，比例分擔退休金。」[186]

又，從比較法上來看，德國法院實務上例外地基於信賴責任原則（Vertrauenshaftung）或控制性企業的責任（Durchgriffshaftung）的思想，令母公司連帶負責，以確保勞工的權益。前者，例如母公司的行為已經引起子公司的信賴，認為母公司應負擔代付工資之責。[187] 後者，例如子公司能否撤回照顧給付（老年年金）的承諾，更應納入基金財務來源之母公司的經營狀況，[188] 又例如母公司基於自己利益的要求，將勞工調派至子公司，並與子公司同時締結（另一個）勞動契約，母公司並且承諾維持原先之（年資與）企業年金，則母公司並未喪失基金提供人身分與責任。[189] 惟如本書在第二章第四節第二項所述，在台灣，推定條款及

---

[185] 德國聯邦勞工法院早就將「廠場退休金」（betriebliches Ruhegeld）擴充及於企業應為之負責。BAG AP Nr. 104 zu § 242 BGB Ruhegehalt. 另請參閱林更盛，雇主概念的界定與義務的擴張，收錄於：勞動法案例研究二，2009 年 3 月，頁 60 以下：雇主概念的擴張。
[186] 此一判決有可能引起甲丙皆為乙之雇主之疑義。
[187] BAG BB 1978, 1118.
[188] BAG DB 1978, 939 ff.; BAGE 35, 301(308).Söllner, Grundriß des Arbeitsrechts, 11. Aufl., 1994, 25.
[189] BAG BB 1989, 360. 在一件投保薪資的爭議上，行政院勞工委員會台 (89) 勞保二字第 0006121 號函謂：員工派駐海外子公司就職，海外子公司支付之海外任職薪資如係勞工因提供勞務而獲得之

責任條款之範圍不宜過廣，以免混淆事業單位各自具有法人格，各自負擔經營成敗之責任。因此，宜將控制公司或母公司的責任限制在企業退休金／企業年金及資遣費的給付上，不宜擴及於工資、職工福利金、年終獎金等給付上。同理，如果是第三人受到被控制公司或子公司侵害，被害人亦不得向控制公司或母公司請求損害賠償。

報酬，自屬工資，亦應併入計算申報勞保投保薪資。

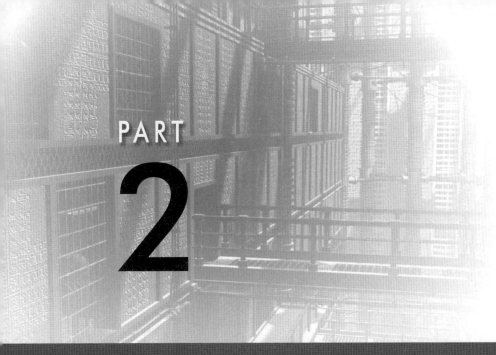

PART

2

勞動契約與勞動關係

第六章　勞動條件的法律基礎

第六章
勞動條件的法律基礎

第一節　概　說

　　勞工法有多個法律基礎（法源），這些法律基礎不僅只法律及契約而已。最特殊的是，它包含一個（其他法域少見的）集體的約定（即團體協約）。在此數個法律基礎間，可能存在競合的關係，那麼，在法律是強制禁止規定時，優先適用之，否則，應該適用契約自由原則（指法律規定係任意法時）。至於團體協約與勞動契約間也存在補充的或取代的關係。倒是，由於欠缺一部有效施行的勞動契約法，遂使得台灣的勞工法顯得難以透視或者隱晦不明。而對於 2020 年 1 月 1 日施行的勞動事件法第 2 條第 1 項第 1 款規定，「基於勞工法令、團體協約、工作規則、勞資會議決議、勞動契約、勞動習慣」，其中，「工作規則、勞資會議決議、勞動契約」是否即具有先後法律位階及前者法律效力大於後者的關係？本書持否定的見解。也就是說，按照傳統通說的見解，其法律效力優先次序為勞動契約大於工作規則，而工作規則法律效力優先於勞資會議決議。程序法並無法改變實體法既有的理論。

　　為了解決個案的法源衝突問題，勞工法衍生了幾個原則。如果是不同位階間的規範衝突問題（所謂垂直的衝突 vertikale Kollision），則依據位階原則（Rangprinzip）及有利原則解決之；如果是同一位階的規範衝突問題（所謂水平的衝突 horizontale Kollision），則依據特殊原則（Spezialtitätsprinzip）及取代原則（Ablösungsprinzip）解決之。[1]

---

[1]　Maties, Arbeitsrecht, 2009, 10 ff.

第一項　位階原則

詳言之。所謂位階原則，係指不同位階規範間的衝突，依據較高位階的規範為處理。這是一般的法律原則，在勞工法中亦有其適用。一般的位階順序是：憲法→國際條約→法律（含勞基法中勞資會議的同意權）→團體協約→勞動契約（含指示權）→工作規則→勞動習慣→勞資會議決議（勞資會議實施辦法中之共識決）。只是，在法律的階段，如果是任意法時，契約當事人可以不受其拘束，其得自由約定契約內容。至於特定的勞工法律是強制法或任意法，則是需要經過解釋確定之，如果不明或難以確定時，則基於勞工法的保護目的，當事人即不得迴避其規定。

第二項　有利原則

位階原則會受到有利原則補充。惟這只是針對團體協約與勞動契約間的關係而言（團體協約法第 19 條規定）。此處的有利原則，只有在位階原則所釋放的空間下，始有適用的餘地。即較高階的規範當然優先適用。例如勞基法第 38 條的最低特別休假的日數，並不可為團體協約所架空。團體協約所約定的特別休假日數，只能較勞基法所規定的多，始能生效。

第三項　特殊原則

所謂特殊原則（lex specialis derogat legi generali），即特殊性規定優先於一般規定適用。這也是一般的法律原則。亦即針對企業及其所僱用員工有數個團體協約可以適用，則應該優先適用具特殊性的團體協約。在此，該特殊性的團體協約並不一定是最有利的團體協約。例如一家鋼鐵公司可能同時受到與本身工會所簽訂的廠場（公司）團體協約及鋼鐵產業工會與鋼鐵業所簽訂的（聯盟）團體協約的拘束，則在適用上應以廠場（公司）團體協約為準。[2]

第四項　取代原則

所謂取代原則，係指新的規定優先於舊的規定適用。例如適用到 2009 年

---

[2]　相關論述，請參閱楊通軒，集體勞工法─理論與實務，2012 年 1 月，頁 202 以下、208 以下。

的舊的團體協約規定有三個月的年終獎金，但是，2010 年的新的團體協約卻只有一個月的年終獎金。則適用新的團體協約。取代原則亦稱為「順序原則」（Ordnungsprinzip）。其與有利原則並無何牴觸之處。此一後面所訂的團體協約，其所規定的勞動條件，可以較之前團體協約所定的勞動條件較為不利於勞工。這是團體協約自治的自然表現，也是法諺所語的「後法廢止前法」（lex posterior derogat legi priori; lex posterior-Grundsatz）的具體實踐。工會本身應該清楚自己所為何事、以及為何做出此種決定。[3] 在此，並無勞動習慣之適用。

第二節　國際勞工法

第一項　作為國際公法部分：以爭議行為法為例

有關團結權、協商權、甚至爭議權之法律用語或規範，不僅見諸於歐盟（體）的初級共同體法及次級共同體法，亦見之於國際條約當中。[4] 由聯合國及國際勞工組織所通過之有關勞工的國際法（Arbeitsvölkerrecht）的條約或公約，具有一般的或普世的性格及效力。在尋求跨國爭議行為之保障時，也必須注意國際條約法之規定。

第一款　聯合國世界人權宣言第 23 條第 4 項

首先，聯合國世界人權宣言（Allgemeine Erklärung der Menschenrechte vom 10.12.1948）中，具有少數與勞工法有關的社會人權，尤其是第 23 條第 4 項之規定。依之，「每一個人為維護其權益，有權組織及加入工會。」由於世界人權宣言的對象甚多，包括目前社會體制並不賦予爭議權保障的國家在內，因此，一般認為世界人權宣言並無國際法的拘束力，其落實只能經由政治的途徑為之。況且，從第

---

[3] 楊通軒，集體勞工法—理論與實務，頁 219 以下。BAG v. 16.2.1962, AP Nr. 11 zu § 4 TVG Günstig-keitsprinzip.

[4] 只不過，在有關勞工的國際法的規範中，較常見到罷工權的明文保障，至於雇主鎖廠權之有無，則是普遍地未被提及。雖然如此，大多數的學者還是肯定雇主應該有一對抗勞工或工會的罷工權的手段（亦即鎖廠權），以回復爭議的對等。請參閱 Birk/Konzen/Löwisch/Raiser/Seiter, Gesetz zur Regelung kollektiver Arbeitskonflikte – Entwurf und Begründung, 1988, 29; Seiter, Streikrecht und Aussperrungsrecht, 1975, 318 f.

23 條第 4 項積極團結權之保障，也不能導出爭議行為權也在保障之列。

第二款　公民與政治權利國際公約第 22 條第 1 項

其次，公民與政治權利國際公約（Internationaler Pakt über bürgerliche und politische Rechte vom 19.12.1966）第 22 條第 1 項規定：「每一個人享有與他人共同結社之自由，包括組織及加入工會以保護其利益。」從其用語中，首先是提供團結權的保障而已。雖然依據通說的見解，該公約對於會員國具有拘束力，賦予人民對抗國家的防禦權，可以據之向法院訴請履行。因此，人民可以將第 22 條第 1 項規定作為個人權利主張。而且，德國聯邦最高法院也認為國家的行為，必須遵守如公民的及政治的權利公約第 6 條及第 12 條基本人權之規定。[5]

然而，依據「人權事務委員會」（Ausschuss für Menschenrechte）所做成的（截至目前唯一的）解釋，認為第 22 條第 1 項之規定，並不包括罷工權在內。即使國勞組織中之某些公約的條文，所保障之結社權，可以將之解釋為包括罷工權在內。也不能因此就說此種解釋，當然適用於公民與政治權利國際公約。[6] 吾人由人權事務委員會的決定，不難理解其係將有關罷工之保障，讓由下述之經濟、社會、文化權利公約第 8 條第 1 項第 4 款之規定來加以處理。此種針對不同的權利，由兩個公約分開加以規定處理，隱含不同的政治意義，毋寧係一較為妥當的做法。[7]

第三款　經濟、社會、文化權利國際公約第 8 條第 1 項第 4 款

依據經濟、社會、文化權利國際公約（Internationaler Pakt über wirtschaftliche, soziale und kulturelle Rechte vom 16.12.1966）第 8 條第 1 項第 1 款規定：「每一個人有權組織工會及加入其所選擇之工會，除非基於國家安全或公共秩序的利益或為保障他人之自由與權利，國家不得加予任何限制。」第 1 項第 2 款規定：「工會得加入全國性的工會或聯合會，並得組織或參加國際工會組織。」第 1 項第 4 款規定：「國家應確保其人民有權罷工，但應遵守其國家法令之規定」。此一條文，規

---

[5] Coen, Die Europäische Dimension der Tarifautonomie nach Maastricht, in: Europa '93 – Auf dem Weg zur Europäischen Union, Coen/Hölscheidt/Pieper (Hrsg.), 1993, 9.

[6] 依據公約第 28 條第 1 項規定，由十八個會員國所組成之「人權事務委員會」監督會員國是否遵守第 22 條之規定，惟其僅能對於會員國所提出之報告，給予「一般性的評語」（allgemeine Bemerkungen）而已。

[7] 然而，我國學者間也有將公約第 22 條第 1 項規定，解讀為包括罷工權在內者，其見解似有待斟酌。請參閱王惠玲，國際勞工組織對團結權之保障，發表於「勞動基本權」學術研討會，2004 年 10 月 14 日、15 日，頁 1。

定了勞工的團結權、勞工「國際的團結權」，以及罷工的權利，論者因此有認為該公約對於勞工法最具重要性者。[8]

　　然而，從公約的法律性質來看，經濟、社會、文化權利公約充其量也只具有「國際法協議的性格」（Charakter völkerrechtlicher Vereinbarungen）而已。雖其賦予會員國將國內法做相應校準之義務，對於會員國的國家機關具有國際法上的拘束力。[9]但並未賦予個人請求權。論者更直言：對於公約之義務，批准國是否履行，由批准國提出報告，經一個專家委員會加以審查。但對於不守公約之國家，專家委員會也無權加以批評，故其未具有法律的影響力，而是政治的或心理的影響力而已。[10]

　　因此，本公約第 8 條第 1 項第 2 款規定，保障工會有權加入全國性的或國際性的工會聯盟。同條項第 4 款更有關罷工權之規定。惟其既未賦予勞工一個主觀的權利（ein subjektives Recht），個別勞工即不得將第 8 條第 1 項作為罷工權的法律依據。尚且，在台灣，即使以組織及加入工會而言，也應在我國憲法第 14 條結社自由、第 23 條的比例原則、以及司法院大法官會議釋字第 373 號解釋意旨之下，加以行使。因此，即使是本公約及公民與政治權利公約的相關規定，也必須謹守此等憲法規範。經過《兩公約施行法》所發揮法律效力的《兩公約》，充其量也只不過是法律位階而已，無法匹儔憲法，故不得相左於我國憲法的規定（張升星，法務部理盲 法學變神學，中國時報，2015 年 1 月 5 日，A13 版）。兩公約倡議者實不宜過度誇張兩公約的效力與功能。更不用說兩公約的許多規定，其給人民權利保障的密度，還不及於我國法律的規定。就此觀之，就我國各級教師組織工會而言，我國工會法第 6 條第 1 項第 1 款的排除教師組織企業工會及排除教師的爭議權，應係考量到我國傳統上的教師地位與責任，符合我國國情及憲法結社自由保障的原理，與兩公約並無何相干，也無所謂違反兩公約可言。連帶地，不當勞動行為裁決委員會對於教師勞動三權的解釋，也必須回歸到我國的憲法規範，而非以兩公約為標準。反而是，最高行政法院 103 年度判字第 101 號判決以兩公約的規定，而否決台灣強制入會的效力，係一符合我國憲法第 14 條結社自由、第 23 條的比例原則、以及司法院大法官會議釋字第 373 號解釋意旨的見解。

　　由此看來，雖然經濟、社會、文化權利公約第 8 條第 1 項第 2 款之規定，似有

---

[8]　Söllner, Grundriß des Arbeitsrechts, 11. Aufl., 1994, 42.

[9]　更有論者認為：該公約第 8 條第 1 項第 4 款有關罷工權之規定，對於聯合國會員國並不具有國際法上的拘束力。該公約中既無監督機制、亦無違反規定時之處罰設計，所以其實際的影響力很小。Birk/Konzen/Löwisch/Raiser/Seiter, a.a.O., 23 f.

[10]　MünchArbR/Birk, § 17 Rn. 22.

保障勞工「國際的團結權」（internationale Koalitionsfreiheit）之意，學者間並有認為由跨國法律（含公約）對於「國際的團結權」的保障，可以得出跨國的爭議行為原則上是合法的。[11] 惟不可否認地，第 8 條第 1 項第 4 款並未賦予勞工一個主觀的罷工的權利。可以說，目前所有的跨國法律中並未有對於跨國爭議行為的明文保障規定。

第四款　國際勞工組織第 87 號公約及第 98 號公約

在所有普世的國際條約法中，國際勞工組織第 87 號結社自由及組織權保障公約（Nr. 87 über die Vereinigungsfreiheit und den Schutz des Vereinigungsrechtes vom 9.7.1948）及第 98 號組織權及團體協商權原則之應用公約（Nr. 98 über die Anwendung der Grundsätze des Vereinigungsrechtes und des Rechtes auf Kollektivverhandlungen vom 1.7.1949）對於團結權及協商權的規定最為詳盡。[12] 第 87 號公約第 5 條規定也保障了勞工的「國際結社權」（「勞工有參加國際性組織之權利」），但卻未見罷工權之明文規定。現行的第 87 號公約內含罷工權的保障，實際上是由國勞組織之監督委員會（Überwachungsorgane），包括：結社自由調查與斡旋委員會（Fact-Finding and Conciliation Commission on Freedom of Association, FFCC）、結社自由委員會（Freedom of Association, CFA），解釋而來，尤其是從公約第 3 條之規定推演而得。只不過，此種主要由結社自由委員會所做成之罷工權保障之解釋，究竟具有何種效力？實際上引起學者間很大的爭論。[13]

首先一提者，通說認為國際勞工公約性質上亦為國際法的條約，其對於批准的國家應該具有一般法律之效力。[14] 而且，由於國勞擁有一個較為完備的及較為有效的監督機制及控制系統，甚至可以作為聯合國、歐洲參議會及其他國際組織的榜

---

[11] Däubler, Multinationale Konzerne und kollektives Arbeitsrecht – Kontrolle durch gewerkschaftliche Gegenmacht?, in: Däubler/Wohlgemuth (Hrsg.), Transnationale Konzerne und Weltwirtschaftsordnung, 1978, 233; Hergenröder, Europäische Aspekte des Arbeitskampfrechts, in: EAS, Gesamtausgabe, 56. Erg.-Lfg. Juli 2000, Rn. 10.

[12] 其實，除了這兩號公約之外，國際勞工組織還在 1921 年通過了第 11 號農業勞工結社自由公約（Nr. 11 über das Vereinigungs- und Koaltionsrecht der landwirtschaftlichen Arbeitnehmer vom 12.11.1921）。

[13] 國勞第 87 號及第 98 號公約也是德國所批准的公約中，最重要的公約之一，但也是德國被指控違反國勞規範之案例中，最常見到的爭議所在。只不過，相當多的德國學者並不認同德國確實有違反之情事，而認為僅是一個解釋上的問題而已。學者並且指出在已發生的案例中，往往牽涉到「國家爭議國際化」的顯現而已。MünchArbR/Birk, § 17 Rn. 69.

[14] 只不過，理論上國際勞工組織的公約及建議書之規定，僅是最低標準而已，會員國的法律如果有較優的規定，則依會員國法律之規定。

樣。這是由於國勞所創設之國際勞工法,其落實不僅依靠會員國的報告及國勞的監督,也可以藉由會員國、工會及雇主聯盟之申訴程序(Beschwerdeverfahren)及訴訟程序加以完成。惟個人並無提出申訴之權利。而主管申訴體制的二個機構,分別為結社自由委員會及結社自由調查與斡旋委員會。其中,結社自由委員會係掌控申訴的最重要機構。截至 2003 年底,它已經處理過 2,300 個由各國工會及國際工會所提出、有關侵害團結權之案例,成效不可謂不卓著。[15] 及至 2006 年 6 月底,向結社自由委員會所提出之申訴案件已逼近 2,600 件(2,599 件),經處理的案件共 2,490 件。[16]

　　然而,對於結社自由委員會所做成之密密麻麻的解釋,是否具有國際法上拘束力?甚至法律的拘束力?卻是有相當多的德國學者抱持著懷疑的態度。[17] 學者或有稱之為「裁定實務」(Spruchpraxis)者,或有稱之為「解釋實務」(Auslegungspraxis)者,名詞雖不同,但大體上均認為兩個委員會所做成的解釋,實際上只是他們的意見而已,對於各批准國並無國際法上的拘束力。充其量只是具有政治上的影響力而已。兩個委員會即使具有監督的權責,但是否具有以解釋公約的方式,達到創造法律的權力,的確是相當可疑的。因此,整體來看,國勞公約的規定,對於德國立法者在建構爭議行為法及爭議處理程序法上,並非係一具有國際法上效力之指標。[18]

　　如以爭議行為法及爭議處理程序法來看,無論是國勞憲法的前言、憲法本身、費城宣言(die Erklärung von Philadelphia)或國勞第 87 號、第 98 號公約,都未提及罷工權或鎖廠權。但結社自由委員會卻為爭議行為創設了許多原則。而且其所認定的合法爭議行為(尤其是罷工),包括:為反對政府之經濟政策與社會政策所發動之抗議罷工(Proteststreik)、[19] 同情性罷工、和平的靜坐罷工(Sitzstreik)及占

---

[15] 依據王惠玲教授的見解:「國勞組織認為即使未批准結社自由公約之國家,如有工會提出申訴,結社自由委員會均得加以處理,並做出裁決。」然而,豈其然乎?本書頗感茫然。蓋,是否非聯合國會員之國家中的工會,亦可向之提出申訴?還是以具有聯合國會員之身分為前提?此係應先釐清者。請參閱王惠玲,前揭文,頁 8。

[16] 資料來源:Introduction to Report 342 (June 2006), CFA, ILO.

[17] 我國學者王惠玲則是採取肯定的見解。王惠玲,同註 91,頁 1 以下。不過,本書認為渠跳脫了結社自由委員會之解釋,是否具有國際法上拘束力或甚至法律拘束力之探討,而直接得出其結論。其見解並不妥當。

[18] Birk/Konzen/Löwisch/Raiser/Seiter, a.a.O., 27 ff. 值得注意者,德國勞工法學者 Birk 認為隨著超國家勞工法的進展及逐步完善,國勞組織對於德國立法者的影響,也會逐步地受到限縮。這是因為會員國在歐盟境內,也不再擁有國家權限所使然。隨之而來的,國勞組織與歐盟間所出現的緊張關係,也必須慎選解決之道。MünchArbR/Birk, § 17 Rn. 71. 本書認為 Birk 所提的「會員國在歐盟境內不再擁有國家權限」的說法,至今為止雖尚未成真。但國勞公約對於德國政府機構之影響力是否逐漸減退、以及國勞公約與歐盟勞工法效力的先後問題,的確有待於吾人持續地觀察及研究。

[19] 簡而言之,國勞組織之適用公約及建議書委員會(Committee of Experts on the Application of

據。其界限已逾越很多批准國家所承認的合法尺度。[20] 它甚至可以向理事會提出建議，可以向侵害團結權的國家提出如何排除及回歸到符合國勞公約標準之建議。學者因此認為，作為「國勞兵團 ILO-Corpus」的兩個委員會，顯然挺身而出扮演著將公約以解釋的方式賦予法律效力之創造者的角色。[21]

　　整體觀之，結社自由委員會認為罷工權係勞工及其組織之重要手段，藉之可以促進及維護其經濟的及社會的利益。惟罷工權不僅在改善勞動條件或提高與職業有關的集體的要求，其範圍還涵蓋經濟政策的與社會政策的問題、以及在企業層次直接與勞工利益有關的問題。因此，結社自由委員會的報告認為工會可以採取抗議罷工，以批評政府的經濟的政策與社會的政策。雖然如此，大多數的德國學者固然承認國勞公約所明定之團結權及國際團結權，對於德國政府構成國際法上的義務。但並不包括特別監督機制（監督委員會）所做成之「裁定實務」或「解釋實務」。況且，或謂：即使承認監督委員會之解釋也具有加諸於會員國一個國際法上的義務，也只不過是要求國家將其法規作相應的調整而已，並未賦予個別勞工一個主觀的權利（請求權）。[22]

第二項　作為國際私法部分（國際勞動衝突法）：以勞動契約為例

第一款　國際法律衝突

　　基本上，每個國家都是一個獨立的法域，且以屬地主義為原則、屬人主義為例外。由於諸多因素的交錯，造成以國家為單位之不同法域間的衝突，此即為國際法律衝突，又稱為國家之間的法律衝突，此乃是國際私法或國際衝突法所要解決之衝突。至於諸多的因素，係指：各國民商事法律制度不同、各國人民存在著正常的民事交往並結成涉外民商事法律關係、各國承認外國人在內國的民商事法律地位、各國在一定程序上承認外國民商事法律在內國的域外效力、以及司法權的獨立自主。

　　而在解決國際法律衝突的方式方面，約有以下幾種：一、直接適用本國實體法

Convention and Recommendations）認為爭議行為之目的，並不以締結團體協約為限。果如此，則中華電信工會在 2005 年為反對民營化之罷工，也將是合法的行為矣。

[20] 不過，結社自由委員會認為批准國要求在進行爭議行為之前，必須先進行調解或仲裁程序，並不侵害團結權。這一點倒是與大多數批准國家的法制一致。

[21] Birk/Konzen/Löwisch/Raiser/Seiter, a.a.O., 27 ff.

[22] Hergenröder, Europäische Aspekte des Arbeitskampfrechts, a.a.O., Rn. 12 f.

解決。二、適用本國的衝突法解決。三、適用國際統一的衝突法解決。四、適用國際統一的實體私法解決。[23]

第二款　區際法律衝突

區際法律衝突（interregional conflict of laws）係指在一個國家內部不同地區的法律彼此的衝突，亦可說是在一個國家內部不同屬地性法域之間的法律衝突。之所以會出現此種現象，係導因於種種歷史和現實以及外在和內在的原因，諸如：一、在「一國」內存在著數個具有不同法律制度的法域。二、各法域人民之間的交往導致產生眾多的涉外民事法律關係。三、各法域相互承認外法域人的民事法律地位。四、各法域相互承認外法域的法律在自己的區域內的域外效力。[24]

至於解決區際法律衝突的方式，與解決國際法律衝突的方式大同小異。簡言之，有以下幾種方式：一、直接適用國際衝突法來解決國際及區際法律衝突。二、類推適用國際私法解決區際法律衝突。三、各法域分別制定各自的區際衝突法的有關法律適用規範。四、制定全國統一的區際衝突法來解決區際法律衝突。五、制定全國統一的實體法解決區際法律衝突。六、制定僅適用於部分法域的統一實體法來解決法域之間的區際法律衝突。

第三款　台灣現行之法律衝突規範

第一目　衝突規範

台灣現行之法律衝突規範有二，其中之一為傳統的「涉外民事法律適用法」，另一個為因應海峽兩邊數十年來分治的事實而訂定的「台灣地區與大陸地區人民關係條例」（以下簡稱為兩岸人民關係條例）。

1. 涉外民事法律適用法

「涉外民事法律適用法」是解決國際法律衝突之規範，其中共計六十三個條文，其條文之編排順序大抵按現行民法之規範體例，包括通則之條文（第 1～8 條）、權利主體（第 9～15 條）、法律行為之方式及代理（第 16～19 條）、債（第 20～37 條）、物權（第 38～44 條）、親屬（第 45～57 條）、繼承（第 58～61 條）、附則（第 62～63 條）。

---

[23] 詳請參閱沈喻偉，跨國勞動派遣法律衝突之研究，中國文化大學勞工研究所碩士論文，2003 年 7 月，頁 37 以下。

[24] 董立坤，香港法的理論與實踐，北京：法律出版社，1994 年 4 月，初版，頁 300 以下。

2. 台灣地區與大陸地區人民關係條例

中華民國政府於 1992 年 7 月 31 日公布施行「兩岸人民關係條例」，以規範兩岸人民往來所生法律爭議之解決。該條例共內含總則（第 1～8 條）、行政（第 9～40-2 條）、民事（第 41～74 條）、刑事（第 75～78 條）、罰則（第 79～94 條）以及附則（第 95～96 條）等六章，共 130 條。其中有關行政、刑事、罰則的規定多屬實體性規定，而民事部分則採法律衝突理論，且係以涉外民事法律適用法之條文內容作為基礎，並參酌兩岸之情事設計而成。該條文中的法律衝突規範，可視為台灣現行法上第一部區際衝突法規範。[25]

第二目　解決法律衝突之必要性

在 1987 年之後，隨著海峽兩岸不相往來政策的鬆綁，台灣人民到中國大陸創業或工作的情況日多，兩岸人民之間通婚者也越來越多，連帶地也衍生許多法律糾紛。以勞務的提供為例，台灣人民無論是受僱於當地的台商或中國的廠商，均有可能發生勞動關係上的爭議。而台灣的法院與中國的法院在認事用法時，卻可能發生選法及適用法律的衝突。

亦即台灣的勞工在中國提供勞務（未來也有可能中國的勞工到台灣工作），有可能因兩邊政治分裂互不承認政府管轄權，而遭受到雙重法律制約的不利後果。由於兩岸之間彼此不承認他方的法律規範及法院管轄，台灣勞工的權利義務即會處於不確定的狀態，影響其權益至巨。因此，兩邊彼此正視分裂的事實，將國家主權與管轄問題分別對待，甚至在互不承認政權的情況下，思索承認並執行他方的法律及判決，實係一可思採取之道。

雖然如此，觀察兩岸人民關係條例之規定，對於「中國」之涵義，台灣與中國大陸並不相同，所以「一個中國」的中央政府體制是虛無飄渺的，根本無法藉由兩岸人民關係條例的規定，適用區際法律衝突理論解決台灣與中國的民事糾紛。[26] 否則即是太過於一廂情願。因此，欲對至中國工作的台灣勞工提供保護，並非經由各自制定其「以為」的準據法可以為功，而是藉由雙邊的協議或協定以保障勞工實體上或是衝突法上之權益，係一更可行之道。此種雙邊協議或協定的做法，除應運用於台灣與中國之外，也應擴張及於台灣與香港、台灣與澳門之間。這是從人員移動自由，以提升勞工福祉及產業競爭力的角度出發。所以，將難免逐步地觸及雙邊人

---

[25] 王志文，兩岸三地民事法律適用問題之研究，國際私法研究會叢書編輯委員會主編，國際私法論文集，1998 年 2 月，頁 297。

[26] 王泰銓，當前兩岸法律問題分析，2000 年 9 月，頁 4 以下。

員的往來。此種雙邊的協議或協定的做法，也可以避免「以國內法的立法方式、解決國際或區際間的勞工權益」的法律難題（勞保條例第 6 條第 3 項規定參照）及雙重成本的負擔（例如雙邊的提撥企業退休金或繳交社會保險費）或勞工雙邊得利或雙邊落空的不當現象。在做法上，似乎可從社會保險及企業退休金的互相承認（可攜帶性或通算 Harmonization）做起 [27]。然後，再思考擴充到其他領域。

第四款　國際勞動契約準據法

第一目　國際契約準據法

　　現代由於各國商務的往來或人員的交流，往往容易發生糾紛。而各國的法院於接受案件時，固然以該國之國際私法決定應適用何國之民、商法作為審判之依據。惟因各國之社會狀態及國民之精神不盡相同，其法律內容之殊異，即為自然之事。因此，所選法律之不同，即可能導致後果之不同。[28]

　　債的關係中，如當事人具有不同的國籍或是其住居所、營業所在不同的國家；或者契約內容之標的物處在外國等涉外因素時，即為涉外契約之債。其準據法之確定，學說上可分為兩種主義：一、非意思主義（或稱客觀主義）。二、意思主義（或稱主觀主義）。原則上，涉及契約之債仍係以當事人之意思作為連繫因素，以確定準據法，即為國際私法上之「當事人意思自主原則」（the doctrine of autonomy of the parties）。在此一原則下，當事人之自由選擇所適用的法律，仍然受到如下之限制：一、公序良俗（ordre public）條款。二、即刻適用法則（Theory of the rules of the Immediate Application）。後者，係指公法上的強制規定，並不會受到當事人約定適用法律的排除，仍然對於涉外契約之債發生規範的效力。

　　另外，當事人意思自主原則是指當事人有權選定準據法，設如當事人未選擇契約準據法時，傳統立法大多以預設的連繫因素指定契約應適用之法律，例如契約締結地、履行地、國籍、住所等。惟由於預設之立場過於硬性僵化，難以適應多變之契約類型，因此遂有「最密切關聯原則」之出現。至於所謂「最密切關聯」之確定，有以為應以全部有關之連繫因素之數量多寡為準，但也有以為應以連繫因素之重要與否，亦即以質量為準。

---

[27] 請參閱潘智茵，跨區移動勞工之退休保障可攜帶性之研究，國立政治大學勞工研究所碩士論文，2013 年 6 月。

[28] 劉鐵錚、陳榮傳，國際私法論，1996 年 10 月，頁 335。

第二目　國際勞動契約準據法

所謂國際勞動契約，係指含有涉外成分（foreign element）之勞動契約而言，亦即契約中涉及外國人者、或外國地者、或外國人與外國地者。

雖然勞動契約當事人之地位不平等，而在具有涉外成分時，勞工權益之保護尤其會發生問題。而此亦會引發當事人可否自由選擇準據法之疑慮，深怕發生不公平的情事（最高法院 104 年度台上字第 218 號判決中，原審即以勞動條件之最低標準且屬強制規定，為我國關於勞工保障之公共利益，係勞雇關係之公共秩序。而做不利於雇主之認定）。惟，原則上當事人意思自主原則仍然有其適用，亦即私法性質的勞動契約可由其自由約定準據法。但具有公法性質的勞動法，即具有強制力，無法由當事人自行約定不適用。至於在當事人無明示或默示的約定時，最密切關聯原則即有其適用。[29]

第三目　派遣勞工法律衝突之解決

由於我國經濟自由化、全球化已然達到一定的程度，跨越國境的勞動派遣早已存在，且將來勢必會越加的盛行，無論係在多國所簽訂的協定或國對國所簽訂的雙邊協定，在其條文的規範上，仍宜針對包括勞務自由的保障、派遣（赴）勞工的社會安全及社會保險、最低工資（或最低勞動條件），甚至派遣（赴）勞工薪資的保障，妥善擬定因應之道。設如我國並非在多邊條約或雙邊條約中約定諸如上述勞動派遣問題解決之道（此應是目前的現象），則其將只能依據國際勞工準據法的原理原則解決，而在目前我國涉外民事法律適用法並未針對勞動契約訂定特別規定之情況下，將可以預見將會有捉襟見肘之疑。[30] 因此，在涉外民事法律適用法中增訂條文，實有其必要性。蓋除了電傳勞動之外，勞動派遣當是國際間使用他國的勞務最為慣用之手段。至於兩岸企業間派遣（赴）勞工之往來，亦已行之多時，因派遣所引發之爭議恐將逐一浮現，而兩岸之間除了涉及法制上的歧異之外，政治上的歧見恐將使得勞動派遣及其他相關勞動問題之處理，更加複雜化。因此，更需要相關領域之學者專家及主管機關慎思規範之道。惟無論如何，有鑑於歐洲聯盟各國勞動派遣日益蓬勃，詳盡地研究歐盟有關勞動派遣之命令與指令，以及歐洲法院所作之判決，以得出處理勞動派遣所應遵守之原理原則，並將之作為我國勞動派遣法及其他

---

[29] 沈喻偉，前揭書，頁 79 以下。

[30] 對此，德國 1997 年民法施行法（EGBGB）第 30 條已特別加以明訂，值得加以參考。BGBl. I 1061.

相關法令（例如涉外民事法律適用法）擬定規定的參考，將是不可省卻的一環。[31]

第三節　勞工法與憲法

 案例 1

甲藥房僱用乙女及其他多位勞工從事包藥與販賣藥品等工作。乙由於（自小到大的）生活上的基本思想（例如是天主教徒），多次拒絕販賣避孕藥給顧客。甲意欲將乙解僱，有理否？

 案例 2

甲受僱於乙工廠，平日即積極倡導台灣應與中國早日統一，甲並且加入有同樣主張的團體丙。某日，甲在工廠換班之際，在工廠的大門之前，舉辦了一項「公投」，內容為：兩岸應該簽訂和平條約及台灣不應該繼續向美國軍購。乙得知後，立即將甲解僱。有理否？

 案例 3

1. 甲醫生與乙門診女助理員約定，一旦乙女結婚，勞動關係即自動終止。
2. 甲醫院與丙護士約定，一旦丙女懷孕，勞動關係即自動終止。
3. 甲係一家大型的面板製造商，其內部之「退職金規定」中設有寡婦（喪夫）撫恤金（Witwengeld）及鰥夫（喪妻）撫恤金（Waisengeld）。惟有如下之限制：如果男性勞工結婚時已超過（含）六十歲、或者男性勞工的年齡較其配偶年長二十五歲以上時，即無該寡婦（喪夫）撫恤金及鰥夫（喪妻）撫恤金請求權。
問：以上 1. 2. 3. 之約定是否有效？

---

[31] 當然，是否在涉外民事法律適用法中設置有異於一般國際勞工準據法處理準則之特殊條款，則已非純然法律面之問題，而是更複雜的政治決策問題，已逸出本書所能處理的範圍。

第一項　基本權係防禦權與參與權

傳統意義之基本權的保障，係提供人民一對抗國家干預之自由權。惟除了此一防禦作用之外，基本權同樣具有表徵社會客觀的價值規範的用意。因此，基本權的價值規範可以放射到所有法的領域，並且作為其上位的解釋標準。[32]

伴隨著確保自由之防禦權，例如人性尊嚴、人格權、財產權、工作權的保障，社會基本權的重要性可謂與日俱增，例如要求在職場生活不受歧視之權利。亦即人民對於國家之要求，漸由庶民（Untertan）要求國家保護權利之心態，轉為要求國家盡其保護及照顧之義務。[33] 此一保護及照顧之義務，亦為 1999 年之阿姆斯特丹條約所採納，蓋其在序言中特別強調社會基本權之重要性也。

第二項　基本權之第三人效力

基本權之第三人效力，在歐盟各會員國（例如德國）的憲法討論，可謂由來已久。原則上，一個具有直接拘束私人效力之基本權並不為學者及實務所接受。[34] 此種基本權無直接第三人效力之理論，尤其是適用於勞工法的領域。

然而，基本權客觀的內容可以引導出一保護作用，並且輻射至對於私法規範的解釋與運用上。基本權的規範內容「可以經由對於個別法律領域直接適用的法律條文的媒介，尤其是概括條文及其他具有解釋可能性與需要解釋的概念，而對於該法律領域發揮影響力。」[35]

如針對歐盟而言。截至今日為止，歐洲法院對於基本自由或基本權第三人效力之問題，係以謹慎保守的方式加以處理，僅在個案中有所提及。[36] 較為顯著的例子是，歐洲法院早在 1976 年的 Defrenne 案件中，即已認為歐體條約第 119 條 [37] 對於個別的勞動關係有直接水平的效力（unmittelbare horizontale Wirkung）。[38] 因此，

---

[32] V. Münch, GG-Kommentar, Bd. 1, Vorb. Art. 1-19, 1992, Rn. 16, 22; Stern, Staatsrecht der BRD, Bd. III/1, 1994, 898 ff.

[33] V. Münch, a.a.O., Rn. 17.

[34] 有關德國基本權之第三人效力之探討，請參閱 Gamillscheg, Die Grundrechte im Arbeitsrecht, 1989, 75 ff. 中文資料可參考李建良，競業禁止與職業自由，台灣本土法學雜誌，第 15 期，2000 年 10 月，頁 112 以下。

[35] 此即所謂之「間接的第三人效力」。請參閱 BVerfGE 73, 261, 269.

[36] Remmert, Grundfreiheiten und Privatrechtsordnung, Jura 2003, 13 ff.

[37] 現在為歐盟條約第 141 條。

[38] EuGH, Slg. 1976, 455, 474 – Defrenne II.

歐體條約第 119 條所規定之禁止對於男女勞工薪資的差別待遇，對於私法主體之雇主，亦具有直接適用之效力。歐盟境內的勞工均可以直接引用該條文之規定主張其權利。[39]

第三項　憲法中之勞動基本權

基於福利國原則，我國憲法中有關勞動基本自由或權利之規定，散見於憲法人民之權利義務之規定（第 7 條以下）、社會安全之規定（第 152 條以下），以及憲法增修條文基本國策之規定（第 10 條）。惟其原則上至多僅有憲法之間接第三人效力而已。至於相關的規定有：

一、第 7 條 —— 平等權及平等待遇原則：例如性別工作平等、薪資平等待遇。

二、第 11 條 —— 表現自由：例如言論自由。

三、第 13 條 —— 信仰、宗教自由、良心自由。

四、第 14 條 —— 結社自由（團結自由基本權）：例如工會法第 35 條第 1 項。

五、第 15 條 —— 工作權（職業自由）：例如最低服務年限條款（勞基法第 15 條之 1）、離職後競業禁止條款（勞基法第 9 條之 1）。

六、第 22 條 —— 人性尊嚴（人格權）；契約自由原則。

七、第 22 條 —— 婚姻及家庭自由。

第一款　競業禁止條款之有效性問題

我國係在 2015 年 12 月 16 日始於勞基法第 9 條之 1 修正增訂離職後競業禁止之規定，惟在此之前，對於雇主可否與勞工訂定競業禁止條款及其方式、內容之問題，我國在國民政府時代的 1936 年 12 月 25 日所制定公布（但未施行）之勞動契約法第 14 條，實際上即已有所規定，且係採取嚴格立法的態度，以免勞工的職業生涯發展受到不當的限制。惟因行政機關遲未發布施行的日期，因此該條並無直接的規範效力，至多僅能作為法理適用而已。如再觀察法院有關競業禁止條款合法性之判決，也少有以法理的方式而引用該條文者。[40] 基於此，其以為契約自由原則有優先於職業自由之效力，毋寧係一當然的結果。換言之，既然在 2015 年 12

---

[39] 由於歐洲聯盟無論是初級共同體法或次級共同體法，對於男女平等待遇均有所規範，故平等待遇原則實已成為歐體法律在社會政策領域的寵兒（Lieblingskinder）矣。請參閱 MünchArbR/Birk, § 18, Nr. 140.

[40] 最高法院 81 年度台上字第 347 號判決即屬其一。

月 16 日之前法令上並無有關勞工競業禁止之直接有效規定（包括在職期間及離職後），[41] 而競業禁止條款的爭議又屢見不鮮，司法機關遂必須針對其有效性（或正當性），依據憲法上所保障之勞工工作權（選擇工作及職業之自由）與雇主所享有之形成契約之自由（私法自治、契約自由原則），衡量兩者間之孰先孰後而做出決定。[42] 而我國包括最高法院在內之多數法院的判決，對於競業禁止條款之合法性均是採取從寬認定之態度。[43] 直到近幾年，部分最高法院判決始加入補償費的審查，對於競業禁止條款的濫用，發揮一定導正的作用。

　　實者，勞工選擇工作及職業之自由雖為憲法所保障，但不能說所有限制競業的法令規定或當事人的約定，均因牴觸職業自由而無效。正確而言，係指職業自由得對於競業禁止的法令規定或約定加以限制。[44] 雖然公平交易法、營業秘密法、刑法（第 317 條妨害工商秘密罪）及其相關的智慧財產權的法令等，已提供雇主相當程度的防範不當競業之保護，但雇主基於經濟上的必要性，為了確保其經營上的正當利益，而另外再以契約約定勞工不得為競業行為，一般均認為在法律上並無任何不妥之處。[45] 只是其需受到憲法上之職業自由及比例原則的限制而已。

　　然而，如前所述，吾人如觀察（在 2015 年 12 月 16 日勞基法第 9 條之 1 修正前）法院有關競業禁止條款中職業自由與契約自由原則間之先後關係，即可知其採取契約自由原則具有優先適用的地位的看法。因此，在我國，競業禁止條款有效性之問題，應不在於所謂「基本權之直接第三人效力」或「基本權之間接第三人效

---

[41] 經理人是否為勞工，學者間及實務上頗有爭議，因此民法上及公司法上有關經理人競業禁止之規定，尚難認為係對於勞工競業禁止之規定，至於該等條文是否可準用或類推適用於一般勞工，則係另一問題。

[42] 以德國而言，雖然商法典第 74 條以下早已有關於競業禁止條款之相關規定，惟在學者間及實務上仍然曾出現該等條文是否因容許雇主訂定競業禁止條款，以致過度侵害勞工之工作權，而有違反憲法上所保障之勞工之職業自由、比例原則、以及社會國原則之爭議。惟通說仍然肯認雇主簽訂競業禁止條款之必要性，而認為只要雇主遵照商法典第 74 條以下之規定行事，即無牴觸基本法第 12 條職業自由之虞。Westhoff, Wirtschaftliche und verfassungsrechtliche Legitimität von Wettbewerbsverboten, RdA 1976, 353 f.

[43] 值得注意的是，職司勞工事務之行政院勞工委員會則是採取一從嚴審查的態度。依據其 89 年 8 月 21 日台 (89) 勞資二字第 0036255 號函解釋，競業禁止條款除須受到民法第 247 條之 1 規範外，另外必須遵守五項（從法院判決中所得出之）原則，其中尤其值得重視的是「代償給付」之義務。

[44] 即使在職中勞工負有忠實的義務，但也無法全盤地認定勞工絕無從事競業行為之空間，蓋憲法上的比例原則對於雇主基於勞動契約而來之競業行為之禁止，仍然給予一定程度的設限。當然，勞工在職中競業行為之空間實際上相當有限。

[45] Westhoff, a.a.O., 354 f.; Laskawy, Die Tücken des nachvertraglichen Wettbewerbsverbots im Arbeitsrecht, NZA 2012, 1011 ff.; Gaul/Ludwig, Betriebsübergang: Auswirkungen auf Vereinbarungen über nachvertragliche Wettbewerbsverbote, NZA 2013, 489 ff.

力」的問題，[46] 而是在於司法機關能否體認我國的憲法帶有相當程度的福利國、社會國的理想，其中基本權利的規定，更蘊含著保障社會弱勢族群的社會正義的觀念，希望提供經濟上的弱者抵抗經濟上強者過度的侵害。換言之，經濟上強者藉由私法自治或契約自由原則，單方有利於自己卻不利於他方的契約條款（包括競業禁止條款），其有效性應該加以限制或直接宣布其為無效。此種憲法上職業自由優位於憲法上契約自由或（雇主）財產權之觀念，早已在採取社會國原則（基本法第 20 條）的德國獲得學術界及實務界一致的贊同，[47] 而在我國經濟社會發展的現況亦已達一定程度的成熟，不僅「社會的市場經濟」觀念也相當程度地落實於經濟市場的運作中，而且「社會基本權」的理論亦已逐漸深入人心。故其獲得學術界及實務界的接受，應亦具有相當程度的說服力。

承上所述，在我國憲法上的工作權即使未能受到如絕對權的保障（多數法院所語），只要司法者體認制憲者所賦予工作權之不可變易的基本價值（unveräußerlicher Grundwert）——亦即最高的基本價值（oberster Grundwert），或者此一價值原則（Wertprinzip），其應受到較諸於雇主的財產權或自由形成契約的權利為強的保護，乃是一自然之事。[48] 所謂絕對權或相對權的理論，應不致於影響勞工之職業自由優位於雇主的契約自由的位序。基於此，在個案的情形，綜合考量所有的狀況，依據誠實信用原則如勞工具有期待可能性、而且從一個理性的旁觀者的角度，雇主亦具有一個充分的理由的、合理的利益時，勞雇雙方依己意所訂定之限制勞工選擇工作之自由之約款，並不牴觸憲法上的職業自由。在此，只有勞工的競業行為有可能危害雇主經營利益時，基於雇主優勢利益保護的考量，競業禁止條款始具有正當性可言。[49]

依據憲法上職業自由保障，以對於所有不利於勞工移動自由之契約條款加以設限——包括返還費用條款（Rückzahlungsklausel，其目的均在於確保勞工選擇工作

---

[46] 李建良，競業禁止與職業自由，頁 112 以下；Buchner, Wettbewerbsverbote während und nach Beendigung des Arbeitsverhältnisses, 1995, Rn. C 22; Westhoff, a.a.O., 354. 另參閱謝銘洋、古清華、丁中原、張凱娜合著，營業秘密法解讀，1996 年 11 月，頁 89。

[47] 如謂雇主的財產權絕對優位於勞工的職業自由，則其將可以下列之諸種理由，限制、侵害勞工的工作權：維持目前的盈利狀況、未來獲利的可能性、市場占有率、產品銷售區域、維持目前的競爭優勢等。其過度地擴展雇主財產權在憲法上的地位，實不足取。參閱Buchner, a.a.O., Rn. C 30; Zöllner/Loritz/Hergenröder, Arbeitsrecht, 6. Aufl., 2008, 155 f.

[48] OLG Stuttgart v. 1.8.2001, 1432：依據對於私法亦有適用之基本法第 12 條之價值判斷，以契約限制職業的行使，僅於其具有為保護其企業的成果或集體合作的成果，以免被其契約的相對人不忠實地利用時，始有被承認的必要性（ein anerkennenswertes Bedürfnis）。當事人之一方，不得以競業禁止條款獲致其值得保護之利益外之好處。NJW 2002, 1432.

[49] BAG AP Nr. 25 zu Art. 12 GG. Buchner, a.a.O., Rn. B 15.

及職業之自由的落實。[50] 蓋依據競業禁止條款，勞工不僅選擇工作的自由會受到限制，如果約定過於嚴格的話，整個行使職業的自由也都會受到限制，亦即基於競業禁止條款中之事物的及空間的適用範圍，勞工實際上已無法在其原來的職業領域從事業務。此種勞工選擇職業的自由整個被限制或排除的情況，由於勞工已無法自由地利用其職業上的能力、知識及經驗，顯已逾越雇主在勞工職業自由所容許的限度內、基於其契約自由原則所能形成契約內容之限制，其將導致基本權所保障之職業自由被掏空，因此係一無效的約定。雇主基於契約自由原則，所能對於勞工職業自由之拘束，應限於係為確保勞動關係之發揮功能所必須，而不應該超越此一界限而做無限度的限制。[51]

　　再依據德國聯邦憲法法院及聯邦勞工法院所形成之三階段理論（Dreistufenlehre），[52] 只有基於特別重要的大眾的福祉，始能對於勞工選擇職業之自由加以限制。由於在勞工與雇主之間，並非涉及個人的自由權與大眾福祉的利益平衡，而是涉及個別的勞工如何防禦具有社會優勢力量之雇主的侵害。[53] 在法制上因此有必要給予勞工適當的補償。而且雇主受益於競業禁止條款範圍的大小，應依勞工是否具有期待可能性而定。設如競業禁止條款不僅是保護雇主企業經營利益的適當手段，而且其方式與範圍係必要的、而且對於勞工職業行為的受限，雇主有給予適當的補償（代償給付）（Entschädigung），[54] 則其即與職業自由不相違背。亦即對於協商能力較弱之商業代理人（Handelsvertreter），將競業禁止義務與補償掛鉤，係被視為唯一可以用來補償他方所遭受損失之工具，而且它（的功用）不僅在於提供必要的補償，也連帶迫使雇主反省使用競業禁止條款的必要性（以免無禁止競業之利益，卻與他方訂定競業禁止條款，而支出一筆補償費用）。同樣地，在商業受

---

[50] 司法院大法官會議釋字第 404 號解釋，亦將憲法第 15 條工作權之保障，區分為人民得自由選擇「工作」及「職業」，以維持生計。

[51] BAP AP Nr. 25 zu Art. 12 GG. Römermann, Nachvertragliche Wettbewerbsverbote bei Anwaltssozietäten, NJW 2002, 1399 ff.

[52] BVerfGE 7, 377 ff.

[53] 反對說，König/Steiner, Die Vereinbarkeit nachvertraglicher Wettbewerbsverbote mit der Arbeitnehmerfreizügigkeit des EG-Vertrags, NJW 2002, 3586：認為雇主營業秘密及客戶名單，涉及雇主之投資意願及研發意願，故以（含違約金之）競業禁止條款限制勞工之競業行為，其目的除在於保護其個別之利益外，更是在於保護公共福祉，故具有強制的必要性。

[54] 參閱謝銘洋、古清華、丁中原、張凱娜合著，前揭書，頁 97 以下：「補償一概念，最常出現於行政法上，所謂行政上之損失補償，……補償係針對合法行為造成特定人經濟上特別犧牲所為之給付，主要為一種利益的調和作用。私法上之競業禁止約定，並無所謂故意或過失而需賠償之情形。只是政策上如有衡平調和的用意存在時，則需透過立法的程序達成，否則沒有補償之約定，並不會導致該約定無效的結果。」對於其所謂「無立法、即無補償」之見解，吾人並不贊同。詳如文中所述。

僱人方面，德國商法典（Handelsgesetzbuch，簡稱 HGB）第 74 條第 2 項亦明定，「競業禁止條款僅於雇主在競業禁止期間，每年至少給付勞工所獲薪資半數作為補償，始具有拘束力」。德國聯邦勞工法院早已將商法典第 74 條以下之規定，擴張適用於所有具有勞工身分之人。[55] 可見其認為補償費之給付，對於競業禁止條款之合法性，實具有關鍵之地位。[56]

　　相對於德國商法典對於商業代理人及商業受僱人均有補償費之規定，且聯邦勞工法院的判決亦將之擴張適用至所有勞工，我國在 2015 年 12 月 16 日增訂施行勞基法第 9 條之 1 前的法律規定即顯得寒傖許多，亦即並無半言隻字提及。[57] 雖然如此，學者間亦不乏主張補償費之約定，係競業禁止條款之有效要件者，[58] 地方法院更有多起判決主張應將補償費之約定，列為判斷競業禁止條款是否有效之重要標準者。[59] 其從保障弱勢勞工的權益出發，強調勞工與雇主實際上並無法立於「近乎相等的力量」的協商地位，並且企圖在憲法第 15 條之工作權、第 23 條之比例原則，以及民法第 72 條之公序良俗的概括條款下，博採國外的判決學說，[60] 而後再透過嚴謹的推理過程，建立起具體的判斷基準，其結論的客觀性實際上已與日、德目前的法院實務做法相當的接近，而值得接受。此種從實體上討論職業自由與契約自由原則之關係，而得出前者具有優先適用地位之見解，斷非高等法院或最高法院短短數語「工作權並非絕對，此觀憲法第 23 條之規定自明」「但對價並非契約之要素，補償費之有無並不影響競業禁止條款之有效」或「競業禁止是否必須有補償的

---

[55] 請參閱 Zöllner/Loritz/Hergenröder, a.a.O., 86. 另請參閱謝銘洋，於「營業秘密研討會」，全國律師，1998 年 5 月號，頁 7；氏著，營業秘密侵害之類型觀察與責任分析，資訊法務透析，1992 年 8 月，頁 49。

[56] 因此，李建良，前揭文，頁 117 引用德國商法典第 90a 條第 1 項之規定，而認為「即使在德國亦非所有的勞動契約的競業禁止條款，皆須輔以補償措施」。其實際上並未慮及聯邦勞工法院早已將商法典第 74 條以下競業禁止條款之相關規定，擴充適用至所有勞工之事實。

[57] 即使民國 25 年之勞動契約法第 14 條的規定，亦無規範到補償費。

[58] 張瑜鳳，競業禁止義務與不公平競爭行為，法律評論，第 60 卷第 3、4 期合刊，1995 年 4 月，頁 45；徐玉玲，營業秘密的保護，1993 年 11 月，頁 154。

[59] 台灣台北地方法院 85 年度勞訴字第 78 號判決（太平洋房屋仲介案）、台灣台北地方法院 86 年度勞訴字第 58 號判決。

[60] 有關世界上重要國家之競業禁止之法制及判決之介紹，可參考由行政院勞工委員會所出版之《簽訂「競業禁止」參考手冊》，2003 年 5 月，頁 42 以下。值得注意的是，依據最高法院 95 年度台上字第 1043 號判決，「競業禁止之約定，難認有背於善良風俗，亦未違反其他法律強制規定，復與公共秩序無關。」就中，尤以與「公共秩序」無關，最為醒目。蓋台灣各界在討論競業禁止條款之合法性時，也少有從公共秩序的角度思考者，此與歐洲聯盟的各國法院多有從此一角度思考者，有所不同。試想，如果競業禁止條款影響一個地區特定產業的（例如台灣彰化縣社頭鄉的製襪業）發展時，怎麼會與公共秩序無關？惟，同樣認與公共秩序無關者，有最高法院 101 年度台上字第 184 號判決。

措施，原則上屬於立法裁量的事項」，[61] 即能在論理上加以推翻。[62]

　　如從憲法第 23 條之比例原則觀之，要求雇主必須有企業經營上的正當利益、且需給予勞工一定數額的補償費，[63] 以作為彌補勞工受限於競業禁止條款而無法自由地發展其人格、運用其職業上的能力、知識與經驗，所造成之損失，實具有相當的理論依據。[64] 蓋在限制勞工職業自由之做法上，其目的與手段必須合乎一定的比例。[65] 在其具有營業秘密或價值足堪保密之客戶名單時，其當得以要求勞工訂定競業禁止條款，但應給予代償給付。如其僅是為了維持市場占有率或預期之獲利等經濟上的優勢時，則其是否得要求勞工與之訂定競業禁止條款，實有相當的問題（但是，最高法院 101 年度台上字第 184 號判決認為雇主縱尚未有 FLASH IC 產品在市面上量產、銷售，惟已將所設計、研發之產品向訴外人投片試產，即有營業秘密及競業禁止條款保護的必要性）。在此，在憲法上較無疑慮的做法是：與勞工訂定返還費用條款，亦即雇主得以勞工未服務一定的期間，而要求勞工返還訓練費用、[66] 或勞工未服務到一定的時點，而要求返還其先已給付之津貼（如聖誕節津貼）。惟

---

[61] 李建良，前揭文，頁 117；謝銘洋、古清華、丁中原、張凱娜合著，前揭書，頁 97 以下。值得注意的是，李氏文章中將台灣台北地方法院 85 年度勞訴字第 78 號判決列出之五個審查基準，經過討論後，列出兩個主要的基準、兩個輔助的基準，以及一項事實認定的準則，試圖更進一步提供法院審查此類案件之先後次序，此係該文主要的貢獻之一。雖然其將補償費之有無列為輔助的審查基準，與本文的見解並不相同。

[62] 蔡正廷，離職勞工競業禁止之案例類型，萬國法律，第 107 期，1999 年，頁 51：「如雇主欲課勞工超過不正競爭防止法保護範圍外之競業禁止義務時，現今多數日本學者均認為原則上雇主給付勞工相當的對價屬必要，蓋雇主既課勞工以本案所不負之義務，給付一定之對價為當然之道理。雖然日本學說多數認為代償措施為競業禁止條款有效要件之一，但日本實務上仍鮮有肯認代償措施為有效要件之見解。」果如此，則日本之實務發展狀況，又與我國現行實務之狀況相去不遠。

[63] 行政院勞工委員會 89 年 8 月 21 日台 (89) 勞資二字第 0036255 號函解釋，即是採取此一立場。

[64] 即使民法第 72、148 條既旨在界限私法自治的範疇，當然含有「過度禁止」（Übermaßverbot）的意旨（比例原則）。參閱李建良，前揭文，頁 115。在一個涉及競業禁止與違約金的案例中，最高法院認為競業禁止條款的限制範圍倘屬明確、合理、必要，且受僱人因此項限制所生之損害，曾受有合理之填補，基於契約自由原則，固應認為約定合法有效。惟勞工所取得的股票，及享有股票選擇權或認股權，是否即得視為補償措施，必須詳為勾稽研求，以確定該給付之法定性質（最高法院 99 年度台上字第 599 號判決）。在另一個案件中，最高法院審酌當事人任職公司之職務、接觸營業秘密範圍、年資、所得薪津，及「未受競業禁止補償」等情狀，將約定違約金額由 200 萬元核減為 50 萬元（最高法院 100 年度台上字第 1860 號裁定）。

[65] 王澤鑑，契約上的不作為義務，收錄於：民法學說與判例研究第八冊，1996 年 10 月出版，頁 129：契約自由原則係私法自治的基本原則，是否違反公序良俗，應採比例原則，斟酌禁止的營業期間、限制的營業項目及保護的客體等，探求其目的與手段的平衡，審慎地加以認定。

[66] 例如在台灣高等法院 86 年度勞上字第 39 號判決（太平洋房屋仲介案）中，上訴人即一再指稱被上訴人接受有關房屋之銷售資訊及訓練，其累積相當客戶群即跳槽或自行開業，有欠公允云云。對此，吾人以為雇主正確、合法之防範之道，應是事先與勞工訂定返還費用條款，以免所費不貲，但卻回收有限或根本無法回收。

需注意者，該等經濟上的利益，必須在客觀上已達到一定程度的具體化，始有保護的必要性，而非雇主空泛指陳即可。且同樣地，返還費用條款亦需受到比例原則的檢驗，而非雇主所可任意主張返還。[67] 在此，如雇主仍然認為返還費用條款不足以保護其經濟上的利益，則其尚可與離職勞工約定保密條款，更加一層確保其營業秘密的不致外洩。換言之，依據比例原則的精神，如雇主以保密條款已足以確保其經濟上的利益（含營業秘密）時，當不得與勞工訂定競業禁止條款，以免過度地侵害勞工的職業自由。[68] 至於雇主既無企業經營上的利益、又無其他經濟上的利益，單純只是為了避免勞工離職（亦即確保該勞工的勞動力），以免經營上發生困難或不便，則其即無保護的必要性及正當性，無論是競業禁止條款或返還費用條款均屬無效。[69] 上述有關離職後競業禁止約定與職業自由關係之說明，其中的憲法理論及規範上的不足，已經相當程度在新增的勞基法第9條之1及勞基法施行細則第7條之1～第7條之3予以修正。根據該等規定，除了兼顧雇主的營業利益及勞工的職位/務能接觸營業秘密外，還必須具體衡量競業禁止之期間、區域、職業活動之範圍及就業對象。而且，雇主必須給予補償費。經由此一修正，當能一定程度遏止濫用競業禁止約定的現象。雖然如此，新修正仍然有如下之疑義或不足：首先，由於我國勞工法令並未要求勞動契約應以書面為之，因此，針對離職後競業禁止的特別約定，立法者如認為勞雇雙方應以書面為之，本應在勞基法第9條之1第1項本文中加以明定，現在將之置於勞基法施行細則第7條之1，既無法發揮法律上的效力，亦與同法施行細則第7條（無書面要求）之規定不相一致。其次，勞基法第9條之1第2、3、4項有關競業禁止約定無效之規定，恐生全部無效（第3項）或一部無效（第4項）之疑義。在此，正確的解釋是：應視其違反第1項之何一款而定。也就是說，第3項之全部無效，應作限縮解釋，將之侷限在違反第1項第1款及第2款之情形。至於違反第1項第3款及第4款情形，原則上應採一部無效之處理。此

---

[67] Zöllner/Loritz/Hergenröder, a.a.O., 86. 另外，需注意的是，即使具有其他經濟上的利益，如何將返還費用條款與之掛鉤，實際上並不容易。蓋前者係一持續性的商業活動，而後者卻通常設定有一定期間的適用期。

[68] 參閱黃銘傑，於「營業秘密研討會」，全國律師，1998年5月號，頁13。因為保密義務並沒有禁止勞工從事相同或類似的業務，只是禁止員工使用或洩露之前所習得原公司的營業秘密而已。惟反對說，König/Steiner, a.a.O., 頁3587以下：「在保護雇主營業秘密的利益上，保密條款的效力無法與競業禁止條款比擬。勞工如到新雇主（原來雇主的競爭對手）工作，很難不利用在原雇主所習得之知識、能力或客戶名單。這將使得勞工陷入忠誠的兩難（Loyalitätskonflikt），亦即如為一方利益著想，即會損及另一方之利益。」

[69] 惟，雇主是否具有其他經濟上利益？在具體的情況下，那些經濟上之利益（法益）已足以以返還費用條款加以保護？以及那些經濟上利益只是雇主主觀上的認定，並不得要求訂定返還費用條款？仍然需視個案情形而加以認定。

觀第 4 項「離職後競業禁止之期間，最長不得逾二年。逾二年者，縮短為二年。」即是採取一部無效之規範做法。例外地，如係嚴重地違反第 3 項之期間、區域、職業活動之範圍時，即應令其全部無效（即等於無此項約定）。

再者，有問題的是，競業禁止之「就業對象，（必須）未逾合理範疇」，始為有效之規定。對此，依據勞動基準法施行細則第 7 條之 2 第 4 款規定：「…應具體明確，並以與原雇主之營業活動相同或類似，且有競爭關係者為限。」如依此一規定，則所限制者，將只是目前雇主的競爭對手而已，而不包括與原雇主有潛在競爭關係的企業主、以及自行創業或與他人合資（夥）經營之情形。此與實務上競業禁止所欲防止者，顯然有很大的落差。依本書所見，原雇主藉由競業禁止約定所保障者，係其正當營業利益及營業秘密，故即使潛在競爭關係的企業主及原勞工自行創業，均在限制之內。勞基法施行細則第 7 條之 2 第 4 款之限縮規定，似乎未能認清競業禁止約定的目的與本質，故不足採。連帶地，其對於司法實務應亦無何拘束力可言。

另外，「雇主對勞工因不從事競業行為所受損失有合理補償」（勞基法第 9 條之 1 第 1 項第 4 款），自然係一正確的規定。而且，補償目的在適度彌補勞工離職後未能繼續使用原技能的損失與不便，並且助其度過未工作或重新學習新技能期間的生活需要，故將其規定為「不包括勞工於工作期間所受領之給付」，亦具有其正當性。惟，對於違反「合理」補償之競業禁止約定，是否即應認其為無效？並非無疑。蓋勞基法施行細則第 7 條之 3 第 1 款已將之明定為「每月補償金額不低於勞工離職時一個月平均工資百分之五十」，則採取一部無效之理論，將原先不合理（未達一個月平均工資 50%）之補償額度，提高至 50%，而使之有效，應係一妥適而可採的處理方式。在此，中央勞政機關除了第 1 款明確的「一個月平均工資 50%」規定外，其在第 2、3、4 款另有其他綜合考量事項，形成了「一個月平均工資 50%」浮搖不定的現象。也就是說，舉例而言，如果納入第 2 款之考量因素，則在勞工係低薪時，則原雇主可能須給付超過「一個月平均工資 50%」的補償費；反之，如果勞工原係領取高薪、且高齡，則在生活需求不高時，其所能要求之補償費即有可能低於「一個月平均工資 50%」。依本書所見，勞基法施行細則第 7 條之 3 第 1 款之「一個月平均工資 50%」的補償費，實際上即已合理平衡勞雇雙方的利益，中央勞政機關加入第 2、3、4 款之考量因素，徒增世界上少有的複雜的合理補償費量訂標準，此不僅與企業實務的做法相去甚遠，也埋下計算合理補償費的爭議引信。

綜上所論，吾人以為勞工的職業自由與雇主形成契約之自由之關係，應以確保勞工選擇工作及職業的自由為先，以使其人格的發展能夠充分地發揮。亦即契約自

由原則的行使應不得侵害他人的權利、不得牴觸憲法秩序與公序良俗，契約自由原則且應該受到較高的法益（ein höherwertiges Rechtsgut）的限制，始為有效。而在具體的做法上，為了彌補勞工因競業禁止條款所帶來之實際損失，甚至陷入失業的困境，雇主之給付補償費係一絕對必要的前提。否則，競業禁止條款即因違反憲法第 15 條之工作權、以及民法第 72 條之公序良俗而無效。[70、71] 而且基於憲法上的比例原則，如果只是單純為維持其在市場上的一定利益（如占有率、銷售區域），則其即無訂定競業禁止條款之保護必要性，雇主充其量只能（以適當的方式）與勞工訂定返還費用條款（及保密條款）。[72] 至於雇主只是擔憂人事異動所帶來之經營不便，而希冀以競業禁止條款或返還費用條款達到勞工久留於位之目的者，則該等約款即因欠缺正當性而無效。[73]

第二款　團結自由基本權之法律基礎

就法制現況來說，我國憲法對於勞動基本權或爭議權並未有明文之規定。[74] 不過，如從國內法來看，勞動者團結權憲法上之根據，學者間容或有爭議，但均認其為憲法上所保障之基本權利之一。而司法院大法官會議釋字第 373 號則已明白指出：由憲法第 14 條人民之結社自由，可以導出勞工組織工會之權利，並認為工會法第 4 條禁止教育事業技工組織工會部分，使其難以獲致合理之權益，實已逾越憲法第 23 條之必要限度，侵害從事此類職業之人民在憲法上保障之結社權。

---

[70] 當然，在思考如何衡平雇主因競業禁止條款所獲得之好處時，還有其他的方法可思採用，例如勞工如因轉業而參加職業訓練，雇主必須負起職訓期間之所有費用（包括應繳費用及生活費、勞工保險費等）；勞工如因失業在家而領取失業給付，由於該費用係源自於雇主所起，雇主必須負擔該筆費用，將之繳還給勞工保險機關。

[71] 對於競業禁止條款之有效性採取嚴格審查的態度，連帶地也會促使雇主認真考慮作好保護營業秘密及客戶名單的管制措施，使得營業秘密外流的機會減少，有益於其企業的長久經營。否則，在採取寬鬆認定的態度下，雇主必然較會依賴競業禁止條款的效力，致使重要機密流出機會大增。此正有如民國七十年代票據法修正前後刑罰一存一廢，卻致使空頭票據一增一減的現象一樣。

[72] 需注意者，雇主不得以保密條款之名而行禁止競業之實，否則即應將之直接認定為競業禁止條款，而檢驗其合法性。換言之，既然保密條款僅是要求勞工謹守營業秘密，其效力所及之範圍，當然不得擴大到禁絕勞工從事相同或類似工作的可能性。參閱謝銘洋，於「營業秘密研討會」，全國律師，1998 年 5 月號，頁 8。

[73] 其實，所有競業禁止條款合法性之審查基準，均蘊含著比例原則的精神，或者說是比例原則的體現。例如與職位低的勞工簽訂競業禁止條款，由於其接觸營業秘密的機會低，實際上使得勞工所受到的損害遠大於雇主所受到的損害，在基於衡平雙方利益的考量後，即應令該約款歸於無效。參閱張凱娜，前揭文，頁 72；謝銘洋、古清華、丁中原、張凱娜合著，前揭書，頁 91、93；蔣若涵，離職員工競業禁止條款之效力，資訊法務透析，1996 年 5 月，頁 38。

[74] 遍查制憲國民大會實錄，也並無有關罷工問題之討論。

　　雖然團結權的論述，多有主張以憲法第 14 條作為其憲法依據者。但是，在經過一段時間的思考後，綜合我國勞工團結權之保障，早已規定於 1929 年的工會法，反而是在制憲時制憲國民大會代表並未討論到團結自由的保障，顯然制憲者是有意將勞工團結權的事項，保留給立法者規範。因此，立法者乃得以善用其立法形成空間，在工會法中予以詳細規定。此與德國由於欠缺一般法律的規定，針對團結權之內涵，學說及實務乃被迫從最高的規範及原則找尋解決的答案者，[75] 尚有不同。因此，有關團結權、協商權及爭議權的內容，台灣既然已在勞動三法中規定，理論上應無必要處處再回到憲法討論。

　　再者，何況台灣憲法第 14 條的規定，並未有如德國基本法第 9 條第 3 項（相異於第 9 條第 1 項之）對於團結權所設置的「功能描述」（Funktionsbeschreibung），亦即未有「維持及促進勞動條件及經濟條件」的規定，難以明確認定其係團結自由基本權的憲法依據所在。另外，公法學者亦有認為勞動基本權固然已具有基本權的實質要件或基本權利品質之內涵，但卻尚未在憲法列舉權利保障範圍，故應以憲法第 22 條作為保障之依據者。這是因為，以第 22 條作為勞動基本權之依據，可以避免須要迂迴以「工作權」第三人效力理論間接保障勞動者之基本權益。[76] 綜上，在未將團結自由基本權入憲之前，目前集體基本權保障的憲法根據，應該是在第 22 條。[77] 而此集體基本權之內涵，包括罷工權及鎖廠權在內。[78]

　　整體而言。理論上應歸屬在結社自由項下，但因現行憲法的規定過於空洞，並未有半言隻字對於團結權、協商權及爭議權的明文規定，學者間所謂的勞動三權毋寧都是透過參照各國憲法規定後、漫長的理論推演而得。可以說，實際上是一個憲法釋義學的範圍，經由演繹團結自由之意義與目的而得。因此，想要以目前的結社自由推出所謂的勞動三權或集體的基本權，將難免陷入結社權與團結權間之差異、以及第三人效力理論等爭議之疑慮。不過，反向思考，如果只因為現行工會法、團體協約法、勞資爭議處理法的規定，而認為勞工的團結權、協商權及爭議權全面只

---

[75] Seiter, Streikrecht und Aussperrungsrecht, 1975 53：相較於其他私法的領域，爭議行為法在私法上的發展，遠遠地受到憲法討論的影響。

[76] 李震山，罷工糾察線作為預防犯罪的警察權發動對象—警察法的觀點，發表於「爭議行為之行使所涉及相關法律問題」學術研討會，2006 年 12 月 8 日，頁 90 以下。

[77] 反對說，蔡震榮，集會遊行權與罷工集會，發表於「爭議行為之行使所涉及相關法律問題」學術研討會，2006 年 12 月 8 日，頁 140 採第 14 條結社權與第 15 條工作權說。「綜上所述，勞動三權之保障，應可直接援引『結社權』，間接也可歸屬『工作權』之範圍。」

[78] 台灣若要否定雇主享有鎖廠權，則或可參考德國黑森邦憲法第 29 條第 5 項規定：鎖廠係違法的。不過，德國聯邦憲法法院已在 1991 年 6 月 26 日判決中，肯定具有暫時休止效力的鎖廠受到憲法保障。

有法律上的保障，則似又與國際勞工組織第 87 號及第 98 號公約、以及世界上主流
國家的做法有所不同。因此，在處理的方式上，將勞動三權或集體的基本權歸入憲
法第 22 條的保障似係一可取的做法。否則，效法主流國家的做法（只在憲法上規
定結社權與團結權，而將協商權及爭議權留待法院實務的逐漸形成），亦係可思採
取之道。

　　承上，再以集體勞工法部分為例，一、雇主以勞工退出工會作為升遷的條件，
係侵害了勞工的團結權。此在德國因其基本法第 9 條第 3 項第 2 句規定具有「直接
第三人效力」，因而無效。至於在台灣憲法第 14 條是否具有直接第三人效力看法
不同，學者間雖然看法有所不同，但無論是直接第三人效力或間接第三人效力，均
會使得該約定無效。此從工會法第 35 條第 1 項第 2 款：「對於勞工或求職者以不
加入工會或擔任工會職務為僱用條件。」亦可得出同樣的結論。二、團體協約差距
條款（Tarifdifferenzierungsklausel）侵害了消極團結權而無效。[79] 三、雇主僅對於
工會會員鎖廠之行為（稱為「選擇性鎖廠，selektive Aussperrung」）侵害了工會會
員積極的團結權而無效。[80]

第四項　以男女平等待遇為例

　　以上所述三個案例，均係涉及憲法所保障之自由與權利，其在勞工法中之運
用。以案例 3 為例，其係涉及憲法對於婚姻及家庭自由的保障（憲法第 22 條，民法
第 72 條公序良俗）。婦女因懷孕而受歧視，係「人格權」（Persönlichkeitsrecht）
受到侵害（德民第 823 條，台民第 184 條）。雇主（動物園）拒絕女性的求職者為
「動物管理員」，只因為她是「女性」，則該女人可以請求信賴利益的損害賠償
（消極損害或消極利益），包括車資、郵資。如果是兩個女人爭取一個職位（亦即
並無男性求職者），而雇主都不僱用，那又如何？在此，該兩個女人同樣可以主張
人格權受到侵害，並且請求精神慰撫金（§§ 253, 847 BGB；台民第 195 條）。[81]
在兩性工作平等法於 2002 年 1 月 16 日公布施行後，有關兩性工作的差別待遇，其
處理（罰）即明定於該法中。無需依據憲法第 7 條及民法第 72 條之公序良俗規定
處理。兩性工作平等法（2008 年 1 月 16 日修正更名為性別工作平等法）第 29 條
且有非財產上損害賠償之規定。

---

[79]　BAG AP Nr. 13 zur Art. 9 GG. 楊通軒，集體勞工法—理論與實務，2015 年 9 月，頁 183 以下。

[80]　BAG AP Nr. 66 zur Art. 9 GG Arbeitskampf. 楊通軒，集體勞工法—理論與實務，2015 年 9 月，頁 400。

[81]　BAG AP Nr. 5 zur § 611a BGB Persönlichkeitsrecht.

第四節　團體協約

案例 1

某團體協約中規定，會員之勞動關係一旦終止，尚未休完之特別休假不再以金錢予以補償。工會成員甲預告雇主乙，其勞動關係將於 2010 年 6 月 30 日終止。甲並在 2010 年 7 月 1 日到雇主丙處就任新職。甲仍然向乙要求給付未休完假的工資補償。有理否？

案例 2

甲是外籍勞工，受僱於一家玻璃工廠（乙），月薪新台幣 21,009 元。甲開始工作後一個月即加入工會，並且要求乙依據團體協約的規定，給付其（做同樣工作的）本國籍勞工的月薪新台幣 25,000 元。有理否？

第一項　團體協約之內涵

工會成員可以團體協約作為法律根據，向雇主主張權利，無需再回到民法第 269 條之利益第三人契約。但是在聯盟的團體協約（Verbandstarifvertrag），[82] 理論上雇主仍然可以依據民法第 268 條之第三人負擔契約，主張其不受拘束。因此，必須在法律的架構上有另一種設計，以加諸雇主履約的義務。此即是團體協約法賦予團體協約具有法規範效力的由來（§ 4 TVG；台灣團體協約法第 19 條）。

台灣團體協約法第 19 條只規定團體協約具有直接的及強制的效力，並未規定「自何時起」有此一效力。在此，勞工以其成為會員起，始受到法規範效力的拘束，不可以主動有溯及既往的效力，以保障雇主的信賴保護。[83] 如果是由工會與雇主聯盟所簽訂的團體協約，則其工資及其他勞動條件之約定，應依據一般的標準為

---

[82] 其相對者為公司團體協約（Firmentarifvertrag）。

[83] BAG AP Nr. 43 zur Art. 9 GG Arbeitskampf, Bl. 12 R.; BAG AP Nr. 70 zur Art. 9 GG Arbeitskampf.

之，而非看工會的強大或弱勢而分別約定。吾人由團體協約法第 19 條之法規範效力，可以得知團體協約只能單方有利於勞工。此一基本構想，還附帶有一競合的條款，稱為「有利原則」。

除了法規範效力之外，團體協約本質上畢竟仍是一個契約，因此亦具有債法上的效力。學者間一般稱其為「債法部分」的效力，其內容可分為：一、和平義務（團體協約法第 23 條）。二、實施義務（團體協約法第 24 條）。而雇主為了使和平義務落實，通常也給付給非工會會員同樣的工資，因為假使廠場中存在兩種不同的工資，即會不斷地發生紛爭。就非工會會員而言，其可以參與罷工，同樣地，雇主也可以對之進行鎖廠。只是雇主不能選擇性的鎖廠而已（只選擇工會會員或非工會會員）。[84]

團體協約的延後效力，表示團體協約已屆期滿，只有直接的效力，而無強制的效力。依據德國團體協約法第 4 條第 5 項規定：「團體協約已屆期滿，其規定的效力，於被其他的約定（Abmachung）取代之前，繼續適用。」其所謂「其他的約定」，包括團體協約、企業／廠場協定、以及勞動契約等。延後效力之目的，在於確保法律安定性。須注意者，一個只具有延後效力之團體協約，並無和平義務之債法上的效力。因此，幾乎每日均有爭議，例如警告性罷工。

相對於德國團體協約法第 4 條第 5 項之規定，台灣團體協約法第 21 條則是規定：「團體協約期間屆滿，『新團體協約尚未簽訂時』，『於勞動契約另為約定前』，原團體協約關於勞動條件之約定，仍繼續為該團體協約關係人間勞動契約之內容。」其所謂之『新團體協約尚未簽訂時』，『於勞動契約另為約定前』，即為德國團體協約法第 4 條第 5 項之「其他的約定」。只是我國的勞資會議決議之效力，究竟為何？學者間看法不一，但無論如何並不具有團體協約之效力。因此，台灣團體協約法第 21 條並未將「勞資會議之決議」列入，毋寧係一自然的結果。

第二項　案例 1 解析

勞基法第 38 條之特別休假規定，係最低的勞動條件，可以被較佳的團體協約的約定所取代。至於在 2017 年 6 月 16 日修正刪除的原勞基法施行細則第 24 條第 3 款之規定「特別休假因年度終結或終止契約而未休者，其應休未休之日數，雇主應發給工資」，是否可以被團體協約變更？對此，台灣由於並無像德國休假

---

[84] 問題是，台灣團體協約法是課予工會及雇主「絕對的和平義務」嗎？針對這一點，請參閱勞資雙贏聖經，1999 年 7 月，頁 50。

法（BUrlG）第 13 條第 1 項之「團體協約任意性」的法律（ein tarifdispositives Gesetzesrecht）規定，似乎是否定的。此種「對於團體協約任意的法律」的理論基礎為：勞工法律的產生，係作為保護的機制，以彌補勞資雙方力量的不平等。但是，立法者認為：在團體協約的領域，並不存在力量不平等的現象（抽象的、典型的力量對等）。因此，立法者乃在法律中明訂：團體協約當事人當然可以以團體協約修改法律的規定，包括較法律規定不利益的約定在內。

雖然台灣現行的勞工法律，並無「團體協約任意性」之規定。但是，依據團體協約法第 3 條本文規定：「團體協約違反法律強制或禁止規定者，無效。」其係以法律強行規定為限。而已廢止的勞基法施行細則第 24 條第 3 款之規定畢竟只是行政命令，其效力的強度不若法律，甚且無法拘束法官的判決。因此，如果團體協約當事人自行約定較已廢止的勞基法施行細則第 24 條第 3 款之規定，不利之約定（例如未休假之日數不發給工資），似應承認其效力。

另外，在處理此一問題時，也可以從特別休假的法理獲得啟示。蓋特別休假係一法律所特別規定的、具有獨自性格的工資請求權（eigenständige Lohnzahlungsansprüche），打破了「未工作、無工資」原則的限制，[85] 其目的在給予勞工一段期間的休假，以恢復其體力及精神、並且促進其生活樂趣，因此，理當在當年度即使用完畢，不宜保留到下一年再來使用（除非法律明定得保留至下一年度或下下年度行使）。吾人如觀已廢止的勞基法施行細則第 24 條第 3 款，似乎也是要求年度休完。更重要的是，2017 年 1 月 1 日修正施行的勞基法第 38 條第 4 項已經明定：「勞工之特別休假，因年度終結或契約終止而未休之日數，雇主應發給工資。」並未給予勞雇雙方自行約定順延至下一年度或下下年度使用的權利。與之配合的是，勞工之特別休假，雇主原則上應連續給予，以使其精神的確能夠獲得舒緩，以及勞動力能夠獲得再生（所謂連貫使用原則）。[86]

---

[85] Maties, Arbeitsrecht, 2009, 64 f.：這種法律所特別規定的給付請求權，係與德國民法第 615 條（相當於台灣民法第 487 條）及第 616 條本身屬性為「請求權維持條款」（anspruchserhaltende Normen）的性質有所不同。另請參閱 BAG v. 19.6.2012, NZA 2012, 1087 ff.

[86] 但如果特別休假期間頗長，譬如三十天，為免妨礙雇主業務之進行，則可考慮分次給予休假。

第五節　勞資會議之決議

案例 1

　　一適用於汽車製造公司內的團體協約預計於 2010 年 10 月 31 日施行期間屆滿。其中原約定汽車製造公司內的沖床工及鑽孔工，每月工資為新台幣 35,000 元。正當工會與雇主針對沖床工及鑽孔工每月工資有無可能調整為新台幣 37,000 元，進行團體協商之際，由於廠場內的勞工人心浮動，勞資雙方遂在 2010 年 10 月 1 日於勞資會議中，達成沖床工及鑽孔工每月工資調整為新台幣 36,000 元的決議，並且自該日起施行。但在 2010 年 10 月 15 日，工會又與雇主訂定沖床工及鑽孔工每月工資調整為新台幣 37,000 元的團體協約，並且自該日起施行。基於此，汽車製造公司依據勞資會議決議，在 2010 年 10 月 1 日至 10 月 14 日間，付給勞工新台幣 18,000 元。甲沖床工起訴要求雇主給付 2010 年 10 月 1 日至 10 月 14 日間差額新台幣 500 元。有理否？

案例 2

　　甲公司僱用勞工二十人，因為遭逢經濟的不景氣，連續數年鉅額虧損，遂思在 2010 年 12 月一次解僱勞工乙等逾十人。依據大量解僱勞工保護法（簡稱大解法）第 4 條第 2 項規定，事業單位應將解僱計畫書依序通知工會、勞資會議、全體勞工。再依據大解法第 5 條第 1 項之規定，事業單位於提出解僱計畫書之日起十日內，勞雇雙方應即本於勞資自治精神進行協商。為此，甲乃產生如下之疑問：工會是否為第一優先通知對象？以及工會是否具有優先協商權？

案例 3

　　甲自 2010 年 8 月 1 日起受僱於乙科技公司，擔任研發工程師一職。甲與乙在勞動契約中約定：「乙依照勞工退休金條例第 14 條第 1 項之規定，

負有每月按照甲工資 8% 提繳退休金之義務。」在 2010 年 10 月所召開之勞資會議中，勞資雙方代表達成乙負有為所有勞工依照工資 7% 提繳率退休金之義務，並且自 2010 年 10 月開始實施。問：該勞資會議決議對於甲是否具有拘束力？

　　針對上述案例 1：為了確保工會的組織政策及團體協約自治制度之落實，即使勞資會議之決議優於團體協約之約定，仍然無「有利原則」之適用。

　　詳言之：依照 2014 年 4 月 14 日公布施行的勞資會議實施辦法第 13 條討論事項中（二）之規定「關於勞動條件事項」。顯見勞資會議仍得就勞動條件加以討論，並且做出決議。如此一來，即有可能出現勞資會議有關勞動條件之決議，優於團體協約所約定者之現象，而且雇主願意履行勞資會議所做成之決議，果如此，究應如何處理？

　　如從比較法的觀點而言，由於憂慮工會的爭議實力受到勞資會議架空，德國企業組織法（Betriebsverfassunsgesetz，簡稱 BetrVG）第 77 條第 3 項明定團體協約有關工資及其他勞動條件之約定，不得成為企業／廠場協定之對象。亦即，排除有利原則之適用。除非團體協約明文允許其可作補充約定者。

　　就修正前的團體協約法第 16 條有利原則之規定，只是針對勞動契約與團體協約間之關係而言，並不及於勞資會議決議與團體協約。因此，乃引起勞資會議有關勞動條件之決議，優於團體協約所約定時，如何處理之問題。吾人以為：不宜驟然承認勞資會議決議與團體協約間有有利原則之適用。雖然修正前的團體協約法第 16 條中，並無對此問題加以規定。但為了釐清勞資會議決議與團體協約效力先後之問題，似應在新修正條文中加以明文規定。但 2011 年 5 月 1 日新修正施行之團體協約法第 19 條規定中並未提及。本書也以為 2020 年 1 月 1 日施行的勞動事件法第 2 條第 1 項第 1 款規定勞資會議決議為勞動事件，但並未改變向來勞資會議實施辦法共識決之效力。仍然無有利原則之適用。

　　針對上述案例 2：吾人以為在通知上，事業單位應全部通知，而非僅通知工會或優先通知工會即可。至於協商權的部分，如同針對案例 2 之說明，應該承認工會具有優先協商權，以免與勞資會議相持不下。當然，吾人以為最好是修正大解法第 5 條之規定，明定工會對於大量解僱事件，具有優先協商權。勞資會議所為諮商之決定，不能取代團體協約之效力。如此，始能真正釐清其間之疑義。

　　針對上述案例 3：雖然現行勞資會議實施辦法中，並無類似團體協約法第 19 條但書之規定，但解釋上似應類推適用（analog）「有利原則」處理之。

第六節　勞動契約與一般的勞動條款

第一項　勞動契約與法律形式強制

 案例 1

彈奏鋼琴的女琴師

　　甲係鋼琴四重奏（乙）之成員之一。多年來以獨立演奏人的身分與交響樂團（丙）合作演出。雖然甲不是自始至終參與演出，但卻是經常性地參與演出。在一年中，甲每週平均演出超過三十小時。丙無需與甲商量，即可將演出表張貼在公布欄上。甲與丙的契約約定，「甲可以不受限制地拒絕演出」。但是交響樂團負責人事的主管卻告訴她，將來有可能優先令其他音樂家上場表演。由於甲依賴丙所給予的報酬過活，所以甲從未拒絕參與演出。甲起訴確認其係丙的勞工。有理否？

　　又，在訴訟進行中，丙向法官表示：在甲與丙簽訂合作契約時，丙即已向甲說明雙方並非簽訂勞動契約，勞工法對其並不適用。甲也同意之。果如此，勞工法是否當然即無適用之餘地？

 案例 2

保險業務員之契約

　　甲保險公司與乙業務員訂定承攬契約，約定乙如果有招攬到新客戶，則按件給予佣金。甲對乙招攬客戶之行為（包括時間、地點、方式、使用何種交通工具等）均不予以指示或干涉。乙在訂立契約時，亦明知可能因未招攬到新客戶而無報酬可領。六個月後，乙因業務成績不佳終止與甲之契約關係。乙訴請法院確認其為甲之勞工。有理否？

　　上述二個案例，均是涉及契約自由原則與法律形式強制之問題。其正確之解決方法為：不管契約之名稱為何，只要所提供之勞務與一般勞動契約之勞務相同，當事人即為勞工。即使當事人合意其所簽訂者非勞動契約或者放棄其勞工之身分，亦

無效。在此是合法且適當的法律形式強制。

　　反之，如果當事人訂定承攬契約或委任契約，且按照契約之本質履行，則不能將之擴大解釋為勞動契約，否則即難免有強制契約當事人只能訂定特定類型的契約（尤其是勞動契約）之意，而有落入不當的法律形式強制之虞。蓋我國民法上的勞務提供型態，主要的有僱傭契約、承攬契約及委任契約等三種，當事人在從各方面考量本身的利益後（成本的考量是主要的、但卻非唯一的因素），基於契約自由原則中契約形成的自由，原則上當得以自行選擇其認為最妥當的契約形式（勞動契約、僱傭契約、承攬契約或委任契約），此種自由，並無法以立法的方式加以剝奪，否則即會出現不當的法律形式強制。除非其有脫法之行為，才需加以處理。[87]

　　近幾年，有關南山人壽保險股份有限公司業務員之契約屬性，可以說具有相當的代表性。首先，在認定上，究竟是勞動契約或承攬契約，完全以契約之實質關係為斷，而非以名稱為準。其次，保險業務員的契約屬性，可以是僱傭契約或承攬契約或委任契約。只是，不得為居間契約，這是由於居間契約只能發生於保險人與保險經紀人之間。另外，由於勞務提供契約本質上的相似性及從屬關係的貼近性，並不宜肯定混合契約或契約聯立理論，在保險業務員契約中之適用。處理方式是以契約特徵較強的契約類型，吸收契約特徵較弱的契約類型（所謂「單一契約說」模式）。但這與最高法院 89 年度台上字第 1301 號判決及 81 年度 347 號判決所持的見解「勞動契約吸收承攬契約或委任契約」，理論上尚有不同（相關說明，楊通軒，保險業務員勞工法律問題之探討—以契約定性為中心，東吳法律學報，第 25 卷第 3 期，2014 年 1 月，頁 69 以下）。

　　針對案例 2 部分，如果當事人雙方簽訂承攬契約，而且也給予乙業務員相當之自由裁量權，則自不宜承認乙為勞工之身分（最高法院 100 年度台上字第 761 號判決、100 年度台上字第 1739 號裁定及 101 年度台上字第 1333 號裁定參照。反對說認為其是勞工，最高法院 100 年度台上字第 873 號判決、最高行政法院 101 年度判字第 368 號判決）。

---

[87] 有關案例 2 之部分，另請參閱行政院勞工委員會 90 年 3 月 9 日台 (90) 勞資二字第 0009867 號函之說明。尤其重要的是，遵照司法院大法官會議釋字第 740 號解釋意旨（2016 年 10 月 21 日院台大二字第 1050026814 號），勞動部在 2016 年 11 月 28 日勞動關 2 字第 1050128739 號函同樣肯定私法自治原則在保險業務員契約中之適用。

第二項　契約上的統一規定（表格化勞動契約：定型化勞動契約）

 案例 1

事後反悔的雇主

甲公司在 2010 年年中時，因為景氣大好盈餘倍增，為鼓勵勞工工作的士氣，乃在黑板上公告「2010 年年終獎金為每位員工三個月的工資」。緊接著，在 2010 年 8 月開始的團體協商，工會態度強硬地要求 2011 年調薪 10%，且在甲拒絕妥協後，進行為期兩個月的罷工，導致甲的客戶紛紛轉單，營業狀況一落千丈，盈餘也大幅縮水。甲乃重新提出一份書面，要求所有員工簽名接受「2010 年年終獎金為每位員工一個月的工資」。由於害怕被甲解僱，所有的員工只有無奈地簽名。問：甲之行為有理否？

第一款　意義、特徵及解釋原則

契約上的統一規定或表格化的勞動契約亦屬於定型化契約類型中之一種。目前在我國法令中，民法第 247 條之 1 係針對所有契約的類型均適用之「一般條款法」，跳脫了原本只有在消費者保護法第二章第二節（該法第 11 條以下）有定型化契約規定之框框。至於民法第 247 條之 1 是否得適用於勞工法的領域，一般而言，大約有三種見解：不適用說、完全適用說、限制適用說。在此應考慮的是：定型化契約條款適用到勞動契約中，有何特殊的條件或限制？亦即具有何種特殊性？

一般而言，預先訂定一定之契約條款為契約內容，供不特定之第三人訂定多數契約之用之固定性條款契約。即：預先制度；與不特定之第三人訂立多數契約之用；不以書面為限——放映字幕、張貼、牌示、黑板、會議時宣示均可。

在特徵方面，有：一、減輕或免除條款制定者之責任。二、加重相對人之責任。三、限制或剝奪相對人權利之行使。四、不合理地分配契約風險。五、其他不公平之約定。

至於在解釋原則方面，一、契約用語有疑義時（不明條款，Unklarheitenregel），應為不利於條款使用人（雇主）之解釋。亦即「為有利於勞動者之解釋」原則。這是指在用盡公認的解釋方法時，仍然未能掃除疑慮時，始能回歸到此一原則

（BAGE 116, 366 = NZA 2006, 923 Rn. 37）。也就是，必須存在一對於正確的解釋「嚴重的疑慮／懷疑」時始可。假設有渺茫的可能性獲致另外一個結果或者只是有可能獲得另一個結論的遙遠的可能性時，即未符合發動此一不明確條款原則的前提（vgl. BAGE 124, 259 = NZA 2008, 40 = NJW 2008, 680 Rn. 14; BAGE 139, 156 = NZA 2012, 81 Rn. 20; BAG v. 5.3.2013, NZA 2013, 921 Rn. 61）。二、個別商議條款之效力應優先於定型化約款。三、定型化契約內容，須依定型化約款之可能訂約者。四、同一文件上，書寫文字、打字文字，與印刷文字衝突時，書寫文字之效力最優先，打字文字次之，印刷文字效力殿後。

如再以德國的定型化勞動契約的解釋為例，其亦係由雇主單方所決定的、以相同內容適用於所有勞工的契約條款。針對此種類型化的契約條款，下級審的解釋會受到上級審的全面審查。於此，應該引用為解釋一般交易條件（Allgemeine Geschäftsbedingungen）所發展而來的原則（vgl. BAGE 115, 372 = NZA 2006, 324 Rn. 36 ff.; BAG, NZA-RR 2009, 153 = AP BetrAVG § 1 Nr. 54 = EzA BetrAVG § 1 Hinterbliebenenversorgung Nr. 13 Rn. 22）。針對一般交易條件，應依據其客觀的內容及典／類型的意義，如同由明理的與正直的契約相對人，在考量一般參與交易人的利益理解下，做出統一的解釋。在此，並非以具體的可能性，而是以一般的／平均的使用契約條款的相對人作為基準。所以，具有決定性的，是訂定契約時典型的可以期待的、並非具有法律專業知識的（rechtskundig）契約相對人的理解可能性（Verständnismöglichkeit）。至於在解釋時，首先仍應置重於契約的文字。惟如契約文義不清楚時，即應以典型地參與此類交易行為之人的理解為準，在此，必須尊重明理的與正直的契約相對人的契約意志。另外具有重要性的，是契約當事人所追求的訂約目的、以及所牽涉到的利益狀況（BAGE 126, 198 = NZA 2008, 757 Rn. 23; BAG v. 5.3.2013, NZA 2013, 920）。

第二款　定型化約款在勞動契約之運用

第一目　主要義務

例如：約定免給付薪資？這是雇主基於其締約的優勢，針對特定狀況（例如沒有訂單或計件工的瑕疵品）所事先約定的免責條款。由於工資是勞工生活的主要來源，而且勞工無法提供勞務的情況不一而足，有的是企業經營的風險、有的是經濟風險、有的是爭議風險、也有可歸責於勞工的不完全給付的情形，因此，雇主是否得免給付工資，必須依據個案而定，想事先約定一概免除工資給付義務，應屬無效。不過，此種免除主要義務的定型化約款，一般並不多見。

第二目　附隨義務

在較多的情況下,定型化約款是針對附隨義務而為。例如:約定競業禁止及轉業限制;違約金條款;最低服務年限。過去,基於契約自由原則的思想,實務上殆皆認為此種約款有效,只是,為避免對於勞工的職業(選擇)自由過度拘束或限制,實務上遂發展出一些審查有效性的標準。而在 2015 年 12 月 16 日勞基法修正增訂離職後競業禁止(第 9 條之 1)、調動(第 10 條之 1)及最低服務年限(第 15 條之 1)之後,已經明確化所必要的要件,自此而後,定型化約款當不得牴觸上述法律的規定。

第三款　定型化勞動契約之解決途徑

一、司法審查:法院以其是否違反「公共秩序」「善良風俗」而宣布其無效。這是目前最主要的處理方式。尤其值得注意的是,依據勞動事件法第 33 條第 2 項規定,「勞工與雇主間以定型化契約訂立證據契約,依其情形顯失公平者,勞工不受拘束。」

二、於勞動契約法中加以規範。此在 1936 年的勞動契約法或勞基法中的勞動契約章均未有所規定,有待於未來修法或訂法時加以增入。

三、基於社會自治,由工會與雇主在團體協約中加以規範(參照德國企業組織法第 87 條員工代表會對於表格式勞動契約的共同決定)。此在現行實務上並不多見。有待於工會團體的努力推廣。

最後,值得注意的是,一旦工資已被團體協約所保障(Tariflohn),則法院不得再以「公共秩序」「善良風俗」來審查定型化契約之有效與否(§ 315 BGB Billigkeitskontrolle;台灣民法第 72 條),蓋工會既係一個法人,理當具有對於雇主施加壓力的能力,其所協商之工資及其他勞動條件,當係其斟酌各種情況下所作的決定,故應尊重其效力也。

第三項　工作規則

 案例 1

未公開揭示之工作規則之效力(最高法院 81 年度第 2492 號民事判決)
原告於 1983 年受僱於被告公司為技術員,並簽立志願書,其上載明願

遵守被告母公司之一切規章。被告母公司已於 1988 年 4 月訂定工作規則，並經主管機關核備，惟被告則直至 1991 年 1 月始有訂定自己之工作規則。嗣於 1990 年間，原告因曠工而為被告以違反母公司工作規則，不經預告予以解僱。原告起訴理由引用內政部（民國）75 年 6 月 25 日 (75) 台內勞字第 415571 號函釋[88]內容，主張母公司之工作規則未經公開揭示，不生效力，故其所為之解僱於法無據，應屬無效，請求確認兩造間僱傭關係仍屬存在。

判旨為：雇主違反勞基法第 70 條，工作規則應報請主管機關核備後公開揭示之規定，僅係雇主應受同法第 79 條第 1 項第 1 款規定處罰之問題。苟該工作規則未違反強制或禁止規定，仍屬有效。經核該工作規則內容並無違反強制或禁止之規定情事。原告此部分主張，即無可取。

案例 2

做不實檢舉的產業工會會員（最高法院 84 年度第 1143 號民事判決）

原告為某產業工會會員，於 1991 年 3 月間，利用被告（雇主）內之產業工會召開會員大會之際，以不實之事實向與會各級主管、來賓、會員及採訪記者共七十餘人，散布檢舉書，指摘該產業工會理事長等四人，利用職權，以低價紀念品高價賣與產業工會。案經該產業工會理事長等人提出刑事自訴，並經三審判決確定原告犯有誹謗罪，處有期徒刑八月，緩刑三年在案。被告遂以原告之上揭行為已符合其職工工作規則第 34 條附表 3 獎懲標準表第 58 款「行為不檢影響處譽者」之規定，依勞基法第 12 條第 1 項第 4 款規定將其解僱。原告則以該檢舉情事，純屬工會內部事務，與被告之處譽無關，其解僱不符合職工工作規則之規定，求為確認兩造間僱傭關係存在。

判旨為：被告內之產業工會，係被告之員工依工會法規定所組成，與被告間雖無隸屬關係，惟兩者間關係密切，[89] 至為灼然。原告檢舉工會幹部等四人瀆職、圖利廠商等，其指摘足以毀損該等工會幹部名譽，亦足以毀損被告單位之名譽。又被告職工工作規則第 34 條附表 3 第 58 款係規定：「行

---

[88] 內政部 75 年 6 月 25 日 (75) 台內勞字第 415571 號函：依勞動基準法第 70 條之規定，事業單位工作規則之訂定，應報請主管機關核備，並公開揭示。如未符上開法定條件，自不發生工作規則效力。

[89] 這樣的表達不清不楚，正確的表述為：產業工會（2011 年 5 月 1 日修正為企業工會）之會員仍然具有勞工的身分。

為不檢影響處譽者之處罰標準為申誡、記過、記大過，情節重大者解僱，此
有該工作規則可稽。依上述規定，被告於規定得處罰標準之範圍內，如何處
罰，乃有處分權之主管長官或單位應有之裁量權。」原告之誹謗行為，經被
告之人事甄審委員會，依其裁量權決議，依前開工作規則之規定予以解僱處
分，並經被告之法定代理人同意，發布獎懲案件通知書，亦核無違誤。

第一款　工作規則之意義：規定統一化勞動條件及應遵守紀律之文書

　　在台灣，工作規則的法律性質為何，學者間的見解不一，而法院的判決中，似
乎有越來越多採取契約說（事實上習慣說）的見解，[90] 而學者在檢驗判決時，則試
圖將某些判決或歸入契約說、或歸入法規範說。再加上判決中也有以「既得權」、
甚且「誠信原則」作為判決不利益變更之理由者，更增加歸類上的困難。因此，本
書以為有必要簡要地介紹我國學者及實務界的見解，以為解讀上述兩號最高法院判
決參考之用。

　　台灣現行法中，無論是民法僱傭契約章、1936 年之勞動契約法或勞動基準法
中，均無對於工作規則加以定義者。依西元 1959 年國際勞工組織（ILO）特別委
員會報告書所下之定義為：「企業界對 Works rules, Company rules, work shop rules,
rules of employment, standing order 之稱號，供企業之全體從業員或大部分從業員適
用，專對或主要對就業中之從業員之行動有關的各種規則 [91]。」基此，一般以為工
作規則亦稱就業規則（Arbeitsordnung），係規定勞工在職場中提供勞動的行為規
範。

　　惟如以台灣現況而言，工作規則，是由雇主依據勞基法單方所制定，規定統
一化勞動條件及應遵守紀律之文書 [92]。其規範內容早已逸出 ILO 只針對「行動的
規則」，而亦及於勞動條件的劃一規定。論者因有以為工作規則之第一功能，乃是

---

[90] 請參照最高法院 97 年度台上字第 2012 號民事判決、台灣高等法院 98 年度勞上易字第 6 號民事判
決、台灣高等法院 97 年度重勞上字第 11 號民事判決、台灣高等法院 96 年度勞上字第 98 號民
事判決。最高法院 99 年度台上字第 2202 號裁定、台灣高等法院 99 年度重勞上字第 5 號判決。

[91] 黃越欽，從勞工法探討企業管理規章之性質，政大法學評論，第 17 期，1978 年 2 月，頁 51
（54）。

[92] 在德國的工作規則，則是規定於企業組織法（BetrVG）第 87 條第 1 項第 1 款，由雇主與員工代
表會共同決定之，員工代表會擁有對於工作規則的共同決定權（Mitbestimmung）。

在維護職場內之就業秩序；而其第二功能乃是在劃一地處理勞動條件[93]。也因為如此，勞工的工作條件乃受到雇主單方設定的標準所拘束，也因此種下學界熱烈討論此種現象之合法性的根源。論者甚且以為工作規則不利益變更效力的問題，可以說是勞基法中最棘手的法律公案之一[94]。此均與工作規則的法律性質有關。

工作規則之產生，係由於近代企業分工日益精細、經營規模日益龐大、而勞工亦日眾，為了統一規範所有勞工的行為，提供一可供遵循的準則，以維護整體企業的紀律，雇主勢必無法一一與個別的勞工約定，此自然會有害於企業的有效經營；再者，雇主與個別的勞工分別談判、締結勞動條件，理論上雖然可行，但對於兩者究仍屬不便，因而亦假藉工作規則，將各種各樣的工作條件予以整理、統一。而在台灣現行勞基法第 70 條係以雇主有「義務」制定工作規則為出發點，勞工因此得要求雇主訂定工作規則，以為遵循之用。但因實際上雇主如不制定，頂多只有面臨罰鍰的不利益而已。[95]再加以既然工作規則得規定「應遵守之紀律」，顯然地，企業享有秩序制定權[96]。立法者的目的，是在於避免勞工受到雇主「秘規」的侵害，顯然雇主制定工作規則，是權利面大於義務面。再進一步觀之，實務上，由於勞工大多在經濟上為弱勢的一方，工作規則可說係由雇主單方所決定，於是遂形成雇主以之與勞工締結附合契約也[97]。

工作規則既係為劃一企業紀律及工作條件，其即具有如下的幾種作用：
一、建立良好的工作場所紀律與秩序，藉此提高生產力及經營效率。
二、具有溝通及教育功能，成文的工作規則藉由公告週知程序，對全體從業人員，尤其是新進員工具有迅速明確了解職場紀律與秩序之功能。
三、劃一企業從業人員各項基本的勞動條件。
四、明確規範勞雇間之權利義務關係，使雙方之行為均有一定程度之可預期性，增進勞資和諧。
五、可以具體補充法令、團體協約及勞動契約不足的作用[98]。
六、工作規則的制定可便於政府的有效監督，法令規定工作規則經主管機關核備及

---

[93] 劉志鵬，工作規則法律性質之研究，律師通訊，第 71 期，1985 年 7 月，頁 7 以下。

[94] 劉志鵬，勞動法解讀，頁 134。

[95] 工作規則的訂定，從雇主的角度來看，實施上是權利面多於義務面。所以，雇主未訂定工作規則時，是否會受到行政罰鍰的制裁？實際上並非無疑，蓋勞基法第 70 條只針對核備及公開揭示加以規定而已。另外，如果中大型的企業將所有的行為紀律及工作條件規定於勞動契約中，而不使用工作規則，理論上應無不可。果如此，還有必要對之行政制裁嗎？

[96] 呂榮海，勞工法法源（二）：工作規則，法學叢刊，第 140 期，1990 年 10 月，頁 115 以下。

[97] 黃越欽，勞動法新論，2000 年，頁 191 以下。

[98] 關於工作規則與勞工法令、團體協約及勞動契約間之關係，擬於後再著專文說明之。

公開揭示後，主管機關即能監督其是否確實執行[99]。

第二款　工作規則之法律性質

　　台灣學者在討論工作規則之法律性質時，頗受日本勞工法學界之影響，認為主要可分為契約說、法規範說、集體合意說、根據二分說等四者[100]，但學者亦有獨自演繹為定型化契約說者；然而實務上之行政主管機關或司法實務，以往似無明白主張採用那一說，而是混合地寫著工作規則的作用與效力，並重複勞基法第 70 條及第 71 條規定。至於晚近的法院判決則有較明確採取契約說者。甚且有採取定型化契約說者。由於此一問題，係工作規則核心問題之所在，且攸關工作規則合法性之問題，故以下擬加以說明之[101]。

第一目　各種學說

一、法規範說

　　法規範說之共同看法是工作規則發生拘束力之根源，在於工作規則具有法規範之性格，而與勞工主觀之意思無關，其理論大致可分為經營權說、習慣法說及授權法說三種。

　　論者有以為現行勞基法中工作規則之性質，係採法規範說，其理由為：

（一）根據勞基法第 70 條規定，雇主可片面訂立工作規則，不必經勞方同意，亦不必諮詢勞方之意見（非契約說）。

（二）根據勞基法施行細則第 7 條規定所列之勞動契約內容，與勞基法第 70 條工作規則內容完全一致。但勞動契約係由勞雇雙方立於平等地位之合意，而工作規則係由雇主片面所做成（取代勞動契約之內容、授權立法說[102]）。工

---

[99] 黃越欽，從勞工法探討企業管理規章之性質，頁 55 以下；李來希，評工作規則程序效力疑義，勞工行政，第 66 期，1993 年 10 月 1 日，頁 34 以下；林文淵，從勞動基準法看工作規則，勞工行政，第 116 期，1997 年 12 月 15 日，頁 19。

[100] 劉志鵬，工作規則法律性質之研究，頁 8：工作規則之法律性質，日本勞工法學界自戰前迄戰後爭論不已，各家理論豐富並陳，計有「四派十三家」之多，允為日本勞工法學最重要爭點之一。

[101] 關於學說整體的介紹，黃越欽，從勞工法探討企業管理規章之性質，頁 59 以下；劉志鵬，工作規則法律性質之研究，頁 8 以下；劉志鵬，論工作規則之法律性質及其不利益變更之效力，律師通訊，第 132 期，1990 年 9 月 5 日，頁 35 以下；第 133 期，1990 年 10 月 5 日，頁 61 以下；呂榮海，勞動法法源及其適用關係之研究，台灣大學法律研究所博士論文，1991 年 6 月，頁 184 以下。

[102] 授權法說認為工作規則之所以會有法的拘束力，不是因為眾人對工作規則這個社會規範產生法的確信，而是因為勞基法基於保護勞工之目的，乃賦予工作規則法的效力，蓋為了使雇主與勞工遵守工作規則，同時防免雇主恣意苛待勞工，賦予工作規則法的效力實有必要。

作規則具體化契約內容,明定了工作條件。

(三)勞基法施行細則第 39 條更規定:雇主認有必要時,得分別就本法第 70 條各款另訂單項工作規則。更擴大了雇主訂立工作規則的權力。

(四)依勞基法第 12 條第 1 項第 4 款之規定,違反勞動契約或工作規則情節重大者,雇主得不經預告終止契約。但我國迄今勞動契約法尚未施行,故本條事實上即為對違反工作規則之解僱規定[103]。

對於現行勞基法工作規則之法律性質是否為法規說,可能是幾種學說中爭議最大的。對此,司法解釋係採肯定的見解,在其有關工作規則「遲到逾三次者,即予(從台北)調職至台南分公司服務」之規定,司法院第一廳研究意見認為雖未經報請主管機關核備,但已公開揭示,則只要未違反法令之強制或禁止規定,仍屬形式上有效,僅雇主應受本法第 79 條第 1 項之處罰。亦即工作規則在規定合理之勞動條件限度內,不問該事業場所之勞工是否現實知悉,以及不問是否為個別之同意,均應有工作規則之適用[104]。吾人由該解釋,得知其具有嚴格意義的法規範說的色彩,惟其要求工作規則必須公開揭示,而且所規定的勞動條件必須「合理」,換句話說,如果是針對調職,仍然必須符合勞動契約的要求、以及實務上調動五原則之拘束。

至於法院早期的判決(大多在 1990 年前),大多涉及到事業單位原有工作規則,而在勞基法施行後,雇主將工作規則所定勞動條件(例如退職金、離職金)做不利益變更之有效性問題。其中,台灣台北地方法院 76 年度訴字第 6299 號判決及台灣高等法院 77 年上字第 95 號判決均認為工作規則如果已經傳閱周知,並經簽收領用,即已表示勞方已同意或知情,退職金之規定,已成為雙方勞動契約內容之一部分,其係採取契約說之立場無疑。[105] 另外,台灣高等法院 79 年上易字第 14 號判決認為被上訴人於受僱於上訴人公司之際,即知有離職及資遣辦法,故其為勞動契約之一部分。似乎亦傾向契約說。至於晚近的法院判決則有較明確採取契約說者,甚且有採取定型化契約說者。惟仍然有僅強調核備及公開揭示之法規範說者。

在學者間,有持反對見解者。氏認為我國工廠法時代,工廠法第 75 條雖有關於「工廠規則」之規定,但由於立法技術簡陋,無從窺見工廠規則之法律性質,但從內政部所發布之解釋令文,似持「法規說」,且以法規說中之授權立法說為原

---

[103] 黃越欽,勞動法新論,頁 198。另林振賢,勞動基準法釋論,頁 314 採同說。不過,本書認為 1936 年的勞動契約法的未施行,與勞動契約之有解僱規定係兩回事,不宜混為一談。

[104] 民事法律專題研究(六),頁 318 以下。

[105] 在上述判決中,工作規則明定「離職員工轉往信託同業、租賃業或分期付款業務者,不予發給退職金」,本書認為其係作為對抗違反競業禁止約款之手段,應屬有效。

則。……現今勞基法已公布實施，則不復採取法規說之論調矣，……現行勞基法體系之下，雇主所制定之工作規則需接受強力之行政監督，甚者，需遵從主管機關之通知而修訂工作規則，顯而易見，工作規則不具有類似法規之位階，已屬定論，則工廠法時代所持之「法規說」的看法不復成立矣[106]。

二、事實上習慣說

相對於日本學者以日本勞基法第 93 條之規定「勞動契約所定勞動條件未達工作規則所定基準時，該部分無效；於此場合，無效部分依工作規則之基準定之」，作為主張法規說中之立法授權說之依據，我國並無類似之條文。法規說忽略勞資對等原則，置勞工之自由意思於不顧，並不符合現代法律原則[107]。論者並從「憲法之基本原則」（法治國原則、民主國原則、共和國原則）、「行政法之原則」及「私法自治問題」來檢驗法規說，而認為：我國現行法對就業規則默示採法規說之謬誤至為明顯，由於法規說過分提高就業規則之法律地位，不當授予私法人立法權，使資方因此立於近乎國家對國民之統治地位，吾人對雇主之法律制定權採堅決反對態度，只承認斯為雇主之有組織的私法上意思表示而已，充其量僅有『事實上的習慣之效力』，尚無習慣法之可言，遑論法規。[108]」

事實上習慣說，係屬於契約說三種學說之一（另兩種學說為純粹契約說及事實規範說），認為就工作規則之整體內容來看，係雇主以其經濟、社會之地位，採納各個勞動契約之共通內容，加以體系化、定型化而成，故與一般契約條款（Allgemeine Geschaftsbedingungen）之本質無異[109]。

三、定型化契約說

與事實上習慣說內容相同，且同樣來自契約說，但名稱不同，而在我國已自成一說者，為定型化契約說[110]。此說從實際上考查勞基法第 70 條及第 71 條之規

---

[106] 劉志鵬，工作規則法律性質之研究，頁 12。本書認為此一批評並不妥當，蓋勞動契約或工作規則本係私法契約或私法行為，行政機關並不宜過度干預或介入。更何況，核備應該還稱不上「強力之行政監督」，而只是一個弱勢的監督而已，其頂多只是在矯正明顯不合理之規定而已。

[107] 劉志鵬，論工作規則之法律性質及其不利益變更之效力（續），律師通訊，第 133 期，1990 年 10 月 5 日，頁 62。

[108] 黃越欽，從勞工法探討企業管理規章之性質，頁 62 以下。

[109] 最高法院 97 年度台上字第 2012 號民事判決。呂榮海，勞動法法源及其適用關係之研究，頁 186。

[110] 劉志鵬，工作規則之法律性質，頁 12；氏著，論工作規則之法律性質及其不利益變更之效力（續），頁 61 以下。廖義男，現行勞資爭議處理法規與抗爭手段規定之檢討，台大法學論叢，第 19 卷第 1 期，1989 年 12 月，頁 107：工作規則之法律性質係雇主一方所訂立而構成規範雇主與勞工間權利義務關係之勞動契約之一部分，具有定型化契約之性質。

定，而不再只做抽象的理論思考。為了矯正定型化契約偏離公平理念之流弊，有從立法手段著手，亦有藉行政機關、司法機關之監督者，而歸納其所遵循之原則，不外乎定型化契約條款之事前開示原則及定型化契約條款之合理原則[111]。

　　基於以下之理由，工作規則的法律性質應為定型化契約：

（一）依據勞基法第 70 條規定，雇主可單方訂定工作規則，其變更時亦同（施行細則第 37 條第 1 項後段），而只要報請主管機關核備後，不問勞工是否同意，皆能發生拘束。職此，主張工作規則之訂定或變更應得勞工同意方能發生拘束力之傳統契約說或根據二分說（限於狹義勞動條件部分），在我國勞基法底下，均難以立足甚明。

（二）工作規則經主管機關核備後，應公開揭示之（勞基法第 70 條參照），於事業場所內公告並印發各勞工（施行細則第 38 條），勞基法此點與定型化契約之特徵之一定型化契約之事前開示原則相符。我國消費者保護法第 13 條第 1 項即明文規定：「企業經營者應向消費者明示定型化契約條款之內容；明示其內容顯有困難者，應以顯著之方式，公告其內容，並經消費者同意者，該條款即為契約之內容。」即已揭示此原則。

（三）工作規則，違反法令之強制或禁止規定或其他有關事業適用之團體協約者，無效（勞基法第 71 條）。按工作規則違反法令之強制或禁止規定無效，其目的當在求工作規則內容之合理性；而工作規則不得牴觸團體協約，固係尊重工會與雇主團體協商結果之表現，然亦在藉勞資雙方合意之較公平之團體協約來匡正雇主單方制定之工作規則，其目的也在追求工作規則內容之合理性。職此，勞基法第 71 條立法意旨亦符合定型化契約特徵之合理原則。

（四）就監督工作規則之途徑來看，主管機關可資運用之監督權限為核備（勞基法第 70 條及同法施行細則第 37 條第 1 項）、罰鍰（勞基法第 79 條第 1 項第 1 款）、通知雇主修改工作規則（同法施行細則第 37 條第 3 項），實務上，內政部尚於 1984 年頒布「工作規則審核要點」，有系統地審核雇主報請核備之工作規則。而嗣後，普通法院尚可依勞基法第 71 條及民法第 72 條審查工作規則之合理性，足見合理之工作規則，為勞基法立法者所關心。[112]

---

[111] 林榮耀，附合契約與消費者保護，法令月刊，第 33 卷第 1 期，頁 5 以下；朱柏松，現代契約法解釋問題之研究，法學叢刊，第 108 期，頁 45 以下；詹森林等，定型化約款之基本概念及其效力之規範，民法研究會第一次研討記錄，法學叢刊，第 158 期，頁 128 以下。

[112] 最高法院 91 年度台上字第 1625 號民事判決及台灣高等法院 96 年度勞上字第 45 號民事判決均是採取定型化契約說。依據後者，「工作規則乃雇主為統一勞動條件及工作紀律，單方制定之定型化規則，雇主公開揭示時，即係欲使其成為僱傭契約之附合契約，而有拘束勞雇雙方之意思表示，勞工知悉後，如繼續為該雇主提供勞務，應認係默示承諾該工作規則內容，而使該工作規則

四、根據二分說

此說將工作規則之內容分成兩部分，其一為關於工資、工作時間等狹義之勞動條件部分，此部分之工作規則，必須獲得勞工同意方能生效；其二為勞工就業時必須遵守之行為規律，此部分是雇主依其指揮命令權制定，只需告知勞工即能生效。如依根據二分說，雇主嗣後欲單獨變更工作規則時，若係有關於狹義勞動條件部分，自需得到勞工同意方生效力；反之，若僅屬行為規律之部分，雇主只需告知勞工即可生效。

論者主張根據二分說之主要論據為[113]：

（一）根據二分說將工作規則規定之內容分為狹義之勞動條件部分及行為規律部分，關於前者之變更，需得到勞工同意方能生效；而為了合理之區分狹義之勞動條件與行為規律，仍必須努力去區別，如將「應遵守之紀律」的部分解釋成也是「廣義的勞動條件」而指為係二分說之缺點，則係有近於苛求。

（二）根據二分說可解決法規範說之不合理現象，同時依此說做成判決所造成之缺點，應比單純依據契約說為小。

（三）工作規則之內容有一部分與勞動條件重疊，就此部分，雇主雖得於單方變更工作規則時，將涉及「勞動條件」之部分一併加以變更，但就此部分卻無拘束已僱勞工之效力，必須勞工同意變更勞動條件始對勞工發生拘束力，才不會發生勞動契約與工作規則位階之衝突。

對於根據二分說主要之批評為：根據二分說將工作規則之內容分為狹義勞動條件及勞工之企業內行為規範兩部分，似是言之成理，但在實際個案中究竟應如何區分？標準為何？實難區別[114]。且強將工作規則之內容區分為二，乃是對於工作規則之一體性、整體性之漠視，而將應由勞資雙方共同合意之勞動條件之範圍予以限縮、窄化，誠屬不當，再者，企業內行為規律之規定被認定為獨立部分，惟其實際上亦時常是勞工所切身關心之勞動條件，強認該等部分為雇主所得片面認定，實有剝奪勞工之權利之嫌[115]。

五、集體合意說

基本上，集體合意說是介於契約說及法規範說之折衷說。此說之基本立場雖秉持勞動條件應由勞資雙方合意之基本原則，認為鑑於工作規則統一規範勞動條件之

　　產生附合契約之效力。」
[113] 中華民國勞資關係協進會編，訂立工作規則指引，頁101。
[114] 劉志鵬，論工作規則之法律性質及其不利益變更之效力，頁39。
[115] 黃程貫，勞動法，頁452以下。

現實，各別勞工對工作規則制定、變更之承諾雖有必要，但可由勞工集體意思予以同意，未有勞工集體意見之同意，工作規則不發生法的效力。

集體合意說之優點在於，藉勞工集體意思可抑制雇主任意苛待個別勞工。然而，此說要求工作規則之制定、變更，應經勞工集體合意方能生效之結果，將使得工作規則與團體協約之區分成為問題。再者，此說亦與日本勞基法第 90 條發生牴觸，蓋依勞基法第 90 條第 1 項規定：「雇主於變更工作規則時，應聽取該事業過半數勞工組成之工會或未組織工會時以代表過半數勞工之人之意見。」因此雇主制定或變更工作規則時，只需「聽取」勞方意見即可，無需得勞方同意，此說亦與實務不符[116]。

第二目　工廠法之工廠規則與勞基法之工作規則的比較

一、工廠法之工廠規則

在勞基法公布施行前，工廠法第 75 條規定：工廠規則之訂定或變更，須報准主管機關，並揭示之。單從文字並無法窺知工廠規則的法律性質。但如觀內政部所做之解釋，可知均係採取法規範之立場。例如（一）內政部 73 年 10 月 22 日 (73) 台內勞字第 253208 號函謂：事業單位工人違反經陳報主管機關核備之工作規則，係屬得不經預告而逕予解僱之規定者，事業單位得逕行終止契約。如因而發生爭議時，可依勞資爭議有關法令處理。（二）內政部 75 年 9 月 23 日 (75) 台內勞字第 442697 號函謂：勞工因案停工再復工如工作規則有明文規定，可不發給停工期間工資。本案陳君因與業務有關之案件經提起公訴，該公司如確依法經主管機關核備有案之工作規則予以暫時停工難謂不當，[117] 嗣後法院判決確定並諭知緩刑，則非有其他依法得終止契約之原因時，即應准予復工。如該公司核備有案之工作規則有不發給停工期間工資之規定者，得從其規定。

如吾人綜觀工廠法時代，工廠規則之制定，只適用於發動機器的工廠，如係工廠職員管理規則則無庸呈報社會機關核備[118]、事實上是由經營者或其使用者做成、雖需呈准主管官署，但於制定時並無諮詢勞工意見之義務、無揭示義務、以及並無罰則[119]，由條文之規定，可謂其係採（嚴格意義的）法規範說之立場無疑。

---

[116] 劉志鵬，論工作規則之法律性質及其不利益變更之效力，頁 39。

[117] 這裡的「暫時停工」，本質上是指「暫予留職停薪」而言。類似的解釋，行政院勞工委員會 76 年 5 月 28 日 (76) 台內勞字第 500276 號函。

[118] 內政部 45 年 10 月 21 日台 (45) 內勞字第 100554 號代電復台灣省社會處。

[119] 黃越欽，從勞工法探討企業管理規章之性質，頁 56。

二、勞基法之工作規則

　　如從現行勞基法第 70 條觀之，雇主可單方制定工作規則，無需勞方同意，亦無需徵詢其意見，似亦係採法規範說中之授權立法說。但對於工作規則之規制，勞基法顯然要較工廠法來得嚴密，例如勞基法第 71 條、第 79 條及勞基法施行細則第 37 條以下之規定。使得雇主想居於類似立法者的規範制定者的可能性大為降低。

　　再觀內政部及勞委會對於工作規則所做之解釋，一直係採取嚴格審查的立場，例如頗為著稱之內政部 75 年 6 月 25 日 (75) 台內勞字第 415571 號函「依勞動基準法第 70 條之規定，事業單位工作規則之訂立，應報請主管機關核備，並公開揭示。如未符上開法定要件，自不發生工作規則效力。」即可為證。該號解釋的見解雖不為最高法院 81 年度台上字第 2492 號民事判決採納，而勞委會之後亦修正其見解而另做成 85 年 8 月 14 日台 (85) 勞動一字第 128029 號函 [120]。但勞委會嚴格審查之立場並未放棄。[121] 吾人如檢視勞委會所做之解釋，工作規則中並非當然可以規定勞工兼職而予以解僱 [122]、欲做不利於勞工之變更必須與勞方協商 [123]、勞方對於雇主損害賠償之計算及額度，資方不得片面於工作規則中規定 [124]、以及雇主為確保勞動契約之履行，除得依相關法律規定於個別勞動契約中約定違約金外，不得由資方片面訂定於工作規則之中 [125]。

　　由上述諸號解釋觀之，勞委會對於工作規則並非全然採取法規範說，在諸多案

---

[120] 行政院勞工委員會 85 年 8 月 14 日台 (85) 勞動一字第 128029 號函謂：雇主僱用勞工人數在三十人以上者，應訂立工作規則報請主管機關核備後並公開揭示，為勞基法第 70 條之規定。故工作規則應經由雇主報經主管機關核備後，未公開揭示，仍屬違反勞基法第 70 條之規定，當地主管機關應依該法第 79 條規定處罰，並得通知限期促其依法規定將工作規則公開揭示之，逾期未改，得再予處罰，直至改正為止。主管機關已核備之工作規則，雇主如欲變更，應請依勞基法施行細則第 37 條第 2 項規定辦理。如雇主申請撤銷，主管機關認為理由不當，得予拒絕。未依法規定公開揭示之工作規則內所規定之事項尚非當然無效，應視該規定是否為法令之規定或已為勞資間勞動契約之約定而定。

[121] 此種嚴格審查的態度，似乎與核備的本質不合，而是靠近於寬鬆的許可制。蓋如果是回到核備，則應該讓由勞動契約及工作規則有較大的自由約（訂）定空間，其後，再經由法令規定及團體協約加以限制，並由法院審查其合法性及有效性即可。從另外一方面想，讓勞工主管機關適度介入核備，是希望將對於勞工要求已明文化的工作規則，適時地匡正其缺失。如果雇主不發布工作規則，而是（不厭其煩地）完全以指示權的方式要求勞工遵守行為紀律，那勞工主管機關又如何行使其核備權呢？

[122] 最高法院 102 年度台上字第 366 號判決（第一商業銀行股份有限公司案）即是採取此一見解。行政院勞工委員會 79 年 5 月 16 日台 (79) 勞動一字第 04498 號函、82 年 9 月 15 日台 (82) 勞動一字第 55646 號函。

[123] 行政院勞工委員會 80 年 10 月 23 日台 (80) 勞動適字第 27545 號函。

[124] 行政院勞工委員會 82 年 1 月 5 日台 (82) 勞動一字第 50325 號函。

[125] 行政院勞工委員會 82 年 9 月 17 日台 (82) 勞動一字第 54100 號函。

例中，或認為應勞資雙方共同訂定，或由司法機關依具體狀況加以裁判。似乎嘗試著根據著契約說或二分說的理論，將一些攸關勞工權益之事項，要求由勞資雙方約定。吾人綜合勞基法的規定及行政院勞工委員會的解釋，似可得出一經過修正的、寬鬆的法規範說（或稱修正的法規範說）的結論。

第三目　本書見解：從「修正的法規範說」到契約說

綜括學界及實務界對於工作規則之法律性質之見解，約可得到如下輪廓：法規範說學界雖似無人採取，但從現行勞基法的規定觀之，卻仍有其依據可循；事實上習慣說及定型化契約說係由契約說所導出，一方面肯定雇主可單方面訂定工作規則，一方面則希望能藉定型化條款之事前開示原則及定型化條款之合理原則，對於工作規則監督；根據二分說企圖將工作規則分成狹義勞動條件部分及行為規律部分；集體合意說則希冀藉由勞工集體意見之同意，始賦予工作規則效力。

至於在實務見解方面，主管機關對於工廠規則係採取法規範說之立場，但對於勞基法之工作規則，並非全然採取法規範說之立場，而是做了許多工作規則不得訂定事項的例外，擴充了核備權限原有的範圍；而在司法實務上，司法院第一廳兼採法規範說及合理勞動條件（勞動契約及其法理）之限制；在法院判決方面，則是兼採契約說、定型化契約說、以及法規範說作為判決依據。吾人綜合行政／司法解釋及法院判決後，得知其即使採取法規範說，亦已加入勞動契約及勞動法理（例如調職五原則）的限制，故其本質已屬於寬鬆的法規範說或「修正的法規範說」矣。經過此一修正後，工作規則的法律性質實已趨近於契約說。

綜合而言。本書以為：根據二分說及集體合意說最富理想性、且對勞工保護亦最週到，但一者難以區分狹義的勞動條件與企業內的行為規範，對於行政機關及司法機關而言，增加其審查之困難度；二者欠缺法律的明文規定，屬於立法論的問題而非解釋論的問題，必須修法始能落實。[126] 至於定型化契約說雖然說理圓滿，但仍然需要公開揭示、且經勞工同意，始能發生效力，且勞工對於定型化契約，至少可要求修改其中的條款，但此似與勞基法第 70 條之規定不符，且亦與勞委會 85 年 8 月 14 日台 (85) 勞動一字第 128029 號函「未依法規定公開揭示之工作規則卷所規定之事項尚非當然無效」見解不同，再加上持此說者特別強調工作規則之合理性，如工作規則之變更屬合理，不問勞工是否同意，則例外地可拘束勞工 [127]。因此本書並不採定型化契約說之見解。

---

[126] 法院實務亦無採取者。
[127] 其實採取修正的法規範說者，亦可得到相同的結論。

　　至於學者間雖多對於法規範說加以批評者，惟其實可從勞基法獲得依據，且有其來自工廠規則的歷史淵源，只因其授權予雇主片面制定工作規則，可能過度侵害勞工之權益，因此勞委會對於工作規則並非全然採取法規範說，在諸多案例中，或認為應由勞資雙方共同訂定，或由司法機關依具體狀況加以裁判。而司法實務上，仍然多有引用勞基法第 70 條及第 71 條之規定，認定工作規則之效力者，顯示其仍然根基於法規範說之立場。此種修正的法規範說的處理方式，不僅保留了雇主單方制定工作規則之權限（法規範說）、也兼顧了勞工之權益，實較為妥當。吾人如從工作規則係勞動契約的一部分的觀點出發，採取修正的規範說／契約說的立場應屬較為可行。

　　整體來看，對於工作規則可以作如下的理解：工作規則在擬定的階段，是由雇主所發動、並且單獨訂定，無須勞工或工會的參與（同意）或知悉。惟其生效及對於勞工發生拘束力，必須以其公開揭示或交付為前提。[128] 在此一階段，工作規則不得牴觸法令之強制禁止規定及團體協約的規定。[129] 而在工作規則一經生效後，即成為勞動契約的附件，解釋上為勞動契約的一部分，具有勞動契約的效力。[130] 惟其不可牴觸勞動契約中的規定，亦即其只在補充勞動契約中所未規定的部分。此種以附件方式處理，目的並不在於逃避勞工或工會的同意或監督，而是在賦予雇主較大的規範權限，為了企業經營上的須要，隨時藉由工作規則的增刪，以補充勞動契約變更不易或規定不足的困境。但是，一旦工作規則訂定後，已成為勞動契約之一部分，所以其變更或增刪亦應遵循勞動契約的法理為之。[131] 至於雇主在變更或增刪時，可以單獨針對工作規則則為之，不必連勞動契約亦一併予以變更或增刪。

　　值得注意的是，依據 2014 年 4 月 14 日修正施行的勞資會議實施辦法第 13 條第 2 項規定：「工作規則之訂定及修正等事項，得列為前項議事範圍。」此一規定，似乎有意適度矯正工作規則無須勞工或工會的參與（同意）的程序不足問題。

---

[128] 這是讓勞工有知悉的權利（information）。惟對於勞工進入工廠／公司前已公開揭示的工作規則，雇主當然不須要再做一次的公開揭示，只要交付予該勞工過目或收受即可。

[129] 這表示團體協約的位階高於勞動契約、也高於工作規則。行政院勞工委員會 91 年 11 月 28 日勞動一字第 0910062243 號令參照。另外，同會 88 年 10 月 12 日 (88) 台勞資二字第 0045197 號函：「……二、該事業單位所報工作規則第九條及第二十條，事涉團體協約中有關敘薪及國定假日加班等問題，如工作規則所規定之勞動條件低於原團體協約之規定，應屬無效；勞資雙方如協商降低原團體協約所定之勞動條件，應修改團體協約內容，不能僅修改工作規則為已足。三、又，工作規則所定勞動條件如高於團體協約所約定的內容，而不為團體協約所禁止或為其所容許者，依團體協約法第十六條之精神，應為有效。」

[130] 在此一階段，法規範說已與契約說無法分別。

[131] 依據最高法院 88 年度台上字第 1696 號民事判決：「雇主就工作規則為不利勞工之變更時，原則上不能拘束表示反對之勞工；但其變更具有合理性時，則可拘束表示反對之勞工。」

惟撤掉其至多只是「得」列為議事範圍不論，即使勞資會議對之進行討論而做成決議，其法律效力亦非可與工會「同意」相比擬，亦即勞資會議決議只具有部分的規範性格而已（勞資會議實施辦法第 22 條第 2 項規定參照），並非必然能強制雇主有關部門或工會履行。所以，只有在雇主誠信履行該工作規則時，其始有可能成為勞動契約的內容。勞資會議實施辦法第 13 條第 2 項規定的法律意義，是勞資會議的勞方代表得視工作環境的改變及需要，適時提出工作規則的修正建議，並於勞資會議中協商取得共識，於雇主誠信履行後，達到逐步改造勞動契約的目的。

第三款　工作規則之不利益變更

對於工作規則之法律性質，本書採取修正的法規範說的見解，此對於雇主可否單方將工作規則做對勞工不利益之變更 [132]，亦有影響。

對於此一問題，勞工行政主管機關認為：勞動條件係由勞雇雙方協調之約定，雇主如欲變更降低工作規則中優於勞動基準法之勞動條件，仍請與勞方協商之 [133]。而在司法實務方面，上述司法院第一廳針對離職金的研究意見，係採分段給付，在變更之前勞工按舊規則已取得之既得權，雇主不得片面做不利之變更，但變更之後之離職金請求權，按新工作規則為之（已遭廢止）[134]。此一研究意見並未全然否認雇主可對工作規則做不利益的變更。至於台灣台北地方法院 78 年度勞訴字第 114 號判決及台灣高等法院 79 年度上易字第 14 號判決，對於請求離職金之問題，亦以既得權、誠信原則判決雇主不得片面變更工作規則，採取分段給付之處理，與司法院第一廳的意見相同。最值得注意的是，最高法院 88 年度台上字第 1696 號民事判決採取較為寬鬆的見解，認為：「雇主就工作規則為不利勞工之變更時，原則上不能拘束表示反對之勞工；但其變更具有合理性時，則可拘束表示反對之勞工。」[135] 此處，法院僅要求「合理性」，而不須要有「必要性」，這是與

---

[132] 劉志鵬，勞動法解讀，頁 134：工作規則不利益變更效力的問題，可以說是勞基法中最棘手的法律公案之一。

有關工作規則不利益變更之著例，為日本最高裁判所「秋北巴士事件」，請參閱劉志鵬，工作規則法律性質之研究，頁 11；氏著論工作規則之法律性質及其不利益變更之效力，頁 39 以下。

[133] 行政院勞工委員會 80 年 10 月 23 日台 (80) 勞動一字第 27545 號函。

[134] 民事法律專題研究（六），頁 316 以下。至於工作規則已涉及變更勞動契約內容（例如調職），雇主不得單方予以變更，頁 318 以下。

[135] 與最高法院 88 年度台上字第 1696 號民事判決採取同一態度者，例如有台灣高等法院台中分院 96 年度勞上更（一）字第 3 號民事判決、台灣高等法院 97 年度勞上易字第 12 號民事判決、台灣高等法院 97 年度勞上易字第 49 號民事判決。在台灣高等法院 100 年度勞上更（一）字第 3 號民事判決中，法院認為工作規則之不利益變更，除了須具有合理性外，且須具備高度之必要性，始能拘束反對變更之勞工。只是，何謂「高度」？判斷標準為何？

定型化契約說不同之處。之後，最高法院尚且進一步採取放寬解釋。依之，按「雇主就工作規則為不利勞工之變更時，原則上雖不能拘束表示反對之勞工；但雇主為因應勞動條件變化，就工作規則為不利益變更，如符合多數勞工之利益，同時亦滿足企業經營之必要，具合理性時，自不宜因少數勞工之反對，即一味否認其效力。故於有此情形時，勞基法第 71 條之規定，應為目的性限縮之解釋，即雇主於工作規則為合理性之變更時，為兼顧雇主經營事業之必要性及多樣勞動條件之整理與統一，其雖違反團體協約之約定，應無需勞方之同意，仍屬有效。」（最高法院 99年度台上字第 2204 號判決參照）。茲若不許上訴人聯倉公司為此變更，則將面臨長期虧損，導致公司無法繼續經營，有失法理之平。」（最高法院 101 年度台上字第 576 號裁定、台灣高等法院台南分院 99 年度勞上更（一）字第 5 號判決）。吾人由此一判決，得知其仍以必要性及合理性作為判斷基準，只是，另外增加一「符合多數勞工利益」之條件。一旦具有這些基礎及條件，即使違反團體協約之約定，仍屬有效（同樣見解，亦見之於最高法院 99 年度台上字第 2204 號判決：中華電信股份有限公司案）。對此，團體協約具有法規範的效力（團體協約法第 19 條規定），其效力等同於強制或禁止之法令規定，可否以目的性限縮之解釋理論，排除或迂迴團體協約的法規範效力？實非無疑。

　　學者間對於工作規則之不利益變更，大抵上亦是採取肯定的態度，但論理間則同中有異。或謂：就業規則既然係僱用人一方所定，當然亦有變更之自由，但對依前之就業規則之內容成立之勞動契約之勞工，卻不能主張新變更後之就業規則亦對之當然有效，蓋當事人之一方並無片面變更契約內容之權，反對新變更之就業規則而仍依前規則提供勞務之勞工，與僱用人間發生爭執，仍係契約上合意的問題，而非違約問題，當然如果勞工默然服從新變更之就業規則而繼續工作，則可能為對新規則之承認[136]。

　　論者更有進一步以合理性或企業經營上的必要性，衡量工作規則之不利益變更，謂：由於勞動契約關係是繼續性的法律關係，因為企業經營環境、勞工勞動能力及家庭背景之變化，勞動條件之變動乃不可免。關於工作規則不利益變更問題之解決，應採取保護勞工權益及兼顧企業經營之必要性的立場。申言之，雇主單方不利益變更工作規則時，原則上固不能拘束反對變更的勞工，但如不利益變更有合理性及必要性時，例外地亦能拘束反對變更的勞工[137]。至於判斷工作規則之不利益變更是否合理？應由法院於個案就雇主方面之經營必要性、合理性，以及因不利益

---

[136] 黃越欽，從勞工法探討企業管理規章之性質，頁 66。
[137] 劉志鵬，勞動法解讀，頁 134 以下；氏著工作規則法律性質之研究，頁 13。

變更導致勞工不利益之程度綜合判斷之[138]。

由於本書對工作規則之法律性質採取修正的法規範說，一旦工作規則公開揭示、且無違反法令之強制禁止規定或團體協約時，即成為勞動契約的附件，其變更即必須按照勞動契約變更之方式為之，即必須雙方協商或得到勞工同意始可。這表示即使雇主單方變更，但如涉及勞動條件之不利益變更時，仍然需要勞工之同意始可，否則該不利之變更並不能拘束勞工，所謂既得權之保障、誠信原則必須適用於此。只不過，最高法院 88 年度台上字第 1696 號民事判決係採取嚴格意義的法規範說的見解，認為：「雇主就工作規則為不利勞工之變更時，如其變更具有合理性時，即可拘束表示反對之勞工。」對此，雖然雇主可單獨針對作為契約附件的工作規則修正，但是，想要以「合理性」要件合法化工作規則的變更，似乎並未考慮工作規則已成為勞動契約一部分之事實、且未考慮各種勞動契約原理原則（例如調動五原則、懲戒權之比例原則等）仍然有其適用之問題，故即使在法規範說的前提下，該判決仍然有加以補充的必要。[139]

第四款　工作規則之生效要件

勞基法第 70 條規定，雇主僱用勞工人數在三十人以上者，應依其事業性質，就下列事項訂立工作規則，報請主管機關核備後並公告之。第 79 條第 3 項規定，違反第 70 條規定者，處新台幣 2 萬元以上 30 萬元以下罰鍰（再依據同條第 1 項第 1 款規定，違反勞基法第 40 條停止第 36 條至第 38 條所定勞工之假期，於事後二十四小時內報請當地主管機關核備之規定者，處新台幣 2 萬元以上 100 萬元以下亦受到此一罰鍰額度之制裁）。

第一目　核備、公開揭示兼需說

此說為內政部 75 年 6 月 25 日 (75) 台內勞字第 415571 號函所主張，謂：依勞基法第 70 條之規定，事業單位工作規則之訂立，應報請主管機關核備，並公開揭示。如未符上開法定要件，自不發生工作規則之效力。

---

[138] 劉志鵬，論工作規則之法律性質及其不利益變更（續），頁 63。

[139] 以調職為例，如果原工作規則規定「遲到逾三次者，即予（從台北）調職至台南分公司服務」，則其一旦公開揭示、且無勞基法第 71 條之事由時，即成為勞動契約的內容且生效力。之後，如雇主將之修正為「遲到逾二次者，即予（從台北）調職至台南分公司服務」，則其應依勞動契約變更之方式及調動之原則加以處理，所謂單以合理性加以審查，在理論上顯得單薄而不足。在這裡，尤其要注意法院判決所形成的原理原則、以及勞工主管機關的解釋（內政部 74 年 9 月 5 日 (74) 台內勞字第 3284334 號函、行政院勞工委員會 90 年 6 月 18 日 (90) 勞資二字第 0018004 號函）。

學者間持此種看法者，認為：最高法院 81 年度台上字第 2492 號判決之見解，已使勞基法第 70 條之規定形同具文，毫無任何實際作用，蓋該條文之規定，目的乃在藉由勞工行政主管機關之核備權限，針對工作規則之內容進行一定程度之監督與控制，俾達到保護勞工之目的，上揭判決之見解並不妥當。吾人應得基於勞基法之規範目的與該法條在今日現實狀況下所能發揮之保護作用，將工作規則報請主管機關核備，視同民法第 117 條所規定之「第三人同意」，即需工作規則經主管機關核備，且向勞工公開揭示，使勞工有共見之可能時，始生效力。[140] 此方為勞基法第 70 條之正解 [141]。其看法乃主張透過修法，將工作規則依集體合意說之原則予以規定，始能保護勞工，並使目前毫無制衡作用與實力之工會取得籌碼。

第二目　核備、公開揭示無需說

最高法院 81 年度台上字第 2492 號民事判決：雇主違反勞基法第 70 條，工作規則應報請主管機關核備後公開揭示之規定，僅係雇主應受同法第 79 條第 1 款規定處罰之問題。苟該工作規則未違反強制或禁止規定，仍屬有效 [142]。最高法院 88 年度台上字第 1696 號民事判決亦認為：勞工與雇主間之勞動條件依工作規則之內容而定，有拘束勞工與雇主雙方之效力，而不論勞工是否知悉工作規則之存在及其內容，或是否予以同意，除該工作規則違反法律強制規定或團體協約外，當然成為僱傭契約內容之一部。[143]

行政院勞工委員會 85 年 8 月 14 日台 (85) 勞動一字第 128029 號函：「一、……故工作規則經由雇主報請主管機關核備後，未公開揭示，仍屬違反勞基法第 70 條規定，當地主管機關應依該法第 79 條規定處罰，並得通知限期促其依法規定將工作規則公開揭示之，逾期未改，得再予處罰，直至改正為止。……二、未依法規定公開揭示之工作規則內所規定之事項尚非當然無效，應視該規定是否為法令之規定或已為勞雇間勞動契約之約定而定。」

吾人由上述法院判決及行政解釋觀之，其殆皆從嚴格意義的法規範說所導出，

---

[140] 有問題的是，訂定工作規則畢竟是私法行為，如果引用民法第 117 條所規定之「第三人同意」，會不會賦予主管機關過大的介入權限？會不會造成寬鬆的許可制的後果？

[141] 黃程貫，勞動法，頁 459。

[142] 另台灣台中地方法院 73 年度訴字第 8456 號民事判決的意見相同。該判決內容，請參閱呂榮海，勞動基準法實用，頁 98。又，針對工作規則未報備之效力，最高法院 99 年度台上字第 1896 號裁定（及其前審之台灣高等法院 99 年度勞上字第 15 號判決）認為仍屬有效，只是應受行政罰鍰之處罰而已。由於該案中並無涉及公開揭示有效或無效之爭議，所以，法院雖引用最高法院 81 年度台上字第 2492 號判決作為依據，但實不得據此推論法院採取「核備、公開揭示無需說」的立場。

[143] 台灣高等法院 97 年度勞上易字第 49 號民事判決亦是採取此說。

對於勞工權益的保障有所不足。

第三目　無需核備、但需公開揭示說

持此見解者，有司法院第一廳研究意見及大部分的學者。至於行政院勞工委員會的 91 年 11 月 28 日勞動一字第 0910062243 號函，應亦可作此解釋。依之，「事業單位工作規則應公開揭示，其內容違反法令之強制或禁止規定或其他有關該事業適用之團體協約之強制規定者，無效。原內政部 75 年 6 月 25 日台內勞字第 415571 號函停止適用。」[144]

司法院第一廳民國 78 年司法業務第 14 期座談會：工作規則規定「遲到逾三次者，即予（從台北）調職至台南分公司服務」，雖未經報請主管機關核備，但已公開揭示，則只要未違反法令之強制或禁止規定，仍屬形式上有效，僅雇主應受本法第 79 條第 1 項之處罰。亦即工作規則在規定合理之勞動條件限度內，不問該事業場所之勞工是否現實知悉，以及不問是否為個別之同意，均應有工作規則之適用[145]。

最高法院 97 年度台上字第 2012 號民事判決：按工作規則經雇主公開揭示後，得拘束勞雇雙方，同理，工作規則有修訂或廢止之情形，亦須經公開揭示，方得拘束勞雇雙方。……離職金辦法之廢止對被上訴人甲、乙言，仍須經公開揭示，方得拘束該二人。上訴人就員工手冊之修訂未以紙本公告，僅張貼於網站上而已，且未以電子信件通知各員工，亦未在公司網頁上特別標明「員工手冊內容變更，請員工自行點閱」之旨，……未達公開揭示程序。[146]

學者間之見解：勞基法第 70 條為工作規則程序與內容之規定，而第 71 條則為效力之規定，程序上的核備，是讓主管機關介入促使雇主更加積極審慎地訂定工作規則，俾讓勞工有所遵循，況且核備並非核准，只是「審核備查」之意，故只需無第 71 條之情形，雖未核備，仍非無效。但雇主必須善盡週知義務，使勞工知悉或可得知悉工作規則之規定，勞工始有遵循之可能，因此應仿傚法律生效在於「公布施行時」之思考方式，於公開揭示之時生效[147]。

---

[144] 內政部 75 年 6 月 25 日台內勞字第 415571 號函：依勞基法第 70 條之規定，事業單位工作規則之訂立，應報請主管機關核備，並公開揭示。如未符上開法定要件，自不發生工作規則效力。

[145] 民事法律專題研究（六），頁 318 以下。

[146] 台灣高等法院 96 年度勞上字第 45 號民事判決應亦係採取此說。最高法院 101 年度台簡上字第 1 號判決（雲嘉廣播股份有限公司案）更是明白採取此說。即工作規則的訂定、修正或廢止，均須經公開揭示，方得拘束勞雇雙方。而工作規則是否揭示或交付之事實，應由上訴人負舉證責任。

[147] 黃越欽，勞動法新論，頁 203 以下；黃劍青，勞動基準法疑難問題詳論，頁 239 以下；呂榮海，勞工法法源（二），頁 120；李來希，前揭文，頁 35 以下。

第四目　本書見解

　　由於本書採取修正的法規範說，肯認雇主單方制定工作規則之權限，為了保障勞工權益免受雇主過度地侵害，行政機關運用核備的手段審查工作規則，自有其必要性，但核備究非許可，依法言法，未核備不能說工作規則當然無效。採取工作規則須核備始能生效者，應屬舊時的學說。然而，工作規則本在避免企業的「秘規」，故自應令勞工事先有知悉之機會始可，何況，讓勞工知道工作規則規定的內容，才能發生工作規則的預期效果。因此，公開揭示係為其生效的前提要件，此從國家法律雖經國會通過，但仍需經公布始能生效（憲法第 72 條、中央法規標準法第 13 條），則雇主基於修正的法規範說之立法權，自應採相同的態度。[148] 惟對於已經公開揭示的工作規則，稍後進入事業單位的勞工，雇主只須交付勞工工作規則或讓他／她閱讀及簽收即可生效，在此一階段，視雇主實際上交付日或簽收日，作為工作規則的生效日。例如勞工在 2010 年 2 月 1 日入廠工作，但雇主一直遲至 2010 年 6 月 1 日始交付工作規則或讓勞工閱讀及簽收，則工作規則的生效日為 2010 年 6 月 1 日。其實，除了工作規則及團體協約外，有鑑於員工普遍對於勞工法令認識不足之弊病，似應加以雇主教示員工之義務，著令其亦應交付工作時間、普通傷病與職業災害、及退休等相關法令規定。如此，即能與勞基法施行細則第 7 條勞動契約應規定之事項，配合發揮其保護勞工的效力。

第五款　雇主行使懲戒權之界限

　　由於勞基法第 70 條第 6、7 款允許雇主在工作規則中，訂定獎懲及解僱之事項，顯然基於雇主企業的領導權及組織權（betriebliche Leitungs-und

---

[148] 這也符合定型化契約說的事前開示原則。與勞基法第 70 條第 1 項規定不同的是，針對特殊的工作者，勞基法第 84 條之 1 第 1 項只有當地主管機關核備的規定，並無公開揭示的要求。理論上，既然同為行政法上的核備，其法律效力即應相同。但是，由於此一核備與否影響該類人員的工作時間等權益甚巨，故於其性質已符合勞基法第 84 條之 1 第 1 項各款之工作者，但雇主卻未申請核備時，是否應酌採「無公開揭示無效」的法理而令該勞雇雙方的約定失其效力？參閱最高法院 97 年度台上字第 1667 號民事判決。
另外，同樣與勞基法第 70 條第 1 項規定不同的，是團體協約法第 11 條「團體協約雙方當事人應將團體協約公開揭示之」規定。亦即團體協約並不因其未公開揭示（含交付）而無效。蓋公開揭示的目的，雖也在使全體勞工（工會會員及非會員）了解團體協約之存在及其內容為何，但工會會員本可經由簽訂團體協約程序中得知其內容，而非會員如能知悉團體協約之存在及其內容，或許能觸發其加入工會的動機，但究不宜謂其只能經公開揭示程序，始可得知團體協約的存在及內容，且更不宜謂其不知悉即影響團體協約之生效。所以，團體協約即使未備查及未公開揭示（第 10 條第 1 項），團體協約仍然有效。至於團體協約因未核可（第 10 條第 2 項）及未公開揭示而無效，其係肇致於未核可，而非未公開揭示。

Organisationsmacht）[149]，得對於勞工的行為加以考核、制裁。由於現行法上，只有勞基法第 12 條第 1 項第 4 款關於因違反勞動契約或工作規則情節重大時，得予以懲戒解僱之規定，而對於較解僱輕微的處分，例如警告、申誡、減薪、降職及停職等，並無相關規定，乃產生雇主是否得自由裁量處罰之疑義。對此，本書以為雇主的懲戒除受勞基法第 71 條不得違反法令強制、禁止規定或團體協約之規定外，其懲戒亦不得違反權利濫用禁止、勞工法上平等待遇原則，且需遵循相當性原則、罪刑法定原則[150]、雙重處分禁止原則、懲戒程序公平原則等[151]。因此，從最輕之警告，到最重之解僱，雇主並無不受任何限制的自由裁量之權。尤其是雇主以工作規則設定勞基法第 12 條第 1 項諸款以外的解僱事由時，在法理上也必須達到如第 12 條第 1 項的嚴重程度時，始具有合法性，否則雇主動輒可將勞工懲戒解僱，立法者以勞基法第 12 條第 1 項限制雇主任意解僱之原意，有可能被掏空，此係相關機關（行政機關、司法機關）所必須謹慎以對者。

　　亦即勞基法第 12 條之規定，具有強制性質，其目的兼有保障勞工、限制雇主解僱之權限，是雇主不得因勞動契約之約定而擴張其解僱權限，亦不得藉由工作規則擴張其權限（惟如係在團體協約中約定勞工全年曠工累計達十五日以上者，資方得不經預告且無條件予以解僱，則因團體協商自治與賦予具體化勞基法第 12 條第 1 項第 4 款情節重大權限、以及該約定似未達違反團體協約法第 3 條強行規定的程度，即應承認其效力。反對說，行政院勞工委員會 84 年 11 月 25 日 (84) 台勞資二字第 143958 號函參照）。所謂情節重大，係指因該事由導致勞動關係進行受到干擾，而有賦予雇主立即終止勞動契約關係權利之必要，並且受僱人亦無法期待雇主於解僱後給付其資遣費。總之，勞動契約或工作規則所定某情況為「情節重大者，雇主得予解僱」，其認定非屬雇主之裁量權，而應依勞基法第 12 條第 1 項第 4 款

---

[149] Vgl. MünchArbR/Blomeyer, § 96 Rdnr. 7.

[150] 在一件勞工寄發電子郵件是否涉及情節重大的案件中，雇主擬對於勞工進行降級之處分，惟法院以其並未於工作規則中有此類規定，而予以裁定駁回（最高法院 101 年度台上字第 428 號裁定：中環股份有限公司案）。

[151] 吳俊成，企業秩序服務紀律與懲戒處分之研究，中國文化大學勞工研究所碩士論文，1991 年 6 月，頁 59～63。與此相關者，係行使撤職權的三十日除斥期間規定（勞基法第 12 條第 2 項及第 14 條第 2 項）。同此法理者，基於台灣民法第 487 條而來之確認僱傭關係存在之訴，受僱人也應在較短的時間內提起訴訟，以求早日確定僱傭關係之存在與否。因此，本書以為可類推適用勞基法第 12 條第 2 項之三十日的除斥期間。蓋此兩者均與僱傭／勞動關係之終止有關。其他的期間規定，諸如性別工作平等法第 30 條之二年的損害賠償請求權期間、勞基法第 58 條與勞退條例第 31 條第 2 項之五年的退休金請求權期間，均與僱傭／勞動關係之終止毫無關聯，理應不得作為類推適用的依據。

規定，依客觀情事判定之。[152] 就此觀之，台灣高鐵公司以列車服勤員未經授權進入列車駕駛艙，嚴重影響公司聲譽，並且損及公司與乘客間的信賴關係，情節重大（最高法院 100 年度台上字第 769 號裁定：台灣高速鐵路股份有限公司案）。如果考量高速鐵路是依軌道行駛之動力車輛，甚難想像在使用中加損害於他人（民法第 191 條之 2 規定參照），況且，其當有（法律規定的）完備的自動駕駛及自動減慢、煞車的設計／系統（日本高速鐵路在 1964 年就已經有此類設計，堪稱技術領先世界之最）（所行駛軌道也有相應的設計。這些一套或多套的獨立的／封閉的系統，應該是交通主管機關許可高鐵經營的先決條件），具有先進的判別功能，駕駛員頂多只扮演輔助性的角色而已，殊難想像專靠駕駛員獨立操縱者（如果要靠駕駛員，那就每車至少要有二位以上。台灣高鐵是這樣嗎？）。如此一來，該勞工停留駕駛艙時間約十五分鐘，即予以解僱，是否已符合比例原則？並非無疑。另外，製藥公司的技術員在上班時間於製程區內賭博，任管制區空無工作人員，造成藥品品質下降，售價下滑，並且影響公司之營運與聲譽，情節重大（最高法院 100 年度台上字第 1692 號裁定：台灣永光化學工業股份有限公司案）。其所指控賭博所造成之「影響公司之營運與聲譽」，是否過於空泛？有無實際的數據佐證？否則此一解僱行為是否尚符合比例原則？

第六款　對於上述兩號最高法院判決之評釋

對於工作規則之生效要件，計有核備、公開揭示兼需說、核備、公開揭示無需說、以及無需核備、但需公開揭示說等三種見解，本文採取修正的法規範說／契約說，肯定雇主原則上得單方制定工作規則之權限，但為避免雇主濫用其規則制訂權，自宜令主管機關有核備權，惟由於勞基法第 79 條第 1 項之規定，未核備只是受到罰鍰之不利益而已，工作規則並不因之當然無效。至於公開揭示則是雇主以之週知勞工之方法，勞工以此有知悉工作規則之機會，自應為工作規則之生效要件。在最高法院 81 年度台上字第 2492 號判決中，法院採取核備、公開揭示無需說，即連公開揭示亦不需要，對於勞工可能遭受雇主秘規處分之不利益，全未考慮，顯然有待斟酌。

至於雇主懲戒權之行使，如涉及是否必須予以解僱，則必須已達勞基法第 12

---

[152] 台灣高等法院台中分院 96 年度勞上易字第 25 號民事判決；台灣高等法院台中分院 96 年度勞上易字第 26 號民事判決。最高法院 91 年度台上字第 1006 號民事判決亦認為：工作規則雖得就勞工違反勞動契約或其工作規則之情形為懲處規定，惟雇主因勞工違反勞動契約或工作規則，不經預告而終止勞動契約者，仍應受該條項第 4 款規定之限制，即以其情節重大為必要，不得僅以懲處結果為終止契約之依據。另請參閱最高法院 98 年度台上字第 1836 號民事判決。

條第 1 項第 4 款情節重大之程度始可。其他較輕微的處分，例如警告、申誡、減
薪、降職及停職等，除必須遵守勞基法第 71 條之規定外，亦不得違反權利濫用禁
止、平等待遇原則、相當性原則、罪刑法定原則、雙重處分禁止原則及懲戒程序公
平原則等，絕非最高法院 84 年度第 1143 號民事判決所言：被告於規定得處罰標準
之範圍內，如何處罰，乃有處分權之主管長官或單位應有之裁量權。該等見解全然
未考慮懲戒處分所應遵守之原則，亦顯然有誤。雖然，誹謗罪已達情節重大之程
度，被告自得將原告解僱，從本案的結果而言，則是正確的。

第四項　企業的習慣（三節獎金及年終獎金）

 案例 1

　　甲公司生產高科技產品，拜經濟景氣之賜，最近五年以來均有兩位數的
成長，今年（2010 年）亦不例外。為了感謝勞工的努力，甲公司已連續五年
發給所有勞工三個月的年終獎金。惟 2010 年的年底，甲卻僅發給一個月的
年終獎金。乙勞工甚為不平，依據民法第 1 條向法院提起給付三個月年終獎
金之訴。有理否？又，本案例中，如果年終獎金給付的標準已明定於勞動契
約中，結果是否不同？（另外，甲是否得在 2010 年 11 月時單方為不利益之
變更？）

 案例 2

　　前例中，如果甲係依據團體協約的規定，連續三年給付所有勞工三個月
的年終獎金，而後，始發現該團體協約自始無效（團體協約法第 4 條），則
甲是否當然可以停止繼續發給年終獎金？

　　在此，首先應考慮年終獎金之法律性質：原則上是恩惠性的給予，即雇主根
據我國民間習俗所為之任意性給付，具有自我決定的性質。其次，在台灣，向來勞
工並不得基於「企業的習慣」為由，向雇主主張年終獎金或三節獎金的給予。雖然
勞工在連續幾年獲得年終獎金或三節獎金的給付後，已有相當程度的信賴雇主會繼

續給付，但是，其強度恐怕尚未及於「習慣」的客觀法規範性，況且，我國實例上向無「企業的習慣」可以作為請求權依據的觀念，因此，採取否定說應屬有所依據[153]。這也與恩惠性給與之支付及其額度，雇主擁有絕對自主的決定權，不受行政機關及司法機關的干預或審查，相一致。與此不同的是，如果勞動契約中已有約定年終獎金的給付，則已屬雙方約定的權利義務事項，雇主自當履行之。又，如果是在團體協約中明定年終獎金，則雇主亦當履行之，惟在接續生效的團體協約中未加約定時，團體協約勞方當事人即不得依據企業習慣或信賴保護為由，要求繼續給付年終獎金。值得注意的是，依據勞動事件法第 2 條第 1 項第 1 款，因為勞動習慣所生民事上權利義務之爭議，屬於適用勞動事件法的勞動事件。至於所謂勞動習慣，指企業中基於多年慣行之事實及勞資雙方之確信所形成之習慣。故其並非以地區性或行業別的習慣為準。此一習慣，包括個勞的及集勞的勞動習慣（例如代扣會費），甚至可能及於多年提供的福利（例如年終獎金、三節節金、交通車）。如此的解釋，似乎也與民法第 483 條第 2 項規定之報酬相吻合。亦即：以價目表或習慣給付之報酬，並不以狹義的工資為限，而是包括廣義的福利在內。而此一價目表及習慣均應採取從寬解釋的立場（價目表可以企業內或附近企業從事相同或類似工作者相比擬、習慣則是含每個企業長久以來的自有習慣），在勞雇雙方認定不一時，任何一方即得向勞工主管機關申請調解。理論上求職者也得以提出申訴。有問題的是，如果雇主否認其有「確信」，則是否應由勞工負舉證責任？

　　承上，依據民法第 483 條第 2 項規定，「未定報酬額者，按照價目表所定給付之；無價目表者，按照習慣給付。」其所謂「定」，解釋上即是約定或訂定之意。其與勞基法第 21 條第 1 項工資由勞雇雙方「議定」之同義。在一般實務做法上，雇主單方定期地（一般企業慣例是每年）為雇員加薪，而雇員接受之而繼續提供勞務，其實為雇員的默示同意。雇主的作為，亦應受企業習慣或勞動習慣的評價。

　　再一言者，民法第 483 條第 2 項之報酬並不以狹義的工資為限，而是包括廣義的福利（例如雇主為鼓勵員工特別休假所發給的特別休假津貼）在內。此一廣義的工資，即為公司營業損益表中的勞務成本，屬於財務報表必須記載事項之一。與分派股息及紅利的程序並行，董事會應將之編列為表冊，先送請監察人查核後（公司法第 228 條參照），再提出於股東常會請求承認，經股東常會承認後，董事會再將決議分發各股東（公司法第 230 條、第 240 條參照），並且予以執行。因此，經營階層（透過低階管理職人員）與員工議定（含調整）報酬額度，惟股東會擁有最

---

[153] 但在德國，企業習慣可以作為勞動契約請求權的依據。相關資料，請參閱 Schwarze, Grenzen der Anfechtung einer betrieblichen Übung, NZA 2012, 289 ff.; BAG v. 15.5.2012, NZA 2012, 1280 ff.

後的同意／承認權。這也符合企業經營的民主程序（企業經營與企業所有分離）。
即使是由個別或集合多數員工發動的報酬議定程序，其後也必須經過此一程序。有
問題的是，經由勞工團體（工會）或類似／準勞工團體（勞資會議）所團體協商或
討論而來的工資額度，是否還必須經過公司法的承認財務報表程序始為有效？也就
是說，團體協商或勞資會議勞動條件的討論固然是由董事會透過經營階層進行（公
司法第 202 條參照），但是，其所達成的調薪等勞務成本的上升，股東會是否有權
拒絕承認？對此，本書以為團體協商具有憲法上的基本權保障，在與憲法上財產權
保障的具體合諧性考量後，股東會理應無權加以否認。惟不同的是，除勞基法或其
他勞工法令所明文賦予的勞資會議的同意權外，勞資會議的決議只具有共識決的效
力，故其涉及勞務成本者，仍須經過公司法或其他企業法規中股東會的承認始為有
效。如此的區分處理，應能符合企業法制與勞動法制的利益平衡考量，並且兼顧勞
雇雙方的利益。

第五項　指示權

案例

　　甲是營造商，設籍於花蓮市，客戶遍及花東地區，由於工地散落各地，
勞工常須搭乘甲所提供之工程車至各地工作。乙勞工擔任水泥工一職。工作
地點常常變動，工作時間也並不固定。乙深以為苦。

　　指示權係將勞動關係具體化，這是因為勞動契約（例如建築工契約）中，並無
法具體到自始即可將工作相關事項明確規定，而留待雇主按照個案的情況，將工作
地點、時間、休息的次數（含 coffee time？）、工作的種類等，予以具體化。以百
貨公司的銷售人員或會計人員來說，其工作範圍包括從事結帳或計帳之行為，雇主
得以指示權要求其為之。[154] 再以受僱於交響樂團中的小提琴手為例，契約中並無
法明定其在何時、何地要「拉甚麼曲目」，而是由指揮或總監（Produzent）予以
確定。雖然如此，以表演業而言，在僱傭契約（Engagementsvertrag）內，雇主應

---

[154] 對於銷售人員來說，雇主可以依照現場的狀況，要求他到百貨公司內或大賣場大門口販賣，也可
　　以要求他支援每個銷售部門。

與舞台表演人員就表演之形式、地點及時間 [155] 等，加以約定。契約如有未完全之處，則應依契約之意旨加以解釋（民法第 98 條）。[156]

詳言之。在勞務的內容上，首先係依據勞動契約之約定，但因勞動契約大體上只勾勒出勞工的工作，而無法規範其細節部分，因此有待於以指示權加以具體化。此種只勾勒工作概況的訂約方式，實際上也較符合雇主彈性化的需要。雖然指示權亦存在於其他的法律關係（例如僱傭契約、委任契約、承攬契約），但在勞動契約中具有特殊的重要性。惟指示權究不得違反勞工保護法、團體協約或勞動契約本身。例如前述之百貨公司的銷售人員或會計人員，其工作範圍並不包括清掃工作或倒垃圾。雇主亦不得指示會計作假帳。指示權亦不得違反誠實信用原則（民法第 148 條第 2 項），[157] 例如契約條款賦予雇主有權指示勞工到國外（中國）工作，即屬過於誇大而有違誠信原則。依據 1936 年公布但未施行之勞動契約法第 10 條規定：在勞務提供之範圍上，勞動者應依雇主或其代理人之指示為勞務之提供；但指示之內容有違法、不道德或過度有害健康者，勞動者可以拒絕。這裡蘊含著雇主的指示權必須與勞工的權益取得一個利益平衡。

只不過，即使不在勞動契約範圍之內，但在面對特殊狀況時，勞工基於忠實義務亦應加以處理。例如辦公室中的垃圾桶冒出火花，勞工即負有完成特殊任務的義務。這裡另外一言者，同樣是員工，越是高階的員工（例如副理），其受到指示權運用的範圍，要較低階的員工（例如業務員）來得大。這是相應於職務的重要性而定。[158]

契約內容既由勞資雙方所共同約定，如要變動，原則上也應由勞資雙方共同為之。這亦是契約自由原則之體現，允許雙方合意以後約取代前約。換言之，雇主原則上無權單方更改勞動契約之內容，甚至無權單方為不利於勞工之工作規則的更改（工作規則之不利益變更）。雇主單方變更勞動契約之內容，尤其會發生於事業單位被納入勞基法之適用範圍、勞工退休金條例開始施行之際，雇主希冀以變更契約

---

[155] BAG v. 12.12.1984, NJW 1985, 2151 ff.: 雇主不得與音樂老師訂定授予其（依據其工作需要而）單方減少工作時間的契約，否則該約定將因違反僱保護法及民法第 138 條公序良俗之規定而無效。

[156] 訂定僱傭契約之舞台表演人員，依據民法成年之法定標準，亦須年滿二十歲，否則即應得到法定代理人的同意。惟在藝文界，不乏未成年之演藝人員，甚至童星，是否均遵守民法之規定從事，實令人持疑。即使是各縣市的自治條例，似亦未嚴格遵守此一法律規定。例如台南市藝文事業輔導管理自治條例第 9 條規定，年滿十六歲之國民，得參加演藝事業；未滿十六歲參加營利性演藝表演者，則須取得法定代理人之同意書。

[157] Söllner, a.a.O., 255 f.

[158] Maties, Arbeitsrecht, 2009, 34 f. 亦即：解釋上，勞基法第 32 條第 3 項之因天災、事變或突發事件，雇主有使勞工在正常工作時間以外「工作」之必要者，得將工作時間延長之。其所謂之「工作」，並不以勞動契約所約定之工作內容／種類／形式為限。即包括雇主臨時指派的工作。

內容之方式以降低生產成本。較有問題的是，既然勞資雙方可以合意以後約取代前約，則如何證明雙方確實有「合意」存在呢？這在「合意終止契約」及「合意結清年資」（勞退條例第 11 條第 3 項、第 13 條第 2 項）時，同樣會發生此一爭議。

　　另一問題是，如果雇主單方變更工作之內容，往往會牽涉職務之變動，而這又是調動之法律問題。對此，擬簡要說明調動之法律問題。緣勞務提供之地點原則上依雙方約定，勞動者無移地勞動之義務（勞動契約法第 9 條）。原則上勞工係受僱於特定之企業工作，如果契約沒有特別約定，雇主當可行使指示權，調換其工作位置（此指不涉及職務內容之更動）。

　　工作地點的問題，實為關於勞動契約主要義務所引起之問題中，較為重要者，亦即調職之問題。調職包括勞務地點的改變及工作內容的變動。在 2015 年 12 月 16 日勞基法修正增訂調動（第 10 條之 1）之前，內政部早已對此做有調動五原則 [159]，雖然在實務上已行之多年，惟仍不能完全袪除學說之爭論 [160]，因此對此問題，實有必要加以探究。而在思考調職之合法性時，尤須兼顧雇主企業經營人力調動／整的必要性與勞工權益的保障。何況，在面對企業經營困境時，在雇主欲行使資遣手段時，勞工往往以解僱最後手段為由，要求雇主應先行調整職務或地點者，這表示調職本身並非必然非法或不利於勞工，端視其個案而定。

　　總之，指示權只能在勞動契約內為之，亦即將勞動關係具體化（例如：雇主不得指示不罷工之勞工從事替代罷工之行為 Streikarbeit）。因此，必須受到如下之限制：一、勞動契約及公序良俗。二、團體協約及法律。如果勞資會議對於調職的限制做出決議，則雇主的行使調職手段亦須受其拘束。在此，由於勞基法第 10 條之 1 已經明定調職之要件，所以，無論從依法行政或法律明確性的角度來看，內政部所發布的調動五原則即已失去其法律效力及拘束力。

　　除此之外，由於工作規則亦是將勞動契約的內容具體化，可以說是指示權的具體表現。此一部分之說明，請見前面所述。

---

[159] 內政部 74 年 9 月 5 日 (74) 台內勞字第 328433 號函。
[160] 邱駿彥，調職法理之研究，收錄於：法律與當代社會，頁 471 以下；劉志鵬，勞動法解讀，頁 72 以下。

第六項　平等待遇原則

第一款　內　容

　　任何個別族群或特徵（男女、年齡等）之免於受到歧視，係根基於人性尊嚴而來的個別權利保障，其具有積極人權政治的理想性格。從憲法及勞工法來看，禁止歧視是一般平等待遇原則的具體表現或特殊形式[161]。社會法規中也加以具體規定。再者，作為人權的實際表現形式，平等待遇及禁止歧視也廣泛地出現在國際公約及區域性的條約中，並且藉由法院判決予以落實。只不過，充塞在社會上各個層面或角落的差別待遇情況，例如男女顧客在理髮／理容時的價錢高低落差，就不是工作平等法制的適用範圍，其是屬於社會更深層的問題或者須要由其他的法律角度思考解決。

　　除了契約自由原則之外，平等待遇原則係勞工法中之一項重要原則，其目的在掃除同一族群（例如針對調薪、分紅等工作條件）或不同族群間之一切的肆意的就業歧視。禁止就業歧視，常與契約自由互不相容[162]。在非典型僱用日益盛行的時代，援引平等待遇原則以處理傳統的勞工與非典型工作勞工間的差別待遇，尤其具有重大的意義。這是因為各種不同的非典型僱用型態，或者法無規定，或者法律的規定不夠完整，導致非典型工作者的權益與普通勞工有相當程度的落差、甚至完全被排除，必須依恃平等待遇原則給予一定的救濟。

　　有關平等待遇原則之適用，涉及幾個族群的比較，其中全時勞工與部分時間勞工、不定期工與定期工同時涉及非典型僱用的問題，因此，除本處加以說明外，另請見該處之敘述。

第二款　男性勞工與女性勞工

 案例 1

穿著清涼（迷你裙、小可愛）的上海女人，構成性騷擾？
　　報載中國上海很多女性在炎炎夏日穿著超迷你短裙、低胸露背露肩的小

---

[161] Udo Di Fabio, Disskussionsbericht zur Europarechtlichen Symposion in 2012, RdA 2010, 314.

[162] 請參閱 Eichenhofer, Diskriminierungsverbote und Vertragsfreiheit, AuR 2013, 62 ff.; Franzen, Entgeltsysteme und Gleichbehandlung, RdA 2013, 180 ff.

可愛，上海地鐵乃貼出告示，要求搭乘地鐵的女生不要穿著太暴露，否則對於男性乘客也算是構成性騷擾。不過不少男性乘客聽到這消息，都紛紛為愛美的女生抱屈，他們認為穿什麼是女孩子的自由，何況男人並不會覺得這是性騷擾。

案例 2

靠寵「性」升遷（靠與上司或老板上床而獲得特別待遇），構成性騷擾？

　　老板關愛的眼神似乎常落在那位商學院剛畢業，長得妖豔動人的財務分析員身上。她經常逗留在他辦公室。很快，八卦傳開了：他們有共進晚餐嗎？他是不是把手放在她手肘上？更莫名其妙的是，她都分到令人垂涎的好差事，最後還破格升遷。其他同事呢？只能在旁乾瞪眼或交頭接耳吧。不然還能怎樣？這世界本來不就如此嗎？不，在美國加州可不行。

　　《紐約時報》最近報導，加州最高法院在 2005 年 7 月判決，如果某位同事因為跟上司或老板上床而屢屢獲得特別待遇，其他同事可以提出控告。而這項裁決也將原本有關職場性騷擾的法律，又廣義解釋了許多。工會及代表勞工的律師對這項判決都讚不絕口，認為這是那些所謂「不受寵員工」的一項勝利。

　　上述所舉的 1、2 兩個案例，都不是發生在台灣。那麼，台灣的情況又是如何呢？對此，在兩性工作平等法於 2002 年 1 月 16 日公布施行前，[163] 男女（或兩性）工作平等的原則固然已多為學者所探討，而且也見之於勞工法規中，例如就業服務法第 5 條規定，為保障國民就業機會平等，雇主對求職人或所僱用員工，不得以種族、階級、語言、思想、宗教、黨派、籍貫、性別、性傾向 [164]、年齡、婚姻、容貌、五官、身心障礙或以往工會會員身分為由，予以歧視。這是有關就業歧

---

[163] 在 2008 年 1 月 16 日，兩性工作平等法修正更名為性別工作平等法。就性別與就業服務法第 5 條第 1 項規定的其他族群相較，除了被法律獨立規定者外（例如原住民族），性別平等的保障顯然較為完備。這或許是立法者意志的貫徹。論者間遂有整合性平法與就業服務法為一「工作平等法」或「就業平等法」之論者，立法的發展值得吾人關注。

[164] 台灣台北地方法院 100 年度勞訴字第 172 號判決（馬偕紀念醫院案）參照。

視規定中，最為具體者。[165] 除此之外，勞基法第 25 條之男女同工同酬原則，民法第 72 條之公共秩序、善良風俗及第 71 條之法律強制或禁止規定，以及憲法第 7 條之平等權、第 15 條之工作權與第 22 條之其他之自由等，亦與就業歧視息息相關。

然而，上述之憲法或法律條文中，卻未有對於性騷擾之直接明確之規定者，導致兩性在工作中，平等權之未能完全地落實。亦即男女或兩性的平等，不應該僅有僱用、薪資、升遷及解僱上的平等待遇，還包括工作中免於受到性騷擾的平等待遇。否則，就算在職場上薪資、升遷、及解僱方面受到同樣待遇，但因受到精神或身體上的騷擾，終究無法稱得上是真正的兩性平等。

男女平等待遇原則，涉及到對於契約自由原則中之締約自由、相對人選擇自由，以及變更或廢棄的自由之限制。至於部分時間勞工之勞動條件如何約定，則是屬於內容形成自由的問題。由於部分時間工作者中，有相當高的比例係女性工作者，有關部分時間工作者與全時工作者之平等待遇問題，相當程度地即為男女平等待遇之問題（間接歧視）。以下先就男女平等待遇原則之內容加以介紹，至於部分時間工作者之平等待遇問題，則於下面第 3 款加以說明。

女性勞工就業時所受到之歧視具有多樣性，除了學者及實務討論較多之單身條款（禁婚條款）與禁孕條款之外，其於求職、升遷、報酬給付等方面，亦有此問題，甚至在工作場所受到主管、同事之性騷擾，亦與歧視有關。[166] 以下僅就其相關之問題加以說明之：

第一目　僱用之歧視

勞動契約為一種特殊之僱傭契約，私法自治及契約自由原則本亦適用及之。然由於勞動契約並非單純私法契約，而是具有濃厚的人的結合關係，因此勞動契約的契約自由即受到限制，亦即：締結的自由、當事人選擇的自由及契約內容形成的自由均受到限制。而雇主於女性求職者求職時，亦即要求建立勞動關係時，不得僅以其為特定性別而予以拒絕，否則即涉及了歧視，此稱為：當事人選擇自由之限制。

---

[165] 依就業服務法施行細則第 2 條規定，主管機關職務之一即為認定就業歧視，並於認定就業歧視時，得邀請相關政府機關單位、勞工團體、雇主團體代表及學者專家組成就業歧視評議委員會。不過，就業服務法第 5 條第 1 項仍然有疏未納入者，例如「財產」（有錢人）一項，應該極為重要，為何未納入？

[166] 其實，性別歧視還包括工作過程的職務分配或臨時工作的指派（同樣是新進的員工，男性員工可以立即上線工作，但女性員工必須先一段期間負責招呼客戶的工作？出公差買便當通常是女性員工？）以及（性質與性騷擾有所不同的）騷擾／霸凌（Mobbing）。騷擾也是構成一般人格權的侵害。不過，吾人究不宜將雇主所為勞工的不同對待，動輒評價為歧視，例如男工與女工配帶不同的制服或裝置，除非其具有不同的價值表徵。

　　當然，如一定工作之執行，以一定之性別為不可或缺之前提者（所謂「職業上具決定性的要求」），雇主即可堅持要聘雇一定之男性或女性為勞工。然而，這種情況毋寧是例外之現象，而應採取較為嚴格之解釋，以免動輒造成雇主以其特定之職位一定要由特定性別之人占有，以達到排除他種性別之目的。[167] 例如戲劇中男的演員角色應由男性飾演、坑內工作（煤礦工人）及特定危險性的工作以男性為限（職業安全衛生法第30條第1項第1至14款的反面解釋），擔任戒護監獄中女性犯人工作者及女性泳衣的試穿員，應由女性為之。有問題者，當該求職者相信他受到歧視時，其請求民事損害賠償時，必須負舉證責任（民事訴訟法第277條），而這卻是最為困難者。

　　設如雇主無正當事由而肆意拒絕特定性別者之求職時，該求職者得以何種權利受到損害而請求何種損害賠償？亦即請求權之基礎為何。德國實務上以為該項針對特定性別之歧視侵害了一般人格權（das allgemeine Persönlichkeitsrecht），而肯定求職者非財產之損害賠償請求權。一般人格權包含了個人之人類尊嚴受到尊重及個別人格發展之權利。在勞動生活中，每個勞工有權受到合於事理標準之評價。雇主於選擇勞工時，如不合法地限定於某一性別之人，即是不當地影響了不屬於該性別之求職者人格發展的可能性。在此即為貶低其職業的能力。由於他們在爭取僱用時，其被接受擔任一定工作以及藉此能發展其個別人格可能性，已被妨礙，因此具相同機會參與雇主選擇勞工之程序，可以說自始即被拒絕。基於一定性別之歧視，亦同時侵害了求職者作為一個人的尊嚴。因此，基於求職者一定之性別而於其進入勞動關係時予以歧視，係同時違反了基本法第3條第2項及第2條第1項與第1條第1項。與性別有關之歧視，通常係侵害一般人格權，而其內容是由德國民法第611a條予以具體化。

　　至於其得請求損害賠償之範圍，並不僅限於德國民法第611a條第2項之信賴利益，因信賴利益只是將為締結契約所支出之費用，如郵電費用，予以償還，嚴格言之，並非是明顯的制裁，對雇主並不會造成警惕的效果。為此，實務上係依據民法第823條第1項（相當於台灣民法第184條第1項）及第847條（類似於台灣民法第195條第1項）處以雇主精神上之損害賠償，以求損害與賠償間有一適當的比例存在。須注意者，一般人格權之侵害必須達到重大之程度，受害者始

---

[167] 李慶雄，男女平權不應是這樣，中國時報，2010年1月19日，A14版：過去以男性為主的公職科目，倘若是對女性歧視，所造成的錯誤，女性工作者加入後，應不至發生問題。然實際男女有其生理差異，實難達到「男女平等」要求，在女警加入男警戰場，不適任員警的質疑變多了，現又發生女警自殺情事，希望考試委員及兩性工作平權者，能以更寬容態度看待用人機關對女性定額或是限額申請，別隨意變更其用人名額。

得據此請求精神上之損害賠償。對人格權輕微之侵害，不會引起損害賠償請求權（Entschädigungsanspruch）。但對求職者因其性別之歧視，通常均有一重大之人格權侵害。至於損害賠償之額度，實務上是以一個月之薪資為準，但仍有可能較此為高或為低。

相較於德國民法之規定，台灣民法第 18 條第 1 項亦有一般人格權之規定，如其受到侵害，得依民法第 184 條請求財產上之損害賠償。至於非財產上之損害賠償，依民法第 18 條第 2 項、第 19 條及第 192 條至第 195 條之規定，只限於生命、身體、健康、名譽、自由、姓名等六種特別人格權受到侵害時，始得請求之。由此視之，求職者欲以其一般人格權受到侵害而主張慰撫金，在我國內似乎有困難。然而人格權之保護，可謂是文明國家共通之現象。而我國法院為達保護人格權之目的，亦早已將其他之人格權透過解釋之途徑，視之為法律所規定之六種特別人格權之一者（如將侵害貞操權解為侵害身體或健康）。學者間亦主張經由修法之途徑，將民法第 18 條第 2 項或第 195 條第 1 項修改為概括規定，以一體保障所有之人格權者。由於目前上述之條文仍未經修改，因此只能依舊由法官經由解釋之方法，將求職者找尋工作時受到之歧視，歸納為六種特別人格權之一，以肯定其慰撫金請求權。依吾人視之，雇主基於性別之歧視，不僅嚴重地影響到求職者人格之發展，且有損於其名譽，故應為侵害求職者之自由與名譽無疑[168]。

值得一提者，性別工作平等法中已對於性別歧視之損害賠償（第 26 條）、非財產上的損害賠償（第 29 條）、勞工或求職者訴請差別待遇損害賠償之舉證責任的減輕（第 27 條、第 31 條）有所規定，此種實體法上的規定，使得勞工免於再繞道民法求償或以民事訴訟法的舉證責任分配法則所可能帶給求償者困擾的局面。亦即性平法第 31 條釋明事實之規定，考量到受僱者或求職者常難以完整地舉出證據及陳述令法院相信為真的事實。另外，第 30 條規定之損害賠償請求權消滅時效，不僅相對於受僱者的其他請求權（例如基於民法第 487 條所提起的確認僱傭關係存在之訴）的時效期間或除斥期間明確，而且，其所規定的或者二年間（內？）（自請求權人知有損害及賠償義務人時起）或者逾十年（自有性騷擾行為或違反各該規定之行為時起），也使得受僱人有充裕的時間求償。雖然如此，性平法第 31 條之「釋明差別待遇之事實」，似乎原則上應與民事訴訟法第 277 條之「就其事實有舉證之責任」作同一解釋。也就是說，主張權利之人應負舉證之責任。請求權人

---

[168] 最高法院 100 年度台上字第 1062 號判決參照。惟在該訴訟中，參與校長遴選的唯一女性候選人，其所主張的名譽權受損的理由（被質問募款能力較差，貶損其對外之協調溝通及產業人際關係能力），並不為法院所採。

應充分地釋明構成請求權的事實，其主張必須具有事實上的立論基礎（tatsächliche Anhaltspunkte）（vgl. BAG v. 5.11.2003, AP BGB § 615 Nr. 106 = EzA BGB 2002, § 615 Nr. 2）。亦即事實的陳述必須具有合理性，所陳述的證據得以推測出存在性別歧視，並非只是單純的主張或臆測而已。要符合釋明責任的要求，必須其所陳述的事實，從客觀上的觀察具有絕對的可能性（überwiegende Wahrscheinlichkeit），可以得出歧視的結果（BAG, Beschl. v. 20.5.2010, NZA 2010, 1007）。惟由於只是陳述的證據得以推測出存在性別歧視，所以在性別與差別待遇間的因果關係，即使未必然能導出因果關係的結論，但只要所陳述的輔助事實（Hilfstatsachen）能夠合理化因果關係的假設，即已足夠。

於此附帶說明者，雇主對於求職者於應徵時，固然可提出問題詢問之，但此問題應僅限於與勞動關係有直接相關聯者，否則該項詢問即有侵害一般人格權之虞，例如對於應徵秘書者詢問其三圍多少，對於女性求職者詢問其是否懷孕。近些年，對於求職者要求提供資訊，已經進入另一個層次的法律問題，也就是受僱人資訊的保護與雇主詢問權的權衡問題。在此，僱用人必須遵守個人資料保護法的規定[169]。另一個問題是，固然性平法第 7 條規定雇主對於求職者之招募及甄試不得歧視，但是，雇主基於何種理由通知那些求職者前去面談（除了特定工作只能由特定性別擔任外，法律並無要求雇主只能邀請特定性別者或者客觀上資格能力最好的人前往）及之後僱用誰的人事決定，對於未被通知前往面談或甄試的申請人，並無一個基於誠信原則或前契約義務（vorvertraglich Schuldverhältnis）或附隨義務要求雇主提供錄用人的標準及其他被錄用人的相關資訊的請求權（Auskunftsanspruch）（BAG, Beschl. v. 20.5.2010, NZA 2010, 1008）。這是因為資訊請求權係以當事人間存在一特殊的結合（Sonderverbindung）關係為前提，而此一特殊的結合，是指一個契約、法定的債之關係或締約過程中的法律關係。惟求職者之遞送資料給雇主，尚難謂已達「締約過程中的法律關係」的地步。性平法應無將受僱者保障的規定，完全適用於求職者之意。所以，歸根結底，這也是一個立法論上的問題，必須經由修法途徑為之。

第二目　升遷之歧視

雖然女性從事工作者為數甚眾，然而其居主管階層者，可謂人數極為有限（unterrepräntentiert）。為矯正此種現象，除了人民傳統上對於女性之觀念應做改變外，透過法律對受到升遷歧視之女性勞動者給予救濟，亦為可循之途。有疑問

---

[169] Riesenhuber, Kein Fragerecht des Arbeitgebers, NZA 2012, 771 ff.

者，國家可否經由立法，於法律中硬性規定：「當女性工作者與男性工作者具有相同之資格時，女性工作者即自動地優先獲得該升遷之職位」，以達到促進女性占據高階職位之目的？[170] 類此之規定，可見之於德國不萊梅邦兩性平等法第 4 條第 2 項第 2 款（§ 4 II 2 Landesgleichstellungsgesetz (LGG), Bremen），目的在提升公務機關中女性高階主管的比例（占有率）。惟此一法規，終因與歐盟法律所主張男女平等之精神有違，而被歐洲法院（EuGH）駁回，此後再由德國聯邦勞工法院予以確定。吾人如考量男女之升遷應完全依其能力而定，任何性別均無關緊要，則以法律給予女性優先升遷之權，在我國內亦因其違反憲法第 7 條之男女平等原則，而應歸於無效的。

第三目　工資之歧視

　　勞基法第 25 條規定，雇主對勞工不得因性別而有差別之待遇。工作相同、效率相同者，給付同等之工資。本條文前段為男女平等待遇原則，本應泛指雇主對於男女勞動者，在招募、任用、配置、升遷、報酬及終止勞動契約等方面，均必須給予平等的對待，而不得肆意地差別對待。

　　惟由於勞基法第 25 條規定於勞基法第三章工資內，而第 25 條後段係規定通稱之同工同酬原則，因此此處之平等待遇原則，解釋上即針對薪資（待遇）而言。如學者所言，此處之平等待遇，並非要求雇主不得基於任何理由，給予男女勞動者不同之薪資。而是指如其有實質的理由時，即可做差別之對待。但工資計算的標準不同，為欠缺實質理由之差別待遇。另外，雇主如係因團體協約或勞動契約的約定而調升薪水，其他的勞工並不得以平等待遇為由，要求獲得同樣的調薪對待[171]。有關男女勞工工資的平等對待，實際上須要依賴工資清冊上的記載才能落實。亦即「雇主應置備勞工工資清冊，將發放工資、工資計算項目、工資總額等事項記入。工資清冊應保存五年。」（勞基法第 23 條第 2 項）而且，雇主應置備勞工名卡，登記勞工之工資，勞工名卡並應保管至勞工離職後五年。雇主如違反工資清冊及／或勞工名卡之登記義務，即會受到行政罰鍰的處分（勞基法第 79 條第 1 項第 1 款參照）。

　　男女勞工薪資之平等對待，即是要求工作相同、效率相同之男女勞工，可獲得同等之薪資而言。雇主不得僅因其性別，而約定給予較低之報酬。雇主也不得以特定性別員工是否要負擔家計，而給予高低不同的工資。惟其能納入資格能力及年資

---

[170] 此稱之為「積極促進措施」。
[171] BAG v. 21.9.2011, NZA 2012, 31 ff.

作為差別待遇理由（原則上單純的年齡不得作為理由，以免涉及年齡歧視）。這主要也是禁止男女員工工資差別待遇的關注所在，也是法令所能規範處理者。所以，雇主在徵人廣告中即不得有「男工每日 1,600 元，女工每日 1,400 元」之用語。為實現此一目標，歐洲聯盟尚且訂定每年 4 月 14 日為「Equal Pay Day」，其寓意可謂深遠（惟一些國家仍然有門檻限制之議，例如德國討論中的工資平等待遇規定係以僱用 500 人以上的事業單位為強制適用的對象，畢竟一旦立法，即會涉及公權力落實的問題。一般認為工資的平等待遇，其爭議性遠超過婦女在企業監事會 1/3 名額保障的規定。）（另外，女性勞工與男性勞工的薪資之差距，主要是因為女工常處於低工資族群、較少領導職幹部、以及尤其是因結婚或生育後離職，之後再投入職場時，往往出現高能力 / 高知識而低就業或只能從事非典型工作之情況。因此，有些社會學家提出「教育→結婚生育→投入職場」的模型，以取代傳統的「教育→職場→結婚生育」的模型，希望能讓女性勞工一氣喝成地工作到退休為止。此在目前退休年齡不斷地延後，甚至強制退休或合意退休有被視為年齡歧視之議時，此一新的生命模型即有討論、甚而存在的價值）。至於所謂「工作相同」，應兼含「工作價值相同」而言。惟僅僅工作具有「類似性」，則並無勞工法上平等對待原則之適用。但何謂工作相同？何謂工作價值相同？法律中並未明定，因此具體認定時即會引起爭議。一般而言，工作相同是指：勞工在技術不同之工作位置或先後在同一技術之工作位置，提供同一的（identisch）或同種的（gleichartig）勞務而言。當然，工作是否相同，必須經由工作間全面之比較始能得知。於此，係依各自工作之過程及這些過程相互間之關係而定。設如工作間或其特徵有不一致之處，則是以其最主要提供之勞務而定。工作過程中雖有零星相同之處，但還不能說各自提供之勞務全部是相同的。這在短暫的時間內執行相同的工作時，也應加以注意。在這種情形狀況，必須以一可代表正確評價個別狀況期間內之工作，加上比較，始可決定其工作是否相同。

所謂工作價值相同，是指工作間依照客觀的工作評價之標準，具有相同的工作價值而言。於此，團體協約當事人之實務及一般的交易觀念，可提供其依據。工作價值相同之問題，係依該勞務提供之對象而定。只有將所提供之勞務全部加以比較，才能確定其價值是否相同。對於工作之價值尤具重要性的為其先前所必須具有之知識之程度及對於種類、多樣性與多數性之能力。越能符合這些要求，其工作之價值即越高。如一勞工依據勞動契約須提供不同之勞務，則其整體所提供之勞務，整體而言，即具有較高之價值。惟由於欠缺客觀的評價標準，確定工作價值是否相同，即困難重重。

第四目　解僱之歧視

關於雇主對於特定性別於終止勞動契約時之歧視，諸如單身條款（禁婚條款、修女條款 Zölibatsklausel）、禁孕條款、生產退職條款等，其合法性（或合憲性）之問題，國內實務及學說討論較多 [172]。

緣勞動契約為私法契約，契約自由原則本應適用及之。然勞動契約不僅為金錢與勞務之交換契約，且為人的結合關係，具有濃厚的倫理義務及「社會性」色彩。勞動者基於社會弱者的角色，本無法與雇主立於平等地位討論勞動契約之締結、內容，即於終止勞動契約，對於勞動者造成極為嚴重之後果，勞工本不會自由行使，反而雇主會基於一些理由而非法行使之。雇主之非法終止勞動契約，常涉及對特定勞工之歧視，基此，乃產生如何加以救濟及其法律上之依據之問題。

關於單身條款、禁孕條款及生產退職條款等，儘管其終止勞動契約之理由各異，其在契約終止之形式上則以：雇主均是要求勞動者在一定情況發生時（結婚、懷孕、生產），必須離職。由於其是以一定條件成就時，令勞動契約失其效力，因此雇主會主張這是附有解除條件之勞動契約。對此，首須說明的是，合意終止契約由於可提供民法第 488 條單方面「終止勞動契約」外之另一種可能性，因此仍有存在之必要性。惟如勞工是在不自由之狀況下，不得不同意終止勞動契約條款時，例如雇主表示不如此，則不願與之訂立契約，而勞工又亟需該工作時，則該條款之約定，因雇主有濫用其經濟上之優勢且損及契約之公平正義之虞，而應歸於無效。

對於適用勞基法之行業，由於雇主只得基於第 11 條經濟上之理由解僱勞工（此稱為整理解僱），或基於第 12 條因勞工有過失之情形而將之解僱（此稱為懲戒解僱）。而其事由中並不包括結婚、懷孕或生產在內。雖然雇主會主張勞工違反勞基法第 12 條第 1 項第 4 款之「違反勞動契約或工作規則情節重大」而欲終止契約，但因該約定本身具有可非難性，故在法律判斷上，不至於構成情節重大。即使雇主主張是因解除條件成就而勞工須去職，亦因其為勞基法第 11 條及第 12 條之脫法行為，而不生效力。

至於不適用勞基法之行業，雇主與勞工在勞動契約中附解除條件或附合意終止條款，該項約款之效力如何，則須透過憲法及民法加以限制。對此，實務上及學說上大體均認為該項約定違反憲法第 7 條之平等權、第 15 條之生存權與工作權，以及第 22 條之結婚自由等勞動者之基本權利，而不應承認其效力。再者，由於我國憲法並不採取如德國憲法之第三者效力理論（Drittwirkung der Grundrechte），因此勞工不得直接依據憲法之上述條文，主張解除條件約款或合意終止約款無效（直

---

[172] 台灣高等法院 94 年度勞上易字第 5 號判決參照。

接適用說），而是應透過民法之規定，將憲法上關於基本人權之價值判斷加以實踐（間接適用說），而其與基本人權關係最切而得適用於此者，厥為民法第 72 條之公共秩序。基此，解除條件約款或合意終止約款應係違反公共秩序而無效。

值得一提者，隨著兩性工作平等法／性別工作平等法的施行，上述不適用勞基法之行業，雇主與勞工在勞動契約中附解除條件或附合意終止條款之情形，亦可引用兩性工作平等法／性別工作平等法的規定加以處理，亦即兩性工作平等法／性別工作平等法的適用對象是所有的勞工，而不以適用勞基法的勞工為限。（依據行政院勞工委員會 91 年 11 月 19 日勞職外字第 0910055006 號函：依兩性工作平等法第 11 條規定，雇主不得約定外籍勞工有懷孕之情事，應行離職或留職停薪，亦不得以其為解僱之理由，且勞動基準法第 51 條規定，雇主不得拒絕勞工在妊娠期間申請改調較為輕易之工作。若約定因懷孕而無法勝任工作致終止勞動契約而賠償罰金，則為無效）。

最後猶欲一言者，該「附解除條件勞動契約」或「合意終止勞動契約」之約款既為無效，則該勞動契約即無任何附款可言，勞工本可依繼續有效之勞動契約提供勞務。設如雇主不受領勞務而將勞工解僱，則又屬非法解僱之問題，勞工可起訴請求確認勞動關係存在，並依民法第 234 條、第 487 條規定主張雇主受領勞務遲延，在例外狀況下，尚可主張非法解僱之工作／繼續僱用請求權。[173] 在此，勞工並得依勞動事件法第 49 條第 1 項規定，「勞工提起確認僱傭關係存在之訴，法院認勞工有勝訴之望，且雇主繼續僱用非顯有重大困難者，得依勞工之聲請，為繼續僱用及給付工資之定暫時狀態處分。」

第五目　性騷擾之歧視

台灣職場的性騷擾情況嚴重，係學者間及實務工作者間多年來的共識 [174]。性騷擾可謂是職場中黑點數相當高的違反勞動契約或違規，甚至違法之行為。性騷擾在本質上是一種性別歧視行為，工作場所之性騷擾是一種僱傭歧視 [175]，不旦對被害人本身、雇主、事業單位及整個社會產生負面影響，而且也與兩性平等工作權之理念直接牴觸。就個人層面而言，性騷擾不僅對於個人造成負面的影響，短期內可

---

[173] 對於我國法上是否有就勞請求權之適用，本書在前面已採取「原則否定、例外／部分肯定」的看法。

[174] 有關實務見解，請參閱最高行政法院 98 年度裁字第 2802 號裁定（財團法人台灣省台中縣私立明道高級中學案）。

[175] 工作場所之性騷擾不應被理解為個別事件，其亦非生理因素所致，而是「整體兩性關係權利不對等」與「僱傭關係（婦女在勞動市場中居下位）」結合所導致。郭玲惠，男女工作平等法理與判決之研究，五南圖書出版有限公司，2000 年。

能有創傷性症候群，[176] 也可能造成長期性的心理及生理的適應不良，或是人格上的障礙。就雇主或職場來說，如未能妥當地處理性騷擾之問題，不僅會影響職場之和諧氣氛，埋下男女員工間衝突的導火線，從勞動契約來看，雇主也違反了勞動契約之附隨義務，必須對於受到騷擾之勞工負擔損害賠償責任。

　　勞動契約中，勞資雙方互負有主要義務與附隨義務。而且，更因為勞動契約涉及人的勞務提供，因此其附隨義務的內容也更加的廣泛、多樣性，以及不可預見性，致使其無法在法律中或契約中予以詳定，而係大多由民法第 148 條第 2 項之誠信原則所導出。除了民法第 148 條第 2 項外，即在於民法第 483 條之 1。依據該等條文之規定，雇主也應避免勞工受到其他同事或上司漫罵、攻擊（此稱為對於勞工人格權之保護）[177]，甚至性騷擾；雇主也不得將其對勞工所知之個人隱私散播於外等。雇主之負有防止性騷擾發生之附隨義務，亦可從工作場所性騷擾防治措施申訴及懲戒辦法訂定準則第 3 條之規定「雇主應提供受僱者及求職者免於性騷擾之工作環境，採取適當之預防、糾正、懲戒及處理措施，並確實維護當事人之隱私」，得知之。

　　依據性平法第 12 條規定，性騷擾的種類可以分為敵意工作環境性騷擾及交換性騷擾。所謂敵意工作環境性騷擾，是指任何人在受僱者執行職務時，以性要求、具有性意味或性別歧視之言詞或行為，對其造成敵意性、脅迫性或冒犯性之工作環境，致侵犯或干擾其人格尊嚴、人身自由或影響其工作表現（性平法第 12 條第 1 項第 1 款）。至於交換性騷擾：是指雇主對受僱者或求職者為明示或暗示之性要求、具有性意味或性別歧視之言詞或行為，作為勞務契約成立、存續、變更或分發、配置、報酬、考績、陞遷、降調、獎懲等之交換條件（性平法第 12 條第 1 項第 2 款）[178]。

　　再觀 2015 年 3 月 27 日修正刪除之性平法施行細則第 4 條規定：「本法所稱性騷擾之認定，應就個案審酌事件發生之背景、工作環境、當事人關係、行為人之言詞、行為及相對人之認知等具體事實為之。」原本，是否構成性騷擾，係以受害人之主觀的感覺（即相對人之認知）為準，而非行為人之認知。再輔以客觀的事實經過。但中央勞政機關認為有關職場性騷擾之認定原則已在本法第 12 條第 2 項明文規定，故刪除該條文。一般而言，凡是肢體動作方面帶有性意涵的碰觸，普遍被認定為性騷擾。但是語言或非語言方面的項目，則看法較為分歧。

---

[176] 即睡不好、精神恍惚、工作效率劇降等。

[177] BAG AP Nr. 8 und 14 zu § 611 BGB Persönlichkeitsrecht.

[178] 中國時報，2005 年 8 月 27 日，A11 版：加州判例 靠寵「性」升遷 挨同事告。

第三款　全時勞工與部分時間勞工

於此欲再說明者，就業歧視所欲追求者，為勞工在勞動關係中之平等對待。因此，其所涉及者，除男女勞工[179]之外，全時工作者與部分時間工作者，定期契約工作者與不定期契約工作者，甚至漢族勞工與原住民勞工，亦均包括在內[180]。至於藍領工人與白領工人也有可能受到不同待遇，只不過在台灣似乎並未形成問題[181]。

部分工作時間，係企業界在原有的工作型態之下，採取較正常工時為短的僱用型式，與彈性工時及變形工時一樣，都是企業機動式的時間運用，如能妥善地規劃與運用，亦可以同時達到兼顧保障勞工權益與提升雇主競爭能力的目的。就部分時間工作來看：部分時間勞動關係為一真正的勞動關係。雖然部分時間工作者對於時間的運用具有較大之自主性，然仍不失其必須聽從雇主指揮命令之從屬性[182]。與典型的工作型態（固定職場、固定工時的經常性僱用型態）相較，部分時間工作為非典型的僱用方式之一（其他有臨時工、家內勞動、外包、勞動派遣）[183]。由於涉及雇主經營成本之考量及勞工權益之保障，部分時間工作應否大步推動，各方所持之見解即不一致，再加上從事部分時間工作者，大都為女性的勞工，因此部分時間勞工與全時勞工之平等待遇問題，往往又與男性勞工與女性勞工之平等待遇問題息息相關。

如以全時工作者與部分時間工作者而言，部分時間工作者係指工作時數少於全時工作者之勞工[184]，即使他在別處另有一專職之工作，亦不得否認其與雇主間成立一勞動契約。亦即他只是工作時間較短，至於工作之內容與全時工作者並無不同[185]。因此，勞工之工資雖得因其工作時間減少而比例減低，但雇主必須將其與

---

[179] 依歐洲法院之見解，勞工即使因變性或意欲變性，亦不得受到歧視。如雇主將其解僱，則其相較於變性前所屬之性別之勞動者，受到歧視待遇。EuGH v. 30.4.1996 - Rs. C-13/94 (P/S u. Cornwall acounty Council), NZA 1996, 695 ff.

[180] Griese, Die Gesetzentwürfe der Länder für ein Arbeitsvertragsgesetz, NZA 1996, 803(806).

[181] 如 1993 年 10 月 7 日前之德國民法第 622 條第 1 項規定，勞工與職員終止勞動關係之期限分別為兩週及四週，此項規定後因聯邦憲法法院以其違反平等待遇原則而判決為違憲，且在現行法中規定兩者之終止契約期限均為四週。

[182] Söllner, Grundriß des Arbeitsrechts,11. Aufl., 1994, 313; Lieb, Arbeitsrecht, 4. Aufl., 1989, 7.惟Lieb 於其第六版（6.Aufl., 1997）中已將第四版中（4.Aufl.）的上述見解加以刪除。

[183] 陳正良，派遣業勞工之僱用關係與勞動條件，勞資關係月刊，第 12 卷第 12 期，頁 13 以下。

[184] 郭玲惠，現行勞動法規對部分時間工作之規定與適用—兼論德國法中之相關規定，頁 3，發表於 1996 年 12 月 13 日勞委會主辦「部分時間工作相關勞動法規修正與立法研討會」。

[185] BAG v. 1.11.1995 - 5 AZR 84/94, NZA 1996, 813(814); BAG v. 14.3.1989 - 3AZR 490/87 (Hamburg), 68(69).

全時工作者平等對待，除非有實質上之理由存在，否則不得作差別待遇[186]。當然，何種理由具有實質上之意義，必須由受優待之族群與受歧視之族群之比較中始能得知。肆意的區別及違反事實特徵之區別，均是受到禁止的。在此主要是以勞務之目的為準[187]。就報酬給付而言，只因部分時間工作者與全時工作者工作數量之不同而做不同之待遇，並不具有實質上之理由[188]。依此，雇主不得以部分時間工作者另外有一專職工作而其及其家庭生活基礎安全無虞為由，而對其做較劣之報酬給付[189]。台灣有關部分時間工作者之平等待遇，主要規定在勞動部 2014 年 1 月 27 日訂定的「僱用部分時間工作勞工應行注意事項」陸、勞動條件基準之中。惟該注意事項僅具行政指導之性質，並無法律之拘束力。

　　吾人如再觀德國部分時間勞工之平等待遇原則之理論與實務。德國勞工法上一般之規定，原則上全部亦適用於部分時間勞動關係[190]。而其中以平等待遇原則最為學界及實務界所強調，且早已明定於 1985 年就業促進法第 2 條第 1 項。基此，工作時間範圍之不同，在勞工法上並無法合理化對於部分時間勞工之特殊待遇。此不僅在報酬方面，即在其他的勞動條件與措施亦然。只有具有實質上理由時，始可對於全時勞工與部分時間勞工作不同的對待。至於實質上的理由，係指不是因為工作時間，而是因為工作能力、資格、工作經驗、社會狀況、工作位置不同的要求等，而始能存在。至於雇主得否以部分時間勞工另有一主要的工作而作不同的待遇（尤其在報酬方面）？學者間頗為質疑[191]。聯邦勞工法院的見解也有幾度變更[192]，直至 1995 年 11 月 1 日聯邦勞工法院判決始明白宣示：不得因部分時

---

[186] 差別待遇原則上是禁止的，只於有特別合理理由時，始得允許。例如以工作能力、資格、職業經驗、不同工作位置之要求及社會的地位（soziale Lage）而做不同對待，即是被允許的。此乃所謂的「相對差別待遇的禁止」。BAG v. 1.11.1995 - 5 AZR 84/94, NZA 1996, 813(815); Münch/Richardi, Bd. I, 157.

[187] BAG v. 1.11.1995 _ 5 AZR 84/94, BB 1996, 1385(1386)；BAG v. 14.12.2011, NZA 2012, 663 ff.

[188] BAG v. 6.12.1990 _ 6 AZR 159/89, BAGE 66, 314(319) = AP Nr. 12 zu § 2 BeschFG 1985, zu II 1 b (4) der Gründe.

[189] AG v. 1.11.1995 _ 5 AZR 84/94, NZA 1996, 813(815); BAG v. 1.11.1995 _ 5 AZR 880/94, NZA 1996, 816 (818). A. A. BAG AP Nr. 8 zu § 2 BeschFG 1985 [zu II 2]. 台灣勞工法令中並無對部分時間工作者差別待遇之問題有明確規定者，雖然勞基法第 2 條第 1 款「勞工：謂受雇主僱用從事工作獲致工資者」亦應包含部分時間工作者在內，而勞委會 80 年 2 月 21 日台 (80) 勞動二字第 03420 號函亦持此見解，但實務上多有差別待遇者，最顯著為行政法院 82 年度判字第 1317 號判決以部分時間工作者並未在辦公時間內全時提供勞務，因此並非屬勞工保險條例施行細則第 25 條第 1 項所謂之「專任人員」，無法享有勞工保險之保障。

[190] Schaub, Arbeitsrechts-Handbuch, 280; Hanau/Adomeit, Arbeitsrecht, 11. Aufl., 186 f.

[191] Schaub, a.a.O., 281; Kittner, Arbeits- und Sozialordnung, 22. Aufl. 1997, 1060.

[192] Kittner, a.a.O., 1060.

間勞工已有一主要的工作且生存的基礎安全無虞，而作相異於全時勞工不同的對待，以往各級法院所作與此不同見解之判決，應全部廢棄之 [193]。除此之外，聯邦勞工法院認為：團體協約規範如約定排除普通終止（所謂團體協約之不可終止性 tarifvertragliche Unkündbarkeit），則對於部分時間勞工要求相對於全時勞工較長之服務期間，已牴觸基本法第 3 條第 1 項之平等原則 [194]。對於在加油站從事部分時間工作之學生，聯邦勞工法院也認為：加油站職工一般是勞工。其基於繼續性勞動關係之工作時間，可以是以其填入雇主所列的工作時間表而被確定。雇主不得因學生是免除社會保險，而對之作較差的報酬給付（§ 2 I BschFG 1985）。學生也可加入職業災害保險。1985 年就業促進法第 2 條第 1 項係民法（BGB）第 823 條第 2 項規定所指之保護法律。如其因生病而無法工作，仍有薪資繼續給付請求權 [195]。

　　從事部分時間勞動，主要是女性（因此說部分時間工作主要是女性的工作）。除老年部分時間工作外，約有 96% 的部分時間勞工是婦女。男性只於其接受訓練時、工作能力減少時或者在復健的時期中，始會接受部分時間工作。另一方面，約有 47% 的職業婦女不願全時工作 [196]。既然部分時間勞工主要是婦女，因此除了禁止歧視原則之外，兩性／性別平等原則（Gleichheitssatz und Gleichberechtigungssatz, Art. 3 I, II GG; Art. 141 EU-Vertrag）亦適用於此。基此，因性別而給予直接或間接的歧視待遇無效。只有於因生物的或職務的差異而必須針對性別給予不同待遇時，該待遇始具合法性。設如雇主對於部分時間勞工較差的待遇，譬如企業退休金／企業年金，由於性別上的原因從事此類工作者，大多是女性，因此，雇主雖未言明不適用於女性，女性亦會受到該規定之排除，於此即具有間接的歧視 [197]。歐洲法院 1996 年 2 月 6 日判決謂：雇主對於參加訓練活動的全時勞工給予薪資補償，由於已超出部分時間勞工工作時間之外，導致該群部分時間勞工喪失薪資補償請求權，基於部分時間勞工絕大部分為婦女，雇主的該行為已違反男女薪資平等待遇原則中之禁止間接歧視 [198]。另依歐洲法院 1997 年 10 月 2 日判決，關於為實現男女平等

[193] BAG v. 1.11.1995, 5 AZR 84/95; ebenso BAG v. 1.11.95 – 880/94, AuR 1996, 507 ff.

[194] BAG v. 13.3.1997, 2 AZR 175/96, NZA 1997, 842 ff.

[195] BAG v. 12.6.1996, 5 AZR 960/94(Köln), NJW 1997, 962 ff. = NZA 1997, 191 ff. 台灣勞工請假規則第 4 條第 3 項規定參照。

[196] Schaub, Arbeitsrecht-Handbuch, 8. Aufl., 1996, 278.

[197] Schaub, Arbeitsrecht-Handbuch, 8. Aufl., 1996, 278, 282; Lieb, Arbeitsrecht, 6. Aufl., Rn. 90. 台灣性別工作平等法施行細則第 2 條規定，本法第 7 條至第 11 條、第 31 條及第 35 條所稱差別待遇，指雇主因性別或性傾向因素而對受僱者或求職者為直接或間接不利之對待。

[198] EuGH v. 6.2.1996 – Rs. C – 457/93, AuR 1996, 117 ff. = NZA 1996, 319 ff. 有關歐洲聯盟的男女平等待遇，另請參閱楊通軒，歐洲聯盟勞工法律之研究，中原財經法學，第 7 期，2001 年 12 月，頁 192 以下。

原則所為之僱用機會、職業訓練、升遷及勞動條件規定，如果一國之法令要求部分時間勞工為免於稅務顧問考試（Steuerberaterprüfung），則應相對地延長其工作時間，而該要求不具有客觀的要素者，由於受到該要求影響者大多為婦女，因此係為對於女性之歧視 [199]。

第四款　不定期契約工與定期契約工

就定期勞動關係而言，其之所以被視為非典型的僱用型態之一，首先係因為現行的勞工法係以典型的勞動關係作為規範的對象，而定期勞動關係大多已逸出勞工法所規範的範圍之外也。惟亦有從歷史的觀點出之，以為傳統的勞動關係係以不定期的勞動關係為對象，因此，定期的勞動關係當然是非典型的。另外，亦有從實務上的統計數字觀之，以為實務上之勞動關係大多為不定期的勞動關係，因此，定期的勞動關係當然是非典型的。

相對於不定期之勞動契約，定期勞動契約之訂定，必須具有實質上的理由或客觀上的理由，始可為之。不定期的且全時的勞動關係是形塑勞工與雇主間法律關係的重要支柱，它高度地保障並落實勞工保護的水準。台灣勞基法第 9 條第 1 項所定之臨時性、短期性、季節性及特定性之工作，即係該工作符合實質上理由之明示規定。[200] 蓋勞工享有勞動關係存續之保障及內容之保障，實為相當重要。台灣憲法第 15 條之工作權保障，亦可得出勞動契約的存續保障及一個由國家所提供的最低保護（含基本／最低工資）。這是由憲法基本權的保護義務功能（Schutzpflichtfunktion）而來，國家機關應確保個人的基本權免於受到不合乎比例性的限制。所以，即使團體協約約定定期契約的成立，也必須受到客觀理由的規範。又，例如德國針對定期的勞動關係，自 2001 年 1 月 1 日起施行的部分時間及定期勞動契約法（TzBfG），即是根據基本法第 12 條第 1 項規定，在於避免工作基本權受到不合乎比例的拘束（BAG, NZA 2009, 1355 = AP TzBfG § 14 Nr. 64 = EzA EG-Vertrag 1999 Richtlinie 2000/78 Nr. 12 Rn. 17 = NJW 2009, 3808 L; BAGE 136, 270 = NZA 2011, 586 Rn. 29）。否則，在法令對於定期勞動契約的規定相對有限

---

[199] EuGH v. 2.10.1997 Rs. C-100/95, NZA 1997, 1221 f. = NZA 1997, 1227 f.

[200] 台灣定期勞動契約法制不足之處，係除了中高齡者及高齡者就業促進法第 28 條外，沒有「以期限為準」的定期契約，完全以具有客觀理由為前提，甚至也不管具有客觀理由的定期契約種類與其所設定之期限（六個月、九個月）是否果真能配合一致。可以說，我們沒有德國部分時間工作及定期勞動契約法（TzBfG）第 14 條第 2 項規定之設計，使得定期契約促進就業的效果未能顯現出來。立法的著眼點是防弊，而不在於興利。就此，請參閱林更盛，定期勞動契約問題研究，發表於：非典型勞動關係的勞資爭議問題與解決學術研討會，2006 年 10 月 25 日，頁 69～81。

下，雇主將可以以約定定期勞動契約之方式，達到規避法令有關雇主行使解僱之限制之規定。也就是定期勞動契約之簽訂，涉及到勞動關係存續保障之問題。兩個之間具有連動關係，必須採取一致的寬嚴動作，否則一個太寬（例如定期勞動契約之訂定），另一個（例如勞基法第 11 條規定之勞動關係之終止）將會被迂迴架空。蓋對於雇主來說，藉由解僱或藉由定期勞動契約，其所獲得之效果是一樣的。如果法令上對於定期勞動契約之訂定係採取寬鬆的立場，則雇主當然會選擇以定期勞動契約的方式，以終止雙方間的勞動關係。[201]

　　吾人觀察實務上對於實質上之理由，大多採取嚴格解釋的立場。例如政府機關不得以預算被刪為由，而資遣路邊停車格開單收費人員（最高法院 101 年度台上字第 1149 號裁定：嘉義市政府案）。此種嚴格以待的立場，是否有必要？蓋即便是政府機關／構，也有臨時性業務突然增加之情況，如果不允許其定期契約進用人員，是否表示公務機構只能進用不定期契約人員？甚至公開招考公務員？這對於政府財政的負擔或公務人員的政策，會有何種影響？畢竟人員的精簡實用，才是國家可長可久的良美藥方。這也是德國部分時間工作及定期勞動契約法第 14 條第 1 項第 7 款規定「勞工之工資係來自於政府的預算，而該預算僅止於定期的勞動契約的期限而已」，的立法理由。因此，不同於最高法院 101 年度台上字第 1149 號裁定的見解，在最高法院 101 年度台上字第 403 號裁定（嘉義市政府警察局案）中，其對於警察局招募協助執勤期間為一年的社區輔警，肯定可以預算欠缺為由，依據勞基法第 11 條第 4 款規定「業務性質變更」終止契約，似乎即較為可採。雖然，正確而言，其應該回歸到勞基法第 9 條的定期契約處理。

　　定期契約既以具有客觀上的理由為限，隨之而來的，是在特定的情況下，定期契約轉換為不定期契約的問題。對此，勞基法第 9 條第 2 項及第 3 項中，針對臨時性及短期性之定期工作，已有兩款特別的規定。其中，第 9 條第 2 項第 1 款規定，是表示定期契約屆滿終止，雇主並無須再為一不續約的意思表示。同條項第 2 款規定，則在表示雙方成立一鏈條式的勞動契約[202]。除上述規定外，實務上還可能發

---

[201] 實際上，德國的解僱保護法有一系列的規定（例如員工代表會的參與權限），以確保面臨解僱的勞工的權利。至於在僱雇雙方簽訂定期勞動契約時，則根據部分時間工作及定期勞動契約法第 14 條之規定，原則上必須具有實質上的理由始可，例外地（例如年滿五十八歲者）始不要求任何理由。

[202] Bayreuther, Kettenbefristung zur Vertretung von Arbeitnehmern, NZA 2013, 23 ff. 與此不同的是，勞基法第 10 條規定：「定期契約屆滿後……，未滿三個月而訂定新約……時，勞工前後工作年資，應合併計算。」在此，只處理工作年資的合併計算問題，而非在處理雙方的新約是定期或不定期之問題。也就是說，如果雙方體的新約是定期契約，而且前後契約間斷期已超過三十日者，仍然不擬制為不定期契約。在立法體例上略顯贅冗的是，在勞基法兩條有關定期契約的條文（第 9 條及第 10 條）中間，置入一競業禁止的規定（第 9 條之 1）。

生如下的案例：

一、定期契約履行中，勞雇雙方因故（天災、事變等因素）無法履行契約時，是否會延長定期契約？對此，固然勞基法第 10 條規定：「定期契約……因故停止履行後，未滿三個月而……繼續履行原約時，勞工前後工作年資，應合併計算。」惟此只在處理工作年資的合併計算問題。基於各種類型的定期契約均有其客觀的事由，且符合雇主的期待可能，並不宜延長定期契約的期限、或者並不宜將之轉換為不定期契約。這裡的勞工因故無法履行契約，也包括服兵役之情形〔德國工作位置保障法（Arbeitsplatzschutzgesetz）第 1 條第 4 項即是如此規定〕。

二、其次，女性勞工在定期契約中懷孕時，其勞動關係是否延長至產假結束後始終止？對此，雖然母性保護有其必要性，但是，基於僱用歧視的禁止及勞基法第 50 條第 2 項下半段「未滿六個月者減半發給」規定，可以推知立法者意在減輕雇主的成本負擔，所以，仍以採取否定見解為宜（內政部 75 年 10 月 18 日 (75) 台內勞字第 438324 號函參照）。

三、再者，勞工在定期契約期限內遭遇職業傷／災害時，其勞動關係是否會隨之延長？對此，由於涉及勞工保險職業傷害給付及勞基法職業災害補償之連動／抵充問題，即顯得較為複雜。本來，勞工保險條例第 6 條規定之被保險人，係指具有僱傭關係的全部受僱人，所以，當然包括定期契約的勞工。而雇主依據勞基法第 59 條規定之職業災害補償對象，也不分定期或不定期契約的勞工。就勞工保險條例第 53 條及勞基法第 59 條第 3 款規定觀之，只要治療終止，症狀固定，即可請求失能給付及殘廢補償，包括定期契約工及不定期契約工。問題是，此一治療期間卻可能超出原來定期契約所定的期間。這是否代表勞動關係會隨之延長？同樣的問題亦發生在職災醫療期間。單由勞保條例第 36 條及勞基法第 59 條第 2 款規定，似乎職業傷病給付及職業災害補償的期限，並不受限於原來定期契約的期限。此是否意味定期契約已隨之延長？答案似乎是否定的。蓋依據內政部 75 年 10 月 18 日 (75) 台內勞字第 438324 號函，勞工職災醫療期間定期契約屆滿終止，雇主仍應補償。再依據勞委會 89 年 4 月 25 日台 (89) 勞動三字第 0015886 號函，勞基法第 13 條規定勞工職業災害醫療期間，雇主不得終止契約，並不適用於定期契約。由此觀之，其係採取「定期契約終止、職災給付或職災補償續付」的設計模式。相對的，勞保條例第 53 條及勞基法第 59 條第 3 款規定，則是採取「定期契約終止、失能給付或殘廢補償續付」的設計模式。而這也是勞基法第 61 條第 2 項規定「受領補償之權利，不因勞工之離職而受影響」的立法原意。如果是這樣，那麼，勞保條例第 36 條

規定之職業傷病給付的期限，就會跟隨著勞基法第 59 條第 2 款規定的工資補償及終結補償期限。此種適度延長職災給付或職災補償續付期限的做法，目的在加重雇主預防發生職災的責任。只是，既然定期契約已經終止，只是職災給付及職災補償的期限延長，則在該延長給付期限內，勞雇雙方已無勞動關係所衍生的義務可言（例如雇主無須為該勞工提繳退休金，亦無須為之加保勞健保）。

四、最後，假設定期契約的勞工擔任工會理監事或勞資會議的勞方代表，則契約期間是否會同步延長至其任期結束時？換句話說，如果雇主嚴格遵守契約期限而終止契約，是否已符合工會法第 35 條第 1 項第 1 款或第 5 款之不當勞動行為之要件？對此，本書採取否定的見解。蓋定期契約既有客觀要件的要求，所以雇主本係正當地結束雙方的契約。立法者果真想要延長契約期限，恐怕只能透過修法的途徑為之 [203]。

勞基法第 9 條對於定期契約的規定，係一強制性的規定，不容當事人任意約定逃避之。[204] 其係以工作特性而非以營業項目作為認定的標準。依據高雄高等行政法院 91 年度訴字第 616 號判決：雖該會（行政院勞委會 90 年 7 月 30 日台 (90) 勞資二字第 0034607 號函）函答覆被告（高雄市市府）稱：「……案內所提『空調系統操作維護』業務如係台灣開利股份有限公司經常性之主要經濟活動，則因該主要經濟活動（空調系統操作維護）所生之工作，就該公司而言係屬繼續性之工作，不應因該項業務之來源（承攬或委任）而影響事業單位與勞工所簽訂之勞動契約性質。」惟查，依勞動基準法施行細則第 6 條第 4 款之規定，特定性工作係指可在特定期間完成之非繼續性工作，可知判斷是否為特定性工作，應由勞工所從事之工作內容來認定，而非雇主是否以之為主要經濟活動為據，蓋公司僱用之勞工不論定期與否，必然從事公司之主要經濟活動。因此，若依前揭函為所示，認勞工從事者為公司之主要經濟活動時，即具有繼續性者，將使勞動基準法所稱特定性工作之規定，形同具文，是被告援用作為定期契約之認定標準，自非可採（參最高法院 87 年度台上字第 2578 號民事判決）。[205]

---

[203] 德國的相關論述，請參閱 Helm/Bell/Windirsch, Der Entfristungsanspruch des befristet beschäftigten Betriebsratsmitglieds, AuR 2012, 293 ff.; Huber/Schubert/Ögüt, Die Absicherung befristet beschäftigter Betriebsratsmitglieder, AuR 2012, 429 ff.

[204] 台灣高等法院 97 年度勞上字第 71 號民事判決：惟勞基法第 9 條第 1 項後段對於繼續性工作應為不定期契約，係屬強制規定，自不論兩造訂約時之真意如何及有無錯誤情形，均應強制適用。中華航空公司尚不得僅以甲明知其事實及未因訂立定期契約受損失，而主張得不受上開規定之拘束。

[205] 不同意見說，台灣台中地方法院 94 年度勞訴字第 69 號民事判決：被告公司（東慧國際諮詢顧問

　　上述的法院否認以營業項目或經常性的主要經濟活動為定期或不定期契約標準的觀點，實際上與勞基法第 9 條第 1 項規定之臨時性、短期性、季節性及特定性之工作，出發點係一致的。後者確實是以工作特性為準，即以工作性質之角度來認定。前者也否認在主要的經濟活動下，即必須僱用不定期人力，而是要回歸到工作本身的特性。只是，吾人如觀行政院勞工委員會 89 年 3 月 31 日台 (89) 勞資二字第 0011362 號函，卻發現其創造了定期契約的第五個標準：非繼續性工作。依之，「非繼續性工作」係指雇主非有意持續維持之經濟活動，而欲達成此經濟活動所衍生之相關職務工作而言。這表示勞委會同意以雇主經濟活動的意願為準（從雇主角度出發），如是短期存續的企業行為，即可僱用定期人力。例如萬國博覽會或台北市花卉博覽會等有一定存續期間的經濟活動，無論是自己經營或委外完成，均有確定的結束日期。因此，依附在上面的勞動力，遂可以定期勞動契約為之。一般的經濟活動都是長期性的，甚難想像雇主一開始只有意短暫經營。只是，勞委會此種「雇主非有意持續維持之經濟活動」，是否以事業單位設立目的（設立時）為準（即成立一新的事業單位）？或者包括已經存在的事業單位，在經營中承攬或受託自其他事業單位的業務（例如建築業承攬政府機關的特定公共工程）？解釋上似應以前者為限。蓋後者既有營業項目，其營業範圍及對象本來就有可能擴充到承攬或委任契約，業務量呈現時多時少的現象，其在業務量多時期固然可以不定期契約僱用勞工，但也可在有定期契約（尤其是特定性工作）的理由時，僱用定期人力。其並不需要回到「雇主非有意持續維持之經濟活動」的標準上。所以，理論上此種以雇主經營活動為準的定期契約（第五個標準），與「特定性工作」契約（第四個標準）尚有不同。只是，從外表觀之，均是在特定期間完成之工作。另外，在一件育幼所僱用保育員的契約屬性爭議案件中，被上訴人（台南市立仁愛之家）附設育幼所收容家兒童人數時有變動，業務量不確定，更有轉型或結束業務之議，顯見勞務之需求僅為暫時性，兩造於締約時就契約期間已有非繼續性之合意，該定期勞動契約自屬有效（最高法院 101 年度台上字第 264 號判決）。本書以為該案最高法院即

股份有限公司）所營事業項目之一為人力派遣，人力派遣即為被告公司經常性業務，故自不得為配合客戶之需求，而與勞工簽訂定期契約（此有行政院勞委會 87 年 9 月 14 日台勞資二字第 051472 號函可資參照）。與上述台中地院採取同樣見解者：台灣高等法院 97 年度勞上字第 71 號民事判決。但是，在一件涉及公部門依據政府採購法訂定人力派遣的勞務採購契約案件中，最高法院 99 年度台上字第 1692 號裁定及其前審之台灣高等法院 99 年度勞上字第 28 號判決（宜興管理顧問股份有限公司案）中，法院卻根本未討論工作特性或營業項目，而是完全以要派機構所需人力時間為準。且可以不受限制地接續訂立數個定期契約。我們不禁要問的是，為什麼法院在判決中，根本未提到政府採購法勞務採購的特殊性？另外，既然法院肯定雙方可以訂立定期勞動契約，那麼，其是屬於勞基法第 9 條第 1 項規定中的那一種類型？短期性？特定性？

係以「非繼續性工作」的標準，承認定期勞動契約的合法。只是，瑕不掩瑜的，該案的前審法院卻認定雙方是成立「特定性工作」的定期契約。

至於定期契約勞工之勞動條件，雖然在實務上雇主多有給予較差待遇者。惟依據平等待遇原則，雇主並不得給予差別待遇，此從勞基法第 9 條只就定期契約之訂定加以限制，當可推知立法者之認為兩者之勞動條件應一體對待，本係自然之理，故未有片語隻字提及之。換言之，定期契約勞工之報酬、退休金提撥、休假及社會保險，均與不定期勞動契約之勞工相同 [206]。只是，定期契約勞工並無資遣費及特別休假（除了工作期間超過一年的特定性工作之外）。而在生活現實上，由於定期契約欠缺勞動關係存續的保障，影響勞工婚姻家庭的規劃，甚至銀行貸款的取得，所以仍然隱藏有諸多不利益或不平等之處。

如從比較法來看，德國部分時間及定期勞動契約法（TzBfG）第 4 條第 2 項規定，雇主對於定期勞動契約工為較不定期勞動契約工之不利對待，僅於具有實質上理由時，始得為之。對於定期勞動契約工之工資或具有金錢價值之可區分的給付，雇主至少應依照不定期勞動契約工之僱用期間長短之比例為之。廠場內或企業內之特定的僱用條件如係依據僱用期間的長短而定者，不問定期勞動契約工受僱期間的長短，亦適用及之。惟雇主於具有實質上的理由時，得對於定期契約為不利之對待。

最後，一個較為特殊的問題是：在派遣勞動實務上，如要訂立定期契約，則其判斷標準是派遣機構的業務？或要派機構的業務？或派遣勞工本身有無客觀的事由？對此，首先應知者，派遣勞動應以短期的工作為原則，避免長期的派遣影響到要派機構正職勞工的勞動條件，甚至正職勞工的工作位置被取代。[207] 與此短期派遣密切相關、但是又有所（點）不同的是，如果派遣機構只是短期僱用派遣勞工（以應付短期派遣或短期工作），派遣期間結束勞動關係亦隨之消滅，將會影響到派遣勞工本身的僱用安定，亦即勞動關係的不安定。換言之，從實務上觀之，勞動派遣之運用，一般是在配合要派機構（基於多種原因的）短期人力的需求，因此，派遣機構會以定期契約或短期契約的方式僱用派遣勞工。而且，通常是以重複訂立短（定）期契約的方式為之。如此一來，即會造成派遣勞工僱用不安定之情形，連

---

[206] 楊通軒，於楊通軒／林更盛，非典型工作型態相關法律問題之研究，行政院勞工委員會委託，1999 年 4 月，頁 15。再依據就業保險法第 11 條第 2 項規定，被保險人因定期契約屆滿離職，逾一個月未能就業，且離職前一年內，契約期間合計滿六個月以上者，視為非自願離職，並準用前項之規定。

[207] 雖然某種程度來講，這也是派遣勞動中「僱用安定」的一環，但是，本書以為其與短期派遣較有連動關係，並非僱用安定的設計對象。

帶地,也會衍生出派遣勞工必須自行承擔僱用風險(尤其是工資給付中斷)之後果。[208] 除此之外,由於派遣勞工處於失業的狀況,社會保險機構亦必須負擔各種社會給付的責任。事理上似不得謂之平。

為此,一些國家(例如德國、日本及韓國)在面對此種重複訂立短(定)期契約所帶來僱用不安定的現象,係在政策面及立法面以制定專法(勞工派遣法)的方式予以因應。惟此種短期僱用最根本的還是其適法性(法律面)的問題:亦即,在現行勞工法上,派遣機構可以定期契約僱用派遣勞工嗎?在認定勞基法第 9 條之定期契約之客觀要件時,是以何者(派遣機構?派遣勞工?要派機構?)為判斷標準?又,如果派遣機構依法只能與派遣勞工訂立不定期勞動契約(勞動部 2014 年 2 月送行政院審查版「派遣勞工保護法草案」第 6 條,即是採取如此之立法),則因為勞動派遣產業的特殊性,在面臨無要派機構向其提出用人需求時,派遣機構是否即可單方終止勞動契約?

在台灣,目前並無針對派遣勞動契約可否以定期契約方式為之之法律規定,因此,是否應該回歸到勞基法第 9 條及第 10 條之規定?也就是說,派遣機構是否應有客觀的理由,始能與派遣勞工訂立定期的勞動契約?對此,勞工主管機關係採取肯定的態度,[209] 其認為「……查有繼續性工作應為不定期契約,勞動基準法第 9 條定有明文。貴公司所營事業項目之一為人力派遣,人力派遣即為貴公司經常性業務,故尚不得為配合客戶之需求,而與勞工簽訂定期契約。」而法院也多採取與勞工主管機關相同的見解,[210] 認為「……被告公司所營事業項目之一為人力派遣,人力派遣即為貴公司經常性業務,故尚不得為配合客戶之需求,而與勞工簽訂定期契約〔此有行政院勞工委員會 87 年 9 月 14 日 (87) 台勞資二字第 051472 號函可資參照〕。本件兩造所簽訂之勞動契約,形式上固為定期契約,惟實質上應為不定期契約之法律關係,合先敘明之。……」

但是,上述勞工主管機關及法院之見解,學者間有採取不同之看法者。[211] 依之,在派遣機構與派遣勞工的契約簽訂上,若派遣勞工所從事的工作,符合勞基法第 9 條第 1 項之情形(例如派遣機構與要派機構簽訂定期的派遣契約,為履行該契

---

[208] 由此可知,僱用安定性之問題,是在處理定期或不定期勞動契約時所產生,與勞動契約存續中,要派機構面對企業經營風險(天災、事變)時,是否必須承擔給予派遣機構所有費用(含派遣勞工應該得到的工資),無關。

[209] 行政院勞工委員會 87 年 9 月 14 日 (87) 台勞資二字第 051472 號函。

[210] 台灣台中地方法院 94 年度勞訴字第 69 號民事判決,高雄高等行政法院 91 年度訴字第 616 號判決。

[211] 林更盛,「派遣機構」角色與功能探討,發表於「勞動派遣理論與實務對話」研討會,2006 年 10 月 20 日,頁 1-12、1-13。

約而聘僱派遣勞工），得為定期的勞動契約。反之，若派遣勞工所從事之工作屬於派遣機構內的繼續性工作，則派遣機構僅能與派遣勞工簽訂不定期之勞動契約（例如派遣機構與要派機構簽訂不定期的派遣契約，為履行該契約而聘僱派遣勞工）。

　　本文對於上述學者所主張之以「派遣機構與要派機構簽訂定期的派遣契約」作為勞基法第 9 條第 1 項之各款情形之一（也就是具有客觀的理由），認為有必要進一步加以解讀。亦即，如果其是以要派機構具有勞基法第 9 條第 1 項之各款情形之一，而與派遣機構訂定派遣契約，之後，派遣機構再與派遣勞工訂定定期勞動契約，則本文亦認為適法（符合勞基法第 9 條第 1 項之要求）。反之，如果要派機構未具有客觀理由，則派遣機構即不得與派遣勞工訂立定期勞動契約。也就是說，在派遣勞動的情況，認定有無勞基法第 9 條第 1 項之客觀理由，應以要派機構為準。[212] 假使要派機構並無客觀之理由，也就是其並無「短期工作」的需要，則依據本文前面所述，派遣勞動應以應付短期工作需要為前提，則要派機構即不得與派遣機構訂立短（定）期的派遣契約。連帶地，派遣機構也不得與派遣勞工訂立定期的勞動契約。在這種情況下，派遣機構僅能將不定期勞動契約的勞工，派至要派機構處提供短期的勞務。之後，即應將之召回，再派遣其他勞工至要派機構處（繼續原來的）工作。原來的派遣勞工則到另一家要派機構工作。[213] 此種處理方式，既可以確保短期派遣的要求，也可以達到僱用安定的目的。也是符合派遣勞動具有「僱用勞工為他人工作」的特徵及本質。

　　由此看來，上述勞工主管機構及法院以「人力派遣為公司經常性業務」而不准訂立定期派遣勞動契約的見解，顯然是以傳統事業單位僱用勞工為自己工作為出發點，並未納入派遣勞動特徵的考量，連帶地，也「誤選」了勞基法第 9 條第 1 項所要求之客觀理由之判斷標準／對象。亦即其係以「派遣機構」為其對象，且其係以

---

[212] 反對說，Mengel, Anm. zu BAG v. 18.10.2006, RdA 2008, 176：依據德國勞工法學者的通說，訂定定期勞動契約所須之客觀的理由，應以派遣機構為準。惟本文認為更值得注意的是，聯邦勞工法院在該判決中認為：由關係企業所設立的、主要目的是在從事關係企業的派遣勞動的派遣機構，如其依據部分時間及定期勞動契約法（Teilzeit- und Befristungsgesetz, ,TzBfG）第 14 條第 2 項規定，與一位派遣勞工訂立二年期的定期勞動契約，而後並將該派遣勞工派至之前已經提供過勞務的（隸屬於同一關係企業的）同一事業單位工作時，則該派遣勞動契約並未因違反權利濫用原則而無效。

[213] 依據台灣台南地方法院 94 年度勞訴字第 39 號民事判決，「為避免雇主以簽訂定期契約之方法，以達到不給付勞工資遣費或退休金之目的，本件勞動契約雖約定有存續期間，然非屬特定性工作，原告與被告間有繼續性之勞動契約，依法應屬不定期契約甚明。」似乎可以導出：如果是特定性的工作，派遣機構即可與派遣勞工訂立定期的勞動契約。果如此，本文則以為可以擴充至臨時性、短期性及季節性工作。只不過，是否存在此一特定性、臨時性、短期性及季節性的條件，應該以要派機構為準，而非派遣機構。

長僱型派遣勞動為理想。[214] 此種對象選擇的決定，或許有助於法律的明確性，但卻無助於勞工就業的促進（尤其是登錄型勞動派遣）、也昧於實務上少有長僱型派遣的事實。試問，要派機構在有勞基法第 9 條第 1 項各款情形之一時，既然可以自己僱用勞工，如其欲以（登錄型）派遣勞動的方式完成工作，應無不可的理由。如果完全以派遣機構作為判斷對象，則將會導致全面否決定期派遣勞動契約之結果。並不妥當。也無意義。[215]

雖然如此，依據 2019 年 5 月 15 日修正施行的勞基法第 9 條第 1 項下半句，「派遣事業單位與派遣勞工訂定之勞動契約，應為不定期契約。」其立法理由：「一、對於派遣勞工所從事工作係屬繼續性或非繼續性，於該業適用勞動基準法（人力供應業自八十七年四月一日起適用勞動基準法）後，為使派遣業者確實遵守勞動基準法之相關規範，勞動部（改制前為行政院勞工委員會）於八十九年三月十一日台勞資二字第○○一一三六二號函，及九十八年四月十四日台勞資二字第○九八○一二五四二四號函釋，重申人力派遣為派遣公司之經常性業務，不得配合客戶需求，與所雇勞工簽訂定期契約。此函釋亦受最高行政法院一百零一年度判字第二三○號判決認同。二、依據勞動部歷年勞動派遣勞工權益專案檢查數據顯示，有關勞動派遣業者將有關勞動契約訂為定期契約，以致違反前述函釋者，違規比例從一百年之百分之二十，已降至一百零六年之百分之二。為使我國派遣勞工與派遣事業單位以長僱目的維持僱傭關係之定性更臻明確，避免派遣事業單位以要派契約期間作為與派遣勞工訂定定期契約之理由，以規避勞工法令相關終止契約及給付資遣費之責任，亦兼顧派遣勞工之僱用安定，爰增訂本條第一項後段文字。」

另外一個問題是，在派遣期間中（包括定期及不定期派遣勞動契約），派遣勞工或派遣機構、甚至要派機構有勞基法第 11 條或第 12 條情形之一時，派遣機構可否終止契約？對此，首先應說明的是，在派遣期間中，基於契約自由原則，派遣機構或派遣勞工均得自由地與他方合意終止契約。[216] 其次，假使派遣勞工有勞基法第 12 條第 1 項事由之一，無論其係向派遣機構或要派機構有該等行為，派遣機構

---

[214] 其實，以「誰」作為判斷標準或對象，不是那麼容易。德國（在 1997 年 3 月 24 日修正前的）舊的勞工派遣法第 3 條第 1 項第 3 款規定，僅於定期的原因係基於派遣勞工本身事實上（或客觀上）的原因時，始有可能訂立定期的勞動契約。例如勞工本身精神體力（因為重疾或職業災害等原因）僅能在一定期間內工作，無法負荷長期的工作。

[215] 就此看來，Mengel, Anm. zu BAG v. 18.10.2006, RdA 2008, 頁 176 認為：「以派遣勞動契約為例，如其定期契約的訂定必須以部分時間及定期勞動契約法第 14 條第 1 項所規定之客觀的理由為前提時，則將會嚴重地影響到法律的安定性。」果如其所言，則實與本書所採取之見解相去不遠矣。

[216] 楊通軒，論德國勞動派遣法制，台灣勞動法學會學報，第 1 期，2000 年 6 月，頁 101 以下。

均得立即終止契約。[217] 在這種情況，要派機構可以要求派遣機構另行派遣其他的勞工代替原來的勞工。三者，如果派遣機構有勞基法第 11 條事由之一時，其亦應可向派遣勞工預告終止契約。有問題的是，假設要派機構面臨勞基法第 11 條事由之一，而不得不在派遣期間送回派遣勞工時，派遣機構是否即得終止契約？對此，學者間有認為基於解僱最後手段性原則，若派遣機構尚能派遣勞工到其他要派單位工作，派遣勞工尚有繼續受僱可能時，派遣機構即不得逕行解僱派遣勞工。[218] 本文亦贊同此種見解，不過，假使無法再為其覓得一工作機會時，派遣機構是否即得發動解僱權？[219]

上述之問題，可以說是派遣實務上最大爭議之所在：在沒有派遣機會時，派遣機構是否即可以勞基法第 11 條之事由（尤其是第 2 款之業務緊縮）終止勞動契約？這是因為派遣機構是「以僱用勞工為他人工作」為業務，其本身只是扮演一個人事政策的工具，派遣勞工完全依據要派機構人力需要而定，或者外派工作或者留在派遣機構內變成閒置人力。此種會隨著外在環境、產業榮枯而漲跌的派遣人力，是否允許派遣機構以勞基法第 11 條的事由予以解僱？對此，本文認為應該予以肯定，蓋勞基法第 11 條事由的終止契約的條件相當嚴謹，通說均認為其第 2 款之虧損或業務緊縮必須以達到「長期」為要件，亦即要一段相當長的時間才可以，[220] 短期的虧損或業務緊縮尚不符合構成要件。在該段期間內（新僱用或結束前一個派遣工作回到派遣機構處），派遣機構應該盡力為派遣勞工尋找新工作，並且繼續負擔雇主的義務。在未能賦予派遣勞工新的派遣工作前，派遣勞工實際上處於欲提供勞務的狀態，只是派遣機構無法受領而已。亦即在這種情況，派遣機構必須負擔受領勞務遲延之責任（民法第 487 條規定）。[221]

---

[217] Schüren, Leiharbeit in Deutschland, RdA 2007, 234.

[218] 林更盛，前揭文，頁 1-13、1-14。

[219] 在此，情況不同、但處理結果大致相同的是，假使要派機構沒有勞基法第 11 條規定之事由，而其要求更換派遣勞工時，究應如何處理？對此，如從第三人利益契約的法理來看，即表示其不願受領利益。派遣機構也應該為派遣勞工尋找另一個工作機會，在該等待新工作期間，派遣勞工繼續享有工資及其他勞動條件的保障。假使最後派遣機構無法為其找到另一個工作去處，則應是屬於民法第 226 條之嗣後給付不能，派遣機構應負損害賠償責任，派遣勞工亦可以勞基法第 14 條規定（第 1 項第 6 款違反勞動契約）終止契約。不過，針對第三人利益契約中第三人的「更改（換）」權利，本書認為適用於勞動派遣時，必須予以限制，以免要派機構動輒要求更換。

[220] 台灣高等法院 92 年度重勞上字第 5 號民事判決，台灣台北地方法院 93 年度勞訴字第 59 號民事判決。

[221] LAG Köln v. 29.11.2005, 9 Sa 659/05, AuR 2006, 210.

PART
3

勞動契約法

第七章　勞動契約法

第七章
勞動契約法

 案例 1

　　再審原告是一家從事石油及天然氣礦業（含販賣石油、天然氣）的國營事業，再審被告等人自民國 5、60 年間即受僱於再審原告所屬加油站從事三班制輪班性工作。自民國 77 年間起，再審原告除給付薪資外，復按月依夜間輪班次數給付夜點費，即值下午班（工作時間自下午 2 時起至 10 時止）者每次新台幣 125 元，值大夜班（工作時間自晚上 10 時起至翌日上午 7 時止）者每次新台幣 250 元。再審被告等分別於民國 87 年及 88 年陸續退休，其主張系爭夜點費屬於勞基法第 2 條第 3 款所規定工資之範圍，再審原告則否定之。在訴訟進行中，再審原告主張依其與再審被告所屬之台灣石油工會所簽訂之團體協約（67 年 12 月簽訂，其後於 69 年 6 月間、73 年 7 月間續訂，惟於 76 年間期滿後未再續約），其中約定再審被告工資應依政府規定之標準，其對於再審被告自具有拘束力。依據經濟部所屬事業人員退休撫卹及資遣辦法作業手冊所附「經濟部所屬事業機構列入平均工資之給予項目表」，並未將系爭夜點費列入計算平均工資之給付項目。請附理由（法條）回答下列問題：（台灣高等法院 95 年度重勞再字第 6 號民事判決，前審最高法院 95 年度台上字第 2165 號裁定）

1. 工資的定義為何？是否應具有「勞務對價性」及「經常性給予」之性質（至於其給付名稱為何，則非所問）？
2. 伙食津貼、交通津貼是工資（固定金額）？
3. 夜點費是否為工資？其與輪班津貼是否相同？（最高法院 92 年度台上字第 2108 號民事判決：中國鋼鐵股份有限公司案）
4. 修正前勞基法施行細則第 10 條第 9 款之夜點費，係指雇主體恤夜間輪班工作之勞工，給予購買點心之偶發性費用。
5. 勞基法施行細則第 10 條第 9 款之差旅費、差旅津貼及交際費，屬於因

不確定事項之支出，本不具「經常性給予」之性質。

6. 針對勞基法施行細則第 10 條之「非經常性給付之非工資項目」，仍應個案地檢視其發放之目的、性質與方法，看其是否符合勞務交換及對價性質，而決定其是否為工資。

7. 輪班性工作是「值班」嗎？需要再給加班費？其與加班如何切割？

8. 國營事業管理法與勞基法牴觸時，如何處理？前者是後者的特別法？

 案例 2

　　甲銀行僱用乙為行／職員，某日一蒙面歹徒持槍進入銀行搶劫，並且先向天花板開了一槍，行／職員及顧客均驚嚇不已。問：

1. 甲是否負有義務僱用警衛或保全，以保障員工的生命安全？

2. 乙基於勞動契約的忠實義務，是否負有義務以實力阻止搶劫行為？必要時與之格鬥？或者乙應完成那些行為？

3. 乙因驚嚇過度，必須接受心理治療，甲是否應准予病假？准予療養？

第一節　成立與性質

第一項　成　立

　　勞動契約係一特殊型態的僱傭契約。兩者的規範功能並不相同，僱傭契約具有資本主義下自由結合的功能及單純的勞務提供契約分立之功能。勞動契約則除具有類型定位的功能外，也有較強的保護使命與功能及補充其他勞務契約的功能（例如為填補承攬及委任契約的漏洞，而類推適用職業災害的補償）。我國學者間及實務界殆皆混合使用僱傭契約與勞動契約，即以 2020 年 1 月 1 日施行的勞動事件法為例，其在第 2 條第 1 項第 1 款使用「勞動契約」一詞，但在第 3 條除勞工及僱主外，也同時使用「受僱人」及「僱用人」一詞。法條中並且多次使用「僱傭

契約」，最典型者為「確認僱傭關係存在之訴」。雇主與勞工之成立勞動契約，必須有勞動契約之締結，而勞動契約之締結則以雇主與勞工之合意為必要條件，此為契約自由原則之運用[1]。契約自由原則係私法自治原則中三大原則之一（另兩個原則為所有權絕對原則 Unantastbarkeit des Eigemtums、過失責任主義 Prinzip der Kulpahaftung）。勞動契約屬於私法契約，本亦應有契約自由原則之適用。惟一者，勞工基於經濟上的弱勢，大多無法與雇主自由、平等地協商勞動條件；再者，由於勞動契約並非單純私法契約，而是具有濃厚的人的結合關係[2]，因此勞動契約自由即需予以限制。以下即探討契約自由原則在勞動契約中之運用及其限制。

第一款　契約自由之原則

　　基於私法自治與契約自由原則，法律對於私法關係的形成，原則上不加以干預。這是因個人在私法範圍內，關於自己之生活條件，能為最合理的立法者，如不違反國家法之根本精神，皆得依自己之意思，自由創造規範，以規律自己之私法關係。雖然在憲法條文中，並未有明示對契約自由原則加以保障者，但憲法學者均以憲法第 22 條之概括規定（所謂種類不定原則）包含契約自由原則在內。司法院大法官會議釋字第 576 號解釋亦持肯定的見解[3]。台灣民法第 153 條第 1 項規定「當事人互相表示意思一致者，無論其為明示或默示，契約即為成立。」可知契約之成立非常簡單，只要當事人意思一致，即可成立，此即契約自由原則之表現。

　　依學者見解，契約自由原則包括五種自由：

一、締約自由：即得自由決定是否與他人締結契約，法律不加以干涉。由於契約係因要約與承諾之合致而成立，因而締約自由尚可分為要約自由與承諾自由。

二、相對人選擇自由：即得自由決定與何人締結契約，締約人並不負有非與特定人締約之義務，而得自由選擇相對人。

三、內容自由：即雙方當事人得自由決定契約的內容。

四、形式自由：即契約的訂定不以踐行一定的方式為必要。

五、廢棄或變更的自由：即當事人得於締約後變更契約的內容，甚至以後契約廢棄

---

[1] Söllner, Grundriß des Arbeitsrechts, 11. Aufl., 1994, 242 ff. 最高法院 101 年度台上字第 479 號裁定（及其前審之台灣高等法院 100 年度勞上字第 45 號判決：友聯汽車貨運股份有限公司案）參照。

[2] 陳繼盛，建立勞工法規完整體系之研究，收錄於作者「勞工法論文集」，1994 年，頁 45。Wiese, Der personale Gehalt des Arbeitsrerhältnisses, ZfA 1996, 439 ff.

[3] 司法院大法官會議釋字第 576 號解釋「契約自由為個人自主發展與實現自我之重要機制，並為私法自治之基礎，除依契約之具體內容受憲法各相關基本權利規定保障外，亦屬憲法第 22 條所保障其他自由權利之一種。」

前契約（例如合意解除或合意終止）[4]。

契約自由原則自十九世紀以來，隨著個人主義及市場經濟的興起，成為私法自治原則之一，促成資本主義自由經濟的高度發展。然而隨著資本的集中，大規模企業的形成，經濟上社會上之強者支配弱者之情況乃越益嚴重，例如企業主以定型化的方式所訂定的附合（從）契約（Contrat d'adhesion）[5]，相對人不但在決定欲否為法律行為及其法律行為之內容時，而且在選擇法律行為之相對人及其方式時，大率已喪失其真正之自由。這使得契約必須建立在自由與平等的二個基礎上的原意，受到很大地壓縮。設如自由事實上不存在，當事人實無法與他方立於平等的地位從事締約行為，則自由其名，壓榨其實，契約只是一強者剝削弱者的工具而已[6]。

為了導正契約自由所造成之不當現象，國家的公權力即在尊重私法自治的前提下，為了維護公正善良的私法秩序及增進國家社會整體利益，對於私法關係的形成加以干預，以防止私法關係的偏差，使私法秩序得以正常發展運作。其所使用之限制方式有強制締約、契約修訂、方式之強制等，其次為公序良俗、誠信原則、禁止權利濫用，亦可對契約自由原則加以適當地限制。經由此契約自由之限制，使得當事人能夠立於平等自由的地位決定是否訂約，磋商契約的內容，契約正義因得以實現[7]。

第二款　契約自由原則在勞動契約中之運用

勞動契約是由僱傭契約發展而來，係指約定勞雇關係而具有從屬性之契約（勞基法第2條第6款參照）。緣工業革命之後，資本主與大量勞動者間之僱傭契約，係依循所謂的自由的勞動契約（freier Arbeitsvertrag）為之。在法律上，勞動關係之締結與內容係由雙方自由約定。[8] 實際上，由於雇主相對於其對手（即勞工）經濟上的優勢，勞動條件可以說絕大部分都由雇主單方所決定。此種情況，終於導致過

---

[4] 王澤鑑，民法實例研習叢書第三冊，債編總論第一卷，1988年1月，頁69以下；鄭玉波，民法實用，債之通則，1980年10月，頁3以下。

[5] 林榮耀，附合契約與消費者保護，法令月刊，第33卷第1期，頁5以下；朱柏松，現代契約法解釋問題之研究，法學叢刊，第108期，頁45以下；詹森林等，定型化約款之基本概念及其效力之規範，民法研究會第一次研討記錄，法學叢刊，第158期，頁128以下。

[6] 洪遜欣，中國民法總則，1978年11月，頁246；王澤鑑，民法學說與判例研究（七），1994年8月，頁22以下。

[7] 施啟揚，民法總則，1983年9月，頁196；鄭玉波，民法債編總論，1980年1月，頁34以下；孫森焱，民法債編總論，1980年3月，頁21以下。

[8] 其實，契約自由原則在勞務提供契約中之運用，還包括當事人選擇契約類型（是僱傭契約？承攬契約？或委任契約？）的自由。請參閱行政院勞工委員會90年3月9日台(90)勞資二字第0009867號函。

低薪資、過長工時及工廠、礦場中女工、童工充斥之現象。

由於在現實的勞動環境，勞動條件始由雇主片面所決定，勞動契約遂亦為附合契約的實態之一，為求契約自由與契約正義之調和，勞動契約遂被社會化與團體化。對於契約自由原則在勞動契約中之限制，學者間早有認此原則在勞動法已被打破。勞動契約不但受法令上之限制，並受協約上之拘束[9]。亦有舉團體協約法第 14 條「團體協約得約定僱用勞工，以一定工會之會員為限」，亦即雇主不得僱用非工會會員（所謂封閉式工廠 closed shop），來作為相對人選擇自由之限制的例子[10]。惟契約自由原則在勞動契約中之限制，主要係受到法令及團體協約（包括封鎖工廠之例）之規範，其係立基於勞工特別保護之必要性，契約自由原則在勞工法上自然必須給予特別限制[11]。

以下即從契約自由之締約、相對人選擇、內容、方式及變更或廢止等方面之限制加以說明之。

第一目　締約自由之限制

每一個人都有權決定是否締訂一勞動契約。惟此一締約自由，可以因法律的規定或團體協約之約定而受限制。以團體協約而言，如團體協約中約定雇主必須重新僱用罷工期間被解僱之勞工時，則雇主即負有締約之義務。至於在法律規定方面，依就業服務法第 5 條規定，雇主對於求職人不得以性別而予以歧視。因此，設如一女性求職者於僱用時受到歧視，則雖然求職者並無一僱用請求權（Einstellungsanspruch），但對於其因此所遭受之消極損害，可請求損害賠償[12]。另外，2009 年 7 月 8 日的身心障礙者權益保障法第 38 條雖規定公（三十四人）、民（六十七人）營事業機構應僱用一定比例之身心障礙者，但因該條第 4 項規定得以補償稅捐（基本工資）代之，因而殘障者並無締約／僱用請求權。

從另一方面觀之，立法上為貫徹一定之目的，禁止勞動契約之締結者。例如

---

[9] 史尚寬，勞動法原論，1978 年 6 月重刊，頁 17 以下。尤其重要的是，由於勞基法第 2 條第 6 款係勞動契約唯一有效的法律定義所在，因此，是否可以推知勞動契約（法）的構造原則是在勞工保護？亦即賦以勞動契約勞工保護的使命與規範功能？從寬解釋勞動契約的成立、並且加強制裁逃避勞動契約者？

[10] 鄭玉波，民法債編總論，頁 37。另孫森焱，民法債編總論，頁 23。

[11] Schaub/Linck, Arbeitsrechts-Handbuch, 12. Aufl., 2007, § 31 Rn. 2 ff.; Söllner, Grundriß des Arbeitsrechts, 10 f., 75 f. 但是，雖然勞工大多在為求工作之情形下接受雇主所定勞動條件而同意受僱，惟究不宜謂所有的勞動契約皆為附合契約（台灣高等法院 92 年度勞上字第 20 號判決：中華航空股份有限公司案）。也就是說，無需每案皆審查其是否達到民法第 247 條之 1 之附合契約的地步。

[12] Söllner, a.a.O., 243. 依據性別工作平等法第 29 條規定，受害者尚可請求非財產上的損害賠償。

勞動基準法第 45 條第 1 項規定，雇主不得僱用未滿十五歲之人從事工作。但國民中學畢業或經主管機關認定其工作性質及環境無礙其身心健康者，不在此限。勞基法第 64 條第 1 項規定，雇主不得招收未滿十五歲之人為技術生。但國民中學畢業者，不在此限。有問題者，在違反前兩者之僱用或招收時，其法律效果為何？對此，本書認為前者除依勞基法第 77 條規定處罰雇主刑事責任外，並以事實上勞動關係處理；而後者由於並非在提供勞務，故應依勞基法第 77 條規定處罰雇主刑事責任外，並以民法第 71 條之強制禁止規定或第 72 條之公序良俗規定為由，認定該技術生招收契約自始無效。

第二目　相對人選擇自由之限制

任何人均得自由決定與誰締結勞動契約。此一自由，同樣受到來自團體協約及法律的限制[13]。依據團體協約法第 14 條「團體協約得約定僱用勞工，以一定工會之會員為限」，此一封閉式工廠條款（此屬於工會安全條款之一），撇開其是否合憲或合法，即限制了雇主相對人選擇之自由。至於法律上之限制，上述締約自由所含之禁止僱用歧視、不得僱用未滿 15 歲之人及技術生僱用之限制，亦得適用於此。除此之外，屬於當事人選擇自由之限制之著例，係外籍勞工的僱用，此乃是基於勞動市場政策所做的僱用限制[14]。但是，外籍人士一旦受僱於本國工廠從事工作獲致工資者，其與雇主所簽訂勞動契約內容有關權利義務規定與本國勞工之勞動契約相同，不得違反法令之強制或禁止規定，並受本國勞工法令之保障。[15]

第三目　內容自由之限制

勞動契約內容形成之自由，受到法律及團體協約之限制尤多。雇主不得與勞工約定較團體協約及法律規定為低之勞動條件。以團體協約而言，依據團體協約法第 19 條之規定，團體協約具有法規性的效力及不可貶低性（亦即有利原則 Günstigkeitsprinzip），勞動契約所定之勞動條件低於團體協約所約定者，由團體協約取而代之[16]。至於在法律上之限制，即是一般所稱之勞工保護法，主要是規範工資的保護、健康的保護、及解僱的保護。其中最主要的法律是勞動基準法。依據勞

---

[13] Vgl. MünchArbR/Richardi, § 8 Rn. 18 ff.

[14] Brox/Rüthers/Henssler, Arbeitsrecht, 16. Aufl., 2004, Rn. 167; Söllner, a.a.O., 242 f. 楊通軒，從法律觀點論招募契約與勞動契約之權利義務關係，法律評論，第 63 卷第 4～6 期合刊，1997 年 6 月，頁 22 以下。

[15] 內政部 74 年 9 月 24 日 (74) 台內勞字第 345330 號函。

[16] 王澤鑑，民法學說與判例研究（七），頁 31 以下。

基法第 1 條第 2 項規定，雇主與勞工所訂勞動條件，不得低於本法所定之最低標準。其中包括終止勞動契約的限制、最低工資、工作時間、休息、休假、童工與女工、職業災害補償、技術生等規定。其他法律的保護規定則有職業安全衛生法、職業災害勞工保護法、民法第 74 條暴利行為之禁止等規定。以後者而言，雇主不得以勞工初入社會毫無工作經驗，而與其約定一與其他勞工相比顯不相當之報酬[17]。

第四目　方式自由之限制

勞動契約（含定期、不定期及全時、部分時間工作契約）為諾成契約，其締結得以口頭或書面的方式為之（行政院勞工委員會 92 年 4 月 22 日勞保 1 字第 0920022804 號函參照）。惟設如團體協約約定勞動契約必須以書面方式為之時，勞動契約就無法以口頭訂定之[18]。又如法律特別規定者（例如勞基法第 84 條之 1 第 2 項參照）或有要求某類契約只能以書面方式為之時，當事人亦不得違反之。如勞基法第 65 條第 1 項規定，雇主招收技術生時，須與技術生簽訂書面訓練契約一式三份。船員法第 12 條第 1 項規定，雇用人僱用船員，應簽訂書面僱傭契約，送請航政機關備查後，始得在船上服務。僱傭契約終止時亦同。由此觀之，船員僱傭契約限於書面契約始可[19]。民商法學者稱船員僱傭契約為「特殊僱傭」。至於勞基法施行細則第 7 條之 1 規定，「離職後競業禁止之約定，應以書面為之，且應詳細記載本法第九條之一第一項第三款及第四款規定之內容，並由雇主與勞工簽章，各執一份。」由於屬於一般規範，亦應具有法律的效力。

第五目　變更或廢棄自由之限制

勞動契約條款（含定型化契約條款、工作規則約定）得由當事人雙方合意變更之，雙方亦得約定以團體協約的途徑為之。至於得否經由勞資會議討論並做成決議的方式變更之（勞資會議實施辦法第 13 條第 1 項二（二））？本書亦持肯定的見解，此並不因勞資會議的決議無團體協約法規範的效力，而在結論上有所不同。況且，在 2014 年 4 月 14 日修正公布施行的勞資會議實施辦法第 22 條第 2 項中，已經賦予勞資會議的決議具有一定程度的規範效力矣。勞動契約同樣亦允許勞資雙方以後契約合意終止先前之契約（Aufhebungsvertrag）。惟此合意終止不得違反憲法

---

[17] 施啟揚，民法總則，頁 212 以下；洪遜欣，前揭書，頁 252 以下。

[18] Söllner, a.a.O., 244.

[19] 惟須注意者，船員僱傭契約限於書面契約，違者僱傭契約並未成立。但是，勞基法第 65 條規定之技術生書面訓練契約，違者只會受到罰鍰之處分（勞基法第 79 條第 3 項規定），並不會影響技術生訓練契約之成立與生效。

所保障的男女平等原則、工作權及結婚自由之基本權，以及民法公序良俗、強制禁止規定及誠信原則[20]。實務上雇主與勞工先於勞動契約中約定，一旦勞工結婚、懷孕、生產、或申請育嬰留職即需離職之單身條款、禁孕條款及生產退職條款等，該項合意終止約款即屬無效[21]。

第二項　性　質

　　勞動契約在我國現行民法債編各論中並無規定，而是分別規定於 1936 年 12 月 25 日勞動契約法及 1984 年 7 月 30 日勞動基準法（勞基法）。依據勞動契約法第 1 條規定：「稱勞動契約者，謂當事人之一方對於他方在從屬關係提供其職業上之勞動力，而他方給付報酬之契約。」當時勞基法第 2 條第 6 款則規定：「勞動契約：謂約定勞僱關係之契約。」理論上，勞動契約為私法契約，有關勞動契約之相關問題，本應以勞動契約法所規範者為準，且就上述兩法對於勞動契約之定義，勞動契約法顯然較勞基法完善，但因勞動契約法只公布而未施行，依法仍非法律，頂多只具有法理之地位，故在現行法上反而必須回到勞基法，以其為實證法上之依據。

　　須注意者，上述 1936 年勞動契約法第 1 條與 1984 年勞基法第 2 條第 6 款對於勞動契約的定義，其規範重點並不一樣。前者雖有「從屬關係」，惟係針對提供職業上勞動力之人；後者，並無「從屬關係」，因為係針對勞務提供契約的類型而設。兩者定義所指涉的對象並不相同，難謂定義有何矛盾之處，所以，兩者的用語均屬正確可採。

　　所以，在勞基法第 2 條第 6 款於 2019 年 5 月 15 日修正施行之前，其所謂「勞動契約：謂約定勞僱關係之契約」，顯然並不強調勞工之從屬性，已超出學者間所認識的狹義的勞動契約的範圍，而可能及於勞資間所約定的僱傭「契約」、承攬「契約」及委任「契約」──即超出廣義的勞動契約之外之疑慮[22]。姑且不論勞基法是否有適用於承攬契約或委任契約之可能性，吾人仍然認為勞動契約應與僱傭契約、承攬契約及委任契約等嚴格區分，所以，基於勞基法為勞工保護法的本質，其所規定之勞動契約，也只是在將部分重要的勞動契約內容，賦予公法性質的保護效力而已。因此，仍可保留原條文「勞動契約：謂約定勞僱關係之契約」之規定，而

[20] 林武順，勞工法上解僱問題之研究，政治大學法律研究所碩士論文，1984 年 1 月，頁 13。

[21] 王澤鑑，民法學說與判例研究（七），頁 36 以下；郭玲惠，勞動契約之合意終止與附解除條件勞動契約之限制，法學叢刊，第 160 期，頁 95 以下。

[22] 陳書敏，勞動契約之研究，國立政治大學法律研究所碩士論文，1982 年 5 月，頁 36 以下；李章順，勞動契約與承攬契約、委任契約之區別，勞工之友，第 571 期，1998 年 7 月，頁 26。

將之適用於廣義的勞動契約（即不具從屬性之受僱人的僱傭契約），但不及於承攬契約及委任契約。也就是說，參酌採取如同民法第 482 條僱傭契約之定義。這也符合我國各界將勞動契約與僱傭契約交相使用的慣例。另一方面，如將「從屬性」移至第 2 條第 1 款成為「勞工：指受雇主僱用從事從屬性工作獲致工資者。」也可能導致其僅適用於狹義的勞動契約的結果。這也是本書前面的主張。也就是說，觀 2019 年 5 月 15 日修正施行的勞基法第 2 條第 6 款的定義，實際上與狹義的勞動契約適用對象者（1936 年勞動契約法第 1 條所指之勞動契約），係以具有從屬性（依附性）者為限，殊途同歸。無論如何，勞基法之施行，究不能全然取代民法上之僱傭契約、承攬契約或委任契約，當事人形成契約之自由，無法予以剝奪，否則即會出現不當的法律形式強制（Rechtsformzwang）。除非其有脫法之行為，才需加以處理。就此觀之，先前勞基法對於勞動契約及勞工，已有明確界定，即採取廣義的定義，並且排除承攬契約及委任契約；只不過，勞基法勞動契約章並未對勞動契約之相關內容詳加規範（實際上亦不可能），而其影響將更為深遠[23]。為了解決此等問題，儘速制定及公布施行勞動契約法，當為最直接簡便之法，但除此之外，理論的建構對於實際案例之處理，亦不可或缺，例如前述 1936 年勞動契約法對勞動契約定義為「當事人之一方對於他方在『從屬關係』提供其職業上之勞動力，……」何謂「從屬關係」，並未加以定義，此自然有待於學說的建立。

　　總而言之，隨著勞動關係之演進，現階段勞動契約型態已呈現出多樣化的一面，尤其是一些特殊行業的勞務提供契約，規範雙方權利義務之契約，並不稱為「勞動契約」，則如何認定何者為勞動契約，厥為首要之務。在此，係對於勞務提供者實質認定其有無從屬關係，而認定其是否為勞工身分，並進而認定契約關係為勞動契約。即從屬性／從屬關係居於中心的位置。

第二節　勞工之權利與義務

　　私法的（狹義的）勞動契約為繼續性之結合關係，特別強調信賴基礎，要求當事人各盡其力實現債之目的，除給付義務外，尚發生各種附隨義務，以維護當事人

---

[23] 黃越欽，勞動契約與承攬契約之區別，政大法學評論，第 31 期，1985 年 6 月，頁 24：歸納（勞基法）以上條文，事實上規定了勞動契約最無價值的部分：即「分類」中之一小部分與勞動契約之消滅而已，至於勞動契約之「性質」，成立與「生效」、「要件」、「當事人權利義務」等具體之應有內容，完全付諸闕如，結果從此種立法結構，根本不可能了解勞動契約之意義何在，性質如何？

之利益。

　　民法學者在解析債之關係上之義務群時，將之區分成給付義務、附隨義務、不真正義務[24]。其中給付義務可進一步區分為主給付義務及從給付義務。至於附隨義務中得獨立訴請履行之獨立之附隨義務，則等同於從給付義務[25]。

　　勞工法學者大體上將勞動契約之內容區分成主要義務及附隨義務[26]。一般在主要義務並未再進一步討論主給付義務及從給付義務，而將雇主之主要義務界定在：報酬給付義務，勞工之主要義務則為：勞務提供之義務[27]。雖然如此，勞動契約中仍有從給付義務之存在（例如要求勞工每日是負責開關工廠大門、金融機構要求員工不得穿著牛仔褲上班）。

　　由於勞動契約之主要義務被界定在：報酬給付及勞務提供，因此乃形成傳統民法學者所討論之從給付義務，大多被歸入勞動契約之附隨義務中，而造成勞動契約附隨義務之龐大。另外亦產生附隨義務中特定類型之義務可否訴請履行之問題。為此學者有將傳統勞工法特定類型之附隨義務，如雇主對勞工之照顧保護義務，視為從給付義務或主給付義務之一部分，令勞工得行使給付請求及同時履行抗辯權者。惟本書以為此涉及從給付義務與附隨義務的分界，仍有待進一步探討，不宜貿然肯定。至於其他類型的附隨義務，如兼職之情形，如無約定禁止，則勞工應得在約定工作時間之外另行兼業[28]，但基於勞工之忠實義務，兼職如會影響其從事本職之體力、會洩露業務機密及導致競業現象，則不得兼業[29]，如有上述之虞時，而雙方訂立禁止兼職條款，則係雙方締結以不作為作為契約內容，屬於勞工之從給付義務[30]。至於禁止競業條款，在勞動契約存續中，即使沒有該約款，基於勞工附隨之義務，勞工當然不得從事競業行為。但是，勞工一旦離職，除非契約中有特別約定禁止競業，否則勞工即得從事原來相同或類似之工作。[31] 在 2016 年 12 月 16 日勞基法增

---

[24] 王澤鑑，民法學說與判例研究（四），1983 年 4 月，頁 90 以下；王澤鑑，民法實例研習叢書（三），1981 年 3 月，頁 25 以下；Esser/Schmidt, Schuldrecht Band I, Allgemeiner Teil, Teilband 1, 7. Aufl., 106ff.

[25] 王澤鑑，民法學說與判例研究（四），頁 94 以下。

[26] 黃越欽，勞動法新論，頁 247 以下；呂榮海、俞慧君，勞基法實用，頁 266 以下、頁 78 以下。

[27] 陳繼盛，我國勞動契約法制之研究，行政院勞工委員會委託，1989 年 7 月，頁 91 以下、頁 98 以下。另參鄭玉波，民法債編各論（上），頁 338、341 以下。Brox/Rüthers/Henssler, a.a.O., Rn. 199 ff., 278 f.; Söllner, a.a.O., 255ff., 265ff.

[28] 黃越欽，勞動法新論，頁 250；呂榮海，勞基法實用 1，頁 79 以下。

[29] 劉志鵬，勞動法解讀，頁 91 以下。

[30] 王澤鑑，民法實例研習叢書（三），頁 27。

[31] 行政院勞工委員會 89 年 8 月 21 日台 (89) 勞資二字第 0036255 號函。楊通軒，勞工創作物權益歸屬與競業禁止關係之研究，國立台灣大學法學論叢，第 34 卷第 3 期，2005 年 5 月，頁 333 以

訂第 9 條之 1 後，競業禁止約定即不得違反該條所設之諸種限制。

第一項　勞工之主要義務：提供勞務

　　如從勞工方面觀之，其主要義務是提供勞務。在此，原則上應由勞工親自為之，非經僱用人同意，不得使第三人代服勞務（民法第 484 條第 1 項），是謂勞務供給之專屬性。因勞務之供給因人而異，若使第三人代服勞務，則往往難達契約之目的，故非經僱用人同意，則不得使第三人代為之。違反此項規定，構成僱用人終止契約之原因（民法第 484 條第 2 項）[32]。惟在受僱人長期地無法提供勞務下，例如育嬰留職停薪期間、特別休假期間以及罷工期間等，為免業務的停頓，應可令雇主以定期契約的方式，使第三人暫時替代勞務之提供。此並不須得到受僱人的同意。

第一款　勞務的內容與範圍

　　在勞務的內容上，首先係依據勞動契約之約定，[33] 但因勞動契約大體上只勾勒出勞動者的工作，而無法規範其細節部分，因此有待於以指示權加以具體化。雖然指示權亦存在於其他的法律關係（例如僱傭契約、委任契約、承攬契約），但在勞動契約中具有特殊的重要性。惟指示權究不得違反勞工保護法、團體協約或勞動契約本身。指示權亦不得違反誠實信用原則（民法第 148 條第 2 項）[34]。依據 1936年公布但未施行之勞動契約法第 10 條規定：在勞務提供之範圍上，勞工應依雇主或其代理人之指示為勞務之提供；但指示之內容有違法、不道德或過度有害健康者，勞工可以拒絕。

　　勞務提供之時間原則上依雙方約定，但勞基法適用之行業應受其規制，不得違

下。

[32] Zöllner/Loritz/Hergenröder, Arbeitsrecht, 6. Aufl., 2008, 144; Schaub/Linck, Arbeitsrechts-Handbuch, § 45 Rn. 1 ff. 惟 Schaub 認為例外情形雖無約定，第三人仍得代服勞務，例如與住房勤雜工（Hausmeister）同住一起的妻子，有權利也有義務代其補充供暖設備（Heizung）。

[33] 在這裡，契約所訂的工作內容並不一定容易界定。例如，甲受僱於一家進出口貿易公司（乙），那麼，如果約定甲的工作內容為「從事進出口業」，則乙當可依事實的需要將甲由做進口轉調為做出口，或者反之。有疑問的是，如果只約定甲「從事進口業務」或「從事出口業務」，則乙可否指示甲轉調為「從事出口業務」或「從事進口業務」？對此，由於「從事進口業務」或「從事出口業務」理論上有很大的差異，甲可能必須從頭學起，因此，原則上應採否定的態度，亦即須得到甲的同意始可。

[34] Söllner, a.a.O., 255 f.

反之；其他之行業有簽訂團體協約者，亦不得違反其內容。工作時間的長短、加班等，由於屬勞工保護重要的一環，因此在勞基法中有詳細的規定。勞工原則上無加班的義務，[35] 但亦無主張加班的權利。雖然如此，在緊急狀況下，基於勞工的忠實義務，如未造成勞工之權益損害，勞工應有加班之義務[36]。

　　至於在工作速度上，如果是輸送帶工作，則是依其固定的速率工作。在計時工資（按時計酬）（Zeitlohn），勞工只要盡心盡力完成雇主在工作時間內所交付之工作即可。雇主不得提出超出勞工身體所能負荷之要求，而勞工亦必須按其能力給付勞務，如果勞工故意放慢其工作，雖然不負瑕疵擔保責任，但仍有可能構成勞務之不完全給付／積極侵害債權，雇主即得對之減少報酬及請求損害賠償。而在計件工資（按件計酬）（Akkordlohn）（勞基法第 14 條第 1 項第 5 款）方面，雇主應供給充分之工作以維持勞工之生活，[37] 而勞工亦負有完成一定最低限度工作量之義務[38]。

第二款　勞務的地點

　　勞務提供之地點原則上依雙方約定（勞基法施行細則第 7 條第 1 款參照），勞工無移地勞動之義務（勞動契約法第 9 條）。原則上勞工係受僱於特定之廠場工作，如果契約沒有特別約定，雇主當可行使指示權，調換其工作位置（只要不涉及工作地點或職務內容之變動）。

　　工作地點的問題，實為關於勞動契約主要義務所引起之問題中，較為重要者，亦即調職之問題。調職包括工作地點及／或工作內容的變動。對此，在 2016 年 12 月 16 日勞基法增訂第 10 條之 1（調動）前，內政部早已做成著名之調動五原則[39]，以為各界之依循。但是，無論是工作地點或工作內容之調動，其界限均非具

---

[35] 請參照內政部 76 年 1 月 15 日 (76) 台內勞字第 463894 號函、內政部 76 年 1 月 15 日 (76) 台內勞字第 468376 號函。而且，加班既非平常的工作時間，因加班所獲得之延長工時工資即非得謂是正常的工資，即其並非是勞基法第 2 條第 3 款規定之平日工資。這即使是在工作時間常難自始確定之客貨運業或物流業之職業駕駛，亦當如此認定。論者間有將加班費看成是經常性的給與者，且以之為勞工保險及就業保險之投保薪資計算基礎者，其似未能認清加班及加班費的本質。同樣見解有誤者，最高法院 101 年度台上字第 599 號判決（統聯汽車客運股份有限公司案）。

[36] 此從勞基法第 32 條第 4 項及第 40 條第 1 項之精神應可導出。Zöllner/Loritz/Hergenröder, a.a.O., 146.

[37] 行政院勞工委員會 82 年 1 月 16 日台 (82) 勞動二字第 00362 號函。

[38] Zöllner/Loritz/Hergenröder, a.a.O., 149.

[39] 內政部 74 年 9 月 5 日 (74) 台內勞字第 328433 號函。此一五原則中，除了「5.調動地點過遠，雇主應予以必要之協助」，是針對地點調動外，其餘 1 至 4 同時適用於地點調動及職務調整。但是，調動地點過遠，何謂「過遠」？標準為何？例如 30 公里？這是否包括必須遷居該處及每日通

體而明確。例如職業駕駛由基隆高雄長程司機，改派為基隆短程司機，是否為調職？大貨車司機被改派為小車司機呢？最高法院 101 年度台上字第 479 號裁定（及其前審之台灣高等法院 100 年度勞上字第 45 號判決：友聯汽車貨運股份有限公司案），以及最高法院 101 年度台上字第 576 號裁定（及其前審之台灣高等法院 99 年度勞上更（一）字第 5 號判決：聯倉交通運股份有限公司案），均持肯定的見解。尚且，在實務界行使多年之後，隨著生產環境的巨變及關係企業的大量形成，造成調職理論之是否能適用，也連帶引發學說間之爭論 [40]，再調職牽涉到雇主企業經營權之運用，並不宜給予過度地限制。況且，不問是理論上或實務上而言，工作地點或工作內容之調動，其對於勞工工作或生活的影響（勞基法第 10 條之 1 第 5 款參照），程度仍然有所不同。且從雇主企業經營的計畫來看，人員職務的調動權限，似乎可給予較寬廣的權限（寬鬆的比例原則標準），無須如地點調動的嚴格審查態度（中度的或嚴格的比例原則標準）。因此對此問題，學者間實有必要繼續加以探討。

　　例如調動五原則中之四、「調動後工作與原有工作性質為其體能及技術所可勝任」（勞基法第 10 條之 1 第 3 款參照），其所指者，原係針對職務的調動，且其並不區分職務調升或調降者。惟如前所述，審查雇主所進行的職務調動是否隱藏重大不當的動機及其相牽連的勞工體能及技術之可否勝任，應以寬鬆的比例原則為之。而且，在涉及主管職務的調整上，不問是專任或兼任的主管職務，似乎更應給予雇主寬廣的決定權限。畢竟主管負有帶領團隊行動的權責，攸關事業單位發展的良窳。其與單純不涉及主管職務的職務調整者，處理方式本應有所不同。而在免除主管職務之後，職務加給即得予以停發，並不會違反調動五原則三、「薪資及其他勞動條件的不利變更」（內政部 74 年 5 月 24 日 (74) 台內勞字第 316877 號函參找）。此處，解釋上應將之擴大到社會性的考量因素，亦即排除體能及技術較弱之族群（中高齡勞工、身心障礙者、懷孕的勞工等）於調職對象之外。最起碼也要列為較後調動的族群。其次，所謂非法的調職，並不是指違反調動的「五」個原則，而是指違反五個原則中的其中一個即可。三者，調職固然可以作為懲戒手段之一，但是，這並非表示完全免除調動五原則的拘束，而是只在排除其中「一、基於企業經營上所必需。二、不得違反勞動契約。三、對勞工薪資及其他勞動條件，未做不利之變更」的適用而已，雇主仍須遵守「四、調動後工作與原有工作性質為其體

勤（超出其可期待的通勤時間）？請參閱 BAG v. 17.8.2011, NZA 2012, 265 ff.

[40] 邱駿彥，調職法理之研究，收錄於：法律與當代社會，頁 471 以下；劉志鵬，勞動法解讀，頁 72 以下。

能及技術所可勝任。五、調動地點過遠，雇主應予以必要之協助（勞基法第 10 條之 1 第 4 款參照）（例如提供勞工個人的通勤費用、舉家遷徙所造成的相關費用、協助尋找住處與協助辦理一些行政手續、依個案狀況而定的幾個月或更長時間的租屋補助、甚至如所調動的廠場需用外語者，雇主也應提供外語訓練的輔助）」的要求。這樣也才能符合調動的意義。四者，調職在集體勞工法上之意義。依據工會法第 35 條第 1 項第 1 款、第 3 款及第 4 款規定，雇主不得以勞工有組織或加入工會、參與團體協商或爭議等行為，而予以降調（此並不包括升調及地點調動）。否則，即屬不當勞動行為。另外，依據團體協約法第 12 條第 1 項第 1 款規定，團體協約得約定調動事項。一旦有此調動事項的約定，則勞動契約、工作規則或雇主的指示權，即不得違反之。值得注意的是，既然調動得為團體協約約定事項，則工會經與雇主協商而無結果時，即可對雇主進行罷工。

　　勞工有服從調職之義務，常於勞動契約簽訂時即已有約定或於雇主嗣後有調動勞工之必要時，始由雇主取得勞工明示或默示之同意。調職，乃是雇主變更員工之配置，通常伴隨著職務內容或工作場所之變更而且變更需為相當長一段期間，以和企業內基於臨時性或特定性需要，雇主命令勞工暫時「支援」他單位或出差者有別[41]。出差只是短暫地移地服務，並不會涉及職務調整的問題。至於出差期間的長短，法令並未加以規定，似乎也難規定一致性的期限，而是應給予各個行職業、依其特性自由地決定期限，只要不要「以出差之名，達到調職之實」即可。現行勞工法令與出差有關者，是在勞基法施行細則第 10 條第 9 款規定之差旅費、差旅津貼。另外，勞工在職涯中也會面臨出「公差」之情況，這是指短暫地提供與原勞動契約不同內容之勞務，通常是經由雇主指示權的行使而為之。例如會計人員被指示購買午餐。它不會涉及地點調動之問題。現行勞工法令及社會保險法令中，僅在勞工保險被保險人因執行職務而致傷病審查準則第 9 條有公差之規定。綜合出差及公差，兩者均無調動五原則之適用。

　　實務上而言，調職乃為勞雇雙方契約履行或雇主在經營權所派生之指揮命令與員工工作權及人格權之互動關係，因此，調職可以說是雇主在企業內人事運用及勞務管理上，極為重要的指揮命令權，在過去勞工權利意識不甚彰顯時，調職常被認為只是雇主人事權的自由裁量，為雇主企業經營所必須；但近代，勞工權利意識抬頭和勞動契約社會化之推波助瀾下，不但認為勞資雙方權利義務關係之成立，須植基於勞動契約之合意，甚至雇主勞動力之調動權，亦必須經由勞工自由意思表示及誠信和權利不濫用之原則下始有可能發生。值得注意的是，依據勞基法第 10 條之

---

[41] 邱駿彥，調職法理之研究，法律與當代社會／馬漢寶教授七秩榮慶論文集，頁 463。

1 第 5 款規定，雇主之調動，必須平衡「考量勞工及其家庭之生活利益」。此一規定並非訓示規定，而是構成雇主調動權限的限制。其所保護的對象也擴充及於勞工的家屬。雇主遂必須促成勞工能夠兼顧工作與其本身、及其家庭生活。固然，勞工及其家屬必須忍受調動所帶來的些微不便（包括對於當地的特殊感情），惟在特殊的情況下（例如勞工或其家屬因特殊疾病必須留在當地治療），雇主之調動權限即會受到（暫時地）限制或排除。由於造成勞工及其家庭生活不便之態樣繁多，在發生爭議時，仍然需由法院綜合各種狀況考量後斷定之。

　　調職如係涉及企業外調職（借調），依據公司法中關係企業章之規定，每一企業均為一個別獨立法人，故其屬於民法第 484 條勞務請求權讓與第三人之問題，應得勞工之同意，否則即為非法之調職[42]。進一步言之，理論上，一般所謂的調職，係指在企業內的調職而言，並未涉及不同雇主間的轉換，故其為調動五原則的適用對象。與此不同的是，企業外調職（借調）已涉及不同的法人或雇主（多是關係企業間的調動），調動五原則並無法完善地保障被調動人的權益，雇主理應負擔較調動五原則更重的義務與責任。在處理上，如雇主欲對勞工進行企業外調職時，必須在該特定時點獲得勞工明示的同意，而不可以在簽訂勞動契約時，即要求勞工事先同意。只不過，吾人觀法院實務的見解，似乎並無此種「企業內調職與企業外調職」不同的想法，而是全以調動五原則加以審查（最高法院 99 年度台聲字第 644 號裁定參照）。

　　至於企業內之調職，現行勞基法已在第 10 條之 1 加以規定，故應完全以之為準，並且基於依法行政及法律明確性原則而停止適用內政部所發布之調動五原則。在 2015 年 12 月 16 日之前，由於並未有規定，只於勞基法施細則第 7 條第 1 款規定「工作場所及應從事之工作有關事項」係勞動契約應約定事項。因此其合法性判斷之標準，除了內政部之「調動五原則」[43]外，行政院勞工委員會 90 年 6 月 18 日台 (90) 勞資二字第 0018004 號函亦頗有可觀之處。依之，「案內雇主對勞工之調動，如係依勞動契約事先約定，且未違反前述調動原則，尚非不可；如未事先約定，且未經協商，並確係因雇主經營困難，為安置勞工其他工作而調動，以保障勞工工作之權利者，則尚不至違背前揭調動之『基於企業經營上所必須』原則。又案內勞工對雇主單方之調動意思表示，已依規定報到出勤，而未見表示異議，似可視

---

[42] 行政院勞工委員會 82 年 7 月 29 日勞動三字第 41107 號函、行政院勞工委員會 84 年 6 月 14 日勞動三字第 119983 號函、行政院勞工委員會 88 年 3 月 3 日勞動三字第 007091 號函。劉志鵬，勞動法解讀，頁 78。Schaub/Linck, Arbeitsrechts-Handbuch, § 45 Rn. 16b ff.; Zöllner/Loritz/Hergenröder, a.a.O., 149 f.

[43] 內政部 74 年 9 月 5 日 (74) 台內勞字第 328433 號函。

為勞動契約變動之合意。」在此，解釋的重點應係在雇主之調職，目的在「安置勞工其他工作」，以避免解僱的產生，符合解僱最後手段原則的要求。此處也顯示出雇主之調職，並非當然不利於勞工。勞工在面對解僱時，有可能反而傾向雇主要求調職先行。

至於學者間亦提出不同見解 [44]。依之：勞動給付之內容與地點係勞動契約之要素，故應於勞動契約內訂定之，此亦為勞動基準法施行細則第 7 條第 1 款所規定者。雇主若因業務需要而有變動勞工之工作場所及應從事之工作等有關事項之需求者，除勞動契約已另有約定，應從其約定外，應徵得勞工之同意，始得將勞工予以調動，不得任由雇主恣意調動，德國勞動法界之通說亦是如此。至於何謂「勞動契約已有約定」？除明文之約定外，一般亦承認有所謂默示地同意雇主有調職權。惟在我國勞動生活中，勞工進入事業單位時常即簽下一紙同意書或誓願書，表示同意資方之任何調動命令。此時在實務上會被認定為已事前為明文的概括同意，故勞工自不得再有任何異議，或曾受雇主調動而無異議，即表示默示同意或承認雇主有調動之權利，其後即無表示不同意之權利。此種對勞工之明示或默示同意之過度寬鬆的認定，殊不足採，對於勞工極為不利，宜採取較為嚴格之認定，以免資方濫權，而造成對勞工不公平或不可期待之結果 [45]。

依吾人所見：調職由於涉及勞工工作地點或職務內容之變動，影響其生活既深且遠，不宜完全由雇主經營權之觀點出發，認為雇主可以自由裁量，如此將勞動力商品化，而未予勞工人格上之尊重，已有違勞動契約重視勞工保護之精神。有鑑於勞工與雇主締結契約時地位之不平等，而國內企業間以固定格式之書面與勞動者簽約（所謂定型化／表格化勞動契約）者逐漸增多，雇主於訂約之際即約定有權調動勞工之工作地點或職務內容，不問其為明示或默示，究難謂為其係勞工之真意，因此應該嚴格審查其真意之所在。如勞動契約未約定雇主有此項權限，則雇主調動勞工之前，原則上應得其同意，例外如雇主只是將其調至該地之其他廠場時，因對勞工影響較小，可以勿庸得其同意。

另，雇主的調動行為仍應受到：一、法令之限制（勞基法第 10 條之 1）。二、團體協約、勞動契約、工作規則之限制。三、權利濫用禁止及誠信原則之限制。惟如果企業因為經濟不景氣，面臨關廠、歇業之窘況，而其可行使解僱權時（勞基法第 11 條第 1 款及第 2 款），如其以調職之手段避免解僱之發生 [46]，對於

---

[44] 邱駿彥，前揭文；劉志鵬，論企業內調職─台灣桃園地方法院 84 年度重勞訴字第 1 號判決評釋。
[45] 黃程貫，勞動法，頁 459。
[46] 呂榮海，勞動基準法實用，頁 142 以下。

勞工之權益應亦無害，則不應該謹守勞動契約說中之特約說之見解，以免兩敗俱傷。

　　值得注意者，2020 年 1 月 1 日施行的勞動事件法，特別對於調動明定保全程序。依據該法第 50 條規定，「勞工提起確認調動無效或回復原職之訴，法院認雇主調動勞工之工作，有違反勞工法令、團體協約、工作規則、勞資會議決議、勞動契約或勞動習慣之虞，且雇主依調動前原工作繼續僱用非顯有重大困難者，得經勞工之聲請，為依原工作或兩造所同意工作內容繼續僱用之定暫時狀態處分。」相對於第 49 條為程序上的僱用，不同的是，「勞工提起確認調動無效或回復原職之訴」並不否認勞動契約之繼續在，所以，此一定暫時狀態處分並不會動搖原來的、實質的僱傭關係。

第三款　勞務的強制執行

　　雖然雇主得訴請勞工提供勞務，但依據通說的見解，勞動義務的提供無法強制執行，這是因為勞動義務原則上有專屬性，無法由第三人代為之（強制執行法第 128 條第 1 項，德國民事訴訟法第 880 條第 2 項），一味的強制執行，將有折損作為人的價值之虞。因此雇主的起訴，其所獲得的判決，除了帶有道德上呼籲外，也僅有如確定判決及以該判決作為請求損害賠償法律基礎之效果[47]。也就是由於勞務履行之不可執行性，遂使得違約金之約定具有必要性與合理性，蓋其對於勞務履行的實現，具有一定心理強制的作用。至於雇主提起勞工繼續提供勞務之定暫時狀態之假處分（台灣民事訴訟法第 538 條），則應予以允許。此雖在勞動事件法第 46 條至第 50 條未規定，該等規定似乎也為列舉規定。但是，勞動契約所生之權利義務項目繁多，恐怕並無法在勞動事件法第四章（保全程序）規範殆盡，而且，該法未規定者，勞動契約當事人應得主張民事訴訟法的相關規定。另一個問題是，雇主得否對於違反勞動契約之勞工提起訴訟或定暫時狀態之假處分，以禁止其不得至他處提供勞務。對此，德國通說認為此一不作為之訴，係請求履行勞務提供之作為之訴的反面，原則上不得單獨起訴。只有在目的不僅在對付違反勞動契約時，例如請求不得從事競爭之業務時，此一不作為之訴始為合法[48]。在此種情況，亦得提起定

---

[47] Söllner, a.a.O., 256; 反對說，Zöllner/Loritz/Hergenröder, a.a.O., 151. 台灣強制執行法第 128 條第 1 項規定：「依執行名義，債務人應為一定之行為，而其行為非他人所能代為履行者，債務人不為履行時，執行法院得定債務人履行之期間。債務人不履行時，得拘提、管收之或以新台幣三萬元以上三十萬元以下之怠金。其續經定期履行而仍不履行者，得再處怠金。」

[48] Schaub/Linck, Arbeitsrechts-Handbuch, § 45 Rn. 71 ff.; BAG AP 7 zu § 611 BGB Treuepflicht, LAG Baden - Württemberg DB 68, 669.

暫時狀態處分／假處分。

第四款　勞務的免除

在勞動關係存續期間，勞工原則上有提供勞務的義務。但在例外情形，勞動義務得被免除，至於免除的方式有雙方約定、單方停止及依據法律規定。勞動契約雙方當事人可以約定在一定期間內，勞動關係繼續存續，但勞工得以免除勞務，例如於預告終止勞動契約至期間屆至前（勞基法第 16 條第 1 項規定），勞工無需提供勞務。至於雇主是否亦同時免除報酬給付義務，完全視雙方之約定而定，然而，中央勞政機關似乎認為雇主仍應給付全薪（內政部 75 年 7 月 3 日廢 (75) 台內勞字第 419200 號函的反面解釋）。但即使在雙方都暫時停止其主要義務時，雙方之附隨義務卻仍然存在，例如保密義務及不競業義務[49]。在雙方合意留職停薪期間，勞工符合退休條件而自請退休時，其計算勞基法第 2 條第 4 款之平均工資，必須扣除留職停薪的日數，而回溯至六個月（最高法院 100 年度台上字第 1016 號判決：蕾斯瑪工業股份有限公司案）。只不過，此種留職停薪期間的扣除，原先並不在勞基法施行細則第 2 條規定的四款情形之中，而是經由中央勞工主管機關的解釋而來，其合法性實屬可疑[50]。在 2017 年 6 月 16 日，中央勞政機關修正增列第 5 款至第 7 款「五、依勞工請假規則請普通傷病假者。六、依性別工作平等法請生理假、產假、家庭照顧假或安胎休養，致減少工資者。七、留職停薪者。」賦予較強的法律明確性與安定性。但也開啟之後不斷擴充其他項目之門。此恐將模糊原先平均工資的規範目的。

相較於雙方約定的停止，單方的停止只有在例外情形始能存在。例如雇主合法地行使閉（鎖）廠權、雇主在有法律依據時（通常在團體協約約定）命令進行縮短工時的工作（Kurzarbeit）；至於勞工方面則有合法地進行罷工。在上述諸種情況，勞工即會（部分）喪失報酬請求權。

在依據法律規定免除勞務方面，有勞基法上之尋職假（第 16 條第 2 項）、例假日與休息日（第 36 條）、國定假日（第 37 條）、特別休假（第 38 條）、產假

---

[49] BAG v. 17.10.2012, NZA 2013, 207 ff.

[50] 依據內政部 74 年 11 月 21 日 (74) 台內勞字第 357224 號函，勞工普通傷病假全年三十日內的工資折半、因普通傷病假超過三十日或因留職停薪的無工資期間，均不列入計算平均工資。其後的行政院勞工委員會 76 年 9 月 17 日台 (76) 勞動字第 2255 號函，再度重申此一意旨。惟這似乎已逾越勞基法施行細則第 2 條規定之外，其合法性堪疑。其實，行政院勞工委員會 92 年 1 月 8 日勞動二字第 0920001321 號函，同樣有此一疑慮。歸根結底之道，似乎應正本清源地修正勞基法施行細則第 2 條規定。

（第 50 條），以及勞工請假規則上之婚假（第 2 條）、喪假（第 3 條）、普通傷病假（含癌症門診治療及安胎假）（第 4 條）、公傷病假（第 6 條）、事假（第 7 條）及公假（第 8 條）[51] 等。另外，性別工作平等法第 14 條有生理假、第 15 條有產假、安胎休養假、產檢假、陪產檢假及陪產假、第 18 條有哺（集）乳時間、第 19 條有每天減少工作時間一小時、第 20 條亦有家庭照顧假之規定。這些假，具有家庭政策的意義，為社會給付的性質，本應由國家或社會支應之，今將之轉由個別雇主負擔，看似公平實則不然，例如 2022 年 1 月 18 日修正施行的性別工作平等法第 15 條第 5 項、第 6 項明定，「受僱者陪伴其配偶妊娠產檢或其配偶分娩時，雇主應給予陪產檢及陪產假七日。」「產檢假、陪產檢及陪產假期間，薪資照給。」立法者也意識到要促進親職責任，但也不宜過度增加雇主負擔，因此，乃在第 7 項規定，「雇主依前項規定給付產檢假、陪產檢及陪產假薪資後，就其中各逾五日之部分得向中央主管機關申請補助。但依其他法令規定，應給予產檢假、陪產檢及陪產假各逾五日且薪資照給者，不適用之。」只不過，既言補助，實即只具有一時性的、為特殊目的之性質，並應慎選應用的時機，而非將之作為常態性的、任意性的行政手段，否則將淪為政客的取巧手段而已。本書以為：理應將大部分從懷孕至生產的相關假別移至社會保險法令給付，只留下部分日數由雇主負擔即可，如此，庶幾對於家庭政策及人口政策的推動有所增益。其中，依據勞工請假規則第 10 條規定，勞工請假時，必須完成請假手續及提出相關證明文件。其所謂「請假」，固然是指勞工請假規則中的各種假。然而，似乎亦不以此為限。解釋上，除了例行性及經常性或固定性的例假日與休息日、國定假日、特別休假外，申請安胎休養假、陪產檢假、陪產假及家庭照顧假亦有其適用。至於其他的假（尋／謀職假、產假、生理假），勞工僅須完成請假手續即可，無須提出相關證明文件。雇主對於無須親自處理（指有其他家庭成員可以代勞）或無須親自照顧家庭成員者，得不同意事假或家庭照顧假。在請假手續上，勞工請假時，若以通訊軟體（如line）告知雇主請假理由及日數，事後仍應依工作規則或勞動契約之規定辦理請假手續（勞動部 104 年 5 月 4 日勞動條 3 字第 1040130742 號函參照）。另外，除了普通傷病假（指超出三十日部分）、生理假（指超出三日部分。勞動部 2015 年 9 月 8 日勞動條 4 字第 1040131594 號函參照。但是，此號函示認為：「受僱者全年度所請併入病假之生理假連同病假之日數，已屆受僱者所適用相關法令所定病假之日數上限者，如年

---

[51] 例如勞工與雇主因勞資糾紛涉訟，如判決勝訴得請公假、勞工參加役男體檢雇主應給公假。請參閱行政院勞工委員會 76 年 9 月 14 日台 (76) 勞動字第 2138 號函、行政院勞工委員會 76 年 10 月 17 日台 (76) 勞動字第 4464 號函。

度內再有請生理假之需求，仍可依性別工作平等法第十四條規定請生理假，但雇主得不給付薪資。」應補充說明的是：一、依據性平法第 14 條第 1 項規定，生理假每月一日，每年為十二日。如果受僱者是在此範圍內，則是「有薪生理假」。二、惟如果已超過十二日，雇主是否還須給生理假？本書以為應以否定說為宜。蓋雇主依法已無給生理假的義務，所以超出十二日部分性質上為「無薪事假」）、事假及家庭照顧假外，雇主仍負有給付報酬之義務。至於民法第 225 條第 1 項「因不可歸責於債務人之事由，致給付不能者，債務人免給付義務」，亦適用於勞工與雇主，惟依據民法第 225 條及第 266 條規定，勞工無須提供勞務，而雇主亦無需給付報酬。[52]

再針對普通傷病假一言者。依據勞工請假規則第 4 條第 3 項規定，普通傷病勞工得請求折半發給「工資」。在此，勞工如因自己的故意過失造成普通傷病時，其似仍得依勞工請假規則第 4 條第 3 項請求雇主補足折半之「工資」。比較難以想像的是：當勞工的普通傷病係起因於雇主，而勞工對於損害的發生或擴大與有過失時，則雇主得否主張我國民法第 217 條與有過失之適用？對此，相較於勞基法第 59 條第 2 款工資補償之規定，普通傷病並不適用無過失責任主義，所以，勞工如請求（未工作時間的）繼續給付工資，雇主似可主張適用民法第 217 條。惟另一方面，勞保條例第 33 條、第 35 條之傷病給付卻不問勞工是否有故意或過失。所以，傷病勞工本應先向勞保局請求給付，而後主張勞工請假規則第 4 條第 3 項的補足折半「工資」之權利。

較為複雜的是，勞工請假規則第 4 條第 3 項的三十日「工資」折半發給，本應繼續給付至勞動關係結束時停止。但因該條項係與勞工保險普通傷病給付相掛鉤，因此，依據勞工保險條例第 20 條第 1 項規定：「於保險效力停止後一年內，得請領同一傷病及其引起之疾病之傷病給付。」遂使得傷病給付得延伸至勞動關係結束之後。而在普通傷病被保險人領取老年給付或老年年金時，基於社會保險不重複保障原則，傷病給付即停發。同樣地，固然在勞基法的退休金或勞退條例的（遺屬）退休金並未有所規定，惟如果從傷病期間繼續給薪的目的，是在於期待勞工痊癒後回到職場工作者，現在勞工尚未取得或正在取得傷病期間工資，而再向雇主表示請

---

[52] 行政院勞工委員會 80 年 7 月 12 日台 (80) 勞動二字第 17564 號函：二、天然災害發生時（後），勞工如確因災害而未出勤，雇主不得視為曠工，或強迫以事假處理，惟亦可不發工資；勞工如到工時，是否加給工資，可由雇主斟酌情形辦理。
行政院勞工委員會 87 年 10 月 9 日台 (87) 勞動二字第 042710 號函：查勞動基準法第 32 條及第 40 條所稱之天災，係泛指因天變地異等自然界之變動，導致社會或經濟環境有不利之影響或堪虞者，如暴風、驟雨、劇雷、洪水、地震、旱災等所生之災害；包括預知來臨前之預防準備及事後之復建工作均屬之。

領退休金之意思者，似已無意再回職場，故解釋上應以停發折半工資為宜。

普通傷病假「工資」折半發給，也會牽動到平均工資計算之問題。對此，中央勞政機關函示認為「上開工資折半發給期間應不列入計算平均工資。各事業單位應於勞動契約、團體協約或工作規則中明定。」（內政部 74 年 11 月 21 日 (74) 台內勞字第 357224 號函）本書以為勞基法施行細則第 2 條已經明定四種不列入平均工資計算之事由，並不包括普通傷病假「工資」折半的情況。根據依法行政的法理，勞工主管機關並不宜藉由解釋的方式，增列新的不計算項目。不過，如上所述，在 2017 年 6 月 16 日，中央勞政機關修正增列第 5 款至第 7 款「五、依勞工請假規則請普通傷病假者。六、依性別工作平等法請生理假、產假、家庭照顧假或安胎休養，致減少工資者。七、留職停薪者。」給予較強的法律明確性與安定性。但也開啟之後不斷擴充其他項目之門。此也模糊了原先平均工資制度設計與規範目的。

另一勞務停止之原因是，勞工行使同時履行抗辯權（台灣民法第 264 條）或履行債務之保留權（Zurückbehaltungsrecht）（德國民法第 273 條）。負有提供勞務義務之勞工，依據民法第 148 條第 2 項誠實信用原則，不具有期待可能性時，即得拒絕履行。這尤其是發生在雇主未依勞工安全衛生法令之規定設置必要之安全衛生設備時，勞工之生命、身體極可能受到危害，勞工因此有權要求改善安全設施，如經勞工要求而雇主仍不改善時，雇主即會陷入「受領勞務遲延」，而且勞工有權拒絕提供勞務（職業安全衛生法第 18 條參照）[53]。

針對上述民法第 225 條及第 266 條適用於天然災害，而使得雇主無償給付報酬一節，本書以為有必要進一步加以說明。蓋我國勞工主管機關至今係以民法理論作為處理不可歸責於勞工及雇主之給付不能，例如：一、勞工赴事業單位工作，因台電公司停電致雇主宣布停工休息，該日停工因不可歸責於勞資雙方，故工資如何發給，可由勞資雙方協商。二、勞委會 83 年 5 月 11 日 (83) 台勞動二字第 35290 號函釋：「一、事業單位停工期間之工資如何發給，應視停工原因依具體個案認定之：（一）停工原因如係可歸責於雇主，停工期間之工資應由雇主照給。『另停工原因如屬雇主經營之風險者，為可歸責於雇主之事由。』……（三）停工原因不可歸責於勞雇任何一方者，勞工不必補服勞務，雇主亦不必發給工資。但勞雇雙方如另有約定者，從其約定。二、準此，歸責於雇主之停工，工資自不得低於基本工資。……不可歸責於勞雇任何一方之停工，勞工不必補服勞務，雇主亦可不發給工

---

[53] 廖義男，現行勞資爭議法規與抗爭手段規定之檢討，台大法學論叢，第 19 卷第 1 期，頁 10；Schaub/Linck, Arbeitsrechts-Handbuch, § 46 Rn. 1 f., 321; Zöllner/Loritz/Hergenröder, a.a.O., 152 f.

資，但勞雇雙方另有約定者，從其約定，不受基本工資之限制。」

　　上述以民法理論處理不可歸責於雙方當事人之工資損失，固然有其折衷雙方利益的理論依據。但是，卻也忽略了勞工損失工資卻無法轉嫁出去的事實。因此，在勞工法中乃逐漸有企業風險理論（Betriebsrisikolehre）的出現，希冀取得一更合乎公平正義的利益分攤。依之，雇主既因組織企業，藉之經營而獲有利潤，則當企業發生技術上之原因而導致勞工無法提供勞務時，例如電力中斷、天災、缺少原料（此在講求及時生產的 just in time production 企業，最容易發生。例如發生在 2017 年 5 月 29 日的德國汽車大廠 BMW 的部分產線停產，即是起因於零件供應商 Bosch 的無法到位，而 Bosch 的無法及時提供，卻又起因於位在義大利的零組件供應商的無法履約）、不可歸責於雇主之火災等，其不利益應歸由雇主承擔[54]。此一理論係由法院的判決逐漸所形成，且在德國民法第 615 條第 3 句中獲得明文規定。緣勞工之給付不能（無法提供勞務），雖不可歸責於勞工或雇主，但如依民法第 225 條及第 266 條之規定[55]，勞工亦將喪失其報酬請求權。此一結果，無疑係將風險轉由勞工負擔，並不合理。民法上「無工作，無報酬」（No Work, No Pay; Ohne Arbeit, kein Lohn）的理論，於勞工法上必須加以修正。基於企業風險理論，即可以較為適當地將風險歸由雇主承擔[56]。只不過，台灣民法第 487 條規定，並無如德國民法第 615 條第 3 句中之規定。立法者如有意採行此一理論，則基於法律保留原則，自應予以明文規定。

　　值得注意者，行政院勞工委員會為明確保障勞工在天然災害發生時出勤及生命安全，於 2009 年 6 月 19 日公布施行「天然災害發生事業單位勞工出勤管理及工資給付要點」，明定天然災害發生時（後），雇主不得視為曠工、遲到或強迫勞工以事假或其他假別處理，且不得強迫勞工補行工作、扣發全勤獎金、解僱或為其

---

[54] Brox/Rüthers/Henssler, Arbeitsrecht, 16. Aufl., 2004, Rn. 397 ff.; Schaub/Linck, Arbeitsrechts-Handbuch, § 101 Rn. 1 ff. 有關民法第 225 條、第 266 條及第 487 條規定間雇主受領遲延與勞工給付不能理論之討論，請參閱韋文梵，台灣企業實施無薪假的研究，國立中正大學碩士論文，2013 年 7 月，32 頁以下。

[55] 民法第 266 條第 1 項規定，因不可歸責於雙方當事人之事由，致一方之給付全部不能者，他方免為對待給付之義務，如僅一部不能者，應按其比例減少對待給付。舉例而言，甲出租房屋予乙使用，遭遇洪水，房屋填塞著爛泥，傢俱也被沖走，已經不堪使用。則甲免除提供房屋之義務，乙亦全部或部分免除租金之義務。

[56] 值得一提的是，上述行政院勞工委員會 83 年 5 月 11 日台 (83) 勞動二字第 35290 號函：「一、……（一）停工原因如係可歸責於雇主，停工期間之工資應由雇主照給。『另停工原因如屬雇主經營之風險者，為可歸責於雇主之事由』。……」是否隱含著勞工主管機關已注意到民法第 225 條及第 266 條之不當之處，而漸有採取企業風險理論的用意在內？如是，則是吾人所樂觀其成者。惟此仍有待繼續加以觀察。

他不利之處分（第 6 點）；勞工在無法出勤工作時，雇主宜不扣發工資。但應雇主之要求而出勤，雇主除當日工資照給外，宜加給勞工工資，並提供交通工具、交通津貼或其他必要之協助。吾人如由上述要點觀之，已較採取「無工作，無報酬」之理論改善，也明確化雙方的權利義務，只不過，因為天然災害無法工作「有無工資請求權」之問題，並未在該點中予以解決，因為要點的規定為「雇主宜不扣發工資」，並未具有強制力。在 2017 年 3 月，中央勞政機關再度表示「為明確規範天然災害發生時工資給付及出勤事項，及保障勞工於颱風天強風大雨外勤作業之安全衛生，勞動部已訂有相關規定，並請轉知輔導轄內事業單位，天然災害發生時，勞工是否出勤等相關事項應事前透過勞資會議協商約定或於工作規則中訂定。」（勞動部 106 年 3 月 3 日勞動條 2 字第 1060130136 號函參照）。吾人觀該函示說明，除了一般勞工的出勤事項外，主要是集中在外勤作業勞工的安全衛生保障。至於勞工在天然災害發生時出勤事項及工資給付，勞動部已於 2009 年 6 月 19 日發布「天然災害發生事業單位勞工出勤管理及工資給付要點」。因此，並未改變之前的做法。與之前不同的，是勞動部要求「勞工是否出勤等相關事項應事前透過勞資會議協商約定或於工作規則中訂定。」即由勞雇雙方先自行約定。只不過，有問題的是，假設勞資會議協商出勤呢？其對於勞工有拘束力嗎？此一約定是否因牴觸中央勞政機關的函示而無效？

　　所以，在立法者未針對企業風險理論及經濟風險理論的可行性加以釐清前，思考雇主之給付工資責任，必須考慮並檢討我國已存在的各種勞工請（休）假規定與給付責任，尤其是勞工請假規則的假別（尤其是基於傳統文化而來的婚假及喪假），始能得出一兼顧勞雇雙方利益的工資風險理論。同時，也要納入社會保險的給付責任。經由此一全盤檢討雇主的各種休假責任及社會給付責任後，企業風險理論於我國究竟有多大的施行空間，就會逐漸地明瞭起來。

　　另外，亦值得一提者，台灣在 2008 年底至 2009 年底遭逢金融海嘯的衝擊，不少企業與其勞工約定「無薪假」（此即德國之「縮短工時工作」），以度過經營的寒冬。[57] 此種約定目的在求度過經營困境，避免解僱發生或具有延後失業的效果，符合解僱最後手段的要求，應屬對於勞雇雙方均有利之舉。[58] 雖然，吾人不能反過來說勞工得基於解僱最後手段原則，要求雇主在行使解僱權之前，必須先進行「無薪

[57] 為配合無薪假，行政院勞工委員會並且推動辦理「充電加值計畫」，協助實施無薪假之用人單位及員工，於實施無薪假期間辦理員工進修訓練。
[58] 值得一提者，德國的縮短工時的工作，其施行是以企業具有未來獲利性／可以起死回生為前提，這樣德國政府給予縮短工時津貼也才有意義及正當性。反觀在台灣，事業單位施行無薪假的前提為何？是否包括毫無未來性的企業？這一些都不明。

假」之行為。也不宜將無薪假之實施，與勞基法第 11 條第 1 款至第 4 款之情形掛鉤（例如以第 2 款之虧損或業務緊縮的前提條件）。蓋無薪假的實施，帶有避免失業（給付）的特質，其實施時點常在勞基法第 11 條第 2 款虧損或業務緊縮的條件成就之前。由於在約定的期間內，勞資雙方同時免除主要義務的提供，因此，其應屬於雙方合意免除勞務之型態無疑。

依據此種合意，雇主本可免除未工作時之工資，即使低於法定的基本工資，亦屬合法。[59] 另外，為與部分時間工作有所區分，無薪假的約定必須明確約定期限，未定期限的無薪假自始無效。至於期間屆至而無薪假狀況未解除者，雙方得約定再次延長。至於定期勞動契約，由於期間早已固定、且屬短暫，故理論上勞雇雙方不可再約定適用無薪假。而雇主一旦與勞工約定休無薪假期間，即表示其在該期間內放棄行使勞基法第 11 條規定之契約終止權。至於在無薪假期間，勞工固仍負有保密及不為競爭業務行為之義務，但是，有鑑於台灣目前並無德國社會保險法上「短工津貼」（Kurzarbeitgeld）之設計，因此，應該允許勞工有從事兼職業務行為之權利，以免生活發生困難。較有問題的是，在該無薪假期間，勞工退休金的提撥及勞保費的繳納如何計算？對此，本書認為為求理論的一貫，本應以所降低的工資為準，而不應以原領工資為計算基準。

最後，依據中央勞政機關見解，「事業單位發生火災致停工或減產，營運受到影響，事業單位如為避免資遣勞工，得循「因應景氣影響勞雇雙方協商減少工時應行注意事項」規定，經勞雇雙方協商同意，暫時縮減工作時間，惟對於按月計酬之全時勞工，其每月工資仍不得低於法定基本工資。」（勞動部 111 年 3 月 16 日勞動條 3 字第 1110140238 號函參照）本書以為似有疑義。蓋事業單位發生火災固然屬於可歸責於雇主，屬於企業風險，但應非「景氣影響」而至勞雇雙方得協商減少工時之事項。後者之「景氣影響」，必須直接起因於景氣因素，即限於總體經濟環境的改變（楊通軒，工資保護法—理論與實務，2021 年 9 月，頁 197 頁以下），只是，我國多年來即將之包括個別雇主營運的良窳。雖然，無論如何並不包括火災所致之停工或減產，而既不符合「景氣影響」因素，自然不適用「因應景氣影響勞雇雙方協商減少工時應行注意事項」。

---

[59] 就此觀之，行政院勞工委員會 97 年 12 月 22 日勞動二字第 0970130987 號函及 98 年 4 月 24 日勞動二字第 0980070071 號函表示「每月給付工資不得低於基本工資」，應係一錯誤的解釋。試想，與無薪假相近的留職停薪，難道勞雇雙方所約定的停薪，也只能在基本工資之上？

第五款　勞動義務的違反與責任（含瑕疵擔保）

　　勞工勞動義務之違反，有不提供勞務／拒絕給付及不完全給付／不良給付（Schlechtleistung）兩種。不提供勞務／拒絕給付是最常見的給付障礙。因可歸責於勞工之事由而未遵守工作時間，即為給付不能（民法第 226 條第 1 項），這是因為提供勞務係一絕對的確定期限的義務（民法第 229 條第 1 項），勞工因此喪失報酬請求權而且需負損害賠償責任 [60]。如果勞工無預警地不來上班（不告而別），雇主為尋找一代替其工作之人力所花費之費用，得對之請求賠償 [61]。

　　對於勞工有瑕疵之勞務提供，雇主原則上並無單方減少報酬之權利。[62] 相異於買賣契約（第 354 條以下）、租賃契約（第 435 條）、承攬契約（第 492 條以下）及旅遊契約（第 514 條之 7），僱傭契約及勞動契約並無瑕疵擔保之規定。但在報酬給付方面，對於按件計酬之契約，倒是可約定劣等品不予計入（1936 年勞動契約法第 19 條參照）。對於重複出現的不完全給付，雇主有權對勞工懲戒（處）或予以解僱。如果勞工因提供勞務造成損害，於其可歸責時，對於雇主負有積極侵害債權（positive Vertragsverletzung）之責任（民法第 227 條、第 184 條第 1 項）。

　　由於雇主對於勞務之提供並無法強制執行，為了確保勞務之獲得履行，得以約定違約金之方式為之。此種約定因此常發生在約定最低服務年限及離職後競業禁止的場合，以避免將來還要訴訟以及在訴訟中指出損害額度的困難。[63] 惟違約金之約定仍有其限制，例如不得約定勞工對勞務之提供負瑕疵擔保責任。違約金之約定如果過高，法院亦得予以減至相當之數額（民法第 252 條）[64]。就現行實務的運作觀之，勞工主管機關及法院雖皆認為可以合理地約定違約金條款，但在不少案件中，違約金的約定已造成一定的流弊，影響勞工的自由離去及其他權益的損害。

　　由於勞動義務之違反，主要係涉及不完全給付及違約金之約定，因此以下擬就此兩者再進一步加以說明：

---

[60] 少數說認為此僅為給付遲延而已，參閱 Söllner, a.a.O., 256 Fn. 4. 倒是，理論上雇主可以與勞工約定後來補服勞務，以取代給付不能。或者雙方可以約定一浮動的工時戶頭（Gleitzeitkonten），讓工作時間彈性化運用。

[61] Söllner, a.a.O., 256.

[62] 有問題的是，瑕疵給付的標準係採客觀說或主觀說？亦即係以一般勞工的給付能力為準？或者係以該勞工一般的給付能力為準？對此，本書認為應以後者為準，即勞工必須已經盡到本身的（注意）能力或知識，而其仍然未達一般人的程度時，雇主如欲終止契約，必須給付資遣費。配合此，勞基法第 11 條第 5 款之勞工確不能勝任工作，亦應採客觀說為是。

[63] 行政院勞工委員會 83 年 8 月 10 日台 (83) 勞資二字第 58938 號函，行政院勞工委員會 87 年 2 月 27 日台 (87) 勞資二字第 006760 號函。

[64] Zöllner/Loritz/Hergenröder, a.a.O., 153; Söllner, a.a.O., 256 f.

第一目　不完全給付（積極侵害債權）

　　關於不完全給付／積極侵害債權在台灣實定法上有無規定，在 1999 年 4 月 21 日民法修正之前，學者間雖有爭論，但實務及學者見解均認為其為債務不履行類型之一，關於其構成要件及法律效果，應類推適用給付不能及給付遲延之規定[65]。實者，積極侵害債權就如同締約上過失般，係一法律未明文規定之責任機制（Haftungsinstitut），早已具有習慣法之地位。不完全給付只在有法律漏洞時，始能適用，法律上對於給付不能或給付遲延之規定，有優先適用的權利。而在修正之後，已將之明定於第 227 條規定。不完全給付得適用於所有債之關係，不管是法定的或約定的，因此，勞動關係原則上亦在適用之列。

　　勞工於勞動關係中提供不良之給付或違反附隨義務，例如洩露營業秘密、工作速度太慢、損壞機器（勞基法第 12 條第 1 項第 5 款參照）或服裝等，以及雇主未給付薪資（勞基法第 14 條第 1 項第 5 款參照）或違反照顧義務，例如未投保勞工保險、未提供勞工安全衛生設備以避免職業災害、未照顧好勞工所攜帶置放於廠區之一般物品，通常均將構成不完全給付。[66]

　　進一步言之。就勞工財物上的損害而言，本非職業災害處理之對象，勞工本來只有於雇主對於損害的發生具有可歸責事由時，始有損害賠償請求權。亦即雇主基於勞動契約中積極侵害債權（positive Forderungsverletzung），本身或其履行輔助人具有可歸責之事由、雇主基於侵權行為規定本身具有可歸責事由或其履行輔助人的行為違法。對此，勞工負有舉證之責任[67]。至於受損者如係第三人之財物，則雇主只須對侵權行為具有可歸責之事由時（我國民法第 184 條、德國民法第 823 條以下），始負損害賠償責任，同樣地，該第三人對此負有舉證之責任。

　　對於上述勞工在提供勞務時所遭遇的財物上的損害，必須依據一般侵權行為的規定求償，實未能給予勞工合理的保障。因此，長久以來學者間並不以此為足，而

---

[65] 1999 年 4 月 21 日新增訂之民法第 227 條對於不完全給付已有明確的規定，依該條文：因可歸責於債務人之事由，致為不完全給付者，債權人得依關於給付遲延或給付不能之規定行使其權利。因不完全給付而生前項以外之損害者，債權人並得請求賠償。

[66] Maties, Arbeitsrecht, 2009, 65 f. 依據台灣高等法院台中高分院 97 年度勞上易字第 37 號民事判決：「勞工於離職後辦理移交手續，即屬勞工附隨義務中之報告結算義務。質言之，勞工於離職時，其與雇主間之勞動契約雖然已經終止，惟仍負有確實交接業務之義務，以期避免雇主因職務交接不清而增加成本或受有損失。勞工如違反該附隨義務而造成雇主受有損害時，雇主自得依民法第 227 條不完全給付之規定向勞工請求賠償。」

[67] Söllner, a.a.O., 1994, 57; Zöllner/Loritz/Hergenröder, a.a.O., 235. 但須注意者，依據勞動事件法第 33 條第 1 項規定，「法院審理勞動事件，為維護當事人間實質公平，應闡明當事人提出必要之事實，並得依職權調查必要之證據。」

係基於不同的見解，認為不問雇主有無故意或過失，雇主均負有損害賠償責任[68]。其中，論者有認為雇主基於其照（顧）扶（助）義務，不僅應維護勞工的生命及健康免於受到機具的危害，對於勞工攜帶至企業內的所有物，例如車輛、衣物等，亦應盡到維護的義務（如提供置物櫃，以免其遭竊），否則雖無過失，亦應為之負責[69]。

　　惟多數學者係以費用償還請求權（我國民法第 546 條第 1 項、德國民法第 670 條）作為勞工求償之依據。只不過，該損害必須不是勞工生活上普通的風險（例如勞工因摔倒而打壞手錶）或者在報酬中並未將之計算在內。換言之，屬於勞工工作上典型的而且未受清償的損害，始得向雇主請求賠償。德國聯邦勞工法院大法庭（BAG GS）於 1961 年 11 月 10 日判決中認為：「對於勞工於提供勞務時，因不可歸責於自己之事由所遭受之物的損害，原則上雇主僅於本身具有可歸責之事由時，始負損害賠償責任。然而該損害如係因勞工在執行一危險的工作時而生、而且非常的不尋常以致於勞工依據企業的型態或工作的型態根本無從預料時，對於該物的毀滅或受損，雇主應償還勞工該物的價值。[70]」之後，德國聯邦勞工法院於 1980 年 5 月 8 日判決中又認為：「一、對於勞工本身無故意過失所遭遇的意外，以致其所有的車輛發生損害，如該車輛係經雇主同意而使用於雇主的工作範圍而雇主並未就此給予對價時，雇主應償還其費用。二、設如勞工未使用該車輛，則雇主本身即須提供車輛、且因而必須承擔所肇因於意外的危險時，則上述所謂經雇主同意且未獲得對價的使用，即已存在。三、勞工基於一、所有的費用償還請求權，並不因其與有過失而自始被排除；但在準用第 254 條之規定時，仍必須考量勞工之是否與有過失。[71]」

　　再觀雇主的不完全給付責任，在其因違反對於勞工生命及健康之保護義務，而造成職業災害時，勞工仍得基於民法不完全給付規定請求損害賠償，但如其係依勞基法第 59 條以下之規定請求補償，因其係採無過失責任，即與不完全給付之原則不同。

　　而勞工不完全給付責任之成立，必須有其歸責事由。為了避免勞工因一時之疏

---

[68] Wedde, Aktuelle Rechtsfragen der Telearbeit, 530 f.

[69] Söllner, a.a.O., 266. 有關衣物因一般的使用而毀壞或污損，除非勞資雙方另有約定，否則勞工當不得請求賠償。

[70] BAG GS v. 10.11.1961, AP Nr. 2 zu § 611 BGB Gefährdungshaftung = NJW 62, 411. Sieh. auch Schaub/Linck, Arbeitsrechts-Handbuch, § 53 Rn. 78.

[71] BAG v. 8.5.1980, AP Nr. 6 zu § 611 BGB Gefährdungshaftung = NJW 81, 702. Sieh. auch BAG AP Nr. 11, 13 zu § 611 BGB Gefährdungshaftung. Hanau/Adomeit, Arbeitsrecht, 13. Aufl., 2005, Rn. 707 ff.; Maties, a.a.O., 76 f.; Zöllner/Loritz/Hergenröder, a.a.O., 235 f.

忽，而終身負損害賠償責任，似可採取德國聯邦勞工法院所發展出的具損害性工作理論，給予勞工責任優遇。民法第 188 條之規定，必須加以修正。亦即勞工於工作中造成的財產上的及人身上的損害，如完全依照民法上的損害賠償責任原則處理，則對只有輕微過失而造成巨額損失的勞工而言，恐將加予過大的負擔而有失公平。有鑑於此，德國學術界及實務界對於勞工所應負的損害賠償責任，早已採取另一種處理方式。因此，勞工法上損害賠償責任的原則，與民法上的損害賠償責任原則並不相同。

　　詳言之，以危險分攤的角度觀之，對於勞工所造成之損害，雇主一般而言較有經濟上的能力及可能性，將該風險以責任險加以分散，以及將該費用轉嫁給社會大眾。至於勞工則因經濟能力的弱勢，並無法將該風險轉嫁給社會大眾的可能性[72]。為此，德國聯邦勞工法院大法庭於二次大戰後即表示：對於具損害性之工作要求勞工於任何過失所造成之損害均必須負擔全部的損害賠償責任，實是對勞工過度的嚴厲，因其常與勞工之所得不成比例[73]。所謂具損害性之工作，係指一個由勞工負責執行之職務，在其本質上具有很高的危險性，雖然個性謹慎的勞工偶爾亦會犯錯。而該錯誤從個別觀察，似乎每次都能避免，但因人類的能力有限，經驗上可以預料其正如在典型的勞務提供會發生疏忽一樣。在此，應依其過失的程度分成三個等級來決定其應否負責：一、勞工只具輕微過失（leichte Fahrlässigkeit）時，對雇主不負損害賠償責任。二、勞工具故意及重大過失時，對雇主負完全之責任。三、勞工具中度過失（mittlere Fahrlässigkeit）時，斟酌勞工之歸責可能性及雇主之企業風險，決定內部的分擔部分[74]。德國聯邦勞工法院所創造的具損害性工作理論，其目的在對民法上之過失責任加以修正，以減免勞工之責任（所謂對勞工責任之優遇），由於深合於公平正義之觀點，早為其他各級法院及學者所接受。[75]

　　如以職業駕駛員為例，論者有認為其係一「坐在火藥桶」上的工作，只要稍微

---

[72] Brox/Rüthers/Henssler, Arbeitsrecht, Rn. 250 ff.

[73] BAG GS v. 15. 9. 1957 AP Nr. 4 zu §§ 898, 899 RVO. 對於何種工作為具損害性之工作，實務及學說上一開始是採取類型的（一般的）審視法，例如擔任駕駛的工作，但後來則發展成採取依個別情況認定之方法。因此，一個本質上（an sich）並不危險之工作，卻也可能在具體狀況是危險的，例如過度疲勞或工作負擔過重；vgl. BAG AP Nr. 50, 53 zu § 611 BGB Haftung des Arbeitnehmers.

[74] MünchArbR/Blomeyer, § 57, Rn. 32 ff.; Hanau/Adomeit, a.a.O., Rn 707 ff.; Maties, a.a.O., 75; Schaub/Linck, Arbeitsrechts-Handbuch, § 53 Rn. 32 ff.; Zöllner/Loritz/Hergenröder, a.a.O., 234 f.; 呂榮海、俞慧君，勞基法實用 2，1988 年，頁 85 以下。

[75] 至於對於第三人（例如電傳勞動者的家屬或朋友）之損害賠償責任，請參閱楊通軒，電傳勞動所引起勞工法上問題之研究，五南圖書出版股份有限公司，2002 年 5 月，頁 124 以下。

不小心，就可能引起重大的損害。對於汽車駕駛人，一般即應投保強制責任險。[76]
雇主也應該可以預見該工作具有極高的危險性，因此將該業務行為投保商業保險轉
嫁之。以填補強制保險外的損害賠償額度。如果不如此做，雇主也可以在薪資中加
入風險津貼（Risikoprämie）一項，[77] 一方面提高駕駛員的風險意識，另一方面也
藉以避免自己的責任。在考量勞工責任的減輕時，應該納入勞工職位的高低，其職
位越低時，責任應越輕。除此之外，也應該考慮其社會的地位，包括在廠工作期間
的長久、年紀、家庭的狀況（負擔家計）及其至今在廠的表現。[78]

第二目　違約金之約定

違約金是指約定的賠償範圍[79]，為民法第 216 條所規定之「契約另有訂定」之
損害賠償，由當事人於損害發生前加以約定[80]，與損害發生後當事人始合意定賠償
範圍者不同，後者多出於和解契約之形式[81]。違約金契約，係為確保契約之履行而
成立之從契約，為諾成契約，由於係約定當事人不履行契約時所應承受之不利益效
果，以嚇阻當事人違約，具有消極的意義[82]。例如勞基法第 26 條允許違約金之約
定（該條的反面解釋），即具有此一效力。亦即該條係針對勞工在勞動關係存續中
（例如造成機器或工具損害、勞工所收款項的短缺、未達約定最低服務年限的提早
離職等）或終止後（例如競爭業務）的一定行為，因而造成雇主損害的賠償規定，
而違約金約定即係在確保雇主損害賠償之實現。立法者經由勞基法第 26 條及第 78
條規定，以避免雇主事先假設事實損害的發生，而在給付工資時（發薪日）率行預
扣工資作為損害賠償之用（依法行政院勞工委員會 89 年 7 月 28 日台 (89) 勞動二
字第 0031343 號函：所稱「預扣勞工工資」，係指在違約、賠償等事實未發生或其

---

[76] 在發生交通事故造成物的損害時，即由汽車強制責任險全部負責，雇主並不負擔責任，亦即並無
責任分擔或與有過失之適用。Maties, a.a.O., 73 f.

[77] 此一風險津貼，本質上為工資的一部分。惟其與客運業者給予其駕駛員之安全獎金尚有所不同。
後者，一般包括駕駛員的將車輛平安開抵預定地、不可以有違反交通規則之行為、車輛不可以有
拋錨現象等，這一切，有一些是雇主企圖將固有的經營風險轉由勞工負擔、有一些是勞工固然有
可歸責的行為，但與勞工之完成工作尚無直接妨害者。相關案例，請參閱最高法院 93 年度台上字
第 170 號民事判決（統聯汽車客運公司案）。

[78] Maties, a.a.O., 74 f.

[79] 鄭玉波，民法債編總論，頁 249 以下；孫森焱，民法債編總論，頁 327 以下。另請參閱 Niemann,
Vertragsbruch: Strafabreden in Formulararbeitsverägen, RdA 2013, 92 ff.

[80] 民法第 250 條第 1 項規定，當事人得約定債務人不履行債務時，應支付違約金。

[81] 民法第 736 條規定，稱和解者，謂當事人約定，互相讓步，以終止爭執或防止爭執發生之契約。

[82] 孫森焱，論違約金與解約金，法令月刊，第 47 卷第 12 期，1996 年 12 月，頁 3 以下。另請參閱
Günther/Nolde, Vertragsstrafenklauseln bei Vertragsbruch-Angemessene und abschreckende Strafhöhe,
NZA 2012, 62 ff.

事實已發生，但責任歸屬、範圍大小、金錢多寡等未確定前，雇主預先扣發勞工工資作為違約金或賠償費用）。至於與本條不同的是，勞基法第 22 條第 2 項「工資應全額給付勞工」的規定，並非針對損害賠償而為，而是在有其他之情形，例如甲勞工向乙雇主借貸、買賣或租賃等法律行為，乙雇主不得在發薪日率爾行使抵銷權而扣下甲所應給付的款項。然而，中央勞政機關似乎係採取從寬解釋的立場。依之，「勞工積欠雇主借款或其他款項，勞雇雙方若約定合意按月自薪資中扣除一部份以為清償，尚無違反勞動基準法第 22 條第 2 項規定。」（勞動部 104 年 11 月 11 日勞動條 2 字第 1040027481 號書函參照）

約定違約金之目的有二：一以強制債務之履行為目的，以違約金為不履行之制裁，是為固有意義之違約金；一以預定債權人不履行之損害賠償額為目的。自羅馬法以來，至近世各國之立法，多以違約金為損害賠償額之預定為原則，民法第 250 條第 2 項之規定亦然[83]。該條項規定：違約金，除當事人另有訂定外，視為因不履行而生損害之賠償總額。但如約定債務人不於適當時期或不依適當方法履行債務時，即須支付違約金者，債權人於債務不履行時，除違約金外，並得請求履行或不履行之損害賠償。本項前半段稱為「賠償總額預定性違約金」，後半段稱為「懲罰性違約金」。茲簡要分別說明如下：

一、懲罰性違約金

係對於債務人有債務不履行時，為私的懲罰，債權人得於懲罰性違約金外，另行請求原來之給付及債務不履行之損害賠償，我國民法第 250 條第 2 項之規定，係以損害賠償額預定性之違約金為原則，而以懲罰性違約金為例外，蓋如於原來給付或損害賠償之外，債權人並得請求違約金者，債權人無異額外受益，此將不符民法首重當事人平等之本旨。

依據最高法院見解，當事人欲依民法第 250 條第 2 項但書約定懲罰性違約金者，必須在契約中明示，如債務人不於適當時期或不以適當方法履行債務時，而必須支付違約金者，始足當之，否則縱契約有履行期或履行方法之約定，其所定違約金仍應視為賠償總額之預定[84]。

二、賠償總額預定性違約金

係指債務不履行時債務人所應賠償之數額，事先予以約定之謂。亦即一旦有債務不履行情事發生，債權人即不待舉證證明其所受損害係因債務不履行所致及損

---

[83] 錢國成，違約金與違約定金，法令月刊，第 42 卷第 10 期，1991 年 10 月，頁 6。
[84] 最高法院 70 年度台上字第 4782 號民事判決。

害額之多寡，均得按約定之違約金，請求債務人支付（最高法院 99 年度台上字第 599 號判決、最高法院 101 年度台上字第 1415 號裁定參照）。

　　當事人所定之違約金究竟屬於何種，應依當事人意思定之，最高法院 73 年台上字第 4284 號判例認為，契約書中若未明示為何種性質者，事實審法院應行使闡明權，令當事人證明辯論之，而不得逕依職權認定違約金之性質，若當事人未予約定，則視為以預定債務不履行之損害賠償為目的[85]。

　　原則上，此種性質的違約金，乃與原來之給付或其他損害賠償之請求，居於選擇地位，二者不得併存[86]。且此處的損害賠償係指相當於「履行利益」之損害賠償，故債權人不得同時請求違約金之給付與履行利益之損害賠償，如民法第 226 條第 1 項。

以定型化契約約定之問題

　　在勞動契約實務上，雇主為免所投注人員之訓練費用、時間及其他資源，因勞工離職他就而付諸流水，因此預先在定型化的勞動契約上，約定勞工必須服務滿一定的期限，如果勞工違約，則必須給付一定之違約金。對於此種約定，在 2016 年 12 月 16 日勞基法增訂第 15 條之 1（最低服務年限）前，勞工多有主張違反民法第 17 條第 2 項「自由之限制，以不背於公共秩序或善良風俗者為限。」之規定，且與憲法第 15 條所揭示「人民之工作權應予保障」之規定有違，應屬無效。然而，行政主管機關、司法機關的看法如何，以及學理上應如何看待，此將於下說明之。

(一) 服務年限

1.行政解釋

　　內政部對於勞動契約是否得約定勞工派赴國外受訓後之服務期限，解釋謂：查勞動契約為私法上之契約，係以當事人間意思表示之合意而成立。事業單位若基於契約經營之需要，於勞動契約中約定，派赴國外受訓之勞工返回後，需繼續為該事業單位服務若干期限，自無不可；惟於指派時，宜先徵得該勞工之同意，其約定服務之期限，應基於公平合理由勞資雙方之自由意願，於勞動契約中約定之。惟如係技術生契約，仍應受勞基法有關技術生規定之限制[87]。之後，行政院

---

[85] 參最高法院 70 年台上字第 1644 號及 78 年台上字第 1392 號判例。
[86] 參最高法院 69 年台上字第 1627 號、78 年台上字第 1392 號、77 年台上字第 2555 號判例。
[87] 內政部 75 年 4 月 1 日 (75) 台內勞字第 393675 號函。

勞工委員會的解釋函中原則中亦採肯定見解。[88]

2.司法實務

司法院第一廳研究意見：民國 78 年司法實務第 14 期座談會

法律問題：雇主派員工出國受訓，約定「勞工受訓後，勞工同意至少應服務若干年，若有違反，願賠償雇主若干元之損失」，若勞工違反該約定而辭職他就，雇主訴請勞工賠償損失，勞工主張該服務若干年之約定，違反勞工得隨時終止契約之原則（勞基法第 15 條參照），或該服務年限太長，不合理，違反誠信原則，應屬無效，此項主張是否有理？服務年限以多久為合理？法院對此應作如何之判決？

討論意見之乙說：一、勞工主張服務若干年之約定，違反勞工得隨時終止契約之原則，並無理由，但法院得就雇主請求損害賠償之數額酌減。理由：（一）此項約定，應認係「定期契約」，勞工依勞基法第 15 條第 1 項之規定，僅能於三年後終止契約，若未滿三年而終止契約，自應依約賠償雇主損失。（二）此項約定，並未違反勞基法關於勞動契約之規定，或其他法律之規定，則勞雇雙方依契約自由原則所訂至少若干年限之約定，應屬有效，勞工之主張無理由，但若雇主請求賠償金額過高，因其性質屬違約金之約定，法院得予酌減。

二、勞工主張服務年限太長，不合理，是否違反誠信原則而無效，固應如甲說二、所言，視情形而定，惟在（一）情形時[89]，就服務年限太長，不合理，縱係違反誠信原則，惟該約定並非無效，法院只得就雇主請求損害賠償之金錢為酌減（違約金之酌減），尚不能以該約定無效，而駁回原告之損害賠償請求。

司法院第一廳意見：題示情形，約定之內容，於法既無禁止之規定，於公序良俗亦屬無違背，基於契約自由之原則，應屬有效。至其約定之賠償金額，應屬懲罰性違約金性質，如約定金額過高時，法院得酌減之。研討結論採乙說，尚無不合。

(二) 違約金額

在上述司法院第一廳研究意見所處理之案例，亦涉及違約金之約定。依我國現行勞基法第 26 條規定，雇主不得預扣勞工工資作為違約金或賠償費用，只是禁止預扣工資而已，並未全面禁止約定違約金。此與日本勞基法明定不得於勞動

[88] 行政院勞工委員會 83 年 8 月 10 日台 (83) 勞資二字第 58938 號函，行政院勞工委員會 87 年 2 月 27 日台 (87) 勞資二字第 006760 號函。
[89] 例如若約定受訓六個月，須服務六年，此種服務年限顯然與受訓期間不成比例。德國學者有關此一問題之討論，請參閱 Löwisch, Rückzahlungs- und Bestandsklauseln in Betriebsvereinbarungen, NZA 2013, 549 ff.

契約上約定違約金，立法方式並不相同。其實由於台灣的勞工跳槽的情形普遍，從維持企業間公平的競爭秩序、令企業願意投入金錢、時間培訓人力、也在提升勞工遵守當初約定責任感等方面觀之，預先約定未遵照期限離職者需負擔一定金額之違約金，當然有其正面的價值、也有其必要性。

我國民法違約金之規定，既然全盤地適用於勞動契約，與其他契約類型並無做不同的處理，則在實際的案例上，即難免出現過當的情形。尤其勞動契約是一繼續性的法律關係，勞動關係可能延續很久，與一般一時性之法律關係（例如買賣），本質上究有不同。例如早期國內某家著名的廣告公司，即曾在定型化的僱用契約上，約定「員工若違約應賠償公司其在職期間內向公司所領得全部薪資之違約金」，並且在職員違約提前離職時，均毫不客氣的向法院起訴，請求違約的職員支付上述違約金，結果，職員最常做的抗辯是：「不公平」、「任職越久，違約金反而越多」[90]。

・如何加以制約

對於上述違約金約定過高之情形，民法第 252 條規定法院得減至相當之數額。在此，法院係依職權為之。違約金是否相當，應依一般客觀事實、社會經濟狀況及當事人所受損害情形，以為衡量之標準，若所約定之額數，與實際損害顯相懸殊者，法院自得酌予核減，並不因懲罰性違約金或賠償額預定性違約金而異[91]。約定之違約金是否過高，應就債務人若能如期履行債務時，債權人可得享受之一切利益為衡量之標準，而非僅以一日之違約金若干為衡量標準[92]。

違約金之酌減，雖係法院之職權，並不待債務人之抗辯即可予以核減，惟當事人若聲明請求為之，亦無不可，如最高法院 66 年台上字第 31 號判例：「民法第 252 條規定，約定之違約金過高者，法院得減至相當之數額，並未規定法院得依當事人聲請至相當之數額，自不以當事人之聲請為限。」債務人除可在主契約訴訟中提出抗辯外，亦得單獨提起訴訟，請求法院核減（參最高法院 79 年度台上字第 1612 號民事判決），惟違約金之酌減，應由事實審法院詳細調查審認之（參 74 年台上字第 288 號），法院應於判決內充分說明所以核減之根據，否則即屬判決不備理由，而得成為三審上訴之事由（民事訴訟法第 469 條第 6 款）。

---

[90] 引自呂榮海，勞動基準法實用 1，頁 81。

[91] 最高法院 82 年度台上字第 2529 號民事判決。對此，最高法院 101 年度台上字第 1113 號判決則有進一步的解釋，依之，「是否相當仍須依違約金究屬懲罰之性質或損害賠償約定之性質而有所不同。若屬前者，應依一般客觀事實、社會經濟狀況及債權人所受損害情形，以為酌定標準；後者則尤應衡酌債權人實際上所受消極損害及積極損害為標準，酌予核減。」

[92] 最高法院 85 年度台上字第 1089 號、85 年度台上字第 2270 號民事判決。

債務人主張酌減違約金時，並應舉證證明違約金確有過高情事（最高法院 101 年度台上字第 1415 號裁定）。

・定型化勞動契約下之服務年限與違約金之約定

由於在 2016 年 12 月 16 日勞基法增訂第 15 條之 1（最低服務年限）前，對於勞動契約中服務年限及違約金之約定，並無禁止之規定，甚且並不違背民法第 72 條公序良俗之規定。因此在實務上，完全認其為契約自由原則之範圍。然而，以定型化勞動契約來約定服務年限及違約金，本質上已涉及附合契約，為了救濟定型化契約所產生之流弊之諸種理論、途徑，自當亦適用於此，亦即契約自由原則在勞動契約中應予以限制。

有關於勞動契約中服務年限及違約金之問題，係屬於契約自由原則中內容自由限制之範疇。而有關於勞動契約內容之形成，受到法律及團體協約之限制尤多。不過環觀台灣現行有關的勞工保護法，並無對勞工服務年限及違約金限制之規定，顯見此種約定，勞工只能以與雇主締訂團體協約之方式，來加以限制，否則只能由司法機關加以救濟矣。對此，以下擬對於定型化勞動契約之救濟加以說明。[93]

對於雇主以定型化勞動契約與勞工成立勞動關係，其所可能產生之流弊，固然可以如消費者保護法般，以立法方式加以限制。然而無論 1936 年之勞動契約法或現行之勞基法勞動契約章，均無如此之規定。因此只能依賴行政機關的審查[94]，尤其是司法審查，始能糾正其缺失[95]。然而，由勞資雙方以集體協商的方式，自力地防堵他方不合理的要求，毋寧更為重要。

(一) 司法審查

定型化契約因與傳統之契約之契約自由原則理論有異，致其法律性質特殊，難以傳統之契約性質視之，更因其社會結構導致之不公平理念，致使當事人間之締約地位與理解能力有所差距，因此必須透過解釋加以詮釋其真意。定型化勞動契約條款之解釋實效，在於確定其條款適用對象之勞動層級及勞務交易，對待給付平均、合理之利益，及企業為達合理集團式交易目的之合理利益，並企圖由此二者之利益協調中，尋求合理保護勞動者之道，補救定型化勞動契約條款可能產

---

[93] 有關定型化契約及其在勞動法領域之運用，請參閱劉盈宏，論勞工離職後競業禁止—兼論美國法制，國立東華大學財經法律研究所，2006 年 1 月，頁 72 以下。

[94] 然而，內政部 74 年 2 月 7 日 (74) 台內勞字第 288937 號函謂：事業單位與勞工所簽訂之勞動契約，無庸報主管機關核准；惟該項契約應不得違背勞基法及有關法令之規定。

[95] 劉宗榮，定型化契約與保險契約，保險專刊，第 43 輯，1996 年 3 月，頁 25 以下。

生不公平之情形。

　　定型化契約之解釋通常是司法審查之程序之一，而司法審查即是以法官之個人主觀價值滲入，公序良俗之概念至為抽象，沒有確定之界限，此種「不確定法律概念」或「概括條款」會隨著時代演進 [96]，故在適用上必須以法律解釋之方法加以具體化。

(二) 團體協約自制

　　個別的勞工基於經濟上的劣勢，並無法以平等的地位與雇主談判勞動及經濟條件，況且在急於尋求職位之際，即使雇主以定型化契約與其約定不利之條件，勞工通常只能默默承受，即使表示異議，雇主亦不會接受更改條款的要求。為了改變此種力量不對等之態勢，工會以集體力量方式與雇主協商，締訂團體協約，則個別勞動契約較不利之約定，基於團體協約法第 16 條不可貶低性效力及法規性效力，即可由團體協約取代之。相較於行政機關及司法機關之救濟，以團體協約取代定型化勞動契約之不合理性，使得勞工得以回復實質的自由與平等，顯然更為快速、有效。然而，法令上雖提供勞工組織工會的可能性，工會本身力量能否強大，以致於能與雇主協商、爭議，則是其本身的能力問題。

　　總之，雖然勞基法第 15 條之 1 已對最低服務年限加以規範，但並非禁止勞資雙方當事人不得在勞動契約中約定服務年限及違約金之規定，因此當事人仍得自由為之。從維持企業間公平的競爭秩序、鼓勵企業投入金錢時間培訓人力，以及提升勞工遵守當初約定的責任感等方面觀之，預先約定勞工須服務一定年限，否則需負擔一定金額之違約金，當有其必要性。但在 2016 年 12 月 16 日勞基法增訂第 15 條之 1（最低服務年限）之後，雇主以契約自由之名過度侵害勞工之權益，再加上以定型化勞動契約約定服務年限及違約金之情況將會大大地減低。雖然如此，行政機關仍有善盡監督之必要，而司法機關亦必須善盡司法審查、依職權酌減過高的違約金（尤其是在雇主未給予合理補償時），但勞工善用集體協商的力量，在團體協約中，對於個別勞動契約中包括服務年限及違約金之約定加以約制，毋寧更為有效的。

第六款　企業懲戒（企業司法、懲戒處分）之法律問題

　　企業之處罰規定，係為對於違反企業紀律或在企業中觸犯刑法者（如屬於微罪

---

[96] 參司法院大法官會議釋字第 407 號有關「風化」之解釋。另外，請參照最高法院 101 年度台上字第 1113 號判決。

程度的偷竊等行為）予以不同程度之處罰。其常與工作規則相伴而來。[97] 企業司法並未違反國家之司法獨占權，因在民法中對於違反契約者亦得約定損害賠償責任。惟其界限並不容易確定，重大的刑事案件當然無法以企業司法為由，而欲排除國家法令之適用。因此，基於紀律維持及勞工繼續工作的保障，針對微罪程度者，勞雇雙方如約定以企業懲戒的方式，取代國家法令的制裁，即可採取肯定的態度。惟假設無此約定，而雇主堅持將微罪行為送交刑事或行政機關處置，從勞基法第 74 條及職安法第 39 條反面解釋，應無違反雇主的保護照顧義務可言（某種程度而言，雇主在此是行使告密者的行為）。

就懲戒處分的法源基礎來看，傳統上有固有權說及契約說之分。前者，認企業體基於固有權能得對於違反工作制度或職場紀律者予以制裁，即懲戒處分是由企業經營權所導出。我國勞基法即採此說。惟後者卻從民法原則的觀點，認為企業懲罰為契約合意約定之處罰。至於其約定的方式，則有：1. 勞動契約。2. 團體協約。3. 勞資會議的決議。本書以為從懲戒標準的擬定、行使都是由雇主發動，不須要經過勞工個人或工會的同意，只須遵守一定的原理原則即可，固有權說實有其理論基礎。況且，欠缺固有懲戒權的契約關係，更近於合夥契約、承攬契約等契約關係。雖然如此，由於固有權說導出於所有權及企業經營權，而現代企業體大多由無數的無名的股東所共同集資而成，無法或難以斷定所有權人為誰。因而，轉而以勞工與雇主訂定勞動契約為前提之勞動契約說，毋寧是一自然而然之事。[98]

在雇主懲戒處分手段方面，包括有：申誡、減薪、降職、停職（停工）（行政院勞工委員會 76 年 5 月 28 日 (76) 台內勞字第 500276 號函參照）、解僱、以及金錢性質之制裁等。其中，首應指出者，勞動契約中的懲戒處分，包括考績處分在內（勞基法第 70 條第 6 款規定），亦即記過、記大過、[99] 一次記二大過免職等手段。並無如行政法上制裁有公務員懲戒法及公務人員考績法的雙軌制懲戒及懲處處分之區分。[100] 其次，懲戒手段固無調職，一般而言，雇主的調職行為係為有利企

---

[97] 例如針對勞工未經許可在外兼職，如其已影響勞動契約之履行時，事業單位以工作規則所訂處罰條項予以制裁。行政院勞工委員會 82 年 9 月 15 日台 (82) 勞動一字第 55646 號函。

[98] 同說，楊通軒，集體勞工法—理論與實務，2015 年 9 月，頁 193，註腳 35。對此，另可參照行政院勞工委員會 79 年 12 月 04 日 (79) 台勞資二字第 28969 號函：「勞工在勞動關係存續中，有不法或不當之行為發生，雇主欲暫時免除或禁止其勞務之提供時，應基於法令之規定或符合團體協約、工作規則或勞資雙方之約定，始為適當。」

[99] 行政院勞工委員會 76 年 9 月 24 日台 (76) 勞動一字第 3362 號函。

[100] 依據司法院大法官會議釋字第 491 號解釋，「……中央或地方機關依公務人員考績法或相關法規之規定對公務人員所為免職之懲處處分，為限制人民服公職之權利，實質上屬於懲戒處分，其構成要件應由法律定之，方符憲法第 23 條之意旨。……對於公務人員之免職處分既係限制憲法保障人民服公職之權利，自應踐行正當法律程序，諸如作成處分應經機關內部組成立場公正之委員會

業經營而發動，並不在於懲戒勞工。況且，基於勞基法第 11 條第 4 款之規定「無適當工作可供安置時」，調職先行於資遣，因此，解釋上係一對於勞工影響較小的、有利的措施，自然不宜將之視為懲戒手段。雖然如此，針對一些不適宜留在原有工作崗位的勞工（例如對於同事進行性騷擾的行為人），雇主應可予以調職，以予懲戒並兼保護受害人。

較有問題的是，懲戒性停職（停工）（或可謂「強制的留職停薪」）處分期間的量定問題。對此，行政院勞工委員會的見解為：「依勞基法第 70 條第 6 款規定，工作規則包括獎懲事項，惟得否由雇主於工作規則中規定『停工處分』作為懲罰條文，並無明文規定。雇主於工作規則中規定『停工處分』原則上可予同意，惟停工處分之要件、停工期間之限制、及停工期間有關薪資如何給付？或除薪資以外之其他勞工權益是否受停工處分之影響？此均應於工作規則中明訂，以杜絕爭議。主管機關對雇主依勞基法第 70 條之規定訂立工作規則核備時，應詳加審查，尤其是停止期間與勞工違反情節是否相當？又『停工處分』影響勞工工作權益極大，故停工期間不宜過長。」由上可知，停工期間宜有限制，且不宜過長，以免過度侵害勞工的工作權。惟到底期間多長為合理？對此，似可參考公務員懲戒法第 12 條規定：「休職，休其現職，停發薪給，並不得在其他機關任職，其期間為六個月以上。休職期滿，許其復職。」吾人觀該條文，只有「期間為六個月以上」的規定，並無明訂上限。[101] 因此，實在難以給予公務員權益保障，亦無法提供給勞工面臨停工處分時具體期間的參考之用。雖然如此，考量停工處分期間，勞工並無工資請求權，其他的勞工權益也會受到影響，故其期間以一到二年的長度為宜。另外，考量勞工並無工資的收入，且勞動關係處於暫時中止狀態，[102] 因此，勞工應可至他處工作，只要不涉及營業秘密之洩露或競爭業務之行為即可。

另一個更為複雜的問題是：金錢性質的制裁。在此，首應釐清其與減薪處分的差異。本書以為前者是針對特定個案的罰錢處分，例如工作規則規定遲到一次未達五分鐘者，罰錢 50 元新台幣，或者抽煙一次罰錢 100 元新台幣，或者工作態度不佳、不服從指揮命令者罰錢 300 元新台幣等。受處分者繳清罰款制裁即屬完結，而

決議，處分前並應給予受處分人陳述及申辯之機會，處分書應附記理由，並表明救濟方法、期間及受理機關等，設立相關制度予以保障。」

[101] 司法院大法官會議釋字第 433 號解釋：「……至同法（公務員懲戒法）第 11 條、第 12 條關於撤職及休職處分期間之規定，旨在授權懲戒機關依同法第 10 條的標準，就具體個案為適當之處分，於憲法亦無違背。惟撤職停止任用期間及休職期間該法均無上限之規定，對公務員權益不無影響，應由有關機關檢討修正，俾其更能符合憲法保障公務員之意旨。」

[102] 如果雇主因勞工重大違規或違法事由而予以「留職停薪」處分，其本質上實即等同於停工處分。請參閱行政院勞工委員會 76 年 5 月 28 日 (76) 台內勞字第 500276 號函。

所有的罰鍰統籌納入一個金庫，以作為全體勞工公共支出之用（公益）。至於減薪處分，則係針對勞工較為嚴重的違規或違法行為（例如洩露營業秘密或競業禁止之規定），雇主所採取的持續每個月的減少報酬的作為，所減少的報酬即歸雇主私人所有。只有如此的區分，雇主始無法假借各種名義，將金錢性質的制裁轉為減薪處分使用。如此的劃分，庶幾能達到賞罰分明及權義明確的功效。只不過，此一兩分法，似乎並不為中央勞政機關所採取、或者說並不為其所意識。在一項針對勞工上班遲到時間，一個月累計逾三十分鐘部分，中央勞政機關認為「因未提供勞務，故不發給工資，而依其實際工作時間發給工資，尚不違反勞動基準法。」（行政院勞工委員會 82 年 6 月 30 日台 (82) 勞動二字第 343335 號函）這是單純從民法第 226 條第 1 項「因可歸責於債務人之事由，致給付不能者，債權人得請求賠償損害」的角度思考，未及於紀律或懲戒的規整。言下之意，係將勞工如工作時之工資，作為損害賠償額（實質上來看，減少之報酬即歸雇主所有）。持同樣看法的，是勞委會前身之中央勞工主管機關內政部，依之，「勞工曠工當日工資得不發給，惟應以扣發當日工資為限。」（內政部 74 年 5 月 17 日 (74) 台內勞字第 313275 號函）其實，依據民法第 226 條第 1 項可歸責於債務人原因的給付不能，原來的債之關係即轉變為「債務不履行之債」。而且，其損害賠償範圍並非是「信賴利益」（當事人相信法律行為有效成立，而因某種事實之發生，該法律行為（尤其是契約）不成立或無效而生之損失）；而是「履行利益」，即「法律行為（尤其是契約）有效成立，但因債務不履行而生之損失。」所以，雇主不僅無須給付所未工作時間的工資，尚且得請求積極的損害。現在中央勞政機關將之限縮在「所未工作時間的工資」，似乎與法律規定不合。無論如何，雇主仍得依民法第 489 條「重大事由」終止契約（有關債權人針對民法第 226 條情形之解除契約，規定於民法第 256 條。但是，依據民法第 263 條規定，當事人依法律規定終止契約時，並不準用第 256 條規定），且於勞工有過失時對之請求損害賠償。如此觀之，勞工有勞基法第 12 條第 1 項第 6 款的曠工行為時，雇主除終止契約外，在勞工有過失時尚得請求損害賠償。民法第 489 條與勞基法第 26 條規定尚有不同，後者，雇主並未終止契約，而只是扣發工資作為賠償費用而已。

　　有問題的是，如從勞工法的角度看，上述上班遲到或曠工的案例，得否再依其違規或違法的輕微或嚴重程度，而將之劃入金錢性的制裁或減薪處分？以內政部的函示為例，其所謂「勞工曠工當日工資得不發給，惟應以扣發當日工資為限」，依本書所見，勞工曠工係一違反紀律之行為，嚴重的曠工行為（不以勞基法第 12 條第 1 項第 6 款的連續曠工三日或一個月曠工六日為要）即屬較為嚴重之違規行為，雇主當得以減薪的方式予以處分。輕微的曠工行為（例如一個月曠工一日或不連續

的曠工二日），以金錢性的制裁為已足。

　　在懲戒事由方面，包括有：虛偽陳述（經歷詐稱）；職務懈怠；業務命令違背；職廠規律違反（如偷竊、毀損）；違反立於從業員之當為作為（如私生活之非行 [103]、禁止兼職 [104]）；誠信原則之違反等。至於在懲戒處分的限制方面，一般認為必須遵守罪刑法定原則、雙重處分禁止原則、平等待遇原則、相當性（比例）原則、懲戒程序公平原則等。而勞工在面對非法或不當懲戒之救濟方面，可以採取：一、企業內之救濟：向雇主或向特定之委員會為之；或者二、企業外之救濟：這又包括（一）行政救濟（勞動檢查法第 32 條）。（二）司法救濟（即確認之訴等）。

第二項　勞工之附隨義務：忠實（誠）義務

　　先就附隨義務而言。債之關係在其發展的過程中，除給付義務外，基於民法第 148 條第 2 項之誠信原則，尚會發生附隨義務（Nebenpflicht）[105]。給付義務係契約關係上最基本義務，決定契約之類型。與此相異者，附隨義務係隨著債之關係的發展，於個別情況要求當事人之一方有所作為或不作為，以維護相對人之利益，於任何債之關係均可發生，不受特定債之關係類型之限制 [106]。

　　勞動關係正如同其他的契約關係，亦具有附隨義務，且亦因其多樣性及不可預見性而無法在法律中或契約中予以規定，而係由民法第 148 條第 2 項之誠信原則所導出。惟因勞動關係兼具財產價值交換及倫理義務之色彩，故此之附隨義務已被提升為一較高度之保護義務 [107]，其在勞工方面為忠實義務，在雇主方面為照扶義務（Fürsorgepflicht）[108]。當雇主或勞工之任何一方違反本身之附隨義務而致他方受

---

[103] 惟此處私生活的非行，必須達到客觀上足以影響企業形象的程度始可。例如員工身著事業單位服裝酒駕，且被媒體廣為報導。又，針對一件勞工參加私人喜宴及私下在婚宴當中因敬酒之客套話語發生爭執之行為，最高法院即認為「在工作時間、場合外之勞工業務外行為，屬於勞工之私生活範圍，非雇主所得任意支配。惟有勞工之行為與事業活動有直接關聯，且損害事業之社會評價，為維持社會秩序之必要，方足成為懲戒之對象。」（最高法院 97 年度台上字第 423 號判決參照）。

[104] 最高法院 102 年度台上字第 366 號判決（第一商業銀行股份有限公司案）參照。

[105] 王澤鑑，民法學說與判例研究（四），頁 94；另參閱 Esser/Schmidt Schuldrecht Band I, Allgemeiner Teil,Teilband 1,7.Aufl., 110ff.

[106] 王澤鑑，民法實例研習叢書（三），頁 29 以下；Zöllner/Loritz/Hergenröder, a.a.O.,154 ff.。

[107] Brox/Rüthers/Henssler, Arbeitsrecht, Rn. 225 ff.

[108] 史尚寬，勞動法原論，頁 23 以下，頁 44 以下；王澤鑑，民法學說與判例研究（七），頁 184 以下。

有損害時，應負債務不履行（不完全給付、加害給付）之損害賠償責任[109]。

　　再就勞工的忠實義務來講。為了使雇主所追求之目的得以實現，勞工乃負有忠實義務[110]。勞工基於其忠實義務必須本於服從、勤慎及保密的原則去執行其工作。而雇主依其照扶義務，必須對於勞工之生命、身體及福利隨時注意並予以適當維護。但忠實義務及照扶義務本係倫理內容，具有獨自為善之本質，並非對待性之義務（對待給付），不能發生同時履行之抗辯[111]。雖然如此，勞資之任何一方，對於他方之不履行附隨之義務，得起訴請求其履行。且對於因不履行附隨義務所導致之損害，得請求損害賠償[112]。

　　基於忠實義務，勞工應盡力維護雇主之利益。此一忠實義務並非以勞工對雇主個人的忠心為內涵，而是由民法上之誠信原則所導出[113]，以往認為忠實義務係基於人格法上共同體觀念之思想者，已不為現代學者所採納。其內容由於有多樣性及不可預見性，故難於一一確定，但可大別為：服從、誠實、協力、增進、勤慎及守密之義務。服從義務指勞工在勞務給付上有服從雇主指揮監督之義務。所謂增進義務，乃指勞工對其承受的工作應注意行之，包括材料之節省、返還等。勤慎義務指勞工對其所承受之勞務應注意行之。所謂交接義務，指勞工應將所掌管的文件、資料等交接給後手或主管等人[114]。所謂守密義務，包括在勞動契約期間，工作上得知之秘密不得洩漏；至於在勞動契約終止後，勞工因勞動關係得知雇主之秘密，而對於雇主有損害時，亦有守密之義務。倒是，在勞工發現事業單位違反勞基法、職業安全衛生法及其他勞工法令規定，而向主管機關或檢查機構申訴時（勞基法第 74 條、職業安全衛生法第 39 條），並無違反守密義務可言。需分辨者，勞工此一申訴或檢舉行動，仍是依循法令所為之合法救濟，與俗稱之爆料或吹哨者（Whistleblower）尚有不同。本書以為除非用盡體制內的救濟管道而無效、且係為公益目的而為，否則，勞工並不得向民意機關或大眾傳播媒體爆料，不然，即屬違反保密義務。

　　須注意者，雖然勞工負有忠實義務，但此一義務究不得過度擴張，謂任何有害雇主利益之行為，勞工皆不得為之。因此勞工仍得於星期日去跳舞，雖然第二天的

---

[109] 王澤鑑，民法學說與判例研究（二），頁 248 以下；Stürner, Der Anspruch auf Erfüllung von Treue- und Sorgfaltspflichten, JZ 1976, 384 ff.

[110] 有關忠實義務與照扶義務之起源，請參閱 Adomeit, NJW 1996, 1710; Zöllner/Loritz/Hergenröder, a.a.O., 158 f.

[111] 陳繼盛，我國勞動契約法制之研究，頁 17 以下；Zöllner/Loritz/Hergenröder, a.a.O., 154.

[112] Zöllner/Loritz/Hergenröder, a.a.O., 160.

[113] So BAG AP Nr. 1 zu § 103 BetrVG 1972; Söllner, a.a.O., 257.

[114] BAG v. 14.12.2011, NZA 2012, 501 ff.

工作效率會降低。他也可以去滑雪或攀岩，雖然他的腿可能跌斷而需要休息好幾個星期。過度擴充忠實義務，將會限縮勞工私人的行為，顯然並不足取[115]。不過，勞工進行極具危險性的運動或極限運動時，除應具有應備的技術能力外，並應按照法令或運動規則所要求配戴的防護器具，否則，在其具有故意或重大過失時，雇主應可主張減免普通傷病工資（勞工請假規則第 4 條第 3 項參照）。這是與職業傷病不同之處。為了避免忠實義務被誤解，學者有主張稱之為「為維護契約他造當事人值得保護的利益」者[116]。為了解勞工忠實義務之內容，以下擬進一步加以說明。

第一款　不作為義務

　　依據不作為義務，勞工必須慮及雇主特定的利益。亦即對企業的或營業的秘密必須予以保密、不得向外界亂發牢騷（Meckerverbot）、不得接受廠商的賄賂（清廉義務）、不得給予競爭的廠商對抗本身雇主的建議、不兼職的義務及不競業之義務、以及不爆料義務。

　　就針對於兼職的問題，1936 年的勞動契約法第 8 條規定：「勞動者於勞動契約期滿前，未經雇方同意，不得與第三人訂立勞動契約。但無損於原約之履行者，不在此限（第 1 項）。勞動者違反前項規定時，其後約無效，後約他方當事人不知情者，對於勞動者得請求賠償其因不履行所生之損害。」由該條文觀之，似係採取勞工原則上不得兼職的立法，且也顧慮到後約當事人可能有損害賠償請求權。至於現行勞基法中並無有關兼職之規定，[117]因此勞工是否仍然原則上不得兼職？

　　對此，本書認為勞雇雙方固可在勞動契約中加以約定。惟如未約定，則勞工原則上應有從事兼業（部分時間工作）的權利。這是因為勞工依據憲法第 15 條享有工作權之保障，從事兼業亦在其保障之內。雇主之所以會要求勞工不得在外兼職，其理由不外於：擔心兼職會影響勞工從事本職時之體力與注意力、憂慮兼職可能會造成洩漏業務機密之後果及顧慮兼職可能導致競業現象。但兼職究不得過度涉入

---

[115] Zöllner/Loritz/Hergenröder, a.a.O., 158 f. 在這裡，也不應該過度強調工作倫理的幅度，要求勞工不斷地延長工作時間、加快工作的速度、提升生產的效率，否則，即會墮入「工作即生活」「工作即基本需求」的信仰迷失。

[116] Söllner, a.a.O., 258.

[117] 針對兼職之私立幼稚園駕駛是否適用勞動基準法之問題，行政院勞工委員會 89 年 7 月 27 日台(89) 勞動一字第 0028809 號函認為：「查本會 87 年 12 月 31 日台 (87) 勞動一字第 059605 號公告指定已完成財團法人登記之私立幼稚園之教師、職員不適用勞動基準法，其餘一切勞雇關係，自即日起適用勞動基準法。私立幼稚園（不論有無完成財團法人登記）之駕駛（司機）未在本會上開不適用勞動基準法工作者之列，故該等人員與私立幼稚園間如確有僱傭關係者，自應自上開公告日起適用該法。」

勞工的私生活，因此約定禁止兼職，必須在雇主有正當的利益存在時，始為有效，例如以下之狀況：一、勞工因兼職而無法履行勞動契約中之義務。二、勞工兼職的時間過長。三、勞工於特別休假中從事兼職。四、兼職同時構成與雇主競爭的行為[118]。因此，若無上述狀況，雇主比較可採取的措施是與勞工約定，當勞工從事兼職時，負有告知的義務。另外一個問題是，雇主得否與勞工約定一兼職之義務？例如醫院加以醫師一個在醫療機構內從事主任（leitend）醫師的工作的義務？或者加以職員兼任主管（或公司監察人）之職務？對此，本書以為為避免指示權的濫用及混淆職務間的不同，解釋上，只有在例外的狀況下，雇主始得命令勞工從事兼職。[119]

有關競業禁止條款／契約，以下擬再加以說明。

雇主基於經營利益及防止營業秘密洩露之考量，日漸普遍地與其勞工約定其離職後不得經營相同或類似之工作，類似此種競業禁止之約定，雖維護了雇主之利益，但卻造成勞工日後工作上之不便或不利，是否均得自由為之？此亦屬於契約內容形成自由之問題。

競業禁止在公司法第 32、54、108、209 條及民法第 562 條對於經理人、執行業務股東、董事及代辦商均有規定，以禁止該類與公司經營管理有重要關係之人員，自營或為他人經營同類業務之行為，但以在職期間為限，且如違反，公司只得行使歸入權（Eintrittsrecht），將該為自己或他人之所得，作為公司之所得而已。惟目前社會上企業為免自己所開發之技術外洩，影響本身的競爭力，而與勞工簽訂所謂的「競業禁止條款」，約定員工離職後之一定期間、地域，不得從事特定營業者，日益普遍，此項條款涉及契約後之義務約定，現行法並未對之有所規範，當事人似得依契約自由原則自由約定[120]。

然而，台灣實務上企業主與勞工約定競業禁止，常是在勞工對之求職時，即在勞動契約中約定，且常以定型化契約條款簽訂，勞工基於求取工作的需要，實際上並無法加以反對。再者，企業主要求勞工離職後不得從事相同或類似之工作，從其自身利益之考量，固有可見之處，只是該項約定如果過當，對於整體經濟之發展將反而造成妨害，尤其是勞工失去其賴以為生之生產技能，必須在該段期間重新學習新的謀生能力，則家庭生計將會無以為繼。因此，勞基法第 9 條之 1 及勞基法施行

---

[118] Schaub/Linck, Arbeitsrechts-Handbuch, § 42 Rn. 1 ff.; § 55 Rn. 35.

[119] 兼職常與部分時間工作為一體的兩面，但兼職者表示其必然有另一專職（即必然是部分時間工作者），而部分時間工作卻可能是該工作者的唯一的專職（即不必定是兼職者）。因此，從兼職者的角度觀之，其在從事兼職工作後，亦會受到部分時間工作相關法令及權利義務的適用。

[120] 陳家駿，營業秘密法與競業禁止條款，智慧財產權管理季刊，1996 年 4 月，頁 14 以下；張瑜鳳，就業禁止義務與不公平競爭行為，法律評論，1994 年 4 月，頁 43。

細則第 7 條之 3 參考德國商法第 74 條之規定，令雇主應給與離職勞工一定補償，作為競業禁止之代價（所謂代價給付）[121]，立法上即值得肯定。法院實務上曾有對於代價給付採取肯定見解者[122]，但此項見解似仍不為大多數法院所採[123]。

　　由於競業禁止條款涉及了雇主營業秘密及勞工工作權之利益衡量問題，如何兼顧雙方之利益，實待吾人加以酌量。雖然 1936 年公布（但未施行）之勞動契約法第 14 條規定「勞動契約，得約定勞動者於勞動關係終止後，不得與雇方競爭營業。但以勞動者因勞動關係得知雇方技術上秘密而對於雇方有損害時為限。前項約定，應以書面為之，對於營業之種類地域及時期，應加以限制。」然而並未規定代價給付，其思想背景仍不脫私法自治及契約自由原則[124]。另一方面，實務界對於競業禁止條款雖已慢慢建立一客觀的衡量標準（所謂三標準說、四標準說、五標準說），但仍未達如美國法院所設立的合理原則，亦即：雇主需有可受保護之利益、合理性、相當性及各州公共政策。因此，參酌國外對此問題之解決方式，仍有其必要性。[125] 也就是說，在台灣，競業禁止條款也應該納入公共秩序的限制。對此，雖然勞基法第 9 條之 1 並無如此之要求。但是，這在民法第 17 條第 2 項即是規定：「自由之限制，以不背於公共秩序或善良風俗為限。」例如一家設立在偏鄉（諸如蘭綠島、蘭嶼等離島尤其是如此）的診所，與其所雇用的醫師（護理人員則視其替代性高低而定）約定離職後不得在當地從事醫療行為，如此，將會迫使該醫師違反己意地離開當地，影響所及，當地很有可能長期沒有（同類科）醫師前來應徵任職。最後受害尤烈的，反而是當地的居民。所以，此一競業禁止條款因違反公共秩序而無效。

　　吾人以為：競業禁止因涉及勞工之生存權、工作權、以及公共秩序。宜對雇主運用該項條款加以限制，除了不得違反公共秩序外，原則上以因勞動關係得知雇主營業秘密，且對雇主有損害者為限（一般藍領階級應無此問題）、約定禁止營業之種類（限於相同或類似之工作，而非禁止其經營所有的業務）、地域及時間不得過當（地點不得過廣—惟並非以行政區域為準；時間不得過長—實務上有以兩年為準者）、雇主並應提供相對的補償（亦即類似德國商法第 74 條之代價給付制度），以彌補勞工之損失，如此始能兼顧雇主與勞工雙方之利益平衡[126]。

---

[121] BAG v. 1.8.1995, NZA 1996, 310 f.; BAG v. 5.9.1995, NZA 1996, 700 ff.

[122] 台灣台北地方法院 80 年度勞訴字第 30 號判決、台灣高等法院 80 年度上字第 203 號判決。

[123] 台灣台北地方法院士林分院 80 年度訴字第 421 號判決、最高法院 75 年度台上字第 2446 號判決。

[124] 蔣若涵，離職員工競業禁止條款之效力，資訊法務透析，1996 年 5 月，頁 37 以下。

[125] 對此，可參閱劉盈宏，前揭書，頁 127 以下。

[126] 詳細論述，請參閱楊通軒，勞工創作物權益歸屬與競業禁止關係之研究，國立台灣大學法學論

第二款　作為義務

由忠實義務所導出之作為義務主要是呈現在通知義務及告知義務上。例如對於企業運作中之不正常狀態或逼近的損害（例如司機運貨途中發現車子引擎冒煙），勞工必須立即地通知雇主（在緊急的事故，勞工不僅有告知的義務，也必須暫時地接受原非在自己工作範圍內之職務，例如排除障礙）。同理亦適用於勞工生病或因其他原因無法提供勞務之情形。如果雇主要求，勞工也必須對於工作的現況、實施的情形，通知雇主 [127]。然而，在勞工的同事一定期間無法提供勞務之情形（例如育嬰留職停薪、罷工等），勞工並無代理（替）完成工作之義務。而且，勞工如與其他同事發生紛爭，他倒無需接受雇主的調解而放棄訴訟救濟之途 [128]。

第三節　雇主之權利與義務

第一項　雇主之主要義務：給付報酬

如從雇主方面觀之，報酬給付義務乃是其主要義務，蓋勞工既已為勞務提供，則薪資乃為其對價也。報酬通常以金錢充之，但不以此為限，部分以他物或物之使用充之亦可（勞基法第 22 條第 1 項）。勞動契約為有償契約，若不給予報酬，而單服勞務，則為一種無名契約，類推適用贈與及僱傭之規定 [129]。報酬應在契約中訂定，如未訂定時，依民法第 483 條第 1 項規定：如依情形，非受報酬即不服勞務者，視為允與報酬。雖然民法第 483 條第 1 項並無報酬「約定」之用語，但第 2 項則有報酬未「定」之規定，解釋上即是約定或訂定之意。其與勞基法第 21 條第 1 項工資由勞雇雙方「議定」之同義。在此，針對勞基法第 21 條第 1 項，基於

---

[127] Zöllner/Loritz/Hergenröder, a.a.O., 157 ff.; Schaub/Linck, Arbeitsrechts-Handbuch, § 55 Rn. 14 f.; Söllner, a.a.O., 258.

[128] Nikisch, NJW 1964, 2387; a.A., BAG AP Nr. 5 zu § 242 BGB Kündigung.

[129] Schaub/Vogelsang, Arbeitsrechts-Handbuch, § 8 Rn. 35：如是為了讓自己的工作熟悉（Einarbeitung），可以是沒有報酬的。另外 Schaub/Schaub, Arbeitsrechts-Handbuch, § 66 Rn. 8：企業主將自己的兒子派去一家與自己友好的企業工作，目的是在傳達訊息之用時，也可以沒有報酬。我們也可以設想：針對一位長期失業者，將其安置於大賣場中觀察工作的進行，每週四十小時左右，以增進其對「工作」價值的認識及塑造其工作的意志，應該也是無償的。

契約自由原則，原本應由勞（求職者）雇雙方自由協商工資額度（勞基法施行細則第 7 條第 3 款參照），且雙方未能達成合意者，由於工資為勞動契約的要素（民法第 153 條參照），故勞動契約自始並無成立。也就是說，在雙方未能議定工資時，任何一方並不得以發生勞資爭議為由，向勞工主管機關申請調解。以免發生強制僱用的後果。理論上求職者也不得提出申訴（勞基法第 74 條參照）。例外可以思考的是：當雇主在締約過程中的行為已經引起求職者確信契約必然成立之認知者，則基於誠信原則的要求，求職者當可向勞工主管機關提出申訴或申請調解工資額度。蓋此時前契約義務的引信應該已被觸動（此一前契約義務的發動相對較晚，這是因為涉及勞動契約成立（或者「僱用請求權」）之問題，必須較為謹慎。至於其他前契約義務之情況，例如求職者締約過程受到傷害或受到性騷擾等的求償權，則可較寬處理，蓋其不以成立勞動契約為前提）。然而，由於民法第 483 條第 2 項規定，報酬（此一報酬並不以狹義的工資為限，而是包括廣義的福利在內）遂得以價目表或習慣給付之。而此一價目表及習慣均應採取從寬解釋的立場（價目表可以企業內或附近企業從事相同或類似工作者相比擬、習慣則是含每個企業長久以來的自有習慣），在勞雇雙方認定不一時，任何一方即得向勞工主管機關申請調解。理論上求職者也得以提出申訴。須注意者，此處的議定或約定，並非僅指締結勞動契約時之約定工資額度而已，而是包括之後定期或不定期的調整薪資之合意，通常即是每年的調（加）薪。換言之，勞雇之任何一方在特定時間點，都可以要求與他方進行薪資的重新議定。這本質上為變更勞動契約或勞動條件之行為，必須獲得雙方的同意（最高行政法院 106 年度判字第 165 號判決參照）。調薪並非只是雇主單方可以發動的行為而已，否則會掉入只是依賴雇主的善意或良知而定的不明境地。在一般實務做法上，雇主單方定期地（一般企業慣例是每年）為雇員加薪，而雇員接受之而繼續提供勞務，其實為雇員的默示同意。如此，即會成就勞動事件法第 2 條第 1 項第 1 款之「勞動習慣」。在這裡，與工會根據團體協約法第 12 條第 1 項要求與雇主進行工資的團體協商並行不悖，互不相斥。對於（即使加入工會的）個別勞工或群體勞工要求與雇主重新議定薪資的行為，工會（或勞資會議）並不得以工資議定獨占權的理由，責令個別勞工或群體勞工停止。而一旦個別勞工或群體勞工要求與雇主重新議定薪資不果，則是進入下一步的勞資爭議的處理，通常即是向勞工主管機關申請調解（勞資爭議處理法第 7 條第 2 項但書參照）。

　　報酬的形式依照其標的、量定的形式及給予的動機可以分為：金錢給予與實物給予（實物給付一部原則，勞基法第 22 條第 1 項參照。另外，依據所得稅法第 4 條第 1 項第 5 款規定，實物配給或其代金及房租津貼免納所得稅）、按時計酬與

按件計酬（Leistungslohn）[130]、獎金／津貼（Prämienlohn）（例如全勤津貼、洗窗工人或操作重機械工人的危險津貼）、佣金。[131] 至於紅利（Tantieme）及年節獎金（Gratifikation），依據勞基法施行細則第 10 條第 1 款及第 3 款則不視為工資[132]。如上所述，民法第 483 條第 2 項之報酬並不以狹義的工資為限，而是包括廣義的福利（例如雇主為鼓勵員工特別休假所發給的特別休假津貼）在內。此一廣義的工資，即為公司營業損益表中的勞務成本，屬於財務報表必須記載事項之一。與分派股息及紅利的程序並行，董事會應將之編列為表冊，先送請監察人查核後（公司法第 228 條參照），再提出於股東常會請求承認，經股東常會承認後，董事會再將決議分發各股東（公司法第 230 條、第 240 條參照），並且予以執行。因此，經營階層（透過低階管理職人員）與員工議定（含調整）報酬額度，惟股東會擁有最後的同意／承認權。這也符合企業經營的民主程序（企業經營與企業所有分離）。即使是由個別或集合多數員工發動的報酬議定程序，其後也必須經過此一程序。有問題的是，經由勞工團體（工會）或類似／準勞工團體（勞資會議）所團體協商或討論而來的工資額度，是否還必須經過公司法的承認財務報表程序始為有效？也就是說，團體協商或勞資會議勞動條件的討論固然是由董事會透過經營階層進行（公司法第 202 條參照），但是，其所達成的調薪等勞務成本的上升，股東會是否有權拒絕承認？對此，本書以為團體協商具有憲法上的基本權保障，在與憲法上財產權保障的具體合諧性考量後，股東會理應無權加以否認。惟不同的是，除勞基法或其他勞工法令所明文賦予的勞資會議的同意權外，勞資會議的決議只具有共識決的效力，故其涉及勞務成本者，仍須經過公司法或其他企業法規中股東會的承認始為有效。如此的區分處理，應能符合企業法制與勞動法制的利益平衡考量，並且兼顧勞雇雙方的利益。

報酬通常雖是指勞務換取對價之一般的報酬，但亦有雇主所給付之金錢係與勞務間欠缺直接的對價關係者，例如勞基法中企業退休金。退休金的給予，從法律上或經濟上來講，理應視為具有報酬的本質，這是考量到長久存在的勞動關係及勞

---

[130] 但是，依據德國青少年勞工保護法第 23 條第 1 項規定，雇主不得使青少年從事按件計酬工作或薪資係按其工作速度而定的工作。也不能與按件計酬的成年勞工，編在同一組工作。這是擔心會危及青少年的健康或身心發展。

[131] 即抽佣，含有底薪制及無底薪制。至於無底薪制是否仍有僱傭關係？依據行政院勞工委員會 89 年 7 月 20 日台 (89) 勞動一字第 0027695 號函「依事實認定」。至於 2016 年 10 月 21 日的司法院大法官會議釋字第 740 號的解釋理由書，雖然提到「其報酬給付方式並無底薪……，係自行負擔業務之風險，則其與所屬保險公司間之從屬性程度不高，尚難認屬系爭規定所稱勞動契約。」但似乎亦無法得出「無底薪即當然為承攬契約」之結論。

[132] 紅利及年節獎金在德國仍視為報酬，參 Zöllner/Loritz/Hergenröder, a.a.O., 174.

工長久的提供勞務而給予的，其法律基礎並非單純導源於雇主的照顧義務。[133] 為了了解企業退休金之法律性質，以下擬於第十章、第三節部分再進一步加以說明。至於從雇主的附隨義務導出照顧扶助勞工之義務，也包括給予具有貨幣價值之各種給予，此包括本質為「非工資之一時性（偶發性）給予」及恩惠性給予（兩者均規定在勞基法施行細則第 10 條中）。恩惠性的給予（例如農曆年後開工儀式而發放之紅包。最高法院 97 年度台上字第 2178 號民事判決）與勞務之間並不具有嚴格的對價性。至於「非工資之一時性給予（例如工作服代金）」是否具有勞務對價性？也令人懷疑。雖然，不可否認地，「非工資之一時性給予」及恩惠性的給予均是以勞工有提供勞務的事實或意願為前提（至少具有「制度性的經常提供勞務」），就此來看，仍然具有廣義的「勞動對價性」。須注意者，依據勞動事件法第 37 條規定，「勞工與雇主間關於工資之爭執，經證明勞工本於勞動關係自雇主所受領之給付，推定為勞工因工作而獲得之報酬。」其所謂「本於勞動關係自雇主所受領之給付」，解釋上包括「非工資之一時性給予」（例如勞基法施行細則第 10 條第 9 款差旅費、差旅津貼）及恩惠性給予在內。

　　勞動報酬之給付，除當事人有特別約定或地方有特別習慣外，於工作完畢時為之（民法第 486 條，勞動契約法第 25 條），亦即報酬原則上是採取後付主義。因此勞工有先為給付（服勞務）之義務，不得主張同時履行抗辯權（民法第 264 條第 1 項但書）。工資、年金的消滅時效為五年（最高法院 97 年度台上字第 2178 號民事判決。）

　　在報酬給付額方面，原則上依當事人之約定，但必須受到下列之限制：基本工資之限制（勞基法第 21 條第 1 項）、暴利行為之禁止（民法第 74 條）、同工同酬之原則（勞基法第 25 條）、預扣工資之禁止（勞基法第 26 條）、不當場所（娛樂場、旅館、酒店或其他販賣貨物之處所）給付之禁止（1936 年勞動契約法第 23 條第 2 項）。值得注意的是，依據最高法院 101 年度台上字第 479 號裁定及其前審之台灣高等法院 100 年度勞上字第 45 號判決（友聯汽車貨運股份有限公司案）：勞雇雙方於勞動契約成立之時，係基於平等之地位，勞工得依雇主所提出之勞動條件決定是否成立契約，則為顧及勞雇雙方整體利益及契約自由原則，如勞工自始對於勞動條件表示同意而受僱，勞雇雙方於勞動契約成立時即約定例假、國定假日及延長工時之工資給付方式，且所約定工資又未低於基本工資加計假日、延長工時工資之總額時，即不應認為違反勞基法之規定，勞雇雙方自應受其拘束，勞方事後不得

---

[133] 詳細論述，請參閱楊通軒，勞工退休金條例基本問題之探討，收錄於：勞工退休金條例之研究，台灣勞動法學會學報，第 5 期，2006 年 6 月，頁 127 以下。

任意翻異，更行請求例、休假日之加班工資。故關於勞工應獲得之工資總額，原則上得依工作性質之不同，任由勞雇雙方予以議定，僅所議定之工資數額不得低於行政院勞工委員會所核定之基本工資，此種工資協議方式並不違背勞基法保障勞工權益之意旨，且符合公平合理待遇結構，則雙方一旦約定即應依所議定之工資給付收受，不得於事後反於契約成立時之合意主張更高之勞動條件。

由於報酬往往是勞工生活基礎的唯一來源，法律因此必須儘量確保此一基礎不致因特定因素而落空 [134]。首先，例假日、國定假日、特別休假等之薪資必須繼續給付（所謂有薪休假）；其次，禁止完全以實物或購物券、禮券作為薪資給付（勞基法第 22 條第 1 項參照）[135]；對於薪資之扣押必須予以限制，強制執行法第 52 條及第 122 條對此分別有查封的限制規定 [136]；而在此查封限制之額度內，勞工亦不得讓與或設定質權（Verpfändung）[137]，雇主亦不得主張抵銷（但勞工應可主張抵銷）[138]。

在台灣，工資的認定是否應具有「經常性給予」的性質，勞工法學者大多採取否定的態度，勞工主管機關的見解大體上同於多數學者（最完整的解釋當推行政院勞工委員會 85 年 2 月 10 日台 (85) 勞動二字第 103252 號函）（雖然，其間有雜採經常性的見解者）。但是，最高法院則大多持肯定的看法（例如交通津貼是經常性給與，是工資。反之，不休假獎金／未休特別休假工資非經常性給與，不是工資。最高法院 97 年度台上字第 1667 號民事判決、最高法院 100 年度台上字第 2282 號裁定）。以不休假獎金而言，法院認為「雇主因年度終結勞工未休畢特別休假，所給與勞工之金錢，當非勞工於年度內繼續工作之對價，僅能認係對勞工未能享受特別休假所給與之補償。依勞基法第 38 條規定可知，特別休假係為獎勵勞工而設，具有免除勞務之恩惠性質。是雇主因勞工未能享受特別休假而給與補償，應認係勉勵勞工長期繼續工作之恩惠性給與。……未休畢之特別休假而得支領代償金，……」（只是，本書以為法院使用「恩惠性給與」一語，並不精確，容易與一

---

[134] 黃越欽，論勞動契約，頁 58 以下。

[135] 除了勞基法第 22 條第 1 項外，勞基法施行細則第 7 條第 3 款的工資之計算與給付之方法，也都含有是否納入實物或以給付實物的方法。只是，工資給付之方法，一般是指以現金、支票、匯款的方式給付而言。另外，1936 年勞動契約法第 24 條規定：「雇方不得強制勞動者向其指定商店或其他處所購買物品。」Zöllner/Loritz/Hergenröder, a.a.O., 178 ff.

[136] 強制執行法第 52 條第 1 項規定，查封時，應酌留債務人及其共同生活之親屬二個月間生活所必須之食物、燃料及金錢。第 122 條規定，債務人依法領取之社會保險給付或其對於第三人之債權，係維持債務人及其共同生活之親屬生活所必需者，不得為強制執行。

[137] 對此，德國民法（BGB）第 400 條及第 1274 條第 2 項分別有規定。

[138] 德國民法第 394 條，Zöllner/Loritz/Hergenröder, a.a.O., 179.

般所謂的恩惠性給予混淆。正確而言，該不休假補償應係雇主附隨義務的具體表現。）尤其值得注意的是，多年來，法院對於經常性給與，認為僅須在一般情況下經常是雇主可領取者，即屬之（所謂「制度性的經常性給與」。最高法院 101 年度台簡上字第 1 號判決：雲嘉廣播股份有限公司案）。其與固定性給與不同。以假日加班費為例，應從制度面上雇主之需求營運、作業及規範等予以考量，而非以勞工個人有無於假日加班及支領假日加班費為準。假日加班倘係頻仍，而非偶而為之，即具經常性，每一雇主之情形，未必盡同（最高法院 99 年度台上字第 1823 號判決參照。另外，最高法院 101 年度台上字第 576 號裁定、台灣高等法院台南分院 99 年度勞上更（一）字 5 號：聯倉交通股份有限公司案）。最高行政法院亦同（最高行政法院 93 年度第 923 號判決參照）。本書以為，「經常性」是以具有勞動「對價性」作為前提或對象。加入經常性的標準，較能平衡勞雇雙方的利益。即在此應考量雇主所給付的報酬，還會涉及社會給付的增加及社會保險的本質，另外，其也有基於一定的目的（激勵員工努力工作、鼓勵員工的 teamwork 或向心力等）所發予者，故不宜過度放寬工資的認定。倒是，針對恩惠性的給予，即使其具有經常性的性質，例如每月發給年終獎金（最高法院 96 年度台上字第 1396 號民事判決）或約定保障年薪十二個月加上二個月年終獎金（最高法院 100 年度台上字第771 號裁定及最高法院 101 年度台上字第 605 號裁定參照。只是，前者認為薪資部分既然含有「全年按基本月薪之 2/12 所累積之年終獎金」，則年終獎金具有薪資之性質，依法自應將之列入平均工資計算。此一年終獎金係按月發生，僅便宜於每年初發給。後者，法院則是認為獎金之「性質及雇主之給付義務為何，恆視個案當事人之約定而異。」兩個法院見解似乎均意味著年終獎金的性質可以是工資，果如此，該見解即屬有誤）、每月發給三節獎金，也不會使其轉變為工資（最高法院 91 年度台上字第 897 號判決）既然其並非工資，則雇主以年資、而非以工作表現為年終獎金的發放標準，並無違法可言 [139]。最後，隨著在中鋼公司夜點費之爭議案、再加上勞委會對於久任獎金的函釋後，是否代表勞基法施行細則第 10 條所列的各項給與，均需要個案審查，以確定其是否為工資？尤其是紅利、教育補助費、工作服代金等本質上非恩惠性給付者（最高行政法院 93 年度判字第 923 號判決參照）？此

---

[139] BAG v. 18.1.2012, NZA 2012, 620 ff. 依據行政院勞工委員會 78 年 2 月 1 日 (78) 台勞動二字第 01874 號函：「一、有關勞基法第廿九條所稱之獎金是否專指年終獎金乙節，依本會七十七年七月十九日台七十七勞動二字第一五九七六號函釋：「勞動基準法第廿九條規定『事業單位於營業年度終了結算，如有盈餘，除繳納稅捐、彌補虧損及提列股息、公債金外，對於全年工作並無過失之勞工，應給與獎金或分配紅利。』所稱獎金似與公司法第二百卅五條所稱之分紅性質相同，均係於稅後盈餘中發放，而異於我國民間習俗於農曆年前無論盈虧均發放之年終獎金（稅前）。」當無疑義。

尤待吾人持續加以觀察。

　　在報酬給付的實務上，另須注意國營事業管理規定與勞基法規定之衝突問題。亦即以何者為準？以最高法院 101 年度台上字第 120 號裁定（及其前審之台灣高等法院 100 年度勞上字第 60 號判決）為例，上訴人受僱於被上訴人台灣中油股份有限公司油品行銷事業部桃竹苗營業處桃園運輸中心，擔任油罐車駕駛。被上訴人依據油罐汽車司機安全與維護保養獎工核發要點（簡稱運輸手冊核發要點）在一定條件下，定期地發給「安全獎工」、「維護保養獎工」，後以經濟部國營事業委員會未同意該運輸手冊核發要點而停止發放。最高法院審理結果認為：系爭「安全獎工」、「維護保養獎工」係被上訴人鼓勵其員工安全駕駛、維護保養車況為目的，所為獎勵性之給與，非屬工資性質或應徵得上訴人同意之勞動條件，亦非被上訴人依勞動契約應為之給付，被上訴人依其上級機關規定意旨，停發系爭獎工並未逾越勞基法之規定。本書觀台灣高等法院 100 年度勞上字第 60 號判決，固然一方面認為安全獎工、維護保養獎工係為維護被上訴人形象所核發，具有勉勵及恩惠性給與性質。但是，另一方面卻認為「安全獎工及維護保養獎工之獎勵條件與上訴人之固有職務有關，且非臨時起意之給付，惟上訴人是否能取得，尚須視其有無符合一定條件（如是否全勤、有無發生交通事故及汽車檢查是否符合檢查標準）而定，並非上訴人服勞務即可取得之對價，則系爭安全獎工及維護保養獎工並非被上訴人在一般情況下所為之經常性給與。」如此一來，高等法院的見解前後並不一致。高院的見解與最高法院的見解遂也不完全一致。本書認為針對本案判決，其關鍵問題是：是否應承認公部門勞資關係的特殊性？尤其是內部規定及主管機關同意（人事法令）的優先性？對此，以經濟部人事規定為例，依據經濟部所屬事業機構人事管理規則第 2 條規定：「各機構之人事管理，除適用刑法、公務員服務法及勞動基準法之有關規定外，均依本準則之規定。」[140] 雖然如此，在該準則中，仍然不乏其特殊規定者（例如第 9 條及第 12 條），這也突顯出其特殊性及優先性。因此，勞基法的規定及勞委會的解釋即會被排除適用。如此，也可以與民營交通運輸業者（例

---

[140] 在此，所涉及的另外一個問題為：公務員服務法對於勞資關係的影響與限制為何？依據公務員服務法第 24 條規定：「本法於受有俸給之文武職公務員，及其他公營事業機關服務人員，均適用之。」可知本法係採取廣義的定義。其判別標準為是否受有俸給。一旦受到適用，則該法第 5 條及第 7 條規定，對於公營事業機關服務人員將產生極大的拘束力。蓋依據第 5 條規定：「公務員應誠實清廉，謹慎勤勉，不得有驕恣怠惰，奢侈放蕩，及冶遊賭博，吸食煙毒等，足以損失名譽之行為。」依據第 7 條規定：「公務員執行職務，應力求切實，不得畏難規避，互相推諉，或無故稽延。」針對該條「公營事業機關服務人員」之範圍，司法院大法官會議釋字第 305 號解釋已予以適度限縮，依其意旨：依公司設立之公營事業，與其人員間，除董事長、總經理等負責人或經依法任用並有官等之人事及會計等人員係公法關係外，其餘皆屬於私法上之契約關係。雖然如此，並非謂各機關不得於內部規定中，訂定較私部門勞動關係較為嚴格的紀律要求。

如統聯客運）的類似薪資結構，作不同的認定處理。在此，重點是公務機構的任務特性及社會評價（社會形象）、勞動條件的總合評價，而這也會擴大恩惠性給與（非工資）的外沿。所以，並非油罐車比一般車輛（客運、貨運）更有安全的必要，否則，化學槽車可能更須要獎勵性質的給與。另外，也並非司機負有維護車輛可以行使的義務，而是只要盡到檢查車輛及初步維護的責任即可，蓋其工作內容為「駕駛」，而非「維修」。如果將工作內容解釋擴充到維護車輛可以行使的義務，那是將其作為從給付義務、而非附隨義務看待。這並不符合契約內容。

　　此種公部門勞資關係的特殊性，應該會全面適用於公務機構（含政府機關與民意機關）及國防事業。並且及於（不屬於公務機構的）國公營事業單位（含已經民營化，但政府機關仍然擁有具有主導權限的事業單位）之所有員工。此處的政府機關，包含中央主管機關與地方主管機關。並且會及於公部門的集體勞動鬥爭行為。在法令的設計上，勞基法第 84 條公務員兼具勞工身分時法令之適用之規定，最具代表性。行政院及內政部針對該條所做的解釋令（內政部 74 年 11 月 30 日 (74) 台內勞字第 366681 號函、行政院 74 年 11 月 15 日台 (74) 人政壹字第 36664 號函），區分人事行政局及內政部（後來由勞委會接辦）所主管的事項，似乎也隱含著權利義務處理的依據。勞委會的解釋令中，有關公共行政部門之行業歸類原則、指定技工工友駕駛人清潔隊員臨時人員、指定非依公務人員法制進用之臨時人員適用勞基法（行政院勞工委員會 96 年 11 月 30 日勞動一字第 0960130914 號函、97 年 6 月 23 日勞動一字第 0970130317 號函）等，均相當的重要。

　　在具體的個案上，在一件涉及受僱於改制前之台北縣淡水鎮公所，擔任清潔隊員的解僱案件中，法院即不斷地強調受僱人發生婚外情、在外兼職、執勤時恐嚇鎮民等行為，嚴重影響僱用機關的聲譽，已達勞基法第 12 條第 1 項第 4 款「情節重大」的程度，自得予以解僱。法院甚至認為受僱人在受僱期間有傷害之刑案紀錄，堪認其任用資格與僱用機關工作規則第 4 條「須品行端正、無不良紀錄及嗜好之情事」之消極任用資格（最高法院 99 年度台上字第 1817 號裁定）。

　　再就公部門的集體勞動鬥爭行為而言，其禁止及限制的管制規定，見之於勞資爭議處理法第 54 條第 2 項及第 3 項（但是，教師可能是私校教師，而自來水事業、電力及燃氣供應業屬於水電燃氣業，並不以國公營為限。至於醫院則屬於醫療保健服務業，同樣不以國公營為限）。雖然如此，行政機關早就以個別勞工法上的規定，限制（縮）了公用事業（主要是針對公部門的事業單位）集體爭議行為的可能性。依據行政院 77 年 6 月 14 日台 (77) 勞字第 15750 號函：「復按公用事業之業務運作，與社會大眾日常生活息息相關，雇主應於紀念日、勞動節日及其他規定之放假日合理安排勞工之輪班休假，俾能保留相當人力，維持其業務之正常運行，

倘經合理安排，而應於前述放假日上班之勞工，不按所輪班次上班工作，使雇主因應不及，而致無法維持其業務之正常運作，嚴重影響社會大眾生活秩序與社會安全，應可認係同法（勞基法）第 40 條第 1 項所稱之『突發事件』，而有該條之適用。」另外，依據行政院勞工委員會 84 年 7 月 7 日台 (84) 勞動二字第 123423 號函：「輪班生產之事業單位因勞工曠工，未先核准之請假，致無法調派人力因應使事業單位陷於不能繼續營運之情況，於必要之限度內自得依勞基法第 32 條第 3 項『因……突發事件，必須於正常工作時間外工作……』之規定辦理。」

第二項　雇主之附隨義務：照扶義務

第一款　保護義務

　　而在雇主方面，相對於勞工之忠實義務，雇主亦負有照扶義務。亦即勞工之生命、身體、健康、風紀事項，雇主應予以維護（民法第 483 條之 1 參照）。例如雇主提供給勞工使用之工具、機器必須沒有瑕疵，且廠場內之設置、工作流程的安排，均必須力求安全舒適，以免勞工之生命及健康受到危害 [141]；勞工保護法上之規定，同時亦為雇主最低限度的保護義務，違反之，雇主將負侵權行為及債務不履行（積極侵害債權／不完全給付）的責任。依據通說見解，勞工原則上得起訴請求雇主履行照扶義務，但較為重要的是：在雇主未履行勞工安全衛生照扶義務之前，勞工得拒絕提供勞務 [142]。此亦可從 1999 年 4 月 21 日修正公布之民法第 483 條之 1 獲得依據，依該條文規定：受僱人服勞務，其生命、身體、健康有受危害之虞者，僱用人應按其情形為必要之預防。而第 487 條之 1 則進一步規定：受僱人服勞務，因非可歸責於自己之事由，致受損害者，得向僱用人請求賠償。前項損害之發生，如別有應負責之人時，僱用人對於該應負責者，有求償權。

　　雇主也應避免勞工受到其他同事或上司漫罵、攻擊（此稱為對於勞工人格權之保護 [143]）；雇主也不得將其對勞工所知之個人隱私散播於外等。如同勞工之忠實義務，照扶義務亦係由無數的附隨義務所組成，其內涵亦係由民法上之誠信原則所導出，並非漫無限制，因此學者間亦有主張將其稱為「為維護契約他方當事人值得

---

[141] 但雇主無需為保護勞工之健康，而禁止勞工吸菸。其所提供之福利設施，例如員工福利社、餐廳、運動休閒設施等，也並非基於保護義務而來。

[142] Zöllner/Loritz/Hergenröder, a.a.O., 181 f.

[143] BAG AP Nr. 8 und 14 zu § 611 BGB Persönlichkeitsrecht.

保護的利益」者。雇主有財產價值之給付，如前所述之企業退休金，係雇主所給付之廣義的報酬，而非根基於雇主之照扶義務[144]。

雇主的照扶義務，亦及於勞工攜帶至企業內的所有物（一般物品），例如車輛，衣物等[145]。基於照扶義務，雇主在勞工上班之後，即應為之投保勞工保險，雇主也必須為之繳交法定義務社會保險費。以往勞工休假的權利亦導出於照扶義務，今日則已由勞基法及勞工請假規則所明定矣。另外，性別工作平等法第 14 條、第 15 條及第 20 條規定有生理假、安胎假、產檢假、陪產假、家庭照顧假等假別，均為立法者強制雇主所負擔的義務，雖然不全部為有薪給假，而且受僱者也不見得會使用該種假別，但至少已拓寬假別及事假的理由。其中有一些已經超出雇主照扶義務的範圍，而將國家責任轉由雇主負擔矣。如果再加上勞工請假規則中基於傳統文化習俗所給的有薪假，令雇主負擔恐已違反比例原則。由於其中一些已非照扶義務的範圍，再加上 2016 年開始施行週休二日制，此一勞工請假規則及性平法的一些假別，即有必要全面加以檢討翻修（當然，也應將中央勞政機關以解釋所擴充的各種假別及假期一併納入檢討）。

原則上是雇主負有照扶義務，但如果勞工的勞務提供係向第三人為之，則應令該第三人亦連帶負有此種義務，例如在勞動派遣關係，派遣公司及受派公司均應對派遣勞工負擔照扶義務（勞基法第 63 條之 1 參照）。須注意者，由於照扶義務係勞動關係必要的部分，不得於勞動契約中加以排除或限制[146]。

在雇主違反照扶義務而導致勞工生命健康遭受損害之情形，由於通常均已構成職業災害，因此對於雇主之損害賠償責任，必須與勞工保險條例上之職業災害給付及勞基法上之職業災害補償，一併加以考量。

台灣職業災害的數字，較之於他國，可以說非常的高[147]。這不應該只歸咎於

---

[144] Söllner, a.a.O., 265; Schaub/Koch, Arbeitsrechts-Handbuch, § 107 Rn. 1.

[145] 至於雇主是否有義務為勞工備置停車位，則是依個別狀況而定（花費、空間等），請參閱Söllner, 265 Fn. 15.

[146] MünchArbR/Blomeyer, § 92 Rn. 21.

[147] 中國時報，1998 年 2 月 2 日，7 版「職災賠償—論斤計兩，人力市場—一文不值」：據統計，台灣每小時有二點三名勞工發生墜落、感電等各類型職業災害；每一天，有五十四位勞工因此傷殘，一點六名勞工身亡。國內發生職業災害的勞工人數從民國七十八年以來雖有逐年下降之趨勢，但至去年底為止，職業災害發生率仍然偏高。去年一整年有二萬零七百八十三名勞工發生職業災害，平均每天將近五十六人傷亡。
至於歐洲聯盟（EU），1993 年在所有 1 億 2,000 萬勞工中，約有 500 萬人因為職業災害而超過三日無法工作。而且該數字是不包括通勤災害及職業病在內。職業災害發生最多以及重大職業災害最多的是營造業。其中有 78.8% 的職災受害者為男性。如以職災死亡作比較，則更為顯著：5,598 名為男性，只有 328 名為女性。資料來源 AuR 1997, S. 273.

我國係採取資本主義制度（雖然職業災害係於十八世紀工業革命之後，才大大的增加），其形成的原因毋寧是錯綜複雜的：勞動檢查的不足、雇主──甚至勞動者對於職業災害的警覺心不夠，以及職業災害補（賠）償的制度的不夠完備等，都是其犖犖大者。[148] 惟在 2013 年 7 月 3 日全面修正施行職業安全衛生法、在 2019 年 6 月 19 日修正施行勞基法第 63 條之 1、以及 2022 年 5 月 1 日施行勞工職業災害保險及保護法後，我國的職業災害預防、補償及重建制度已達一定完備的程度，之後的重點，應該是實際的落實而已。

第二款　促進義務

雇主對於勞動者特定的利益，不僅要予以保護，且要促進之，此稱為促進義務。例如終止勞動契約時，雇主必須給予另覓工作之時間（尋職假）（勞基法第 16 條第 2 項）、給予服務證明書（勞基法第 19 條）[149]、以及離職勞工受僱的新雇主來詢問其工作表現時，據實以告的義務。但較為重要者，毋寧係雇主之僱用義務（就勞請求權），以及與之相關之非法解僱與非法調職之工作請求權、罷工期間之工作請求權。以下即分別說明之。

第一目　就勞請求權

就勞請求權（Beschäftigungsanspruch）所引起之問題約為：勞工有提供勞務之義務外，是否亦有請求雇主受領其勞務之權？勞工的工作義務（即雇主的要求工作請求權）與工作權利會不會發生衝突？如採肯定說者，是全面肯定說或限制肯定說？而其法律依據為何？又其是由雇主之給付義務或附隨義務所導出？

採取否認勞工有就勞請求權者，係以民法第 487 條作為出發點，再加上最高法院 29 年上字第 965 號判例，認債權人有受領給付之權利，而不負受領給付之義務，如其拒絕受領，通常只負遲延責任，債務人不得強制其受領給付[150]。這裡體

---

[148] 有關職業災害救濟之詳細論述，請參閱楊通軒，職業災害的賠償與補償，收錄於：勞動基準法釋義─施行 20 年的回顧與展現，2009 年 9 月，二版一刷，頁 519 以下。

[149] Zöllner/Loritz/Hergenröder, a.a.O., 185 f.; Schaub/Koch, Arbeitsrechts-Handbuch, § 107 Rn. 62; /Linck, Arbeitsrechts-Handbuch, § 145 Rn. 1 ff.

[150] 民事法律專題研究（六），頁 252；台灣台北地方法院 79 年度勞訴字第 46 號判決；台灣高等法院 80 年度勞上易字第 3 號判決；最高法院 89 年度台上字第 2267 號判決；vgl.MünchArbR/ Blomeyer, § 93, Rn. 2. 同樣採取否定說者，最高法院 89 年度台上字第 2267 號判決（財團法人台灣省敦睦聯誼會案）。最高法院以該部分之事實既已明確，應由其自為判決，爰將原判決及第一審關此部分（勞工勝訴）之判決廢棄，改判駁回被上訴人（勞工）之訴。最高法院對此的態度可謂堅決，甚而各給高等法院再次審查的機會。

現一個事實：雇主要求勞工工作的請求權，其保障的必要性遠大於勞工要求工作的權利。

否定說之見解固有實定法及判例法之依據，惟似未考慮勞動關係中人格信賴關係之因素，亦未考慮勞工之勞動是否與其保有和促進專業技能、發展人格、增加社會評價有關，這種不加思索地一律認為：雇主不僱用之利益是高於勞工就勞之利益，似乎並不具有說服力[151]。

相對地，限制肯定說（即勞工如不就勞，致勞工之技術水準無法維持時，始有就勞請求權）[152]、原則肯定說（即在具體個案之利益衡量，若雇主有優位而值得保護之利益時，雇主之僱用義務始不成立）[153]、全面肯定說（即基於工作權，勞工因工作而建立群體生活、實踐工作價值及保持人格尊嚴，勞務之提供為勞工之權利）[154]，均跳脫出僱傭契約之框框，而自勞動契約中勞工之工作權、生存權來思考此問題[155]，似乎較為妥當。

台灣學者中，有基於雇主之附隨義務，在受僱人對於勞務提供本身具有特別利益者，例如優伶之參加演出，認雇主有使用義務，其係採取限制的肯定說者[156]。對此，本文亦以為舞台表演人員除了表演天分外，更須經由不斷地表演而維持或提升其演技、或維繫其人氣，長期地不讓其上台表演，對於其演藝生涯將有重大不利之影響，故其享有一僱用請求權，亦為事理之所當然。[157]

惟亦有基於民法第 148 條權利濫用之法理，作為其限制肯定說之依據者。亦即雇主受領勞務固為其權利，然其權利之行使（即拒絕勞工就勞）如於自己無利益（或利益甚小），而卻造成遭拒絕就勞之勞工利益重大傷害時，解釋上應認為雇主濫用其受領勞務之權。於此，勞工有就勞請求權，且其可根據侵權行為規定向雇主

---

[151] 陳彥良，由德國之解雇制度論勞工之保護—兼論就勞請求權之必要，法律評論，第 58 卷第 10 期，1992 年 10 月，頁 17 以下，頁 25。

[152] 台灣台北地方法院 79 年度勞訴字第 25 號判決；參劉志鵬，勞動法解讀，頁 83 以下；林更盛，就勞請求權—最高法院 89 年度台上字第 2267 號判決評釋，台灣本土法學雜誌，第 27 期，2001 年 10 月；Hueck/Nipperdey I 1.Aufl.,1928, 218; RAG JW MüchArbR/Blomeyer, § 93, Rn. 2.

[153] 林更盛，勞動基準法第 16 條第 3 項之研究，中原財經法學，1996 年 10 月，頁 210；氏著，德國勞動契約終止制度之研究，台灣大學法律研究所碩士論文，1989 年 5 月，頁 90 以下。台灣高等法院 87 年度勞上字第 34 號判決採取此說，但為其上級審（最高法院 89 年度台上字第 2267 號判決）所駁回。

[154] 台灣台北地方法院 79 年度勞訴字第 26 號判決。

[155] 陳繼盛，我國勞動契約法制之研究，頁 15 以下。

[156] 史尚寬，勞動法原論，頁 46；王澤鑑，民法學說與判例研究（二），頁 249 以下。

[157] 楊通軒，藝文工作者之身分及其法律上保障之研究，中原財經法學，第 11 期，2003 年 12 月，頁 164。Lieb, Arbeitsrecht, 6. Aufl., 1997, Rn. 36.

請求損害賠償[158]。

　　吾人認為在討論就勞請求權時，應該釐清以下幾點疑義：首先，債權人之受領遲延責任（民法第 234 條、第 487 條），並不問其有無故意過失，[159] 只要債務人提出給付時起即應負擔（例如雇主錯誤地認為與勞工的勞動關係已經終止，而拒絕受領）。因此，立法者課予雇主的報酬給付責任已重，是否尚應擴大解釋為包括一「受領勞務義務」？似非無疑。[160] 其次，將之稱為「請求權」似乎並不恰當。蓋雖然勞工藉由工作可以達到發展其人格以及終至落實其人性尊嚴的結果，但是，如要因此就要導出一個一般性的「請求權」，則又似乎言過其實、且也有跳躍式思考之疑。[161] 蓋工作自始是勞工的義務，雇主藉由勞工契約有一要求勞工工作的權利（這也是勞動契約的目的），而不是因此而受到「被請求工作」的義務與責任。因此，應該只有在工作與人格的實現難以切割（例如演藝人員、職業運動選手）、或者工作對於勞工具有無比意義時（例如工會幹部的服務會眾），始可以讓雇主「要求工作的權利」退讓（位）於勞工「請求工作的權利」。這裡必須權衡兩者保護的必要性與重要性。三者，雇主例外地應讓勞工工作，此係由其保護照顧義務所導出[162]，且可以透過民法第 148 條第 2 項誠信原則加以落實[163]。惟此終究只是雇主的附隨義務而已，勞工能否訴請履行也可能會發生問題。總而言之，限制肯定說或部分肯定說同時兼顧了勞雇雙方的利益，且不流於單純理論之爭，應係一折衷而可取的做法[164]。至於勞動事件法第 49 條之「勞工提起確認僱傭關係存在之訴，法院

---

[158] 劉志鵬，論就勞請求權—勞工工作尊嚴之反省，中國比較法學會學報，13 輯，1992 年 11 月，頁 127 以下。

[159] 參閱民法第 234 條之立法理由。另 Maties, Arbeitsrecht, 2009, 56. 最高法院 21 年上字第 824 號判例：「……，但主張債權人應負遲延責任之債務人，就債權人拒絕受領給付之事實，有舉證之責任。」
又，雇主負擔受領遲延責任，必須勞工具有工作能力為前提，如果勞工主觀上根本無工作的意願或者客觀上無工作的能力（例如生病），則不會構成受領遲延。

[160] 有關受領遲延（台灣民法第 487 條、德國民法第 615 條）之另一個重要問題是：勞雇雙方可否事先以契約條款加以排除？對此，由德國民法第 619 條之體系解釋，固應採肯定見解。但是，由於台灣民法並無德國民法第 619 條之規定，故本書認為應以採否定為妥。Maties, a.a.O., 62.

[161] 勞工人性尊嚴所受到的最大侵害，應該是在職場上受到性騷擾，因此，性別工作平等法第 12 條以下乃有加以防範及制裁之規定。

[162] BAG AP Nr.2 zu § 611 BGB Beschäftigungspflicht, B1.2; 反對說，MünchΛrbR/Blomeyer，§ 93, Rn. 8。

[163] BAG AP Nr.2 zu § 611 BGB Beschäftigungspflicht, B1.2; ArbG Solingen v.16.1.96_2 Ga 1/96 (Schuster), AuR 1996, 198 (199).

[164] 呂榮海、俞慧君，前揭書，頁 80：雇主之勞務受領義務在我國尚未被重視，尚未發展成「有影響力」的法律原理原則。反對說，BAG AP Nr.5 zu § 611 BGB Beschäftigungspflicht, B1.4 R.,5; Brox/Rüthers/Henssler, a.a.O., Rn. 341; Hanau/Adomeit, a.a.O., 721 ff.; Söllner, a.a.O., 250; Zöllner/Loritz/Hergenröder, a.a.O., 184 f.

認勞工有勝訴之望，且雇主繼續僱用非顯有重大困難者，得依勞工之聲請，為繼續僱用及給付工資之定暫時狀態處分。」如前所述，僅是承認提起確認僱傭關係存在之訴者，得請求法院為繼續僱用的定暫時狀態處分而已，尚非就勞請求權可言。

第二目　非法解僱及非法調職後之工作請求權

一、非法解僱後之工作請求權

針對適用勞基法之行業，非法解僱係指雇主於勞工無勞基法第 11 條或第 12 條之情形下，而擅自將其資遣或解僱而言[165]。由於勞基法第 11 條及第 12 條為強行規定，雇主之解僱勞工即構成民法第 71 條違反禁止規定之情形，故該解僱行為無效。例如，雇主以勞工服義務兵役為由而將之解僱。

台灣實務上對於非法解僱之救濟，都是依民法僱傭契約及一般民事訴訟法之原則處理。亦即，勞工可先向法院聲請就該僱傭關係為定暫時狀態之假處分，以令僱傭關係仍舊暫時存在（惟此會涉及就勞請求權之問題，故並不為法院實務所採）。但勞工亦可直接向法院提起確認僱傭關係存在之訴，並請求雇主給付自解僱日起至復職日止之工資[166]。待其勝訴，即得重回原公司工作[167]。至於其工資給付請求權之法律根據為雇主之受領遲延（民法第 234 條、第 487 條）。

有問題者，被非法解僱之勞工除請求確認僱傭關係存在之外，得否請求回原工作位置繼續提供勞務？此即涉及非法解僱後之工作請求權。對此，如上所述，如依民法第 487 條之規定觀之，似應採取否定見解，因勞工已有支付工資請求權，理論上並無實際提供勞務之需要。而法院判決亦採取否定見解，認勞工不得要求回原職位，只得請求回到原公司工作[168]。

惟上述之見解似並未考慮到：（一）確認僱傭關係存在之訴可能延滯多年。（二）勞工繼續提供勞務之利益與雇主不繼續使用勞工之利益，兩者間之利益衡量問題。亦即訴訟程序中勞工能否要求繼續提供勞務，涉及了未服勞務所致專業技能之減損、為維持生計需否另謀新職、雇主是否就該職位已另僱用他人以致於勞工即

---

[165] 吳奎新，勞工權益—例解勞動基準法，頁 54；內政部 76 年 7 月 25 日 (76) 台內勞字第 519110 函：工作規則不宜將「勞工於各種假期內未經許可，而往他處工作」列為解僱要件。依此，設雇主仍將勞工解僱，則亦構成非法解僱。

[166] 劉志鵬，勞動法解讀，頁 194 以下；黃越欽，勞動法新論，2000 年，頁 313 以下；內政部 74 年 11 月 15 日 (74) 台內勞字第 357172 號函。另內政部 74 年 9 月 6 日 (74) 台內勞字第 343749 號函：雇主解僱勞工未具法定要件並將勞工辦理退保，勞工因此所受之損失，可循司法途徑請求賠償。

[167] 劉志鵬，勞動法解讀，頁 201；內政部 75 年 9 月 26 日 (75) 台內勞字第 445292 號函。

[168] 劉志鵬，勞動法解讀，頁 195 以下。

使勝訴亦不能重返原職，故影響甚大 [169]。因此，應可例外地承認勞工有一工作請求權。另外，解僱若一開始即明顯應無效時，從利益衡量之觀點，似亦應較保護勞工之就勞請求權 [170]。

當然，如承認勞工在解僱後有工作請求權，則在勞工實際提供勞務之時期，原來之勞動關係即繼續延長有效 [171]。惟假設該確認勞動關係存在之訴勞工終獲敗訴時，則應如何評價雇主及勞工在該期間之法律關係？在此之解決途徑有二：（一）依民法第179條以下不當得利之規定處理 [172]。（二）依所謂事實的勞動關係處理 [173]。

隨著勞動事件法的施行，勞工如欲對非法解僱採取救濟，並且繼續工作，即依第49條的規定為之。即提起確認僱傭關係存在之訴，並且聲請，為繼續僱用及給付工資之定暫時狀態處分。

二、非法調職後之工作請求權

調職如係涉及企業外調職，依據公司法關係企業章之規定，每一企業均為一個別獨立的法人，故其屬於民法第484條勞務請求權讓與第三人之問題，應得勞工之同意，否則即為非法之調職 [174]。

至於企業內之調職，一直到2016年12月16日勞基法增訂第10條之1（調動）前，勞基法並未有規定 [175]，只於勞基法施行細則第7條第1款規定「工作場所及應從事之工作有關事項」係勞動契約應約定事項。因此其合法性判斷之標準，在行政解釋方面有著名之「調動五原則」 [176]，在學者間則亦提出不同之見解 [177]。

---

[169] 這是德國企業組織法第102條第5項承認雇主在終止保護訴訟程序中有繼續僱用義務（Weiterbeschäftigungspflicht）之理由。依作者淺見，似可應用於此。關於雇主繼續僱用義務之相關問題說明，請參林更盛，德國勞動契約終止制度之研究，頁88以下。

[170] Vgl. BAG AP Nr. 5 zu § 611 BGB Beschäftigungspflicht, B1.4 R., 5; Söllner, a.a.O, 295.

[171] 參閱林更盛，德國勞動契約終止制度之研究，頁91；Hanau/Adomeit, a.a.O., Rn. 956 ff. 由於勞動關係繼續有效，因此勞工自然不得為競爭業務之行為。也由於勞動關係繼續有效，所以勞工在訴訟期間在別處工作之所得乃有扣除之問題，否則即會構成不當得利。

[172] Vgl. BAG AP Nr. 1 zu § 611 BGB Weiterbeschäftigung.

[173] Vgl. Hanau/Adomeit, a.a.O, Rn. 956 ff.

[174] 劉志鵬，勞動法解讀，頁78；李永然、林永汀，前揭書，頁25。

[175] 勞基法第51條有「改調」及第57條有「調動」之用詞。另1936年的勞動契約法第9條規定，勞動者並無移地服勞務之義務，但雇方於一地同時有數所廠場或營業所而不增加勞動者的特別困難時，雇主得指定或移轉之。

[176] 內政部74年9月5日(74)台內勞字第328433號函。

[177] 邱駿彥，調職法理之研究，頁479：調職合法與否之判斷標準為：1. 調職命令權限是否有得到勞工之同意（或基於勞動契約之合意）；2. 調職是否具有業務上之必要性；3. 調職有無其他不當之動機或目的；4. 勞工所受之不利益，是否超出社會一般通念之程度。其中第一項乃是判斷雇主是否對勞工擁有調職命令之權限，第二項至第四項皆為判斷雇主調職命令是否為權利濫用之要件。

惟綜觀各家之說法，企業內調職似應受到如下之限制：（一）法令之制約 [178]。
（二）團體協約、勞動契約及工作規則之制約。（三）權利濫用禁止及誠信原則之
制約 [179]。違反上述限制之調職，即屬於非法調職，應為無效。

　　非法調職既屬無效，即屬於勞基法第 14 條第 1 項第 6 款之情形，勞工自得不
經預告終止契約，並請求給付資遣費。惟既為非法調職，原勞動契約即不受影響，
勞工仍須（得）依勞動契約提供勞務，雇主仍負有受領之義務。[180] 亦即勞工在此
應有工作請求權。其理由亦與其人性之尊嚴及人格之發展有關。設使雇主拒絕受領
勞務，且將勞工非法解僱，則在例外的情況下，勞工亦可行使其非法解僱之工作請
求權 [181]。

　　而在勞動事件法施行後，勞工即得依據第 50 條主張其權利。亦即「勞工提起
確認調動無效或回復原職之訴，法院認雇主調動勞工之工作，有違反勞工法令、團
體協約、工作規則、勞資會議決議、勞動契約或勞動習慣之虞，且雇主依調動前原
工作繼續僱用非顯有重大困難者，得經勞工之聲請，為依原工作或兩造所同意工作
內容繼續僱用之定暫時狀態處分。」

第三目　罷工期間之工作請求權

　　罷工及鎖（閉）廠會對個別的勞動關係予以影響，至於會對參與勞資爭議之勞
工及雇主產生何種效果，則完全視勞資爭議是合法或非法而定 [182]。

　　罷工權屬於私法權利中之形成權 [183]，當個別勞工參與罷工時，僅表示是其單

黃程貫，勞動法，頁 463 則以三個階段來判斷調職之合法性。第一階段，判斷雇主有無調動權，
　　若有，尚應判斷有否權利濫用；若係無權利之調動，則進入第二階段，判斷是否經勞工同意。此
　　時應以得到勞工事後且明示之同意為原則，例外始承認勞工事前默示之同意之效力；若在此一階
　　段之判斷結果並不具備勞工之同意，則進入第三階段。而第三階段是在「企業經營之必要性」及
　　「勞工之期待可能性」針對個案來求其平衡。

[178] 如雇主之調動係出於不當勞動行為之動機者，因違反工會法第 35 條第 1 項而無效。

[179] 劉志鵬，論企業內調職，勞動法讀書會，1997 年 2 月 27 日，頁 21～23。參呂榮海、俞慧君，前
　　揭書，頁 22 以下。

[180] 在非法調職期間，勞工亦不得從事競爭業務之行為。

[181] 參最高法院 73 年度台上字第 829 號民事判決；吳奎新，前揭書，頁 71 以下。

[182] Löwisch/Rieble, Schlichtungs-und Arbeitskampfrecht, Rn. 503; Reichold, Arbeitskampf und
　　Einzelarbeitsverhältnis, JuS 1996, 1049 ff.

[183] 楊通軒，爭議行為與損害賠償之研究，私立東吳大學法律研究所碩士論文，1990 年 6 月，頁
　　25 以下。Birk/Konzen/Löwisch/Raiser/Seiter, Gesetz zur Regelung kollektiver Arbeitskonflikte, 64;
　　Reichold, a.a.O, 1049(1051)。

方面的暫時停止提供其所負擔的勞動義務 [184]，而非將勞動關係終止 [185]。解釋上，與鎖廠相同的是，參與罷工的勞工必須向雇主為暫停勞務之意思表示，並且提前預（宣）告之。而在合法罷工期間，勞工喪失了請求報酬 [186] 及請求實際僱用的權利 [187]。

　　享有罷工權者，原則上是所有的勞工，亦即不僅是工會會員，也包含非工會會員的第三人，因此如該第三人參與罷工時，其提供勞動之義務亦暫時停止 [188]。

　　合法的防禦性鎖／閉廠亦屬於私法權利中之形成權 [189]，為需向所涉及的勞工或帶頭罷工的工會表示的單方的必須受領的意思表示 [190]。雇主欲行使鎖廠時，必須明確地宣告之 [191]。之後，報酬給付義務及（在一般狀況例外存在的）僱用義務即暫時停止之 [192]。鎖廠亦得對未加入工會之第三人為之 [193]。

　　假設罷工係違法的，則雖喪失報酬請求權，但其勞動義務並不停止。參與違法罷工者，性質上係違反勞動契約 [194]。至於鎖廠係違法時，則勞資雙方之主要義務均仍存在。勞工必須提供勞務，而雇主負有給付報酬義務。在此，例外狀況時，勞工有工作請求權，且可以提起給付訴訟或行使假處分／定暫時狀態處分（勞動事件法第 49 條參照）[195]。另外，如果雇主的鎖廠明顯違法時（例如行使攻擊性的鎖廠），勞工尚可以勞基法第 14 條第 1 項第 6 款規定，主張終止勞動契約。

　　由上分析可知，在合法罷工及合法鎖廠期間，工會會員及第三人均喪失其工作

---

[184] Birk/Konzen/Löwisch/Raiser/Seiter, a.a.O., 64 ff.

[185] 林更盛，德國勞動契約終止制度之研究，頁 133 以下；楊通軒，爭議行為與損害賠償之研究，頁 24。

[186] 這裡是適用：無勞務、即無工資（No work, no pay）原則，其法律依據為民法第 266 條。但此處所暫時停止的，只有主要義務，至於附隨義務則仍然存在。Kalb, Arbeitskampfrecht, in: HZA,Gruppe18, Rn. 1273, 1276, 1306。

[187] Birk/Konzen/Löwisch/Raiser/Seiter, a.a.O., 68. 因此，罷工期間部分勞工仍欲上班，不問其勞務提供客觀上是否有可能性，雇主均得拒絕之。反對說，劉志鵬，勞動法解讀，頁 163，數字「2」。至於客觀上具有可能性，其雇主亦不拒絕其提供勞務，當然即須給付報酬。黃越欽，勞動法新論，頁 311 以下。

[188] Birk/Konzen/Löwisch/Raiser/Seiter, a.a.O., 66; Brox/Rüthers, Arbeitskampfrecht, 2. Aufl., 1982, Rn. 289.

[189] 楊通軒，爭議行為與損害賠償之研究，頁 44；Birk/Konzen/Löwisch/Raiser/Seiter, a.a.O, 72; Reichold,a.a.O., 1049(1054).

[190] Brox//Rüthers, a.a.O., Rn. 314.

[191] BAG v.27.6.1995_1 AZR 1016/94, AuR 1995, 265 = BB 1995, 1049; BAG v.11.7.1995_1 AZR 161/95 = NZA 1996, 209 ff.; Kalb, Rn. 1300; Reichold,a.a.O, 1049(1054).

[192] Birk/Konzen/Löwisch/Raiser/Seiter, a.a.O., 74 f.; Brox//Rüthers, Rn. 314.

[193] Reichold, a.a.O., 1049(1055).

[194] Colneric/Däubler, Arbeitskampfrecht, 2. Aufl., 1987, Rn. 1122; Kalb, a.a.O., Rn. 1310.

[195] Brox/Rüthers/Henssler, a.a.O., Rn. 833 ff.; Brox/Rüthers, Rn. 343; Kalb, a.a.O., Rn. 1338 f.

請求權。而在鎖廠違法時，工會會員及第三人與雇主間的工作權義關係仍在。至於罷工違法時，如第三人亦加入罷工，理當喪失請求工作的權利；惟如第三人及工會會員有願意工作而不加入罷工者，學者間有主張合法鎖廠權似不應對之行使，而仍使之仍有工作的權利[196]。

另外，設如勞資爭議僅限於企業體中之一部分時，如部分罷工或重點罷工，而有部分的勞工願意提供勞務者（大多為非工會會員），則其是否因為雇主與工會間己簽訂緊急性勞務協定（Notdienstvereinbarung）（即工會同意維持部分勞務，以滿足顧客的需求，尤其是公用事業服務）而喪失其工作請求權？對此問題，德國聯邦勞工法院有主張單憑緊急勞務協定尚不能排除工作請求權者，須視雇主有無僱用之可能性及期待性可能性而定，該協定對於願意工作者而言，係一第三人負擔契約[197]。惟同樣為聯邦勞工法院，卻有認為：雇主並不負有義務，盡可能地維持罷工的企業或部分企業繼續運作，而是可以在罷工期間，將整個企業體停頓下來，以暫時停止雙方當事人基於勞動關係之權利義務關係，以及使得願意工作者喪失其報酬請求權。願意工作者不得基於勞動契約法之僱用義務，在可期待性及可能性範圍內，要求其維持企業運作，雇主只要宣告其不願維持企業運作，即可停止雙方之勞動關係[198]。且其既有權決定要不要維持企業運作，則其在緊急勞務協定中向工會保證不僱用不在協定中所指定的勞工時，亦無何違法之疑慮，對願意工作者亦非是一違法之第三人負擔契約[199]。

其後，聯邦勞工法院再度於判決中表示：雇主與工會有權於緊急勞務協定中指定提供緊急勞務之人（工會會員或第三人），非被指定之人即無權要求在緊急勞務範圍內被僱用。這是因為緊急性勞務或維持性勞務 目的是在於維護企業體或第三人之利益，而不於為願意工作者創造一僱用之可能性[200]。惟須注意者，雇主與工會在選擇提供緊急勞務之勞工時，並不是完全自由的，而必須注意一般的禁止濫權。因此，如其只以是否為工會會員作為選擇的標準，而不考慮基於緊急勞務之目的及性質所產生之實際上理由時，其合法性即屬堪虞[201]。

[196] Birk/Konzen/Löwisch/Raiser/Seiter, a.a.O., 77.

[197] BAG v. 14.12.1993_1 AZR 550/93, NZA 1994, 331 ff.; 類似之見解在 BAG v.11.7.1995_1 AZR 161/95, NZA 1996, 209(211f.) 中再度出現。

[198] BAG v. 22.3.1994_1 AZR 622/93, DB 1995, 100(101); BAG v.11.7.1995_1 AZR 161/95, NZA 1996, 209(211).

[199] BAG v. 22.3.1994_1 AZR 622/93, DB 1995, 100(101); 另參黃越欽，勞動法新論，頁 316 以下。

[200] BAG v. 31.1.1995_1 AZR 142/94, DB 1995, 1817(1818).

[201] BAG v. 31.1.1995_1 AZR 142/94, DB 1995, 1817(1818); LAG Hamm v. 1.3.1995_18 Sa 1274/94, DB 1995, 1818(1819)。關於聯邦勞工法院判決之評釋，Lieb, SAE 1995, 257 ff.; 另參 Reichold, a.a.O.,

第三款　保障休假義務

　　雇主為了保護及促進勞工之健康、工作能力及生活樂趣，必須給予休假，且必須帶薪休假。在此部分，須注意以下幾點：一、勞基法及勞工請假規則所規定者乃最低標準，當事人得以團體協約、勞動契約約定較長之期間（所謂有利原則）。二、勞工之特別休假，雇主原則上應連續給予，以使其精神的確能夠獲得舒緩，以及勞動力能夠獲得再生（所謂連貫使用原則）[202]。此在台灣雖無如德國聯邦特別休假法（BUrlG）第 7 條第 2 項及第 3 項第 1 句之規定，但解釋上應無不同。而且，為達到確實回復勞工精神與體力的目的、以及呼應特別休假以年度計算的本旨，原則上特別休假應在當年度休完，不得過繼到下一年度；[203] 在此一目的下，原則上應不得以發放不休假工資的方式，取代休假。此在 2017 年 1 月 1 日修正施行的勞基法第 38 條第 4 項規定：「勞工之特別休假，因年度終結或契約終止而未休之日數，雇主應發給工資。」亦可得出如此之結論。況且，如依同條第 2 項規定，特別休假期日是由勞工單方排定之，雇主只能在基於企業經營上之急迫需求時，始能與勞工協商調整（勞工也可能不同意調整）。則基於權利之所在、義務/負擔之所在的法理，除非有特殊的、正當的狀況發生，否則勞工當無不休假之理由。也就是說，「因年度終結或契約終止而未休」應做限縮解釋，將其限於可歸責於雇主之事由或不可歸責於雙方當事人之事由。[204] 三、休假期間之長短以勞動關係存續期間計算，非以實際提供勞務期間計算，亦即不得扣除生病、各種假期、生育等期間再

1049(1055f)。

[202] 但如果特別休假期間頗長，譬如三十天，為免妨礙雇主業務之進行，則可考慮分次給予休假。另外，有關美國人與台灣人的休假態度對照，請參閱吳柳蓓，「休假中，請勿打擾」，中國時報，2013 年 6 月 25 日，E4 版。

[203] 因此，行政院勞工委員會 87 年 9 月 23 日勞動二字第 041683 號函「……凡雇主如要求勞工於年度終結或契約終止前應休完特別休假，於法尚無不可。」此一解釋應屬正確。採取同樣態度者，有台灣高等法院 92 年度勞上字第 64 號民事判決「公告休假制度，要求員工必須於當年度將特別休假休完，若有未休完者，則不得折現」。惟該高院判決被最高法院 95 年度台上字第 343 號判決駁回。

[204] 但是，參照已廢止的勞基法施行細則第 24 條第 3 款之規定，再加上行政院勞工委員會的一連串解釋，恐怕會得出「原則上得以不休假工資取代特別休假」的結論。另外，理論上特別休假期間／日數的計算，只是以正常工作時間作為計算基礎，所以，勞工當得要求不利工作時間（例休假日及夜間工作）額外的特別休假日數。只不過，台灣勞基法第 39 條及第 24 條已經給予勞工加倍工資或加給工資，為免雙重保護造成雇主過度負擔，勞工額外特別休假日數的要求應予排除。參照 BAG v. 18.4.2012 - 4 AZR 139/10, NZA 2013, 393. 至於輪值夜間輪班制工作者，其仍屬正常工作時間，本不得要求額外特別休假日數，法理上宜規定雇主給予勞工不利工作時間津貼或補助（如夜點費之類）。

予計算。[205] 四、如勞工在休假期間到別處工作（兼職、競爭業務），則對原雇主應依民法第 179 條不當得利之規定返還其薪資 [206]，另競爭業務行為還必須負擔違反勞動契約之責任。

第四款　提供福利義務

第一目　職工福利的法律原則一：勞工參與原則

一、組織設計與工會角色

(一) 以成立合作組織（職福會）為前提？

1.未成立職工福利委員會

　　針對涉及整體職工利益的事項，基於勞資自主原則（勞資共負經費義務）（自助互助原則）（職工福利金條例第 2 條第 1 項第 3 款規定），勞雇雙方取得共識並且予以實施 [207]。所以，依據職工福利金條例的規定，立法者只是要求雇主（與勞工）提撥職工福利金以便推動社會福利設施或措施，至於在做法上，可以由雇主自己推動福利設施或措施、也可以將之出租予第三人而由第三人來推動，並非一定要由職工福利委員會運用不可。只是，雇主自己推動時，為區隔職工福利金與固有經營資產的不同，並且確保職工福利金的獨立性與完整性，首先即應盡到足額提撥（到職工福利金專戶）的責任，否則即會受到勞動檢查機構的檢查（職工福利金條例施行細則第 13 條規定）及行政制裁 [208]。其次，其本身即為保管人，如有過失而致職工福利金損失時，即應負賠償責任（職工福利金條例第 10 條規定）。而且，其應於每年年終分別造具職工福利金收支表冊公告之，並呈報主管官署備查，必要時主管官署得查核其賬簿（職工福利金條例第 6 條規定）。不如此做，負責人即

---

[205] 但是，在勞動鬥爭期間（罷工或鎖廠），由於勞動關係暫時中（休）止，理論上該段期間應可予以扣除。

[206] Zöllner/Loritz/Hergenröder, a.a.O., 188 ff. 值得注意者，即使勞工是請家庭照顧假或事假，而未從雇主獲得工資，但是，勞工仍然不得到他處工作。

[207] 最高行政法院 78 年度判字第 1896 號判決參照。陳繼盛從事業單位有提撥職工福利金義務的角度，將勞工福利歸類為勞工保護法的一環。惟本書則以為其用語不夠精確，蓋勞工參與兼具有勞工保護法與集體勞工法的色彩。陳繼盛，勞工法論文集，1994 年 6 月，初版一刷，頁 56 以下、頁 64。

[208] 此種足額提撥的責任，即使在事業單位受破產宣告時，仍然存在（職工福利金條例施行細則第 8、9 條規定參照）。依據職工福利金條例第 11 條規定，違反第 2 條、第 3 條之規定不為提撥或提撥不足額者，除由主管機關責令提撥外，處負責人以 1,000 元以下罰鍰。再依據職工福利金條例施行細則第 7 條規定：「職工福利金應存入公營或民營銀行。但因特殊情形經主管官署核准者，不在此限。」雇主將職工福利金存儲到專戶中，應是證明已足額提撥的最有效方法。

會受到 500 元以下罰鍰之制裁（職工福利金條例第 12 條規定）。勞工並得依據勞基法第 74 條規定，向雇主、主管機關或檢查機構申訴[209]。為此，雇主在推動時，理應先提供全體職工資訊，在勞資會議中（因為沒有職工福利委員會、而且毋須向工會）逐項報告，以儘量獲得職工的共識，應是必要之舉。此處，僅是針對社會／福利事項的參與而已，並不及於經營權限的分享（經營權限的分享是勞資會議的權責）。雇主推動職工福利的主要目的，是在藉以吸收優秀人才，減少流動，以提升企業的競爭力。職工卻得以因企業福利的推動，而改善其經濟的及社會的狀況與地位。

對於雇主的不設立職工福利委員會，其是否違反附隨義務？亦即勞工可以請求債務不履行的損害賠償、且不須終止勞動契約（勞基法第 14 條第 1 項第 6 款規定卻是以終止契約為前提）？本文毋寧採取否定的見解。蓋職工福利金條例只是賦予企業組織推動職工福利的法定義務而已，並未強制設立職工福利委員會（職工福利金條例第 5 條只是宣示性的規定，並無行政制裁）。所以重點是在福利設施及措施的推動，而不在是否另外設立一團體（法人或非法人）。職工福利金條例第 11 條規定：「違反第二條、第三條之規定不為提撥或提撥不足額者，除由主管機關責令提撥外，處負責人一千元以下罰鍰。」即可明示其規範重點所在[210]。這也是德國企業組織法第 87 條第 1 項第 8 款規定的內容，亦即雇主有權決定是否要設立社會機構（Sozialeinrichtung）（員工餐廳、員工招待所、托兒所、幼稚園、休閒健身機構、養老機構等）以及社會機構的法律地位。只有在雇主決定設立時，員工代表會對於該機構的形式、組成及管理，始有共同決定權[211]。

所以，在現行法下，並無處以罰鍰的依據。至於是否有必要修法納入罰鍰，以強制事業單位設立職工福利委員會？本書也採取否定說。蓋既是勞工合作參與，即應保留給勞雇雙方一定的制度設計空間。如果硬要修法納入，則至少要修法明定適用職工福利金條例的門檻，並且予以適度地提高人數，例如勞動法規常作為門檻的三十人（勞基法第 70 條、工會法第 11 條第 1 項、以及勞資會議實施辦法第 2 條第 1 規定），始有制裁的必要性與合理性。果如此，僱用勞工人數未達門檻者，亦無

---

[209] 依據勞基法第 74 條規定，勞工發現事業單位違反本法及其他勞工法令規定時，得向雇主、主管機關或檢查機構申訴（第 1 項）。雇主不得因勞工為前項之申訴而予解僱、調職或其他不利之處分（第 2 項）。

[210] 但是，第 11 條規定的成效如何？有統計資料嗎？又，第 11 條規定所指之第 2 條規定，包括勞工不願扣繳或者不願足額扣繳之情形，為何要雇主受罰呢？

[211] MünchArbR/Matthes, § 339 Rn. 1 ff., 2000, 2. Aufl.

設立職工福利委員會之義務[212]。倒是，本來合乎門檻的事業單位，即使後來降低到門檻以下，職工福利委員會亦無需解散或停止運作[213]。

2. 已成立職工福利委員會

職福會的設立，依據職工福利金條例第 5 條第 1 項及職工福利委員會組織準則第 4 條第 1 項規定為之[214]。職福會應訂定規章並且載明一定的事項[215]，職福會並應將一定事項報請主管機關備查[216]。其選出方法，依據職工福利金條例第 5 條第 1 項規定：「應由依法組織之工會及各工廠、礦場或其他企業組織共同設置職工福利委員會」。顯然，立法者希望工會及企業組織共同籌組職福會。基於此，職福會除由事業單位指定一人為當然委員外，「已組織工會者，委員之產生方式由事業單位及工會分別訂定。」（職工福利委員會組織準則第 4 條第 1 項第 1 款規定）但是，「未組織工會者，委員之產生方式由事業單位及職福會定之。但新設職福會者，委員之產生方式由事業單位定之，勞方代表部分由全體職工選舉之。」（職工福利委員會組織準則第 4 條第 1 項第 2 款規定）上述第 2 款之規定，似乎已逾越職工福利金條例第 5 條第 1 項規定。無論如何，勞委會係將產生方式賦予事業單位及工會、或事業單位及職福會，訂定之權。例外地，始由職福會選出職福會委員。

上述由工會訂定並選出勞方代表，這種設計與勞資會議勞方代表選出之方式（勞資會議實施辦法第 5 條規定），有其相似之處，容易因工會的介入，而使得勞工合作的機制，質變為抗爭的機制[217]。所以，職工福利委員會如何與工會進行互

---

[212] 至於論者所主張的按照企業組織型態、行業別、資本密集或勞力密集等因素，來考量提撥的標準，本書則以為過於複雜且未必能落實公平正義（例如所謂高科技的高獲利率，也會隨著時代改變，變成只是保二或保三的行業）而不採。相關言論主張，羅文娟，台灣職工福利金制度實施與調整之探討，國立中正大學勞工研究所碩士論文，2005 年 7 月，頁 71、75。

[213] 行政院勞工委員會 (82) 台勞福（一）字第 53670 號函參照。不同見解者，行政院勞工委員會 (80) 台勞福（一）字第 19701 號函。

[214] 只是，依據職工福利委員會組織準則第 1 條第規定，本準則依職工福利金條例第 5 條規定訂定之。按照職工福利金條例第 5 條第 1 項規定：「其組織規程由社會部訂定之」。社會部於 1943 年 10 月 23 日訂定發布「職工福利委員會組織規程」。之後，迭經數次修法。一直到 2006 年 1 月 19 日，勞委會修正其名稱為「職工福利委員會組織準則」。但是，職工福利金條例第 5 條第 1 項規定的法律用語並未改變。

[215] 依據職工福利委員會組織準則第 2 條規定，職福會應訂定規章載明下列事項：一、名稱。二、會址。三、內部組織及事務處理之規定。四、委員人數及任期。五、委員之選任、解任、辭職及召回等。六、會議之規範。七、福利金保管及動用之規定。八、福利設施之規定。本書以為職福會的會址並不以事業單位內為限。

[216] 依據職工福利委員會組織準則第 11 條第 1 項規定，職工福利委員會應將下列事項，報請主管機關備查：一、規章。二、委員及會務人員名冊。三、會址所在地。四、成立日期。

[217] 依法及依理而言，工會應該關心會員本身的福利，而不是關心全體勞工的福利，工會法第 5 條第 3 款及第 7 款不就規定「會員福利事項之促進」、「會員康樂事項之舉辦」？而且，工會是使用

動，即屬相當重要。須認清者，職福會並非工會的附屬單位或內部組織 [218]，而是兩個不同的法人（具有獨立性）。職福會是依附於事業單位存在。惟工會亦是依附於事業單位而存在。兩者均不隸屬於事業單位。所以，職福會應該自行擬定福利事務的計畫及預算，並將辦理情形及預算報請主管機關備查（職工福利委員會組織準則第 13 條規定），而不是將年度收支表冊與決算送工會監事會審查 [219]，也不是由工會於每年年終造具職工福利金收支表冊公告之，並呈請主管官署備查（職工福利金條例第 6 條規定）[220]。

因此，勞方代表最好的選出方式，應該是由全體勞工加以選舉。若果無法如此，退而求其次，由事業單位及職福會或勞資會議訂定辦法選出，亦屬可行。能夠如此，始能達到勞工參與的精神，將職福金的保管運用，朝向利益最大化的方向前進。況且，一旦選出，除非有重大事由，理論上在任期內工會即不得任意予以召回。否則，將會徒增職福會運作上的紛擾。工會也可能因內部派系的紛擾，而以召回所屬派系的職福會委員進行對抗，形成另類的勞勞爭議 [221]。

職福會一旦成立，固可登記為財團法人，但亦可選擇不登記，而以非法人團體的方式運作 [222]。職福會每三個月應召開會議一次，必要時得召開臨時會（職工福利委員會組織準則第 10 條第 1 項規定）。職福會負有辦理福利事務的任務（職工福利委員會組織準則第 12 條規定）[223]。為此，職福會可以僱用勞工辦理福利事務，並不以事業單位遴派人員兼任為限（職工福利委員會組織準則第 17 條第 3 項規定參照）[224]。即使是非法人團體，只要其設有代表人或管理人（亦即職福會的保

自己的經費，不得要求事業單位或職工福利委員會以職工福利金贊助其舉辦福利事業。同理，工會在進行協商或爭議行為時，職工福利金不得予以贊助。這也是與職工福利金的目的不合的。

[218] 行政院勞工委員會 83 年 5 月 18 日 (83) 台勞福一字第 36240 號函：「……，但職福會係依前開條例及相關規定設立者，並非工會之附屬單位，其年度收支表冊與決算，自不必送工會監事會審查。」

[219] 行政院勞工委員會 (85) 台勞福（一）字第 36240 號函。

[220] 況且，依據職工福利金條例第 12 條規定：「違反第六條之規定，處負責人五百元以下罰鍰。」解釋上，在工會違反第 6 條規定時，也由負責人接受罰鍰的制裁，惟此豈得謂合乎事理之平？

[221] 因此，依據職工福利委員會組織準則第 2 條規定：「……五、委員之……『召回』。」等即應作嚴格的限縮解釋，將之侷限在有「重大事由」之狀況。

[222] 這也是德國的通說。MünchArbR/Matthes, § 339 Rn. 16, 2000, 2. Aufl.

[223] 其任務如下：一、職工福利事業之審議、促進及督導事項。二、職工福利金之籌劃、保管及動用事項。三、職工福利事業經費之分配、稽核及收支報告事項。四、其他有關職工福利事項。

[224] 最高法院 100 年度台上字第 1104 號裁定（台灣中油股份有限公司案）參照。依據職工福利金條例施行細則第 6 條規定：「兼辦職工福利事業之職工薪津，不得在職工福利金項下開支。」而對於自行僱用之專任會務人員，職福會理應由職福金中，提撥旅遊補助費，而不應要求雇主提供補助，行政院勞工委員會 (86) 台勞福（一）字第 055521 號函的見解實屬有誤。

管人），在民事訴訟法上應該也具有當事人適格，可以為訴訟的主體（民事訴訟法第 40 條第 3 項規定）[225]。且不問有無登記，均不是事業單位的內部單位[226]。根據行政院勞工委員會 82 年 5 月 26 日 (82) 台勞保二字第 29778 號函謂：「依據職福條例規定設置職福會係屬事業單位內部組織之一，並無依法應為法人登記之規定，惟若向法院登記為財團法人者，仍適用民法之規定。」據此是否可反面解釋：如已登記，就不是內部組織；反之，如未登記，即屬內部組織？吾人以為不宜如此解釋。只是勞委會的用語不夠精確而已。

(二) 群體利益理論？

職工福利金的形成，係來自於勞雇雙方所繳交的費用，並且由事業單位或職福會加以運用。由於福利設施及措施係全體職工（含雇主、委任經理人）所共享，所以，職工福利金的提撥除含有互助精神外，也具有所得重分配的作用（高薪者定額繳交的福利金，補貼低薪者）。經由此一福利金的聚合作用，全體職工間乃產生另一層的連結生態與心態、並且強化彼此間的共生共榮感覺，這與勞資會議的組成與效用較為相近，對於職工間的對話與形塑同理心至為重要。惟其卻與工會的組成及功能不同。蓋工會是個封閉性的團體，是由具有從屬性的勞工所組成，基於純粹性理論，不應有代表雇主行使管理權之主管人員加入[227]，故其與資方形成對抗的態勢。工會所強化的是會員間的社會連帶感覺。所以，論者間固有以群體利益理論形容職福會者[228]，但此種勞工利益相關的感覺與集體行動（群體性），實際上也見之於勞資會議的勞方代表及工會上，並非僅發生於職福會身上而已。只是，職福會及勞資會議的集體行動，是勞工參與的表現，而工會的集體行動，卻是勞動鬥爭的形式。至於職福會有破解或矯正「勞動關係去標準化」（非典型化）的功能嗎？本書頗表懷疑。

二、法律效果

基於勞工參與的精神與原理，一旦要設置職福會，事業單位即應盡力促成職

---

[225] 惟依據最高法院 64 年度台上字第 2461 號判決，民事訴訟法第 40 條第 3 項所謂非法人之團體設有代表人或管理人者，必須有一定之名稱及事務所或營業所，並有一定之目的及獨立之財產者，始足以當之。

[226] 台灣台北地方法院 92 年度勞簡上字第 17 號判決參照。

[227] 惟工會法第 14 條但書卻規定：「但工會章程另有規定者，不在此限。」混淆了工會與其他勞雇共同組成的團體的界限，令人莫知所以，也難以苟同。這樣的規定，難道是工會團體想要的嗎？

[228] 陳建文，職工福利金條例的過去、現在與未來—職工福利金條例的興革方向探討，政府勞工福利政策的內涵、衝擊與前景學術研討會，2005 年 10 月 7 日，頁 6 以下、頁 17 以下。

福會業務推動的順利[229]，尤其理應提供資源供其使用，因此，即使設置地點並未強制在事業單位內部，事業單位仍必須提供辦公處所（事務所或營業所）（含租賃供其使用），並且給予辦公所須的各種器具（辦公用物、消耗性器材等）。如果職福會要辦理教育訓練活動，事業單位也必須提供場地與資金。這與職福會是否為事業單位的內部組織，並無關聯。另外，兼任職福會任務的勞雇雙方成員，均得在工作（上班）時間處理相關事務，事業單位必須給予公假[230]。凡此，除了工會幹部也有會務假之外，均與企業工會有所不同（工會無權要求雇主提供處所供其進行會務，工會必須自行購置辦公器具，工會必須以自有資源辦理教育訓練）。

第二目　職工福利的法律原則二：工資非福利原則

對於事業單位所提供的福利設施與措施，是否即為工資的另一種型態，涉及到勞動關係的本質及立法者的選擇規範方式。就勞動關係而言，在成立前、存續中、甚至終止後，雇主均有照顧扶助勞工之附隨義務。這一些義務，有者係與雇主生產的設施與裝備密切相關，解釋上本應由雇主提供而非由勞工自備，例如工作服（代金）、勞工安全衛生設備（安全衣、安全鞋等），所以，其自非福利可言[231]。有者係在照顧員工所得中斷後之生活義務者（資遣費、退休金等）。就立法的規範方式而言，立法者固然可以基於形成自由，將一些雇主的給付，逕自規定為工資（例如勞基法第 2 條第 3 款及第 22 條第 1 項的實物給付）。也可以將雇主所為的給付，規定為非工資（例如勞基法第 29 條、勞基法施行細則第 10 條規定）。後者的非工資，實際上包含具有貨幣價值的各種給予，有恩惠性給予及本質為「非工資之一時性給予」兩部分。其中，恩惠性的給予還包括福利在內，例如第 1 款的紅利、第 2 款的獎金（這與工廠法第 40 條規定相同）[232]，其與勞務之間並不具有嚴格的對價性。至於「非工資之一時性給予」，例如第 7 款的職業災害補償費、第 9 款的差旅費、差旅津貼及交際費、第 10 款的工作服及其代金，前者雖具有勞務對價

---

[229] 依據職工福利金條例施行細則第 3 條規定，工廠礦場或其他企業組織，應將左列書表以一份送職工福利委員會備查：一、每月職員薪津計算表。二、每月工資報告表。三、每月營業收入或規費及其他收入之報告表。四、向董事會提出之業務報告書。五、向監察人提出之財務狀況報告書。

[230] 行政院勞工委員會 (80) 台福（一）字第 12076 號函及 (78) 台福（一）字第 26507 號函參照。

[231] 同說，陳繼盛，前揭書，頁 64 以下。

[232] 須注意者，依據職工福利金條例施行細則第 6 條規定：「職工年終分紅獎金，不得在職工福利金項下開支。」這表示：雇主應由經營資金中，提出一部分給付給職工。而其法律性質被定位為福利，而非工資。另外，在這些福利中，有不少係以勞工長期在廠有貢獻為前提者，理論上應可不將（仍在）試用期（內）勞工納入適用，例如紅利、年終獎金、久任獎金、勞工及子女教育補助費、以及雇主為勞工所另外投保的商業保險等。

性、但只是偶發性的行為；後者為雇主照顧義務的具體表現 [233]。

所以，雇主基於勞動關係所為之各種給付，有基於照顧義務而提供的設備、有屬於恩惠性給付、也有屬於福利者。整體而言，恩惠性給付、「非工資之一時性給予」、職工福利與工資同屬勞動成本。但職工福利並不是應得而未得報酬之補助（貼）[234]。也不是（本質上）勞動條件的變形或者工資的另類存在型態。規定在勞基法及其施行細則中之福利，並不具有強制性，與職工福利金條例之法定的強制義務，本質上尚有不同。

只不過，強制性的職工福利，有可能迫使雇主採取低薪的策略應對 [235]。尤其是將職工福利金條例第 2 條第 1 款之資本額解釋為登記資本額 [236]、以及第 2 款之營業總額並不問企業盈虧時 [237]，更會影響事業單位的經營。相對於已經明定於法令的企業福利（例如勞基法上的資遣費及退休金 [238]、勞基法施行細則的保險費及子女教育補助費）[239]，雖然職工福利金條例強制勞雇雙方提撥職福金（第 2 條、第

---

[233] 有問題的是，雇主依據勞基法施行細則第 10 條第 6 款規定所給付之「慰問金或奠儀」之法律性質為何？本書以雇主固可以之單純作為慰問或弔喪之用（恩惠性給予）；也可以作為職業災害補償費或損害賠償的預附之用，並且於將來計算補償額或賠償額時，予以抵充。這也是最高法院 99 年度台上字第 2037 號判決所採的見解。所以，固然在習俗上或社會通念上，雇主均被期待要提出此類給付，但此並非法定的強制義務。如果一定要給予員工或其家屬慰問或弔喪，則由職工福利金為之，似乎更為恰當、也較合乎自助互助原則。另外，由勞工主管機關針對具有一定條件者，發予 10 萬元的補助費（職業災害勞工補助及核發辦法第 7 條、第 16 條規定），亦屬正道。

[234] 反對說，陳繼盛，前揭書，頁 108；陳建文，前揭文，頁 34。

[235] 反對說，羅文娟，前揭書，頁 70。其實，在基本／最低工資調升時，雇主也會採取同樣的手法。尤其是會壓低勞基法施行細則第 10 條非工資給付的額度，甚至全部予以刪除。又例如現行勞基法針對夜間工作者（勞基法第 34 條參照），並未要求雇主必須給予夜間工作津貼，假設乙雇主自願提供甲勞工此類津貼，則在基本／最低工資調升時，乙即可能將該津貼調降或刪除。

[236] 陳建文，前揭文，頁 32。本書主張實收資本額說，見解相同者，羅文娟，前揭文，頁 71。羅從公平、正義原則思考此一問題。

[237] 試想，在事業單位虧損時，仍然必須全額給付工資給勞工，如再要求其提撥職福金（雖然按照「0.05%～0.15%」不定額比例提撥的下限提撥），是否會超出其負擔能力之外，而終致於淪落到勞基法第 11 條第 2 款虧損之情境？另一個問題是，在事業單位實施無薪假期間，是否也應該賦予其暫停提撥職福金之權？本書主張有盈餘時始須提撥，見解相同者，陳建文，前揭文，頁 32。
另外，有鑑於一些公營事業單位連年巨額虧損，卻因其營業總額大，事業單位仍然提撥巨額福利金，形成一「事業與全民皆瘦、但職工卻獨肥」之與社會公平正義有違的現象，也招致人民的訾議。雖然這可能與其所兼負的政策任務有關，但職工何能獨善其身地免除於虧損責任之外呢？這難道是國家資本主義的內涵或所容許的？最起碼也應該按照「0.05%～0.15%」的下限提撥，以符合企業經營的精神。

[238] 但本書並不認為企業退休金是單純的福利，而是兼具有遞延工資與照扶（福利）的雙重性格。楊通軒，勞基法中退休與資遣法制之研究，勞資關係論叢，第 9 期，1999 年 6 月，頁 50。

[239] 論者有稱之為「企業社會給付」者，請參閱郭明政，社會安全制度與社會法，國立政治大學法學院勞動法與社會法研究中心，1997 年 11 月，頁 81。

11 條規定參照）[240]，相當程度使得本為任意性質的福利質變為強制的法定義務，但卻未明 定其用途或種類，而是由事業單位或職福會自行決定其運用，所以會包含各種的設施與措施，例如托老設施或措施（性別工作平等法第 6 條規定）[241]。在運用上，為求資源的最大效益，事業單位或職福會似應儘量釐清並善用政府的、社區的及其他事業單位的（職工福利委員會組織準則第 5 條規定參照）軟硬體福利設施與措施，無需另行設置或者與其聯合、委託其設置（托兒設施措施設置標準及經費補助辦法第 2 條第 1 項第 1 款及第 2 款規定參照）[242]。

綜觀明定在其他法令的設施與措施，包括有勞基法第 29 條（獎金及分紅），勞基法施行細則第 10 條第 1 款（紅利）、第 2 款（獎金）、第 4 款（勞工及其子女教育補助費）、第 8 款（勞工保險及雇主以勞工為被保險人加入商業保險支付之保險費）、第 10 款（工作服及其代金）。另外，性別工作平等法第 9 條（福利措施）、第 23 條（托兒設施或措施）、第 38 條之 1；性平法施行細則第 2 條、第 14 條（托兒設施的定義）。問題是，依據性平法施行細則第 2 條規定，雇主所實施的福利設施，不得有間接不利之對待。則福利措施的間接歧視如何認定？似乎並不容易，本書以為不宜做太嚴苛的解釋。倒是，工廠法中有一系列的福利規定，在勞基法施行而工廠法卻未隨之宣告廢止施行的情況下，是否仍然有適用的空間？本書毋寧採取否定的見解。蓋工廠法的福利設施及措施規定，或者已經被其他法令所承接，或者因為過時而不符合時代需要，或者解釋上可以被包含在職工福利金條例的適用範圍內，因此，自然不應該繼續加以適用。

在個案認定上，實物給付是工資？或福利？如果是雇主將之作為工資的一部給付（勞基法第 22 條第 1 項規定），自屬工資（例如代付膳宿費及生活費）。惟如果是雇主對於夜間工作或輪班工作勞工，為體恤其辛苦而提供之餐飲，依照國際勞工組織 1956 年第 102 號建議書（福利設施）之意旨，應屬福利之性質。依此而言，已經刪除的原勞基法施行細則第 10 條第 9 款夜點費，本質上即為福利無疑，

---

[240] 依據職工福利金條例第 2 條第 1 項第 4 款規定：「下腳變價時提撥百分之二十至百分之四十」為職福金的來源之一。論者有擔心員工會不會故意創造下腳，以便膨脹職福金者。本書認為勞工在勞動契約進行中，負有增進義務（節省材料義務），否則會違反忠實義務。另外，在設立有職福會之事業單位，基於勞工參與的精神，事業單位出售下腳料時，職福會應得要求參與（職工福利金條例施行細則第 4 條規定）。

[241] 這與性別工作平等法第 23 條規定及托兒設施措施設置標準及經費補助辦法所規定者，性質上尚有不同。托兒設施與措施的設置，係屬強制性的福利。

[242] 至於其與本身工會間的福利設施與措施，似乎也可以交流使用。但是，本書以為企業工會的會員已享有事業單位所提撥福利金所辦理的福利，其所屬工會是否會再依工會法第 5 條第 3 款及第 7 款規定，辦理福利事務，完全由其自行決定。一旦其決定辦理，即屬額外加碼給會員的福利服務。

只是事業單位過度地膨脹夜點費的數額，超出客觀上合理的夜點費額度，故被個案認定為工資。所以，將其予以刪除，實有懷璧其罪的遺憾。這是否表示以後雇主無需再提供福利給夜間工作或輪班工作勞工了？同樣地，雇主（以汽車製造商為例）提供給員工的折價，如果未超出顧客過多，應該也是福利、而非工資[243]。

又，交通津貼（補助）或交通車（交通用具）之提供，至少在一定的條件下（即大眾運輸無法或難以到達的地方），也是福利而非工資[244]。最高法院認為交通津貼是工資的見解[245]，應屬錯誤。勞委會的解釋認為「事業單位依勞工居住地距上班地點遠近支給之交通補助費，如非勞工因工作而獲得之報酬並經與勞工協商同意，則非屬勞基法第 2 條第 3 款所稱之工資，於計算延長工時工資時無庸計入。」語意曖昧不明[246]，同樣並不足採。另外，一旦決定要購置或租賃交通車供職工使用，即應由雇主為之[247]，而不能由職福會出資。

第三目　建構職工福利的內部原則

一、公益原則

假設已設立登記職工福利委員會，其性質為財團法人，係一公益性的團體。惟即使未設立職福會，也無法改變職福金只能用於公益的要求。雖然，這只是目的上的要求，並不完全禁止其仍可為營業行為。所以，職福金不僅可以經營／管理福利事業（員工福利社、超商、員工卡拉 OK 室）[248]，也可以投資運用，也就是說，職福金可以購買權益證券（股票、債券），撥作加入消費合作社為社員之股金等。而且，在職福金投資失利時，職福金自可作清償之用，職工福利金條例第 8 條規定「職工福利金不得沒收。」並不適用於此。只是，無論如何，投資的收益只能留

---

[243] 與本書見解不盡一致者，BFH v. 26.7.2012, NZA 2013, 136. 後者認為超出顧客折數之外的，即屬應課稅的工資。

[244] 國際勞工組織1956年第102號建議書（福利設施）參照。

[245] 例如最高法院97年度台上字第1667號判決、97年度台聲字第523號裁定、96年度台上字第566號判決等。

[246] 尤其是它只於計算「延長工時工資時」毋庸計入，那麼，在計算「資遣費或退休金時」就應計入？

[247] 交通車是福利，也會影響到通勤災害及上班遲到或曠職的認定。亦即既然是福利，即與事業單位的工作場所不同，因乘車往返途中的意外傷亡，並非嚴格意義的職業傷害，而是通勤災害。惟既是事業單位所提供的交通車或其他交通工具（例如飛行器），則途中所發生的交通阻礙或事故，致無法準時到廠上班時，即屬不可歸責於員工之事由，不應作為遲到或曠職處理。此可由內政部74年10月28日(74)台內勞字第351447號函，反面解釋得知。

[248] 最高法院100年度台上字第1104號裁定（台灣中油股份有限公司案）參照。另參閱內政部台內勞字第323850號函。

為福利金之用，而不能分配予全體職工[249]。為達此目的，對於職福金的不依法使用，除了職工福利金條例第 13 條規定「有侵占或其他舞弊情事者，依刑法各該條之規定從重處斷」外[250]，似應參考工會法第 43 條第 1 項及第 2 項規定[251]，增修勞工主管機關介入要求改善違法行為之權力。此一增修，在目前職福會勞方委員由工會推選的情況下，更顯得有其必要性。解釋上，即使立法者未增修該條文的意旨，亦可將工會法第 43 條規定之工會有違反「法令」，擴大包括到職工福利金條例中與工會相關聯之條文，例如第 7 條第 1 項規定之「職福金之移作別用、違反動支範圍與項目」，如係由職福會決定辦理為之時，即屬於此種狀況。

因此，職工福利金一經提撥，不問有無設立職福會，福利金即屬於全體職工所有，而不再屬於事業單位的資產（況且其中也有職工薪津扣繳的部分），應將之用於公益目的上。依據職工福利金條例第 7 條第 1 項規定，職工福利金應全部用於舉辦職工有關之食、衣、住、行、育、樂各項福利設施與活動，而不得移作別用[252]。這表示雇主及勞工均不得基於任何理由要求退還或分配職福金[253]。這主要是指雇主基於法令規定所應負擔的義務，例如資遣費（遣散費）[254]、企業退休金等，不得由職工福利金支付之。員工自動離職或受到調職時，也不得要求領回職工福利金。但是，如果是職工退休、離職時，由職工福利金中提出一定額度的現金或以之購買物品贈與，因其與資遣費、企業退休金的性質尚有不同，即屬合法之舉[255]。

職工福利金固應作為職工福利設施或措施之用，而不宜充作雇主法定義務之用。惟在事業單位解散、破產或歇業時，職工福利金（及職工福利委員會）已失所附麗，原先的目的也無法繼續實現，此時，即應由事業單位或職工福利委員會

---

[249] 行政院勞工委員會 (77) 台勞福（一）字第 24456 號函：「一、……職工福利金應以舉辦職工福利有關之設施或活動為主，向無同意以發放現金為辦理職工福利之方式。……」

[250] 行政院勞工委員會 (81) 台勞福（一）字第 12427 號函參照。

[251] 工會法第 43 條規定：「工會有違反法令或章程者，主管機關得予以警告或令其限期改善。必要時，並得於限期改善前，令其停止業務之一部或全部（第 1 項）。工會違反法令或章程情節重大，或經限期改善屆期仍未改善者，得撤免其理事、監事、理事長或監事會召集人（第 2 項）。」

[252] 內政部台內勞字第 323850 號函。因此，事業單位或職福會不得將職福金部分的或全部的捐贈與他人。

[253] 行政院勞工委員會 (81) 台勞福（一）字第 13460 號函：不得以業務項目緊縮，要求按減資比例退還。另請參閱內政部 48 年 3 月 24 日台內勞字第 04046 號函。

[254] 依據職工福利金條例施行細則第 11 條規定：「工廠礦場或其他企業組織因經濟或業務上之變動而緊縮其原來之範圍者，所有因緊縮而遣散之職工，其遣散費用應另行設法，不得在福利金項下動支。」

[255] 行政院勞工委員會 (83) 台勞福（一）字第 38870 號函：「……包括職工之退休、離職及急難慰助等，皆可由職工福利金中，以公平、合理之原則訂定辦法辦理。」

擬定處理方式 [256]，陳報主管官署備查後發給職工。這應該還是符合公益原則的要求 [257]。至於在事業單位變更組織繼續經營或為合併而其原有職工留任於存續組織者，所提撥之職工福利金，應視變動後留任職工比率，留備續辦職工福利事業之用，其餘職工福利金，應由職工福利委員會妥議處理方式，陳報主管官署備查後發給離職職工（職工福利金條例第 9 條之 1 第 2 項規定）[258]。第 9 條之 1 第 2 項規定的變更組織或合併，解釋上，應該擴大到包括改組、轉讓及依據大量解僱勞工保護法所進行的大量解僱在內。蓋此時可能會涉及部分或大量勞工的離職。

二、普遍需要原則

根據此一原則，勞工福利的項目，必須是勞工普遍所需要的。依據職工福利金條例第 7 條第 1 項規定：「職工福利金不得移作別用，其動支範圍、項目與比率，由主管官署訂定並公告之。」國際勞工組織在 1956 年第 102 號建議書（福利設施）中，認為職工福利事業尤其應該包括膳食設施、休息設施 [259]、娛樂設施（含渡假設施）及交通設施（交通車、公務車）等而言。在此原則下，事業單位或職福會自可設置餐廳、自動販賣機。惟如果是承租地供員工停車，就不符合此一原則，因為只有有車階級始能享用 [260]。又，個別職工的休假費用補助 [261] 及以工會幹部為對象的勞工教育研習活動 [262]，也不得要求動用職工福利金辦理。另外，職工福利金也不得作為辦理事業單位週年慶祝活動或海外考察之用 [263]。

---

[256] 職工福利金條例第 9 條之 1 第 1 項雖然僅規定「職工福利委員會」，但對於未成立職工福利委員會的事業單位，解釋上即應由事業單位來擬妥方案並向主管機關備查。否則，難道就歸為事業單位所有？

[257] 反對說，羅文娟，前揭書，頁 38 以下：無疑是分配事業主的資產，對事業主並不公平。

[258] 同樣地，對於未成立職工福利委員會的事業單位，解釋上即應由事業單位來擬妥方案並向主管機關備查。在此，另外會涉及合併的事業單位中，兩個（以下）職工福利委員會合併的問題。雖然職工福利金條例中並無類似工會法第 38 條的規定，但解釋上職工福利委員會也應該進行合併，以統合福利金的保管與運用。

[259] 為符合此一意旨，雇主依據勞基法第 35 條規定給予勞工休息時，必須提供休息室（尤其是含座位之房間）供其使用。如所言者，由職工福利金所經營或管理之福利事業或設施，既可由事業單位、但亦可由職福會設置。在此，一旦福利事業或設施造成第三人損害，即由所有權人負其責任。發生在 2015 年 3 月 14 日的台北市忠孝東路四段的大樓外牆石板剝落砸死人事件，即會牽涉該大樓的產權究屬聯合報或聯合報職福會的問題。相關報導，「天降橫禍 大樓外牆 30 公斤石板砸死人」，中國時報，2015 年 3 月 14 日，A8 版。

[260] 行政院勞工委員會 (87) 台勞福（一）字第 015450 號函。

[261] 行政院勞工委員會 (85) 台勞福（一）字第 102089 號函、行政院勞工委員會 (87) 台勞福（一）字第 001356 號函。為了鼓勵員工勇於利用特別休假，應由雇主編列特別休假費用補助。

[262] 行政院勞工委員會 (80) 台勞福（一）字第 02394 號函。

[263] 行政院勞工委員會 (83) 台勞福（一）字第 64709 號函、行政院勞工委員會 (86) 台勞福（一）字第 050528 號函。

職工福利設施不僅是職工普遍需要的，而且是可以平等主張享有的[264]。所以，工會不能與雇主約定僅有會員始能享有福利（團體協約法第 13 條、12 條第 1 項規定參照）。但是，在普遍原則之下，並不是禁止向職工收費[265]，例如員工餐廳飲食的享用、運動設施及卡拉 OK 室的使用、甚至雇主自願設立的幼稚園或托兒所的使用，都可要求付費，只是職工可以獲得優待，因為職工福利金給予補助。惟此一補助的做法，卻與職工福利委員會組織準則第 16 條第 2 項的規定，不盡吻合。依據該準備第 16 條規定：「職工福利社得視需要及經費狀況，辦理下列業務：一、餐廳。二、宿舍或住宅。三、理髮室。四、托兒所或幼稚園。五、洗衣室。六、圖書室。七、康樂室。八、日用品供應。九、其他有關職工福利之事項（第 1 項）。前項業務，以所屬事業單位之職工及其眷屬為受益對象。其經費應以自給自足為原則，不足部分由職工福利金撥充（第 2 項）。」[266]

三、設施／措施優先原則

如果是設施，必須具有相當的長期性、為了特定社會的目的存在、且每個員工都可使用[267]。職工福利委員會組織準則第 16 條第 1 項規定所指之各項業務，殆皆符合此一要求。但是，在傳統上，事業單位大多以一時性的福利措施（固定式的現金給付）為主（慰問金、獎金、團康休閒、結婚補助等），欠缺長遠性的福利供應規劃[268]。邇來，論者有主張加入員工協助方案（Employment Assistance Programs, EAPs）者[269]。本書則認為可以加入提供低利貸款或利息補貼，甚且可以作為員工紓困貸款之用[270]，這與將之出借給事業單位外的第三人或捐贈、贊助他人，並不相同。經由事業單位所提供的各種福利設施或措施，也具有降低勞工及其家庭陷入貧窮風險的功能。也因此，邇來在一些先進國家遂有雇主應免費提供宿舍供員工住

---

[264] 行政院勞工委員會 (77) 台勞福（一）字第 24456 號函：「……職工薪資扣繳部分僅係對職工福利權享受應盡之義務，精神意義重於物質意義，且占職工福利金之形成比例亦不高，基於勞資一體，彼此互助之理念，公平普遍運用職工福利金之立場，絕不宜有職員工人之分，而致福利權利享受，有所不同的主張。」

[265] MünchArbR/Matthes, § 339 Rn. 10, 2000, 2. Aufl.

[266] 依據職工福利委員會組織準則第 14 條規定：「職工福利委員會得附設職工福利社。」第 15 條並且有登記並受監督的規定。雖然如此，本書以為在沒有職福會的事業單位，其應該可以設立職工福利社。

[267] 這是指相對於非勞工所能享受的好處。至於在德國法上，還必須有一管理單位存在。BAG v. 9.7.1985, AP Nr. 16 zu § 75 BPersVG.

[268] 羅文娟，前揭書，頁 18 以下。

[269] 朱柔若、曾如冰，政府介入 vs. 勞資自主：職工福利政策檢討，政府勞工福利政策的內涵、衝擊與前景學術研討會，2005 年 10 月 7 日。

[270] 如果職工福利金不提供員工低利貸款或利息補貼，雇主也可以自行提供這方面的福利。

宿之義務之聲音者，其已超出我國目前仍停留在膳宿費是工資的境界。值得我們參考。

<h1 style="text-align:center">第三項　小　結</h1>

　　我國民法學者王澤鑑教授於其早年大作「勞工法之社會功能及勞工法學之基本任務」中即已指出：勞工法雖屬私法，並為民法之特別法，但其基本思想與民法並不相同，從而民法之規定，在何種程度上，得適用於勞動關係上，實為勞工法學上即為困難、有趣之問題 [271]。此誠為的論。即如以勞動契約而言，勞動契約為私法契約，且為一種特殊的僱傭契約，基本上亦應有契約自由原則之適用。然而，勞動契約之本質究與僱傭契約有其不同之處，此乃是因其強調人格從屬性所使然。在上文中，即就民法上之契約自由原則適用於勞動契約中之限制加以說明。但仍先闡述私法自治中契約自由原則之意義及其限制，次及於契約自由原則於勞動契約中所受到之限制。

　　總而言之，勞動契約之內容多端，影響勞工與雇主間之權利義務關係至鉅，本應由勞動契約法詳細予以規範，此亦為立法者當即之務，觀之德國雖在 1923 年、1938 年及 1976 年三次著手制定勞動契約法而未果，但自兩德統一之後，基於統一契約（Einigungsvertrag）第 30 條之規定，立法者負有制定勞動契約法之義務，自斯時起，該國即再度啟動立法之列車，至今雖仍未通過勞動契約法，但政府、勞方及資方已投注甚多努力，以求歧見之縮小，故其發展值得吾人加以關注 [272]。我國雖在 1936 年 12 月 25 日公布勞動契約法，但自始至終並未以命令另定施行日期，其結果與德國至今仍無勞動契約法之情況無殊。本書以為勞動契約法係個別勞動法主軸之所在，現行勞動基準法第二章雖有關於勞動契約之規定，但因勞基法為勞工保護法，性質上與私法性質之勞動契約法殊異，因此並無法、且不適宜過度取代勞動契約法。且如競業禁止條款、最低服務年限、勞動派遣等現時在勞動實務上常生爭議之約定或工作型態，完全讓之契約自由原則解決，顯然亦不妥當。就此觀之，立法者在 2016 年 12 月 16 日，於勞基法增訂第 9 條之 1（競業禁止）、第 10 條之 1（調動）及第 15 條之 1（最低服務年限）等規定，毋寧係一正確且必要之舉。惟

---

[271] 王澤鑑，民法學說與判例研究（一），頁 372。

[272] Griese, Die Gesetzentwürfe der Länder für ein Arbeitsvertragsgesetz, NZA 1996, 803 ff.; Neumann, Die Entwürfe zu einem Arbeitsvertragsgesetz, in: Das Arbeitsrecht der Gegenwart 1996, Bd. 33, 59 ff.; Adomeit, NJW 1996, 1717 ff.

吾人果若關心勞工之權益，則早日制定或重大修正勞動契約法，仍然係一具有時代意義的立法任務 [273]。

---

[273] 有關新的勞動契約法草案之相關問題，見聯合報，1997 年 9 月 21 日，19 版：勞動契約法草案初定明文規範勞資倫理；工商時報，1997 年 9 月 30 日，3 版社論：勞資雙方唯有相互尊重始能獲致雙贏。

PART

4

勞工保護法及勞動市場法

第八章
勞動契約之終止

 案例 1

　　被上訴人（原告）自 1988 年 7 月、11 月起分別受僱於上訴人（被告），上訴人的總經理謝××在會議上對於被上訴人有：「幹，死木頭，你們這些垃圾……，改天再查，查到手與腳都剁掉」、「是你沒有爛鳥」等言詞之重大侮辱行為。被上訴人依勞動基準法第 14 條第 1 項第 2 款之規定，不經預告終止其等與上訴人間之勞動契約，請求上訴人給付資遣費及未休假工資、並依同法第 19 條規定請求發給非志願離職證明書。上訴人則主張：勞基法第 14 條第 1 項第 2 款所稱之「重大侮辱」，應就具體事件，衡量受侮辱者所受侵害之嚴重性，斟酌雇主及勞工雙方之職業、教育程度、社會地位、行為時所受之刺激、行為時之客觀環境及平時使用語言之習慣等一切情事為綜合之判斷，並視侮辱行為是否已達嚴重影響勞動契約之繼續存在以為斷，並非一有侮辱之行為，即構成勞工得不經預告終止勞動契約之事由（最高法院 92 年度台上字第 1631 號判決參照）。而勞工對雇主有忠誠之義務，雇主為維護企業內部秩序，對於不守公司紀律之勞工亦得以懲處。上訴人之總經理係因被上訴人未能按照公司規定之工作內容完成其工作，一時氣憤始說出上述言詞，乃維護企業內部秩序所需，尚難認其已達情節重大之重大侮辱行為。最高法院及其前審法院審理結果認為：上訴人之總經理所為言詞，已盡對被上訴人為人格侮辱，自堪認嚴重影響勞動契約之繼續存在（最高法院 99 年度台上字第 1669 號裁定：裕毛屋企業股份有限公司案）。

第一節　概　說

　　勞動關係之終止，首先會涉及到勞工與雇主的利益衝突：前者是工作位置的確保，後者是能夠彈性地、具有法律確定性地應付市場的變動。因此，完全的僱用自由與解僱自由原則（Prinzip "hire and fire"）並不適用於此。如就實際上的僱用狀況而言，不僅勞工不會毫無顧忌地離職而去，同樣地，雇主也不會毫無理由地、肆意地將勞工解僱。[1] 換言之，其間通常具有一定的事由。

　　其次，勞動關係之是否或難易終止，往往也牽涉到整體經濟及其他勞工或求職者的利益。解僱保護法制的寬嚴，往往會影響到雇主僱用勞工的態度。就勞動市場政策而言，過度地保護在職勞工的工作權，即代表阻礙未有工作者進入職場的機會。而一國長期失業者的多寡，也往往與其解僱保護法制的嚴寬，具有一定的關聯。如以解僱保護法制已達相當嚴密程度的德國而言，外國投資者由於懼怕於嚴格的、錯綜複雜的解僱保護法令，在做投資決定時，往往寧願選擇其他相對較為寬鬆的、簡明的國家，係一多年存在、甚至是無法挽回的趨勢與事實。這已經達到生產基地保衛戰的地步了。[2]

　　因此，面對勞動關係終止時，解僱保護法制之建構，必須平衡考量勞資雙方的利益，避免過於寬濫、或者失之嚴厲。出發點，應是大家都能體認到解僱保護係一個福利國或社會國的根本的要素。國家有必要對於雇主基於契約自由原則而來之解僱權，予以某種程度的限制。並且以社會安全網的諸種設計予以救助。另一方面，只要是市場經濟制度，就不可能強加給雇主一不可終止契約之義務。畢竟，面臨迅息萬變的市場競爭，勞動成本的調整、合理化措施的施行，均會涉及到人事的調節。如果在資遣費或補償費的保障之外，還要強加給雇主一勞動關係的存續保障，不僅不合理，也會有侵害企業經營自由之疑慮。

　　如就台灣解僱保護的現況而言，其最大的難題，即是如何調處解僱保護與企業經營自由的衝突，而這主要與法院的審理態度有關。其次，台灣的中小企業占所有企業的九成以上，某種程度上中小企業可謂扮演著「僱用的火車頭」的角色，但它受到複雜的勞工法的影響，卻也是遠大於大型廠場。尤其是解僱保護訴訟程序的冗長及其訴訟結局所帶來的高額的資遣費或補償費或受領勞務遲延之工資給付，往往會導致中小企業財力上嚴重的損傷，甚至走向破產一途。

---

[1]　Schiefer, Kündigungsschutz und Unterfreiheit – Auswirkungen des Kündigungsschutzes auf die betriebliche Praxis, NZA 2002, 770.

[2]　Wank, Bestandsschutz in Deutschland aus arbeitsrechtlicher Sicht, Sonderbeilage zu NZA 21/2003, 3.

第二節　解僱保護法制之基本問題

　　解僱保護指對勞工就其因雇主終止勞動契約所致之不利益予以保護而言。[3] 蓋在企業主經營過程中，一直是在追求一經過細心衡量的人事架構，避免冗員的產生。惟經營環境的變化莫測，勞工主客觀能力的無法提升，均迫使雇主不得不壯士斷腕，以求變法圖存。而這將不免侵害到勞工的工作位置。尤其是對於雇主惡意切斷勞工廠場歸屬性的連結的行為，其侵害勞工的工作權尤烈，更應加以適當的限制。如何在兩個權利間取得一個平衡，避免倚輕倚重，確非易事，此所以德國勞工法者 Hromadka 有云「解僱保護是在介於企業經營自由與工作位置保障間的山頂的漫遊」。[4] 以示其難度及危險性之高。

　　解僱保護法制之主要目的，係在於提供勞工遭受非法剝奪工作權時之保障。此固為社會各界出於社會正義的理念所贊同。而企業經營自由應與勞工保護取得一個協調，也是公法學者及勞工法學者共同的看法。[5] 然而，理論的架構與實務的發展，往往會發生分歧的現象。經由行政機關及法院不斷地審查勞動契約終止的合法性，[6] 例如是否有虧損或業務緊縮之事實、以及其程度是否已達到必須資遣勞工之地步，將難免地逐步地深入企業經營自由的審查、甚至控制。[7] 所謂「企業決策的合目的性不受審查」、[8]「法官並非一較佳的企業主，[9] 並無法承擔判決錯誤的責任[10]」云云，遂淪為空談。此種解僱保護法制在實務上的發展，也迫使雇主以一連串迴避的動作來加以反制，[11] 形成了對於雇主僱用行為的阻礙。

　　此種解僱保護法制的極端發展，造成了德國學說上所謂「存續的保障」理論的

---

[3] 林更盛，德國勞動契約終止制度之研究，台灣大學法律研究所碩士論文，1989 年 5 月，頁 65。

[4] Hromadka, Unternehmerische Freiheit – ein Problem der betriebsbedingten Kündigung, ZfA 2003, 388.

[5] 請參閱 BVerfG v. 1.3.1979, E 50, 290 (364). Stein, Inhaltskontrolle von Unternehmerentscheidungen, AuR 2003, 99.

[6] 包括勞工的自行辭職及合意終止契約是否果真出自勞工的本意？也要審查。

[7] Boemke/Föhr, Arbeitsformen der Zukunft, 1999, 61：仔細一瞧，很多的限制並未直接規定於條文中，而是在運用法令時所導出來的。可以說勞工法令的嚴屬性是由行政機關或法院在運用法令時，經由解釋的途徑而逐步建立起來，此可以解僱保護法制的發展為例。

[8] Std. Rspr., BAG 18.1.2001, AP Nr. 115 zu § 1 KSchG 1969 betriebsbedingte Kündigung mit Anm. Schrader = SAE 2002, 47 mit Anm. Mummenhoff.

[9] BAG 30.4.1987, AP Nr. 42 zu § 1 KSchG 1969 betriebsbedingte Kündigung = SAE 1988, 206 mit Anm. Peterek; 17.6.1999, AP Nr. 102 zu § 1 KSchG 1969.

[10] BAG v. 17.6.1999, AP Nr. 102 zu § 1 KSchG 1969.

[11] 這些迴避的動作，包括加班、各種不同的彈性工時、定期勞動契約、派遣勞動關係、外包，以及假象的自主經營者。

出現，意謂應竭盡所能地保障勞工的工作位置。然而，較為多數、且可採的見解，卻是認為存續保障只是相對的而已，重要的是給予勞工面臨契約終止時，一般經濟利益的保障，而這主要是給予離職勞工補償費的保障。相較於德國的解僱保護法制，台灣的勞動基準法第 11 條所提供之資遣費的保障，顯然較近於德國的補償費的保障，係一較為務實可行的規定。而無論是學術界或實務界，殆無人主張將終止契約的保障，朝向存續保障理論演繹者。此應可避免不必要的理論爭議。

第一項　基於企業經營因素解僱與企業經營自由間之關係

在探討解僱保護與企業經營自由間之關係時，往往係將其重點置於基於企業經營因素之解僱（勞基法第 11 條第 1 款至第 4 款）上，其次才是論及與勞工人身上的及行為上的事由（勞基法第 11 條第 5 款及第 12 條第 1 項參照）。惟無論如何，其探討的目的，均是在於避免解僱保護法制的長期發展，形成一不公平的、不理性的、且未具有法律確定性的的體系，馴致造成（尤其是中小）企業解僱勞工時無法預測的風險（例如長時間的確認勞動關係存在之訴之各種費用，及受領勞務時之工資給付）。[12] 在此，我國實務盛行的解僱最後手段原則，又扮演一定程度重要的角色。

以下即針對企業經營自由的內涵及基於企業經營因素解僱所引起之問題，分別加以說明。

第一款　企業經營自由之內涵

第一目　內　涵

凡是市場經濟制度之國家，人民從事一定之營業行為、以及將已從事的營業行為予以結束，均為其個人之自由。此種營業自由，包括自由決定企業或廠場的大小、應該如何組織、經濟上的取向、在市場上提供何種產品、以及產品價格之決定等。[13] 至於此種經營企業的自由，在憲法上是否受到明文的保障，則是各國的規定並不相同。[14] 以中華民國的憲法而言，即無此種明文規定。惟我國公法學者大多從

---

[12] Schiefer, a.a.O., 776 f.; Wank, a.a.O., 3.

[13] BVerfGE 97, 169, 176; BAG v. 12.11.1998, NZA 1999, 472. Stein, Inhaltskontrolle von Unternehmerentscheidungen, AuR 2003, 99.

[14] Stein, a.a.O., 99：西班牙、葡萄牙及義大利有明文的規定，德國的基本法則無此規定。

憲法第 15 條財產權之保障加以導出。[15]

　　至於企業決策或企業經營自由的意義為何？尤其是與雇主解僱行為之關係為何？各界的看法不一而足。有視之為「意思行為」（Willensakt）[16] 者、有視之為解僱之「前置計畫」[17] 者、有視之為雇主的「組織決策」[18] 者、有視之為「企業特定的廠場組織」[19] 者。德國聯邦勞工法院則曾經認為是「涉及以企業經營為基礎之企業政策的決定」。[20]

　　上述各種看法，固然均有所本，但卻未能完滿地描繪企業決策之內涵。較為可採的說法，是企業決策的內涵可以區分為二：一是各種經營自由的決策，稱為「組織決策」，另一則是將具體的解僱決定宣布之自由。對於第三人而言，只有後者是具體而明顯的。至於前者，如組織決策只涉及一個人（例如廠場所有者），而且未加以記錄下來，通常並不外顯，第三人根本難以或甚難知悉企業決策的存在。[21]

一、組織決策之自由

　　組織決策，係指雇主有關甚麼工作及其如何完成的廠場組織的意思行為。除了在極端狀況之下，雇主的組織決策自由受到法院的濫權控制外，[22] 雇主原則上有權決定如何組織他的工作、是否將工作外包、外移到國外完成、產品的多樣化、運用新的或舊的生產方法、調整組織與調整人力，以增加業務及研發人員來加強行銷及研發能力、[23] 因虧損及業務緊縮，且營業額一再縮減，而做企業改組及調整、[24] 將一勞工所完成之工作轉移給其他勞工完成、以及其他企業政策的決定。具體而言，則是包括歇業的決定、[25] 將未完成職業訓練的作業人員的工作，交由熟練的勞工或

---

[15] 請參閱蘇永欽，財產權的保障與司法審查，國科會研究彙刊：人文及社會科學，第 6 卷第 1 期，1996 年 1 月，頁 51 以下。法治斌，憲法保障人民財產權與其他權利之標準，收錄於：人權保障與釋憲法制，1993 年，再版，頁 227 以下。

[16] Etzel, in: KR, 6. Aufl., 2002, § 1 KSchG Rn. 518.

[17] Küttner/Eisemann, Personalbuch 2002, Kündigung, betriebsbedingte, Rn. 7.

[18] Etzel, in: KR, 6. Aufl., 2002, § 1 KSchG Rn. 518.

[19] LAG Hamm v. 26.9.1996, LAGE § 2 KSchG Nr. 23.

[20] BAG AP Nr. 11 zu § 1 KSchG 1969 betriebsbedingte Kündigung.

[21] 相反地，通常企業的決策係在廠場做成，而且在書面中詳細記載每一個別的事項，則是最為明確的。Gilberg, Die Unternehmerentscheidung vor Gericht, NZA 2003, 818.

[22] BAG AP Nr. 123 zu § 1 KSchG 1969 betriebsbedingte Kündigung.

[23] 台灣高等法院 92 年度重勞上字第 5 號民事判決。

[24] 台灣高等法院 92 年度勞上字第 25 號民事判決。另外，請參照最高法院 100 年度台上字第 1159 號裁定（財團法人台灣大電力研究試驗中心案）。

[25] BAG v. 18.1.2001, NZA 2001, 719.

部分交由從屬企業（Subunternehmen）完成、[26] 將原本十個人完成的工作壓縮到由五個人完成、雇主自行接收原本由唯一負責行銷勞工所留下來的工作。

進一步言之。雇主固有組織決策之自由，惟因組織決策常會導致組織的變更，甚而危害到勞工的工作位置。所以，為了保障勞工之工作權益，雇主必須確有廠場急迫的需要，始得為之。在此，並非僅是說明營業額、或銷售額、或訂單的減少或赤字，即可進行組織變革。而是必須具有廠場外的及廠場內的雙重理由：前者，是指特定的工作，直接與減少的（營業的、或銷售的、或訂單的）數字有關，例如每減少一交貨的件數，就會減少一定比例的全時工。在此種情況，雇主如果已無法採取其他措施（縮短工時的工作、轉業訓練、無薪休假），來應付人員的過多，則其將只能行使解僱權也。後者，則是指藉由工作的重新組織，例如一部歇業及工作的壓縮，造成工作人員的過多，並且順勢予以解僱。

對於上述廠場外的及廠場內的理由，法院固然能基於濫權控制的理論加以審查。惟其審查的重點並不在於企業的決策在經濟上是否正確，而是在於法院能否接受企業決策的長期實施，確能帶給企業正面的效益。

如上所述，企業固然有組織決策之自由。惟其組織決策必須確實存在，而且應以一定的形式出現，一般而言，必須具備「由誰」、在「何時」做成該決議的要件。例如股東會在特定的日期集會，針對特定的事項做成組織的決策，並且加以記錄下來。[27] 又例如勞資會議在特定日期集會，「經勞資雙方會議決議暫時停業，讓勞工在家休息或選擇辦理資遣自行離職。」勞資會議並且決議通過「暫停營業運作實施辦法」，據以施行。[28] 至於公司股東會有關歇業的決策即使違法無效，由於企業決策在解僱保護法上，係強調代理權之有無及對於組織變革的預測。因此，該解僱決議仍是有效的。反之，如果企業無法提出做成解僱決議的日期、[29] 對於做成決議的日期在庭訊中前後數度更改等，[30] 則是表示不具備組織決策自由之形式要件。由此可知，面臨形式要件舉證責任之困境者，往往是中小型企業的決策模式，例如有限公司之單一經理人所做成之解僱決定，是否應該要有證人輔助，該解僱始為有效？

---

[26] BAG NZA 1999, 1098.

[27] BAG v. 17.6.1999, NZA 1999, 1095 = AP Nr. 102 zu § 1 KSchG 1969 betriebsbedingte Kündigung; BAG v. 17.6.1999, NZA 1999, 1157 = AP Nr. 103 zu § 1 KSchG 1969 betriebsbedingte Kündigung; BAG v. 17.6.1999, NZA 1999, 1098.

[28] 台灣高等法院 93 年度勞上易字第 44 號民事判決。

[29] BAG v. 27.9.2001, NZA 2002, 1277.

[30] BAG v. 13.6.2002, NZA 2003, 608 = AP Nr. 4 zu § 284 ZPO.

　　進一步言之。在檢視組織決策是否確實存在時，還可以區分為已完成的及預計完成的組織變更而分別處理。蓋在宣布解僱時，有些組織變更的程序已完成、有些則是已開始進行但尚未完成、有些則是尚未開始。對於組織變更程序已完成者，係「由誰」及在「何時」做成組織決策，已無關緊要。而對於無權代理人已開始進行之組織決策與宣布解僱，透過雇主的完成組織變更與宣布解僱，已成為有權代理矣。尤其是雇主長期地承認該組織變更與宣布解僱的效力時，[31] 到底有權做成決策者是事先同意或事後才接受該措施，實際上已無區分的實益。即使是雇主在宣布解僱後，緊接著才做成組織決策，只要他能夠補充陳述廠場中或企業中，具體地、且長期地存在一過多的勞力，則該（原本無效之）解僱即會發生效力。[32]

　　設如組織變更尚未付諸行動，則「由誰」及在「何時」做成組織決策，即具有重要性。在此，德國聯邦勞工法院認為：當廠場的情況已採取明確的形式、而且從一個理性的廠場經濟的觀點，可以證實組織變更的預測時，該解僱即為有效。至於所謂明確的形式，例如社團法人之會員大會所做的歇業決議、甲公司所屬之控股公司的解散決議與甲公司本身股東會所作的歇業決議。即使是預計進行的歇業，如果經營階層已提出一決議的紀錄，而根據該紀錄，員工代表會有一企業組織法第 102 條之公聽權、以及約在決議三週之後，雇主應做成一大量解僱通知者，亦已存在一明確的形式。在此，該認真的及已做成紀錄的歇業決議，已符合解僱保護法第 1 條第 2 項第 1 句之急迫廠場需要的意義。

　　在此，具有決定性地位的，是一項足資證明解僱宣布係依據一個理性的及認真的預測所做成的證據，而按照該預測，工作位置將在解僱期限到來時隨之喪失。此種證據，對於通常只由一人做成決定、而且未留下紀錄的小型廠場，卻是一項很難克服的難題。因此，小型廠場有必要再提出足以證明做成認真的及長期的組織變更的證明，包括歇業登記、終止租賃契約之證明、以及出賣機器設備之證明等。否則，未有證據的單純意欲變更組織的構想，並未符合急迫廠場需要的要件，也無法使解僱發生效力。[33]

二、解僱宣告之自由

　　至於企業經營自由的第二部分，可以簡稱為解僱宣告之自由。依據勞基法第 16 條之規定，雇主只要遵守一定的預告期間，將終止契約之意思告知勞工，即會發生效力。不問是口頭或書面均可。只不過，如用書面的方式，該文件上必須要有

---

[31] BAG v. 17.6.1999, NZA 1999, 1157.

[32] BAG v. 17.6.1999, NZA 1999, 1095 = AP Nr. 102 zu § 1 KSchG 1969 betriebsbedingte Kündigung.

[33] Gilberg, a.a.O., 821.

表明解僱之字句及雇主之簽名。[34] 至於雇主的解僱是否有勞基法第 11 條所規定之事由，則是另外一回事。原則上，法院僅有權就組織決策的形式加以審查而已。[35]

第二目　法院審查之可能性──濫權控制

　　企業決定要僱用多少勞工，主要係立基於對於本身經濟狀況的評估及對於本身決定能夠帶來利潤的期望。其成敗的風險，完全是由自己所承擔。也因此勞工法院無法對之加以置喙。企業決策的自由及歇業的決定，也受到憲法上所規定之財產權的保障。此外，對於企業經營決策，法院實際上也無能力審查，這是因為既欠缺審查的標準、也欠缺認識的可能性。[36] 可以說，對於企業所作的決策，原則上應推定其具有事實上的理由。

　　然而，對於法院僅以濫權控制理論介入雇主的解僱行為，德國學者有以為其違反「選擇工作的基本權保障─最低限度的解僱保護」者，並且譏之為「紙老虎」者。另一方面，台灣民事法院有關解僱保護的訴訟，大多採取嚴格審查的態度，[37] 審查的程度既深且廣，包括企業內及企業外的各種因素在內。此種審理態度，剛好與德國企業決策自由的要求相牴觸，是否顯示出台灣法官對於企業經營自由的內涵認識不清？還是其主觀上認為勞工的解僱保護應該優先於企業經營自由？情況並不明確。而在 2020 年 1 月 1 日勞動事件法施行後，配合專業的勞動法庭的審理，解僱保護是否更進一步深化？凡此，以下擬加以說明之。

一、原則上：免受審查

　　在市場經濟體制下，企業是以追求利潤為目的，無論是物料的使用或勞工的僱用，均以市場競爭為最主要的考量。因此，在共產主義下所標榜之勞動關係的存續保障，本無法存在於市場經濟的國家，否則其競爭力將急遽地流失。[38] 在競爭的環境之下，企業一旦失利，甚至達到虧損或歇業的地步，並不必對於勞工負擔經營不力的損害賠償責任。[39] 也並不因此而負不得解僱勞工之義務。

　　換言之，只要依據勞動契約之僱用機會在廠場內不再存在，即已符合基於企業

---

[34] 德國民法第 623 條即是要求解僱必須以書面的方式為之，始為有效。

[35] Gilberg, a.a.O., 821.

[36] 這是德國公法學界及勞工法學界的多數見解，請參閱 Kühling, Freie Unternehmerentscheidung und Betriebsstillegung, AuR 2003, 92.

[37] 可以參閱台灣高等法院 92 年度重勞上字第 5 號民事判決、台灣高等法院 92 年度勞上字第 25 號民事判決、台灣台北地方法院 93 年度勞訴字第 59 號民事判決。

[38] Wank, in: v. Maydell/Wank, Die Umwandlung der Arbeits- und Sozialordnung, 1996, 15, 54.

[39] 雖然勞工多會指責是經營階層的策略失敗，所以應該由其負擔最後責任，而不應該將該責任轉嫁給勞工負擔，甚至將勞工裁減出去。

經營因素之解僱的條件。在這種情況下，雇主對於經營結構之形成，原則上有充分的自由。法院僅在雇主之決定有不客觀、不合理或恣意時，例外始擁有審查權。[40]至於雇主所做成之決定，可能是來自外部的、與市場有關的因素的影響，例如引進或拒絕訂單、採購政策、廣告、財政方法等。也可能來自內部因素的影響，主要是指與技術的、組織的、或經濟的領域有關的措施，雇主藉由該等措施可以實現他的構想。這些做法包括：（部分）歇業、業務緊縮、生產計畫的改變、引進新的生產方式、裁減人員等。

　　此種企業經營自由原則上免受法院審查之見解，係立基於經營環境具有很高的不可預測性及風險性，斷非行政機關或法院之強制手段，即可將之消彌於無形或者逢凶化吉。因此，一旦具有充分的理由，雇主當然可以解僱勞工。只有在解僱未具有充分的理由或是雇主惡意地切斷勞工的廠場歸屬性的連結時，[41]其解僱才是具有可苛責性的，也才是需要由法院加以審查的。[42]

　　在法院審查企業經營自由的實務上，縮短工時的工作係一項極具爭議的問題。亦即：在解僱保護訴訟程序中，勞工如果主張雇主可以實施縮短工時的工作（無薪休假、行政假或減班休息），以取代解僱，則法院是否有權審查？對此，雖然有少數學者主張在解僱時，基於急迫廠場需要的理由，雇主應釋明及舉證縮短工時工作的條件不存在。[43]然而，德國聯邦勞工法院認為這是雇主企業形成（組織）的權利，實際上較傾向於企業經營自由不受法院審查的見解。但偶爾在其判決中，法院也會要求被解僱勞工，對於實際縮短工時的工作是有意義的及具有可能性的，負有釋明責任或舉證責任。[44]

　　以上所述，係多數學者的見解，其理念並且為德國聯邦勞工法院所採。有問題的是，濫權控制理論的實際運作情形是如何呢？而少數學者的見解又是如何？在此，先歸納少數說的理由有如下幾點：（一）從勞工權益保護的觀點出發，企業的決策應該受到法院審查。[45]因為對於基於企業經營因素之是否具有經濟理由的適當審查，並不會導致法院無所節制地試圖釐清複雜的事實的情況出現，也不會使得法院的審查掉落於雇主的角色。如從解僱必須具有社會的正當性的角度觀之，也是於

---

[40] 林更盛，前揭書，頁 73 以下。

[41] Zu Vorst. Begr. d. KSchG, RdA 1951, 62 f.

[42] Hromadka, a.a.O., 384 f.：德國解僱保護法制的發展史上，1920 年的員工代表會法（das Betriebsrätegesetz von 1920）曾經規定勞工對於「不合理的苛刻（unbillige Härte）的解僱」，可以向勞工或職員委員會（Arbeiter- oder Angestelltenrat）提出異議，以尋求救濟。

[43] MünchArbR/Berkowsky, § 155 Rn. Rn. 30, 34.

[44] MünchArbR/Berkowsky, § 155 Rn. Rn. 26 ff.

[45] Küttner/Eisemann, a.a.O., Rn. 10; Etzel, i n: KR, § 1 Rn. 553.

法有據。（二）如再從比較法的觀點，法國的法院認為企業必須是為提升競爭力，才能解僱勞工，單純地為降低人事成本與提升獲利，則非正當理由。至於奧地利法院，則是認為有權審查企業所採取之措施，在廠場經濟的合理化程度上，是否具有正當性。亦即，企業雖然擁有「自由決策的權利」，但法院有權將企業措施的必要性與適當性，與企業的經濟狀況做一比較，而做出法院的判決。

二、實務運作結果：法院有相當大的審查權限

　　雖然企業經營自由在理論上毫無爭議，但少數學者仍然主張法院應該逐案加以實質審查。不寧唯此，無論是台灣民事法院或德國勞工法院的審判實務上，其運作的結果，卻都是採取嚴格審查的態度。所謂企業經營自由云云，似乎只是一口惠而實不至的口號而已。[46]

　　先就台灣法院的判決加以觀察。例如在台灣高等法院 92 年度重勞上字第 5 號民事判決中，原告係一位配銷處的作業員，經被告依據勞基法第 11 條第 2 款虧損或業務緊縮之情形而將之解僱。法院審查後在理由中表示：被告「僅一部歇業，而同性質之他部門依然正常運作，甚或業務增加，仍需用勞工」、「必須以相當時間持續觀察，避免因作假而形成短期間業務大量緊縮之情形，亦不得僅以適逢淡旺季致營業銷售額間斷起伏，而終止契約」，而且「於翌年三月間即另外招募回補勞工人數，且超過被解僱時之人數」，「仍在廠區大門掛示布條招募新進助理技術員」。因此，足以證明被告並無以業務緊縮為由解僱原告之必要[47]。

　　又例如台灣台北地方法院 93 年度勞訴字第 59 號民事判決中，原告係一位女性電腦繪圖員，被公司以業務緊縮為由終止勞動契約。經法院審理後認為：以虧損或業務緊縮終止契約，應具備最後手段性之要件，即虧損或業務緊縮之狀態已持續一段時間，且無其他方法可資使用，雇主為因應景氣下降或市場環境變化，方可終止契約。……惟查被告公司之承攬合約總價及營業額若干，僅能認定被告公司該年度之營業狀況，但與被告公司是否有縮小營業規模之情況，並無必然關係。……被告公司於 2003 年 7 月 11 日資遣原告後，隨即於 2003 年 11 月 4 日在人力銀行刊登徵求二名繪圖員，可見營業狀況下滑，僅是短暫現象。……可見原告僅是暫時工作量

---

[46] Hromadka, a.a.O., 383.

[47] 同樣的見解及審查方式與密度，亦可見之於最高法院 100 年度台上字第 495 號裁定及其前審之台灣高等法院 98 年度重勞上字第 26 號判決（聯強國際股份有限公司案）、以及最高法院 100 年度台上字第 1159 號裁定及其前審之台灣高等法院 99 年度重勞上字第 12 號判決（財團法人台灣大電力研究試驗中心案）。兩個判決均謂：「……雇主倘僅一部歇業，而他部門依然正常運作，仍需用勞工時，本諸勞動基準法第一條保障勞工權益，加強勞雇關係之意旨，尚難認為已有業務緊縮，得預告終止勞動契約之事由。」此一法院見解值得注意之處是，業務緊縮並不以虧損為前提。

較為減少，但在該三項工程進行至可以繪圖之程度時，原告工作量仍會恢復。

　　吾人從上述法院的判決中，可知其主張解僱最後手段原則，以免有違比例原則。此固為有所本。至於其是否也支持濫權控制原則？雖然在理由中並不是很明確，但實際上卻是較傾向否定的見解。以台灣高等法院 92 年度重勞上字第 5 號民事判決為例，其不當處在於：既然是調整組織、調整人力，增加業務及研發人員以加強行銷及研發能力。那麼，此種調整，並不以企業虧損或業務緊縮為前提，即使有盈餘亦可為之。重點應是：廠場或企業真的有創造業務或研發人員的工作位置嗎？因此，法院如以未有虧損或業務緊縮的事實，來否認組織及人力調整之必要，顯然並未能切中要害，不當地干預企業經營之自由。至於法院未來是否會逐漸趨向濫權控制理論，則仍有待繼續觀察。

　　其次，再觀察德國法院的判決。首先，針對明顯的「不客觀、不合理、或恣意」的案例，由於企業的組織決策明顯地違法或以不合事理的考量為基礎所作的決定，例如以逃避勞工法與社會法的方式降低工資水準、[48] 或者以逃避解僱保護法的規定，以達到解僱勞工之目的。[49] 法院本就有權加以審查。

　　其次，聯邦勞工法院的判決中，也有認為組織決策「在事實上無法或難以實現時」，亦已達濫權的地步。例如將（被解僱的）甲勞工的工作轉由從未接觸該類型工作的（未被解僱的）乙完成、或者這種移轉違反團體協約、或者移轉的範圍過大時，即屬已達濫權程度。[50] 此種見解並不妥當，蓋解釋上雇主要求乙完成甲的工作，即使僅超過乙與雇主所約定的勞動契約一個小時，也可能被歸類為濫權。

　　再者，最極端的、但也是最令人懷疑的，是法院間有認為企業如有盈餘，但卻又以人員合理化措施追求利潤的極大化時，即屬濫權。[51] 同樣被法院認為已達濫權地步者，係廠場的經營狀況良好，但雇主卻決意予以歇業。[52] 此種見解之不當，在於解僱保護法令中，並沒有任何有關法官有權（代替雇主）做出廠場繼續營運、或者出賣廠場、或者解散廠場之規定。同理，法官也並不清楚歇業的雇主，是將所收到的價款儲蓄起來、或者將之消費、或者將之投資於具有未來前景的事業。這一切，都是可以歸結於：法官並無法為他自己判決的對錯負責，尤其是無法對於自己認定廠場經營成敗的對錯負責。無論如何，從憲法的及企業經營的觀點，法官都不適宜為廠場或企業決定「自何時起經營」、「還要經營多久」、「以多少的費用經

---

[48] BAG v. 26.9.1996, NZA 1997, 202.

[49] BAG v. 26.9.2002, NZA 2003, 549.

[50] BAG NZA 1999, 1157.

[51] ArbG Gelsenkirchen v. 28.10.1997, NZA 1998, 944.

[52] Küttner/Eisemann, a.a.O., Rn. 57.

營」及「預算額度的高低」等議題。[53] 否則，法院如將基於企業經營因素解僱之標準設定的如此高，那麼，能夠合法解僱的情形必將非常少。[54]

三、雇主的釋明責任與舉證責任（解僱的事實與理由）

企業經營自由固然在理論上毫無爭議，但在實際進入訴訟的解僱爭議案件中，卻往往未能落實，其理由主要是雇主未能正確地及完整地，將解僱的事實與理由加以陳述或證明，以致於未能影響法官心證的形成。蓋勞動關係的終止牽涉到勞工的工作權與生存權，因此組織決策自由越向解僱決定靠近，雇主就越有必要將欠缺僱用需要的事實陳述清楚，藉以證明確有勞力過剩之情事。[55] 前面所述之明確的形式，例如以書面做成的股東會決議，其中如詳載非熟練工人的工作將移交由專業工人及從屬公司的工人完成，以致形成人員過剩的情況。即是已經具體化雇主確已進行組織決策的行為，雇主自然較能以之作為陳述或舉證的資料。相反地，如果所陳述的組織決策僅是宣布解僱的反映而已，例如陳述「企業決定精簡一位助理人力」或「企業決定將建築工作交由其他低階人員完成，因此可以減少現有人力」云云。那麼，可以認定雇主並未盡到陳述或舉證的責任。[56]

就基於企業經營因素之解僱而言，其原因可能有技術的、組織的、或經濟的各種可能性（包括合理化措施、人員的過多、轉業訓練、職工年齡層的適當分配等）。如是因合理化措施所引起之解僱，雇主雖不必說明為何需要進行合理化措施，但卻必須說明合理化的範圍及證明勞工為何必須予以解僱。如是因業務緊縮所引起之解僱，則雇主必須說明訂單減少的幅度，以及因此所必須減少的費用支出。當然，他也必須證明經由解僱的途徑所節省的薪資，確實有助於整體費用支出的降低。[57]

在解僱爭議的案件上，一旦雇主對於長期的人員過剩已充分地加以陳述，被解僱勞工即應針對雇主之陳述加以反駁或舉證推翻之，例如以其對於工作流程的了解，具體說明雇主合理化措施的計畫實施上並不可行（亦即雇主之解僱措施係一濫權行為）。[58] 此種陳述或舉證責任的轉換，可能來回數次，直到某一造無法再反駁他造時，解僱的生效與否方能塵埃落定。

至於在具體的個案上，可以台灣高等法院 92 年度重勞上字第 5 號民事判決為

[53] Gilberg, a.a.O., 819.

[54] Wank, a.a.O., 5.

[55] BAG v. 17.6.1999, NZA 1999, 1098.

[56] Gilberg, a.a.O., 819 f.

[57] Hromadka, a.a.O., 385 f.

[58] BAG AP Nr. 102 zu § 1 KSchG 1969 betriebsbedingte Kündigung.

例。該案中，上訴人（被告）先是主張在 2000 年 10 月至 2001 年 2 月間業績大量下滑，甚且在 2001 年 2 月營收僅得過去同期之 83%，因此自得調整組織，以維公司營運。後又主張其業務嚴重緊縮遽降 40%，造成人力過剩，增加公司之成本，且伊公司股價亦由三百餘元跌至二十餘元，因此，依據勞基法第 11 條第 2 款虧損或業務緊縮解僱被上訴人（原告）。對於上訴人之陳述，被上訴人則引用上訴人之公開說明書，證明上訴人之獲利良好、員工人數成長，而且被上訴人在被解僱前尚須加班、上訴人對外徵人、及在被上訴人原服務部門增加人手等情，以證明上訴人並無虧損或業務緊縮之情事。台灣高等法院的判決理由，認為虧損或業務緊縮必須持續相當時間始可，短期間內的業務大量緊縮及淡季營業額的下滑，均不符合要件。高等法院並且依據上訴人所提出之銷售額申報書，確認「至 2000 年年底營業銷售額確有降低趨勢」。[59] 但是，法院又依據上訴人之公開說明書，審查自 1998 年至 2000 年間之每股盈餘及員工人數，確認「由近三年公司營運績效以觀，核屬向上發展趨勢，上訴人以虧損及業務緊縮為由終止勞動契約，即屬有疑。」

　　對於上述台灣高等法院的判決，雇主之虧損或業務緊縮必須達到相當時間，始可以之為由解僱勞工，此一見解應係可採，蓋有「長時間」的虧損或業務緊縮，通常也才會有「長時間」的人員過剩，以致於有精簡人力的必要。然而，對於雇主是否已經盡到陳述或證明的責任、以及法院是否過度地侵犯企業經營自由，則是有待進一步討論。依本文所見，上訴人果能具體地陳述業績大量下滑之程度、所必須減少的費用支出（成本）、以及證明經由解僱的途徑所節省的薪資，有助於整體費用的降低。那麼，其已盡到陳述或證明的責任矣。被上訴人如欲予以推翻，則必須由其具體地陳述或舉證證明。亦即針對業績是否大量下滑、必須減少費用支出、以及薪資的節省有助於整體費用的降低，加以反駁。但在本案中，被上訴人所言之「上訴人獲利良好」，似與業績是否大量下滑並無必然關係。其所言「員工人數成長，而且被上訴人在被解僱前尚須加班、上訴人對外徵人、在被上訴人原服務部門增加人手等」，也與虧損或業務緊縮不必然有關，不能謂有虧損或業務緊縮情事之事業單位，即不能增聘新人（含解僱原有勞工之前或之後）。就此觀之，台灣高等法院依據上訴人之公開說明書，審查自 1998 年至 2000 年間之每股盈餘及員工人數，確認「由近三年公司營運績效以觀，核屬向上發展趨勢，上訴人以虧損及業務緊縮為由終止勞動契約，即屬有疑。」此一見解似屬不當：一者，以「三年」的時間來作

---

[59] 實際上，申報書上也顯示出至 2001 年 1、2 月銷售額繼續降低，但台灣高等法院並未加以指出。這似乎並不妥當、也令人不解。因為，兩個月的期間當然會影響到業務緊縮是否已達「相當期間」的認定。

為認定虧損或業務緊縮的基準，時間上似乎過長；二者，以每股盈餘及員工人數來認定「虧損或業務緊縮」之有無，似乎並未切中問題的核心，徒然留下法院過度審查企業決策自由之疑慮而已。[60]

再就基於勞工人身或行為上事由的解僱而言，針對勞工是否確實不能勝任工作，雇主的陳述及舉證尤有困難。蓋不論是勞工客觀上無工作能力或主觀上無工作意願，往往是勞工本身最清楚，其他勞工或同事或囿於時間或囿於能力，並無法了解該勞工的狀況。試想：雇主如何陳述或證明「只要勞工願意，他可以做得更多更好」、或「從雇主給予勞工的報酬，雇主應該可以期待勞工做得如同類似勞工一樣的好」，以取信於法官？尤其是針對外勤人員（Außerndienstmitarbeiter），其有何不能勝任工作之事實，雇主幾乎不可能具體地說明或證明，因此，也幾乎不可能以不能勝任工作為由，予以解僱。[61]

至於法院有關不能勝任工作的判決中，本文亦擬以台灣高等法院 92 年度重勞上字第 5 號民事判決為例。該判決對於雇主的說明及舉證行為，顯然係採取一個相當嚴格的態度。蓋其對於「員工考績評核表」所列之考評項目，亦加以審查，而認為：「參酌被上訴人係任職於生產單位之技術員，尚非主管或其他高階勞工，其本份即係依雇主指示提供勞務，至上開溝通協調能力、主動性、合作性，允非其能否勝任其工作主要考量因素，而被上訴人就出勤、獨立完成工作及工作效率及品質項目評分均屬尚可，此觀該評核表自明，實難認被上訴人有何怠忽所擔任之工作，或未盡其勞工應忠誠履行勞務給付之義務可言。」其次，雖然已有證人證述被上訴人（原告）工作品質不穩定、產量不足之情事，但未能提出相關記錄為憑，即難遽憑證詞認定被上訴人有不適任情形。三者，即便上訴人已提出公告，「惟未標明公司名稱或蓋用任何印信，僅有徐××簽名其上，則該公告是否真正已非無疑。」末了，法院也認為「即本件被上訴人縱有工作怠忽情事，上訴人應先依其所訂工作規則規定，予以適當懲戒以資矯正，若仍無改善，始足認定被上訴人不忠誠履行勞務給付，已達不能勝任工作程度，然上訴人捨此不為，逕予解僱被上訴人，復未能舉證證明被上訴人有何確屬不能勝任工作之情形，其依勞基法第 11 條第 5 款終止契約不生效力。」

---

[60] 同樣涉及虧損或業務緊縮之陳述或舉證責任者，請再參閱台灣台北地方法院 93 年度勞訴字第 59 號民事判決。最高法院在台灣富士全錄股份有限公司一案中，再度確定應以相當時間持續觀察事業單位有無虧損或業務緊縮情事，其要求原審應審認上訴人（雇主）在 2006 年到 2009 年間的盈虧資料。最高法院 102 年度台上字第 366 號判決。

[61] 為了避免此種舉證的困難，德國解僱保護法第 9 條遂規定勞資之任何一方，可以聲請解消勞動關係，雇主並且負有給付予勞工補償費之義務。Hromadka, a.a.O., 394.

　　由上述法院判決的內容觀之，可知雇主要陳述或證明勞工不能勝任工作之不易。然而，上述法院的見解並非全無可議之處：首先，上訴人所提出之員工考績評核表，上列有十五項考評項目，並有五欄（非常不同意、不同意、尚可、同意、非常同意）供考核人填寫。上訴人在數項考評項目上（包括溝通協調能力、主動性、合作性）填寫非常不同意，並且據以解僱被上訴人。在此，吾人以為上訴人已盡到陳述及證明之義務。其所涉及解僱之理由（包括溝通協調能力、主動性、合作性），係每一廠場的每一勞工所應該具備的本份，不問主管或非主管、也不問高階或低階。蓋現代企業講求團隊合作，重視勞工積極主動的態度。然而，高等法院顯然並未考量及此，而仍以勞工個人的單打獨鬥為思考重心，其見解顯然與企業經營的實況不合，無法契合企業的須要。二者，有關工作品質不穩定、產量不足、品質較差，係不完全給付之問題，雇主除非能證明勞工有故意造成瑕疵給付的情事，否則並不得單方地減少其報酬。至於是否可以為解僱的理由，似仍應視其嚴重的程度而定。惟無論如何，如果上訴人已有證人的證詞及公告的提出，是否可以說尚未盡到陳述或舉證之責任？似非無疑。三者，本案中，高等法院提出一個解決系圖：工作怠忽→予以適當懲戒以資矯正→若無改善，可以不能勝任工作為由解僱勞工→惟雇主必須舉證證明。對此系圖，本文以為原則上可採。只不過，如果雇主已盡到具體陳述或說明的義務，應該已經足夠，不一定非要舉證不可。而在適當懲戒之前，雇主也可以先行以警告的方式，具體要求勞工必須改正一定的行為，以及若不改善，將會受到何種具體的懲處（調職、解僱等）。[62]

第二款　基於企業經營因素解僱所引起之問題

　　對於基於企業經營因素解僱之是否有效，一旦進入漫長的訴訟程序，雇主馬上會面臨因受領遲延之工資（民法第 487 條）、以及給付資遣費之風險，所帶來之壓力。再加上法院在解僱爭議案件中，不乏對於企業經營自由進行實質之審查者，而且往往要求雇主應該盡到相當程度的釋明或證明責任、再加上勞動事件法賦予法院職權調查必要證據之權力（第 33 條第 1 項參照），導致契約是否終止之不確定性更加升高。此種無法對於解僱保護訴訟程序之結果預測之情形，遂有人譏之為「好比在對樂透彩一般」。[63] 其勢必造成如下之結果：1. 從被解僱勞工的立場出發，既然法院有相當大的可能性判決解僱違法，可以回復原職、領取受領遲延的工資，甚至獲得雇主和解給付之賠償金或資遣費。那麼，理性的勞工當然應該勇於嘗試訴

---

[62] Schrader, Die geänderte Rechtsprechung des BAG zur Unternehmerentscheidung, NZA 2000, 401.

[63] Schwerdtner, in: MünchKomm, 3. Aufl., 1997, § 622 Anl. Rn. 3 f.

訟。何況，當勞工可以向政府機關[64] 或其他的團體[65] 申請訴訟費用之補助時，更沒有理由不放手一搏。而在勞動事件法施行後，基於促成勞工進行訴訟的用意，也有訴訟費用的減免規定。2. 如從雇主的立場出發，只有在其百分之一百確定解僱有效時，始值得堅持訴訟程序。其他的狀況（可能是大多數的案件），盡早與勞工針對賠償費或資遣費和解，對其最為有利。[66]

　　雖然如此，此種勞資雙方對於解僱訴訟結果高度地無法預期的現象，[67] 在解僱保護法制上並非毫無爭議。學者間多有認為其有違公平、理性、及法律不確定性者。[68] 一般而言，契約終止不確定性將會引起受領遲延的風險及資遣費或補償費之問題。以下即分別說明之。

第一目　契約終止不確定性所引起之受領遲延的風險

　　對於雇主基於企業經營因素之解僱，被解僱之勞工往往會爭執其有效性。亦即主張其並無勞基法第 11 條第 1 款至第 4 款情形之一。在訴訟上，勞工會主張確認勞動關係存在及給付受領遲延工資。因此，解僱訴訟程序時間的長短，直接牽動雇主財政上的及組織上的負擔。一個長達一年、兩年或甚至三年的訴訟期限，不僅造成雇主人事安排上的不便，也可能造成雇主數十萬元或上百萬元的工資支出及各種訴訟費用（含律師費）的支出，其影響面不可謂不大。由於訴訟程序越快終結對於雇主越是有利，法官在法庭上勸諭雙方達成和解的空間也隨之擴大。隨著勞動事件法的施行，在制度上採取迅速審結的原則，依據第 8 條第 1 項規定，「法院處理勞動事件，應迅速進行，依事件性質，擬定調解或審理計畫，並於適當時期行調解或言詞辯論。」第 24 條第 1 項規定，「勞動調解程序，除有特別情事外，應於三個月內以三次期日內終結之。」第 32 條第 1 項規定，「勞動事件，法院應以一次

---

[64] 依據 2009 年 2 月 27 日修正公布的勞基法施行細則第 50 條之 3 第 1 項規定：「因終止勞動契約或發生職業災害所生爭議，提起給付工資、資遣費、退休金、職業災害補償或確認僱傭關係存在之訴訟，得向中央主管機關申請扶助。」至於原來之勞工訴訟輔助辦法第 4 條第 1 款規定：「勞工因同一事業單位或其分支機構因關廠、歇業而終止勞動契約，雇主未依勞動基準法及相關法令給付資遣費或退休金者，得向行政院勞工委員會申請補助律師費。」則於 2009 年 4 月 17 日廢止適用。

[65] 在德國，勞工在解僱訴訟程序之費用，可以投保法律保護保險（Rechtsschutzversicherung），將之轉嫁給保險人負擔。

[66] Hromadka, a.a.O., 395：在解僱保護訴訟案件中，大部分都以解消（Auflösung）勞動關係收場（勞工取得一筆補償費）。

[67] Gilberg, a.a.O., 817：解僱保護訴訟程序是可以預測的，亦即勞工法院有相當大的可能性認定解僱違法。

[68] Schiefer, a.a.O., 777; Wank, a.a.O., 3.

期日辯論終結為原則,第一審並應於六個月內審結。但因案情繁雜或審理上之必要者,不在此限。」

當然,由於民法第 487 條但書規定:「但受僱人轉向他處服勞務所取得或故意怠於取得之利益,僱用人得由報酬內扣除之。」其中,「故意怠於取得之利益」,解釋上包括勞工故意放棄工作之機會,以致未能自他人處取得工資收入之利益。因此,可知隱含著勞工應盡力尋找下一個工作的用意,以求利益之平衡。蓋在確認僱傭關係存在及雇主應給付受領遲延工資後,由於勞資雙方嫌隙已生,勞工果然再回到原職場工作者,恐怕已不多。如果在訴訟過程中,勞工已尋得另一工作處所,對他本身應無不利可言。因此,為取得受領遲延之工資,勞工似應證明其已努力尋找工作,並且已(持資遣證明)依就業保險法登記失業而領取失業給付始可。

至於在審判實務上,法院對於雇主有無受領遲延之情事,見解並不一致。例如有認為「至原告請求 2003 年 7 月 15 日起之工資部分。查原告並未至被告公司任職,並未現實提出給付,而債務人以言詞提出給付,依民法第 235 條規定,必須將準備給付之事情通知債權人,以代提出,已如前述。惟原告不能舉證證明其已將準備給付之情事通知被告、且其在調解申請書上係勾選請求給付資遣費及損害賠償,並非勾選請求回復工作權或給付工資,故雇主並無受領勞務遲延可言。」但亦有法院認為「再按債權人於受領遲延後,需再表示受領之意,或為受領給付作必要之協力,催告債務人給付時,其受領遲延之狀態始得認為終了。在此之前,債務人無須補服勞務之義務,仍得請求報酬。查被告公司於 2004 年 9 月 8 日終止勞動契約,係屬不法,已如前述。上開終止雖不生終止契約之效力,但已足徵被告為預示拒絕受領原告勞務之表示。原告在被違法解僱前,主觀上並無任意去職之意,客觀上亦繼續提供勞務,故原告已將準備給付之事情通知被告,但為被告所拒絕,則被告拒絕受領後,即應負受領遲延之責,原告無需催告被告受領勞務,……」吾人由上述兩個法院之判決,可知受領遲延事實之有無,須依個案而定,並無法全然事先加以預測,確實具有相當程度的不確定性(請參閱最高法院 92 年度台上字第 1979 號判決,最高法院 100 年度台上字第 495 號裁定,最高法院 100 年度台上字第 1795 號裁定)。

最後,附帶一言者,雇主因受領勞務遲延之工資給付義務,由於法令規定的不明確,而受到某種程度的稀釋或者變得隱晦不明。以大量解僱勞工保護法第 13 條第 2 項、第 3 項及第 14 條之規定為例,立法者即未將「既是違法解僱,則僱傭關係仍然存在,雇主負有受領遲延之責任」之文義,加以標明出來。反而是在強調「主管機關應即限期令事業單位回復被解僱勞工之職務,逾期仍不回復者,主管機關應協助被解僱勞工進行訴訟。」「中央主管機關應編列專款預算,作為因違法大

量解僱勞工所需訴訟及必要生活費用。」將雇主個人的責任轉由國家及社會大眾承擔，實在是不當，在法理上也不通。

第二目　存續保障不確定性所引起之受領遲延的風險

就解僱保護的法律觀之，勞基法第 11 條係最主要的規定所在。此外，民法第487 條受領遲延工資之規定，也提供全體勞工解僱的保護。只不過，前者重在資遣費之保障，而後者反而較著重在僱傭關係的繼續（及受領遲延工資之給予）。立法目的似乎並不相同。惟兩者間仍然具有一定的關聯。

本來，雇主之解僱勞工，必須基於企業經營上之因素或者勞工有人身的或行為的理由。否則，即為非法解僱。雙方間之勞動關係仍然存在，勞工有權回到原來的廠場工作。即使雙方關係已鬧僵，雇主仍然必須接受勞工所提供之勞務，而無權主張給予一定的補償費或賠償費或資遣費，即可將勞動關係終止。顯然，立法者係藉由民法第 487 條之規定，賦予雇主對於勞工工作權保障之義務，與德國1951 年解僱保護法所欲達到之「存續保障」有某種程度的相似。其所欲保障的法益（Rechtsgut）是工作位置，而非勞工一般經濟上的利益。雇主遂不得惡意地切斷勞工廠場歸屬性的連結。因此，由民法第 487 條之規定，可以導出雇主有一繼續僱用勞工之義務。然而，向來我國實務的運作，只是承認勞工確認僱傭關係存在之訴勝訴後，「受僱人無補服勞務之義務，仍得請求報酬。」並無請求繼續僱用的權利（所謂「就勞請求權」）。而在勞動事件法施行後，勞工依據第 49 條第 1 項主張之「聲請為繼續僱用及給付工資之定暫時狀態處分」，也僅是程序上的僱用而已。

然而，無論是民法第 487 條之繼續僱用或德國解僱保護法之存續保障，亦僅能提供相對之保障而已。並無法如社會主義或共產主義國家般，提供絕對之保障。蓋市場經濟的社會，到處充滿了競爭，一個（幾近於）絕對無法終止的勞動或僱傭關係，顯然並無法符合市場的需要。除非是在訴訟過程中，基於訴訟可能遷延多年及勞工維持專業能力之考量，勞工始有須要暫時地回到原工作位置或主張暫時的存續保障。即便是如此，到底有多少被解僱的勞工會在解僱訴訟中提出此一主張？顯然是個問號。以德國的實務狀況而言，只有少數的勞工會在確認之訴中，以訴之追加的方式，要求雇主暫時地繼續僱用。反而是在大部分的案件中，主要是在爭取補償費。在不少案例中，當雇主在訴訟中表示願意張開雙手，繼續僱用勞工時，勞工反而會受到驚嚇而匆促地表示拒絕。

其次，無論是資遣費保障或存續保障，均顯示出雇主如欲終止勞動關係，其受到法令的限制，要比勞工欲終止勞動關係時，嚴格的多。而即使在勞基法第 11 條之情形，雇主得以資遣費的給付結束勞動關係。但雇主是否能夠盡到釋明或證明之

義務？如由上述法院所持之嚴格審查的態度，顯然並不容易。果如此，雙方間之關係即會回到民法第 487 條處理。

　　然而，由於勞資雙方從訴訟前到訴訟後之嫌隙已生，大多已無法期待一個有助於廠場目的的合作。因此，雙方合意達成一定額度的補償費或賠償費，不受民法第 487 條之拘束，也換取雇主無法舉證有勞基法第 11 條各款事實之困難，似乎是一可思採取的解決途徑。此在德國解僱保護法制的延革中，1920 年的員工代表會法（Das Betriebsrätegesetz von 1920）及 1934 年的國家勞動規範法（Das Gesetz zur Ordnung der nationalen Arbeit von 1934），均規定雇主如拒絕繼續僱用勞工，必須給付勞工一筆補償費以終止勞動關係者，在結果上並無不同。此種處理方式，體認到勞動關係在發生一定的事實後，其不得不終止的必然性，但也要求雇主必須為此付出一筆「過路費」，顯然較能符合勞資雙方之須要。

　　因此，針對勞基法第 11 條第 1 款至第 4 款之基於企業經營因素之解僱及第 11 條第 5 款之不能勝任工作之解僱，應該肯定雇主可以提出補償費或賠償費，以免除訴訟上陳述或舉證的責任，並且避免訴訟拖延所造成之高額的受領遲延工資。同樣地，也應肯定勞工有權（在訴訟外及訴訟上）主張補償費或賠償費之給付，而不一定非要提起解僱保護訴訟不可。當然，在其他人身的或行為的事由尚未達勞基法第 12 條之嚴重程度時，似乎不宜賦予雇主此種權利，以免過度侵害勞工的工作權。亦即，在此民法第 487 條所要求之勞動關係之保障，仍然有其適用。

　　當然，由於補償費或賠償費之性質，與勞基法第 11 條之資遣費並不相同，其量定之高低，也不宜僅以年資為準，而是應該將年齡納進來。前者係考慮到其損失工作位置的補償，後者係考慮到其再找到工作機會之難易。蓋年齡越大，通常表示其在職場上重新找到一個工作的難度越高，社會保障的必要性也越強。又，在廠場因虧損或業務緊縮等因素，而須要大量解僱勞工時，如經工會或勞資會議的同意，補償費或賠償費的額度亦可以向下調整，尤其是面臨關廠歇業之困境，更是如此。至於其降低的幅度，則應由工會或勞資會議與雇主協商而定。

第三節　資遣之法律問題

　　本節所敘述者，主要是雇主所發動的終止契約，所引起的相關法律問題。惟對於前述已論及之基本問題，例如解僱最後手段原則（或比例原則），將難免再度論述。

第一項　緒　言

　　對於工作契約之終止，1931 年 8 月實施之工廠法第六章已有所規定。工廠如欲終止不定期工作契約，應於事前預告工人，工人於接到預告後，為另謀工作得於工作時請假外出。工廠依規定預告終止勞動契約者，除給工人應得工資外，並須給予該條所定預告期間工資之半數，惟並無雇主應發給勞工資遣費之制度。迨至 1960 年 12 月實施之廠礦工人受僱解僱辦法，始規定廠礦解僱工人，除應依法發給預告期間工資外，並應加發資遣費，目的在保障被解僱工人之生活，此一規定，乃確立了我國的勞工資遣制度。1984 年 8 月實施之勞動基準法延續了資遣費制度，成為我國現行勞工資遣制度之主要依據[69]。由此觀之，我國的資遣費制度正如退休金制度一樣，亦為法律的強制規定，而非任由勞資雙方以勞動契約、團體協約或工作規則等方式加以訂定。

　　所謂資遣，是指針對適用勞基法事業單位之勞工，雇主對之所發動的勞動契約的一般（普通）終止。緣勞動關係之終止，可由勞工或雇主發動終止權。且雙方終止勞動契約之方式均為：一、經預告之終止，稱為通常終止或一般終止。二、不經預告之終止，稱為特別終止或立即終止。在勞工通常終止（通稱辭職）（勞基法第 15 條）[70]、雇主特別終止（通稱解僱）（勞基法第 12 條）之情形，因該等事由不可歸責於雇主，故無所謂資遣費之問題。反之，在勞工特別終止及雇主通常終止之情形，基於該等事由均不可歸責於勞工，故勞基法乃規定雇主必須給予勞工資遣費。且雇主之通常終止，只要具有勞基法第 11 條或第 13 條但書規定的事由，並不問雇主有無遵守預告期間，均應給付資遣費（勞基法第 17 條參照）[71]。只是，在無預告終止之情形，雇主仍應給付預告期間的工資（勞基法第 16 條第 3 項規

---

[69] 失業保險、資遣費與離職金相關制度之研究，行政院經建會經社法規小組，頁 108 以下。

[70] 依我國現行法令，勞工雖長期隸屬於同一事業單位，但未符合退休要件之前若自行辭職，則其在工作崗位上所累積之利益將隨之消逝，從事理上而言，不可謂公平（對於只是短期工作而自行離職者，則屬自然之理）。由此可知吾人所主張之退休金期待權，的確有其必要。針對此種長期工作於同一事業單位而中途離職之情形（含死亡、殘廢、結婚等各種因素），外國法制上另有創所謂之離職金制度者，其與吾人所倡之退休金期待權之理念相同。參失業保險、資遣費與離職金相關制度之研究，行政院經建會經社法規小組，1992 年 4 月，二刷，頁 116 以下，頁 119。

[71] 有問題的是，依據勞基法第 17 條規定之資遣費計算標準，只是針對勞基法第 11 條及第 13 條但書之情形，並不包括第 14 條之事由。因此，立法者乃在第 14 條第 4 項規定：「第十七條規定於本條終止契約準用之。」另一個問題是，第 14 條第 4 項並無準用第 16 條之規定，所以，預告期間及尋職假有無適用之餘地？對此，依據第 15 條第 2 項規定，勞工應準用第 16 條第 1 項預告終止契約。至於勞工如未預告即離職時，解釋上當然無類推適用第 16 條第 3 項規定之可能。惟勞基法亦無制裁之規定。

定），以及應被處以新台幣 2 萬元以上 100 萬元以下的罰鍰（勞基法第 79 條第 3 項規定）[72]。此處勞基法第 13 條但書規定，係指針對第 50 條（產假期間）及第 59 條（醫療期間），雇主因天災、事變或其他不可抗力致事業不能繼續，經主管機關核定者，即得終止契約。也就是說，依據第 13 條本文的規定，雇主原不得終止契約，只是根據中央勞工主管機關的見解[73]，第 13 條本文規定旨在限制雇主不得單方面依第 11 條及第 12 條規定終止契約，尚不包括勞資雙方協議終止勞動契約在內，惟必須探求勞方的真意，並不得違反誠信原則。這樣的解釋，使得第 13 條本文規定只提供相對的保護而已，亦即：如果是針對產假勞工，雇主只需遵守預告期間及給付法定資遣費數額；如果是針對勞基法第 59 條第 2 款規定之職業災害醫療期間的勞工，解釋上，在「醫療期間滿二年內」，雙方即得合意終止契約，惟雇主仍需遵守預告期間及給付法定資遣費數額，並且應一次給付四十個月的平均工資。

至於在勞工通常終止之情形，依據勞基法第 15 條第 2 項規定，應準用第 16 條第 1 項規定期間預告雇主，以便雇主能有較充裕的時間找尋接替人力或者避免原有勞工突然離職（尤其是不告而別），所造成的無法預計的經營損失。在此，勞工也負有交接職務之義務。雖然在勞基法第 75 條以下的規定中，並無對於勞工未遵守預告期間的行政或刑事制裁，但是，雇主仍然得對於勞工請求賠償所造成的損害（急切找人所支出的廣告或招募費用、確定或幾近到手的訂單落空的損失等）。

就案例 1 而言，上訴人總經理所為之行為，傳統上是雇主在行使其懲戒權，惟反映在現今職場上，卻難免職場騷擾行為（有計畫性的刁難行為）（Mobbing）的一個態樣（具體而言，是霸凌）的評價。就勞動關係中雇主的保護照顧義務觀之，本應盡力避免勞工受到雇主、雇主的代理人及其他同事的騷擾。所以，雇主的行使懲戒權，本不能違反保護照顧義務的界限，而流於騷擾。這裡要考量的是，既然雇主有其固有的懲戒權，則在「情節重大」的程度上（民法第 489 條規定（參照）），就會比勞工對於雇主、雇主的代理人及其他同事的騷擾行為（勞基法第 12 條第 1 項第 2 款規定）[74]，獲得較寬的評價。因此，要達到此一「情節重大」的標準，顯然要有多次公開的場合有此類行為（含言詞）的出現，而且，勞工也已經

---

[72] 針對勞基法第 20 條規定之改組或轉讓而未被留用之勞工，仍應遵守第 16 條之預告期間（企業併購法第 17 條參照），所以，解釋上即使雇主未遵守預告期間，只須給付預告期間的工資（勞基法第 16 條第 3 項規定）即可。另外，針對雇主未預告終止之情形，應依勞基法第 79 條第 3 項規定處以罰鍰。

[73] 行政院勞工委員會 89 年 8 月 24 日台 (89) 勞資二字第 0034199 號函參照。根據行政院勞工委員會 89 年 4 月 25 日台 (89) 勞動三字第 0015886 號函，勞基法第 13 條本文規定，亦不適用於勞基法第 54 條強制勞工退休之情形。

[74] Bauer/Günther, Kündigung wegen beleidigender Äußerungen auf Facebook, NZA 2013, 67 ff.

過廠場或企業內的反應或救濟途徑後、雇主依然故我的行事，始可終止契約。如此的推論，亦可從勞基法第 14 條第 3 項規定：「有第一項第二款情形，雇主已將該代理人解僱，勞工不得終止契約。」反面解釋推出之。

第二項　資遣費之理論基礎

　　勞工因非可歸責於自己之事由而終止勞動關係者，雇主應發給資遣費，以彌補勞工因失業所造成收入中斷之損失，並防止其生活陷入困境。勞工在找到新職前受到某種程度的保障，資遣費因此具有延續薪資收入之功能。藉由資遣費的支持，勞工才有較充裕的時間找尋符合自己專長及較為高薪的工作。所以資遣費具有生活過渡金的性質。對於中高齡的勞工尤其重要（未達退休年齡或未符合請領老年給付或老年年金者）。又由於雇主必須給予資遣費，雇主因此會考量資遣勞工之得失，避免不必要的資遣行為，資遣費因而又具有防止雇主任意解僱勞工、安定就業及增進勞資關係和諧的功能。再者，依據勞工退休基金收支保管及運用辦法第 5 條規定及勞工退休準備金提撥及管理辦法第 10 條規定，事業單位歇業時，退休基金得作為資遣費之用，就此觀之，資遣費又具有發還部分退休金之意義。總而言之，我國勞基法上強制性之資遣費制度，具有明定雇主責任、保障勞工權益、促進勞資和諧等多層目的[75]。

　　雖然如此，我國雖有就業保險法中之失業給付，但與一般的失業保險仍有一段差距，因此資遣費之具有延續薪資收入之功能，似乎有其必要性存在。但資遣費究非屬於社會保險性質，而為勞資關係的規範，其財務單由雇主負擔，屬於雇主責任。對於此項強制性的資遣費制度，學者間因而有以為違反世界潮流的，因其主要具有牽制作用，此種社會安全的制度不應規定在勞基法中[76]。

　　勞基法之資遣費制度具有多樣之功能，已如上述，然而其法律性質究竟為何？吾人以為不能一概而論，而需依其所涉及之案例而區分成補償費與損害賠償費兩類，以下即分別說明之：

第一款　補償費

　　就勞基法第 11 條之五種情形而言，除了第 5 款規定勞工主觀上不能勝任工作

---

[75] 失業保險、資遣費與離職金相關制度之研究，行政院經建會經社法規小組，頁 87 以下、頁 113 以下。

[76] 郭明政，勞工退休制度，會議紀錄部分，1997 年 4 月，見會議紀錄部分，頁 16-13。

外，基本上勞工並無可歸責之原因，且雇主基於經營上的困境，亦無法苛責其不能阻止該等情事之發生，例如經濟景氣衰退，導致企業營運困難而不得不解僱部分勞工即是，為了彌補勞工必須中途離職另尋工作、以及工作年資的損失等[77]，雇主因此給予特定數額的補償。就第 20 條因事業單位改組或轉讓而對未留用之勞工而言，該資遣費亦只具有退職補償之意義，雖然有填補損失的作用，但並無制裁之意味[78]。因該制度是勞動契約的特別規範，基本上並不是勞動契約內容之直接效力，而係為避免解僱人數過眾造成重大社會、經濟問題，尤其因為顧慮到技術革新和解僱保護之矛盾，才以給予資遣費作為保護勞工之規定。另外，在勞雇雙方合意終止契約並且由雇主給付資遣費之情形，解釋上該資遣費也是補償費的性質。

　　德國勞工法令中，並無如我國有強制企業應發給資遣費之規定，而是以失業保險來處理非自願性離職之保障。惟企業對於勞工之離職，若因可歸責於本身之因素，而非由於勞工之過失者，則可經由法院之判決或雇主與員工代表會於社會計畫（Sozialplan）中約定，給予勞工相當數額（十二個月到十八個月）的補償費。首先，在解僱保護法中規定，如勞工對於雇主之解僱是否有效向法院提起確認之訴，設如法院審理結果認為勞動關係已解消（Auflösung），則自無補償費之問題；惟如經法院確認勞動關係仍然存在者，則理論上勞工仍可回到職場繼續原來的工作，但實際上雙方因從解僱、到訴訟結束，結怨已深，勞工或雇主之任何一方對於將來的真誠合作已無法再期待時，則得由勞方或資方向法院提出申請，請求法院以職權判決雇主給予十二個月到十八個月的補償費。此一補償費係用來對於勞工工作位置喪失之補償。因此，勞工事後不得再度以工作喪失受有損害為由，向雇主請求賠償[79]。惟此種以補償費買斷僱傭關係的立法，並未見之於台灣的僱傭契約法制中。依據民法第 487 條之規定，對於受領遲延之雇主，受僱人提起確認僱傭關係存在之訴，即使經年累月，也即使雙方已撕破情面，只要受僱人堅持繼續維持僱傭關係，則雙方即必須表面地維持和諧關係。此種立法，似有制裁可歸責之當事人（或者

---

[77] 黃程貫，勞動法，1996 年，頁 484、489。氏謂：既然係作為工作年資之補償，則其實勞工不問是因勞基法第 11 條或第 12 條第 1 項之各款事由被解僱者，均有工作年資補償之問題。惟勞基法第 12 條第 1 項卻無資遣費請求權，將工作年資之期待利益一筆勾消，以對勞工不良行為懲罰，並非十分公平。對此，本書以為如將勞基法第 12 條之規定，解釋為雇主行使解僱權之外，已同時拋棄其（因勞工可歸責行為所造成損害的）損害賠償請求權，則否定勞工的資遣費請求權，在法理上即有其說服力。此外，如果承認勞基法的退休金為遞延工資的性質，則似應承認資遣費具有同樣的性質。

[78] 黃越欽，勞動法新論，2000 年，頁 232。

[79] Hanau/Adomeit, Arbeitsrecht, 13. Aufl., 2005, Rn. 1025; Söllner, Grundriß des Arbeitsrechts, 11. Aufl., 1994, 301; Schaub/Linck, Arbeitsrechts-Handbuch, 12. Aufl., 2007, § 141 Rn. 1 ff., 44 ff.; 劉志鵬，勞動法解讀，頁 202。

說：惡意的雇主）之意。

其次，為了彌補或減輕勞工在企業變動時所遭受之經濟上的不利益，聯邦企業組織法第 112 條針對第 111 條五種企業變動之情形，規定雇主必須與員工代表會制定一社會計畫──此社會計畫具有企業協定之效力（§ 112 I 3 BetrVG）──，而於此社會計畫中亦可約定一補償勞工喪失工作位置之補償費。其補償數額一般亦為十二個月到十八個月的薪資[80]。

經由對於德國解僱保護法及企業組織法之補償費加以分析後，本書以為我國勞基法第 11 條、第 17 條之資遣費，較近於企業組織法第 112 條之補償費。

第二款　損害賠償

就勞基法第 14 條第 1 項之六種情形而言，除了第 4 款之有傳染之虞的惡性傳染病之外，似乎均為可將之歸責於雇主之事由，勞工因而受到損害或有受到損害之虞。勞工雖可依第 14 條第 2 項立即終止勞動契約，並依第 17 條請求資遣費，惟實者係迫不得已之被迫辭職。在此種情況，雇主之資遣費已非如勞基法第 11 條資遣費之只具有補償費性質，而較具有損害賠償之色彩。只是，假設勞工以為該資遣費無法填補其損害時，是否得另行再向雇主請求不足之額？對此，學者間固有持肯定見解者[81]。惟本書以為此一資遣費的保障，同時隱含著拋棄其他請求的用意。其應與勞基法第 12 條規定採取不同的對待，後者，並未排除雇主的損害賠償請求權。而且，如果勞工受有人格權上的損害（民法第 195 條規定），其自得請求精神慰撫金。又，依據勞基法第 14 條第 3 項規定：「有第 1 項第 2 款或第 4 款情形，雇主已將該代理人解僱或已將患有惡性傳染病者送醫或解僱，勞工不得終止契約。」在此，如果是第 1 項第 2 款規定情形，雖然雇主已將該代理人解僱，但勞工應得回歸到民法的侵權行為或僱傭契約上的義務，向雇主請求損害賠償。但如果是第 1 項第 4 款規定情形，則雇主已將患有惡性傳染病者送醫或解僱時，即已盡到勞動契約上的保護照顧義務矣，自不應讓勞工可以向雇主請求損害賠償。

吾人如觀勞退金條例第 12 條第 1 項之規定，其適用對象包括勞基法第 11 條及

---

[80] Brox/Rüthers/Henssler, Arbeitsrecht, 16. Aufl., 2004, Rn. 1005; Zöllner/Loritz/Hergenröder, Arbeitsrecht, 6. Aufl., 2008, 290 f., 557 f. 郭玲惠，企業關廠或倒閉時，勞工權益之保障，以德國制度為例，中興法學，第 42 期，頁 55 以下、頁 61 以下。

[81] 黃越欽，勞動法新論，2000 年，頁 221 以下。至於黃程貫，前揭書，頁 497 謂：「此時（勞基法第 14 條）勞工之所以終止契約，乃是因為雇主有可歸責之事由或工作環境有危險，致勞工有受侵害之情事或可能，而使得勞動關係之繼續存在，對勞工而言已屬不可期待，與勞工之任意離職、辭職不同。」是否為損害賠償性質？見解並不明確。

第 14 條，因此，其兼括補償費及損害賠償之性質。

第三項　資遣費發生之原因

資遣之發生，在台灣限於勞工之非自願性地離開職場。其類型一般可歸納為四：一、基於雇主的通常終止（勞基法第 11 條）。二、基於勞工之非常終止（勞基法第 14 條）。三、基於事業單位改組或轉讓，勞工未被留用（勞基法第 20 條）。四、基於雇主的大量解僱（大量解僱勞工保護法第 4 條第 3 項第 6 款）[82]。其中關於事業單位改組或轉讓可以作為解僱勞工之理由，似乎有未能公平衡量勞工之工作權與雇主之經營權，以取得利益之平衡之感，此與民法第 425 條買賣不破租賃相較，或會令人有人不如物的錯覺[83]。學者間亦有認為如從民法第 484 條觀之，原雇主將企業轉讓與新雇主，屬於勞務請求權讓與第三人之情形，故應先徵得勞工之同意，勞工如未表示反對之意思表示，則勞動關係當然由新雇主繼受。因此企業轉讓時，只有勞工有權終止勞動契約，雇主（原雇主或新雇主）並無終止權[84]。為了對於勞工權益有所保障，除了令勞動關係存續下去外，亦必須釐定原雇主與新雇主對於勞工所負之責任。雖然如此，本書認為民法第 484 條究竟並不規範企業轉讓之情況，而是只規定非企業轉讓之勞務請求權讓與之情形，而且，勞動關係仍然存在於原雇主與勞工之間，並非已轉給新雇主繼受，因此，如與企業併購有關之勞工權益事項，仍然須要依據企業併購法第 15 條、第 16 條、第 17 條規定、勞基法第 20 條規定，以及金融機構合併法第 19 條規定處理之。

第四項　資遣費之計算方式

第一款　勞動基準法之計算

如同退休金計算方式之爭議，勞基法於 1996 年 12 月修正通過前，究竟為一

---

[82] 至於所謂的合意資遣，其本質是勞雇雙方合意終止契約，並且由雇主給付一筆費用給勞工，以補償其損失，其本質為「勞工同意離職、而雇主同意給付補償費」。

[83] 只是，承租人常常也是社會的弱勢者，伴隨著承租人的，常是與他一同生活的家人。所以，租賃關係中常是一群人與出租人的互動關係。這與僱傭關係中，侷限在單一受僱人與僱用人間的法律關係者，尚有不同。立法者究應給予何者較完密的保護？兩者有相同的比較基礎嗎？

[84] 王惠玲，事業單位改組轉讓問題之探討，律師雜誌，第 219 期，1997 年 12 月，頁 48。

體適用或分段適用？可謂莫衷一是，支持一體適用或分段適用者，各列舉出諸多理由，以證明各自之論點[85]。隨著已修訂勞基法第 84 條之 2，明定分段適用之原則（亦即不溯及既往原則），此一問題似已迎刃而解。依據勞基法第 17 條規定，在同一雇主之事業單位繼續工作，每滿一年發給相當於一個月平均工資之資遣費（第 1 款）。依前款計算之剩餘月數，或工作未滿一年者，以比例計給之。未滿一個月者以一個月計（第 2 款）。此處的同一事業單位，依照內政部的見解，涵蓋總機構（本／總公司）及分支機構（子／分公司）[86]。由於，資遣費之計算並無如退休金有最高總數四十五個基數限制的問題（理論上資遣費亦不可能超過四十五個基數），因此亦無所謂自受僱日起算或自適用日起算之爭議。依據勞基法第 17 條、第 84 條之 2 規定計算之資遣費，應於終止契約後三十日內發給（勞基法第 17 條第 2 項規定）。

第二款　勞工退休金條例之計算

依據勞工退休金條例第 12 條第 1 項規定，適用本條例勞工之工作年資，其資遣費由雇主按其工作年資，每滿一年發給二分之一個月之平均工資，未滿一年者，以比例計給；最高以發給六個月平均工資為限，不適用勞動基準法第 17 條之規定。此種立法方式，採取有限度的資遣費的規定，與勞基法資費的規定不同[87]。但其仍然具有將社會保險給付轉由雇主負擔的特質。

由於勞工個人退休金專戶具有可攜式的特點，可以改善目前大部分勞工（尤其是中小型企業）無法成就退休條例領取退休金之缺失。雖然勞工仍然可能遭遇到雇主的解僱，但在舊制下所保留之年資雇主必須依照勞基法的標準給予資遣費（勞退條例第 11 條第 2 項），而在新制下雇主仍然必須給付一定數額之資遣費（每滿一年發給二分之一個月的平均工資），[88] 勞工並且可以將已累積之退休金攜帶至下一個雇主處繼續累積，故其遭到惡意資遣而只能領取資遣費的悲慘景象已獲得相當程度的矯正。

---

[85] 黃劍青，勞動基準法詳解，1988 年，頁 360。

[86] 內政部 75 年 12 月 26 日 (75) 台內勞字第 464100 號函參照。

[87] 楊通軒，從勞工退休制度改制看勞工老年生活照護之落實，律師雜誌，第 298 期，2004 年 7 月，頁 46 以下。

[88] 依據勞退條例第 6 條的規定，雇主應為勞工按月提繳退休金，該退休金已進入勞工的個人專戶，其所有權應歸屬於勞工。與勞基法之退休準備金之所有權仍屬於雇主者，有所不同。因此，雇主依據勞退條例第 12 條第 1 項資遣勞工時，必須於資遣時另外提出一筆資遣費，且在終止勞動契約後三十日內發給（勞退條例第 12 條第 2 項）。

　　因此，在舊制下學者討論甚多之「退休金期待權」，[89] 在新制下已然失去其意義。詳言之，由於勞基法另有資遣費之規定，且其給付額度較退休金為低，因此法制設計上即可能驅使雇主於勞工即將符合退休要件之前，採取資遣之手段，實務上此類例子可謂不勝枚舉 [90]。再者，如是勞工於即將符合退休之際，自行辭職而去，轉往其他企業工作，依勞基法亦無能保障其退休金期待權。因此，為了解決此一問題，論者或有主張將資遣費提升至退休金同樣之水準者，或有主張可讓其將年資攜往其他企業體繼續計算者 [91]。然而，由於資遣費與退休金之法律性質相異，其立法用意不同，本無法同等對待 [92]，其給付水準自不宜相同。再者，退休金含有安定勞工之作用，期望藉此降低勞工之流動率，立法目的本即限於同一事業單位，如允許勞工得不受限制地攜往其他企業體，則企業退休金之目的盡失，且與勞保條例之老年給付之界限也為之模糊 [93]。基此，上述兩種解決問題的建議，似均非妥當。惟「退休金期待權」是否應運用於勞基法退休金制度之問題，已隨著新制的實施而不復存在。

　　實者，資遣費既然具有社會給付的性格，本應移至失業給付或失業保險金規範，即使還要雇主負擔一部分的資遣費，也應該侷限在最小限度範圍內始有正當性可言，或者將之讓由雇主與勞工自由約定是否給予資遣費及其額度為何即可。因此，考量退休金既然可以攜帶至別的廠場，那麼，至少在關廠、歇業、以及勞工主觀上的不能勝任工作的情形，即不宜再要求雇主給付資遣費 [94]。惟此必須經由修法的途徑為之。

---

[89] 楊通軒，從勞工退休制度改制看勞工老年生活照護之落實，頁 51 以下；林炫秋，台灣、德國與美國企業退休金給付法制之比較研究，政治大學法律研究所博士論文，2001 年 7 月，頁 198 以下。

[90] 如台灣板橋地方法院 83 年度勞簡上字第 5 號，被上訴人已工作十四年，卻因上訴人遷廠而被資遣。

[91] 中國時報，1997 年 2 月 28 日，17 版：換工作就得重計退休年資不合理。

[92] 楊通軒，從勞工退休制度改制看勞工老年生活照護之落實，頁 59 以下；李偉鳳，我國勞工退休問題之研究，中國文化大學勞工研究所，1985 年 7 月碩士論文，頁 155。

[93] 范祥偉，我國經濟部所屬事業員工退休制度之研究，中國文化大學勞工研究所，1985 年 1 月碩士論文，頁 25。

[94] 在這裡，實際上是圍繞著一個議題：「可否將資遣費自失業給付中扣除」？對此，相關的討論也見之於德國學者之間，例如 Schmidt, Verschiebung von Konflikten und Lösungen zwischen dem Arbeitsrecht und dem Sozialrecht, AuR 1997, 468 ff.

第四節　大量解僱之法律問題

第一項　概　說

　　勞工，係基於私法契約向雇主提供勞務而獲取報酬，並藉該報酬維生或獲得一定程度生活享受之人。勞動契約一旦終止，勞工除能求助於該國之社會安全網外，其生活必將受到相當程度的影響。因此，世界各國大多基於社會國原則或福利國原則，以勞工為勞資關係中弱勢的一方，而在解僱保護法制上做有利於勞工之規範，亦即對於雇主基於契約自由原則而來之解僱權，予以某種程度的限制。

　　不惟如此，基於體認到雇主所為的大量解僱，與個別或少數勞工的被解僱，在本質上有相當的差異性，其影響的層面不僅涉及個別勞工能否重新找到一個適當的工作位置，尤其甚者，毋寧係其對於整體社會及經濟造成相當程度的衝擊。此所以在一些國際組織及國家，如歐洲聯盟、德國及日本等，特別從社會正義的觀點，以勞工應有獲得合乎人性尊嚴生活的保護為出發點，而在原來解僱保護法制之外，另外制定或由法官以判決逐漸形成一有關雇主大量解僱勞工之程序與原則。[95]

　　經過多年的研議後，我國亦已在 2003 年 1 月 13 日制定通過大量解僱勞工保護法（以下簡稱大解法）。觀該法第 1 條之立法目的，固在於適當調和憲法所保障之工作權、生存權及財產權。惟其更深一層的理論背景，應係在基於福利國原則而來之社會正義。此固無疑義而為吾人所贊同。但吾人如衡諸其他國家之大量解僱勞工保護法制之建構或形成，則仍然有值得借鏡之處：如以日本而言，並無針對大量解僱之特別規定，而是由法院在整理解僱制度中、配合其企業獨有之終身僱用制，而累積成大量解僱的審查標準。[96] 再者，德國企業組織法第 112 條第 5 項也規定，仲裁委員會（Einigungsstelle）在做成取代社會計畫之決定時，應遵守一定之原則，諸如應考量社會法典第三部中所規定之各種促進就業以避免失業之措施，以及在量定社會計畫支出之總額時，應注意該給付不至於危害企業的繼續存活或危害到實施企業改變後所留下來之工作位置。

　　凡此日本及德國之實務或立法規定，對於未來行政機關或司法機關之執法，[97]

---

[95] 林更盛，德國勞動契約終止制度之研究，台大法律研究所碩士論文，1989 年 5 月，頁 79；張躍騰，大量解僱保護規範之研究，政大法律研究所碩士論文，2001 年 7 月，頁 40 以下。
Zöllner/Loritz/Hergenröder, Arbeitsrecht, 6. Aufl., 2008, 299 ff.

[96] 張躍騰，前揭書，頁 88 以下。

[97] 大量解僱勞工保護法第 7 條第 3、4 項規定，主管機關得於協議成立之日起七日內將協議書送請管

甚至未來的修法，均提供一定的思考方向，諸如：台灣的勞工向來跳槽風盛，大量解僱勞工保護法是否應納入此一因素？[98] 亦即將大量解僱勞工保護法設計成更符合我國的國情。再者，無論是勞資雙方或勞資政三方針對解僱計畫書做成協議時，均應係以事業單位的繼續存活作為考量的重點，以免禍及本可繼續存留之工作位置。蓋設定大量解僱勞工保護之程序，其目的並不在於禁止雇主解僱勞工或關廠或歇業，而是在於減緩解僱的速度及妥善處理後續的問題，例如雇主應負的責任及國家所能提供之各種就業保險機制。

　　吾人觀大解法施行後，提供了大量解僱勞工在程序上的救濟途徑，突顯出大量解僱的特殊性。自此而後，被解僱的勞工有關契約終止之實體及程序上的規定，即分別由勞動基準法及大解法所規定，兩者間並且有普通法與特別法之關係，勞工必須了解其間之差異。而在大解法實施的前後，雖然企業界多有因關廠、歇業、虧損或業務緊縮所引起的解僱事件出現，惟當事人真正以大量解僱的形式提出訴訟、而法院亦以大解法的相關規定審理者，似乎少有見之。此從 2003 年以來之民事判決，僅有在確認勞動關係存在之訴或給付工資之訴中，偶然觸及大解法之相關規定者，即可知之。例如最高法院 108 年度台上字第 2325 號判決即為一例。

第二項　雇主大量解僱勞工之原因

　　事業單位之所以會大量解僱勞工，其理由不外乎關廠、歇業、合併、轉讓及進行改組等。[99] 而近年來各企業所屬行之非典型的工作型態，亦可能促使企業逐步地、但大量地將正職勞工解僱出去。一般而言，對於勞力密集的產業，在其訂單大量消退時，即有可能被迫在極短的時間內，大量地終止勞動關係，以確保其獲利或甚至不至於淪落到破產的地步。即使對於從事研發工作的企業，因為技術的更新而引進新的機器時，亦會連帶地取代原本由（大量）勞工所完成的工作。如再就座落於科技先進國家中的企業而言，由於各種通訊技術領域、資料處理技術領域、以及運輸領域的日益改善，致使其得以儘可能地將複雜的製造過程細部化，而將其部分的生產移往低工資國家的生產基地，而終於導致其國內企業內的勞工被大量解僱或

　轄法院審核。前項協議書，法院應儘速審核，發還主管機關；不予核定者，應敘明理由。

[98] 例如對於帶槍投靠之（幾乎）帶走整個部門或大量集體離職之現象，由於嚴重影響事業單位之經營，是否可以在大量解僱勞工保護法中加以程序上的限制？

[99] 本書不在於詳論關廠、歇業、合併、轉讓及改組等法律上的意義，請參閱張躍騰，前揭書，頁 31 及 102 以下。

甚至走向關廠歇業一途。[100]

　　事業單位大量解僱勞工之理由雖有數端，但如以企業的存廢而言，有些是企業已終局地不復存在（關廠、歇業），[101] 有些則是組織型態變更（改組）或法人格消滅但企業實體以另一法人格的方式繼續存在（轉讓、合併）。因此，如欲衡平地兼顧被大量解僱之勞工之法律上的保障及企業經營之存續，則似應作如下之考慮：一者，在企業或廠場非惡意之關廠或歇業之情形，表示其已面臨重大的經營危機，求其生已不可得，則是否需要再賦予其遵守大量解僱勞工保護法之程序之義務？或者令其回歸到勞基法第 11 條第 1 款或以破產法之規定加以處理即為已足？

　　再者，針對企業轉讓或合併等之情形，則是否宜在企業轉讓或合併階段，即給予某種程度之規範，以提供勞工適當地保護（此尤其係指個別或少數勞工被解僱之情形）。一旦企業轉讓或合併等引起大量解僱勞工之後果，則再給予勞工（第二層的）大量解僱的保護？果如此，勞工工作權之保障，始堪稱完密。吾人如環視歐洲聯盟之法令規定，不僅在歐體勞工基本社會權憲章（Gemeinschaftscharta）第 7、17 及 18 條中已有相關規定，尤其重要者，係 2001 年 3 月 12 日之企業轉讓時之勞工請求權指令（Richtlinie des Rates zur Angleichung der Rechtsvorschriften der Mitgliedstaaten über die Wahrung von Ansprüchen der Arbeitnehmer beim Übergang von Unternehmen, Betrieben oder Unternehmens- oder Betriebsteilen）[102]（以下簡稱企業轉讓指令）。[103] 制定企業轉讓指令之目的，係因為歐體理事會體認到歐洲聯盟各會員國之中，經濟的發展導致基於契約約定的移轉或合併，而將企業、廠場、或企業的或廠場的一部分轉由他人承受之情況增多，也使得企業的結構——無論是會員國層次或歐盟層次——隨之改變；因此，有必要訂定法令規章，以保障勞工在企業所有人轉讓時之權益；並且，各會員國在保障勞工權益的範圍上存在著差異，有必要予以縮小。[104]

---

[100] Opolony, Die anzeigepflichtige Entlassung nach § 17 KSchG, NZA 1999, 791.

[101] 此處之歇業固兼含法律上及事實上的歇業而言，且企業主之歇業，本無需限於欲停止全部企業之營業為限，一部歇業當然亦可以。反對說，張躍騰，前揭書，頁 35 以下。

[102] 2001/23/EG. ABl. EG Nr. L 82 v. 22.3.2001, 16.

[103] 2001/23/EG 指令係取代了原來之 1977 年 2 月 14 日之 77/187/EWG 指令。

[104] 黃程貫，勞動法，1997 年 5 月，修訂再版，頁 485 認為歐洲聯盟之做法，係採取租賃契約中買賣不破租賃原則，而承認勞動關係中亦有所謂「買賣不破勞動契約」之原則，以保護勞工之工作權。對此，吾人以為有略加以說明的必要：一者，無論是歐體勞工基本社會權憲章或企業轉讓指令，均未有提及「買賣不破勞動契約」之理論，故該理論應係黃教授於綜合相關資料後所自行引出者；二者，企業轉讓指令第 2 條第 1 項 a 款所用之法律用語為讓與人（Veräußerer），本包括出賣與出租之行為在內，勞工無論係因出租或出賣而轉至承受人（Erwerber），均受到該號指令之適用。

第三項　立法目的

依據大量解僱勞工保護法第 1 條規定：「為保障勞工工作權及調和雇主經營權，避免因事業單位大量解僱勞工，致勞工權益受損害或有受損害之虞，並維護社會安定，特制定本法；本法未規定者，適用其他法律之規定。」由該條文觀之，其固然論及了被解僱勞工的利益、雇主的利益、以及公眾的利益與整體勞動市場的情勢，惟究竟以何者為最主要之目的？由於會影響條文之建構及行政機關面臨大量解僱時所應採取之態度，似有必要進一步加以說明。

第一款　保護個別勞工之利益

有關大量解僱勞工保護法之目的，主要係在保護個別勞工之利益者，係歐洲聯盟的主張。亦即歐洲聯盟 1998 年之大量解僱勞工指令 [105] 在其立法說明 (2) 提到：經仔細權衡共同體內的經濟的及社會的發展後，實有必要加強勞工被大量解僱時之保護。[106] 學者間亦有認為：大量解僱勞工保護法原係在於勞動市場政策之目的，由政府機關提供給勞工各種保護的手段。惟有鑑於勞工主管機關所提供的手段往往成效有限，故在法規的設計上，也漸漸地將避免勞工失業的責任，移由勞動契約的當事人或勞工參與機制的當事人負擔。上述大量解僱勞工指令第 2 條第 1、2 項即規定：「雇主意欲大量解僱勞工者，應即時地諮詢勞工代表的意見，以求取得一致之意見（第 1 項）。上述之諮詢，其目的至少在於尋求避免或限縮大量解僱、或者經由社會的伴隨措施，例如被解僱之勞工在他處的使用可能性或轉業訓練，以減輕其失業之苦（第 2 項）。」觀其目的當在於加強勞工利益之保障。[107]

總之，經由大量解僱勞工保護法之規定，乃擴充了個別勞工利益之保護，亦即在原來的勞基法所提供的解僱保護之外，多增加了一層的保障。[108] 而從歐盟指令 98/59/EG 強調保護個別勞工之利益觀之，一旦勞工有人身上的及行為上的事由而被解僱，表示其咎由自取，即無理由列入大量解僱保護範圍之內。這實際上也較符合解僱保護的原意，也避免普通解僱與大量解僱互相衝突的現象出現。畢竟，大量解僱仍然必須遵守一般解僱的原理原則，只是前者具有一些特殊的規定而已。

---

[105] 98/59/EG. ABl. EG Nr. L225 v. 12.8.1998, 16.

[106] 1998 年前身之 75/129/EWG 指令亦有同樣之主張。

[107] Opolony, a.a.O., 792.

[108] BAG v. 11.3.1999, NZA 1999, 762.

第二款　勞動市場政策之目的

雖然大量解僱勞工保護法之目的，亦含有保護個別勞工利益之用意。惟多數的學者仍然認為其主要目的係在於勞動市場政策上。亦即讓勞工主管機關在接獲通知後，能立即地對於即將到來之大量解僱預作準備、在勞動市場上設法尋覓出缺的職位、提供轉業訓練、以及儘量避免被解僱者變成長期的失業者。對於實際上並非絕對必要的大量的解僱，勞工主管機關得採取法所允許的各種措施，諸如提供貸款，加以防止或適度緩和，以避免失業潮的出現。

因此，大量解僱勞工保護法之立法用意，係在於透過其所設定之要件及程序，以限制雇主的大量解僱，而非賦予主管機關對於個別勞工被解僱之有效性，加以審查。雇主是否有權終止與個別勞工間之契約，係屬於勞基法或民法之範圍。兩者不可混淆。經由其所設定之要件及程序，如通知程序，乃得以拖延雇主的解僱速度或者逼迫雇主採取分批解僱之方式，讓勞工及主管機關有多餘的時間加以因應。如對照大量解僱勞工保護法第 2 條所設定之解僱比例或人數觀之，實即含有（鼓勵或要求）分散解僱之用意，因此只要雇主所解僱勞工之人數低於該條所設定之比例或人數，即為法之所許，並無法加以苛責，亦無權利濫用之可言。[109]

大量解僱勞工保護法之立法目的，既然主要是在勞動市場政策上，則其規範的重點當在於通知義務及勞工參與的設計。至於資遣費、退休金之問題，則應回歸到勞基法的規定。為了讓勞工主管機關能較圓滿地處理，大量解僱勞工保護法第 4 條第 1 項所規定之六十日是否足夠？並非無疑。是否宜在立法上賦予勞工主管機關適度延長之權限（以延長次數或日數的方式為之）？[110] 又雇主係對於勞工主管機關負有通知義務，具有保護公眾利益之用意，因此勞工在勞動契約中同意放棄向主管機關通知之約定，應為無效。[111] 有問題的是，如勞工係在面臨大量解僱時，始同意雇主可無需向勞工主管機關通知或逕自接受解僱之意思表示者，該意思表示是否當然無效？對此，吾人以為不可一概而論，就其接受解僱之法律行為，應已生效，蓋大量解僱勞工保護法第 4 條之六十日的期間，並非如同德國解僱保護法第 18 條所規定之禁止（解僱）期間（Sperrfrist），雇主的解僱行為並未被禁止。又，大量

---

[109] 因此，立法過程當中有立法委員認為大量解僱保護法恐將方便企業主分批裁員、規避法令，一旦執行不當，該法將變成「保護大量解僱勞工法」。其立論殆值得商榷，蓋其未能正確認清該法之立法目的也。參中國時報，2002 年 11 月 28 日，13 版。

[110] ErfK/Ascheid § 18 Rn. 1, 10. 又德國解僱保護法第 18 條第 2 項即有賦予勞工主管機關延長解僱禁止期間（Sperrfrist）一個月的規定。

[111] BAG v. 11.3.1999, NZA 1999, 862 f. 惟如勞工係在面臨大量解僱時，始同意雇主可無需向勞工主管機關通知或逕自接受解僱之意思表示者，其放棄行為或雇主之解僱行為均為有效。

解僱勞工保護法第 4 條第 1 項所規定之雇主向勞工主管機關通知之義務，雖為行政法上之義務，且大量解僱勞工保護法第 17 條亦有罰鍰之規定。惟如果勞工已接受（大量）解僱之意思表示者，是否仍有加以處罰的必要？似非無疑。[112]

　　由於雇主之意欲進行大量解僱，除了有惡意關廠歇業之情事外，大多係因本身未能因應瞬息萬變的市場變動，以致經營上面臨重大的困境，故欲藉由急速地大量解僱以斷尾求生。因此，大量解僱勞工保護法所設定之程序及要件規定，將會延緩雇主之解僱行為。故為降低雇主在等待政府機關處理及與勞工方面之相關代表進行協商之期間，所可能導致更大之不利，勞工主管機關實應採取積極性的輔助措施，如提供貸款及提供金錢上的實質救助，以幫助企業存活下來。[113]

第三款　制裁惡意的關廠歇業

　　如前所述，大量解僱勞工保護法之目的，主要是在勞動市場政策的，其次是在個別勞工利益之保護。惟無論是何者，政府機關之所以需要採取各種程序或措施，無非是大量解僱勞工之事實即將出現。因此，對於基於惡意之關廠歇業，如能堵塞其源，亦將能防止大量解僱之出現。基於此，立法者遂思在現行勞基法之規定之外，另在大量解僱勞工保護法設定一獨特的規定，以為對應之策，形成我國大量解僱勞工保護法之特色。換言之，依據大量解僱勞工保護法第 12 條規定，事業單位於大量解僱勞工時，如有積欠勞工退休金、資遣費或工資，且有一定之情事者，主管機關得限期令其給付，屆期未給付者，中央主管機關得函請入出國管理機關禁止其董事長及實際負責人出國。[114]

第四項　適用範圍（對象）

　　勞工與雇主終止勞動關係，有係主動者、有係被動者，有係有預告期間者、

---

[112] BAG v. 11.3.1999, NZA 1999, 862 f. 即表示勞工如同意雇主可無需向勞工主管機關通知，其所為之放棄行為有效，嗣後雇主即無需再向主管機關通知矣。

[113] 在極端的例子下，主管機關可能會面臨如下之兩難：是要盡可能地避免或延緩大量解僱，以暫時性地保留所有或大部分勞工的工作位置，但卻會加速企業的滅亡呢？或者是放寬大量解僱之管制或審查，給予企業較大的空間，以暫時性地大量解僱勞工，但卻會長久地保住企業的生機並且拯救一部分、甚至大部分的工作位置？

[114] 有關資遣費或退休金之規定，另見之於大量解僱勞工保護法第 10 條。依之，「員工於預告期間就任新職，原雇主仍須依協商同意書，發給資遣費或退休金。」如依該條文語意，雇主似得與勞方代表就資遣費或退休金加以協商，而無需受勞基法所訂計算標準之拘束。豈其然乎？

有係被立即終止者，是否均受到大量解僱勞工保護法之規範？對此，大量解僱勞工保護法第 2 條第 1 項雖有規定其適用之對象為「事業單位有勞基法第 11 條所列各款情形之一、或因併購、改組而解僱勞工者。」惟本文認為仍有必要進一步加以說明。

第一款　基於企業經營上之因素

　　由雇主所發動之基於企業經營上之因素之大量解僱勞工之行為，一般通說均認為其係典型的大量解僱勞工保護法所欲處理之對象。[115] 如歐洲聯盟 1998 年之大量解僱勞工指令第 1 條第 (1) 項第 a 款即規定：「『大量解僱』係指雇主基於一個或數個非起因於勞工本身之因素所為之解僱。」[116] 此處雇主之終止勞動契約之原因，包括關廠、歇業、合併、轉讓、改組等在內。即使因關廠、歇業而進入破產程序而導致大量解僱之情形，現行法上亦無排除其適用大量解僱勞工保護法。[117] 只要具有如上所述原因之一，不問勞工工作期間到底有多久，雇主即得進行解僱。由於大量解僱勞工保護法的目的，係在於以各種行政措施，幫助失業勞工早日回到職場，因此勞工如已永久地離開職場（如自願退休）或暫時性地停止工作（如事假），則其並非該法之適用對象。

　　再進一步言之，無論是關廠、歇業、虧損或業務緊縮，或者業務已不再存在、或者業務（量）會長期地減少，導致雇主必須以大量解僱的手段，來加以處理或拯救。[118] 此處的關廠或歇業，一般固是指企業主經營不善導致結束營業之情況。但似並不以此為限。而是解釋上包括企業主即使經營良好，但主觀上無意繼續營業下去的決定（例如希望享受閒林野鶴的日子或者認為該行業不具未來性）。如此解釋，也較能與勞動關係採取資遣費保障的理論（一方面承認財產權自由，另一方面必須受到限制）一致[119]。基於此，解釋上，雇主之事實上停工或對於勞工施以留

---

[115] 張躍騰，前揭書，頁 11、21 以下、53 以下、69 及 102。Opolony, a.a.O., 793; ErfK/Ascheid § 17 Rn. 7.

[116] 值得一提的是，歐洲聯盟 1998 年之大量解僱勞工指令第 3 條第 1 項第 2 句規定：「會員國對於起因於法院判決之廠場終止營業，所引起之計畫中的大量解僱，得規定僅於主管機關提出要求者，始應以書面向主管機關通知。」換言之，該號指令認為大量解僱保護措施，亦應適用於基於法院判決而終止經營之情形。

[117] 此一點，德國解僱保護法第 17 條亦採取同樣之做法。ErfK/Ascheid § 17 Rn. 1.

[118] 如果僅是訂單量的減少，導致廠場僱用機會的減少，則可能要從功能的及數量的觀點，依據具體的情況，才能得出是否已達基於企業經營因素而為解僱之必要性。

[119] 在此，相較於土地法第 100 條第 1 款之出租人有自住房屋（Eigenbedarf）的需要時，通常要通過法院嚴格的審查，企業主的結束營業即顯得較為寬鬆。為此，勞工法令（解僱保護法及就業服務法）設有一系列緩衝或避免解僱的措施，例如大量解僱保護法的通知及協商程序及就業服務法的

職停薪，如其長期間的行為，則適用大解法之規定。因此，上述台灣高等法院 93
年度勞上易字第 44 號民事判決，所涉及之××飯店於 2003 年 3、4 月間受 SARS
病情衝擊，幾無營業收入，「經勞資雙方會議決議暫時停業，讓勞工在家休息或選
擇辦理資遣自行離職」，即會面臨如下之問題：問題一，本案之暫時停業符合勞
基法第 11 條第 3 款之「不可抗力」嗎？問題二，既是暫停營業，即非無限期的停
業，似乎即無法適用大解法？尤其是該飯店已訂有「暫停營業運作實施辦法」也。

第二款　基於勞工人身或行為上之事由

　　基於勞工人身或行為上之事由，而由雇主所發動之終止契約，是否亦有大量
解僱勞工保護法之適用？並非毫無疑義。如前所述，歐洲聯盟 1998 年之大量解僱
勞工指令第 1 條第 (1) 項第 a 款將勞工因本身因素之被解僱，排除在適用之外。然
而，依據德國學者的見解，德國解僱保護法第 17 條大量解僱之適用對象，卻包括
了基於勞工人身上、行為上及企業經營上之事由在內。所排除者，只是由雇主所發
動之特別終止而已。[120] 至於所謂勞工人身上之事由，主要為欠缺能力資格，即欠
缺履行所負勞動義務之能力資格。包括身心之缺陷、技能不足、欠缺學習必要知識
之能力等。所謂行為上之事由，包括：一、未達到得據以即時解僱程度之義務違
反。二、雖非違反勞動關係上之義務，然其行為有傷雇主之信賴。三、勞工自身減
損其勞動價值等。例如勞工長期間工作遲到。所謂經營急迫必要性之事由，包括市
場狀況及信用上之障礙、原料不足、動力不足、新機械之採用、生產方式之變更、
其他合理化之措施等，而有急迫之必要者。[121]

　　上述德國解僱保護法第 1 條所規定之解僱事由，就經營急迫必要性之事由而
言，勞工應無歸責可能性。至於人身上事由及行為上事由，勞工可能有歸責可能
性，但也可能無歸責可能性。之所以不區分上述之事由，實係從勞動市場政策的目
的考量著眼，蓋該等勞工（不問是基於何種事由）均因失去工作而可重新為勞動市
場所用。然而，在勞工本身有可歸責之事由時，學者間有主張即應排除大量解僱保
護措施之適用者。依之：設如雇主就基於企業經營因素所欲解僱之勞工，恰巧仍在
解僱保護法第 17 條所設定的門檻之下，卻因為勞工行為上之事由（但其嚴重程度
並未達到可予特別解僱者），而遂使得雇主亦需進行通知及諮商之程序，似非妥

　　資遣員工通報等機制。

[120] ErfK/Ascheid § 17 Rn. 7, 12, 13.

[121] 楊通軒，論勞工確不能勝任工作，收錄於勞資關係論文集，中華民國勞工教育推廣協會，1999 年
　　1 月，頁 270。

當。[122]

第三款　勞工自行辭職與基於雇主之策動而終止

第一目　自行辭職

勞工主動地、單方地終止勞動契約之意思表示（辭職），與雇主單方地所為之普通終止之意思表示（資遣），在法律性質上殊異，勞工所需受之法律保障，亦無法等同並論，故大量解僱勞工保護法第 2 條並未將勞工自行辭職作為適用之對象。又此處之勞工自行辭職，亦應擴大解釋為包括勞工主動提議與雇主合意終止契約之情形在內，且不問勞工是否因之獲得資遣費、補償費或離職金而有不同。[123]

值得一提的是，契約的終止與否勞工具有決定的權利，而在外表上與勞工自行辭職類似，但實質上卻有不同者，為變更解僱。此為德國法上之特有制度。此一解僱制度之產生，係因為勞動契約具有繼續性的本質，為使雇主能因應契約關係存續中外在環境之變化，遂使其享有提出變動原有勞動條件而繼續原勞動關係或在勞工拒絕變動勞動條件時，終止勞動契約之權。[124] 因此，設如勞工接受雇主變更勞動條件之要約，則自無勞動契約終止之事實發生，亦無解僱保護法適用之問題。反之，一旦勞工拒絕雇主變更勞動條件之要約，將會導致勞動契約終止之結果。解僱保護法的規定（含大量解僱保護之措施），乃有其適用。學者間及實務上為免勞工拒絕接受雇主變更勞動條件之要約，而雇主卻已無向主管機關通知及未與員工代表會諮商之機會，而致使解僱無效之結果出現。因此認為雇主在提出變更勞動條約之要約時，基於預防性的目的，即可向主管機關為通知之行為。[125]

總之，終止自由係消極的契約自由，其係勞動契約法中私法自治的內涵，勞工當能自行決定去留。而確實自行辭職之人，雖然也取得補償費，也不應將之計入大量解僱的人數。[126]

第二目　基於雇主之策動而終止

在實務上常見而屢屢引起爭議者，為起因於雇主的意思而勞工（被迫不得不）

---

[122] Opolony, a.a.O., 791, 793.

[123] ErfK/Ascheid § 17 Rn. 14.

[124] 林更盛，前揭書，頁 75 以下。

[125] BAG, DB 1963, 1776; Schaub/Linck, Arbeitsrecht-Handbuch, 12. Aufl., 2007, § 137 Rn. 10 ff.; Opolony, a.a.O., 794; ErfK/Ascheid § 17 Rn. 13.

[126] Pfarr/usw., RdA 2004, 197 f.：勞動關係的結束，比例最高的是勞工自行辭職，其次才是雇主行使解僱權。只不過，雇主行使解僱權，在小型企業中係遠高於大型企業。

自行辭職之情形。對此，無論是德國解僱保護法第 17 條第 2 項或歐洲聯盟 1998 年之大量解僱勞工指令第 1 條第 1 項第 b 款均有對之加以規定。前者之規定為：「基於雇主意思或由雇主所策動之勞動關係之終止，與解僱等同處理。」後者之規定為：「第 1 項第 a 款被解僱勞工人數之計算，於其他形式基於雇主意思及其所據以終止勞動契約之一個或數個原因，並非起因於勞工本身之因素者，以被解僱的勞工人數總計達五人以上者，即等同處理之。」依據實務界及學者間的見解，所謂策動，係指雇主基於具體已定的企業變更計畫或具體的解僱意圖，而指定勞工自行離職，以避免行使一個必要的解僱。如果雇主僅是表示企業經營的狀況不好、將來有必要進行企業變更或甚至只是建議勞工另外找尋一個工作，則尚未達到策動之地步。[127]

　　由於基於雇主的策動而離職，已非真正出自本意之自行辭職，理應將之納入解僱保護法制之適用對象。為此，立法者似應思考將之明定於大解法中的可能性。

第四款　雙方合意終止契約

　　基於契約自由原則，當事人間得自由約定以後契約以解除或終止前契約。勞動契約同樣亦允許勞資雙方以後契約合意終止先前之契約。[128] 只不過此合意終止不得違反憲法所保障的男女平等原則、工作權及結婚自由之基本權，以及民法公序良俗、強制禁止規定及誠信原則而已。[129] 因此，一般實務上所出現之雇主與勞工先於勞動契約中約定，一旦勞工結婚、懷孕或生產即需離職之單身條款、禁孕條款及生產退職條款，該項合意終止應屬無效。[130]

　　就勞工因與雇主簽訂合意終止契約而後離職之情形，其法律性質亦與由雇主單方所發動之普通終止不同。在大量解僱之處理上，原則上應將之視同勞工之自我辭職，因此大量解僱勞工保護法第 2 條第 1 項之規定，並未將之作為該法之適用對象。然而，如同勞工之自我辭職有係基於雇主之積極促成者，合意終止契約之簽訂亦有係起因於雇主者。為此，德國企業組織法第 112a 條第 1 項第 2 句規定。

---

[127] BAG AP Nrn. 77 und 99 zu § 112 BetrVG 1972; Hueck/v. Hoyningen-Huene, KSchG, 12. Aufl., 1995, § 17 Rn. 18 b).

[128] Schiefer, 2002, 771：可以說是對勞資雙方最好的終止契約的方式。又，根據最高法院 101 年度台上字第 943 號裁定，雇主與勞工的合意終止契約有效，並無民法第 184 條第 1 項下半段及第 2 項規定之適用。

[129] 林武順，勞工法上解僱問題之研究，政治大學法律研究所碩士論文，1984 年 1 月，頁 13。

[130] 王澤鑑，民法學說與判例研究（七），頁 36 以下；郭玲惠，勞動契約之合意終止與附解除條件勞動契約之限制，法學叢刊，第 160 期，頁 95 以下。

「雇主基於企業變更的原因,而與勞工訂定合意終止契約以促使勞工離職者,視為解僱。」其亦有解僱保護法第 17 條之適用。惟此處所指之策動,係指勞工如拒絕簽訂合意終止契約,亦將難免於雇主在同一時點,以解僱之手段終止勞動關係而言。[131] 綜上,吾人或應思考大解法第 2 條有無必要增列合意終止契約之規定?

　　再就實務上法院的判決觀之,首先,在上述台灣高等法院 93 年度勞上易字第 44 號民事判決中,原告係因被告飯店於 2003 年 3、4 月間受 SARS 病情衝擊,幾無營業收入,「經勞資雙方會議決議暫時停業,讓勞工在家休息或選擇辦理資遣自行離職」。在此所涉及之問題為:本案係勞資雙方合意終止契約?或勞工自行辭職?本文較傾向前者。其次,實務上雇主多有以勞基法第 11 條第 2 款之業務緊縮,而將勞工資遣者。設如勞工一方面否認有該等情事,但另一方面卻向雇主領取離職證明書請領失業給付及申請調解請求資遣費及預告期間工資。則雙方嗣後地成立合意終止契約?對此,法院係持否定見解。[132] 本文亦以為可採。

第五款　特別終止

　　雇主因勞工有重大的事由而無法期待勞動關係之繼續者,得立即地終止勞動契約。此不僅為民法第 489 條第 1 項之規定,且在勞基法第 12 條進一步加以具體化。從大量解僱保護必要性之觀點而言,無論台灣或德國,在勞工具有可歸責之事由,致遭雇主立即地解僱之情形,勞工均不得主張適用大量解僱保護法或保護措施。此從大量解僱勞工保護法第 2 條第 1 項本文之反面解釋,即可推知之。而德國解僱保護法第 17 條第 4 項更明定,「雇主行使立即解僱之權限,不受本法之影響。被立即解僱之勞工,其人數不計入第 1 項所規定之最低人數之內。」值得一提者,設如勞工具有重大的事由,而雇主可對之立即解僱,但雇主卻仍然循著普通解僱之途徑終止契約,則勞工是否即得要求雇主遵照大量解僱保護法所設定之程序?對此,吾人採否定之態度。蓋如前所述,在基於勞工行為上或人身上之事由而終止契約之情形,如勞工具有可歸責事由時,即應將之排除於大量解僱保護法適用之外。則舉輕以明重,在勞工之行為或人身具有更嚴重之事由時,自不宜反而令之享有大量解僱保護法所設定之諸種程序或要件之保障。[133]

　　另外,附帶一提者,在雇主具有重大事由而勞工依據勞基法第 14 條立即終止

---

[131] Weigand, in: KR, 5. Aufl., 1998, § 17, Rn. 43.

[132] 例如台灣台北地方法院 93 年度勞訴字第 59 號民事判決、台灣台北地方法院 94 年度勞訴字第 35 號民事判決。

[133] 反對說,ErfK/Ascheid § 17 Rn. 16.

契約之情形，是否也有討論大量解僱勞工保護法之必要或實益？此似應從大量解僱勞工保護法之立法目的、對照勞基法第 14 條第 1 項之各種情形、以及勞基法第 11 條與第 14 條之平衡對待，綜合加以考量，而不宜單純從該解僱行為是由勞工所發動或雇主既有勞基法第 14 條第 1 項之各種情形，則勞工自應儘速離職不應眷戀，而否定大量解僱勞工保護法適用之必要性。詳言之，一、從大量解僱勞工保護法主要係勞動市場政策上之目的而言，既然是由勞工行使立即解僱權，自然無所謂雇主分批解僱勞工或拖延雇主解僱可言。然而一旦面臨大量失業的情形，政府機關亦有採取各種行政措施之必要，以幫助其重回職場之權責。因此，不宜謂大量解僱勞工保護法在此絕無適用之餘地。二、勞基法第 14 條第 1 項所規定之各種情形，雖然均為可歸責於雇主，但並非謂該等可歸責之事由全然無法加以排除。[134] 且一旦該等事由被排除，則勞工當無絕對非離職不可之理由。因此，如能利用大量解僱勞工保護法所設定之通知及協商義務，而達到排除該等事由之結果，則應亦符合大量解僱勞工保護法之立法目的。三、勞基法第 11 條第 1 至 4 款之事由，係屬於企業經營上之事由，為不可歸責於雇主之事由。而其既應受到大量解僱勞工保護法之適用，以確保勞動市場及個別勞工之利益。則在勞基法第 14 條第 1 項之各種情形，雇主既已具有可歸責之事由，則於勞工大量行使立即解僱權時，自應令其有大量解僱勞工保護法之適用，始為恰當。

第五項　大量解僱之原因及其適用之限縮

第一款　原　因

　　事業單位之所以會大量解僱勞工，其理由不外乎關廠、歇業、合併、轉讓及進行改組等。而近年來各企業所屬行之非典型的工作型態，亦可能促使企業逐步地、

---

[134] 例如勞基法第 14 條第 3 項規定，有第 1 項第 2 款或第 4 款之情形，雇主已將該代理人解僱或已將患有惡性傳染病者送醫或解僱，勞工不得終止契約。與此相關者，依據最高法院 99 年度台上字第 1669 號裁定（裕毛屋企業股份有限公司案）意旨，上訴人之總經理謝××於會議上對於被上訴人有：「幹、死木頭，你們這些垃圾……，改天再查，查到手與腳都剁掉」、「是你沒有爛鳥」等言詞之重大侮辱行為。被上訴人甲、乙得依勞基法第 14 條第 1 項第 2 款之規定，不經預告終止勞動契約。有問題的是，第 14 條第 1 項第 2 款之暴行，是否包括童工或準童工遭到體罰的情形？本書以為尚不能一概而論，而應視個案而定〔依據德國青少年勞工保護法第 31 條規定，僱用青少年工作者或在第一條規定的法律關係下，為監督、指示、訓練之行為者，不得為體罰（第 1 項）。僱用青少年工作者應保護青少年免於遭受其他勞工或家屬成員，於工作場所或家庭中，對之進行體罰、虐待有有違道德之行為。雇主不得給予未滿十六歲青少年酒類及煙草，不得給予超過十六歲青少年烈酒（第 2 項）〕。

但大量地將正職勞工解僱出去。一般而言，對於勞力密集的產業，在其訂單大量消退時，即有可能被迫在極短的時間內，大量地終止勞動關係，以確保其獲利或甚至不至於淪落到破產的地步。即使對於從事研發工作的企業，因為技術的更新而引進新的機器時，亦會連帶地取代原本由（大量）勞工所完成的工作。如再就座落於科技先進國家中的企業而言，由於各種通訊技術領域、資料處理技術領域、以及運輸領域的日益改善，致使其得以儘可能地將複雜的製造過程細部化，而將其部分的生產移往低工資國家的生產基地，而終於導致其國內企業內的勞工被大量解僱或甚至走向關廠歇業一途。[135]

　　而無論是一般解僱或大量解僱，法制的設計上多有將特定的人排除在適用範圍之外者。[136] 例如國際勞工組織（ILO）第 158 號公約（Termination of Employment Convention）第 2 條第 2 項即排除了下列人員：(a) 定期契約或特定性工作契約之勞工；(b) 合理試用期間之勞工；(c) 短期臨時性之勞工。而國際勞工組織第 119 號建議書（Termination of Employment Recommendation）第 18 條亦排除了下列人員：(a) 一定期間工作者、或依該工作性質無法定期之特定工作者；(b) 合理之試用期間；(c) 短期工作者；(d) 國家公務員經憲法條款排除本建議書部分條款之適用者。[137] 以下即擬針對大量解僱勞工保護法之人的適用範圍中被排除者，加以說明。

第二款　適用之限縮

第一目　定期契約勞工

　　首先，除了上述國際勞工組織之第 158 號公約及第 119 號建議書排除定期契約工之適用外，包括歐洲聯盟及德國在內，均因定期勞動契約之特性，而將其排除在外。這是因為事業單位之僱用人數，將會隨著定期契約工之到職或離職而有相當程度的波動，故不宜將之計算在內，何況當事人事先已預料到定期性工作僅係因應客觀上法所允許之特殊狀況而已。[138] 歐洲聯盟 1998 年之大量解僱勞工指令第 1 條第 1 項第 a 款規定：「本指令不適用於以一定期間或一定工作之完成為期之定期勞動契約終止後，所生之大量解僱。惟在期間屆滿或工作完成前之大量解僱，仍有其適用。」而德國解僱保護法第 22 條第 1、2 項規定：「本章之規定，對於季節

---

[135] Opolony, a.a.O., 791.

[136] 如定期勞動契約工因契約到期者，並無勞基法第 11 條資遣費或雇主應依第 16 條預告終止契約之適用。

[137] 引自張躍騰，前揭書，頁 67、69。

[138] 林更盛，前揭書，頁 83。

性廠場及期間性廠場（Kampagnebetrieb）基於其廠場的特性所為之解僱，不適用之。」「依社會法典第三部其整年僱用受補助之建築業，非為季節性廠場或期間性廠場。聯邦勞工及社會部長得以法規命令公布第 1 項所指之季節性廠場或期間性廠場。」[139] 然而，台灣在 2008 年 5 月 23 日公布修正大量解僱勞工保護法，將原先第 2 條第 2 項之規定：「前項各款僱用勞工人數之計算，不包含定期契約之勞工。」限縮為「前項各款僱用及解僱勞工人數之計算，不包括就業服務法第 46 條所定之定期契約工。」完全無視於世界上主流國家的做法，顯然係一極為錯誤且可議的修法。

　　雖然歐洲聯盟、德國，以及台灣舊法均有定期契約不適用大量解僱保護之規定，惟如就上述三者之規定內容加以比較，仍然是同中存異。就相同者而言，三者之排除定期勞動契約之適用，均是以其定期契約到期（或謂其契約之本質）為限，否則，如係在契約到期前之大量解僱，則仍然應受到法令之規範。[140] 就此而言，雖然原先 2003 年 5 月 7 日施行的台灣大量解僱勞工保護法第 2 條第 2 項僅規定：「前項各款僱用勞工人數之計算，不包含定期契約之勞工。」而未明言係指定期勞動契約到期者，但解釋上應無不同。

　　再就三者間之相異處而言。歐洲聯盟規定之所謂「以一定期間或一定工作之完成為期之定期勞動契約」，內涵上應與台灣勞基法第 9 條第 1 項所規定之定期勞動契約作相同之解釋。[141] 但如就德國之規定而言，因其只限於「季節性廠場或期間性廠場」，解釋上僅指勞基法第 9 條第 1 項所指之「季節性工作」而已。換言之，德國解僱保護法第 22 條第 1 項所規定之「季節性廠場或期間性廠場」，其範圍較台灣勞基法第 9 條第 1 項及歐洲聯盟 1998 年之大量解僱勞工指令第 1 條第 1 項第 a 款規定，均來得窄。附帶一言者，德國解僱保護法第 22 條第 1 項所謂之季節性廠場，係指雖然廠場係整年在工作，但其僱用的勞工人數卻因季節的原因而有經常性的波動，亦即在特定的季節勞工的人數特別多。其可以係基於氣候的、銷售的或生產基地的因素。例如在觀光地區的旅館業及餐飲業，雖然整年在營業，但在淡季時只要維持最起碼的人員即可。至於所謂期間性廠場，則是指廠場在整年中，通常只有幾個月在工作，例如露天的游泳池及水果罐頭工廠。[142]

　　但是，依據 2008 年 5 月 23 日修正的大解法第 2 條第 2 項規定：「前項各款僱

---

[139] 惟至今為止，聯邦勞工及社會部長並未發布任何有關季節性廠場或期間性廠場之法規命令。

[140] ErfK/Ascheid § 22 Rn. 5.

[141] 依據勞基法施行細則第 6 條規定，定期勞動契約包括臨時性、短期性、季節性及特定性工作等類型。其詳請見條文。

[142] Opolony, a.a.O., 792; ErfK/Ascheid § 22 Rn. 3, 4.

用及解僱勞工人數之計算，不包含就業服務法第四十六條所定之定期契約勞工。」
除了外籍勞工之外，仍然將本國之定期契約勞工納入，此一立法顯然違反解僱保護
法制的法理，且也與世界主流國家的立法規範背道而馳。更甚者，其並無助於惡意
的或假像的定期契約的制裁，也未提升大量解僱保護程序的運用。

第二目　未達一定人數之小廠場

依據大量解僱勞工保護法第 2 條第 1 項第 1 款之規定：「同一事業單位之同一
廠場僱用勞工人數未滿三十人者，於六十日內解僱勞工逾十人」，即應受到大量解
僱勞工保護法之適用。按照立法院衛環委員會之審查會所採取之理由為：「考量國
內企業以中小企業型態為主，爰增列第 1 項第 1 款，以納入員工三十人以下企業之
適用」。雖然其以保障勞工的工作權為立論基礎而為吾人所了然，但此種不分企業
之大小一體適用大量解僱保護法之做法，顯與其他國家之立法相左，而值得商榷。

吾人如檢視歐洲聯盟、瑞士及德國之規定，發現其皆以廠場僱用勞工人數最
少達到二十人，作為適用大量解僱保護法令之最低門檻。[143] 其考量點無非是僱用
勞工人數未達二十人之小型企業，實無能力提出解僱計畫書及盡到大量解僱勞工保
護法令所要求之各種程序，一味地強將其納入適用之列，恐將嚴重地危害其企業的
生存，並且危及到其他原可繼續留存之工作位置。基於此，歐洲聯盟 1998 年之大
量解僱勞工指令第 1 條第 1 項第 a 款規定，大量解僱，「係指雇主在三十日的期間
內，在經常僱用勞工人數逾二十人、且少於一百人之廠場中，至少解僱勞工十人
以上者。」[144] 德國解僱保護法第 17 條第 1 項第 1 款規定：「雇主在三十日的期間
內，如其廠場經常僱用之勞工人數逾二十人、且少於六十人，而至少有五位以上勞
工被解僱者，即負有向勞工局通知之義務。」

然而，值得注意的是，在德國，同樣與大量解僱密切相關，因為企業變更所
導致之社會計畫，企業組織法第 112a 條第 1 項第 1 款卻有類似台灣大量解僱勞工
保護法第 2 條第 1 項第 1 款之立法方式。依之，「第 111 條第 3 句第 1 款所指之計
畫中的企業變更，如其僅涉及勞工之解僱者，則第 112 條第 4、5 項之規定，僅於
符合下列幾種情形下之基於企業經營因素所致之解僱時，始有其適用：廠場經常僱
用之勞工人數未達六十人，而其中 20% 的勞工被解僱者。惟被解僱之勞工人數至
少應有六人。」顯見其在勞工參與之社會計畫，其勞工人數之計算，採取與解僱保
護法第 17 條第 1 項第 1 款之通知義務，不同之計算方法。兩相對照的結果，顯然

---

[143] 參張躍騰，前揭書，頁 21 以下。
[144] 同樣的內容，亦見之於瑞士債務法第 335 條之 4 第 1 款規定。參張躍騰，前揭書，頁 22 以下。

立法者對雇主的通知義務，採取較為嚴格要求之態度，此從解僱保護法第 17 條第 1 項第 1 款所要求之勞工人數較低可以證之。至於在勞工參與之社會計畫上，立法者則採取對於雇主較為寬鬆的態度。雖然從企業組織法第 112a 條第 1 項第 1 款之「廠場經常僱用之勞工人數未達六十人」，似乎可推出僱用人數未達二十人者，亦有社會計畫之適用。但如對照「其中 20% 的勞工被解僱者。惟被解僱之勞工人數至少應有六人」，對於雇主而言，顯然較不容易達到此一標準。[145]

綜觀上述歐洲聯盟及德國之相關規定後，即可知台灣大量解僱勞工保護法第 2 條第 1 項第 1 款之立法方式，並非絕對無可採之處。只是在條文內容的設計上，有可能僅是僱用十人之小型廠場，即已受到其適用，且其解僱期間又長達六十日，使得小型廠場彈性運用人力以避免受到規範的機會大大地減低。平心而論，其所採的標準已高於歐洲聯盟、瑞士及德國之規定，不無檢討之餘地。[146] 又，即使當初行政院向立法院所提出之大量解僱勞工保護法草案第 2 條並無第 1 項第 1 款之規定，惟其立法說明：「本法之目的係為避免事業單位大量解僱勞工產生衝擊，故以僱用勞工人數三十人以上之事業單位為適用範圍；至於僱用勞工人數未達三十人之事業單位解僱勞工時，可依勞基法等相關法令辦理，在解僱保護上尚稱完備，不予列入規範。」在結論上（未達三十人回歸到勞基法辦理）固為吾人所贊同，但在法理的說明則仍有待加強之處。

第三目　關廠與歇業

事業單位大量解僱勞工之理由雖有數端，但如以企業的存廢而言，有些是企業已終局地不復存在（關廠、歇業），[147] 有些則是組織型態變更（改組）或法人格消滅但企業實體以另一法人格的方式繼續存在（轉讓、合併）。因此，如欲衡平地兼顧被大量解僱之勞工之法律上的保障及企業經營之存續，則似應作如下之考慮：一者，在企業或廠場非惡意之關廠或歇業之情形，表示其已面臨重大的經營危機，求其生已不可得，則是否需要再賦予其遵守大量解僱勞工保護法之程序之義務？或

---

[145] 當然，解僱保護法第 17 條以下之規定與企業組織法第 112a 條第 1 項之規定，另有一點相當重要的不同。亦即，如前所述，前者適用之對象包括基於勞工行為上、人身上、以及基於企業經營因素之解僱；而後者，依據其條文內容，卻僅係適用於基於企業經營因素所致之解僱而已。

[146] 據此而論，工運團體「工人立法行動委員會」所提出之「關廠及大量資遣保護法草案」第 2 條第 1 款規定，本法之適用範圍為「事業單位受僱勞工五人至二十人，而在三個月內解僱三人以上者。」其所擬之解僱期間、僱用及解僱人數，顯然並不恰當。而張躍騰，前揭書，頁 29 以下、103 採取「工人立法行動委員會」之立法草案條文，同樣並不恰當。

[147] 此處之歇業固兼含法律上及事實上的歇業而言，且企業主之歇業，本無需限於欲停止全部企業之營業為限，一部歇業當然亦可以。反對說，張躍騰，前揭書，頁 35 以下。

者令其回歸到勞基法第 11 條第 1 款或以破產法之規定加以處理即為已足？[148]

第四目　勞工確不能勝任工作

　　其次，對於勞工確不能勝任工作之情形，是否有大解法之適用，亦應加以
檢討。如就大量解僱勞工保護法第 2 條第 1 項之規定而言，因其明訂適用之對象
為「事業單位有勞基法第 11 條所列各款情形之一、或因併購、改組而解僱勞工
者。」而第 11 條第 5 款之勞工確不能勝任工作，無論係法院實務上或學者間，均
有將之理解為「兼含客觀上無知識能力與主觀上無工作意願」者，[149] 其所造成之
結果為：雇主以勞工確不能勝任工作之理由資遣勞工，可能是基於勞工人身上的事
由、但也可能是勞工行為上的事由。經由如此之解釋，可知大量解僱勞工保護法，
亦會發生如同德國解僱保護法不區分勞工人身上、行為上、以及企業經營上之事
由，而一律有其適用之結果。對此，吾人以為並不妥當，而允宜將勞工主觀上無工
作意願之情形，排除在大量解僱勞工保護法適用之外，這是因為勞工主觀上的無工
作意願，大多已涉及違反勞動契約或工作規則，只是在「情節重大」時，依勞基法
第 12 條解僱處理，而在「非情節重大」時，本應回歸到依據較輕微之懲戒處分處
理而已。無論在法理上或情感上，均難以將之與勞工客觀上無知識能力相同併論。
至於其客觀上無知識能力之情形，基於其本身的無可歸責性，則仍有其適用。

　　實者，實務上雇主雖多有主張勞工不能勝任工作者，但由於甚難舉證證明，而
致敗訴者，可謂不勝枚舉。[150] 蓋不論是勞工客觀上無工作能力或主觀上無工作意
願，往往是勞工本身最清楚，其他勞工或同事或囿於時間或囿於能力，並無法了解
該勞工的狀況。為了避免此種舉證的困難，德國解僱保護法第 9 條遂規定勞資之任
何一方，可以聲請解消勞動關係，雇主並且負有給付予勞工補償費之義務。[151]

第五目　其他情形

　　另外，在大量解僱勞工保護法第 2 條第 2 項並未明定排除，而引起是否受到
該法適用者，首推公營事業之大量解僱問題。對此，在公營事業移轉民營時，因
涉及法人所有權之移轉而致生新的法人格（轉讓），雖然勞基法第 20 條亦有相關

---

[148] 惟在德國法上，企業即使面臨破產，仍然適用解僱保護法中的大量解僱的程序。ErfK/Ascheid
§ 17 Rn. 1; Schaub/Linck, Arbeitsrechts-Handbuch, 12. Aufl., 2007, § 142 Rn. 12.EuGH v. 12.2.1985,
Samml. 1985, 544.

[149] 參楊通軒，論勞工確不能勝任工作，頁 264 以下。

[150] 台灣高等法院 92 年度重勞上字第 5 號、台灣高雄地方法院 93 年度重勞訴字第 4 號民事判決。

[151] Hromadka, ZfA 2003, 394.

規定。但因我國處理此類事件，早已訂定公營事業移轉民營條例，而該條例卻係一特別法，故原則上公營事業勞工離職後之權益，應依該條例加以處理。惟有問題的是，因公營事業移轉民營所引起之大量解僱，是否當然不受大量解僱勞工保護法之適用？似非無疑。對此，立法院衛環委員會之審查會係採取不適用的態度。惟行政院在第 2 條第 2 項之立法說明，則似乎保留了適用的空間，因其用語為「至有關公營事業移轉民營時，員工之離職相關事項，依公營事業移轉民營條例規定辦理之。」由於只是「員工之離職相關事項」，並未觸及大量解僱勞工保護法之規定，表示大量解僱勞工保護法仍有適用之餘地。

同理，德國解僱保護法第 23 條第 2 項及歐洲聯盟 1998 年之大量解僱勞工指令第 1 條第 2 項第 b 款之規定，同樣亦認為公營事業所進行之大量解僱，無論是否為民營化所引起，仍然有大量解僱勞工法令或措施之適用。依據前者：「第三章之規定，對於追求企業經營目的之由公法機構所經營之廠場，亦適用之。」[152] 依據後者：「本指令不適用於行政機關或公法機構所僱用之勞工。」從歐洲聯盟 1998 年之大量解僱勞工指令第 1 條第 2 項第 b 款規定之反面解釋，追求企業經營目的之公營事業，仍有該指令之適用。

再者，由於本法之適用對象為勞工，而勞工之定義應依傳統上勞工之定義為準，亦即依據私法契約，在他人的指揮命令之下，為他人之利益，提供無自主性勞務之人。[153] 因此，法人的機關及委任經理人當然不在適用之列。此在德國解僱保護法第 17 條第 4 項亦加以明文排除。[154] 至於試用期間的勞工及部分時間工作勞工，甚至技術生，學者間有認為應有大量解僱勞工保護法之適用。[155] 而在外籍勞工部分，由於大量解僱勞工保護法第 2 條第 2 項亦未加以排除，故仍應有其適用。此並不因大量解僱勞工保護法第 13 條第 1 項未將「國籍」列入，而有不同之解釋。

---

[152] Vgl. auch Opolony, a.a.O., 792.

[153] 楊通軒，勞動者的概念與勞工法，中原財經法學，第 6 期，2001 年 7 月，頁 227 以下。ErfK/ Ascheid § 17 Rn. 9.

[154] 惟 Opolony, a.a.O., 793 採限縮解釋，認為具督導權職員（Leitende Angestellte）仍有解僱保護法第 17 條以下之適用。

[155] Opolony, a.a.O., 793; ErfK/Ascheid § 17 Rn. 6, 9.

第六項　計算人數之對象（基準）

第一款　人數計算

　　在人數的計算上，應排除下列之人員：一、基於人身上的及行為上的事由而被解僱，且勞工具有可歸責事由者。二、微量工作者。三、不再為市場所用之人，例如依據提前退休約定退休之人。四、暫時無薪休假之人或短暫的留職停薪之人。至於試用期間的勞工、部分工時勞工、技術生、實習生、學徒等，雖然已在提供勞務或類似勞務，而德國法上亦認為其為大量解僱的通知程序所含括，但本文以為：一、試用期間勞工應無大解法之適用，蓋一般解僱程序對其亦不適用，為求法律適用的一致性，不宜分開處理 [156]。二、技術生、實習生、學徒等由於尚非真正的勞

---

[156] 根據最高法院 101 年度台上字第 646 號裁定「上訴人試用期屆滿，經被上訴人考核不及格時僱傭契約關係終止，上訴人未舉證證明兩造合意繼續僱傭關係」，其似乎是採取終止權保留說的見解。在此時，試用期滿不轉變為正常勞動關係時，雇主必須給予不續僱通知。這與定期契約屆滿無須通知者，尚有不同。只是，試用期滿的不續僱通知及試用期間的中斷試用通知，理論上並不適用勞基法第 16 條第 1 項之預告期間，而是（至多）合理的期間（一日至數日）即可，其近似於民法第 488 條第 2 項「隨時終止契約」之規定。這也是我國採取解僱權保留說的當然解釋。這突顯出一項傳統的試用期勞動契約與正式勞動契約的分割哲理：在試用期間中或試用期屆滿，勞動契約之繼續或終止，完全依照契約自由原則處理。此一契約自由原則之運用，其範圍甚至超出一般的或特殊的解僱保護之外，例如不會因為性別、年齡或工會幹部等因素而受到限制或排除，亦即被終止契約者不得引用性別工作法第 11 條或工會法第 35 條規定而主張解僱無效；一旦在正式勞動契約期間，契約自由原則即會受到限制，在此應融入契約正義的考量。另外，由於試用期間的勞動關係尚不穩定（尚無勞動關係存續保障），工會章程如以通過試用期者作為申請入會的條件，則該規定並不涉及歧視。某種程度而言，受僱人在試用期間所遭遇到的各種風險（生病、無論有無可歸責事由之出車禍或意外而受傷等）或者舉動（結婚、加入工會等），都會成為僱用人評估是否繼續勞動關係的依據。只不過，假設受僱人在試用期間遭遇職業災害，是否會當然延長僱用期間？對此，本書以為勞基法第 59 條有其適用餘地，故採取肯定見解。另請參閱最高法院 95 年度台上字第 2727 號判決、高等法院 91 年度勞上易字第 46 號判決。附帶一提者，民法學者稱此試用契約為試驗僱傭，並且認為解釋上得類推適用有關試驗買賣之規定（民法第 384 條以下）。對此，其見解似乎有誤，蓋試驗買賣係採附停止條件理論，而試用契約卻是採附終止權理論。後者，本質上契約當事人雙方約定一（以主觀決定為準的）解除條件（auflösende Bedingung）（民法第 99 條第 2 項），只要當事人任何一方通知他方拒絕勞動關係的繼續，勞動關係在試用期後即為結束。兩者剛好相反，如何類推適用？請參閱劉春堂，債各（中），頁 20。倒是，吾人從試驗買賣規定，得知試驗／用可推廣及於其他契約類型。例如甲農場主人有鑑於自己年事漸高，體力漸無法應付繁雜的農事，其乃透過專業的農場居間人尋找有意投入接手的人，如此，對於前來應徵之人，雙方可以訂定一定期間的試／用期，逐漸地了解對方的能力、經營理念、以及人格特質等。在此，理論上雙方可以自行約定附停止條件或附終止條件的試驗／用契約。
另外，台灣高等法院 92 年度勞上字第 20 號判決（中華航空股份有限公司案），更是明白採取附終止權保留說。法院也認為延長試用期間（即第二次試用期間）有效，並未違反法律強制規定。在試用期間內（含延長試用期間），勞工也在評估企業環境與將來發展空間，決定是否繼續受僱

工，亦不必納入。三、至於部分時間工作勞工部分，是否按比例計算？則似可再加以思考。蓋對於中小企業的用人，部分時間勞工往往占有不小的比率，如完全與全時勞工同樣計算，恐會不當地增加其負擔也。[157]

　　總之，如上之論述，本文以為勞工人數未達一定人數（五人？十人？）之小型廠場或微型廠場，應無大解法之適用，始為合理。蓋從比較法觀之，德國解僱保護法之一般的解僱保護規定，甚至不適用於僱用人數未超過十人之事業單位也。

第二款　大解法人數統一之可能性：§4（十人？或更低？）；§11（三十人）；§12（十人以上）

　　雖然大解法第 2 條第 1 項第 1 款之規定：「同一廠場僱用勞工人數未滿三十人者，於六十日內解僱勞工逾十人」，即應受到大量解僱勞工保護法之適用。似乎以十人作為計算人數之基準。然而，豈其然乎？吾人以為：由於該款規定並無（如德國法般）「經常」僱用之用語，而是規定「僱用勞工人數未滿三十人」，因此，解釋上即使只僱用三人或五人之事業單位，如其有可能在六十日內解僱勞工人數逾十人，即有大解法之適用。亦即：並不以十人為適用基準。對此，本書以為不當已如上述。

　　其實，吾人如再觀大解法有關人數之計算，即可發現並不統一。例如第 11 條之預警通報以「僱用勞工三十人以上之事業單位」、第 12 條之禁止特定人之出國以「僱用勞工人數十人以上未滿三十人者」，為其適用的對象。此等法條的設計上似嫌零亂，不僅人數的過低會影響企業經營的權益，也無助於勞工的了解與使用。本文以為或可統一加以明文規定，並且在第 2 條、第 11 條及第 12 條統一以三十人以上為適用基準即可。

第三款　計算時點

第一目　解僱時為準

　　有關大解法之適用，計算時點為何？此從「同一廠場僱用勞工人數未滿三十人

於該企業。不僅雇主、勞工亦得任意終止契約。所以，可以說在這一勞動關係尚未終局穩固的期間，就勞動契約的終止而言，並無區分適用勞基法或不適用勞基法行業的必要。如果依據此一附終止權保留說，則行政院勞工委員會 86 年 9 月 3 日 (86) 台勞資二字第 035588 號函的見解即屬可疑，蓋其認為「（惟）於該試用期間內或屆期時，雇主欲終止勞動契約，仍應依勞基法第 11、12、16 及 17 條等相關規定辦理。」

[157] Pfarr/usw., RdA 2004, 196.

者，於六十日內解僱勞工逾十人」之用語，並無法窺之。以前面所述之台灣高等法院 93 年度勞上易字第 44 號民事判決為例，原告是主張被告未依大解法第 4 條第 1 項之規定，於六十日前「公告」即解僱上訴人及大量勞工，並且請求給付工資等。該案中，被告（被上訴人）係於民國 92 年 5 月間公告解僱，而原告（上訴人）係於 2003 年 5 月 15 日「離職」。此遂引起吾人如下之疑問：大解法第 2 條之人數計算的時點，是以公告日為準？或是真正離職日為準？

對此，從比較法的觀點而言，德國解僱保護法上之大量解僱之解僱，並非是宣布解僱時，而是事實的行為，勞工因此而重回勞動市場等待使用。如是預告終止，係預告期間屆滿時。如是訂定合意終止契約，係約定結束的期間屆至時。換言之，是真正離開工作崗位的那一天，並且往前推算三十日。例外在歇業時，由於事業單位不會繼續營業，所以是以歇業時的人數為準。

第二目　通常所僱用之勞工為準？

在計算勞工人數時，由於大解法無「通常僱用」之規定，就可能出現以偶然出現的人數為準之不當現象，亦即平常僱用的人數甚少，但卻偶然在六十日內解僱勞工逾十人之現象。其不當處自明。

因此，從比較法的觀點而言，德國的解僱保護法之大量解僱規定，或可提供台灣參考之用。亦即其通常的人數並不是指平均的受僱者人數，而是指一般的受僱者人數。亦即指通常企業經營所需的一般人數。而這要考慮目前廠場的僱用人數，也要兼及未來廠場發展所需要的人數。並且將特殊時期用人特別多或特別少的情形，排除在外。例外在歇業時，則不考慮未來發展所需僱用的人數，完全係以最後經營廠場業務所需的一般人數為準。

第七項　通知義務之設計

為了貫徹國家在勞動市場政策的及勞動市場管理的目的，無論是我國或德國的大量解僱勞工之保護法制上，均設有通知義務之規定，以使國家能預知將為之大量解僱之範圍及有採取避免大量解僱措施之可能。惟兩國對於通知義務之設計仍有不同。如以通知義務之六十日的期間而言，本書前面即曾討論：大量解僱勞工保護法第 4 條第 1 項所規定之六十日是否足夠？是否宜在立法上賦予勞工主管機關適度延長之權限（以延長次數或日數的方式為之）？[158] 蓋德國解僱保護法第 18 條第 2 項

---

[158] ErfK/Ascheid § 18 Rn. 1, 10.

即有賦予勞工主管機關延長解僱禁止期間一個月的規定。除此之外，本文以下擬針對大量解僱勞工保護法第 4 條之規定，進一步加以說明。

第一款　效力規定或拘束性規定？

首先，依據大量解僱勞工保護法第 4 條之規定：「事業單位大量解僱勞工時，應於符合第 2 條規定情事之日起六十日前，將解僱計畫書通知主管機關及相關單位或人員，並公告揭示。」其所謂雇主應將「解僱計畫書通知主管機關」，表示其通知應以書面的方式，係一強制規定。[159] 至於通知書的生效時點，為通知達到主管機關時。在解釋上，如以電傳或電報的方式將解僱計畫書傳送至主管機關，應亦有同樣之效力。惟事業單位如僅以口頭向主管機關通知，則於其嗣後補正書面時，始為生效。

然而，有問題的是：事業單位如未遵照大量解僱勞工保護法第 4 條所規定之書面通知或遵守六十日之通知期間，是否即不得為大量解僱行為或該解僱行為當然無效？對此，就通知書之效力而言，雖然大量解僱勞工保護法第 4 條之書面要求係一強制規定，惟通知終究只是雇主對於勞工主管機關所負之公法上之義務而已，如事業單位未加以遵守，充其量亦僅是會受到行政罰鍰之處罰（大量解僱勞工保護法第 17 條），並非無效。況且，與德國解僱保護法第 18 條之規定相較，大解法第 4 條第 1 項之六十日的期間並非解僱禁止期間，不會發生「無有效之通知、即無有效之解僱」的問題。當然，如自始至終均未通知，致使主管無法知悉採取勞動市場政策上的工具以對，造成嚴重的社會問題，其預告解僱行為之效力，是否生效？的確令人懷疑。此所以德國學者有謂：「未通知、未及時通知、未依法定的內容通知、以及未附員工代表會的意見，通知均無效」，但另一方面卻又認為「但通知無效只是相對的，如勞工接受解僱，勞動關係仍然終止」。[160]

實者，就大解法第 4 條之通知義務規定而言，「通知書」與所附之「解僱計畫書」本不相同。事業單位固應依序通知工會、勞資會議、及全體勞工，不得僅通知工會而已。此與大解法第 5 條、第 6 條解釋上工會有優先協商權，並不相關。勞資會議及全體勞工當然有權知道大量解僱的所有訊息。[161] 至於第 4 條第 3 項之記載事

---

[159] 參大量解僱勞工保護法第 4 條之立法說明。又，Opolony, a.a.O., 795：勞工主管機關應備置表格，以提供事業單位有大量解僱勞工情事時之用。

[160] Schaub/Linck, a.a.O., § 142 Rn. 28 f.

[161] 參照大解法第 4 條立法說明：為保障勞工知的權利。至於第 4 條第 2 項將「未涉及大量解僱部門之勞工」排除在外，是否妥當？並非無疑。

項，全部為應記載事項、且為列舉規定，如缺少其中一項，該計畫書即歸於無效。

第二款　六十日並非解僱禁止期間

第一目　緒　論

　　就大解法第 4 條第 1 項之六十日的期間，是否為禁止解僱期間？對此，其法律性質當然與德國解僱保護法第 18 條之禁止（解僱）期間不同。依據後者，「沒有通知，即無有效之解僱」，且雇主在通知勞工局之後，如在禁止期間欲解僱勞工，必須獲得勞工局之同意始為有效，否則，雇主僅能在禁止期間經過後，在九十日的自由（解僱）期間（Freifrist）內進行大量解僱行為（德國解僱保護法第 18 條第 3 項）。[162]

　　然而，依據大量解僱勞工保護法第 4 條之規定，雇主之大量解僱，實際上只需遵守六十日的通知期間以及以書面的方式進行即可，並無所謂禁止期間之問題。亦即其只需將解僱計畫書通知主管機關及相關單位或人員（含被預定解僱的人員），並且公告揭示，則該通知期間即已開始生效。該通知程序之目的，係在於使得勞工主管機關有多餘的時間謀求因應之道，而非禁止雇主解僱。至於依據大量解僱勞工保護法第 5 條之由勞資雙方或協商委員會所進行之協商，當然有可能更動或減少被解僱的勞工，蓋解僱效力之發生，仍然是以預告期間到期時為準。在到期之前，雇主可以主動或被動的撤回或更動。

第二目　第 4 條第 1 項本文之六十日並非解僱預告期間

　　另一個問題是，大解法第 4 條第 1 項之六十日的期間，是否為解僱預告期間？對此，本人之前曾經撰文肯定之，並且認為其為勞基法第 16 條預告期間之特別規定。[163] 此一見解並為台灣高等法院 93 年度勞上易字第 44 號民事判決所採。依之，「雇主如因天災、事變或突發事件而大量解僱勞工時，並不受大解法第 4 條第 1 項六十日預告期間之限制」。該案法院認為是大量解僱，自應遵守大解法第 4 條第 1 項之預告期間。反而是該案的被告一再主張已依勞基法第 16、17 條給付預告期間工資一個月，似乎是認為大解法第 4 條第 1 項之六十日期間是「通知期間」，而非「解僱預告期間」也。

---

[162] 依據通說，如雇主未能在九十日之自由期間內行使解僱權，則嗣後必須重新再為通知義務之行為，始能大量解僱勞工矣。BAG v. 28.6.2012, NZA 2012, 1029 ff.

[163] 楊通軒，大量解僱勞工保護法相關法律問題之研究，律師雜誌，第 282 期，2003 年 3 月 15 日，頁 48。

　　然而，時至今日，吾人則以為：如從大量解僱勞工保護法第 10 條、第 18 條之預告期間觀之，實係指勞基法之預告期間而言。顯見勞基法之解僱預告期間及其他相關規定（資遣費的計算基準），在大解法中仍然有其適用。此亦為本書所贊同。因此，大解法第 4 條第 1 項之六十日的期間，既僅規定「通知」、而非「預告」，理論上自不宜將其解為預告期間。然而，由於通知書必須附載解僱計畫書，並且已公告揭示，如雇主欲將其（在通知書的作用外，另外）賦予解僱通知書，預告勞工應在十日、二十日或三十日後離職，解釋上應無不可。亦即：雇主如明白表示將該解僱計畫書（同時）作為解僱通知書時，則解僱預告期間即開始起算。在此，雇主的意思表示必須明確、清楚。果如此，就會發生如下之現象：預告期間的屆滿與通知期間的屆滿同時到期，則發生契約終止之效力；預告期間在通知期間屆滿之前先屆滿，則已發生契約終止之效力，但雇主必須受到行政罰鍰的處分；預告期間在通知期間屆滿之後始屆滿，則依該日期發生契約終止之效力。

第三目　解僱有效，但應受行政罰鍰

　　最後，附帶一言者，由於雇主依據大量解僱勞工保護法第 4 條所負之向主管機關之通知義務，係公法上之義務，具有勞動市場政策上之目的。因此，當不得任由勞資雙方事先（即在勞動契約中）為「勞工同意雇主可無需向主管機關為通知之約定」，亦即該約定無效。[164] 有問題的是，如勞工係在面臨大量解僱時，始同意雇主可無需向勞工主管機關通知或逕自接受解僱之意思表示者，該意思表示是否當然無效？對此，表面上看起來似應分別處理，亦即以該解僱有效，而雇主仍應受到行政制裁。然而，吾人以為應該綜合考量大量解僱勞工保護法之立法目的以及尊重勞工個人之意思為斷，一旦勞工已接受（大量）解僱之意思表示者，則似以無依據大量解僱勞工保護法第 17 條加以處罰的必要。[165] 況且，大量解僱勞工保護法第 17 條係規定按日連續處罰，在運用上必須謹慎為之。

第八項　協商制度

　　有關大解法中解僱計畫書的協商，包含了如下之問題：勞工參與之精神、團體協商之角色、加入主管機關之協商委員會的問題、以及協議書的效力等。以下即分別敘述之。

---

[164] BAG v. 11.3.1999, NZA 1999, 862 f.

[165] BAG v. 11.3.1999, NZA 1999, 862 f. ErfK/Ascheid § 18 Rn. 1.

第一款　具有勞工參與的精神

依據大解法第 5 條第 1 項規定：「事業單位依前條規定提出解僱計畫書之日起十日內，勞雇雙方應即本於勞資自治之精神進行協商。」由於此一規定，強調勞資自治之精神，因此，雇主的協商對象包括工會、勞資會議、及全體勞工在內。而且，勞工並無先後次序之分，均可與雇主進行協商。

依據大解法第 5 條第 1 項之規定，其法律用語雖為協商，但解釋上包括與工會的協商及勞資會議的諮商、甚至與全體勞工協商在內。而雇主在與勞資會議諮商之前，自應將大量解僱之相關資料告知勞資會議，此從大解法第 4 條之規定可以推知之。前述台灣高等法院 93 年度勞上易字第 44 號民事判決，因飯店遭受 SARS 病情影響，所為「暫停營業運作實施辦法」、以及據之所為之大量合意終止勞動契約之行為，即是由勞資雙方在勞資會議中諮商後做成決議而訂定。

由於諮商目的係在於取得解僱人數及解僱順序的意見一致，某種意義而言，也是在加重契約當事人或廠場當事人避免失業的責任。雖然依據大解法第 18 條之規定，僅針對「事業單位違反第 5 條第 2 項規定拒絕協商」之行為處以罰鍰。然而，為免主管強力地介入協商委員會，勞方代表應與資方代表在勞資會議中認真地諮商，從事一具有建設性的合作。[166] 為此，雙方最好對在諮商過程中提出意見，最好也詳細記載諮商結果對於每一勞工之影響。[167]

第二款　與團體協商的異同

在工會與雇主針對解僱計畫書協商時，即會發生一項疑義：其與團體協商有何不同？對此，一般而言，團體協約法由於謹守團體協約相關性，所能協商者，係勞動條件之調整，不包括勞動關係之終止等人事權之部分。因此，大解法第 5 條所賦予工會之協商權，毋寧立法者考量大量解僱對於社會影響的嚴重性，希望藉由工會的襄助，所例外規定的特權。其本質上仍為團體協商。因此，如其協商不成，仍應依據依據勞資爭議處理法進行仲裁。

有問題的是，一旦勞資雙方或勞資政三方達成協議，則該送請法院審核之協議書的法律性質為何？對此，學者間有認為其僅具有一般契約之效力者。[168] 惟本文以為第 5 條第 1 項之協商結論與第 6 條之協商結論性質容或有所不同：前者是契約

---

[166] Opolony, a.a.O., 795. BAG v. 28.6.2012, NZA 2012, 1029 ff.; BAG v. 20.9.2012, NZA 2013, 32 ff.

[167] ErfK/Ascheid § 17 Rn. 21, Rn. 22, Rn. 23.

[168] 郭玲惠，大量解僱保護法理論與實務初探，發表於第四屆行政法實務暨大量解僱勞工法制學術研討會，2004 年 11 月 13 日、14 日，頁 16。

169 或團體協約；後者是勞資爭議處理法上之調解或和解，但經過該法第 21 條之規定，在結論上其性質仍是契約或團體協約。吾人如再將大解法第 7 條第 5 項與勞資爭議處理法第 37 條對照，其間多有雷同之處，均可為執行名義，益證其並非僅具有一般契約之效力而已。

附帶一言者，大解法第 4 條第 2 項規定，事業單位應依序通知工會、勞資會議、全體勞工。而第 5 條第 1 項則是規定由勞雇雙方本於勞資自治進行協商。為此，乃產生如下之問題：工會是否為第一優先通知對象？以及工會是否具有優先協商權？對此，吾人以為在通知上，事業單位應全部通知，而非僅通知工會或優先通知工會即可。至於協商權的部分，則應承認工會具有優先協商權，以免與勞資會議相持不下。其理由如下：

依照 2014 年 4 月 14 日公布施行的勞資會議實施辦法第 13 條討論事項中（二）之規定「關於勞動條件事項」。顯見勞資會議仍得就勞動條件加以討論，並且做出決議。如此一來，即有可能出現勞資會議有關勞動條件之決議，優於團體協約所約定者之現象，而且雇主願意履行勞資會議所做成之決議，果如此，究應如何處理？

如從比較法的觀點而言，由於憂慮工會的爭議實力受到勞資會議架空，德國企業組織法第 77 條第 3 項明定團體協約有關工資及其他勞動條件之約定，不得成為企業協定之對象。亦即，排除有利原則之適用。除非團體協約明文允許其可作補充約定者。

就現行的團體協約法第 19 條有利原則之規定，只是針對勞動契約與團體協約間之關係而言，並不及於勞資會議決議與團體協約。因此，乃引起勞資會議有關勞動條件之決議，優於團體協約所約定時，如何處理之問題。吾人以為：不宜驟然承認勞資會議決議與團體協約間有有利原則之適用。雖然現行的團體協約法第 19 條中，並無對此問題加以規定。但為了釐清勞資會議決議與團體協約效力先後之問題，似應在將來修正草案中加以明文規定。

因此，本文也以為應在大解法第 5 條中，明文規定工會對於大量解僱事件，具有優先協商權。勞資會議所為諮商之決定，不能取代團體協約之效力。

---

169 在勞資會議中所達成之結論，雖然一般認為僅係君子協定（共識決）而已，但考量勞資會議在勞資關係中扮演一定的角色與功能，似宜解釋為具有一般契約的性質。

第九項　小　結

　　面對著關廠歇業的浪潮，原本以處理一般解僱為對象的勞基法的解僱保護規定，即顯得左支右絀。此無他，蓋在其他訂定有大量解僱勞工保護規定之國家或國際組織，多有解僱程序及勞工參與機制之設立，而此在勞基法中均付之闕如。2003年 1 月 13 日通過的大量解僱勞工保護法即在於袪除此一法律漏洞，而在其法條中設有解僱程序及勞工參與機制之規定。自此而後，我國可謂已正式建立解僱雙軌制的法律架構：一為勞基法，另一為大量解僱勞工保護法。雖然法律無法產生或製造需求，單恃嚴刑峻罰亦無法提高僱用，如欲僅憑大量解僱勞工保護法也無法免除或禁止廠商因經營不善而走向關廠歇業之路。但如遵循大量解僱勞工保護法之勞動市場政策上之目的，適度減緩大量解僱勞工之出現，並且儘速輔導其再就業，終究可暫時性地解除大量失業所引起的社會不安。因此，大量解僱勞工保護法之立法目的實值得吾人加以尊重、並且加以遵循。

　　經由上面之討論，吾人得出如下之結論：

一、勞基法目前的解僱規定，係一般解僱規定，除對於個別或少量勞工之解僱仍有其適用外，原則上對於大量解僱勞工亦有其適用。

二、雇主依法所應給付之資遣費、退休金及工資，應回到勞基法之相關規定處理，實無需再於大量解僱勞工保護法中加以規定。

三、大量解僱勞工保護法原則上僅適用於基於企業經營因素之解僱，至於基於勞工人身的或行為因素的解僱，如勞工本身具有可歸責之事由，則亦應予以排除。至於勞工自行辭職或與雇主訂定合意終止契約時，除非其係由雇主所策動，否則應無適用之餘地。

四、在人數的計算上，應排除下列之人員：（一）微量工作者。（二）不再為市場所用之人，例如依據提前退休約定退休之人。（三）暫時無薪休假之人或短暫的留職停薪之人。（四）試用期間勞工。（五）技術生、實習生、學徒等非真正的勞工。

五、大量解僱勞工保護法第 4 條之通知義務，雖係公法義務，但並非解僱禁止期間之發動，亦非解僱預告期間的發動。惟如雇主（同時或先後）明確預告勞工終止契約，則不問其是否有向主管機關通知，該解僱預告通知亦已發生效力。又，即使雇主未向主管機關通知，而勞工在面臨解僱時（並非在訂定勞動契約時），已決定接受該解僱之意思表示並免除雇主向主管機關之通知義務者，主管機關即不應再依據大量解僱勞工保護法第 17 條之規定，予以行政罰鍰之制裁。

　　除上述結論之外，吾人並試圖為如下之建議：

一、釐清大量解僱勞工保護法之主要目的，係在勞動市場政策上，但其兼具有個別勞工利益保護之功能。

二、由於大量解僱仍需受到普通解僱保護規定（勞基法）之原理原則之適用，因此，為求法律的明確性，似應將普通解僱保護與大量解僱單獨制定成一法。

三、無論是虧損或業務緊縮，或者事實上停工或勞工之留職停薪，如其持續相當長的期間，則解釋上即應有大解法之適用。

四、由於基於雇主的策動而離職，已非真正出自本意之自行辭職，理應將之納入解僱保護法制之適用對象。為此，立法者似應思考將之明定於大解法中的可能性。

五、在事業單位係因關廠歇業而致破產所生之大量解僱，在法律手段上，似可回到破產法或勞基法第 11 條規定加以處理即可。

六、在勞工確不能勝任工作之情形，如其勞工主觀上無工作意願，則應將其排除在大量解僱勞工保護法適用之外，大解法第 2 條第 1 項之規定亦應予以修正。

七、大量解僱勞工保護法之適用對象上，應排除僱用未達一定人數之小型廠場，不宜一體適用。否則，其適用之標準高於歐洲聯盟、瑞士及德國之規定，並不恰當。

八、本文以為應在大解法第 5 條中，明文規定工會對於大量解僱事件，具有優先協商權。勞資會議所為諮商之決定，不能取代團體協約之效力。

第九章
退休與退休金

在一件給付退休金的案件中，被上訴人（甲）自 1971 年 3 月 20 日起至 2000 年 9 月 14 日止，已滿二十五年，上訴人（乙）以其竊取所研發之零件交予離職員工丙為由，觸犯刑法第 320 條第 1 項竊盜罪與違反勞動契約及工作規則情節重大，依據勞基法第 12 條第 1 項第 4 款規定予以解僱。被上訴人則是主張其已符合勞基法第 53 條所定自請退休之要件，其受到上訴人的違法解僱，自得以起訴狀繕本之送達為申請退休之意思表示，依勞基法第 55 條第 1 項第 1 款規定，得請求四十個基數月平均工資之退休金。最高法院肯認退休金本質上係以勞工全部服務期間為計算標準所發給之後付工資，並且認為：勞工一旦符合法定退休要件，即已取得自請退休並請求給付退休金之權利，此為其既得權利，不因雇主終止勞動契約而喪失，否則雇主即得藉故解僱已符合退休條件之勞工，規避給付退休金之義務，殊非勞動基準法之立法本質。（最高法院 92 年度台上字第 2152 號民事判決：新寶科技股份有限公司案；前審為台灣高等法院 90 年度勞上字第 48 號民事判決）

本案中，被上訴人（原告）自 1982 年 9 月 6 日起受僱於上訴人（被告），擔任停車管理員工作，一直到 2007 年 12 月 15 日止，遭上訴人以請假未符合規定，一個月內曠職達六日為由，以勞基法第 12 條第 1 項第 6 款予以合法解僱。此一僱傭關係的合法終止，並經最高法院裁判終局的確定。在本案中，被上訴人乃起訴主張其工作年資為二十五年又一百天。符合勞基法第 53 條第 2 款規定之自請退休條件，依最高法院 92 年度台上字第 2152

號民事判決要旨，不論上訴人終止勞動契約之事由為何，即有請求給付退休金之權利，該權利並不因上訴人終止契約而喪失。上訴人則主張退休金之請求，除符合自請退休條件外，尚須向雇主為退休終止勞動契約之意思表示，行使契約終止權，並非勞工一符合自請退休資格，即當然取得退休金請求權。且退休金並非遞延工資性質，屬雇主恩惠性給予，一旦勞工違規情節重大而遭懲戒解僱，情理上即難認雇主尚必須再對其為退休金給付。最高法院審理結果認為：被上訴人既已符合勞基法第 53 條第 2 款所定自請退休之要件，其得自請退休所隨伴之退休金請求權，要不因上訴人之終止勞動契約而喪失。是以被上訴人依勞基法第 55 條規定請求上訴人給付退休金，即屬有據。（最高法院 102 年度台上字第 371 號裁定：台北市停車管理工程處案）〔根據本案前審法院台灣高等法院 101 年度勞上字第 83 號判決意旨：根據勞基法第 53 條第 2 款及第 55 條第 1 項第 1 款、第 2 項之規定，勞基法上之勞工退休權利，可分為契約終止權及退休金給付請求權。……終止權係形成權，……不待相對人之同意（最高法院 88 年度台上第 68 號判決意旨參照）。而勞工退休金給付請求權在勞動契約消滅之同時或契約消滅後，即得主張之。惟若因其他原因致使勞動契約已消滅，而不待勞工再行使契約終止權時（例如雇主先行依勞基法第 11 條或第 12 條之事由終止契約或勞工死亡時），則其退休金給付請求權並非因而消滅，而是即得隨時行使之。蓋因自請退休及所伴隨之退休金給付請求權，既為勞工因法律規定而生之權利，於法定要件充足時其權利即已發生，在法無明文時，不得因雇主之片面行為而予剝奪。是勞工一旦符合法定退休要件，即已取得自請退休並請求給付退休金之權利，不因雇主終止勞動契約而喪失。〕

第一節　多軌制的退休制度

第一項　老年照護多軌制的形成及外國法制的參考

第一款　多軌制的形成

第一目　立法的形成過程

我國對於勞工退休後的老年生活照護，早已有以「勞工保險老年給付為主、雇主企業退休給付為輔」的雙軌制的退休制度（尤其是根據「台灣省工廠工人退休規則」）。此不獨在勞基法施行後如此，即使在勞基法施行前，企業界也早已存在一些自願性的退休給付。其均具有社會政策的目的，企圖減少經由勞工保險所提供之老年給付與被保險人最佳照顧間之落差（照護落差）[1]。因此均具有補充的作用。

原本，藉由勞動基準法的施行，我國對於退休勞工的老年照顧正式進入了雙軌制的時代。理論上該法對於適用勞基法勞工之退休生活的照護，可謂進入了一個新的里程碑。但是基於多種因素的影響，諸如雇主採取工作外包的方式避免勞基法之適用、中小企業的平均存活年限不長（約十二年）、以及勞工本身主客觀因素的轉換工作等，均使得勞基法第 53 條退休金的請領條件難以成就，連帶地也使得勞基法退休金制度的美意遭到相當程度的斲傷。此種「以勞基法之退休金制度作為手段，可以達到保護勞工退休生活之目的」之構想，既然未能完全實現，有識之士遂多有提出檢討之聲者。

因此，在經過漫長的研議後，立法院終於在 2004 年 6 月 11 日三讀通過「勞工退休金條例」（以下簡稱勞退條例），並且自 2005 年 7 月 1 日起施行後，台灣的退休制度遂進入多軌制的時代[2]，以往弱勢族群（尤其是原住民、無一定雇主勞

---

[1] 依據德國聯邦政府所委託之「老年保障制度」（Alterssicherungssysteme）專家委員會之意見，一個充足的照護水準，必須是淨的老人年金收入（Netto-Altersrenteneinkommen）達到最後的淨的勞動收入（Netto-Arbeitseinkommen）的 70% 至 90%。參 MünchArbR/Ahrend/Förster, § 101, Rn. 8, 9.

[2] 除了自願性的退休給付可能繼續存在外，依據勞退條例第 9 條第 2 項的規定，勞工選擇繼續適用勞基法的退休金者，於五年內仍得（回頭）選擇適用勞退條例的退休金制度。而對於繼續適用勞基法之退休金制度者，可能離退休時間還相當久遠（例如其在 2005 年 6 月才開始工作）。此即表示：直到選擇舊制的勞工全部退休後，才會回歸到勞保條例老年給付與勞退條例企業退休金的雙軌制。而這可能綿延相當長的時間，甚至超過十五年之久（勞基法第 53 條之工作十五年年滿五十五歲，僅是勞工得退休之條件而已，勞工如未表示退休，至少即可工作至強制退休之六十五歲）。亦即，在相當長的時間內，台灣將會同時存在三軌制的退休制度。

工、定期契約工、部分時間工作者（含工讀生）、派遣勞工等非典型僱用型態工作者）未有或少有退休金保障的現象，也能夠逐漸改觀。

第二目　目的與作用

探究我國雙軌制或三軌制的老年生活照護制度，可知其目的均在提供退休勞工所得中斷的生活資源。緣對於勞動契約履行過程中所遭遇的各種風險，並不宜全依台灣民法第 266 條「因不可歸責於雙方當事人之事由，致一方之給付全部不能者，他方免為對待給付之義務」的規定，處理勞雇雙方的主要給付義務（尤其是報酬給付）問題。而是對於勞動過程中，勞工可能因為疾病、失業及老年的因素，所造成的所得中斷的風險，無論是標榜社會國原則的德國或高舉福利國原則的台灣，主要均是以社會保險的方式來加以彌補。附帶地，立法者並以勞工保護法的方式，要求雇主也應負擔起一部分的責任。此所以有第一層的保障與第二層保障的區隔[3]。

而在勞工工作在屆滿一定之年齡、且達一定之年資或符合其他的要件下，得自職場自請退休或被強制退休[4]。為了確保其退休後之基本生活需要，必須給予一定水準的退休給付。由於勞保條例之老年給付，只能讓勞工得到一個最低生活水準的收入（法律制度的設計雖是如此，但有時仍不免無法達成），如欲保障勞工能有一如退休前同樣或相近的生活水準，必有賴於另一種或多種制度的配合，由企業體所給付之企業退休金於焉產生，甚且勞工個人亦需藉由儲蓄、投資、保險，始能構築一綿密的安全網。

吾人觀先進國家的法制，以一元化的退休制度，而求其能滿足勞工退休後的生活水準，已不多見，因此乃產生二元化、甚且三元化的制度。台灣早期之勞工退休保障制度，原先是建構在勞保條例的老年給付，與勞基法企業退休金的雙重保障

---

[3] 例如在勞工遭遇普通傷害或普通疾病住院診療不能工作時，勞工保險局應按被保險人平均月投保薪資半數的標準，給予其最高一年的普通傷害補助費或普通疾病補助費（勞工保險條例第 33 條及第 35 條）。同時，雇主對於勞工「普通傷病假一年內未超過三十日部分，工資折半發給，其領有勞工保險普通傷病給付未達工資半數者，由雇主補足之」（勞工請假規則第 4 條第 2 項）。兩相對照，即可知勞工主要還是依賴勞保局所發給的補助費來彌補其所得的中斷。

[4] 林萬億，老年年金制度之建立，月旦法學，第 28 期，1997 年 9 月，頁 30：「退休的原因主要有幾椿：一是工作能力的下降，二是就業機會的有限性，三是世代交替的社會觀念。」本書以為還有職工觀念價值的改變及職場環境變化所引起的職工適應能力不及等因素。台灣近年來符合退休條件的軍公教及勞工搶退的現象，不就是這種原因的具體反映？這種與其他先進國家反其道而行的實務（勞動參與率的大幅不及他國、立法與行政措施上的未能落實延後退休），將會深遠地降低我國的國際競爭力，而終至於一於胡底。令人不解的是，執政者究竟有無見之？既見之，有無踐及履及的立法與行政改進措施？相關的呼應，可見中國時報，2013 年 7 月 17 日，A13 版：中高齡轉進服務業創造就業互補。

上。[5] 前者係國家為保障勞工退休後之生活，在社會保險制度中予以老年給付，以滿足基本生活需要為原則。後者則係由雇主本身給與符合退休條件的勞工退休金，以維持退休勞工之適當生活為目的。因之，兩者之理論基礎不同，一者為國家社會安全制度的一環，一者為雇主因勞工多年來之提供勞務，而對之所為之給付。兩者可謂一前一後、相輔相成。

　　無論如何，勞工老年照護法制的修正，所提供的退休生活的保障，應是每一位勞務提供者（貢獻畢生精力）離開職場後最起碼的尊嚴。綜觀此次勞工退休金條例的制定以及司法院大法官會議釋字第 578 號的解釋意旨，國家的現有資源實應做一個公平合理的分配，以體現社會的公平正義。[6] 在此，不僅是軍公教體系的退休福利應該做適當地調整，大型企業及國營事業單位也應適度地釋放出其部分資源，讓全體的退休勞工共享國家經濟成長的果實。一個國家，其部分的勞務提供者在退休後可以無憂無慮的過日子，但另一部分的勞務提供者卻必須步履闌珊地追逐生活的來源，畢竟稱不上是一個人性化的國家。

第三目　對於勞基法退休制度的疑慮

　　其實，早在 1984 年勞基法施行以來，學者間對於勞基法中之退休金制度，即已有對之持懷疑之態度者。其見解或為勞基法退休金制度是全世界作業最複雜的制度，且是以企業為主體，而非以勞工個人為主建立之勞工個人退休金制度。同時，目前的退休金制度極不利於勞資關係的穩定，對勞工、雇主以及勞資關係而言，都十分的不利[7]。或以為從國際勞工局對各國勞工老年保障制度的歸納而言，亦無課以雇主私法上給付義務為手段之保障類型。台灣以原屬私法上之退休金給付請求權，作為勞工退休後生活之保障制度，並非合適[8]。從我國社會福利制度發展極端落後之觀點而言，現行法制度中，將勞工退休後老年生活之保障推給個別雇主自行負責，表面上固然交待了對勞工的照顧義務；如果與我國軍公教人員享有退休金與軍、公保的雙重老年保障而言，則顯然對軍公教人員的老年生活保障又是極其的優待[9]。

　　此種對於以企業退休金作為社會給付手段之不當的批評，其實還涉及其他層

---

[5] 林奇福，勞動基準法有關退休問題之研究，民事法律專題研究（六），頁 57 以下。
[6] 請參閱中國時報，2004 年 6 月 13 日，A2 版：新勞退制度的機遇與挑戰。
[7] 單驥，勞基法中退休制度的改進—兼論退休、資遣與失業保險制度之整合，經社法制論叢，第 10 期，1992 年 7 月，頁 8～9。
[8] 張志銘，轉型期中勞動立法的調適之道，理論與政策，第 3 卷第 3 期，頁 41。
[9] 張志銘，「勞工退休金條例草案」的再商榷，律師雜誌，第 219 期，1997 年 12 月，頁 36。

面的問題。也就是，如上所言之阻撓勞基法退休金落實的各種因素，諸如雇主採取工作外包的方式避免勞基法之適用、中小企業的平均存活年限不長（約十二年）、以及勞工本身主客觀因素的轉換工作、勞工晚進入職場、勞工多從事部分時間工作等。這也是檢討之聲的由來。

　　如再依據論者的見解，現行勞基法所採之退休金制度，係採與最後薪資相連的「基數給付制」或「確定給付制」（Defined Benefit Plan, DB）。雇主依據一定之標準（勞工工作年資、薪資結構、最近五年勞工流動率、今後五年退休勞工人數等）[10] 提撥至退休準備金專戶（台灣銀行）。惟雇主的退休金給付義務並未因此完了，而是等到退休勞工自退休準備金領取全額的退休金時，始告完成。如事業單位提撥之退休準備金不足支應其勞工退休金時，應由各事業單位補足之。[11] 由於確定給付制係「世代內移轉」，亦即換工作之年輕員工及因須離職照顧家庭之女性勞工補貼久任之勞工，因此有可能牴觸憲法上的平等原則。[12] 再者，由於「確定給付制」退休準備金的財務準備極其複雜，而勞基法及其相關法規命令的條文又相當的簡略，再加上主管機關未能嚴格督促事業單位依法提撥退休準備金，致使勞基法的退休金制度的功能未能有效發揮。[13] 凡此，均為各界所詬病。所幸，2015 年 2 月 4 日修正的勞基法第 56 條第 2 項已增列「雇主應於每年年度終了前，估算前項勞工退休準備金專戶餘額，該餘額不足給付次一年度內預估成就第五十三條或第五十四條第一項第一款退休條件之勞工，依前條計算之退休金數額者，雇主應於次年度三月底前一次提撥其差額，並送事業單位勞工退休準備金監督委員會審議。」。並且在第 78 條第 2 項也配合增列「違反第五十六條第二項規定者，處新台幣九萬元以上四十五萬元以下罰鍰。」此當可適度有助於退休金的提撥。

第四目　對於勞退條例退休金制度的疑慮

　　惟即使隨著勞退條例自 2005 年 7 月 1 日起施行，對於原先適用勞基法退休金制度之勞工、甚至不適用勞基法之勞工與非勞工，提供了個人帳戶制及年金保險的選擇（限於僱用勞工人數逾二百人以上的事業單位），開啟台灣多軌制退休金制度時代的來臨。然而，自從勞退條例通過以來，各界的質疑聲不斷，有從制度面者、

---

[10] 勞工退休準備金提撥及管理辦法第 2 條規定。

[11] 勞工退休準備金提撥及管理辦法第 7 條規定。

[12] 參閱余雪明，於司法院大法官會議釋字第 578 號解釋之協同意見書。

[13] 林炫秋，台灣、德國與美國企業退休金給付法制之比較研究，政治大學法律研究所博士論文，2001 年 7 月，頁 57, 69, 76 以下。其實，即使依據勞退條例第 13 條第 1 項規定，針對選擇適用勞基法退休制度與保留工作年資的勞工，雇主應按月「於五年內足額提撥」勞工退休準備金，此一法律上的要求，至今恐怕尚未成功，淪為另一個不可能的任務而已。

也有從法律面者。尤其是有從勞退基金資產管理面出之者；[14] 有認為個人帳戶基金剝奪勞工退休金所有權，違反分配正義之理念；[15] 有認為仍應以附加年金制為立法目標者。[16] 這都顯示出仍然有諸多疑點有待釐清。

第二款　德國之三柱理論

德國老年照護理想上係由三個來源組成：法定的年金保險、企業退休金及私人預護（含透過商業保險年金的方式）。此稱為三柱理論。老年照護之主幹通常是由法定的年金保險所形成。原則上只有事先繳納保險費及符合保險法上一定的最低的前提要件時，始得行使年金請求權。如因退休而欲行使年金請求權，則需達到一定的年齡、最低限度的保險期間、以及其他保險法上的要件（§ 33 SGB VI）。法定年金的財政來源，是由勞資雙方按月由薪資扣繳，成為社會保險的基金，其後並不受勞工更換工作或事業單位變動之影響，至於其請領額度則隨物價指數、薪資的調整而調整，以確實保障勞工退休後之生活水準[17]。對於老年之私人預護，可經由銀行存款、購買有價證券及締結人壽保險等方式為之。在這一點上，相關的勞工法令並無特殊之規定[18]。

企業退休金，係指基於勞動關係，而對於勞工所承諾的老年的、殘障的／失能的或遺囑照顧（勞退條例第 26 條第 1 項、第 2 項參照）的所有給付[19]。因此，雇主必須於勞動關係存續中已對勞工承諾給予照顧，而於照顧情況（退休、殘障／失能或死亡）出現時，履行其給付。原則上，照顧的承諾係適用契約自由原則。由於老年的照顧係雇主任意的社會給付，因此雇主得自行決定是否及在何種條件下給予企業退休金。當然，如果團體協約已有約定，雇主即須受其拘束[20]。德國的企業退休金自十九世紀中葉時即已存在。起初只適用於（具督導權之）職員，嗣後始漸及於勞工。於實施法定的年金保險後，企業退休金的保障可用以增加法定的年金。亦即企業退休金之社會政策的目的，係在於減少經由法定的年金保險所提供之基本的照顧與年金受領者最佳的照顧間之落差（照護落差）。企業退休金因此具有補充的作用。除此之外，企業退休金另具有企業的人事政策目的，因經由企業退休金，可

---

[14] 中國時報，2004 年 6 月 13 日，A6 版：勞退新制 學者：政府取得資本。

[15] 中國時報，2004 年 6 月 16 日，A6 版：學者：勞退過關 開啟台灣災難。

[16] 中國時報，2004 年 6 月 25 日，A13 版：勞退新制 產總將發動公投否決。

[17] 郭玲惠，修正勞動基準法與勞工退休金規定之疑義，月旦法學，第 23 期，1997 年 4 月，頁 68。

[18] Schaub/Vogelsang, Arbeitsrechts-Handbuch, 12. Aufl., 2007, § 81 Rn. 1 ff.

[19] § 1 Abs. 1 Satz 1 BetrAVG.

[20] MünchArbR/Ahrend/Föster, § 101, Rn. 2; Hanau/Adomeit, Arbeitsrecht, 13. Aufl., 2005, Rn. 881 ff.

以維繫住企業體中的勞工，減少其流動、可以提高企業的吸引力，贏取有工作能力的職場新人，以及可以激勵全體的勞工。最後，由於企業所提撥之退休準備金可以享受免稅待遇，因此對於企業財政負擔有很大的益處。基此，企業退休金亦具有賦稅上的作用 [21]。

　　企業退休金已成為德國社會給付制度不可分割之部分。依據聯邦政府對於企業退休金的報告，在製造業方面，1984 年在僱用數逾一千人的企業體，有 89% 的勞工被涵蓋納入企業退休金；但在僱用五十至一百九十九人之企業體，則只有 48% 而已。在服務業方面，在僱用數逾五百人的企業體，有 53% 的勞工獲得企業退休金的承諾；但在僱用五十至一百九十九人之企業體，則只有 29% 而已。較近的調查則顯示，在原西德地區，1992 年所有的企業體中大約有 1/3 總共給予所有勞工中大約 46% 企業退休金承諾 [22]。而至 2003 年 3 月，全德國約有一千萬勞工享有退休金請求權，這約等於所有民營企業員工總數的 40%。[23]

第二項　憲法上的疑義

　　我國對於企業退休金的合憲性解釋，主要是集中在司法院大法官會議釋字第 578 號解釋及第 596 號兩號解釋上，這兩號解釋並非只涉及勞基法的或勞退條例的企業退休金制度，而是兼及於兩者。值得一提的是，2004 年 5 月 21 日公布之司法院大法官會議釋字第 578 號解釋認為勞基法之退休金制度並不違憲，但亦認為「其實施成效如何，所採行之手段應否及如何隨社會整體之變遷而適時檢討改進，俾能與時俱進，符合憲法所欲實現之勞工保護政策目標，以及國內人口年齡組成之轉變，已呈現人口持續老化之現象，……」時隔二十日之後，「勞工退休金條例」隨即立法通過，呼應了大法官會議的要求，其時間之巧合，法制史上恐難再尋他例。雖然第 578 號解釋似乎只要求立法者檢討改進勞基法的退休金規定，但解釋上應包括另訂一個退休金制度的法律的做法，以符合勞工老年生活之照顧者。

　　先就第 578 號解釋言之。大法官會議首要釐清退休勞工同時獲得勞工保險條例老年給付與勞基法的企業退休金（兼得設計）的合憲問題。緣台灣之退休制度，原先是由社會保險性質之勞工保險老年給付，與勞基法中具強制性效力之退休金，所

---

[21] Kittner, Arbeits- und Sozialordnung, 32. Aufl., 2007, 407; Lieb, Arbeitsrecht, 6. Aufl., S. 80, Rn. 252.

[22] Kittner, Arbeits- und Sozialordnung, 18. Aufl., 554; Söllner, Grundriß des Arbeitsrechts, 11. Aufl., 1994, S. 284, Fn. 43.

[23] Kittner, Arbeits- und Sozialordnung, 32. Aufl., 2007, 407. 惟 Zöllner/Loritz/Hergenröder 則認為約占 46%。Zöllner/Loritz/Hergenröder, Arbeitsrecht, 6. Aufl., 2008, 315 ff.

建構而成之雙重保障。[24] 前者構成退休生活的第一層保障，而後者則是補充前者之不足，故為第二層保障。勞工可兼而取之，並不發生如勞保條例職業災害給付與勞基法職業災害補償抵充之問題。雇主當不得主張勞工已獲有勞保條例老年給付而欲減少其退休金之給付（此所謂耗盡之禁止）。[25]

　　此種兼得的設計，係立法者認為為確保勞工退休後之生活來源，有必要同時在勞工法與社會法中加諸雇主與社會保險機構退休給付的義務及責任。因此，雇主當然不得以勞工已有社會給付而主張削減企業退休金。而此種禁止的態度，亦為司法院大法官會議釋字第 578 號解釋所支持，並且認為勞基法的退休金制度並未違憲。然而，值得注意的是，釋字第 578 號解釋也提醒立法者，在考量「社會資源之分配、國家財政負擔能力等全民之整體利益」下，應該通盤檢討「既有勞工退休制度及社會保險制度，應否予以整合」。畢竟，提供退休勞工適當的退休所得，以維持其適當的生活水準，係兼得設計之中心思想。應該將有限的資源做最有效的利用。因此，究不宜過度地加重社會保險基金及雇主個人的負擔能力甚而危害到未來其他退休勞工的退休給付，以免社會保險基金及雇主的財源加速枯竭、耗盡。換言之，應該儘量避免社會保險老年給付（或社會保險年金）與企業退休金（或企業年金）的總合，超過勞工最後由企業體所獲得的淨所得，以免形成過度照護的現象。此亦為多年來德國學術界及實務界共同的看法。[26] 假設沒有此一過度照護的結果，那麼，即使面臨或正在進行破產程序（經濟上的困境）的雇主，也不得主張其企業經營權（das Recht am eingerichteten und ausgeübten Gewerbebetrieb）受到侵害，而獲得憲法上的救濟。蓋只有一個金錢給付義務通常會導致企業經營的不可能時，憲法第 14 條所保障的企業經營權才會受到侵害，而企業年金的給付，通常不會導致事業單位財務給付的不能[27]。

　　進一步言之。上述兼得設計的合憲性，等同是合憲化勞基法的強制性退休制度。也就是，強制的退休金制度迫使雇主必須在為勞工繳交社會保險費外，必須另外再給付勞工一筆退休金。此種「兼給」的做法，是否有增加雇主不必要之負擔而違憲？對此，首先應說明者，企業退休金制度並非台灣所獨有，美國、德國、日本

---

[24] 林奇福，勞動基準法有關退休問題之研究，民事法律專題研究（六），頁 57 以下。

[25] Lieb, a.a.O., Rn. 263 f.; Söllner, a.a.O., 285; Hanau/Adomeit, a.a.O., Rn. 881 ff.

[26] 德國聯邦勞工法院認為雇主與員工代表會重新簽訂企業協定，以降低過度照護，係一有效的約定。BAG NZA 1991, 730; zu Tarifverträgen, BAG NZA 1994, 807.

[27] BVerfG v. 29.2.2012, NZA 2012, 768 ff. 憲法法院認為自 1999 年 1 月 1 日起修正施行的破產程序，不僅是在清算支付能力不足的事業單位，也在清算及確保工作位置。因此，相較於修正前的法律，具有更為重要的地位。

等國也有，只不過上述國家係採取任意性之給付，而台灣卻採取世所罕見之強制性規定，基此，立法、行政遂介入了勞資關係之形成。由於雇主在勞保條例老年給付保險已需負擔保險費中百分之七十（勞保條例第 15 條第 1 款），而勞基法中之退休金亦須完全由雇主負擔，勞基法之退休金與勞保條例老年給付擔負相當之責任，兩者間之界線因之模糊，論者因而謂勞基法之退休金是「強制性之社會責任」，[28]對之多有疵議者。[29]

而在司法院大法官會議釋字第 578 號解釋中，針對甲公司以給付紅利方式預付勞工退休金，被台灣高等法院認定為違反勞基法第 55 條之規定，而判決該公司必須另外給付勞工一筆退休金。大法官的解釋認為勞基法之退休金制度並未違憲。[30]其主要理由為：「勞基法第 55 條及第 56 條有關勞工退休金之規定，並未逾越立法機關自由形成之範圍。退休金之規定係強化受領勞工勞力給付之雇主對勞工之照顧義務。如考量勞工無法透過勞動契約或團體協約之方式，與雇主協商合理之退休金制度，則勞基法之以財產刑罰作為強制手段，並無違反比例原則。……再者，憲法並未限制國家僅能以社會保險之方式，達成保護勞工之目的，故立法者就此整體勞工保護之制度設計本享有一定之形成自由，勞工保險條例中之老年給付與勞基法中之勞工退休金，均有助於達成憲法保障勞工生活之意旨，二者性質不同，尚難謂兼採兩種制度即屬違憲。」

對於釋字第 578 號解釋的結論，吾人亦以為可採。這是因為：如前所言，勞工保護法與社會保險法都可以達成社會保護的任務，而且在功能上，兩者也具有等值性，因此在法政策上，也具有相當程度的可替代性。落實到法律的設計上，立法者可以在考量諸種因素後，決定將其設計為累積（兼得）的方式（例如勞保老年給付與勞基法的勞工退休金）、或者抵充的方式（例如勞保失能給付與勞基法的職業災害補償）。

再者，如觀台灣勞保條例之老年給付長期偏低，不足以滿足退休勞工之最低生活，已是不爭的事實。而勞工退休金的法律基礎固然有團體協約、工作規則或自訂退休辦法、個別允諾、以及企業慣例等，只不過企業基於自身利益之考量，少有以上述方式與勞工約定退休金之給付者。即使是具有強制力之勞基法的退休金制度，無論是勞基法施行的前後，雇主給付退休金之意願一直甚低，[31]再加上台灣工會之

---

[28] 郭明政，勞工退休制度，勞工法規研討會，1997 年 4 月，會議紀錄部分，頁 16-14。

[29] 張志銘，「勞工退休金條例草案」的再商榷，律師雜誌，第 219 期，1997 年 12 月，頁 36；黃琴雀，我國勞動基準法退休制度調整之研究，政治大學勞工研究所碩士論文，1996 年 6 月，頁 87。

[30] 有關高瑋股份有限公司之聲請書，請參閱司法院公報，第 46 卷第 6 期，2004 年 6 月，頁 46 以下。

[31] 張志銘，「勞工退休金條例草案」的再商榷，頁 34：從雇主依勞基法規定，其在事實上提撥退休

力量薄弱，希冀經由工會與雇主協商退休金，可以說緣木求魚。由此觀之，強制性之企業退休金制度可說是台灣特有勞動環境下必然之產物。但是，由於團體協約法第 12 條第 1 項第 1 款已明定團體協約得約定退休，因此，在工會具有協商實力或甚至罷工實力時，即有可能再要求另加一層退休金保障。如此，即會產生本書下面所述的「過度照護」的問題。

　　然而，釋字第 578 號解釋似乎並未對於「雇主必須同時繳交勞保老年給付之保費及依據勞基法給付退休金，是否造成雇主過重的負擔而違憲」，而做出可令人信服的說理，反而比較著重於退休勞工有無受到「過度照護」的論理。這是其不足之處。固然「繳交保費」與「給予退休金」均會增加雇主的經營成本，但兩者對於雇主的影響程度應有所不同。釋字第 578 號解釋的另一項缺失是：未討論勞基法只有單一化提撥退休金準備金之合憲性問題，亦即勞基法未納入（如德國企業退休金法制的）直接允諾（Direktzusage）、直接保險或退休基金公司（Pensionskasse）等制度，是否違憲？蓋如果以勞基法的強制性提撥退休準備金作為手段，但卻未能完全達到保護勞工退休生活之目的，那麼，其他多元的退休給付方式是否即有存在的必要？大法官何以並未加以指出？[32]

　　至於 2005 年 5 月 13 日，司法院大法官會議做成釋字第 596 號解釋，認為勞基法未規定退休金請求權不可以讓與、抵銷、扣押或供擔保的做法，並未違憲。肯定現行實務上將退休金請求權讓與、抵銷、扣押或供擔保之效力。其中，大法官余雪明針對勞退條例所造成雇主之關廠、外包或改變薪資結構之現象，提出了「保護性法律之始料未及效果（law of unintended consequences），愛之反足以害之」的評語，[33] 亦可歸類為對於勞退條例功過的褒砭。雖然如此，由於退休金係為照顧退休

準備金之概況來看，勞工退休準備金提撥率自 1990 年迄今，如依事業單位數計算，始終徘徊在 10% 至 14% 之間，顯然偏低；若以受保障的員工人數計，則亦僅為 45% 至 49% 之間。換言之，在勞基法公布施行後，仍有 51% 以上的勞工，其退休金根本無任何事實上的保障。若以現行提撥率依法亦僅為 2% 至 15% 之間觀之，則縱經提撥，在未來是否足以保障勞工之退休給付請求權，亦實在堪憂。……顯見在提撥退休金之事業單位均為僱用員工人數規模較大之雇主，而事實上真正需要提撥以保障退休金給付的，往往是剛剛創業或資金不甚雄厚的小規模僱用雇主。……

[32] 有趣的是，大法官許宗力在其協同意見書中提到：「甚且以在同一事業任職滿十五年作為退休要件，固有加強勞僱關係之用意，但因此而衍生出限制勞工職業選擇自由（轉業自由）之事實上效果，其合憲性亦非無疑。」因此，乃引發吾人如下之疑問：勞基法上之退休金制度，是否也隱含著雇主侵害勞工轉業自由之損害賠償的用意？

[33] 德諺有云：「好意也可能帶來災難。」（Wohltat kann zur Plage warden.）或許也可用於勞退條例的身上。其實，釋字第 596 號解釋是針對國家對於勞工與公務人員退休生活之不同保護而為。有關公立學校教師與學校間的退休金爭議，是屬於公法事件（行政處分），應由行政法院受理。請參閱最高法院 100 年度 177 號裁定（游啟忠 vs. 國立中正大學）。
在公務員退休保障上，（司）法官是否應該受到特殊的優待？憲法解釋學上是否當然可以得出如

勞工老年生活之用，並不宜作為讓與、抵銷、扣押或供擔保的標的物，因此，2015年6月3日修正的勞基法第58條，已經增列第2項「勞工請領退休金之權利，不得讓與、抵銷、扣押或供擔保。」亦即採取與勞退條例第29條相同的立法規範。惟對於違反者，並無任何法律後果的規定。所以，似乎應依民法第71條處理其間的法律關係。

第二節　勞保條例的老年給付

中華民國憲法第153條規定：國家為改良勞工之生活，應制定保護勞工之法律，實施保護勞工之政策（司法院大法官會議釋字第549號參照）。第155條規定：國家為謀社會福利，應實施社會保險制度。憲法增修條文第10條第8項並且規定：國家應重視社會保險等社會福利工作。而勞工保險條例第1條規定：為保障勞工生活，促進社會安全，制定本條例。可知勞工保險條例係憲法第155條及憲法增修條文第10條第8項之具體化規定。所謂社會保險，其與商業保險最大的差異在於其公共性，也就是社會集體風險分攤，因此屬於強制性納保，且為非營利性質。其主旨乃是透過風險共同體的組成，來防範生活中之（生老病死等）典型風險；亦即風險共同體的成員基於連帶的思想，透過一定「先行給付」的繳納，來取得對於不可預期之風險的保障。此先行給付在一般社會保險中則為保費之繳交。[34]至於採社會保險形式的老年經濟安全保障，依其給付方式，又可區分為一次給付與年金給付兩種，前者於退休時一次受領全部金額，後者則係按月、季、年或約定期間定期性地受領。我國原係採行社會保險一次給付制，勞工保險的老年給付原先也

此結論？似非無疑。緣依據憲法第81條規定：「法官為終身職，非受刑事或懲戒處分或禁治產之宣告，不得免職，非依法律，不得停職、轉任或減俸。」這似乎只是從終身僱用制的理論，在憲法上加重重申其身分上的保障而已，並未處理到「退休」或「資遣」的問題。解釋上，法官與一般公務員的「退休」或「資遣」事由與程序保障，應無不同。而且，無論針對法官有無專門法律規範，均應秉持依法行政的理論行事。至於檢察官本質上即為一般行政官員，更應回歸到公務（人）員的相關法令（尤其是公務人員任用法、公務人員退休法）處理。在此，並無涉及勞工與公務員平等待遇之問題，反而是憲法法理上是否允許存在一特殊公務員（法官）階級的問題。我國長久以來對於法官及檢察官提供特殊優待的保障思維與做法，即使有其時代的背景，似乎也應該逐步地檢討調整，對此，德國現行司法人員的保障制度即可提供我國參考之用。

[34] 楊通軒，勞基法中退休與資遣法制之研究，勞資關係論叢，第9期，1999年6月，頁43；行政院勞委會83年5月30日台(83)勞動三字第35000號函謂：「勞工保險係以社會互助原理，採危險分攤方式辦理，……」然而，此種「先行給付」的理論，並未為我國的勞工保險條例第17條所嚴格遵守，蓋依據第17條第3項規定：「保險人於訴追之日起，在保險費及滯納金未繳清前，暫行拒絕給付。但被保險人應繳部分之保險費已扣繳或繳納於投保單位者，不在此限。」

只提供一次給付，異於世界上大多數國家採取社會保險之年金給付制。而此一次的給付，實際上往往並無法保障勞工退休之生活。惟自 2009 年 1 月 1 日修正實施起，增加了年金制度，而其中的老年年金給付即係給付的最大宗。[35]

　　其實，為了修正勞保條例老年給付一次給付及保障範圍不足的缺失，行政院早在 2003 年 4 月 30 日以院台字第 0920084997 號函移請立法院審議勞工保險條例的部分條文修正，其主要內容為：擴大四人以下公司強制加保、老年給付年金化（明定年滿六十歲，投保二十年者，可以領年金）、新舊制可選擇（可以選擇請領一次給付或老年年金）。很可惜的是，該修正案雖在 2004 年 5 月 27 日初審通過，最後卻未能三讀通過，徒然留下空谷迴音。[36] 一直要到 2008 年 7 月 17 日始修正通過，且分成三個日期施行。[37]

　　在當時勞保老年給付年金化修正未能通過之前，吾人有如下的疑慮：未來台灣勞工退休生活的保障，會不會是依賴勞退條例的月退休金多於勞保條例的一次老年給付？老年給付重心是否應移往企業退休金？而這又與台灣的勞工保險係採取隨收隨付制，將現在工作者所支付的保費作為退休勞工的老年給付，將不足因應人口老化加速的需要，密切相關。[38] 對此，論者有以為「綜合各國職業退休金之發展趨勢觀之：一者，基於社會連帶思想以社會保險解決退休問題之做法在老年化現象下已遭遇困境，採僱主自願提供職業退休金之國家亦因成本考量而有縮水現象或由政府考量改為強制之趨勢，……；二者，各國之職業退休金有由確定給付走向確定提撥之趨勢。……從國際經驗來說，第一層次與第二層次之保障可以兼具排斥與互補兩種關係。……現在德國公共退休金之所得替代率有下降之勢，政府則鼓勵企業及私人退休金以補其不足。可見二者可以並存。[39]」雖然如此，吾人仍然以為退休勞工的老年生活照護，應該由社會保險的勞保老年給付負擔主要責任，至於無論是任意性的或者強制性的企業退休金，均只是立法者在考量國家的財政狀況及其長期地使用勞工的勞動力後，[40] 加給僱主一個有如社會保險承保機構的責任而已。即使德國

---

[35] 自 2009 年 1 月 1 日起至 2009 年 12 月止，勞保年金給付（含老年年金給付、失能年金給付、遺屬年金給付）核付人數 67,201 人，金額約 65 億 6,616 萬餘元，其中老年年金給付核付人數為 65,615 人，金額約 64 億 2,546 萬餘元。

[36] 中國時報，2004 年 5 月 28 日，A6 版：勞保年金 初審通過改採按月給付。聯合晚報，2004 年 5 月 28 日，2 版：勞保看健康　活越久領越多。

[37] 亦即：第 54 條之 1「應於本條例中華民國九十七年七月十七日修正之條文公布後五年施行」；第 13 條第 3 項及第 4 項自 2010 年 1 月 1 日起施行；其餘條文則自 2009 年 1 月 1 日起施行。

[38] 但是隨收隨付制卻具有不受通貨膨脹影響的優點。

[39] 余雪明，於司法院大法官會議釋字第 578 號解釋之協同意見書。請參閱司法院公報，第 46 卷第 6 期，2004 年 6 月，頁 37 以下。

[40] 蔡維音，社會福利制度之基礎理念及結構—以德國法制為中心，月旦法學，第 28 期，1997 年 9

公共退休金之所得替代率有下降之勢，也不改其第一層保障之角色。因此，雖然勞退條例第 24 條第 1 項已一改勞基法之一次給付而為企業年金提供法律依據，但理論上仍然只是在補充社會給付之不足而已。

最後，再就勞保老年給付與勞基法的企業退休金的互動而言：勞保條例老年給付之請領，原則上仍以勞工達一定年資及屆滿一定之年齡作為前提要件（勞保條例第 58 條第 1 項、第 2 項），但是並無如勞基法退休金強制退休之規定，[41] 雇主無得強制勞工向勞保局請領老年給付。此依勞保條例第 58 條第 1 項「年滿六十歲有保險年資者，得依下列規定請領老年給付」及第 2 項「本條例中華民國九十七年七月十七日修正之條文施行前有保險年資者，於符合下列規定之一時，除依前項規定請領老年給付外，亦得選擇一次請領老年給付，經保險人核付後，不得變更」之規定可知。惟依修正第 59 條第 2 項之規定，被保險人逾六十歲繼續工作者，其逾六十歲以後之保險年資，最多以五年計，合併六十歲以前之一次請領老年給付，最高以五十個月為限。基此，對於勞工之一次請領老年給付仍有一定之限制。另外，勞保條例老年給付之請領要件與勞基法所訂退休金之給予要件亦不相同，雇主雖有代為請領老年給付，不得即視為雇主同意或強制退休之意思表示，仍應探求當事人之真意後依個案事實認定。[42] 但是，勞工一旦依勞保條例第 58 條第 1 項及第 2 項請領老年給付者，即應辦理離職退保（勞保條例第 58 條第 3 項參照）。亦即終止僱傭關係。同樣地，當勞工向雇主請求退休並領取勞基法退休金，雖其並未要求雇主向勞保局請領老年年金或老年給付。但其勞動關係亦已永久終止。只是，其得與雇主重新簽訂僱傭契約，繼續在原雇主處工作。吾人比較難以想像的是，假設勞工依勞保條例第 58 條第 1 項或第 2 項請求勞保老年給付、但卻不同時依勞基法自請退休時，則因僱傭關係既已被強制終止（離職退保），其勞基法退休金請求權是否隨之喪失？對此，本書以為勞工仍得在五年內，向原雇主為請求退休金的意思表示（勞基法第 58 條第 1 項參照）。本書也以為依據勞保條例第 58 條第 3 項「應辦理

月，頁 186：因為在工商業經濟型態下，勞動者一生青壯時期的心力是為雇主所用，其時間、精力、健康也都投注在企業經營、生產上，人生的規劃與人格的形成也都為了企業的獲益而奉獻，這也是為何法規範秩序根本上認為雇主應承擔受僱者之老年照顧責任之規範背景。

[41] 值得注意者，勞退條例第 24 條已經揚棄強制退休之規定矣。但是，依據勞退條例第 12 條第 1 項之規定，原適用勞基法之勞工即使選擇適用勞退新制，仍然有勞基法第 54 條之適用（行政院勞工委員會 94 年 5 月 27 日勞動 4 字第 0940028403 號函參照）。較有法律上疑義的是，依照行政院勞工委員會 95 年 3 月 15 日勞動 4 字第 0950008016 號函，勞退條例實施後新受僱之勞工，如符合勞基法第 54 條強制退休要件者，雇主仍得依該法予以強制退休。本書以為此一見解並不可採。

[42] 行政院勞委會 79 年 5 月 15 日台 (79) 勞動三字第 10873 號函。台灣台中地方法院 97 年度勞訴字第 30 號民事判決。

離職退保」係一強制規定，僱傭關係已被強制終止，且依同條第 6 項規定「不得再行參加勞工保險」。因此，即使勞工未與雇主辦理終止契約及重新訂約的程序，而是照常地前往工作，解釋上仍然係一新的僱傭契約，而非原僱傭關係的繼續。如此，始能讓勞保條例第 58 條第 3 項、第 6 項與勞基法第 53 條的規定一致。況且，勞退條例第 24 條之 1 規定：「勞工領取退休金後繼續工作者，其提繳年資重新計算」，解釋上亦係重新簽訂僱傭契約，而非原僱傭關係繼續，此從其立法理由中亦可得知。

第三節　勞動基準法的退休制度

第一項　退休金之特色、性質與保障

第一款　特　色

　　勞基法退休金制度之建立，係基於過去企業體設置退休金之情形並不普遍，且雇主多視之為恩給，由其任意決定金額之多寡。故其用意除了係課雇主對長期工作勞工於離職時應有給付退休金之義務外，由於請領之要件中之年資以服務於同一事業單位（勞基法第 57 條、第 84 條之 2、勞基法施行細則第 5 條參照）為限，故亦具有使勞工安於其位之作用。因此，規定在十五年以內部分，每一年給予二個基數退休金；超過十五年部分，因顧及雇主負擔能力，每滿一年給予一個基數，最高以四十五個基數為限，如此，同時兼顧退休勞工基本生活之保障及企業主之負擔能力。[43]

　　所以，勞基法之退休金制度，具有保障退休勞工之基本生活及使勞工安於其位之作用。由於勞保條例之老年給付較之於勞工退休前之薪資所得，低了很多，因此對於長期（原則上不得低於十五年）工作於同一雇主之勞工，勞基法乃賦予一退休金請求權，以改善其老年生活。惟從另一方面觀之，由於勞保條例並未將所有之勞工涵蓋進去，對於此類未受勞保條例老年給付保障之勞工，勞基法之退休金乃成為

---

[43] 行政院勞委會 83 年 5 月 30 日台 (83) 勞動三字第 35000 號函、79 年 3 月 23 日台 (79) 勞動三字第 30481 號函。

其退休後生活之最主要、甚至是唯一的生存依據[44]。

　　勞基法的退休金制度具有以下幾個特色：一、係一單一化、中央化與集中化的制度，嚴重地擠壓自願性退休制度的發展空間。二、由於雇主應將退休準備金專戶存儲於中央主管機關會同財政部指定之金融機構，保障退休金權利第一步之「退休資產與雇主資產分離」的要求，乃能達到。三、如對照勞工退休基金收支保管及運用辦法第 6 條之退休基金的運用範圍，可知其運用與管理講求安全性，而不重視收益性。四、退休基金的提供者（事業單位）無法監督基金管理者對於基金的運用，也無法選擇不同的基金管理運用機構，以增加退休準備金的收益，減少支付退休金的費用。[45]

第二款　性　質

　　勞基法上退休金之法律性質為何？學者、實務間並無一致之見解。勞委會所作之解釋，其前後之見解即互有出入。一者認為勞基法退休金乃雇主對所有勞工於合於一定條件時給予之勞動報酬，屬於雇主之責任[46]。一者認為工資應全額直接給付勞工，為勞基法第 22 條第 2 項前段所明定，……故退休金不宜認係工資之延期給付，應為勞工成就一定條件而退休時，由雇主發給之酬勞金[47]。一者認為勞基法之退休規定，係課雇主對長期工作勞工於離職時應有給付退休金之義務[48]，……由上述幾號解釋而觀之，第一號係認為勞動報酬，第二號則認為是酬勞金，第三號則只說明係「雇主之義務」。

　　至於學者間之見解，以往均由經濟學者所提出，其中較為重要者有雇主恩給說、勞資合作說、延付工資說及適當維持生活說。至於究以何說為是？論者並未有一致的看法，惟也有以為不必拘泥於何說，重要的是雇主有照顧勞工之義務，其所給付之退休金數額，基本上應以能維持勞動者退休後之適當生活為準。

　　勞工法學者間，有認為退休金之支付，一方面寓有慰勞性質，他方面也有結算、清算雙方間權利義務關係之意味。然而大多數學者似仍持延付工資說，認為退休金制度係將勞工所得作時間上再分配，以保障勞工退休後之晚年生活[49]。

---

[44] Zöllner/Loritz/Hergenröder, Arbeitsrecht, 6. Aufl., 2008, 315 ff.

[45] 林炫秋，前揭書，頁 61，73 以下。

[46] 行政院勞委會 79 年 3 月 22 日台 (79) 勞動三字第 30481 號函。

[47] 行政院勞委會 82 年 7 月 13 日台 (82) 勞動三字第 39290 號函。

[48] 行政院勞委會 83 年 5 月 30 日台 (83) 勞動三字第 35000 號函。

[49] Gerhard Kuras, Verbot der Diskriminierung wegen des Alters – Heruaforderung für die Rechtsprechung und Motor für ein europäisches Arbeitsrecht? RdA 2003, Sonderbeilage Heft 5, 11 頁：其性質屬遞延的

　　值得注意的是，學者間亦有提出勞基法之退休金性質上為贈與之看法。其理論說明為：一者，最高法院的判決認雇主提撥之退休準備金，性質上係為將來勞工退休時，雇主履行其退休金給付義務而為準備，其提撥時，非即為履行退休金給付義務，在支用前，自仍由雇主保有其財產上之權利，僅其處分權受限制而已[50]。由於所有權在雇主口袋，到了時間雇主拿出來給員工，所以「清清楚楚告訴你勞基法退休金是一個贈與」[51]。二者，我國所施行之二元化制度，無論是依勞基法或勞保條例，其額度皆無法達到國際勞工組織所頒布之水準，同時使得退休金之性質徒有雇主履行照顧義務之形式，實質上流為一種贈與而無法落實[52]。

　　由上面之分析得知，勞基法退休金之性質可謂眾說紛紜。然據吾人所信，台灣勞基法之退休金，係公法上之強制規定，依法而言，雇主並無迴避之可能，雖退休準備金之所有權仍屬於雇主，然勞工一旦有退休之事實時，雇主即需給付退休金，由此觀之，退休金並不是贈與，否則雇主應得依民法第408條第1項隨時撤銷其贈與。再者，雖然勞基法退休金之額度有限，可能不足以因應退休勞工之生活需要，但這是雇主不願提撥退休準備金或提撥率太低所造成之後果，法律上應是強制雇主補提不足之額，怎可反而以此認為是贈與？又即使雇主視之為贈與，亦無法改變退休金之法律性質。因之，退休金不宜認之為無償之贈與，而是雇主因為勞工先前已對之提供勞務之故，所為之給付[53]。即使吾人認為企業退休金係對於勞工長期來忠誠義務之報酬，亦不得以之為贈與[54]。

　　至於將企業退休金視為工資的延付，似乎亦有問題，因其有違反勞基法第22條第2項剋扣工資之嫌，設使勞工因故提早離開職場，則將喪失該部分工資。因

工資（thesaurietes Entgelt）或一般稱之為「安心賺得的退休」（wohlverdient Ruhestand）；劉志鵬，勞動法解讀，頁104；林奇福，前揭文，頁57以下；張玉希，勞工退休金條例草案之芻議，律師雜誌，第219期，1997年12月，頁3；黃劍青，前揭書，頁342，惟氏於頁372則謂：但就情理上而言，勞工會受僱於同一雇主，辛勤工作了數十年，必定是對雇主有深厚的忠誠和感情。茲因年老力衰，必須退休，雇主對該勞工過去數十年工作的勞績，不能不表示感謝的誠意，按照他過去的工作年資，給予適當的退休金，以照顧其晚年的生活，實是雇主在情理上和道義上所必須做的事。可見作者對於適用勞基法之行業與「以往未適用工廠法，而又未自訂退休辦法的行業」退休金理論基礎，作不同之處理。

[50] 最高法院84年度台上字第73號判決。

[51] 郭玲惠，最高法院年度台上字第號判決評釋，勞工法規研討會，1997年4月，會議紀錄部分，頁16-15。氏另於頁16-17：剛我說的退休金是一種贈與，並不是我認為退休金是一種贈與，而是就整個勞基法的立法、事實上能拿到的額度來看，且實務上不得不這麼判，因為法律就這麼規定。

[52] 郭玲惠，修正勞動基準法與勞工退休金規定之疑義，頁65；氏著，企業關廠或倒閉時，勞工權益之保障—以德國制度為例，中興法學，第42期，頁77以下，頁81。

[53] Söllner, a.a.O., 283; Lieb, a.a.O., S. 79 f., Rn. 251 f.

[54] Schaub/Vogelsang, Arbeitsrechts-Handbuch, 12. Aufl., 2007, § 83 Rn. 6 ff.

此，企業退休金亦不宜視為相對於提供勞務的嚴格意義的薪資，而應視為具有固有意義的照護給付[55]。換言之，將之視為同時具有照扶性質與薪資性質之雙重性格，這是因為一者由於勞工長期地服勞務，雇主為感謝其忠誠而必須以退休金予以照顧；二者退休金之額度係依工作年資與薪資的額度而定[56]。雖然勞基法退休金具有雙重性格，但因其是勞基法之強行規定，而非雇主基於任意所為之給付，因此勞工如符合前提要件即可請領（就此觀之，事實上勞基法的退休金是附有停止條件的照護給付），雇主並不因給予退休金而得期待勞工不應利用其勞力或知識做對其不利之營利行為，換言之，勞工並不當然即因之負有不為競業之義務[57]。雇主如要限制或禁止離職勞工的競爭業務行為，必須與之明確約定始可。在此，在採取任意給付的國家，一些事業單位為防免離職勞工的競業行為，於其離職後一定期間續付工資或補償費，雙方並且約定於停止上述給付後，給付企業年金或企業退休金的時點始會啟動。惟此一做法在我國似無存在的空間。

第三款　保　障

台灣勞基法規定了強制退休金制度，表面上較德國任意的企業退休金制度對勞工有保障。然而進一步觀察之，就會發現實者不然。因勞基法一方面並無「退休金期待權」之保護規定，而實務上（含司法及行政）亦未見到有對退休金期待權之判決或解釋，另一方面台灣勞基法卻另有資遣費之規定，且其給付額度較退休金為低，因此法制設計上即可能驅使雇主於勞工即將符合退休要件之前，採取資遣之手段，實務上此類例子可謂不勝枚舉[58]。再者，如是勞工於即將符合退休之際，自行辭職而去，轉往其他企業工作，依勞基法亦無能保障其退休金期待權。似此類情形，單以法律別無規定而否定其權利保障之必要性或可能性，並非最好的解決方法。因此，為了解決此一問題，論者或有主張將資遣費提升至退休金同樣之水準者，或有主張可讓其將年資攜往其他企業體繼續計算者[59]。然而，由於資遣費與退休金之法律性質相異，其立法用意不同，本無法同等對待，其給付水準自不宜相

---

[55] Zöllner/Loritz/Hergenröder, a.a.O., 318.

[56] BAG AP Nr. 3 au §2 42 BGB Ruhegehalt – Unterstützungskasse; BAG, NZA 2013, 733 Rn. 32; BAG, NZA 2014, 35 Rn. 23; Schaub/Vogelsang, a.a.O., §83 Rn. 6 ff.; MünchArbR/Ahrend/Förster, §101, Rn. 11 f.

[57] 反對說，Söllner, a.a.O., 283; Hanau/Adomeit, a.a.O., Rn. 728.

[58] 如台灣板橋地方法院 83 年度勞簡上字第 5 號，被上訴人已工作十四年，卻因上訴人遷廠而被資遣。

[59] 中國時報，1997 年 2 月 28 日，17 版：換工作就得重計退休年資不合理。

同。再者，退休金含有安定勞工之作用，期望藉此降低勞工之流動率，立法目的本即限於同一事業單位，如允許勞工得不受限制地攜往其他企業體，則企業退休金之目的盡失，且與勞保條例之老年給付之界限也為之模糊。基此，上述兩種解決問題的建議，似均非妥當。

　　吾人以為，為兼顧雇主與勞工權益之平衡，並且解決雇主恣意於勞工即將退休之際予以解僱之流弊，採取對勞工之退休金期待權保障之方式，似值得慎重考慮。德國聯邦勞工法院於 1972 年 3 月 10 日首度以判決承認期待權之不可喪失性（Unverfallbarkeit）：如勞工已隸屬於企業二十年，且在滿六十五歲前被解僱，則雇主對之所承諾及其已賺得之企業退休金並不喪失 [60]。其後聯邦勞工法院之幾次判決，終於促使立法者於 1974 年 12 月 19 日制定通過企業退休金法（BetrAVG）。依企業退休金法第 1 條至第 4 條之規定，勞工雖提早結束其與雇主之勞動關係，但其如符合以下兩個要件，仍得保留其期待權：一、至少已滿三十五歲。二、照護承諾必須：（一）至少已存在十年或。（二）雖然只存在三年，但勞動者至少已隸屬於企業體十二年。由德國對退休金期待權之發展得知，首先是由聯邦勞工法院以法官造法之手段承認退休金期待權，再者，保有退休金期待權之要件尚稱嚴格，勞工至少需有十年隸屬於企業體，三者，不問勞工是主動或被動與雇主終止勞動契約，如符合企業退休金法第 1 條至第 4 條之要件，即可獲得退休金期待權之保障。一旦勞工符合前述之要件，則其於退休時，即可對原來的雇主主張部分的企業退休金。因此，吾人認為德國此一法制顯然較為合理。邇來學者間亦有主張勞工即將符合退休要件，而雇主予以資遣，使得退休之期待權無法實現時，基於誠信原則之衡量，似可適用台灣民法第 101 條第 1 項之規定，如雇主有故意使條件不成就之行為，應視為條件已成就，雇主仍應給付退休金 [61]。其主張值得贊同，惟具體的條件為何？能否創設如德國企業退休金法第 1 條至第 4 條之具體標準？仍有待司法與立法機關之努力。如依本書所見，此處固可按照民法第 101 條第 1 項「因條件成就而受不利益之當事人，如以不正當行為阻其條件之成就者，視為條件已成就。」來加以處理。只是，此處退休之視為已成就，仍應將之限制在「即將」退休之際。所以，最大的問題是如何界定「即將」？對此，似乎無須限縮在短暫的數日或數月之內，而是可以根據勞基法第 53 條各款及第 54 條第 1 項第 1 款之年資與年齡而定。如果是勞基法第 53 條第 2 款之情況，即使是距離退休還有二年，似乎亦得認為已符合「即將」的要件。但如果是勞基法第 53 條第 3 款之情況，則距離退休還有一年以

---

[60] BAG AP Nr. 156 zu §242 BGB Ruhegehalt.
[61] 郭玲惠，論勞工退休金制度，頁 11。

上，似乎即已不符合「即將」的要求矣。

　　退休金期待權之保障不僅限於上述之情形，亦應及於雇主無支付能力而歇業、清算或破產時，而且該期待權應似乎也可以有如積欠工資般（勞基法第 28 條第 1、2 項），優先於其他債權而獲得清償的效力。現行實務上於雇主歇業時，雖令勞工得向退休準備金請求資遣費（勞工退休基金收支保管及運用辦法第 5 條），但此項保障顯然不夠，應於勞工符合退休金期待權之要件時，轉而依退休金期待權獲得保障，如此始能彰顯憲法第 15 條保障人民財產權之精神[62]。至於論者間有主張將積欠工資墊償基金的適用對象及範圍擴充及於退休金或退休金期待權者，本書則以其有違勞工法理或社會保險法理而不採。在我國的做法上，似可參考德國在保障勞工退休金請求權及退休金期待權方面的做法，亦即其係由雇主所共同設立的所謂退休金互助保險公司（Pensionssicherungsverein auf Gegenseitigkeit）的自助組織來負責，所有承諾給予企業退休金之企業均需加入，負有繳交保險費之義務，一旦出現無支付能力之情形，退休金請求權人或退休金期待權人即得對之請求支付（§§ 7 ff. BetrAVG）[63]。

　　但是，依據 2015 年 2 月 4 日修正的勞基法第 28 條第 1 項，已經將積欠工資墊償基金的適用範圍擴充到「二、雇主未依本法給付之退休金及三、雇主未依本法或勞工退休金條例給付之資遣費」。顯然立法者係將積欠工資墊償基金的運作，視為具有保險的性質。況且，台灣的企業退休金是強制提撥，理論上不會有在繳納積欠工資墊償基金外的雇主。所以，將企業主強制為連保的主體，似亦無何不妥。但是，即使依據 2015 年 5 月 20 日修正的積欠工資墊償基金提撥及墊償管理辦法第 7 條第 2 項規定：「雇主欠繳本基金，嗣後已補提繳者，勞工亦得申請墊償。」這表示：勞工得聚資補提繳，然後獲得墊償。至於雇主之是否繳納或勞保局能否獲得雇主償還或這是否符合社會保險的法理，似乎都已非重點。勞工行政的考量顯然重於一切。另外一點是，按照新修正的勞基法第 28 條第 1 項，已經將積欠工資墊償基金的適用範圍擴充到雇主未依本法或勞工退休金條例給付之資遣費。然而，依據 2015 年 7 月 22 日修正的勞工退休基金收支保管及運用辦法第 5 條，仍然明定勞工

---

[62] 依內政部 74 年 5 月 28 日 (74) 台內勞字第 298989 號函：事業單位依勞基法第 11 條之規定預告勞工終止勞動契約，其中已符退休規定者，應依下列方式處理：一、凡合於勞基法第 53 條自請退休要件之勞工有權隨時自請退休。二、凡合於勞基法第 54 條強制退休要件之勞工，雇主應依法予以強制退休，不得以資遣方式辦理。對於一的部分，應屬於勞動者的既得權，固無疑義。至於二的部分，是否表示內政部承認勞動者有退休金期待權，所以以（強制）退休方式保障其權利？

[63] Lieb, a.a.O., S. 85, Rn. 272; Söllner, a.a.O., 285; Zöllner/Loritz/Hergenröder,, a.a.O., 320. 德國退休金互助保險公司自 1975 年設立以來，及至 1987 年為止，總共處理了 3,541 個案件，退休金請求權及退休金期待權獲得確保的人數共有 321,732 人，資料來源 Kittner, 18. Aufl., 555.

得向退休準備金請求資遣費。如此一來，是否代表勞工得自由決定是依勞工退休基金收支保管及運用辦法第 5 條或勞基法第 28 條第 1 項第 3 款請求資遣費？或者其應先向前者請求，不足後再向積欠工資墊償基金請求？或者反之？

無論如何，退休金期待權仍然未被法律規範，恐怕仍將留由法院判決處理。

<h1 style="text-align:center">第二項　退休發生之原因</h1>

第一款　勞工在同一事業機構的生物過程

勞工欲依勞基法享有退休金請求權，必須要有一定的生物過程發生，亦即需屆滿一定的年齡 [64] 以及／或者必須在同一事業單位工作達一定年限，亦即年資問題。至於其是否果其然能請求退休金，則是繫之於企業的存續期限及本身的流動性（含進入職場的早晚）。由於勞基法對於自請退休及強制退休年齡、年資、以及退休金基數的規定僅係最低的標準，因此雇主與勞工當得以勞動契約或團體協約或其他方式，約定較佳之退休條件。在早期，勞雇雙方似乎亦可約定女性勞工之退休年齡較男性勞工低，該等約定應無違反憲法第 7 條平等原則及勞工法上之平等對待原則 [65]。惟在現今，基於性別工作平等法第 11 條第 1 項規定：「雇主對於受僱者之退休，不得因性別而有差別待遇。」因此，此類退休年齡的不同對待，將難免歧視待遇的評價。

如同勞工保險條例一樣，勞基法退休金制度並未及於所有的勞工 [66]。即使1998 年底以前勞基法應適用於一切勞雇關係，但其適用確有窒礙難行者，不在此限（勞基法第 3 條第 3 項）。屆時仍將有數十萬的提供勞務者，未能受到勞基法退休金規定之保障（其中，包括公務機構的約／聘僱人員。這是基於公部門勞資關係的考量而來，尤其是行政機關整體人力的配置及組織人員的精簡）。當然，所謂窒礙難行是一個不確定法律概念，仍有待行政機關及司法機關予以具體化，司法機關尤須於面對個案爭議時，依據本身見解加以裁判，無需受到行政機關所認定的「窒

---

[64] 德國企業退休金之生物的過程則包括屆滿一定年齡、發生殘障或死亡的事實。Schaub/Vogelsang, a.a.O., §83 Rn. 4; MünchArbR/Ahrend/Förster, a.a.O., §101, Rn. 14.

[65] 事實上勞保條例第 58 條第 2 項第 1 款即對女性勞工與男性勞工作不同的對待，其規定為：參加保險之年資合計滿一年，年滿六十歲或女性被保險人年滿五十五歲退職者。另參閱 Kittner, 22. Aufl., 560.

[66] 惟部分時間工作者，如其屬於適用勞基法之行業，亦有退休金規定之適用，內政部 75 年 11 月 19 日 (75) 台內勞字第 455127 號函。

礙難行的行業或勞工」的限制[67]。由於勞工退休準備金係用於支付勞工之退休金，故不具勞工身分人員之退休金即不得自勞工退休準備金中支付，故公司法委任經理、副總經理、總經理、董事等經理人，其退休金本應由事業單位以當年度費用列支[68]。有問題者，如果上述經理人曾經長期具有勞工身分，亦即其曾具有過勞工身分，而於即將符合退休要件之前，被雇主「委以重任」，導致其退休時已非勞工，如此即謂其喪失退休金請求權，是否妥當？比較妥當的處理方式應是分段計算，亦即其具有勞工身分之年齡與年資如已符合或即將符合退休要件，則令其取得退休金請求權或退休金期待權，可以由退休準備金下支應；至於其擔任經理人之年資，則應由事業單位另行籌措支付[69]。惟如其具有勞工身分時之年齡與年資尚未符合請領退休金或退休金期待權，則該部分的退休金即應由其與雇主協商解決，不得由退休準備金下支應。

　　由於勞工之退休以達到一定之年資為其要件，因此年資之計算對勞工之權益攸關重大。如勞工始終服務於同一事業單位或事業單位改組、轉讓而新雇主繼續承認其年資時，則年資計算自無問題。然而勞基法第 57 條所謂「但受同一雇主調動之工作年資，應予併計」究為何意[70]？吾人以為此一規定，首先是指調職之情形，即在雇主同一事業單位內，雇主將勞工之工作地點或工作職種予以變動而言。調職應事先得到勞工之同意，始能生效。其次，設如雇主將勞工調動到另一事業單位，由於已非同一事業單位，屬於民法第 484 條第 1 項「僱用人非經受僱人同意，不得將其勞務請求權讓與第三人」之情形，亦即其為「借調的勞動關係」，僱用人應先

---

[67] 關於此點，雖然勞基法施行細則第 4 條之 1 授權行政機關依據事業單位的經營型態、管理制度及工作特性等，斟酌其有無窒礙難行之處而指定之，但本人仍以為司法機關對於行政機關的該項認定，雖然原則上仍應予以尊重，但其有最後審查之權，以確實保障某些勞工的企業退休金請求權，不致被不當地列入窒礙難行行業之中而自始被否認。相較於我國的立法，德國企業退休金適用之對象，依企業退休金法第 17 條第 1 項（§17Abs. 1 BetrAVG）的規定，及於勞工、職員、類似勞工之人，甚至機關的成員。Schaub/Vogelsang, § 83 Rn. 15 ff.; Lieb, a.a.O., S. 87, Rn. 278.

[68] 行政院勞委會 85 年 4 月 16 日台 (85) 勞動三字第 112680 號函。

[69] 行政院勞委會 83 年 3 月 1 日台 (83) 勞動三字第 14826 號函、86 年 1 月 30 日台 (86) 勞動三字第 002661 號函。由此觀之，行政院勞委會 82 年 10 月 17 日台 (82) 勞動三字第 88356 號函及 83 年 10 月 17 日台 (83) 勞動三字第 88356 號函認為「委任經理人雖曾具勞工身分，惟退休時已非勞工，故其退休金不得自勞工退休準備金中支應，應由事業單位另行籌措」，此種全面否認委任經理人具有勞工身分時之退休金請求權或期待權，顯非妥當。

[70] 內政部 76 年 2 月 26 日 (76) 台內勞字第 476838 號函謂：「本案事業單位因業務需要，調動勞工至另一事業單位工作，勞工工作年資應依勞動基準法第五十七條之規定計算，俟後給付勞工退休金，應由發生勞工退休事實之事業單位，自所提撥之勞工退休準備金給付退休金。」此號解釋似有問題。因其未分辨此一調動究竟是指調動、借調或派遣，則如何斷定原來雇主或後面的雇主應負退休金給付責任？內政部雖認為「應由發生勞工退休事實之事業單位給付」，此一說法難免籠統，未能釐清到底那一雇主負有責任，且只問結果不問依據，並非最佳的處理方法。

徵得勞工之同意，並且在原勞動關係存續下為他人工作，如此，應亦符合勞基法第 57 條之調動的範圍。惟勞雇雙方亦得合意就工作年資部分辦理結算給付資遣費或退休金。果如此，即無年資併計的問題 [71]。又設如勞工與雇主之勞動關係繼續存在，但雇主將之派遣至其他企業（此一其他企業可以是關係企業）提供勞務，成立所謂的非營利性的派遣勞動關係，因亦涉及到勞務請求權轉讓之問題，故亦需得到勞工之同意始可，惟基於權利義務關係仍然存在，年資自應繼續計算（就此看來，非營利性的派遣勞動關係似可視為借調勞動關係的一個進化或分支）[72]。台灣在二、三十年前開始興起人力派遣，人力派遣公司與勞工成立勞動契約，再將之派遣至其他企業工作，由於目前台灣對此類商業行為尚未有「勞動派遣法」加以規範，因此派遣公司／機構、要派公司／機構、派遣勞工三者間之權益義務關係仍有未明之處 [73]，然而吾人以為基於派遣勞工係與派遣公司成立勞動契約，派遣勞工與要派公司間只有指揮監督關係，因此其權利義務係存在於派遣公司，雖其可能不斷地被派遣到不同的企業體，但年資卻始終存在於派遣公司，不會受到影響 [74]。

　　附加一言者，本書以為勞委會有關勞動派遣的函釋中，當屬 89 年 5 月 12 日台 (89) 勞資二字第 0018469 號函最為重要，因此有必要稍加說明。本來，勞委會似乎是要將勞務外包界定為承攬關係，以明確化勞工的權利與義務。惟其卻對事業單位的勞務外包增加了一些法無明文的限制，亦即必須「確基於經營型態考量」，將其生產或「相關事務」之「部分」「適當轉包」與勞務外包承攬，「現行勞工法令並無明文禁止」。從勞委會的解釋用語「現行勞工法令並無明文禁止」來看，勞委會似乎意涵其可以解釋函或行政權予以限制或禁止。這突顯其不樂見事業單位的勞務外包的立場，更不用說它會支持。惟勞務外包本屬企業經營權的表現，勞委會所增加的上述外包的條件，是否符合世界上多數國家外包的規定與做法？以及上述限制是否符合法律保留原則？本書均表懷疑。本書也以為上述限制的執行困難度很高，甚至難以落實。

　　在上述解釋函中，勞委會卻將勞務外包的具體契約類型，進一步導向勞動派遣（至少本書是如此的解讀），並且將勞務外包公司（指派遣機構）派至發包公司

---

[71] 黃劍青，前揭書，頁 367；行政院勞委會 83 年 6 月 23 日台 (83) 動三字第 39742 號函。另參行政院勞委會 84 年 6 月 14 日台 (84) 勞動三字第 11998 號函。

[72] 行政院勞委會 82 年 7 月 29 日台 (82) 勞動三字第 41107 號函。

[73] 勞委會對於勞動派遣的重要解釋，當屬 89 年 5 月 12 日台 (89) 勞資二字第 0018469 號函。

[74] 楊通軒，勞動派遣立法必要性之研究，發表於 1998 年 3 月 17 日「勞動派遣問題研討」座談會，行政院勞委會職訓局主辦。不可諱言者，過去數十年來法院實務的判決，幾乎已觸及勞動派遣的重要根本問題（例如職業災害賠償及補償責任）。只是，其見解仍然有未能認清派遣之本質者（包括性騷擾事件時，所應負責之事業單位為何）。

（指要派機構）提供勞務之人（指派遣勞工）、可否要求享有發包公司相同待遇或
勞動條件，在勞工法令並無強制規定下，根據二分法加以處理。亦即：一者，針對
部分勞動條件（如工時、休息與休假等），發包公司宜要求勞務外包公司提供「相
同條件」予所屬員工。二者，至於其他勞動條件部分，發包公司亦應本照顧勞工權
益原則，避免於同工作場所中有過大差距而滋生爭議，於承攬時要求承包公司（指
派遣機構）提供「適當條件」，較為允當。本書以為：勞委會此種以不同的勞動條
件的二分法處理方式，雖大體上符合派遣勞動中派遣機構與要派機構所應各自或共
同負責的義務與責任，但也只是部分解決的模式而已，並未及於勞動派遣中的大部
分的或全部的法律問題（例如勞工安全衛生與職業災害的責任、騷擾或性騷擾的防
治責任等）的解決模式。弔詭的是，何謂「其他勞動條件部分」？本書以為主要是
指工資而言。這部分實應加以明示，怎麼反而會講得不清不楚呢？這讓勞務外包的
當事人如何遵循？法官如何援引審判？不可否認的是，當發包公司要求勞務外包公
司給予其勞工相同的或適當的工作條件時，所增加的成本至少會有一部分回到發包
公司承擔。

　　最後，也有必要再加說明的是：其實，勞委會對於借調關係中退休金的併計
問題，曾經歷過四個階段，姑且稱之為「借調四部曲」。亦即：一、首先，勞委會
說「所謂借調之勞動關係，乃勞動者在原雇主僱用下，在他企業從事相當期間工作
之謂。」勞工受僱於適用勞基法的甲公司，被要求前往乙公司工作，編制仍在甲公
司，且向甲公司領取薪資（行政院勞委會 82 年 7 月 29 日台 (82) 勞動三字第 41107
號函）。這是嚴格意義的借調，符合民法第 484 條第 1 項勞務專屬性的規定，甲應
獲得勞工的同意，始能將其勞務請求權讓與乙公司。二、其次，勞委會的借調，已
經不再謹守於嚴格意義的借調，而是包括中斷原有勞動關係、與關係企業中新的企
業建立勞動關係的借調。其重點是事業單位因業務需要以及應將工作年資併計（將
在新企業的工作年資，併計於原事業單位）（行政院勞委會 84 年 6 月 14 日台 (84)
勞動三字第 119983 號函）。三、再者，針對因業務需要的借調，對於與關係企業
中新企業建立勞動關係的勞工，新企業得併計在原事業單位的工作年資，並且將取
自原事業單位撥付之補償金，全數提撥為勞工退休準備金。惟該關係企業提撥之勞
工退休準備金於接收員工後，應視實際需要予以調整，但不得由原事業單位之勞
工退休準備金帳戶中移轉（行政院勞委會 88 年 3 月 3 日台 (88) 勞動三字第 007091
號函）。四、最後，勞委會認為勞基法是規定勞動條件的最低標準法律。依據勞基
法第 57 條規定：「勞工工作年資以服務同一事業單位為限。」惟如果事業單位規
定併計其他事業單位工作年資，所訂退休標準優於勞基法者，自為法所允許。基
上，不同事業單位間之約定，依勞工各任職期間的工作年資，比例分擔勞工之退休

金，且於報請核備之退休辦法明訂此一併計規定者，即應按勞工在各企業服務之年資比例分攤，分由各企業之勞工退休準備金專戶中支付。經由此一解釋，使得前後事業單位所有的勞工退休準備金專戶，各為自己的工作年資部分負責，而且，此處「不同事業單位間」之約定，似乎並不以關係企業為限（行政院勞委會 90 年 7 月 24 日台 (90) 勞動三字第 0029215 號函）。

第二款　各種等同或視同／擬制退休之情形

勞基法之強制退休金制度，從退休的發動權是在勞工或雇主而區分成第 53 條之自請退休及第 54 條之強制退休。自請退休及強制退休均係向他方終止勞動契約之意思表示，如其果已符合第 53 條或第 54 條之退休要件，因終止權為形成權，其單方之意思表示為相對人所了解或達到相對人，即已生效，無需相對人同意 [75]。相反地，雖已符合第 53 條或第 54 條之退休要件，但權利人一直未行使其終止權時，勞動關係即存續下去，並不當然消滅。而且由於勞工已取得自請退休之資格，此一既得權雇主不得再予以侵害，例如不得予以資遣 [76]、不得修改內部管理辦法將退休金基數減少 [77]。

除了勞工或雇主單方地依據勞基法第 53 條或第 54 條行使形成權外，雇主與勞工亦得（在勞動契約簽訂時或勞動關係存續中）事先約定在該退休時點到來時，勞動關係即自動終止，以免除預告期間之程序者 [78]。此種合意以退休年齡終止契約、

---

[75] 民事法律專題研究（六），頁 299。此一退休之意思表示，似應類推適用勞基法第 16 條第 1 項與第 3 項之預告期間規定（與本書見解尚有不同者：內政部 74 年 12 月 21 日 (74) 台內勞字第 370660 號函：「雇主強制勞工退休」，法未明定預告期間，惟雇主「宜」「依」勞動基準法第 16 條規定之期間事前預告勞工）（至於第 16 條第 2 項之每星期兩日之尋職假規定，是否有類推適用之餘地？本書毋寧採取否定見解，蓋既然以屆齡為由退休，即表示永久地或暫時地退出職場，當無再使用尋職假找尋另一份工作之必要），以令相對人或者基於職涯、人生規劃，或者基於企業經營的人事計畫，可以預作準備。假設勞雇雙方為免除屆期仍需為預告退休之意思表示，當得在勞動契約中約定屆期勞動契約「自動終止條款」。只是，有問題的是，即使有如此之約定，惟勞工屆滿退休年齡後的次日仍然到廠，而雇主並未阻止勞工進廠工作時，則原來之勞動關係是否繼續？對此，本書以為應以勞基法第 54 條第 1 項第 1 款之六十五歲作為工作年齡上限的標準，一體地適用於公民營事業單位。也就是說，在勞基法第 53 條之自請退休情況，原勞動關係繼續下去，而在勞工達到 54 條第 1 項第 1 款之年滿六十五歲時，勞動關係終局地歸於消滅。此後，勞工滿六十五歲之入廠工作，即應解釋為係一新的勞動關係。

[76] 內政部 74 年 5 月 28 日 (74) 台內勞字第 298989 號函、行政院勞委會 81 年 2 月 28 日台 (81) 勞動三字第 05213 號函。反對說，劉志鵬，前揭書，頁 100：雇主為規避退休金而違法資遣，此舉已構成民法第 184 條所訂侵權行為，勞工對於不足之退休金差額，可依法請求雇主損害賠償，方屬法律救濟上之正途。

[77] 台灣南投地方法院 83 年度勞訴字第 1 號判決。

[78] 由於勞基法第 53 條及第 54 條之退休並無預告期間之規定，只能類推適用第 16 條第 1 項之解僱預

並且領取退休金的做法，與勞基法第 54 條之強制退休並不相同。此種事先約定自動退休的做法，除了免於預告期間外，也保障勞工可以安穩工作到退休，所以得事先做人生的規劃。理論上，既有如此的約定，雇主即不得再以勞基法第 11 條的事由終止契約，也就是說，此種約定包含著不可解僱條款的性質。惟第 12 條並未被排除適用。對於雇主來講，此種合意退休的約定，也有助於穩定勞工在位，並且預先規劃人事配置。

又，針對勞工未符合勞基法第 53 條之年齡與年資之條件，如其基於一定原因（例如精神體能技術退化）自請退休，雇主當然得拒絕之。但是，由於勞基法的退休金係工資的遞延或工資遞延與雇主照護的雙重法律性質，也就是雇主的個人責任，如其有較勞基法第 53 條低的年齡與 / 或年資的規定、或者與勞工合意約定者，撇開高齡勞工僱用政策不論，該規定或約定應屬有效。其理由在於：雇主已經提供勞工一定的企業退休金，以滿足其老年照顧。這也意味著勞工嗣後不得再以契約終止約定違反年齡歧視為由，而主張勞雇雙方的約定無效。惟基於強制退休具有國家強制推動的法政策寓意[79]，其並無法以退休金是雇主個人責任的理論，而承認未符合勞基法第 54 條之年齡與年資之條件者，亦得基於勞雇雙方合意終止契約。更不用言，雇主對於此類勞工並無單方強制退休權。

吾人從勞委會的函釋及法院判決中，可以得知其儘量促成退休成就的用心，且一路地放寬標準。舉例而言，一、如果雇主依據勞基法第 11 條規定終止契約時，勞工已經符合勞基法第 53 條或第 54 條規定退休條件者，即可請求發給退休金。二、又，勞工死亡時，如已同時符合支領退休金與職業災害補償費的要件，依據已廢止的函釋，可擇領其中較優者。這是採取擇一、而非兼得的設計（廢行政院勞工委員會 77 年 1 月 28 日台 (77) 勞動三字第 01018 號函）。但是，目前的函釋則認為「查勞動基準法所定退休金與職業災害補償之請求權係為分別獨立，二者之給付標的及依據並不相同，不應有相互取代之關係。」（勞動部 109 年 11 月 13 日勞動條 2 字第 1090131005 號函參照）本書以為這應該是指勞基法第 59 條第 4 款而言，因第 2 款及第 3 款應該是兼得，蓋內政部解釋認為勞工領取職災工資補償後終止契約，雇主仍應發給資遣費或退休金。三、再者，勞工已符合勞基法第 53 條所定自請退休之要件，因普通事故死亡，雇主仍宜發給退休金。但其可領取的撫恤金優於退休金時，得擇領撫卹金。這是針對未做退休意思表示而死亡的情形。四、所以，

告期間。惟事實上，為使雇主的人力配置能及時完成及使勞工退休後生活的規劃，退休的預告期間實應較資遣的預告期間為長，始為合理。此在一些先進國家即是如此規定。

[79] 這在公務員退休法第 5 條第 1 項（應予屆齡退休）及學校教職員退休條例第 4 條第 1 項（應即退休）規定，更可看得出國家強制貫徹的決心。

此種未為民法第 94 條或第 95 條退休意思表示之情形，也會發生在勞工符合勞基法第 53 條所定自請退休之要件，但其自行辭職而去，事後（五年內）再向雇主請求退休金。勞委會也持肯定說，以保障勞工的退休權益。

　　對於上述中央勞政機關有關放寬成就退休標準之解釋，本書以為有進一步澄清的必要。首先，對於勞工已經取得自請退休之資格，雇主不得予以侵害。此一既得權的保障一旦遭受雇主無資遣之事由而藉故非法資遣而受害時，勞工即得依民法第 487 條確認僱傭關係存在並請求補付工資後，再擇機自請退休。或者直接以其退休權受到侵害為由，請求退休金差額的損害賠償 [80]。進一步言之。即使雇主有勞基法第 11 條諸款之事由，基於既得權的保障，雇主亦不得依據該條進行資遣，即其所為終止契約的意思表示因牴觸既得權而不生效力。勞工得立即或嗣後（一段時間）再自請退休。在此，並非將雇主資遣意思表示、直接擬制為（自請）退休的意思表示 [81]。至於可否將之擬制為強制退休？對此，由於雇主係為資遣的意思表示，而非強制退休，兩者並不相同。所以，勞工如已達勞基法第 54 條第 1 項第 1 款之年齡，雇主仍然必須重新為一強制退休的意思表示；如果勞工尚未達到該條的年齡，則雇主必須等到符合時始能行使。同樣地，如果此處是「合意資遣」，亦因其牴觸既得權之保障而無效。即在勞工已達退休年齡及年資時，即無資遣或合意資遣之適用餘地。至於第 54 條第 1 項第 1 款的強制退休，也必須往後順延至六十五歲才能行使。

　　再詳言之。除了既得權的保障外，解僱最後手段原則（含社會正當性）對於已經符合勞基法第 53 條或第 54 條退休條件之勞工，應該仍有適用的餘地。也就是說，在雇主具有勞基法第 11 條之諸款情形時，勞工如已符合勞基法第 53 條或第 54 條退休條件，雇主並不得為資遣之意思表示，而必須先行使較為溫和的手段（除非有第 1 款歇業或轉讓之情況），包括行使調動權等。但如經過解僱最後手段原則（含社會正當性）審查後，雇主確實必須終止契約時，則基於企業經營權的保護，似乎即不應排除其終止權之行使。此時，雇主行使資遣意思表示前，仍應先向勞工詢問有無自請退休之意願，以便其依第 53 條自請退休。但勞工如拒絕自請退休，則雇主即得依第 11 條及第 16 條終止契約，並類推適用勞基法第 55 條給付退

---

[80] 內政部 74 年 5 月 28 日 (74) 台內勞字第 298989 號函、行政院勞委會 81 年 2 月 28 日台 (81) 勞動三字第 05213 號函。劉志鵬，勞動法解讀，1998 年，頁 100：雇主為規避退休金而違法資遣，此舉已構成民法第 184 條所訂侵權行為，勞工對於不足之退休金差額，可依法請求雇主損害賠償，方屬法律救濟上之正途。

[81] 依據民商法學者劉宗榮的見解，擬制（視為）係立法機關本於立法政策的決定，專屬於國會。除非有立法機關的授權，否則行政機關並無此一權力。劉宗榮，新保險法，2011 年 9 月，二版，頁 99，註腳 72。

休金基數。如此，始能兼顧其退休金權利。至於勞工已經符合勞基法第 54 條第 1 項第 1 款之退休條件者，同樣是基於既得權的保障，雇主資遣的意思表示無效 [82]。這表示：雇主必須再為一次強制退休的意思表示，否則勞工得繼續提供勞務。

　　至於針對年滿六十五歲但工作年資未達十五年的高齡勞工，其可否依勞基法第 54 條規定請求退休？如果勞工提出退休申請、但雇主卻不准其退休，是否構成權利濫用？對此，中央勞政機關認為 [83]：「……惟勞工有 54 條第 1 項第 1 款規定之情形，雖非雇主即應強制勞工退休，但亦非謂雇主得故意不強制勞工退休，而應本誠信及權利不得濫用原則，視勞工身心狀況是否堪任工作而妥適決定。」言下之意，是依有無勞基法第 54 條第 1 項第 2 款的規定為準，如果沒有該款狀況，則雇主之拒絕所請，即無違反誠信原則或權利濫用原則可言。本書以為單純從第 54 條規定觀之，即可知雇主當然得拒絕之。蓋自請退休與強制退休之發動者各異、立法目的不同、對於雇主所造成的成本負擔也不一樣，因此，兩者各有不同的退休條件。其具有一定的利益平衡的用意。而且，強制退休也帶有國家人力資源政策的用意（避免勞動力老化），與自請退休單純從勞工個人權益角度思考者不同。所以，不同於自請退休之得以較為寬鬆的、尊重勞雇雙方當事人處理，強制退休自應嚴格地遵照法律的規定行之，以免破壞法律強制退休嚴格設計的原意。不如此，將使強制退休的設計被架空，落得事實上只剩自請/任意退休而已。也因此，不應以「勞基法是最低勞動條件」為由，而任令不符合第 53 條規定者、流用到第 54 條規定。就此觀之，中央勞政機關認為最好於勞動契約、團體協約或工作規則中訂定，否則勞資雙方應本相互尊重對方意願及善意對待原則自行協商解決 [84]。此一見解仍然有待商榷，並不足採 [85]。

　　值得注意者，即使第 54 條已經明定雇主有強制退休權，惟部分法院卻仍有不同的看法。依據台北高等行政法院 100 年度簡字第 159 號判決，「雖然雇主經常欲透過強制屆齡退休之規定，以促進企業內人事之新陳代謝、增強企業整體競爭力。然而，該規定同時扼殺有意願且有能力繼續工作之中高齡勞工留任之機會，顯然具有年齡歧視之問題，強制退休應視勞工能否勝任工作內容，而非限定特定年

---

[82] 內政部 74 年 5 月 28 日 (74) 台內勞字第 298989 號函、行政院勞委會 80 年 10 月 21 日勞動三字第 27014 號函、內政部 74 年 12 月 21 日 (74) 台內勞字第 370660 號函。

[83] 行政院勞工委員會 82 年 7 月 2 日台 (82) 勞動三字第 35597 號函參照。

[84] 內政部 74 年 9 月 2 日 (74) 台內密伯勞字第 4050 號函參照。

[85] 惟如果勞雇雙方事先約定年滿為六十五歲，但工作年資未達十五年的高齡勞工得請求退休，其約定並無牴觸勞基法第 54 條第 1 項第 1 款之規定意旨，故應屬有效。

齡門檻。」[86] 對此，本書以為行政法院促進高齡勞工就業的用意固然值得肯定[87]，但是，其似乎混淆了第 54 條第 1 項第 1 款與第 2 款（或勞基法第 11 條第 5 款）的分際，前者是單純以年齡為準（如法定成年是二十歲一般），與勞工身心狀況或工作能力為何無關；後者，則是以勞工個人的身心狀況為準，與其年齡無涉。如今法院將兩者混合為用，則在有第 54 條第 1 項第 2 款的情形時，是否也要以勞工已達六十五歲為準？其不當自明。果如其言，則雇主必須在強制勞工退休時，舉證其已符合勞基法第 11 條第 5 款之不能勝任工作或第 54 條第 1 項第 2 款之不堪勝任工作[88]。如此一來，第 54 條第 1 項第 1 款有給予雇主一個經過深思熟慮的、跨世代的員工年齡結構的立法目的，將會落空。因此，本文以為第 54 條係一立法論的問題，屬於立法者的選擇，而非解釋論的問題。假設第 54 條已經違反禁止年齡歧視，則應修法予以廢止，如同勞退條例並無強制退休的設計一樣。

　　至於針對年滿六十五歲但工作年資未達十五年的高齡勞工，如其又具有勞基法第 54 條第 1 項第 2 款之不堪勝任工作之條件，勞工是否即得要求雇主行使強制退休權？對此，似乎亦難遽以肯定。在此，勞基法第 54 條第 1 項第 2 款之心神喪失或身體殘廢不堪勝任工作，並不考慮勞工的年齡與年資，也不考慮是否起因於執行職務而來[89]。只是，勞工既已符合勞基法第 54 條第 1 項第 1 款或第 2 款的條件，雖其不得請求雇主將其強制退休，但如上所言，其已取得退休的資格，基於既得權的保障，雇主不得再予以侵害。雇主也不得再行使勞基法第 11 條的契約終止權。否則，其解僱的意思表示無效。此在勞基法第 54 條第 1 項第 2 款不堪勝任工作係起因於普通事故時，固應如此解釋。在此，雇主或者是繼續僱用該勞工、或者予以強制退休，別無他法。只不過，該勞工身心狀況如已無法勝任工作，而雇主執意不強制其退休，以逼使其自行離職，似乎有違誠信原則及權利不得濫用原則[90]。至於如是起因於職業災害事故，勞工當即依職業災害勞工保護法第 24 條第 1 款及第 25 條第 2 項規定，向雇主請求退休金。其亦與強制退休無關。

---

[86] 採取相同見解者，高昱喆，我國中高齡勞工工作平等法律問題，國立中正大學勞工研究所碩士論文，2013 年 1 月，頁 103。

[87] 其實，立法者在 2008 年 5 月 14 日將第 54 條第 1 項第 1 款之六十歲，修正提高到六十五歲時，即是基於「加強中高齡人力資源運用」的目的而來，此可從其立法說明知之。

[88] 其實，在歐盟法院 Prigge 案判決中，德國政府即提到如要雇主提出勞工已到無法工作的地步，反而會造成勞工的不堪或恥辱。EuGH v.13.9.2011 – Rs. C-447/09, NZA 2011, 1039 ff. = NJW 2011, 3209 – Prigge.

[89] 此可從勞基法第 55 條第 1 項第 2 款「其心神喪失或身體殘廢係因執行職務所致者，依前款規定加給百分之二十」，即可推知之。

[90] 就此觀之，行政院勞委會 82 年 7 月 2 日台 (82) 勞動三字第 35597 號函之見解，即屬可疑。

　　勞基法第 54 條第 1 項第 2 款另外可茲說明的是：一、勞工之心神喪失或身體殘廢不堪勝任工作，係屬於民法第 99 條第 2 項解除條件的成就（職業災害勞工保護法第 24 條第 2 項的規定亦同），其似乎並不以因執行職務中所引起者為限，而是包括漫長的工作過程中逐漸累積而成者（職業病）及勞工受僱之始就具有此類情形，但為雇主所不知或難以知悉者。前者，仍然有其適用；後者，如外表上為雇主所能明知者，只要不涉及就業服務法第 5 條第 1 項之「身心障礙」之歧視，雇主即可不僱用該求職者。換言之，雇主如明知而仍然僱用之（這種情形殊難想像），即應受勞基法第 54 條第 1 項第 2 款之規範。至於勞工自始就具有此類情形，但為雇主所不知或難以知悉者，雇主當得在徵人之時（至少針對特定職務／位）加以詢問或了解（此應無涉及禁止歧視問題），否則一旦僱用後，同樣應受勞基法第 54 條第 1 項第 2 款之規範。二、另外一個問題是，勞基法第 54 條第 1 項第 2 款之適用對象，似乎仍應以重度身心障礙者為限，而不包含未達重度的身障者在內。蓋其所謂「不堪勝任工作」，解釋上是指終身不能工作／喪失全部工作能力而言，而非「不能勝任本業工作」而言（楊通軒，工資保護法—理論與實務，2021 年 9 月，頁 228）。雖然，心神喪失者固然已屬重度身障者，但身體殘廢者則包含輕度身障者。所以，對於此類輕度身障者，一方面如允許雇主得將其強制退休，斲傷人性尊嚴及浪費人力資源尤甚。另一方面，此類輕度身障者的自請退休保障，只能按照法定的退休規定（勞基法第 53 條）為之，或者勞雇雙方得自由約定較（勞基法第 53 條規定）早的退休年齡與年資。似乎也有不足之處。或許，在法制上可以思考在勞工保險條例第 58 條之處，透過修法給予較優的年齡及年資（等待期）的保障。也就是由社會保險提供輕殘勞工的退休保障（吾人就 2015 年 7 月 1 日修正施行的勞退條例第 24 條之 2 第 1 款規定觀之，仍然只是限制在重度身心障礙者，始有提早領取勞工退休金的權利）。只是，殘廢等級繁雜，如何或是否按照殘廢等級（表）制定不同的退休年齡及年資（等待期），恐怕頗費思量。

　　又，針對勞工已符合勞基法第 54 條第 1 項第 1 款年滿六十五歲之要件，而雇主有勞基法第 14 條第 1 項諸款之情形，勞工如依第 14 條第 2 項終止勞動契約時，得否依勞基法第 55 條請求退休金？對此，如上所言，理論上勞工既已滿六十五歲，不問其幾歲始受僱於雇主，即已取得一「被強制退休而取得退休金」權利的資格，此一資格並不受雇主非法的侵害。即雇主不得予以非法資遣或依據勞基法第 11 條予以資遣 [91]。雇主被迫必須為「強制退休」的意思表示。但是，假使雇主

---

[91] 內政部 74 年 5 月 28 日 (74) 台內勞字第 298989 號函、行政院勞委會 80 年 10 月 21 日勞動三字第 27014 號函、內政部 74 年 12 月 21 日 (74) 台內勞字第 370660 號函。

並不為意思表示，而是希望繼續原來的勞動關係，如此，究應如何處理？對此，勞工固得依第 14 條第 2 項終止勞動契約，並且依第 17 條計算資遣費，但此對於勞工並不合乎事理之平。譬如說，勞工已工作九年、且年滿六十五歲，則其已近於勞基法第 53 條第 3 款之「工作十年以上年滿六十歲者」，如此，其對企業經營已累積相當的貢獻，則似應類推適用勞基法第 53 條第 3 款規定，由勞工向雇主為自請退休之意思表示為是。惟假使勞工係高齡始獲僱用，且年資僅有數年（具體的年資必須由法官綜合年齡觀之 92），則勞工僅得行使勞基法第 14 條之資遣，在法理上尚難謂之不平。況且，勞工也並非僅得行使資遣權，而是得向雇主主張損害賠償而繼續任職。如果雇主仍欲繼續原來的勞動關係，從高齡勞工僱用政策觀之，亦難謂勞工之資遣意思表示「視為已符合第 54 條強制退休之要件，再依第 55 條計算其退休金 93」，應該優先於雇主的繼續僱用而獲得保障。就此觀之，中央勞政機關之見解亦屬有誤。

另外一個問題是，假設勞工已符合勞基法第 53 條所定自請退休之要件，因普通事故死亡，雇主之給付責任為何？對此，中央勞政機關解釋雇主仍宜發給退休金。但其可領取的撫恤金優於退休金時，得擇領撫卹金。此一見解似乎亦有問題。蓋一方面勞工已經死亡，並無法再依民法第 94 條或第 95 條為退休的意思表示，另一方面退休金係為照顧老年生活所用，今勞工已經死亡，此一目的已不存在，何來「宜發給退休金」給遺屬之問題？因此，正確而言，應該是申請為照顧遺屬之用的撫卹金。在此，由於勞基法的退休金具有工資遞延的法律性質或工資遞延與雇主照護的雙重法律性質，撫恤金的額度即應以此為度。所以，即使雇主未單方或與勞工（家屬）合意撫恤金的給付，均無損於勞工遺屬的撫恤金請求權。這就有如勞工在未行使工資請求權而死亡，其遺屬得以繼承人的身分，在消滅時效內主張工資請求權一樣。

至於已經符合退休條件的勞工發生職業災害，其後並死亡者，由於勞基法第 59 條第 4 款已明定由其遺屬主張喪葬費及死亡補償。自然應依法為之。也就是，勞基法第 59 條第 4 款規定之勞工，並不區分「已經符合」或「未符合」退休條件者，而是一體適用。雖然職業災害具有立即性，所以該款之「勞工遭遇職業災害而死亡時」，係在表明「立即死亡」的事實過程。但是，解釋上應該也包括發生重大

---

92 依本書所見，假設勞工越高齡（例如七十歲），則工作年資得越短；反之，勞工越低齡（剛滿六十五歲），則其年資必須越長。這也是在考量勞工體能技術地逐漸走下坡。為求法律明確性與安定性，立法者如能參考公教人員「七五制」或「八五制」的退休制度，以設定年齡與年資的綜合上限，對於全體高齡勞工之僱用應屬有利。

93 行政院勞委會 83 年 3 月 2 日台 (83) 勞動三字第 19852 號函。

職業災害而在相對短的期間內（在可以確定相當因果關係下）死亡之情形（否則，如果已經間隔一段期間，則職災勞工將可兼得勞基法第 59 條第 2 款、第 3 款後，並且請求退休。或者，如未退休而死亡，由其遺屬向雇主請求撫恤金）。因此，法理上並無可能發生「擇優領取」（廢行政院勞工委員會 77 年 1 月 28 日台 (77) 勞動三字第 01018 號函參照）之情形。所以，這是立法論的問題，而非解釋論的問題。各界如認為職業災害死亡勞工的死亡補償過低，即應修法提高之。至於勞保條例第 65 條之 3 的擇一請領規定，同樣是牽就其多年來實務的做法，即使出於給予被保險人或其受益人最大給付的美意，然究未能真正認清失能年金、老年年金及遺屬年金間之關係，而落入勞工福利的窠臼而已。理應一併予以修正。

　　如果再將強制退休與因為職業災害而造成的心神喪失或身體殘廢不堪勝任工作（勞基法第 54 條第 1 項第 2 款規定）加以連結：首先，勞基法第 54 條第 1 項第 2 款規定之「不堪勝任工作」，究竟應如何界定其意義或範圍？對此，當時的中央勞工主管機關（內政部）認為尚難以具體標準界定，宜視個案事實狀況由雇主依有關證明及實際情形處理，如因而發生勞資爭議，可依勞資爭議處理有關法令規定辦理（內政部 76 年 5 月 27 日 (76) 台內勞字第 49971 號函）。實者，本書認為所謂之「不堪勝任工作」，應該是指終身不能工作／喪失全部工作能力而言。原本，勞委會認為在公傷醫療（含復健）期間，不得強制退休（行政院勞工委員會 76 年 9 月 24 日台 (76) 勞動字第 2301 號函）。惟之後，在已廢止的函釋中，卻從兼顧勞工工作權與人事新陳代謝的角度，將勞基法第 13 條規定之不得終止契約，限制在勞基法第 11 條及第 12 條之情形。因此，如果是在職業災害「醫療期間」，雇主即得依第 54 條第 2 款規定強制退休，不受勞基法第 13 條規定之限制（廢行政院勞工委員會 89 年 4 月 25 日台 (89) 勞動三字第 0015886 號函）。如依據目前的函釋（勞動部 104 年 1 月 13 日勞動福 3 字第 1030136648 號函參照），職災勞工如尚在醫療中，雇主即不得選擇適用勞基法第 54 條第 1 項第 2 款強制退休。需注意者，勞基法第 13 條係規定，「勞工在……第五十九條規定之醫療期間，雇主不得終止契約。」之適用，其係在限制醫療期間終止契約，而非勞工自請退休或雇主強制退休之權利。在勞工職業災害保險及保護法中，亦規定在勞工因職災殘障無法繼續工作時，雇主可予預告強制退休（勞工職業災害保險及保護法第 84 條第 1 項第 2 款及第 2 項、第 86 條第 1 項規定）[94]。而在雇主依勞基法第 59 條第 3 款規定給予「殘廢補償」後，如欲以勞工無法勝任工作終止契約，仍應依勞基法第 54 條第 2 款規定強制退休，並依同法第 16 條規定預告終止。另外，勞工依勞基法第 59 條受領

---

[94] 有關德國法院類似判決部分，請參閱 BAG v. 24.5.2012, NZA 2012, 1158 ff.

職業災害補償之權利，依該法第 61 條第 2 項規定，不因勞工離職而受影響。解釋上，這裡應該包括自行離職、被資遣及退休等情形在內。只不過，即使勞工罹患「惡性腫瘤」，也不必然已達「不堪勝任工作」的程度，應依個案事實認定之。惟如經雇主同意，得依第 54 條規定處理（行政院勞工委員會 83 年 6 月 17 日台 (83) 勞動三字第 39444 號函）。

　　針對上述個案 1 及 2，法院判決的用意，其實是要將自請退休（及被強制退休）的權利，擴張及於勞工有勞基法第 12 第 1 項各款之情形者。這已經超出中央勞工主管機關的各種案例組合〔最廣的是：勞工已符合勞基法第 53 條所定自請退休之要件，但其自行辭職而去，事後（五年內）得再向雇主請求退休金 95〕。這些案例組合，都有一個共同的特色：當事人都沒有請求退休或強制退休的「意思表示」（民法第 94 條及第 95 條規定）。而是由中央勞工主管機關以解釋的方式予以擬制（視同）。問題是，依據民商法學者的見解，法律所謂「視為」，係立法機關本於立法政策的擬制，只有國會才有此一權力，除非有立法機關的授權，否則行政機關並無此一權力，其所為擬制的解釋，適法性即屬可疑 96。所以，除非當事人的意思表示有內容上的錯誤而可以撤銷外（民法第 88 條及第 91 條規定），否則，其所為的意思表示（例如自請離職）已經生效。為此，為保護已符合退休條件的勞工的權益，解決之道，還是要回到民法第 98 條規定：「解釋意思表示，應探求當事人之真意，不得拘泥於所用之詞句。」也就是說，要探求勞工所表達的辭職意思表示，其內心的真意是否要終止契約及領取退休金（退休）。這應該由法官綜合各種客觀要素後，再加以認定。惟解釋意思表示應以文義解釋為先，如果文義上已經明確，即無須採取論理解釋曲解其真意。所以，如其本意是在請求退休及退休金，則並不須引用「既得權利」作為解決爭議的依據。惟如其確實只是要辭職，則仍須遵守勞基法第 58 條第 1 項規定，自退休之次月起，在五年內再為一次退休的意思表示。

　　至於在勞工已符合勞基法第 53 條規定之條件，而雇主卻有勞基法第 14 條第 1 項各款之情形時，同樣地，理論上勞工也應明確為退休的意思表示，始能獲得退休金給付。如其只是單純為終止契約的意思表示，則其應是在行使勞基法第 14 條的終止契約權，並無法將其直接解釋為退休的意思表示。蓋此會牽涉到勞工所能獲得給付對待。詳言之。如果勞工係依勞基法第 14 條的終止契約，則其將得請求資遣費及失業給付（必須符合就業保險法第 11 條第 1 項第 1 款的要件）。之後，雖

---

95 行政院勞工委員會 89 年 6 月 8 日台 (89) 勞動三字第 0023197 號函。
96 劉宗榮，新保險法，2011 年 9 月，二版，頁 99。

然勞動契約已經終止，但理論上勞工仍得在五年內再向雇主為退休及請求退休金的意思表示（勞基法第 58 條第 1 項）。然而，假設勞工係依 53 條自請退休，則其將依第 55 條的計算基數取得退休金。而且，勞基法的退休意味著永久地退出職場，因此，勞工並無法再向勞工機關請求失業給付。至於得否回頭再向原雇主請求資遣費？似乎也有問題。蓋雖然資遣費與退休金的法律性質不同，但資遣費具有作為勞工尋職時的過渡金功能，應該毫無疑義。現在假設勞工已經退休而離開職場，理論上已無再給付資遣費的必要性與正當性。

　　而在勞工已符合勞基法第 54 條第 1 款規定之六十五歲時，如本書上面所述，勞工並無權為退休的意思表示或要求雇主將之強制退休。因此，如其自為終止契約意思表示，並無法將之解釋為退休的意思表示。倒是，在勞工已符合勞基法第 53 條所定自請退休之要件，卻在未為意思表示前遭遇普通事故死亡，此時，勞委會認為雇主仍宜發給退休金。但其可領取的撫恤金優於退休金時，得擇領撫卹金（行政院勞工委員會 76 年 10 月 8 日台 (76) 勞動字第 5012 號函）。對此，如上所述，本書以為中央勞政機關的見解並不可採。正確而言，應該是申請為照顧遺屬之用的撫卹金。並且，撫恤金的額度應以（死亡勞工的）退休金基數為度。這裡有問題的是，如果勞雇雙方已合意終止契約，且雇主已給予資遣費或離職金，但卻發現勞工已符合勞基法第 53 條或第 54 條規定之條件，則勞工可否再依退休的規定及基數，請求雇主給予補足差額？對此，本書持肯定的見解，理由仍在於：無論是勞基法第 53 條或第 54 條的退休資格，基於既得權的保障，雇主均不得加以侵害。因此，勞工得在勞基法第 58 條第 1 項的期間內，再為一次退休的意思表示，並且請求退休金。在此，由於雇主並非以非法的手段終止契約，勞工並不得以退休權受害為由請求雇主損害賠償（補足差額）。

　　另一方面，由於雇主明確地表達資遣或解僱，而非准予退休或予以強制退休，所以，民法第 98 條規定即無適用之餘地（最高法院 17 年上字第 1118 號判例意旨參照）。為此，如上所言，如果是在勞基法第 54 條第 2 款規定之情形者，雇主應依職業災害勞工保護法第 23 條第 2 款及第 25 條第 2 項規定，予以預告勞工退休。如果是在勞基法第 54 條第 1 款勞工「年滿六十五歲者」，而雇主卻有勞基法第 11 條各款情事之一時，雖然中央勞工主管機關均認為雇主不得進行資遣，而只能進行強制退休。惟其理由為何？並不明確。本書以為其應係立於照顧老年勞工的考量。只不過，在就業服務法第 5 條第 1 項已有禁止年齡歧視的規定，以求所涉及的各族群的平等後，是否還能做出優待老年勞工（相較於其他年齡層的勞工）的反面解釋？並非無疑。所以，歸根結底之道，應該還是要回到退休的法理與法制，依循國際間退休法制的潮流，拋棄強制退休的政策與立法，回歸到只有任意（自請）

退休的法制（勞退條例第 24 條第 1 項規定參照）處理。就此觀之，在法未有規定前，以「既得權利」保障老年勞工的退休權益，應係一可思考採行之道。在此，由於雇主係為資遣的意思表示，而非強制退休，兩者並不相同。所以，勞工如已達勞基法第 54 條第 1 項第 1 款之年齡與年資，雇主仍然必須重新為一強制退休的意思表示。

　　同樣地，在勞工已符合勞基法第 53 條規定之條件，而雇主卻以勞基法第 11 條規定之事由予以資遣者，亦應以既得權利的保障為由，將之解為催促及准予勞工自請退休。亦即雇主資遣的意思表示無效，並且由勞工立即或之後再為自請退休的意思表示。蓋勞工即使符合勞基法第 53 條退休條件，可能仍欲繼續工作，應該予以保障。在此，較有問題的是，如果勞工已符合勞基法第 53 條或第 54 條規定之條件，但卻又發生勞基法第 12 條第 1 項各款規定的事由，則雇主究竟可否發動立即解僱權？或者，仍然應以既得權的法理，保障勞工的退休金請求權？對此，中央勞工主管機關似乎並無函釋。惟最高法院 92 年度台上字第 2152 號民事判決，則（是針對勞基法第 53 條規定情形）持肯定的見解。之後，在相隔十年後，最高法院在其 102 年度台上字第 371 號裁定中，再次認為「自請退休所伴隨退休金請求權要不因以勞基法第 12 條終止勞動契約而喪失」，甚且從其判決用語觀之，已將適用範圍擴張及於第 54 條規定之強制退休。其似乎也是出自於既得權的角度。雖然如此，本書以為既得權得否適用於可歸責於勞工行為之情形？並非無疑。蓋基於權利與義務相對之原理、以及風險承擔之意識，任何人的權利都只能在一定限度內獲得保障。例如，即使勞工已符合勞基法第 53 條或第 54 規定的退休要件而未提出申請或被強制退休，隨後企業經營每況越下，導致其計算的平均工資下降，則勞工亦無法回頭主張以可以請求退休或被強制退休時的月平均工資作為計算基礎。否則，勞雇雙方的權利義務即難以穩固。

　　現在，勞工既然已有勞基法第 12 條第 1 項規定的可歸責事由，如何再將該風險轉嫁給雇主負擔？本書以為可以思考的，是將「情節重大」作為勞基法第 12 條第 1 項各款規定的共通標準，以比例原則具體審查勞工所違反勞動契約的情事是否已達情節重大的程度，以終局確定雇主立即終止契約的合法性。換言之，雖然解僱最後手段原則並不適用於勞基法第 12 條規定，但比例原則仍有其適用空間，並非一有勞基法第 12 條第 1 項各款事由之一，即均屬情節重大。所以，例如蛋糕店勞工因饑腸轆轆而偷吃一塊蛋糕，以致被雇主以竊盜罪送請法辦而判決確定，基於價值的微薄及勞工處境可堪憐憫的考量，理論上尚難以勞基法第 12 條第 1 項第 3 款規定追究其責任（予以解僱）。除此之外，一旦符合比例原則，雇主當得進行立即解僱。此時，吾人以為如果依據最高法院 102 年度台上字第 371 號裁定意旨，區分

契約終止權及退休金給付請求權兩個權利（分別進行終止契約的意思表示及請求退
休金的意思表示），那麼，基於權利義務對等原則及公平原則，在雇主因為勞工
有勞基法第 12 條第 1 項各款事由而遭受損害時，其當得依據民法規定請求損害賠
償[97]。也就是說，依據本書所見，由於勞工長期為雇主工作，為感謝其長期的奉獻
及為企業獲利所投入的心力，因此，雇主必須從獲利中提撥一定的退休金作為其
老年照顧之用。從勞工法係民法的特別法來講，一旦勞工有「情節重大」的事由
時，雇主即無須給付退休金。惟解釋上雇主亦不得再對勞工請求損害賠償。即以雇
主原來所提撥的退休金內化為損害賠償處理。（反面言之，如果是未達退休條件或
退休金期待權者，雇主依勞基法第 12 條解僱勞工之外，並且得再對之請求損害賠
償。亦即雇主得依據民法第 489 條第 2 項，在勞工具有過失時，行使損害賠償請求
權。）

第三項　退休金之計算方式

　　台灣勞基法退休金之給付有三個特點：一是以一次給付為原則，雇主如無法
一次發給（包括依法提撥之退休準備金不敷支付、事業之經營或財務確有困難、事
業單位重整[98]），得報經主管機關核定後，分期給付（勞基法第 55 條第 3 項、勞
基法施行細則第 29 條第 2 項）[99]；二是以金錢給付為限，不包括提供實物或物品
使用之方式[100]；三是由雇主直接給付，而雇主為能給付退休金，必須每月提撥勞
工退休準備金（勞基法第 56 條第 1 項），以備勞工退休時之用。一次給付無法確
保勞工退休後之生活已迭為論者所批評，惟卻可免於擔憂將來雇主陷於無支付能力
而求償無門。因此，吾人如欲採取年金制的支付方式，則必須更改目前僅由雇主直
接支付退休金之方式。相較於我國，德國的企業退休金給付方式有四：一是直接給

---

[97] 由此亦可推論出：依據勞基法第 18 條第 1 款規定，勞工因有同法第 12 條第 1 項規定事由之一而
　　被解僱者，不得請求加發預告期間工資及資遣費。解釋上應該包括退休金在內。

[98] 行政院勞委會 82 年 3 月 20 日台 (82) 勞動三字第 15152 號函。

[99] 依據勞委會 82 年 2 月 17 日台 (82) 勞動三字第 09106 號函，雇主應報請主管機關核定後，始得分
　　期給付。至於主管機關核定時，依勞委會 77 年 4 月 22 日台 (77) 勞動二字第 07002 號函示原則事
　　先徵詢退休勞工意見，如勞工不同意，但雇主確因經營或財務困難報請核定分期給付，主管機關
　　如何核定，應自行斟酌的實際情況審慎決定。在勞委會 82 年 1 月 29 日台 (82) 勞動三字第 04577 號
　　函中，勞委會也認為雇主的退休金分期給付，須先徵求退休勞工的同意。

[100] 德國企業退休金之給付方式則包括提供實物及物品使用，因此例如繼續住用宿舍，即可充當企業
　　退休金之給付。Schaub/Vogelsang, a.a.O., § 83 Rn. 2; MünchArbR/Ahrend/Förster, a.a.O., § 101, Rn.
　　15.

付，為此，雇主得以當年盈餘作為給付，但亦得先提撥退休準備金（一定限度可享受免稅待遇）；二是直接保險，由雇主以個人保險或團保方式為勞工投保，迨至保險事故（退休、殘障或死亡）發生時，勞工得直接向保險公司請求給付；三是退休金公司，由多數企業體為了支付企業退休金而設立之人壽保險公司，通常係以退休金互助保險公司（VVaG）出現；四是資助公司（Unterstützungskasse），此類公司係在濟助企業體，因此勞工對之無退休金給付請求權[101]。由於這四種給付方式，勞工之退休金請求權或退休金期待權乃能受到完善的保障。設使雇主陷入無支付能力，勞工尚能由雇主所設立之退休金互助保險公司獲得清償。在台灣，依據 2015年 2 月 4 日修正的勞基法第 28 條第 1 項第 2 款，雇主未依勞基法所給付之退休金，勞工得向積欠工資墊償基金請求墊償，給付金額並無限制。

　　適用勞基法前後退休金之計算方式，到底是一體適用或分段適用？在勞基法於1996 年 12 月修正通過前，可以說眾說紛紜[102]。即使在修正條文第 84 條之 2 明定了分段適用的原則，但爭議並未自此消弭，這是因為由於解讀該條文的方式不同，依然產生了退休金究竟自「受僱日」起算或「適用日」起算之爭議[103]。針對此一爭議，勞工主管機關原計畫將之明定於勞基法施行細則，惟此議終未實現，最後仍由主管機關以解釋之方式加以釐清，基此，事業單位適用前的退休金給予優（或等）於勞基法時，勞工退休金的起算點由「受僱日」起算；若是適用前退休金給予低於勞基法，勞工退休金計算是從「適用日」起算，而最高總數仍受四十五個基數的限制。因此，勞工適用本法前工作年資之退休給予，優於或等於勞基法時，其適用本法後工作年資，在全部工作年資十五年以內之部分，每滿一年給予兩個月平均工資，超過十五年之部分，每滿一年給與一個月平均工資。未滿半年以半年計，滿半年者以一年計。反之，勞工適用本法前工作年資之退休給予，低於勞基法者，則自勞基法適用時起，每滿一年給予兩個基數，至超過十五年時，每滿一年給予一個基數[104]。

[101] Zöllner/Loritz/Hergenröder, a.a.O., 317 f.; Schaub/Vogelsang, a.a.O., § 82 Rn. 86 f.; Lieb, a.a.O., S. 85, Rn. 272.

[102] 黃劍青，前揭書，頁 56 以下、頁 349 以下；呂榮海，前揭書，頁 284 以下。

[103] 中國時報，1997 年 3 月 29 日，1 版：勞工退休金 將分兩段計算；1997 年 6 月 8 日，1 版：勞退金年資計算爭議 政院留白。

[104] 行政院 86 年 5 月 17 日台 (86) 勞字第 19901 號；行政院勞委會 86 年 10 月 16 日台 (86) 勞動三字第 044881 號函；聯合報，1997 年 10 月 1 日，19 版：適用勞基法前後退休金最高總數以四十五基數為限。

第四節　勞工退休金條例的退休制度

第一項　特色、性質與不可處分性

　　由於勞基法的退休金制度，未為大多數的事業單位所遵守，致使半數以上的勞工終其一生勞碌，卻未能在退休時再從雇主處取得另一份補充性的企業退休金。因此，企業退休給付制度的改制乃勢所必然。在各界奔走、呼籲下，經過長期的蘊釀，終於在 2004 年 6 月 11 日三讀通過，並且自 2005 年 7 月 1 日起施行。吾人如觀勞退條例第 1 條第 2 項的規定：「勞工退休金事項，優先適用本條例。本條例未規定者，適用其他法令之規定。」顯然，勞退條例係勞工退休金事項之特別法，將會取代勞基法中退休金的規定。然而，不可諱言的，既然勞退條例的退休金性質上亦為企業退休給付之一種，則除了該制度所特有的屬性外，一般企業退休金之原理原則自亦適用及之，例如相較於社會保險給付，勞退條例之退休金給付亦為第二層的保障。又例如勞退條例的退休金亦有耗盡禁止之適用，雇主不得將之與勞保條例的老年給付抵充，換言之，退休勞工也可以兼得。

　　如與勞基法的退休金制度相較，勞退條例的退休金具有如下之特色：一、由於大型事業單位可以適用年金保險，並由保險公司負責管理與運用保費，因此並非是一單一化、中央化與集中化的制度。二、至於退休金的提繳，無論是向勞保局為之或由雇主繳交保費給保險公司，均已與雇主資產分離，達到了保障退休金權利第一步。三、而如從「勞工退休金條例退休基金管理運用及盈虧分配辦法」所規定的運用投資範圍觀之，亦可知其運用與管理同樣講求安全性，而不重視收益性。四、同樣地，退休基金的提供者（事業單位）無法監督基金管理者對於基金的運用（勞退條例第 33 條規定參照），也無法選擇不同的基金管理運用機構，以增加退休準備金的收益，減少支付退休金的費用。

　　勞退條例之退休金規定，亦為強制性的退休給付制度。如依據勞退條例第 6 條第 2 項規定：「除本條例另有規定者外，雇主不得以其他自訂之勞工退休金辦法，取代前項規定之勞工退休金制度。」[105] 乃產生雇主可否以團體協約、工作規則或自訂退休辦法、勞動契約或個別允諾、以及企業慣例等方式與勞工約定或直接規定退休金給予之疑義。在此，吾人以為條文既然用「自訂之勞工退休金辦法」，應係

---

[105] 其實，舊勞退條例第 22 條亦有同樣內容之規定，依之，「事業單位不得以其他自訂之勞工退休金制度，取代本條例規定之勞工退休金制度。」對照兩個條文，內容並無不同之處，是否後者為贅文？所幸，此一條文已在 2014 年 1 月 15 日修正刪除。

指工作規則或自訂退休辦法而言，並不包括團體協約、勞動契約或個別允諾、以及企業慣例在內。換言之，勞工基於團體協約、勞動契約或個別允諾約定而來之退休金制度，似乎仍然有存在之餘地。

　　勞退條例之退休金制度，固係強制規定。但是，依據勞退條例第 24 條第 1 項規定，卻是採取自願退休制度。雖然如此，其實受到勞退條例適用者，也並非僅有第 24 條自願退休之情形，而是仍有勞基法第 54 條第 1 項之適用。蓋依據勞退條例第 11 條第 2 項及第 12 條第 1 項之規定，勞工選擇適用本條例之退休金制度，其勞動契約於依勞基法第 11 條、第 13 條但書、第 14 條、第 20 條、第 53 條、第 54 條之相關規定終止時，勞工適用本條例前之保留工作年資及適用本條例後之工作年資，應分別依勞動基準法及本條例計給資遣費或退休金，故適用本條例之勞工如符合勞動基準法第 54 條第 1 項規定強制退休要件，雇主仍得依法強制勞工退休[106]。由於其係針對原本已適用勞基法退休規定之員工，於其轉換至新制退休規定時，一個過渡性的規定，故應屬可採。有問題的是，中央勞政機關在之後的解釋中[107]，卻認為在勞退條例實施後新受僱之勞工，如符合勞基法第 54 條強制退休要件者，雇主仍得依該法強制退休。依其所見，「查該條例僅規範勞工退休金提繳及請領事項，優先適用該條例，故勞動基準法第 54 條有關強制退休要件之規定，於勞工退休金條例施行後，仍屬有效，雇主仍得依該法第 54 條第 1 項規定強制勞工退休。」本文以為此一見解似有商榷之處，蓋勞退條例的基本理論與原理、退休金的本質等與勞基法的退休金規定已經有相當大的差異，新制也是有意捨棄強制退休的設計，採取如勞保條例完全自請勞保老年給付或老年年金的方式，實難想像新受僱的勞工仍然要受到勞基法強制退休規定的適用。

　　再依據學者的見解，勞退條例之退休金制度是以「確定提撥制」（Defined Contribution, DC）之個人帳戶年金化為主。[108] 雇主依據薪資之一定比例為適用勞退條例的勞工提繳退休金（至勞保局的帳戶），即已履行其義務，無需再負給付一定數額之義務。勞保局或勞工退休基金監理會所委託經營及運用退休金之金融機構，應將收益分配入專戶。由於一視同仁地適用於年輕與年老、男性與女性勞工、一般的勞工與弱勢的勞工，確實能解決平等原則問題。而且較具透明性，對於雇主有成本確定的好處。缺點則是員工須承擔投資風險（理論上至少應有一定比例由其

---

[106] 行政院勞工委員會 94 年 5 月 27 日勞動 4 字第 0940028403 號函。

[107] 行政院勞工委員會 95 年 3 月 15 日勞動 4 字第 0950008016 號函。

[108] 國際精算學會的專家將每月領取退休金的方式稱為「準確定提撥制」，以便與一次領取退休金的「確定提撥制」有所區別。請參閱中國時報，2005 年 5 月 31 日，B2 版：國際退休金研討會 專家：設社保精算師為子孫把關。

本身做成投資決定）。[109]

　　勞退條例為了確保退休勞工的生活來源，乃在第 29 條規定：「勞工之退休金及請領退休金的權利，不得讓與、扣押、抵銷、或供擔保。」此一規定，係 2015 年 6 月 3 日修正前勞基法退休金規定中所欠缺的。依據司法院大法官會議在 2005 年 5 月 13 日所做成之釋字第 596 號解釋，勞基法未禁止退休金請求權之讓與、抵銷、扣押或供擔保，並未違反憲法平等權和財產權的保障。蓋勞退條例第 29 條之規定，係立法者考量當今之社會經濟情勢，與勞動基準法制定當時之不同，所採取之不同立法決定，均係立法自由形成之範圍。勞工得依有利原則，自行權衡適用勞工退休金條例或勞動基準法之規定（勞退條例第 8 條參照）。[110] 惟依據 2015 年 6 月 3 日修正的勞基法第 58 條第 2 項規定：「勞工請領退休金之權利，不得讓與、抵銷、扣押或供擔保。」即採取與勞退條例第 29 條相同的立法方式。

　　雖然大法官會議肯定勞退條例第 29 條規定之合法性及合憲性，惟吾人以為仍應針對下列爭點加以說明。首先，如前所述，勞工法是私法，契約當事人原則上得拋棄其權利或與他造和解。此在同樣為私法上債權之請領退休金之權利，亦應為如此。因此，原本勞基法未有「勞工之退休金及請領退休金的權利，不得讓與、扣押、抵銷、或供擔保」之規定，並無何不妥之處。蓋如謂勞工可能因之退休生活無著，那麼，其他有就業事實之弱勢族群（農民、身心障礙者等），國家未為之制定退休金的保障，是否會造成更大的憲政疑義？基於此，雖然國家以保護必要的理由，在勞退條例第 29 條中明定「勞工之退休金及請領退休金的權利，不得讓與、扣押、抵銷、或供擔保。」但仍無損於其本質上為私法上權利的事實。[111]

　　再者，吾人願從比較法的觀點，提供德國退休金法制處理類似案例的做法，以示勞退條例第 29 條規定之不當，亦即：假設勞工於在職期間有責地重大違反契約

---

[109] 參閱余雪明，於司法院大法官會議釋字第 578 號解釋之協同意見書。司法院公報，第 46 卷第 6 期，2004 年 6 月，頁 37 以下。雖然如此，由於確定提撥具有「可攜性」的性質，可以隨著勞工到下一個雇主處延續下去，如不考慮該所提繳之退休金係來自於勞工的工資或者其可能增加勞工的流動率，從外形上觀之，可攜式的退休金帳戶的確與勞保條例之老年給付混淆。此從勞工退休金條例通過後，社會各界向勞委會所詢問之重點問題即可知之。請參閱聯合晚報，2004 年 6 月 14 日，5 版：勞退新制上路 詢問電話爆增、中國時報，2004 年 6 月 15 日，A6 版：勞退新制問號 塞爆勞委會專線。

[110] 釋字第 596 號解釋也提到：勞工請領退休金之權利，屬於私法上之債權，亦為憲法財產權保障之範圍，惟其並未如勞工受領職業災害補償之權利明文規定不得讓與、抵銷、扣押或擔保（第 61 條參照）。

[111] 對此，可以參考林更盛對於職業災害補償權利之描述：「職災補償權利人之權利，既屬於私法之一部分，故亦有私法自治原則之適用。若無法律明文規定，職災補償權利人原則上得自由處分其既有之權利，此為私法自治原則下應有之結論，故職災補償權利人得為低於法定職災補償標準之和解。」林更盛，承攬關係中職業災害案例評釋，法學叢刊，第 174 期，1999 年 4 月，頁 171。

義務，而於其退休後始被發現。如勞工要求雇主履行退休金承諾得被評價為具有惡意，則雇主即得免除退休金之給付。[112] 又如該違反義務之行為造成雇主損害，雇主亦得以損害賠償請求權與企業退休金抵銷。[113]

經由如上之說明，吾人以為勞工如有勞基法第 12 條第 1 項各款情形之一，且造成雇主損害者，雇主當得以損害賠償請求權與其所提繳之退休金抵銷。此不應該因為德國採任意性的企業退休金、而台灣係採取強制性的企業退休金，而有所不同。另外，雇主與勞工所約之（因為違反最低服務年限、返還訓練費用、或競業禁止條款之）違約金，雇主亦得主張抵銷。[114] 最後，（也是爭議最大的）由於退休金請求係私法上的權利，勞資雙方當得約定「勞工之退休金或請領退休金的權利，作為讓與、扣押、抵銷、或供擔保」之標的，尤其是退休金請求權係在勞工符合退休年齡及年資時，始能實現。雇主如在行使請求權之際，始對之提出讓與、扣押、抵銷、或供擔保的主張，其合法性應該更毋庸置疑。

第二項　勞工退休金條例之制度面問題

對於退休勞工生活照護之落實，勞退條例固然帶來一個契機，但社會各界對於該法宗旨「增進勞工退休生活保障，加強勞雇關係」之是否能夠實現，卻也是充滿疑慮，可以用「既期待、又怕受傷害」形容。如從學理的觀點視之，勞退條例內含之基本問題，大體上可以區分為制度面的及法律面的問題。以下即分別敘述之。

第一款　未提供所有勞工退休生活的保障

眾人皆知的，勞基法施行至今，仍有部分勞工因為「窒礙難行」的原因而被排除適用。因此，勞基法的退休金制度並未及於所有的勞工。此種現象仍然為勞退條例所承繼，此觀勞退條例第 7 條第 1 項之規定：「本條例之適用對象為適用勞基法之本國籍勞工」自明。只不過，勞退條例第 7 條第 2 項增列了自願提繳的規定，納入一些「非勞工」的退休給付，因此其適用範圍理應較勞基法的為廣。然而，第 7 條第 2 項自願提繳的「不適用勞基法之本國籍工作者或委任經理人」，其退休金是由自己所提出，而且需先經雇主同意，雇主只是「得在百分之六之提繳範圍內，另

---

[112] BAG AP Nr. 1 zu § 1 BetrAVG Treuebruch.

[113] Söllner, a.a.O., 280; Zöllner/Loritz/Hergenröder, a.a.O., 319.

[114] 但應將退休金帳戶或年金保險中經過抵銷後所剩餘之退休金，讓勞工攜走，以便其在新雇主處繼續累積。

行為其提繳」（勞退條例施行細則第 20 條第 1 項）而已，可知此種自願提繳與德國自願性的退休給付制度（同樣包括機關的構成員、委任經理人）仍然有所不同。

　　有問題的是，第 7 條第 1 項（不）「適用勞基法之本國籍勞工」與第 2 項「不適用勞基法之本國籍工作者」是否同義？答案似乎是否定的。蓋前者仍然以勞工為對象，例如居家服務員；[115] 後者則包括非勞工在內，例如自營作業者、無一定雇主者（攤販、計程車司機）、職業工會的會員、以及律師、醫師及會計師等自由業者（依據行政院勞工委員會 94 年 8 月 18 日勞動 4 字第 0940046156 號函：醫師、律師、會計師等執行業務者，如有受僱而獲領工資，或未受僱但得依所得稅法相關規定列報「薪資」之情形，得依其每月工資或薪資申報提繳勞工退休金）。這也是留待下一次修法或政策指定時再將之納入（依據 2014 年 1 月 15 日修正施行的勞退條例第 7 條第 2 項第 2 款，已增列適用自營作業者。第 3 款並且將原來的委任經理人，擴大為受委任工作者。果然如此，勞退條例的適用對象幾乎已涵蓋所有的勞務提供人，包括受僱人、以自營作業者身分承攬業務者，受任人與委任經理人，其範圍已遠超過適用勞基法的勞工）。至於非屬於勞工之人，包括技術生（行政院勞工委員會 94 年 9 月 12 日勞動 4 字第 0940051015 號函參照）、公法救助關係之人員（行政院勞工委員會 94 年 7 月 29 日勞動 4 字第 0940033893 號函參照）、名為僱用而實係靠行性質之個別駕駛員（行政院勞工委員會 94 年 4 月 21 日勞動 4 字第 0940020373 號函參照）、公司監察人（勞動部 103 年 10 月 16 日勞動福 3 字第 1030136185 號函參照）、公務員、[116] 社福機構之庇護工場學員，[117] 當然不在第 7 條第 2 項適用之列。而暫時或長期無業者，當亦不能自籌費用而加入。無論如何，原則上勞退條例之退休金制度，應該與勞基法的退休金制度一樣，都是封閉性的制度，其目的是在保障企業內工作的勞工或非勞工。並非任何人均可隨意自願地加入此一制度。

　　另外，委任經理人（或法人的機關成員）之適用退休給付，在勞基法的時代，本來即屬於雇主自願退休給付的一環，其得以依特別約定或公司退休給付之特別規定，向公司請求「企業退休金」。因此，舊勞退條例第 7 條第 2 項僅是將之（委任經理人）明文化而已。至於 2014 年 1 月 15 日修正施行的勞退條例第 7 條第 2 項第

---

[115] 中國時報，2005 年 5 月 1 日，A6 版：面對勞退新制 社福界心慌慌。另外，家事服務人員之一般論述，請參閱楊通軒，家事服務法制化必要性之探討，發表於家事勞動者勞動條件保護研討會，2004 年 8 月 11 日，頁 44 以下。

[116] 此可以從司法院大法官會議釋字第 596 號解釋之理由書中「公務人員與國家間係公法上之職務關係，國家對公務人員有給予俸給、退休金等保障其生活之義務，公務人員對國家亦負有忠誠、執行職務等義務」之用語，得知公務人員並無適用勞退條例之機會。

[117] 中國時報，2005 年 5 月 1 日，A6 版：面對勞退新制 社福界心慌慌。

3 款，更是將之擴大到所有的受委任工作者。也就是包括民法委任契約的受任人及民法或公司法中的委任經理人（不以專業經理人為限）。雖然如此，由於一般勞工依據第 7 條第 1 項係強制提繳，而委任經理人只是自願提繳，是否會發生德國企業退休金實務上「具督導權職員或高階職員、委任經理人所領數額較一般職員或勞工為多」之現象，實有待吾人觀察。

　　又，有關委任經理人之企業退休金，如其經實質認定是勞工，則應依第 7 條第 1 項的規定提繳退休金。在此，人格的從屬性仍然是最主要的判斷標準。只不過，不可忽略的是，即便是承攬人或受任人（如律師、醫師），仍然難免於定作人或委任人的指示，蓋契約的屬性無法使之動不動就變成定作人或委任人的勞工，而造成超出定作人或委任人預期的法律效果。同樣地，委任經理人（或法人的機關成員）當然需要接受來自股東會與董事會的指揮命令，而非全權獨立作業，但是其性質與一般勞工來自雇主的指揮命令不同，不能因為有這種指揮命令就認定其為勞工，否則，乾脆公司的股東會及董事會不要委任經理人，統統以一般的勞工來行委任經理人（或法人的機關成員）權限之實即可。這將會紊亂整個公司法與勞工法的體系劃分，並不妥當。[118] 就此看來，最高法院 104 年度台上字第 1294 號判決認為副總經理「就其負責之業務，並非完全具有自主決定之權限，在人格、經濟及組織上，仍具從屬於三英公司之性質，雖就一定金額之交易，依三英公司授權，有獨立決定之權限，其與三英公司間仍為勞動關係」。此一見解即有再商榷的餘地。

　　至於勞工經過長期工作而升任委任經理人之退休金問題，這尤其會發生於經理人曾經長期具有勞工身分，亦即其曾具有過勞工身分，而於即將符合退休要件之前，被雇主「委以重任」，導致其退休時已非勞工。則其退休金請求權應如何處理？此在適用勞基法之退休金制度時，本書以為比較妥當的處理方式應是分段計算，亦即其具有勞工身分之年齡與年資如已符合或即將符合退休要件，則令其取得退休金請求權或退休金期待權，可以由退休準備金下支應；至於其擔任經理人之年資，則應由事業單位另行籌措支付。[119] 至於在適用新制的退休金制度時，則自其升任經理人之時，應該由雙方自行協商雇主是否同意為其提繳退休金。設如雇主同意，則經理人即可自行提繳，而雇主亦得在百分之六的範圍內，另行為其提繳（勞

---

[118] 有關經理人之論述，請參閱楊通軒，勞動者的概念與勞工法，中原財經法學，第 6 期，2001 年 7 月，頁 249 以下。

[119] 行政院勞委會 83 年 3 月 1 日台 (83) 勞動三字第 14826 號函、86 年 1 月 30 日台 (86) 勞動三字第 002661 號函。由此觀之，行政院勞委會 82 年 10 月 17 日台 (82) 勞動三字第 88356 號函及 83 年 10 月 17 日台 (83) 勞動三字第 88356 號函認為：「委任經理人雖曾具勞工身分，惟退休時已非勞工，故其退休金不得自勞工退休準備金中支應，應由事業單位另行籌措。」此種全面否認委任經理人具有勞工身分時之退休金請求權或期待權，顯非妥當。

退條例施行細則第 20 條）。其所提繳之金額，亦進入勞工時代所設立的帳戶。惟設如雇主不同意為其提繳，則其原來專戶的退休金即不會增加。而不問雇主是否同意提繳，經理人均必須等到六十歲，始能準用勞退條例第 24 條第 1 項之規定，請領退休金。在此，本書以為勞退條例第 24 條第 1 項之「工作年資滿十五年以上」，應限於身分為「勞工」時之年資，不包括升任經理人之後的年資，亦即不能前後併計。如未達十五年，則其只能請領一次退休金。至於其擔任經理人之後所自願提繳的退休金，不管提繳時間是否超過十五年，應該都只能一次請領。

再者，猶欲一提者，從比較法的觀點來看，德國 1974 年 12 月 19 日的企業退休金法之適用對象，並不以勞工為限，蓋依據其第 17 條規定，其他「為企業工作之人」而受有給予退休金承諾者，亦有退休金請求權。因此，亦包括法人的機關成員在內（例如經理人）。惟如果機關成員同時具有股東身分時，即會發生界定身分的困難，也連帶影響其退休金請求權。[120] 對此，勞退條例第 7 條第 2 項之委任經理人是否要作同樣的處理？亦即以專業經理人為限？吾人以為似不必如此。這是因為勞退條例第 7 條第 2 項將「實際從事勞動之雇主」包括在內（外國公司總經理應為實際從事勞動之雇主、公司實際從事勞動之董事、公司董事長兼執行長、信用合作社駐社辦公之理事主席。行政院勞工委員會 94 年 6 月 16 日勞動 4 字第 0940031503 號函、行政院勞工委員會 94 年 7 月 26 日勞動 4 字第 0940041077 號、行政院勞工委員會 94 年 12 月 5 日勞動 4 字第 0940066331 號函。另外，請參照最高法院 104 年度台上字第 944 號判決），而且「不適用勞基法之本國籍工作者」解釋上也包括股東在內，因此，同時兼具股東與委任經理人身分之人並不必要排除在外。

最後，令人憂慮的是，既然勞退條例未能適用到所有的勞工，而勞退條例第 7 條第 2 項所指之人員，也必須先得到雇主的同意始有自行提繳退休金之機會，那麼，無可避免的，將會有一部分的勞務提供者無法受到退休金的保障。而這一部分的勞務提供者，可能原先具有勞工的身分，卻被雇主以「假象的自主者或假象的自營作業者（Scheinselbständiger）」製造成非勞工，導致其掉落於退休金保障之外。例如將公司的勞工資遣或解僱，然而再以承攬的方式令其在同一地點做同樣的工作即是。[121] 與此相近但不同者為，公司負責人將公司各部門拆解獨立，再以派遣方式聘回，[122] 外表上已成為他公司的勞工矣。上述兩種情形，本質上仍與「先合意

---

[120] BGH AP Nr. 1, 2, 4, 17 zu § 17 BetrAVG. Lieb, a.a.O., Rn. 278.
[121] 有關假象的自主者之論述，請參閱楊通軒，勞動者的概念與勞工法，頁 230 以下，頁 288 以下；Schmidt, Konflikte und Lösungen zwischen Arbeits- und Sozialrecht, AuR 1997, 461, Fn. 6.
[122] 聯合晚報，2005 年 4 月 18 日，2 版：拆解公司員工當老板；中國時報，2005 年 4 月 19 日，A10

資遣勞工,而後再聘僱回來的情形」[123] 有異。後者,雖然原來的勞動關係終止,但後續又生成一個勞動關係。但前述兩種情形,勞動關係已不復存在矣。

第二款 未提供多元的退休給付方式

如上所言,依據勞退條例第 6 條第 2 項規定:「除本條例另有規定者外,雇主不得以其他自訂之勞工退休金辦法,取代前項規定之勞工退休金制度。」[124] 因此,乃產生雇主可否以團體協約、工作規則或自訂退休辦法、勞動契約或個別允諾、以及企業慣例等方式與勞工約定或直接規定退休金給予之疑義。在此,吾人以為條文既然用「自訂之勞工退休金辦法」,應係指工作規則或自訂退休辦法而言,並不包括團體協約、勞動契約或個別允諾,以及企業慣例在內。換言之,勞工基於團體協約、勞動契約或個別允諾約定而來之退休金制度,似乎仍然有存在之餘地。

然而,由於勞退條例第 1 條第 2 項已明定:「勞工退休金事項,優先適用本條例。本條例未規定者,適用其他法令之規定。」明示其特別法的地位。而且勞退條例第 45 條以下有相當多勞工刑法的規定,且罰鍰的額度頗高,以拘束雇主必須嚴格遵守勞退條例之規定。再回顧第 6 條第 2 項之規定,係禁止「取代」勞退條例之退休金制度。因此,總結如上之條文規定,雇主依據團體協約、勞動契約或個別允諾,以及企業慣例給予勞工退休金,只能居於「輔佐」的地位而已,亦即彎彎併行。此與勞基法時代,顯有不同。亦即勞基法對於自請退休及強制退休年齡、年資,以及退休金基數的規定僅係最低的標準,因此雇主與勞工當得以勞動契約或團體協約或其他方式,約定較佳之退休條件。[125]

其實,自願性的企業退休給付制度在勞基法施行之前即已存在,而在勞基法施行之後,雖然適用的空間已大為緊縮,但雇主對於未適用勞基法之勞工或非勞工,仍得自由地與之約定退休金之給付。即使對於已適用勞基法之勞工,雇主也可以再另外給予任意性的退休給付。依據論者的研究,自願性退休給付的實施者,可以是由雇主直接給付、或設置職工退休基金、或由雇主為勞工訂立人壽保險契約。[126]

版:規避勞退新制 企業改用派遣勞工。

[123] 中國時報,2005 年 3 月 13 日,A2 版:強制延用休假年資,對勞工未必有利。

[124] 如上所言,本條文與修正前第 22 條規定並無何區隔,因此在 2014 年 1 月 15 日予以修正刪除。

[125] 內政部 75 年 12 月 16 日 (75) 台內勞字第 465547 號函:事業單位退休標準優於勞動基準法之認定原則:(一)勞工得自請退休之年齡、年資限制較該法第 53 條規定為短者。(二)強制勞工退休之年齡較該法第 54 條規定為長,並尊重勞工意願者。(三)勞工退休金基數較該法第 55 條規定為高者。(四)其他相當於退休金給予標準較該法規定為高者。

[126] 林炫秋,前揭書,頁 64 以下。

　　值得一提者，自願性退休給付的約定方式中，團體協約毋寧是最重要者，也引起最多的討論。司法院大法官會議釋字第 578 號解釋中，甚至認為相對於法定的強制的退休金制度，團體協商及團體協約（與勞動契約）係侵害程度較小的手段，蓋勞資雙方可以依據企業型態、經濟狀況的不同，自主地協商出雙方均能接受的退休金給付條件。只不過，由於歷史的因素、勞工團結意識的不強及法規的設計不良，導致台灣的工會力量不足，無法與雇主進行勢均力敵的協商及訂立團體協約。也促使國家必須以強制力的方式介入私人的法律關係領域，要求雇主必須依法給付退休金。釋字第 578 號解釋雖是針對勞基法的退休金制度而做成，但其所描述的工會實況仍然是今日社會的常態，而勞退條例性質上亦是強制性的勞工保護法，因此，吾人以為可以將之援用於勞退條例上。

　　自願性的退休給付與團體協約之問題，已如上所述。其中，也隱含著勞退條例未提供多元的退休給付方式的缺點。如從比較法的觀點視之，如前所述，德國的企業退休金實施途徑有四：一是直接允諾，為此，雇主得以當年盈餘作為給付，但亦得先提撥退休準備金（一定限度可享受免稅待遇）；二是直接保險，由雇主以個人保險或團保方式為勞工投保，由保險公司作為退休金的給付人，迨至保險事故（退休、殘障或死亡）發生時，勞工得直接向保險公司請求給付；三是年金金庫（或稱退休保險基金），由單一的雇主或多數企業體為了支付企業退休金之目的、而設立之特殊的、具有自己法人格的人壽保險公司，通常係以（小型的）保險互助公司出現。勞工對於年金金庫擁有給付退休金之請求權；四是補助金庫（或稱退休補助基金），係法律上具有獨立人格的退休金給付人。惟勞工對之無退休金給付請求權。由於這四種給付方式，勞工之退休金請求權或退休金期待權乃能受到完善的保障。設使雇主陷入無支付能力，勞工尚能由雇主所設立之退休金互助保險公司獲得清償。

　　德國有關企業退休金的四種實施途徑，並未完全為台灣的勞退條例所參考。更精確的說，勞退條例中的年金保險或許與德國的「直接保險」差堪比擬。其他的方式，包括退休金個人專戶、年金金庫及補助金庫，則完全不同。而直接允諾，在台灣則是（與德國同樣屬於）自願性的退休給付約定。如觀勞退條例第 9 條第 2 項規定：「勞工選擇繼續自本條例施行之日起適用勞基法之退休金規定者，於五年內仍得選擇適用本條例之退休金制度」，實即隱含著勞工在五年內必須確定地、終局地選擇新舊制，不允許勞工在兩個法律的退休金制度中來回轉換。[127] 可以預期

---

[127] 勞退條例施行細則第 8 條第 1 項規定：「本條例施行後，經中央主管機關公告指定適用勞基法之勞工，應適用本條例之退休金制度。」同樣阻斷了適用勞基法退休金制度的路。

的是，在相當的時日後，勞基法的退休金給付方式，也會隨著大時代的轉輪走入歷史。[128] 雖然如此，吾人還是難以袪除心中的疑惑：是否確有必要迫使勞工在五年內做出最後的決定？尤其是揚棄勞基法的退休金制度，迫使勞工少了一種退休金給付方式的選擇，對於退休勞工確實較為有利？這恐怕要等待一段時日的經驗證明後，才能獲得初步的答案。

再就直接允諾而言，在勞基法的時代，並非勞基法退休金的給付方式之一，而只為自願性的退休給付方式而已。同樣地，勞退條例也未將之納入。但是，值得注意的是，直接允諾卻是德國最普遍的企業退休給付型態。這是因為德國的企業退休金係採任意性的給付。雇主不僅可以自由地決定是否承諾給予勞工退休金，也可以選擇一個對其最有利的給付方式。在直接允諾時，雇主雖然允諾自行給付退休金，但是卻僅須在照護事由出現時（老年、喪失工作能力或死亡），始需自行籌措金錢，並且給付與勞工或其遺族。此一退休金，雇主並得以當年度盈餘作為給付，但亦得事先提撥退休準備金（一定限度可享受免稅待遇）。因此，平常雇主只作會計帳面提列，並無須真正地提撥退休金，而是將之當作企業可運用的資金的一部分。一般而言，直接允諾較常見於大企業，因其可以承擔提供退休給付的風險。中小企業並不適用此種退休給付方式。雖然如此，為了避免雇主陷於無支付能力，而致勞工的退休金請求權及退休金期待權落空。因此，實務上遂逐漸產生一種輔助機制予以保護。亦即德國雇主遂共同設立退休金互助保險公司，負責清償之任務。自此而後，退休金受領權人即享有對之請求支付退休金之權利。

當然，如考量台灣絕大多數為中小企業的實態，為確保勞工能夠領到退休金，自不宜採取直接允諾的方式，而應採取一符合其特質的退休制度。[129] 那麼，德國的「直接保險」或許可以作為參考比較的對象。如前所言，直接保險，係指由雇主以個人保險或團保方式為勞工投保，由保險公司作為退休金給付人，迨至保險事故（退休、殘障或死亡）發生時，勞工得直接向保險公司請求給付。雇主只負有定期繳交保險費之義務。惟在保險事故發生前，勞工原則上只擁有一個隨時可以被撤回的受益權（Bezugsrecht）而已。[130] 在此，存在一個三角的法律關係：保險關係（雇主與保險人間）、受益權關係（勞工與保險人間）、退休給付關係（雇主與勞工間）。由於雇主為要保人，故由其負擔保費給付義務，但勞工亦得參加繳費。若

---

[128] 功成身退？

[129] 其實，釋字第 578 號解釋中，大法官應已隱含此一意旨，此可由其用語「對於勞工退休制度及社會保險制度應否予以整合，應綜合勞、資、政各方的利益，遵照憲法扶助並保護中小型經濟事業生存與發展之意旨，參酌有關國際勞工公約之規定，通盤檢討之。」推知之。

[130] 然而，與直接允諾正好相反，直接保險係實務上被運用最少的退休金給付的型態。

雇主未（完全）給付保費，導致勞工無法由保險人獲得給付時，應對之負擔損害賠償責任。另外，由於雇主無需承擔實施企業退休給付的風險，而是轉由保險業者承擔，因此，直接保險對於中小企業尤其具有吸引力。[131] 其中較為特殊的是：雇主若未承諾給予勞工一個不可撤回的受益權，則在保險事故出現之前，雇主有權將受益權撤回、變更或轉讓給其他勞工，而且也可以將受益權設定質權向保險人借款或供作其他擔保。

　　就勞退條例的年金保險觀之，同樣存在一個三角的法律關係：保險關係（雇主與保險人間）、受益權關係（勞工與保險人間）、退休給付關係（雇主與勞工間）。如雇主未為勞工足額繳交保費，致勞工受有損害者，勞工亦得向雇主請求損害賠償（勞退條例第 39 條準用第 31 條）。本書以為：理論上，年金保險應該主要以中小企業為適用的對象，這也是從實施企業退休給付的風險及成本確定的考量出發。然而，勞退條例第 35 條第 1 項卻是明定「僱用勞工人數二百人以上之事業單位」，始得投保符合保險法規定的年金保險。這不禁令人好奇其立法理由為何？是否與其他採取直接保險國家之立法潮流相反？[132] 又，手段（限於二百人之事業單位始能投保之年金保險）是否確能有助於目的（老年照護）之達成？尤其是勞退條例第 35 條第 1 項的人數限制，是否剛好與釋字第 578 號解釋之「扶助中小型經濟事業」以及大法官所隱喻之「為中小企業勞工設置退休金制度」[133] 之要求相牴觸？此種無法落實年金保險立法目的之現況，是否會因 2014 年 1 月 15 日修正施行的勞退條例第 35 條第 1 項而改變？恐怕不容樂觀。蓋其雖增列「或無工會者，經勞資會議同意後」，以強化集體勞工團體的角色與功能，促成年金保險的推動，但是，由於法律用語為「得為以書面選擇投保年金保險之勞工」，投保符合保險法規定之年金保險，所以，勞工還是得自行決定是否提出書面的同意，其後果可能形成「工會同意或勞資會議同意」，但「勞工未以書面投保年金保險」之現象（亦即個別勞工仍然選擇專戶提繳），此種實際上須要經過「雙層同意」，反而可能造成無法推動年金保險的結果。這是立法者有意的設計，從修正施行的第 35 條第 2 項及其立法說明「是否參加年金保險仍應依個別勞工之意願，年金保險開辦要件，採勞資會議同意，係為賦予勞工更多選擇之機會，並不會剝奪個別勞工權益」，即可知修正增列勞資會議同意，目的只在開啟促成年金保險的另一管道而已。工會或勞資會議的同意，並無拘束個別勞工的法律效力。此與傳統集體勞工法的理論仍然有別。

---

[131] 由於雇主僅需依約繳納保險費即可，具有成本確定的優點。

[132] 請參閱中國時報，2005 年 5 月 5 日，B2 版：保險業搶食企業年金。

[133] 請參閱釋字第 578 號解釋大法官廖義男之協同意見書。

所以，新修正第 35 條第 1 項究竟會有多大成效？仍然須要一段期間的觀察。惟除此之外，勞退條例第 39 條準用第 29 條之規定，使得雇主與勞工不得將「年金保險之年金給付之權利」讓與或供擔保，則是與德國的直接保險不同，目的在保障勞工退休後生活，與退休金個人專戶採取同樣的處理方式，立法論上應屬較為可採。[134]

最後，德國實務上所施行之年金金庫（或稱退休保險基金），同樣以適用於中小企業為主要對象，允宜一併加以介紹。如前所言，年金金庫係由單一的雇主或多數企業體為了支付企業退休金之目的、而設立之特殊的、具有自己法人格的人壽保險公司，通常係以（小型的）保險互助公司出現。年金金庫賦予勞工直接請求退休金之權利。年金金庫與承作直接保險之一般人壽保險業不同，後者的營業項目可以多種。再者，年金金庫不可撤回勞工或其遺屬的受益權，也不得處分（轉讓或設定質權借款）受益權。[135] 這是兩者主要的差別點。[136] 一般而言，年金金庫為管理退休金所花費的成本也較人壽保險公司高、且不容易計算，因此，近年來此種退休金的實施方式已逐漸減少。此種退休金實施方式並未為勞退條例所參考。

第三款　未完全考慮企業退休給付事由

從比較法的觀點來看，德國的企業退休金，係指雇主基於勞動關係，對於勞工所承諾的老年的、殘障的或遺屬照顧的所有給付。[137] 因此，雇主得基於契約自由原則，決定是否對勞工做出給予照顧承諾，而一旦照顧情況（退休、殘障或死亡）出現時，即應履行其給付。此種為彌補勞工因年老、喪失工作能力或死亡而生的所得中斷的退休給付制度，論者稱之為「最廣義的退休給付」，以示其與僅包括「老年給付」與「失能給付」的「廣義的退休給付」不同。[138]

至於台灣勞退條例所規定之退休給付事由，如將勞退條例第 26 條納入觀察，則是否包括勞工或非勞工因老年自工作職場退出及勞工死亡兩種，屬於另一種內涵不同的「廣義的退休給付」？或者，仍然僅以勞工老年為對象之「狹義的退休給付」？詳言之，在勞基法的規定中，並未將勞工死亡作為給付事由，而是任令雇主

---

[134] 惟本書在前面已主張：勞退條例第 29 條之勞工退休金及請領退休金之權利，性質上是私法上的權利，理論上，勞工當得將之處分或抵銷等。尤其是在勞工有勞基法第 12 條第 1 項各款事由之一時，雇主有權對於勞工行使扣押、抵銷等權利。

[135] 然而，勞工享有完全的處分權。

[136] 但兩者同樣受到聯邦保險局（Bundesversicherungsamt）的監督。

[137] § 1 Abs. 1 Satz 1 BetrAVG.

[138] 林炫秋，前揭書，頁 39。

以「撫恤金」的名義給予勞工的遺屬。[139] 雖然勞基法第 59 條第 4 款規定：「勞工遭遇職業傷害或罹患職業病而死亡時，雇主除給與五個月平均工資之喪葬費外，並應一次給與其遺屬四十個月平均工資之死亡補償。」但這是屬於職災補償的範圍，而不屬於退休給付的範疇。顯見勞基法並未將勞工因其他原因而死亡時，雇主是否應給予遺屬給付，加以規定。

此種未考慮到勞工一旦（因其他原因）死亡，受其扶養之配偶或其他親屬將立即遭遇所得中斷之困境，自是有所不妥。[140] 然而，勞退條例是否已針對該種情況有所規範？對此，答案似乎是否定的。蓋勞退條例第 26 條雖然已規定：「勞工於請領退休金前死亡者，應由其遺屬或指定請領人請領一次退休金（第 1 項）。[141]已領取月退休金勞工於未屆第 23 條第 3 項所定平均餘命前死亡者，停止給付月退休金。其個人退休金專戶結算剩餘金額，由其遺屬或指定請領人領回（第 2 項）。」惟由其用語觀之，立法者似無彌補勞工遺屬所得中斷之意，而是將其重點置於儘速地結清雙方間之退休金請領關係。此種將「強制儲蓄之退休金」歸還之思考方式，適度地修正勞基法退休金制度中「若未符合退休金請領要件，即無繼承可能」之法律適用方式，立法論上自然較為可採。惟其並非嚴格意義之遺屬給付的規定，不容混淆。[142] 況且，即使是從退休金請求權的理論來看勞退條例第 24 條的規定，該條規定也有再補強的餘地，亦即，（至少）對於已符合第 24 條第 1 項「年滿六十歲，工作年資滿十五年」之勞工，不問其是否已開始領取月退休金，一旦其死亡，仍應令其遺屬繼續請領月退休金始為妥當。

其次，對於無工作能力勞工之退休給付，稱之為「失能給付（或殘廢給付）」，由於其不僅涉及制度面、也涉及法律面的問題，因此，於此一併加以敘述。依據勞基法第 54 條第 2 款規定，勞工有心神喪失或身體殘廢不堪勝任工作者，雇主得強制其退休。反面解釋，勞工並無自請退休之權。此種不問勞工是否因執行職務而致心神喪失或身體殘廢不堪勝任工作、[143] 也不問（職災）勞工的個人（繼續工作或選擇退休）意願，而是完全由雇主的角度或利益所做的退休規定，與先進國家所謂的「失能給付（或殘廢給付）」，顯然有相當大的差距。賦予雇主強

---

[139] 依據勞基法第 70 條第 8 款的規定，雇主應將撫卹訂定於工作規則中，並報請主管機關核備後公開揭示之。

[140] 勞保條例第 63 條規定，被保險人死亡時，其遺屬得向勞工保險局請求遺屬津貼。

[141] 第 26 條第 1 項之規定，其適用對象應該包括勞工已符合第 24 條第 1 項「年滿六十歲，工作年資滿十五年」之情形。

[142] 對此，可參閱林炫秋，前揭書，頁 94。

[143] 黃程貫，勞動法，頁 434 主張以執行職務為限。但林炫秋，前揭書，頁 92 則主張不問是否執行職務所致均可。

制退休權，其不當處在於：如勞工係因執行職務而肇致心神喪失或身體殘廢，則雇主理應設法給予職業訓練，協助其早日回到職場，重拾作為一個勞工之尊嚴─此為所謂的建設性補償制度，[144] 怎可讓雇主強制勞工離開職場？如令雇主有此一權限，將是對人性尊嚴之一大斲傷。基此，該種情形應是由勞工的角度出發，由其考量是否自請退休才是。對此，2002 年 4 月 28 日開始施行的職業災害勞工保護法第 24 條第 1 款及第 25 條第 2 項即是如此規定。只不過，第 23 條第 2 款及第 25 條第 2 項仍然保留雇主強制退休的權利。

　　值得注意者，勞工如因職業災害致其喪失原有工作能力或者身體遺存障礙，並不一定會達到「不堪勝任工作」的程度。設其未達該程度，則其在領取勞基法第 59 條第 2 款之工資補償或第 3 款之殘障補償後，繼續工作到符合勞基法第 53 條第 1 款或第 2 款時，當然能夠請領退休金。比較有問題的是，如果職災勞工已達到「不堪勝任工作」的程度，則其在領取勞基法第 59 條第 2 款之工資補償或第 3 款之殘障補償後，能否再領取退休金？或者二者僅能擇一？對此，論者以為職業災害補償與勞工退休金係不同的法律概念，兩者雇主所承擔的風險不同，給付要件也不相同，並無請求權競合之情形。因此，殘廢補償之給與無礙於勞工請求退休金。而行政院勞工委員會也認為勞工請領工資補償或殘障補償後，可以再請領退休金。[145]

　　對於上述學者及勞委會之見解，在法理上固無疑義，但在退休金的制度面上卻是有待斟酌的。蓋在職災勞工已達「不堪勝任工作」的程度時，制度的設計上應是令其（在考量本身已無工作能力下）擁有失能給付請求權，而非給予雇主（考量本身利益下）強制退休金權。然而，另一方面，立法者亦應平衡考量一、職災勞工與雇主的權利，以及二、職災勞工與老年勞工、死亡勞工的平等對待。亦即：（一）職業災害勞工的處境的確堪憐，雇主固應依勞基法第 59 條之規定給予各種補償，惟雇主另外已依勞保條例為勞工強制加保，以便勞工取得職災給付。兩者間為抵充關係。其目的，當在於希望藉由各種職災補償，補充社會保險之職災給付之不足。因此，如果再令雇主給予「退休金」的第三層保障，似乎已過度加重雇主的負擔能力矣。此恐將有違第 59 條規定之本意。（二）在老年勞工退休時，依據勞基法第 53 條規定，僅能領取一份退休金。在勞工死亡時，如其係因職業災害而起，雇主須依勞基法第 59 條第 4 款規定給予喪葬費與死亡補償；而勞工如係因普通疾病而死，雇主甚至只須依撫恤金的約定給予撫卹即可。那麼，在勞工因職業災害致

---

[144] 楊通軒，當事人違法或過失時職業災害補償責任之探討─最高法院 82 年度台上字第 1472 號民事判決評釋，發表於 1998 年 2 月 19 日我國職業災害補償制度實務研討會，行政院勞委會主辦，政大勞研所承辦，頁 20。楊通軒，勞基法中退休與資遣法制之研究，頁 56。

[145] 林炫秋，前揭書，頁 47 以下；行政院勞工委員會 81 年 5 月 21 日台勞動三字第 14895 號函。

生不能勝任工作時，如謂其可以再領取另一份退休金，則與其他兩類勞工相較，利益平衡即顯得畸輕畸重。因此，本文以為可以令不能勝任工作之職災勞工，依據其最有利原則的考量，選擇工資補償或退休金之一；或者殘廢補償與退休金之一，即可。[146]

對於勞基法有關失能給付規定之失當、以及行政機關有關殘障勞工可以兼得職災補償與退休金解釋之不妥，勞退條例中似乎並未加以改正。現行的勞退條例，分別在第 11 條第 2 項及第 12 條第 1 項規定了職災勞工的退休金與資遣費。其中，第 11 條第 2 項規定職災勞工所保留之工作年資，於勞動契約依職業災害勞工保護法第 23 條、第 24 條規定終止時，「雇主應依各法規定」，以契約終止時之平均工資，計給該保留年資之資遣費或退休金。所謂「雇主應依各法規定」，解釋上應該包括職業災害勞工保護法第 25 條第 2 項之規定：「雇主依第 23 條第 2 款，或勞工依第 24 條第 1 款規定終止勞動契約者，雇主應依勞基法之規定，發給勞工退休金。」因此，職災勞工當得以請求發給勞工退休金。至於職災勞工如已達「心神喪失或身體殘廢不堪勝任工作」之程度，當不得再兼得工資補償或殘障補償，已如前述。

另一個問題是，針對勞工適用勞退條例後之工作年資，依據勞退條例第 12 條第 1 項的規定：「於勞動契約依職業災害勞工保護法第 23 條、第 24 條規定終止時，其資遣費由雇主按其工作年資，每滿一年發給二分之一個月平均工資，未滿一年者，以比例計給；最高以發給六個月平均工資為限，不適用勞基法第 17 條之規定。」依其條文用語觀之，解釋上，職災勞工將只能請求最高六個月的資遣費矣。即使職災勞工已達「心神喪失或身體殘廢不堪勝任工作」之程度，亦無再依據職業災害勞工保護法第 25 條第 2 項之規定，請求退休金之可能。其保障是否反而降低？對此，似不能一概而論。蓋職災勞工在「心神喪失或身體殘廢不堪勝任工作」時，可以主動地依據職業災害勞工保護法第 24 條規定終止契約，並非僅處於（如勞基法第 54 條第 2 款般之）被動地位。再者，職災勞工仍得依據勞基法第 59 條的規定，向雇主請求各種補償。亦即其可以兼得資遣費與職業災害補償，某種程度上仍然較前面吾人所主張之「二擇一」的給付方式，來得有利。故此種規定方式應屬

---

[146] 此種避免雙重給付之做法，亦見之於 2008 年 5 月 14 日修正公布前之（社會保險之）勞保條例第 21 條之 1 及 2008 年 12 月 25 日修正公布施行之勞保條例施行細則第 81 條。依據舊勞保條例第 21 條之 1 規定：「被保險人因殘廢不能繼續從事工作，而同時具有請領殘廢給付及老年給付條件者，得擇一請領殘廢給付或老年給付。」依據舊勞保條例施行細則第 81 條規定：「被保險人身體殘廢不能從事工作，依勞工保險殘廢給付標準表申請殘廢給付後死亡，其受益人得擇領死亡給付或殘廢給付。」

正確。只不過，在職災勞工領取資遣費與職業災害補償後，因其已達「心神喪失或身體殘廢不堪勝任工作」之程度，當然應該令其退出職場，並將退休金專戶的金額結清或者准其領取月退休金。在此，職災勞工應無將其已累積之退休金攜帶至新的雇主處，而繼續累積之可能。

　　最後，對於勞退條例未完全考慮到退休給付事由，以致於未規定或未完全規定遺屬給付及失能給付，其理由安在哉？本書以為或在於：環顧世界各國之企業退休金法制，雇主之給予勞工或非勞工之退休給付，一般均有勞工或非勞工符合最低在職期間及已達一定最低年齡之條件，亦即有等待期間之規定。藉由等待期間，雇主可以將退休金請求權延後實現，（更重要的是，）也可以將未能符合等待期間之人的請求權予以排除。其目的在於攏絡或強化勞工或非勞工的忠誠度，也便於壓低雇主所需支付之企業退休金的成本。[147] 甚至，雇主可以藉之達到「排除年齡較高的勞工喪失工作能力及死亡的風險」。然而，現行的勞退條例由於是採個人帳戶制或年金保險，已無等待期間的規定，連帶地，雇主既無法測知勞工或非勞工的忠誠度，也無法排除相關的風險與成本。因此，其未將遺屬給付及失能給付加以完滿地規定，毋寧係一兼顧利益平衡的處理方式。雖然如此，2014 年 1 月 15 日修正施行的勞退條例第 24 條之 2 第 1 款已經增訂勞工未滿六十歲，「領取勞工保險條例所定之失能年金給付或失能等級三等以上之一次失能給付」，其工作年資滿十五年以上者，得請領月退休金或一次退休金。但工作年資未滿十五年者，應請領一次退休金。

第三項　勞工退休金條例之法律面問題

第一款　退休之意義

　　在勞基法時代，勞工欲享有退休金請求權，必須要有一定的生物過程發生，亦即需屆滿一定的年齡 [148] 或者必須在同一事業單位工作達一定年限，亦即年資問題。至於其是否果其然能請求退休金，則是繫之於企業的存續期限及本身的流動性。[149] 此種年齡與年資的限制，固有避免雇主過度給付退休金、以致損及財務

---

[147] 林炫秋，前揭書，頁 179 以下。

[148] 德國企業退休金之生物的過程則包括屆滿一定年齡、發生殘障或死亡的事實。Schaub/Vogelsang, a.a.O., §83 Rn. 4; MünchArbR/Ahrend/Förster, a.a.O., §101, Rn. 14.

[149] 張志銘，「勞工退休金條例草案」的再商榷，頁 34；楊通軒，勞基法中退休與資遣法制之研究，

負擔能力之用意。然而，由於勞退條例的個人專戶係採強制公積金的設計，性質上為強制儲蓄，因此勞退條例第 24 條之「勞工年滿六十歲，工作年資滿十五年以上」，僅是「請領月退休金」的條件，與勞基法第 53 條之「等待期間」有所差別。退休勞工所請領之退休金，係過去多年工作所提繳在退休金專戶裡的退休金與運用退休金的收益，其所共事過的雇主可能有相當多位。

顯然，勞基法中的「退休」意義與勞退條例中的「退休」意義，不完全相同。先就適用的對象而言，勞基法的退休金制度並未及於所有的勞工，其理由為「窒礙難行」（勞基法第 3 條第 3 項）。而此種現象仍然為勞退條例所承繼，此觀勞退條例第 7 條第 1 項之規定「本條例之適用對象為適用勞基法之本國籍勞工」自明。只不過，勞退條例第 7 條第 1 項之規定有無問題？被排除適用的勞工也是因為「窒礙難行」的原因？此一規定似與第 1 條之立法目的相違背。

再就等待期間而言。論者間對於此種必須在企業中任職的最低工作年資及達到最低年齡始能請求退休金的期間，大多將之解讀為最低忠誠期間。其具有如下之多重功能：一、藉由等待期間，雇主可以將退休金請求權延後實現。二、可以將未能符合等待期間之人的請求權予以排除。三、可以藉之攏絡或強化勞工或非勞工的忠誠度，也便於壓低雇主所需支付之企業退休金的成本。四、甚且，雇主可以藉之達到「排除年齡較高的勞工喪失工作能力及死亡的風險」。然而，現行的勞退條例由於是採個人帳戶制或年金保險，已無等待期間的規定，連帶地，雇主既無法測知勞工或非勞工的忠誠度，也無法排除相關的風險與成本。

最後，勞基法時代之退休金請求權，係以勞資雙方結束勞動關係，勞工實際退出職場為前提。因其退出職場造成所得中斷，生活恐將無以為繼，立法者乃要求雇主給予退休金，以彌補所得中斷之社會風險。當然，理論上，勞工於退休行使退休金一次給付的請求權後，仍無礙於其（回鍋）受僱於原雇主。而這也常發生於實務上。似乎可以單純地將之視為一個新的勞動關係。然而，如本書在前面所述：無論如何，為使勞工法與社會法的交相作用，確能保障退休勞工的生活，而又不致於破壞社會法的補償的或所得中斷補充作用，正確的做法，應是令退休勞工離開原有的職場，專心地領取老年給付（或年金保險）與企業退休金。一個一面退休，一面卻在原職場繼續工作的勞工，不僅破壞了退休的意義、破壞了社會法的補償的或所得中斷補充作用，而且也會帶來災難。[150] 除非國家已從傳統退休理論，轉而加入高

頁 53。

[150] 因此，勞工退休金條例第 24 條之 1 規定：「勞工領取退休金後繼續工作者，其提繳年資重新計算，雇主仍應依本條例規定提繳勞工退休金；勞工領取年資重新計算之退休金及其收益次數，一年以一次為限。」雖然其使用「繼續工作」「提繳年資重新計算」，而非使用「工作年資重新計

齡勞工僱用的政策考量，以求優質退休人力的再度利用。而這也是先進國家及鄰近日韓高齡人力使用的趨勢。只是，在 2014 年 1 月 15 日修正施行的勞退條例第 24 條之 1 的立法說明中，吾人並未見到有此一人力使用政策的表述。可見我國立法者仍然只停留在傳統退休及退休金理論的思維中。

第二款　企業退休金之法律性質

企業退休金之法律性質為何，不僅涉及雇主的義務種類，也牽涉到勞基法的退休金制度及勞退條例的退休金制度是否合憲之判斷。甚且，在勞退條例立法過程中，也相當程度地影響到勞工之舊有年資是否應予結算的爭議（勞退條例第 11 條、第 13 條）。對此，企業主多將之視為「或有債務」，而非「遞延工資」。[151] 至於勞退條例第 11 條之立法理由則謂「依勞基法規定，勞工於退休或遭資遣時，雇主始有給付退休金或資遣費之義務，故不宜規定雇主於勞工選擇本條例之退休金制度時，應結清其年資。」其所謂「義務」究竟是指何（主要義務？附隨義務？）？則並未說明。

再者，勞基法上之退休金與勞退條例上之退休金，兩者的法律性質有無不同？似乎也有必要加以釐清。

第一目　勞動基準法之退休金

如前所述，有關勞基法上退休金之法律性質為何？勞委會的解釋分別認為是勞工於合於一定條件時給予之勞動報酬、或者是由雇主發給之酬勞金、或者是「雇主之義務」。勞工法學者間，有認為一方面寓有慰勞性質，他方面也有結算、清算雙方間權利義務關係之意味。也有認為退休金與勞務給付具有關聯性、係全部勞務給付之特別報酬、而非基於贈與或雇主的照顧義務而來。然而大多數學者似仍持延付工資說，認為退休金制度係將勞工所得作時間上再分配，以保障勞工退休後之晚年生活。

值得注意的是，司法院大法官會議釋字第 578 號解釋則是認為「勞工退休金

算」的用語，以致使人誤以為原來的勞動關係並未終止者。惟觀其立法理由係在「落實有受僱工作即應有退休金之立法意旨」，而非追求原來勞動關係的繼續。因此，依本書所見，解釋上勞雇雙方係重新簽訂一勞動契約。雇主或勞工各有決定是否簽訂新約的自由。此在舊勞退條例施行細則第 36 條第 1 項規定下，也應做如此的解釋。只是從外表上看，勞工係一面退休（領取退休金），另外一面繼續工作而已。

[151] 請參閱聯合晚報，2004 年 6 月 8 日，2 版：勞退 5 年足額提撥 工總嗆聲 陳菊釋疑；邱顯比，勞退新制從 20 分到 65 分，發表於中國時報，2004 年 5 月 30 日，A15 版。

係雇主受領勞工勞力給付所為之照顧義務」。[152] 而大法官廖義男更是在協同意見書中表示：「勞雇關係中，雇主對於勞工負有二個主要義務，即給付工資及照顧義務。……雇主對於勞工之照顧義務，包括工作場所須設置安全衛生設備，防止對勞工身體健康之危害、以及勞工之傷病、殘廢及老年之照顧。雇主對勞工老年之照顧，乃是對勞工長期奉獻其心力忠實服勤無力再服勞務之報償。故雇主對久任而退休之勞工給予一定金額之退休金，並不是以提供勞務為對價之工資可以涵蓋，亦即並非一種工資之遞延，而是基於雇主對勞工之照顧義務。」[153]

　　綜合上述說明，可知勞基法退休金之性質可謂眾說紛紜。然本書認為勞基法之退休金，係公法上之強制規定，依法而言，雇主並無迴避之可能，雖退休準備金之所有權仍屬於雇主，然勞工一旦有退休之事實時，雇主即需給付退休金，由此觀之，退休金並不是贈與，而是雇主因為勞工先前已對之提供勞務之故，所為之給付。至於將企業退休金視為工資的延付，似乎亦有問題。因此，企業退休金係因為勞工已提供勞務而被給予，企業退休金係整體報酬固有的部分。惟企業退休金並未具有嚴格意義的對待給付之特性，亦不宜將之視為相對於提供勞務的嚴格意義的薪資，而應視為具有固有意義的照護給付。換言之，將之視為同時具有照扶性質與薪資性質之雙重性格，同時具有主要義務與附隨義務的性質（就此觀之，事實上，勞基法的退休金是附有停止條件的照護給付）。

　　總之，雇主給付勞工之退休金，並非單純基於照顧義務而來，而是同時具有給付工資及照顧勞工退休生活之雙重性質。如謂退休金只是全部勞務給付之對價（特別報酬），而未具有感謝勞工長年的奉獻，雇主因此願意彌補所得中斷以照顧勞工生活上無著，則顯然並不符合實情。這亦與退休金之給付以符合最低忠誠期間為前提要件，有所牴觸。蓋勞工以年齡與年資的最低忠誠期間，交換雇主之以退休金的照扶義務，說理上應具有相當的說服力。

　　另外，司法院大法官會議釋字第 578 號解釋及大法官廖義男之見解，卻認為雇主給付退休金係基於照顧義務而來。此種見解，同樣並不可採。蓋其恐將混淆勞動關係中義務之分類，亦即雇主與勞工彼此間負有一主要義務與附隨義務，而照顧義務通常被歸類於附隨義務，例如其所舉之工作場所須設置安全衛生設備，防止對勞工身體健康之危害、以及勞工之傷病、殘廢之照顧。因此，即使為界定勞工退休金之法律性質，亦不宜混淆或打破我國勞工法上長久以來所區分之主要義務與附隨義

---

[152] 司法院大法官會議釋字第 578 號解釋。請參閱司法院公報，第 46 卷第 6 期，2004 年 6 月，頁 34 以下。

[153] 廖義男，於司法院大法官會議釋字第 578 號解釋之協同意見書。請參閱司法院公報，第 46 卷第 6 期，2004 年 6 月，頁 44 以下。

務的分類。只不過，值得注意的是，在大法官廖義男的論述中，卻也提到「雇主對勞工老年之照顧，乃是對勞工長期奉獻其心力忠實服勤後無力再服勞務之報償。」似乎其也意識到退休金具有勞務對價之特質。接續其理論之推演，當然可以得出退休金並非遞延工資之結果也。

第二目　勞工退休金條例之退休金

勞退條例之退休金的意義為何？勞退條例並未加以界定。勞退條例第 3 條亦未將勞基法之退休金的定義，適用到勞退條例來。因此，乃引發吾人如下之疑問：勞退條例之退休金的法律性質與勞基法之退休金的法律性質，有無異同？亦即，從外表上看，雇主亦每月為勞工提繳退休金，而且勞工達到一定的年齡與年資時，即可請求退休。雇主未（完全）提繳退休金時，也會受到行政罰鍰的制裁。兩者似乎並無不同。但由於勞退條例的退休金係採強制儲蓄的公積金，與勞基法退休金之雙重性質顯然不同，以下即略加入說明與比較。

勞退條例之退休金，係雇主單純為勞工強制儲蓄的工資，以便其將來退休後生活之用。由於係單純每月為其提繳，勞工並且可以在離職時攜帶而去，雇主通常並未預計勞工會為之工作至退休止。因此，就雇主每月所提繳之退休金，應係單純勞動的對價，而非（如勞基法退休金般的）全部勞務的對價。其次，雇主並未有藉退休金之提繳，以達到穩定勞雇關係或減少勞工流動之用意。[154] 再者，雇主之提繳退休金，固係其主要義務，惟並未納入照顧勞工退休生活之用意，亦即並未具有照扶義務之性質。凡此，均是與勞基法的退休金的性質不同之處。[155]

由於勞退條例的退休金係雇主單純的主要義務，在計算退休金的額度時，雇主將有可能會扣除照顧部分的額度。此從勞退條例中，並未要求勞工至少要在雇主處工作到一定的年齡與年資（所謂等待期間），而是可能在短暫期間即退休他去，應係一個可以理解的計算方式。所謂彌補所得中斷的社會風險，並非雇主所必須考量的問題。

最後，如從比較法的觀點來看退休金與競業禁止之關係。德國的企業退休金係採任意的給付，雇主本得因給予退休金而期待勞工不應利用其勞力或知識做出對其不利之營利行為。換言之，雖然並無契約約定，但勞工當然負有不為競業之

---

[154] 論者甚至認為勞退條例之退休金，會激勵勞工勇於做出轉換雇主的決定。

[155] 退休勞工依據勞退條例第 24 條第 1 項的規定，年滿六十歲，工作年資滿十五年以上者，得請求月退休金。由此觀之，勞退條例的退休金已可以稱為「企業年金」。此與勞基法的退休金因為係採一次付清的方式，故不得稱為企業年金者，亦有不同。

義務。[156] 一旦勞工從事競業行為，則（前）雇主雖不得對之請求不作為或損害賠償，但（前）雇主得於勞工為競業行為期間，暫時中止退休金之給付。[157] 然而，台灣勞退條例的退休金係公法上的強制義務，並非任意的給付，如果雇主未與退休勞工約定競業禁止條款，勞工當然不負有不競業之義務。例外，如果雇主之提繳率超過 6%，則或可解釋為雙方有不得為競業行為之默示的合意。惟雇主應負有舉證之義務。

第三款　適用本條例前工作年資結清之疑義

依據勞退條例第 11 條第 1 項規定：「本條例施行前已適用勞基法之勞工，於本條例施行後，仍服務於同一事業單位而選擇適用本條例之退休金制度者，其適用本條例前之工作年資，應予保留。」此即是所謂「只保留、不保障」的爭議。

對於適用本條例前之工作年資是否應予結清，涉及企業退休金之法律性質，本文認為其具有照扶性質與薪資性質之雙重性格，且必須於勞動關係終止時始能領取，已如前述。論者亦有以為從法理上論，基於法律不溯及既往適用原則，勞方無權要求企業主必須比照新法將舊制年資提撥至勞工帳戶內者。[158]

雖然如此，在新舊制的銜接下，固然不應讓原雇主蒙受損失，也不宜要勞工承受喪失年資的風險。亦即勞工當不能要求雇主結清舊年資而發給「工資」或「結算金」。但如果勞工僅是要求企業主必須比照新法將舊制年資之退休金提撥至勞工帳戶內，[159] 以便其做出選擇新制之決定者，由於並未提領該筆「金錢」，理論上並無絕對不許之理。此與結清舊年資而領取「工資」或「結算金」，仍然有程度上的差別。[160] 應屬合情合理。只不過，此一構想並未為勞退條例施行細則所納入。蓋依據施行細則第 12 條第 1 項之規定：「勞工得將依本條例第十三條第二項規定約定結清之退休金，移入勞保局之個人退休金專戶或依本條例投保之年金保險；於未符合本條例第二十四條規定請領退休金條件前，不得領回。」[161] 係指勞資雙方

---

[156] Söllner, a.a.O., 283; Hanau/Adomeit, a.a.O., Rn. 728.

[157] Zöllner/Loritz, Arbeitsrecht, 5. Aufl., 1998, 327：如有嚴重的競業行為（gravierend Wettbewerb），始可中止給付。

[158] 請參閱中國時報，2004 年 6 月 9 日，A2 版：謹守務實原則勞退金改制才能成功。

[159] 工人立法行動委員會即是作此要求，請參閱中國時報，2004 年 6 月 5 日，A5 版：勞退金舊年資保留不保障 朝野協商破裂。

[160] 當然，這可能需要連帶地修正「勞工退休準備金提撥及管理辦法」之相關規定，不是單純雇主答應即可。

[161] 由於結清之退休金已移入退休金專戶，屬於勞工之財產，因此無論勞工是主動或被動離職，均可以將之攜帶至新雇主處繼續累積。

「約定結清」年資後，應將結清之退休金移入退休金專戶或依本條例投保之年金保險，不得領回。並非「勞工有權要求企業主比照新法將舊制年資之退休金提撥至勞工帳戶內」。再者，該規定立法上已較勞退條例第 11 條第 3 項及第 13 條第 2 項更為嚴格，增加法律所無之限制，似有子法牴觸母法之虞。

　　當然，立法者最後決定採取如勞退條例第 11 條第 1 項「只保留、不保障」的設計，或許有其道理。一者、新舊制退休金究竟何者對於勞工較為有利？論者間以為勞工如能在同一事業單位工作至退休，則勞工依據舊制將可領取較多的退休金，故舊制較為有利。因此，「只保留、不保障」的設計，或許有隱含著鼓勵勞工選擇舊制的用意。二者、即使是「只保留、不保障」，立法者仍然在法條設計了補償措施，亦即勞退條例第 11 條第 3 項規定「勞雇雙方可以約定以不低於勞基法第五十五條及第八十四條之二規定之標準結清之」。在此，對於工作年資未達退休標準之勞工，雇主仍應以勞基法第 55 條之退休金基數（兩個基數）給付勞工，而非以勞基法第 17 條之資遣費基數（一個基數）給付之。此一設計顯然對於勞工有利。

　　有關結清年資之另一項問題是：勞資雙方約定結清年資只能在勞退條例實施後始得為之？或在勞退條例實施前即得為之？此從勞退條例第 11 條第 3 項及第 13 條第 2 項的規定中，並無法獲得答案。此一問題之產生，起因於不少雇主為因應退休新制所帶來的衝擊，趕在勞退條例實施前與勞工簽定「合意終止契約」，以結清勞工之年資所致。對此，行政院勞工委員會認為：「現行勞動法令，並無任何有關勞雇雙方得合意結清年資之規定，事業單位為因應勞工退休金條例（新制）之實施，欲結清勞工適用勞動基準法退休金制度（舊制）之工作年資，應於該條例施行後，即 2005 年 7 月 1 日後始得為之。」勞委會並且認為雇主不得以合意終止契約方式規避勞基法所定強制義務，致勞工權益受損。[162] 合意終止契約不得違反強制禁止規定或背於公序良俗、不得違反公共利益或濫用權利。權利義務之行使，並應依誠實信用方法為之。[163]

　　上述勞委會之解釋，係分別針對單純的結清年資與合意終止契約而為。蓋勞資雙方如在勞退條例施行後只約定結清年資，但仍然繼續原來的勞動關係，理論上並無不可。反之，如果雙方合意終止契約，則工作年資勢必隨之結束。由於在勞

---

[162] 行政院勞工委員會 94 年 3 月 23 日勞資二字第 0940014449 號函。另外，依據行政院勞工委員會 94 年 2 月 22 日勞動 4 字第 0940008153 號函：勞資雙方合意結清勞退舊制年資，係於勞動契約存續之情形下為之，而「非以勞工重新受僱方式辦理」。

[163] 中國時報，2005 年 5 月 4 日，A10 版：結清年資或終止契約 要睜大眼。中國時報，2005 年 5 月 7 日，A8 版：雇主出花招 勞工不能不知。

退條例實施前，勞資雙方仍然是適用勞基法的退休金制度，是否得以結清年資，應依據勞基法的規定解決。而除非現行的勞退條例已明定溯及既往地禁止勞資雙方結清年資，否則，勞退條例應該只能處理適用後的年資結清所引發的問題。吾人如觀現行勞動法令的規定，確實如勞委會所言，並無任何有關勞雇雙方得合意結清年資之規定。[164] 即使在實務上，勞資雙方一方面繼續勞動關係，另一方面卻約定結清年資，應亦不多見。依法而言，勞動關係的期間係與工作年資一致的，不可能因為合意結清年資，而出現勞動關係長、但工作年資短的現象。[165] 如出現歧異，自應以勞動關係的期限為準。因此，只有在特殊情況出現時（例如勞退條例的退休金制度與勞基法的退休金制度出現交接重疊即是一例），[166] 基於勞工繼續留任現職的事實（亦即並未轉換雇主），結清年資既可以將以往已形成的利益儘速歸入勞工所有、也有利企業經營的重新再出發，結清年資的條文在法理上始具有正當性。[167]

再就合意終止契約觀之，不僅會出現於結清年資的情形，也常出現於大量解僱勞工保護法中雇主以之規避程序的規定。一般而言，基於契約自由原則，當事人間得自由約定以後契約以解除或終止前契約。勞動契約同樣亦允許勞資雙方以後契約合意終止先前之契約。只不過此合意終止不得違反憲法所保障的男女平等原則、工作權及結婚自由之基本權，以及民法公序良俗、強制禁止規定及誠信原則而已。[168] 因此，一般實務上所出現之雇主與勞工先於勞動契約中約定，一旦勞工結婚、懷孕或生產即需離職之單身條款、禁孕條款及生產退職條款，該項合意終止應屬無效（性別工作平等法第 12 條第 2 項規定參照）。[169]

就勞工因與雇主簽訂合意終止契約而後離職之情形，其法律性質亦與由雇主單方所發動之普通終止不同。無論是在結清年資或在大量解僱之處理上，原則上應將

---

[164] 反面推之，如在勞基法時代即已有結清年資之規定，勞資雙方自得行使之。

[165] 類似的其他情形，例如罷工期間、留職停薪期間，勞動關係暫時中止，工作年資也不會繼續累積。然而，在社會保險法上，立法者可以作不同的考量，讓罷工期間的投保年資有限度的繼續存在。

[166] 另一個著例是公營事業的移轉民營。依據公營事業移轉民營條例第 8 條第 3 項規定：「移轉為民營後繼續留用人員，得於移轉當日由原事業主就其原有年資辦理結算，其結算標準依前項規定辦理。」

[167] 年資結清的反面是「年資保留」。一般在社會保險，被保險人轉換雇主時，並不影響年資之保留（勞保條例第 12 條第 1 項）。但在勞工法上，勞工轉換雇主時，年資本應隨之喪失或結清。只不過，勞退條例採取可攜式的個人帳戶，以儲蓄的觀念，允許勞工可以將之攜帶至新雇主處繼續累積。而在勞工未就業或失業期間，其原來之年資即被保留下來。

[168] 林武順，勞工法上解僱問題之研究，政治大學法律研究所碩士論文，1984 年 1 月，頁 13。

[169] 王澤鑑，民法學說與判例研究（七），頁 36 以下；郭玲惠，勞動契約之合意終止與附解除條件勞動契約之限制，法學叢刊，第 160 期，頁 95 以下。

之視同勞工之自我辭職。[170] 然而，如同勞工之自我辭職有係基於雇主之積極促成者，合意終止契約之簽訂亦有係起因於雇主者。為此，德國企業組織法第 112a 條第 1 項第 2 句規定：「雇主基於企業變更的原因，而與勞工訂定合意終止契約以促使勞工離職者，視為解僱。」其亦有解僱保護法第 17 條之適用。惟此處所指之策動，係指勞工如拒絕簽訂合意終止契約，亦將難免於雇主在同一時點，以解僱之手段終止勞動關係而言。[171]

由此觀之，無論是在勞基法時代或勞退條例的時代，勞資雙方原則上均得合意終止契約。其效力等同於勞工自我辭職。但其前提應是自由地、主動地單方地或合意地終止勞動契約。[172] 因此，實務上最難處理的或最難分辨的，應係起因於雇主的意思而勞工（被迫不得不）自行辭職之情形。在此，勞工之所以自行辭職或合意終止契約，係基於雇主強力的策動而不得不為。[173] 亦即：雇主基於具體已定的企業變更計畫或具體的解僱意圖，而指定勞工自行離職，以避免行使一個必要的解僱。如果雇主僅是表示企業經營的狀況不好、將來有必要進行企業變更或甚至只是建議勞工另外尋尋一個工作，則尚未達到策動之地步。[174] 反面言之，只要不是基於雇主意思或由雇主所策動之勞動關係之終止，其法律上的效力均應予以肯定。上述勞委會有關合意終止契約之解釋，也是採取相同的看法。果如此，勞退條例施行前後之真意的自行辭職或合意終止契約，均屬有效。連帶地，雇主亦無需依勞基法或勞退條例第 11 條第 3 項、第 13 條第 2 項給予工資或結算金矣。相較於結清年資，此種合意終止契約之法律後果，顯然對於勞工更不利。

隨著年資結清，勞工固可請求給付結清金。然而，與年資相關聯之勞動契約上的權利，是否一併結清而歸零？對此，勞委會係認為特別休假年資不併同結清。依之，（勞工）依勞工退休金條例結清舊制年資，其勞動契約屬於存續狀態，並非終止，故勞雇雙方雖依法定標準結清舊制退休金年資，採計特別休假之年資則不受影響。由勞委會的解釋觀之，勞委會也認識到（在新舊制交接之際）可以例外地結清年資、但勞動關係則是繼續存在。此一見解應屬可採，已如上述。然而，在其解釋用語中，似乎將年資區分為「退休金年資」與「特別休假年資」兩種類別。彼此獨

---

[170] 因此，大量解僱勞工保護法第 2 條第 1 項之規定，並未將之作為該法之適用對象。

[171] Weigand, in: KR, 5. Aufl., 1998, § 17, Rn. 43.

[172] 此與勞工是否因之獲得資遣費、補償費或離職金無關。

[173] 請參閱德國解僱保護法第 17 條第 2 項及歐洲聯盟 1998 年之大量解僱勞工指令第 1 條第 1 項第 b 款之規定。另請參閱楊通軒，大量解僱勞工保護法相關法律問題之研究，律師雜誌，第 282 期，頁 41。

[174] BAG AP Nrn. 77 und 99 zu § 112 BetrVG 1972; Hueck/v. Hoyningen-Huene, KSchG, 12. Aufl., 1995, § 17 Rn. 18 b).

立存在。前者雖已結清，但後者則不受影響。此種見解有無問題？

　　首先，要指出的是，勞基法上唯一有使用「工作年資」之用語者，厥在於第55條第1項第1款。其意指為同一雇主工作的年資。也就是勞動關係存續的期間。勞基法以之作為勞工自請退休的要件，同時也以之作為計算退休金數額的計算因子之一。至於在其他與工作期間長短有關的各種規定中，則並未再出現「工作年資」的用語。亦即：在特別休假的部分（勞基法第38條），係使用「繼續工作滿一定期間者，分別給予三日、七日、十日、十四日、十五日、或加至三十日」的用語。在資遣費的部分（勞基法第17條），則係使用「每滿一年發給相當一個月平均工資之資遣費」。都是取其本質為「工作期間」，並且以之為計算資遣費的因子。除此之外，勞基法第16條預告期間之長短：「一、繼續工作三個月以上一年未滿者，於十日前預告之。二、繼續工作一年以上三年未滿者，於二十日前預告之。三、繼續工作三年以上者，於三十日前預告之。」也是以「工作期間」的長短作為計算預告期間的因子。綜上之說明，工作年資實際上是「工作期間」乘上貨幣價值的總合，蓋工作期間越長，代表其勞動關係存續的保障越強，受到對待給付（尤其是各種直接或間接工資）的價格也越高。這也符合社會上一般人民的期待。工作期間在退休金、特別休假、資遣費、預告期間雖然均是計算的因子，也會隨著勞動關係的開始或結束同一步調地計算。但無可諱言的，彼此之間是各有功能、各自獨立的。也因此，在特別情況之下（新舊制交接或公營事業民營化），立法者可以考量是否讓某一工作期間的計算結清，亦即將其與勞動關係脫鉤，而無需採取同一的處理。由此觀之，行政院勞委會「特別休假年資」的用語雖然不見得恰當，[175]但其結論應屬可採。[176]

　　延續著上面之推論，企業間依據工作期間長短所量定之久任獎金或年節獎金等，也應該繼續累積計算，而非重新起算。此並不因勞基法施行細則第10條將之排除於經常性給與之外，而作不同的處理。[177]至於薪資結構或薪資標準之重新調整，[178]則應依一般的勞動契約的原理處理，原則上均需經勞工個人同意始可。這在平常是如此，面對勞退新制實施時也是如此。

---

[175] 試想，針對資遣費及預告期間，也要稱之為「資遣費年資」及「預告期間年資」嗎？

[176] 對於特別休假年資不併同結清表示憂慮者，中國時報，2005年3月13日，A2版：強制延用休假年資，對勞工未必有利。

[177] 依據聯合晚報，2005年5月25日，4版的報導，有三成一企業已經做好留才計畫，包括對資深員工提供「久任獎金」，27%打算將員工分紅比率提高，18%針對新進員工提供簽約金等。

[178] 中國時報，2005年3月13日，A2版：強制延用休假年資，對勞工未必有利。中國時報，2005年5月4日，A10版：結清年資或終止契約要睜大眼。

　　年資結算固然會發生如上之問題，但是，如果勞工未結清年資而在原雇主處繼續工作或者事業單位已轉讓、被併購者，其年資究應如何處理？是合併計算或重新起算？對此，如從勞退條例第 9 條以下有關選擇新舊制之規定觀之，尤其是第 11 條第 1 項之規定「本條例施行前已適用勞基法之勞工，於本條例施行後，仍服務於同一事業單位而選擇適用本條例之退休金制度者，其適用本條例前之工作年資，應予保留。」可知只有繼續選擇舊制者，年資始能合併計算，這也是當然的解釋。如前所述，勞基法的退休金的法律性質與勞退條例的退休金的法律性質是小同大異，根本無法加以連結。因此，勞退條例施行細則第 12 條第 2 項之規定「勞工依前項規定全額移入退休金者，其所採計工作年資，始得併計為本條例第二十四條之工作年資」，顯然係一項錯誤的立法，不值得採用。須知「將約定結清之退休金移入個人退休金專戶」（勞退條例施行細則第 12 條第 1 項）與「合併計算年資」（勞退條例施行細則第 12 條第 2 項）本質上係兩回事，前者係一「不僅保留、且可保障」的合理做法，後者則是一會紊亂新舊制間界線的便宜行事的做法。至於勞退條例施行細則第 12 條之 1 則是延續著第 12 條第 2 項的行政立法錯誤，而認為「本條例第二十五條規定之年金保險開辦前，勞工依前條第二項規定併計，工作年資滿十五年以上者，其個人退休金專戶之累積數額，得全數依本條例第二十三條規定發給月退休金。」其亦不足採。

　　至於勞工之事業單位已改組、轉讓、或被併購者，其年資究應如何處理？此在勞基法第 20 條係採取「原則結束勞動關係、例外留用」做法，只有在新雇主繼續承認其年資及相關勞動權益時，始能繼續計算，對於勞工權益之保障，顯然不足。對此，2000 年施行之金融機構合併法，對於被併購勞工之年資及相關勞動權益的保障，也僅於第 19 條以「依勞動基準法之規定辦理」一語帶過，並未有特別的權益保障措施。相反地，2003 年施行之企業併購法之第 15 條、第 16 條、及第 17 條則有較為詳盡的規定。其規定重點約有：一、併購程序中，新舊雇主得先商定不予留用及留用之勞工，並且通知留用之勞工。該受通知之勞工，有權自行決定是否同意留用。如其未在期限內以書面通知新雇主是否同意留用，則視為同意留用（第 16 條第 1 項）。留用勞工於併購前在消滅公司、讓與公司或被分割公司之工作年資，併購後存續公司、新設公司或受讓公司應予以承認（第 16 條第 3 項）。二、對於未留用或不同意留用之勞工，應由舊雇主依據勞基法規定預告終止契約，並且發給預告期間工資、退休金或資遣費（第 17 條）。三、對於未留用或不同意留用之勞工，應由舊雇主所提撥之退休準備金支付退休金，如有剩餘，得支付資遣費。所餘款項，移至新雇主之勞工退休準備金監督委員會專戶（第 15 條）。

　　延續著企業併購法第 16 條之規定，勞退條例施行細則第 11 條針對留用之勞

工，進一步規定：「事業單位依勞基法第二十條規定改組、轉讓或依企業併購法、金融機構合併法進行併購者，其留用勞工依本條例第九條第一項、第二項、第十一條第一項或第三十五條第一項規定選擇適用之退休金制度及保留之工作年資，併購後存續、新設或受讓之事業單位應予承受。」此種立法方式，一方面將勞基法第 20 條之改組、轉讓的情形擴大納入，但另一方面卻仍然依循「新舊雇主有權先決定留用或不留用之勞工、而後被決定留用之勞工有權決定是否同意留用」的思考模式，其主動權仍然在新舊雇主身上。至於新雇主應承受「保留之工作年資」，與新雇主應依據企業併購法第 16 條第 3 項承認「留用勞工之工作年資」，均是在確保工作年資的不致喪失，立法思路尚稱前後一致。

　　勞退條例的退休金，性質上屬於強制儲蓄，且提繳在勞保局專戶的退休金所有權屬於勞工。但是，此一儲蓄的金錢應由誰負擔？對此，勞退條例似未予以明定。惟對照勞退條例第 6 條第 1 項規定：「雇主應為適用本條例之勞工，按月提繳退休金。」與第 14 條第 1 項及 36 條第 1 項規定：「雇主每月負擔之勞工退休金提繳率，不得低於勞工每月工資百分之六。」既由雇主「提繳」、且由雇主「負擔」，應該可以推知該百分之六的退休金，係在原工資外另外所提繳者。此與勞基法第 56 條第 1 項「雇主應依勞工每月薪資總額百分之二至百分之十五範圍內，按月提撥勞工退休準備金，專戶存儲」，也是在薪資外另外提撥者，並無不同。因此，雇主不得將提繳之數額「內含於勞僱雙方原本已議定之工資」，以免造成工資不完全給付勞工之情事。雇主如將提繳之退休金內含於原議定之工資中，已屬違反勞基法第 22 條第 2 項「工資應全額直接給付給勞工」之規定，得依該法第 79 條，處新台幣 2 萬元以上 30 萬元以下罰鍰。另外，勞工得以雇主違反勞基法第 14 條第 1 項第 5 款前段「雇主不依勞動契約給付工作報酬」為由，終止勞動契約；並依該法同條第 3 項之規定，向雇主要求發給資遣費（準用該法第 17 條之規定）。

　　假設雇主依法解僱勞工，其提繳退休金義務隨之終止。但是，如果勞工確認僱傭關係之訴獲得勝訴，則「原雇主須依上開規定為違法解僱勞工溯自被解僱日起補提繳勞工退休金至其勞工保險局個人專戶，並無原雇主可扣除勞工在他處服務所得而相對應減少勞工退休金提繳之規定」。（行政院勞工委員會 101 年 11 月 22 日勞動 4 字第 1010132917 號函參照）

第四款　提繳之法律問題

　　雇主繼續或停止提繳退休金，涉及將來勞工退休時可領取之退休金的多寡，也影響其生活品質的良窳，因此，應該謹守著「有工作、有工資、即應提繳退休金」

的原則運作。基於此，勞退條例第 20 條乃對於勞工未有工作事實之情況，包括
「留職停薪」、「入伍服役」、以及「因案停職或被羈押未經法院判決確定前」，
同意雇主申報停止提繳退休金。此種處理態度，顯然與社會保險法對投保資格的保
障，採取較寬的態度者，有所不同。例如勞工保險條例第 9 條規定：「應徵召服兵
役者」、「因傷病請假致留職停薪，普通傷病未超過一年，職業災害未超過二年
者」、「因案停職或被羈押，未經法院判決確定者」，得繼續參加勞工保險。又例
如性別工作平等法第 16 條第 2 項規定：「受僱者於育嬰留職停薪期間，得繼續參
加原有之社會保險，原由雇主負擔之保險費，免予繳納；原由受僱者負擔之保險
費，得遞延三年繳納。」

　　然而，勞退條例第 20 條所規定之幾款事由的意義或範圍為何？又，第 20 條
是例示規定或列舉規定？均有待說明。首先，對於前者，所謂的「入伍服役」，
當然包括替代役及各種點召在內。至於「留職停薪」，則是包括所有留職停薪的狀
況，例如性別工作平等法之育嬰留職停薪、勞保條例第 9 條之因傷病請假致留職停
薪、[179] 各事業單位所規定之留職停薪。較有問題者，勞工「因案停職或被羈押未
經法院判決確定前」，其與雇主間的勞動關係係暫時中止，雙方間的主要義務亦隨
之中止，靜待案情的釐清而接續前進或永久終止。此種暫時中止的做法，不偏於雇
主（永久解僱）、也不偏於勞工（原勞動關係不受任何影響），也是勞工法與其他
法律領域（在此主要是刑事法）的折衷妥協，應屬允當。然而，勞退條例第 20 條
第 2 項竟規定「因案停職或被羈押勞工復職後，應由雇主補發停職期間之工資者，
雇主應於復職當月之再次月底前補提繳退休金。」此一規定，顯然不妥。

　　同樣不妥的是，中央勞政機關函示認為「適用勞工退休金條例退休金制度之
勞工，一年內請普通傷病假超過三十日，經雇主同意繼續請病假致全月無薪資之
期間，雇主應以『勞工退休金月提繳工資分級表』最低級距 1,500 元為基準，辦理
提繳退休金；如勞雇雙方約定優於最低級距提繳者，從其約定（行政院勞工委員
會 95 年 4 月 17 日勞動 4 字第 0950018870 號令參照）。」蓋其所謂「雇主同意繼
續請病假致全月無薪資」，事實上是勞雇雙方合意免除勞務且免付工資之意。雖其
可能未達勞工請假規則第 5 條「經以事假或特別休假抵充後仍未痊癒，得予留職停
薪」的地步。但是，如其是在以特別休假抵充病假期間，雇主本來就必須以原薪提
繳退休金；如是在十四日的事假期間內，同樣也是以原薪提繳退休金。至於超出
十四日的事假期間外，雇主即「得予留職停薪」，但亦得繼續給付薪資。現在，雙

---

[179] 勞工請假規則第 5 條規定：「勞工普通傷病假超過前條第一項規定之期限，經以事假或特別休假
抵充後仍未痊癒者，得予留職停薪。但留職停薪期間以一年為限。」

方既然已經合意全月無薪資，事實上即已合意留職停薪，本就無繼續提繳退休金的必要，而且，理論上依法也不得提繳（「有受僱的事實、即有提繳退休金」的反面解釋）。至於函示謂「如勞雇雙方約定優於最低級距提繳者，從其約定」，更是令人莫名所以。因此，此一函示已經逾越母法（勞退條例第 20 條第 1 項）而無效。

其次，第 20 條究竟是例示規定或列舉規定？影響勞資雙方的權益尤鉅，允宜略加說明。對此，為補充勞退條例第 20 條之不足，立法者已在勞退條例施行細則第 10 條規定：「勞工遭遇職業災害，醫療中不能工作之期間，雇主應以勞基法第五十九條第二款規定之原領工資，依月提繳工資分級表按月為勞工提繳退休金。」由於醫療期間勞雇間的勞動關係繼續存在，雖然可能長達二年，但雇主理應依原領工資為之提繳退休金，此係不言自明之理。也由於此一規定，勞工「因職業災害達二年期間內之留職停薪」之情況，遂無適用之餘地矣。根據此一規定，職災勞工遂可以先取得工資補償（勞基法第 59 條第 2 款），而後再取得退休金（勞退條例第 24 條）。

除了職業災害之外，勞雇之間一旦發生勞資爭議（尤其是罷工、鎖廠），雇主是否有權停止提繳退休金？對此，實務上常發生雇主一旦與勞工發生爭議，即以勞工違反勞動契約情節重大或有勞基法第 12 條第 1 項之各款情形之一，而予以解僱。而後再以勞退條例第 18 條之勞工已「離職」為由而停止提繳退休金。吾人以為此在非法罷工時，固可如此處理。但在合法罷工時，勞動關係只是暫時中止，勞資雙方因此可以暫停主要義務（包括提繳退休金之義務）之履行。[180] 惟並不是以「離職」為停止提繳之原因。另外一提者，如前所述，社會保險法對於對投保資格的保障，採取較寬的態度者。因此，一旦到職後，尚未離職前，則在合法的怠工、罷工、或鎖廠期間，投保單位仍然必須為勞工繳交保險費，不得逕行予以退保。[181]

第五款　五年內足額提撥之疑義

依據勞退條例第 13 條的規定，對於選擇舊制退休金制度的勞工，雇主應針對保留工作年資之勞工人數、工資、工作年資、流動率等因素精算其勞工退休準備金之提撥率，「按月於五年內足額提撥勞工退休準備金」。此一規定，引起各界解讀上的紛歧。

首先，論者有謂雇主之所以與勞工合意終止勞動契約，其中一項很重要的考

---

[180] 反對說，林炫秋，前揭書，頁 82。

[181] Marburger, Erhaltung der Mitgliedschaft in der Sozialversicherung, BB 1999, 2295 f.; Schmidt, a.a.O., 125 f.

量,即是為了規避勞退條例第 13 條「五年內足額提撥」之問題。[182] 對此,如上之分析,勞工雖在同一雇主處工作,但因跨越勞退新舊制的交接時代,針對於已累積的工作年資,於其選擇新制時,立法者例外地允許勞動關係持續、但年資結清的做法。然而,如勞資雙方真意地、自由地選擇合意終止契約時,則在舊制下所累積的工作年資,均將重歸於零,此並不因勞工係繼續選擇舊制或更新選擇新制而有所不同。當然,此處的合意終止契約,雇主可能會以(外表是)資遣的方式為之,並且給付勞工資遣費。[183]

其次,「五年內足額提撥」是否意思為「五年內全額提撥」?這從勞退條例第 13 條的用語觀之,似乎是如此。然而,不可否認的,此一用語也是直接引用勞工退休金提撥及管理辦法第 3 條之規定而來。並非立法者於此所特意加入,以強調雇主履行之義務。因此,勞工選擇舊制時,主管機關或監理會無權直接強制雇主提撥退休準備金,而只能處以行政罰鍰的現象,仍將繼續下去。只不過,兩者間仍然有如下之不同:一、相較於勞基法第 56 條第 1 項及第 79 條第 1 項之行政罰鍰(2 萬以上 30 萬以下),勞退條例第 50 條所規定行政罰鍰額度雖然較低,但是卻「應按月連續處罰」,所以後者似乎較重[184]。二、再者,對於雇主未按月提繳或足額提繳退休金之情形,勞退條例固然(如勞基法退休金制度般)未賦予勞工提繳(撥)退休金請求權。但勞退條例第 31 條第 1 項仍然規定:「致勞工受有損害者,勞工得向雇主請求損害賠償。」彌補僅有公法上制裁效力之不足。

雖然如此,依據最高法院見解,「依勞退條例第三十一條第一項規定,雇主未依該條例之規定按月提繳或足額提繳勞工退休金,致勞工受有損害者,勞工得向雇主請求損害賠償。該專戶內之本金及累積收益屬勞工所有,僅於未符合同條例第二十四條第一項所定請領退休金規定之前,不得領取。是雇主未依該條例之規定,按月提繳或足額提繳勞工退休金者,將減損勞工退休金專戶之本金及累積收益,勞工之財產受有損害,自得依該條例第三十一條第一項規定請求損害賠償;於勞工尚不得請領退休金之情形,亦得請求雇主將未提繳或未足額提繳之金額繳納至其退休金專戶,以回復原狀。是被上訴人如有未足額提繳退休金之情形,上訴人自得依上開規定,請求被上訴人就該退休金提繳至其退休金專戶。」(最高法院 104 年度台上字第 1031 號判決)依本書所見,勞退條例第 31 條第 1 項之請求損害賠償,其係

---

[182] 中國時報,2005 年 3 月 13 日,A2 版:強制延用休假年資,對勞工未必有利。

[183] 勞工如果有勞基法第 12 條第 1 項各款事由之一,則雇主在舊制下為其所提撥之退休準備金,也會終局地歸於消滅。這是勞退條例第 11 條第 1 項「只保留、不保障」的風險之一。

[184] 須注意者,勞退條例第 50 條第 1 項係針對「未繼續按月提撥勞工退休準備金」予以制裁。雖然如此,解釋上自應包括「未按月於五年內足額提撥勞工退休準備金」在內。

採取如勞保條例第 72 條第 1 項及第 3 項規定之設計，即將之歸由民事關係處理。因此，被保險人並不得請求投保單位（雇主）為之辦理投保手續或補繳短報的保費給勞保局。同理，勞工應不得請求雇主將未提繳或未足額提繳之金額繳納至其退休金專戶。

　　既然勞退條例第 13 條係承接勞工退休金提撥及管理辦法第 3 條之規定而來，而且理論基礎多所相同，那麼，立法者應是有鑑於過去雇主提撥退休金比率及家數不足，而有意在勞退條例中（藉由相關條文）強制雇主履行義務。至於回溯至勞基法施行起，事業單位成立後，前後加入事業單位工作的勞工，包括即將退休及年資尚淺的勞工，一律要求雇主必須「五年內足額提撥」或「五年內全額提撥」，固然言之成理，但似乎也有點曲高和寡。試想今日積弊已成，其成因多端，包括勞基法一開始施行，雇主即未依據精算提撥退休準備金；雇主依據最低限度的提撥率百分之二提撥，並將多餘的資金留下自行運用；再加上主管機關未能確實「依法行政」，加強督導提撥之落實。而事業單位之未依法精算提撥、甚至完全不提撥，又有相當的數目係因財力之不足所致。此種惡性的因果循環，可謂積弊已深，如何在勞退條例施行後五年之內即弊絕風清？正所謂「七年之病難以三年之艾治之」也。

　　由此觀之，所謂的「五年內足額提撥」固然係一理想的境界，然而，理論畢竟脫離不了現實，逐夢以能踏實為真。因此，較為可採的做法，是將「五年內足額提撥」予以限縮解釋。最近，勞委會所為的解釋亦是從此一角度出發。依之：「『勞工退休準備金』乃勞基法（舊制）第 56 條所課予個別雇主必須為其僱用勞工之退休金預作準備的制度，屬責任準備制而非完全提存準備之設計。[185] 勞退條例第 13 條之規定，並非要求雇主應於五年內，即將所有勞工皆依勞基法之退休金標準計算退休金且完全提存。因為並非所有勞工都能符合勞基法之退休規定。所謂五年足額提撥之意義，在於雇主確實依照勞工人數、年資、工資及流動率等因素計算所需之提撥率，以作為未來『可能』支付勞工退休金之用，並非完全提存。」[186] 如再對照勞基法之確定給付制度，對於選擇舊制的勞工，一旦事業單位提撥之勞工退休準備金不足支應其勞工之退休金時，自應由各事業單位補足之（勞工退休準備金提撥及管理辦法第 7 條）。

　　在此，補充一提者。依據 2015 年 2 月 4 日修正的勞基法第 56 條，已經增列第 2 項規定：「雇主應於每年年度終了前，估算前項勞工退休準備金專戶餘額，

---

[185] 所謂「責任準備制」，與「當期費用支付法」尚有不同。後者，係指雇主對於退休金債務的財源不預作準備，而於勞工退休時，自當年度的資產中支付退休金。
[186] 中國時報，2005 年 5 月 6 日，A10 版：五年足額提撥 不必完全提存。

該餘額不足給付次一年度內預估成就第五十三條或第五十四條第一項第一款退休條件之勞工，依前條計算之退休金數額，雇主應於次年度三月底前一次提撥其差額，並送事業單位勞工退休準備金監督委員會審議。」此一規定，即是在逐步掃除雇主未足額提撥退休金之弊病。依據同法第 78 條第 2 項規定，雇主違反者，將會受到新台幣 9 萬元以上 45 萬元以下罰鍰的制裁。由此觀之，對於勞基法退休金的提撥及制裁，總共可歸納為三種不同的規定：一、首先，是雇主未依勞基法第 56 條規定提撥退休金者，其應受到同法第 79 條第 1 項第 1 款之制裁。二、其次，針對未繼續按月提撥勞工退休準備金者（含「未按月於五年內足額提撥勞工退休準備金」在內），其應受勞退條例第 50 條第 1 項之制裁。三、再者，對於提撥退休金不足額者，雇主如未於次年度三月底前一次提撥其差額，並送事業單位勞工退休準備金監督委員會審議者，即會受到勞基法第 78 條第 2 項的制裁。其中，勞退條例第 50 條第 1 項與勞基法第 56 條第 2 項、第 78 條第 2 項是否會有重疊之處而構成雙重制裁？似非無疑。尤其針對勞基法的退休金提撥問題，將之規定在勞退條例第 13 條及第 50 條，在當時時空環境下或許有其必要，但目前似乎已突顯出體例上的問題。因此，似乎應將之回歸勞基法，並且與其他規定綜合思考後，統一加以規範。

第十章
非典型的僱用型態

　　隨著全球化、國際化的來臨，無論是工業先進國家、新興工業國家或地區（台灣、南韓、新加坡、香港），甚至是晚近工業化的國家（泰國、馬來西亞），均面臨勞動力成本再評估的難題。一方面國家法令對於勞工的保護，係該國被視為進步或落後的指標之一，不容漠視；但另一方面卻也必須兼顧廠商對外的競爭能力與生存的權益，不宜過度地加以勞工法令的負擔。因此，在遵守傳統的勞工法令之外，適度地放寬或調整對於新的工作型態的規定，係一可思採取之道。亦即傳統的勞工法令所規範的，係針對一般的勞動關係，並未特別慮及非典型工作（僱用）型態，僅有部分法令規定之，例如勞基法第 2 條第 7 款至第 10 款、第 9 條、第 10 條、第 17 條之 1、第 22 條之 1、第 63 條之 1，性別工作平等法第 3 條第 3 款、第 5 款至第 7 款，職業安全衛生法施行細則第 2 條第 2 項等。因此，對於包括部分時間勞動、定期勞動、電傳勞動（含線上工作、平台經濟工作、crowd work 等），以及派遣勞動等非典型的僱用型態，國家必須在考量兼顧勞工權益的保障、雇主競爭能力的提升下，慎思規範之道。[1] 但這並非必定要以勞工保護法或專法的方式為之，而是可以將部分規定納入現行法令中。

　　非典型僱用之所以日益為企業主所採用，大抵上係基於提升競爭力的考量而欲脫免勞動法令所加諸之多種義務 [2]，因此，一般而言，係企業體主動實施，而勞工

---

[1]　非典型工作的興起，也會牽動勞工保險生態的轉變。亦即越來越多的企業以勞動派遣及勞務承攬的方式使用人力，例如保險業務員、直銷業務員等，這也使得該等勞工轉而由職業工會加保。

[2]　陳正良，派遣業勞工之僱用關係與勞動條件，勞資關係月刊，第 12 卷第 12 期，頁 7。

係被動的配合。誠如學者所言：一個人放棄正式的工作，不得已而從事非典型的職業，當然多半是以機會的喪失為由，如失業，不管失業的原因為何。除了失業情形之外，因為經濟結構的變遷，自動化制度的普遍發展還有一個原因是人口結構發展的轉變（老年化及少子化）及移民就業的普遍 [3]。雖然如此，也有部分勞工係基於本身各種因素（家庭、學業、身體健康等）的考量，而主動要求或找尋非典型工作者。隨著 2019 年底爆發的新冠肺炎（武漢肺炎），對於非典型工作也有推波助瀾的作用，尤其是企業界主動或被動要求勞工在家工作（home office），以避免染疫的機會。

　　非典型僱用，既然部分係雇主基於免除或減輕勞動法令所加諸之義務而出之，難免引起人們有「非規範化即是（對弱勢族群的）歧視」、「強制的部分時間工作或短期工作」、以及「從勞動法及社會法逃離」而導致勞動法及社會法所保障的權益分崩離析之虞 [4]。為防杜此種脫法行為的出現，論者有主張以立法方式加以禁止者 [5]，但多數的見解則是傾向於以立法方式或勞資自治的方式來提高、保障從事非典型僱用型態的勞務提供者的權利 [6]。台灣在 2019 年 5 月 15 日修正施行勞基法第 2 條第 7 款至第 10 款、第 9 條第 1 項下半句及第 22 條之 1，宣示勞動派遣係一合法的勞務型態。從第 9 條第 1 項下半句規定觀之，要派單位即可將一個不定期的工作經由派遣勞工完成，而非受限在短期的或暫時性的工作而已。這恐將使雇主重新思考人力的配置，也突顯派遣勞工之勞動條件及平等待遇的重要。因此，2019 年 6 月 19 日修正施行的勞基法第 17 條之 1 及第 63 條之 1，即在逐點落實派遣勞工的保障。

　　先就脫法行為的認定觀之。只有在某一法律規定的立法意旨顯示，它無論如何對某一案型應被適用時，始會出現「脫法行為的問題」。即立法者所選取之規範方式所顯示出的規範意旨，禁止或要求某一特定的法律上、經濟上或社會上的行為效果。其規範方式通常是禁止規定、命令規定或強制規定等。[7] 只不過，在自由主義

---

[3] 張天開，非典型就業人員的勞工權益問題，勞工研究季刊，第 89 期，頁 3 以下。他原是使用「人口增加」一詞，但時移境邊，已經不符合現代環境，故本書將之變更為「人口結構發展的轉變（老年化及少子化）」。

[4] Adlerstein, Neue Technologien – Neue Wege im Arbeitsrecht, AuR 1987, 101.

[5] 如以電傳勞動為例，德國工會聯盟（DGB）在 1986 年第 13 屆大會決議中，即要求理事會應努力促使立法禁止電傳家內勞動，同樣的主張亦見之於美國全國總工會（AFL-CIO）於 1983 年所舉行的第 15 屆大會的決議案中。又 Adlerstein, a.a.O., 104：如有可能，遠距勞動應不得於家庭中實施，而只能在衛星職場完成。Vgl. auch MünchArbR/Heenen, § 232 Rn. 5.

[6] 張天開，前揭文，頁 8。

[7] 黃茂榮，對買賣不破租賃原則之脫法行為，收錄於：民事法判解評釋（I），1978 年 9 月，初版，頁 90，註腳 15：惟由於這些規範方式與其他規範方式之區別，在實務上並不是一直沒有疑問的，

及市場經濟的體制下，個人原則上得自由選擇（其認為最佳的）法律方式或契約類型去追求其經濟目的。由於他選擇此一法律方式，遂會無可避免地有意地或無意地規避了其他可以達到同樣或類似效果的法律方式。此種選擇，原則上不宜將之視為不當的規避法律的脫法行為。

再就非典型僱用來說。如果以立法的方式禁止特定的非典型僱用型態（例如電傳勞動、勞動派遣），實即蘊含者契約當事人只能訂定特定類型的契約——尤其是勞動契約，其將不免地有落入不當的法律形式強制之虞。換言之，台灣民法上的勞務提供型態，主要的有僱傭契約、承攬契約及委任契約等三種，當事人在從各方面考量本身的利益後（成本的考量是主要的、但卻非唯一的因素），基於契約自由原則中契約形成的自由 [8]，原則上當得以自行選擇其認為最妥當的契約形式（勞動契約、僱傭契約、承攬契約或委任契約），此種自由，並無法以立法的方式加以剝奪，否則即會出現不當的法律形式強制。除非其有脫法之行為，才需加以處理 [9]。

總之，較為正確的做法是：

一、平等待遇原則之適用

即雇主在僱用非典型工作者時，是否應將一般正職勞工的勞動條件適用及之？對此，全時勞工與部分時間勞工、定期契約工與不定期契約工原則上固應採肯定的見解。但是，派遣勞工卻不得要求獲得要派機構正職勞工同等勞動條件的待遇，只有在勞工保護法上受到一體的對待。至於電傳勞動者，如其係勞工的身分，自然能獲得在廠勞工同等的待遇，否則，亦無平等待遇之適用。

二、不採「全有全無原則」

在非典型工作者無平等待遇原則之適用時，實際上亦應考慮將勞動條件或勞工保護規定逐點適用，例如針對家內勞動者，由於其身分大多為承攬人，因此，只在其受單一或至多兩位委託者賦予完成工作之任務、且其所獲得的給予構成其經濟的主要來源時，即可將各種假期（尤其是特別休假）、職業災害的補償、參加勞健保等規定適用及之。蓋在這種經濟從屬性的場合，家內勞動者與在廠工作者實際上只是工作地點的差異而已，其獲得逐點的保障應具有相當程度的正當性。晚近，平台

以及由於這些規範方式所要求之嚴格程度也不是劃一的，所以這一個問題終局的解決還是有待對個別法律規定透過解釋的途徑之認定：到底某一特定的法律規定是否屬那種不可規避的規定。

[8] 楊通軒，契約自由原則於勞動契約中之限制，收錄於勞資關係論文集，1999 年 1 月，頁 1 以下。

[9] Lieb, Arbeitsrecht, 6. Aufl., 1997, Rn. 27; Zöllner/Loritz/Hergenröder, Arbeitsrecht, 6. Aufl., 2008, 48. 後者甚至認為：隨著強力地將自營作業者也納入特定的法律關係中，將無可避免地使得商業的自由（gesellschaftliche Freiheit）為之淪喪。

經濟工作者及群眾工作者（crowd worker）也越發地盛行，亦可做同樣的處理。再以派遣勞工來講，依據勞動事件法第 3 條第 2 項第 1 款規定，「本法所稱雇主，係指下列之人：一、僱用人、代表雇主行使管理權之人，或依據要派契約，實際指揮監督管理派遣勞工從事工作之人。」言下之意，派遣勞工得對要派單位提起訴訟，主張要派單位履行一定之義務，例如勞基法第 22 條之 1 的工資保證責任、性別工作平等法第 12 條、第 13 條之防治性騷擾義務。其實，對於此類案件，勞工行政機關本已進行行政調處，勞動事件法只是明定司法救濟而已。如依本書所見，理應將諸如家內勞動者等納入勞工司法（勞資爭議處理法及勞動事件法）一體適用。

第三節　政府機關對於非典型僱用之態度：以德國爲例

第一項　政策考量

　　整體來講，德國的非典型僱用政策同時考量了以下諸政策：勞工保護、勞動市場（促進就業）、促進男女的就業均等、家庭與工作的調和或兼顧、勞動關係的彈性化、開放非典型僱用與典型僱用的通道（尤其是部分時間工作與全時工作）等，換言之，同時兼顧僱用安全與僱用彈性。配合非典型僱用政策，德國乃採取了下列措施：一、允許僱用。二、雇主、政府各負擔一定的責任。三、與勞工保護政策的調和。四、社會安全制度或社會安全網的建立與完備 [10]。

第二項　行政機關

　　德國政府對於非典型僱用之基本態度，是贊成予以規範，而非禁止之。至於最具有僱用效果的非典型僱用型態是那一種、以及支持的優先順序為何？則是認為要看整體經濟環境的須要及各個事業單位的狀況而定。而在所有的非典型僱用上，如果將其定位在短期僱用，則不需要有實質上的理由。以勞動派遣而言，現在已有團體協約，且簽訂有「團體協約開放條款」（Tariföffnungsklausel），所以問題已不大。如果是長期的派遣，而且勞雇雙方沒有團體協約的約定，則應加入平等待遇原則。另外，在非典型工作者（尤其是派遣勞工）之職業訓練上，聯邦政府並不準備

---

[10] 至於與財稅政策上的措施（例如給予派遣人稅捐的減免？），則似乎尚未採取。

提出訓練機會，傳統上這是社會夥伴的責任，況且可以依循目前的制度進行（德國的職業訓練是屬於邦的權限）。

在部分時間工作及定期契約工作方面，德國政府是從全球比較的觀點，正面地看待部分時間工作此一用人型態，甚至起身鼓勵民間企業或政府單位多僱用部分時間勞工（再配合法制的設計）。其所制定之部分時間及定期勞動契約法，即明訂其目的係在促進部分時間工作、確定合法的定期勞動契約的前提要件、以及防止雇主對於部分時間勞工及定期契約工作者之歧視待遇。該法中確認全時工有轉換為部分時間工的權利（第 8 條），第 14 條規定也放寬定期契約之種類，第 20 條則是明定定期契約工僅能占全體勞工一定之比例。這都反映出德國政府的立場。

惟在派遣勞動方面，德國政府甚早即認為不應開放永久性工作位置與派遣勞動的通道 [11]。長久以來，勞工派遣法的性質被定位為勞工保護法。但卻又可作為活化勞動市場之工具。派遣勞動有助於企業競爭力的提升，派遣勞動開啟了一道失業者重新回到職場的門。基於上述之理由，派遣勞動法制乃相當程度地被彈性化及去管制（官僚）化。整體而言，經由新的修正，也是希望提高社會對於派遣的接受度及提升派遣勞動的品質。此外，隨著科技的發展，企業——例如在資訊科技的領域——對於具有特殊能力的短期需要，也不斷地增加。依據新的法律規定，即使在專業度很高領域的企業，將可依賴派遣勞動強化其競爭力。同時，隨著法規中的增入派遣勞工與要派機構處正職勞工的平等待遇或者團體協約的保障，已然考慮到了派遣勞工的特殊處境，此將有助於派遣勞動的價值提升 [12]。

第三項　司法機關

針對部分時間工作的勞動權益，德國聯邦勞工法院甚早即已透過無數的判決，將平等待遇原則及兩性平等原則予以落實 [13]。基此，工作時間範圍之不同，在勞工法上並無法合理化對於部分時間工作者之特殊待遇。此不僅在報酬方面，即在其他的勞動條件與措施亦然。只有具有實質上理由時，始可對於全時工作者與部分時間工作者作不同的對待。至於實質上的理由，係指不是因為工作時間，而是因為工作能力、資格、工作經驗、社會狀況、工作位置不同的要求等，而始能存在。聯邦

---

[11] 楊通軒，我國部分時間勞動法律問題之探討─兼論德國之部分時間勞動法制，中正大學法學集刊，第 2 期，1999 年 7 月，頁 297。

[12] 楊通軒，德國勞動派遣法制及現況之介紹，收錄於：派遣勞工權益保障法制之影響評估，行政院勞工委員會 2006 年度委託研究計畫（2006 年 9 月至 12 月），頁 37 以下。

[13] 楊通軒，我國部分時間勞動法律問題之探討─兼論德國之部分時間勞動法制，頁 304 以下。

勞工法院甚至認為：團體協約規範如約定排除普通終止（所謂團體協約之不可終止性），則對於部分時間勞工要求相對於全時勞工較長之服務期間，已抵觸基本法第3條第1項之平等原則[14]。

　　至於在勞動派遣方面，聯邦勞工法院在 2003 年 12 月 9 日的判決中，也表示：「經由勞工派遣法的修正，自 2003 年 1 月 1 日起，派遣勞動已是一原則上受到立法者接受的廠場的人事政策的工具。」（Leiharbeit ist jedenfalls seit dem 1.1.2003 ein vom Gesetzgeber grundsätzlich akzeptiertes Mittel der betrieblichen Personalpolitik）[15] 而且，聯邦憲法法院在 2004 年 12 月 29 日的判決中，也表示：2002 年新修正的勞工派遣法第 3 條第 1 項第 3 款及第 9 條第 2 款有關平等待遇及團體協約之規定，並未侵害基本法第 9 條第 3 項所保障之團結自由基本權[16]。

第四節　部分時間工作

第一項　緒　論

　　台灣近年來，一方面不少雇主飽受缺工之苦、勞力供應不足，但另一方面失業人口卻屢次逼近或逾越 4% 的大關[17]、且勞動參與率屢創新低，此種現象之箇中因素的確耐人尋味，非勞動力人口（特別是在學學生、已婚婦女及中高齡人力）的不願投入職場，雖然部分原因係肇基於整個經濟大環境的不佳，但卻也適可彰顯出台灣勞動法制應變能力的不足，空使有心工作者裹足不前。即以部分時間勞工占全部勞工的比率而言，1995 年僅占 6.4%（其中男性 5.6%、女性 7.6%），如綜合歷年的數據觀察，部分時間勞工大抵約占全部勞動人口的 5% 至 9% 之間[18]，相較於工業先進國家，此種非典型工作型態的勞動人口可謂不多[19]。如再依行政院主計處

---

[14] BAG v. 13.3.1997 2 AZR 175/96, NZA 1997, 842 ff.

[15] NZA 2004, 923.

[16] BVerfG v. 29.12.2004, 1 BvR 2283/03, 1 BvR 2504/03, 1 BvR 2582/03.

[17] 台灣在 2009 年 7 月的失業率，甚至已達到 6.07% 的歷史新高，全台有超過 66 萬 3,000 人失業。惟，之後逐月降低。

[18] 王惠玲，我國部分時間工作相關法規之修正與立法，發表於 1996 年 12 月 13 日部分時間工作相關法規修正立法研討會，頁 15。另參立法院公報，第 91 卷第 75 期 3271 號，頁 45。

[19] 如以 1995 年而言，荷蘭的部分時間勞工占總就業人口之 37.4%，而德國則占 16.3%，AuR 1997, 280.

2008 年度人力運用調查報告，部分時間勞工占全部勞工的比率反而只占 4.28%，人數計有 44 萬 6,000 多人 [20]。而依據主計總處 2014 年調查統計，從事部分時間工作者為 39 萬 7,000 人或占 3.6%，與 2008 年的資料相較，呈現人數及比率均降的情況。主計總處並且分析指出：「部分時間受僱就業者每月主要工作經常性收入為14,691 元，其中逾四成係利用課餘或家事餘暇工作，而不想換工作亦不想增加額外工作之自願性從事者亦占近八成，顯示對於需要彈性工時或較短工時者而言，部分時間工作型態可提供另一種選擇。」而在 2020 年 5 月的統計顯示，從事部分時間工作者計 42.1 萬人或占總就業人數 3.68%，人數與所占比例僅略微增長。雖然如此，本書以為這一切，顯示出為了營造一個健全的工作環境，讓雇主樂於使用部分時間勞工、讓勞工無後顧之憂的樂於接受部分時間工作，一部規範部分時間工作的專法或在各別法規另增部分時間工作的規定，係一最有效的途徑，放任勞工在勞動契約或工會在團體協約中加以約定，其效果恐怕均極為有限。至於目前中央勞政機關實施的「僱用部分時間工作勞工應行注意事項」，由於其法位階的效力，是否能夠釐清部分時間勞工與其雇主間之權利義務關係、進而促使部分時間工作正常化發展，恐怕仍須一段時間的觀察。

　　一般來講，部分時間工作之成因有：經濟不景氣、降低人事成本、降低失業率，勞工找不到全時（在行政院人力總處 2020 年 5 月人力運用統計顯示，從事非典型工作者主要原因為「找不到全時、正式工作」者，占 16.71%）或個人之選擇等。此種不同的形成原因，反應出勞工與雇主（甚至勞動市場中）不同的需求。如以德國而言，勞工及雇主對於部分時間工作之需求，可能只是為了度過特定的時期，例如勞工一方面必須盡到照顧家人的義務，另一方面卻不願與勞動世界失去連繫；雇主為了克服經濟景氣時人力之短缺而採用部分工時勞工 [21]，因此部分時間工作的確有其貢獻。另外，促進男女間僱用及機會平等之措施，亦可視為大力推動部分時間工作的原因之一。整體來講，德國長期以來即採取諸多之措施，以促進部分時間工作，尤其是藉由 1985 年之就業促進法，部分時間勞工在勞工法上獲得與全時勞工全面的平等。自該時起，德國部分時間工作位置之增加，已非修改法律之問題，而是一個觀念轉變的問題。

---

[20] 引自林涵芸，部分時間工作者勞動權益之保護，中正大學勞工研究所碩士論文，2009 年 7 月，頁 1 以下。

[21] Söllner, Grundriß des Arbeitsrechts,11. Aufl., 1994, 313.

第二項　僱用部分時間工作勞工權益手冊

　　台灣在 2002 年 1 月 1 日之前，對於部分時間工作較有系統、且全面性地加以規定者，厥在於行政院勞工委員會 1992 年 6 月 29 日之僱用部分時間工作勞工實施要點。蓋，雖然台灣現行之勞工法令原則上亦適用於部分時間勞工，然而對於一些部分時間工作特有之問題，究不如明確加以規定，以收一目了然之效，而最適當的做法，當係在法律的層次予以規範，若時效上緩不濟急，則可以行政命令的規定以濟其窮，該僱用部分時間工作勞工實施要點之功用當在於此。

　　惟由於「僱用部分時間工作勞工實施要點」並無法律授權之依據，按照行政程序法第 174 條之 1 第 1 項之規定：「行政機關所發布之法規命令，須以法律規定或以法律明列其授權依據，若未以法律規定或未以法律明列其授權依據後修正或訂定者，於行政程序法施行二年後，該法規命令失其效力。」基於行政程序法係自 2001 年 1 月 1 日起施行，故「僱用部分時間工作勞工實施要點」如欲繼續有效，必須以法律規定的方式出現或增列法律之授權依據。惟截至 2003 年 1 月 1 日之前，並無任何有關部分時間工作之法律出現或任何法律授權之增列，故「僱用部分時間工作勞工實施要點」已然失效。

　　行政院勞工委員會係於 92 年 3 月 4 日以勞動一字第 0920011034 號函，明令廢止「僱用部分時間工作勞工實施要點」之適用。惟為填補「僱用部分時間工作勞工實施要點」失效後所留下之法律漏洞，遂立即於次日發布「僱用部分時間工作勞工權益手冊」。行政院勞工委員會於 2003 年 3 月 4 日再以勞動一字第 0920011034 號函，發布「僱用部分時間工作勞工參考手冊」以取代「僱用部分時間工作勞工權益手冊」。惟無論是「僱用部分時間工作勞工權益手冊」或「僱用部分時間工作勞工參考手冊」，其內容均幾乎與「僱用部分時間工作勞工實施要點」無所軒輊。茲臚列該權益手冊較為重要的規定於下：

　　第三項規定：部分時間工作勞工，謂其工作時間，較該事業單位內之全時勞工工作時間（通常為法定工作時間或企業所定之工作時間），有相當程度縮短之勞工，其縮短之時數，由勞資雙方協商訂定。

　　第四項：（一）僱用部分時間工作勞工時，勞雇雙方之勞動契約應以書面訂定為宜。（二）原為全時工作之勞工，雇主於調整其職務成為部分時間工作之勞工時，應明確告知勞工其權益上之差異，並應徵求該勞工之書面同意 [22]。

---

[22] 2003 年 3 月 5 日之「僱用部分時間工作勞工權益手冊」對於部分時間工作制之各種型態，並且有詳細的規定，諸如縮短每日、每週、每月和每年之工時；等量、不等量；主婦班；小夜班；分攤

　　第五項：包括工資、例假、休假、請假、產假、資遣、退休、職業災害補償、工作規則等事項，或應依勞動基準法規定辦理；或由勞雇雙方議定之。（一）工資：1. 工資（含假日工時）由勞雇雙方議定之，但不得低於按工作時間比例計算之基本工資。2. 勞工每日工作時間超過約定之工時而未達勞動基準法所定正常工作時間之工資，由勞雇雙方議定之；超過該法所定正常工作時間部分，應依該法第 24 條規定辦理。（二）例假、休假、請假及產假：特別休假依勞動基準法第 38 條規定辦理，其休假日期及休假之每日時數由勞雇雙方議定之。

　　第七項：（一）凡受僱於僱用員工五人以上事業單位之部分時間工作勞工，如經雇主輪派定時到工時，應依勞工保險條例第 6 條規定由雇主辦理加保。（二）受僱於僱用員工未滿五人之事業單位之部分時間工作勞工，如經雇主輪派定時到工時，得自願加保，惟該單位如已為所屬員工申報加保者，其僱用之部分時間工作勞工，亦應辦理加保。（三）部分時間工作勞保被保險人之薪資報酬未達基本工資者，其勞保投保薪資得依照勞工保險投保薪資分級表規定有關職業訓練機構受訓者、童工及部分工時者適用之投保薪資等級申報。[23]

　　綜觀該參考手冊之規定，勞工行政主管機關雖極盡用心，希望一方面將應規範之事項含括在內，另一方面則又希望能夠達到鼓勵雇主僱用部分時間勞工的目的，因此條文用句遣辭儘量採取柔性的「由勞雇雙方議定之」，但瑕不掩瑜，有些實質上的問題，並未加以釐清，例如：部分時間工作勞工之工作時間，應較全時勞工工作時間「有相當程度的縮短」，何謂有相當程度的縮短？而且必須有相當程度的縮短，始得為部分時間工作，是否有違部分工時之原意？雇主欲將全時工作之勞工調整為部分工時之勞工，需徵求該勞工之書面同意。然而，是否應賦予全時工作勞工相同的權利，以轉換為部分工時？或者更進一步，是否應賦予其一「轉回權」，以令部分工時之勞工欲轉變為全時工作之勞工？雖然該要點規定工資、例假、休假、請假、產假、資遣、退休、職業災害補償、工作規則等事項應依勞基法規定辦理，但究竟是完全相同的處理？或是依比例加以計算？仍有待逐項加以檢討。除此之外，與部分時間勞動相關的重要理論（如平等待遇原則），亦應一併加以注意。

　　針對上述部分時間工作的實質問題，中央勞政機關目前所施行的「僱用部分

　　工作的安排，如兩人一職制。

[23] 此一有關勞工保險的規定，實際上已被行政院勞工委員會 98 年 5 月 1 日勞保二字第 0980140222 號令釋所修正。依之，「受僱從事二份以上工作之勞工，並符合勞工保險條例第 6 條第 1 款至第 5 款規定者，均應由所屬雇主分別為其辦理參加勞工保險，以保障部分工時勞工加保權益。」另外，依據 2008 年 8 月 13 日修正公布、並且自 2009 年 1 月 1 日開始施行的勞保條例第 19 條第 2 項規定，被保險人同時受僱於二個以上投保單位者，其普通事故保險給付得合併計算投保薪資，但不得超過投保薪資分級表最高一級。

時間工作勞工應行注意事項」（行政院勞工委員會 103 年 1 月 27 日勞動 2 字第 1030130119 號函訂定、勞動部 111 年 3 月 14 日勞動條 1 字第 1110140177 號函修正）雖有部分較具體之規定，但對最根本的問題並未加以釐清。先就此一注意事項的法律效力觀之，此一注意事項係取代「僱用部分時間工作勞工參考手冊」而來，由於其係在 2014 年 1 月 27 日訂定發布，故理應自該時起施行。可以確定的是，其因無法律授權而無法律拘束力，性質等同於「僱用部分時間工作勞工參考手冊」，目的只在提供勞雇雙方簽訂部分時間工作契約時參考之用而已。只不過，令人不解的是，不僅其規定的內容已較之前的參考手冊具體許多，而且多使用強制性或拘束性的法律用語，其規範的嚴密度並不遜於勞基法。尤其是其貳、適用「事業單位僱用部分工時勞工，除依其應適用之勞工法令外，並參照本注意事項辦理。」使人誤以為其本身為一強制規定。另外，中央勞政機關在 2022 年 3 月 14 日增訂「僱用中高齡及高齡之部分工時勞工，亦同。」此一規定亦有疑義，蓋其與「中高齡者及高齡者就業促進法」的立法目的或目標有所違背。至於具體規定部分，其部分時間工作的定義，與之前的「僱用部分時間工作勞工參考手冊」完全相同，既言「相當程度縮短」，而且「其縮短之時數，由勞雇雙方協商議定之」。即其並不明定部分時間工作的門檻（時數）為何。另外，明定傳喚性工作及工作分享 / 攤；與全時勞工的平等待遇、雇主於招募全時勞工時之優先僱用；部分工時勞工的年資與全時勞工相同；時薪制部分工時「其工資不宜約定一部以實物給付」；明定雇主應給予例假、休假、病假及請假及其計算標準；產假依勞基法第 50 條及性平法第 15 條規定辦理：退休與資遣費請求權；職業災害的保障；職工福利金的享有；以及得加保勞健保等。整體來看，中央勞政機關藉由該「僱用部分時間工作勞工應行注意事項」，與其說是在提供參考之用，不如說是從「勞基法本來就適用於部分時間勞工」的角度、要求雇主必須遵照辦理，此從其規定的體例係沿襲勞基法的規定順序，即可知之。

第三項　部分時間勞動關係之成立

　　有關部分時間勞動關係之成立，在台灣大抵上亦係依循契約自由原則而為，但僱用部分時間工作勞工應行注意事項則要求：僱用部分工時勞工，勞動契約宜以書面訂定（伍、僱用）。注意事項並且具體明定工資、例假、休假、請假、產假、資遣、退休、職業災害補償、工作規則等事項，要求雇主必須遵照辦理（陸、勞動條件基準）。由此可見，雖其用語為「宜以書面訂定」，但契約自由原則中之方式自

由（口頭或書面），已多少受到修正；至於僱用部分工時勞工，勞動契約宜以書面訂定（伍、僱用），是否包括雇主欲將全時工作勞工調整為部分工時勞工時，應該先徵求該勞工之書面同意，而不得以指示權之行使方式，單方地將工作時間縮短？對此，應持肯定的見解。至於工資等事項均有具體明確的拘束性規定，可知中央勞政機關希望藉之對於契約自由原則中內容自由之限制，勞資雙方應於契約中加以明定。值得考慮的是，當一全時工作的勞工基於個人或家庭等因素，欲將工作時間縮短時，是否應賦予其主動要求調整之請求權？或更進一步於其個人或家庭因素消失時，再主動要求轉回全時工作的請求權？「1994 年部分時間工作公約」第 10 條即規定，（會員國）在適當情形下，應配合國家法律及規定，採取措施以確保全時工作自由轉換為部分時間工作，反之亦然[24]。

　　至於部分時間勞動之工作時間，是否應限定其必須有相當程度縮短工作時間？如此一來，是否會造成部分時間勞動成立之困難？1994 年部分時間工作公約第 1 條規定，部分時間工作勞工係指其正常工時較類似全時勞工的正常工時為少之勞工；而歐洲聯盟部分工時指導綱領第 3 條則規定，本協議中所謂之「部分時間勞工」，係指一個人之普通之以週為基數或為期在一年內之僱用期間之平均工作時間，低於類似的全時工作時間者。兩者立法均與台灣有異，在台灣要成立部分時間工作顯然較為困難。為了呼應「僱用部分時間工作勞工應行注意事項」前身——僱用部分時間工作勞工參考手冊「有相當程度縮短」之要求，學者間因有主張，「部分時間工作勞工，係指工作時數較同一事業單位內工作類型相當之全時勞工每週正常工時短少三分之一以上者[25]。」對於這樣的主張，本人以為一來會與「部分工時」的立法原意相牴觸（只有減少工時達三分之一才算，而只減少十分之一或十分之二則仍視為全時工作之勞工？）；再者，既然要有相當程度之縮短，才能視為部分時間工作，則可能造成不法的業者，誤以為對於未達此一程度之勞工，既無須以一般的勞動法令、亦不必以僱用部分時間工作勞工應行注意事項，來保障其權益，徒留一法律的灰色地帶。事實上，既然未達相當程度的縮短，就表示應以全時勞工予以對待，即勞基法及其他的勞工法令及社會法令均必須予以適用；三者，由於部分時間工作的型態繁多，可以有各種不同的組合，如在德國部分時間及定期勞

---

[24] 歐洲工會聯盟（European Trade Union Confederation, ETUC）於 1988 年第六屆大會所提出之「部分工時就業決議書」中主張，部分時間工作最重要的課題，在確保部分時間工作乃是經由勞工真正自願選擇下的結果。接下來的重要課題便是，有全時工作機會時，應提供部分時間工作勞工回復全時工作的機會。

[25] 王惠玲，前揭文，頁 22。但作者於該文第 17 頁於綜合行政院主計處資料後，所得出之結論為：我國目前對部分時間工作勞工仍無明確定義，僅得概括認為，「工作時間較該事業單位全時勞工法定工作時間或企業所訂之工作時間為短者」，係部分時間工作勞工。

動契約法所規定之應召喚工作（Abrufarbeit）、工作位置之分割／工作分享（Job-sharing）等型態[26]，在台灣勞動實務上亦可能出現[27]，其保護必要性並不宜同等視之，所謂相當程度的縮短，顯然並不足以提供適當地、充足地保護，所幸「僱用部分時間工作勞工應行注意事項」中已加入傳喚性工作及工作分享／攤。只是，傳喚性工作及工作分享／攤涉及複雜的勞雇雙方的權利義務，恐怕還須要加以釐清。四者，由於企業經營上要求更多彈性的人力運用，部分時間工作未來勢將呈現上升，法令上規範的不足（如此處的相當程度的縮短），特別是「僱用部分時間工作勞工應行注意事項」不具法規效力，但卻以拘束性／強制性的用語明定部分時間勞雇雙方的權利義務，這恐怕會影響有意以部分時間投入職場者裹足不前以及雇主使用此類人力的意願，果如此，則「僱用部分時間工作勞工應行注意事項」的規範目的，勢必難以達成。

　　其實根據論者的研究，統計上至 1984 年止，行政院主計處原則上係以每週四十小時為界定標準，自 1995 年起則作部分修正，以每週應工作時數未達職場或事業單位規定之全日工作時數者，為部分時間工作勞工；但職場或事業單位未規定正常工時者，一律歸入全時工作者，至於自僱者或無固定雇主者，則仍以四十小時為認定標準[28]。但自 2001 年 1 月 1 日起，勞基法第 30 條第 1 項規定，勞工每二週工作總時數不得超過八十四小時。對於部分時間工作勞工的認定遂必須一併調整。以行政院主計處統計上的定義，係採主要工作平均週工時未滿三十五小時為區分。因此，本書以為，截至 2000 年 12 月 31 日止，判斷部分時間工作之標準，應以四十小時為認定標準，之後，則以三十五小時為準[29]。至於中央勞政機關在 101年 7 月 9 日勞職業字第 1010501971 號函中，亦表示：「依據青年就業讚計畫第三點，無固定雇主與廠外按件計酬之受僱者，原則上凡非屬季節性（即旺季或淡季）之期間，大致平均每週工作時數超過三十五小時者，即歸為全日工作者；反之，則屬部分時間工作者。」

[26] 參王惠玲，前揭文，頁 17 以下。
[27] 行政院勞工委員會 80 年 2 月 21 日台 (80) 勞動二字第 03420 號函，實際上即是針對「應召喚工作」之特別休假而為之解釋。
[28] 徐廣正，部分時間工作勞工與社會保險，發表於 1995 年 12 月部分工時實務管理及運用策略研討會，行政院勞工委員會主辦，會議實錄，頁 5。
[29] 林涵芸，前揭書，頁 17 以下。

第四項　部分時間工作之平等待遇原則

在部分時間勞動契約中，最引起爭議的是：那些權利部分時間勞工與全時勞工完全相同、有那些必須依比例計算及那些權利可排除部分時間勞工享有？此亦即以平等待遇原則採取三分法的思考。例如，部分時間工作年資與全時工作年資完全相同對待，而工資與特別休假按照比例計給，至於有些給付或津貼則無須給予（例如午餐津貼，由於勞工只工作 08:30～10:30，故無須給予）。依本書所見，勞工保護的部分，部分工時勞工也應獲得相同的對待，但與工資有關的給付，則原則上應按照比例計付。至於福利部分則視情形而定，勞雇雙方也有較大的協商空間。就此看來，僱用部分時間工作勞工應行注意事項所規定的工資、例假、休假、請假、產假、資遣、退休、職業災害補償、工作規則等事項，幾乎要求雇主必須與全時勞工相同給付，其恐怕已經違反部分時間勞動的法理，也導致雇主使用部分時間工作的成本，要高於僱用全時勞工的結果。難道中央勞政機關的目的是不希望雇主使用部分工時勞力？或者不樂見部分時間勞動在台灣較大幅度的發展？在從事部分時間工作中，由於絕大多數為女性，因此對於部分時間勞工之不平等待遇，必然會引起性別歧視之問題，此即是間接歧視之問題 [30]。雖謂勞工法上一般之規定，原則上全部亦適用於部分時間勞動關係 [31]，但究仍不夠明確。

第五項　部分時間工作相關勞動條件之法律問題

除了歧視狀況的出現外，部分時間工作可能帶來的問題有：勞動保護之大為削減、非自願性部分時間工作之增加，尤其是微量工作者、僱用保障問題（亦即僱用不安定）。

在部分時間勞工之其他勞動條件部分，台灣實務界以往所處理之案件並不多。以下僅舉出幾個法院判決，以突顯問題之所在：

首先，在一件請求損害賠償的案件中，上訴人之子在被上訴人（雇主）處擔任臨時工讀生的工作，從事發送廣告傳單工作。某日該工讀生騎車外出工作時，被

---

[30] 與此相對的，擔任工會的理、監事的比例，男性要遠高於女性。依據行政院勞工委員會在 2008 年底的統計資料，工會總數有 4,663 家，其中職業工會總計 3,488 家，產業工會數計 959 家，其中男性占 79%，女性占 21%。勞委會因此訂有「推動女性勞動者參與工會發展方案」，培育女性幹部擔任工會重要職務。

[31] Schaub/Linck, Arbeitsrecht-Handbuch, 12. Aufl., 2007, § 31 Rn. 1 ff.; Hanau/Adomeit, Arbeitsrecht, 13. Aufl., 2005, Rn. 670 ff.

訴外人騎機車撞擊身亡。本案雇主並未替臨時工讀生加入勞工保險。雇主主張工讀生無固定薪資，非伊之固定員工，而是屬於無一定雇主之勞工，依法應加入職業工會，以職業工會為投保單位參加勞工保險。案經最高法院以 92 年度台上字第 2377 號判決認為：「按無一定雇主而參加職業工會之勞工，依勞工保險條例第 6 條第 1 項第 7 款規定，固應以其所屬職業工會為投保單位參加勞工保險為被保險人，且該款所稱之無一定雇主之勞工，依同條例施行細則第 11 條第 1 項規定，係指經常於三個月內受僱於非屬同條項第 1 款至第 5 款規定之二個以上不同之雇主，其工作機會、工作時間、工作量、工作場所、工作報酬不固定者而言。惟若屬有一定雇主而無參加職業工會之勞工，自仍應以同條項第 1 款至第 5 款之雇主為投保單位，強制辦理參加勞工保險，初不問該勞工之工資為按時、按日、按月或按件計酬而有不同。……且每月受領非固定工作報酬，依上說明，仍不表示黃×× / 上訴人之子為屬無一定雇主之勞工。」[32]

其次，在一件給付退休金的案件中，原告自 1985 年 7 月起至 2004 年 8 月止，在被告處擔任電子作業員工作。在其 2004 年 8 月提出退休申請時，雙方爭議原告係按月領取固定工資、抑或按工作日數領取。原告並且抗辯被告在將按月計薪改變為按日計薪之部分工時勞工時，未以書面徵求其同意，應不生效力。案經台灣桃園地方法院以 95 年度勞簡字第 11 號判決認為：「依行政院勞工委員會 92 年 3 月 4 日發布之僱用部分時間工作勞工參考手冊第 4 條第 2 項規定，原為全時工作之勞工，雇主於調整其職務成為部分時間工作之勞工時，應明確告知勞工其權益上之差異，並應徵得該勞工之書面同意。然此僅為行政函釋之輔助規定，且行政機關依其職權執行法律，雖得訂定命令對法律為必要之補充，惟其僅能就執行母法之細節性、技術性事項加以規定，不得逾越母法之限度，增加法律所無之負擔，送經大法官多次解釋在案，自不得強命雇主變更勞動契約為部分工時者，必須以書面為之，

---

[32] 依據 98 年 6 月 15 日勞保三字第 0980140320 號令所修正的勞工保險被保險人因執行職務而致傷病審查準則第 4 條規定，被保險人上、下班，於適當時間，從日常居、住處所往返就業場所，或因從事二份以上工作而往返於就業場所間之應經途中發生事故而致之傷害，視為職業傷害（第 1 項）。被保險人為在學學生或建教合作班學生，於上、下班適當時間直接往返學校與就業場所之應經途中發生事故而致之傷害，亦同（第 2 項）。在此，應該分辨的是，在學學生由學校往就業場所之應經途中發生事故而致之傷害，其視為職業傷害，固然仍具有幾分合理性，但其與（修正前的）夜校生往就業場所的精神體力狀況已有所差異，難以完全比擬。更令人質疑的是，由就業場所往學校所發生的事故，如何將之視為職業傷害呢？學校畢竟不是該學生的「職場」，而是他學習的地方，如將之視為職業傷害，那表示學校也應該為之負起雇主的責任？如同學校所聘僱的員工般？無論如何，傷病審查準則第 4 條第 2 項係同條第 1 項的特殊規定，目的在適度限縮第 1 項的通勤災害範圍，以免雇主的職業災害責任不當地擴大。此從第 2 項有「直接往返」用語，而第 1 項卻無類似規定，可知。同審查準則第 16 條也有「直接往返」的用語，目的也在限制通勤災害範圍。

不得以他法代替。」「依前開說明，縱或被告嗣後變更兩造之勞動契約，然原告自90年度起扣繳憑單薪資總額顯已低於每月基本工資，且每月工作日數不固定，亦未因此對被告為質問，或有其他可認不同意之行為，仍繼續以此方式計薪，堪認被告已得原告默示同意，以按日計薪部分工時方式為兩造之勞動契約。」「又部分時間工作者，如其服務單位屬於勞動基準法適用之行業，則係該法第2條第1款所稱之勞工，應有享受該法退休有關規定之權利，內政部75年11月19日(75)台內勞字第455127號函釋意旨參照。」「另被告抗辯應扣除勞健保及員工福利金等語，然此僅係被告代原告而為支付，仍屬原告應得之工資一部分，當無須扣除。」

　　三者，在一件給付資遣費的案件中[33]，上訴人先於1999年8月，與被上訴人簽訂「高階承攬人（CI）契約」，擔任保險業務員的工作。其後，雙方在2000年8月另訂立「籌備主任（ST）僱傭暨承攬合約書」。雙方在2004年3月終止契約，上訴人乃起訴主張工資及資遣費等權利。對於兩造間所訂勞務契約為何，地方法院判決認為：按勞動基準法之勞工，經僱用勞工從事工作獲得工資，在人格上、經濟上及組織體系上從屬於雇主，勞動契約之目的重在勞動本身，並非勞動之成果；而保險業務員是為保險公司招攬保險，經客戶訂立保險而向保險公司收取佣金或津貼。保險公司可依其工作時間及內容給與業務員自主決定之空間，對業務員招攬業務之方式及內容不為指揮監督，而重視業務員促成保險契約訂立之結果。是以基於契約自由原則，保險公司得選擇與業務員間所訂勞務契約類型，非均以勞動契約視之。再以法院實務見解觀之，亦認基於契約自由原則，保險業務員與保險公司自由訂定勞務給付之方式，而於同一勞務契約將勞動契約與承攬契約合併成立，非法所不許[34]。

　　本案中，上訴人與被上訴人先簽訂之「高階承攬人（CI）契約」，由其第4條及第5條用語觀之，上訴人之工作係促成保險契約之訂立，並於完成保險招攬工作後受領服務津貼等給付，契約內容著重在上訴人促成保險契約訂立之結果，是以其法律性質為承攬契約。至於之後所訂立之「籌備主任（ST）僱傭暨承攬合約書」，合約內容則將上訴人給付勞務型態分為僱傭與承攬工作。其僱傭工作部分（含籌備主任之僱傭工作），職務為部分工時制，適用勞動基準法及行政院勞工委員會發布之僱用部分時間工作勞工實施要點等相關法令處理。另契約中就勞務之對價，又分為僱傭契約之工資與承攬契約之承攬報酬二種。足見被上訴人選擇以契約

[33] 台灣台北地方法院95年度勞簡上字第17號民事判決。
[34] 依據最高法院95年度台上字第1175號判決：被上訴人固為適用勞基法之事業，惟適用勞基法之事業，並非不容與對該事業提供服務者成立委任或承攬契約，或成立僱傭與委任之混合契約或聯立契約。

聯立方式，而與上訴人訂立僱傭與承攬併立之契約，於法並無不合。

第六項　小　結

　　由企業的觀點視之，縮短工時的工作／無薪假係為了度過經濟的消退所採取之措施，而部分時間工作則係為了因應經濟景氣時人力短缺而事先以勞動契約、企業協定或團體協約約定一較全時勞工為短之工作時間。然而，部分工作時間之實施，不僅攸關雇主之利益，甚且一國經濟之發展、部分時間勞工以及全時勞工之權益亦受其影響深遠，因此必須兼顧各方之利益、不宜偏廢。鑑於台灣未來部分時間勞工必然漸有攀升的趨勢，因此針對歐美國家所發生的流弊，來建構自己的部分時間勞動法制，實為亟需的切中之舉。以下數點，實係部分時間勞動法制中必須加以釐清者：

　　部分時間勞動關係之成立，應以其工作時間較企業中類似的全時勞工之工作時間為短者，即屬之，所謂「有相當程度的縮短」不僅與「部分工時」之立法原意牴觸、且語意不清，造成勞工與雇主皆不願採行部分時間工作，實應加以更正。再者，部分時間工作應加入應召喚工作及工作位置分割等型態，並且釐清勞雇雙方的權利義務。三者，為使全時勞工有轉換成部分時間勞工之機會，法制上應加以雇主提供資訊之義務；法制上同時應明訂何時為「加班」[35] 及勞工對於社會性支出（年節獎金、午餐津貼、交通津貼、企業內設施等）之權利為何。而鑑於歐美國家於擴大適用部分時間工作之後，最常見的弊端是雇主所進行的不平等待遇，連帶地亦導致全時勞工的權益受損，也引發就業不安定的現象。因此，部分時間勞工之平等待遇原則，雇主必須加以遵守，只有於具實質上之理由時，始可為不平等之待遇。至於部分時間勞工有無轉回全時工作之請求權？似應採否定之見解，但法制上似應明

---

[35] 本書認為部分時間勞工並無加班之義務，且在法律未明定前，勞工雖配合雇主的要求延時工作，其加班時間係在法定正常工時八小時後才起算。對此，「僱用部分時間工作勞工應行注意事項」已明定「勞工每日工作時間超過約定之工作時間而未達勞動基準法所定正常工作時間部分之工資，由勞雇雙方議定之；超過該法所定正常工作時間部分，應依該法第二十四條規定辦理。」〔陸、二（二）〕。其與本書見解幾乎完全相同。只不過，吾人如觀行政院勞工委員會 77 年 1 月 15 日台 (77) 勞動三字第 11171 號函，似乎係採「超過約定的工作時間」即為加班時間的看法。其與「僱用部分時間工作勞工應行注意事項」看法不同，究應以何者為準？至於變形工時部分，本書同樣認為：既然勞雇雙方基於主客觀因素成立部分時間工作契約，即表示雙方已考慮到各自的利害關係，因此，變形工時即無適用餘地。況且，「工作時間分享」及「傳喚式」的部分時間工作已經相當彈性，不應再加上變形工時的設計。中央勞政機關即認為，部分時間工作勞工並非勞基法第 30 條第 2 項、第 3 項及第 30 條之 1 的適用對象。勞動部 103 年 11 月 5 日勞動條 3 字第 1030028068 函釋參照。

定雇主必須儘量「考慮」勞工之要求。最後，在勞工保險部分，是否應將微量工作者排除在適用行列之外？也就是從部分時間工作中再區分出「微量工作」，並且予以不同的法律對待？此在外國法制及我國學術著作上固然有如此的規定與討論，但似乎並未為我國多數論者及實務界所採。[36]

第五節　家內勞動

 案例 1

　　甲乙兩人到丙公司求職。丙將甲配置在公司內工作，但卻告訴乙將物品拿回家處理。甲乙兩人的工作時間相當，工作成果也幾乎一樣。第二年，甲有 7 天的特別休假。乙要求同樣的待遇，有理否？

第一項　家內勞動

　　家內勞動，可以區分為傳統的家內勞動（主要是指具有經濟從屬性的家庭代工：客廳即工廠）及現代的家內勞動兩者。後者，大多與資訊科技、網際網路的發達息息相關，其以勞動形式表現出來者，即可稱之為「電傳勞動」，因此，可以留待電傳勞動之處再加以說明。惟即使非經由網際網路的工作，現代意義的家內勞動，實際上還包括與雇主合意將履行勞務地設於家中辦公室（Home-Office）的外勤工作者。這類工作者大多在前往客戶處工作前，或者須提前在家作業或者須事後補完成收尾工作。似乎與傳統家內勞動有所差異。所以，不問雇主處在何地或其工資給付地在何處、並且不問其係每日或一段時間往返家中與客戶處，均無須將之作為家內勞動者看待。在訴訟上具有意義的是，家中辦公室所在地的法院即具有訴訟管轄權（勞動事件法第 6 條參照）。如前所述，在 2019 年底爆發新冠肺炎（武漢肺炎）後，企業界主動或被動要求勞工在家工作（home office），以避免被染疫者

---

[36] 依據行政院勞工委員會 98 年 5 月 1 日勞保二字第 0980140222 號函：受僱從事二份以上工作之勞工，應由所屬雇主分別為其辦理參加勞工保險。

逐漸增多。這也使得家內勞動產生新的契機。

　　家內勞動在一個以中小企業為主的社會上，一直扮演著重要的角色。而家內勞動在德國經濟上也一直保持一定的數目，因此學者稱其為「非瀕臨絕種的工作型態」；[37] 由於其涉及的型態的多樣化，所以在法律的契約類型歸類上，也較有其困難度（例如，從事製襪代工的一個彰化縣社頭鄉的家庭，如其已自行成立為實／企業社，則在未僱用有酬人員工作時為自營作業者；反之，如已僱用有酬人員時為一般事業單位。前者，將之歸類為家內勞動者，應仍屬法理所容；但是，後者應已逸出原來家內勞動所要保護的對象之外矣）。只是，不可否認地，家內勞動者／居家工作者與自營作業者有相當程度的重疊，或者說：前者是後者的一個分支而已。惟鑑於家內勞動較傳統的勞動型態更具彈性、成本也相對的較為減少，因此就較須面對世界市場競爭的行業言，家內勞動仍保有其一定的重要性。從社會學而言，家內勞動和典型勞動契約的差別乃在於其個別當事人皆甚少組成工會／公會，尤其是在家內勞動關係中提供勞務者，彼此之間甚少有所接觸；加上其工作遭受到經濟景氣的影響；工廠／公司自動化、成本降低的壓力，也常造成其因契約條件的不公平。由於在法律上其勞動條件甚少由團體協約加以規定；為適當調整其契約條件，僅能多依賴國家制定相關勞動條件的基準等方式加以適當地調整。

　　由上述對於家內勞動的說明，可知其約有如下之特色：雖然從事家內勞動者大多為婦女（超過80%），[38] 但並不以此為限，其他的身心障礙者或甚至是健康的男性勞工，亦可以此為業。家內勞動者具有相當大的工作時間自主性，可以節省上下班的時間與金錢。家內勞動的工作範圍不限於低階的手工產品，而是包括高階的職員工作（例如律師事務所的女職員將律師事務所的工作在家裡完成）。如就工作委託者而言，可以節省投資及維持費用，並且可以降低生產成本，惟品質管制成本及發出材料及收回成品的成本，都會增加。另外，工作委託人得為家內勞動者投保社會保險，包括法定的疾病及意外保險。

　　目前，德國及日本均有對於家內勞動規範的專法（BAG v. 24.8.2016, NZA 2017, 244 ff.：依據德國法律，家內勞動者因欠缺人格從屬性而不具勞工身分），而國際勞工組織（ILO）在1996年6月第83屆大會所通過之第177號家內勞動公約（Home Work Convention）及第184號建議書（Home Work Recommendation），亦提供家內勞動者國際勞工標準的保護。台灣目前並無家內勞動之專法，對於家內勞

---

[37] Otten, Heim- und Telearbeit, 1996, Rn. 2.

[38] MünchArbR/Heenen, § 238, Rn. 4. 王敏汝，身心障礙者居家工作之工作條件與適應之研究—以從事居家值機者為對象，國立政治大學勞工研究所碩士論文，2013年6月。

動者之保護當有不足之處。只能在個案的處理上，透過實質地檢查，視其有無人格從屬性而定；另外，工作委託者得為家內勞動者投保勞工保險；又，採取如德國般之類似勞工的概念（以具有經濟的從屬性為前提），以逐點地保障家內勞動者，亦是一值得思考的方向。

第二項　家事服務（家事勞動）

第一款　緒　論

　　家事服務係一兼具老舊的及新穎的行業。[39] 蓋早在遠古的時代，在他人的家事範圍內提供勞務之人早已存在（例如歌妓貂蟬、婢女、蒼頭、長工）。惟在近世工商業的高度發展，促使新型態的家事服務大量產生，[40] 再加上從事家事服務之移民勞工，在世界各地移動之後，其權利義務究應如何界定，尤其是引起世人的關注。之所以會這樣，除了國家長期忽略家事服務人員權益保護之必要性外，對於外籍勞工而言，則主要是因為接受家事服務人員的國家，並不當然地將之納入固有勞工法（甚至是社會法）的保障。家事服務人員（或稱家事勞動者）雖在家事委託者的生活範圍內工作，[41] 惟保障其權益的法令規定實屬相當的有限。雙方的權利義務大多依賴個別契約的約定，其結果常導致家事勞動者權利的不保。

　　在台灣，家事服務的活動由來已久，惟其大多由國人提供該類勞務（例如部分時間的家管）。其權利義務關係並不明確，雙方大多以給付一定的報酬即已了事。[42] 而在最近幾年，國內從事各種形式家事服務的人口也急遽增加，提供中年婦女相當數量的工作機會，只不過其權利保障的法律依據仍然是散布在不同的法規中，而欠缺一專法的規定。[43] 與此相對，台灣自 1992 年開始引進外籍幫傭，其目的係在給予雙薪家庭家事上的服務，以減輕職業婦女的負擔，並且藉以提高婦女的

---

[39] 德國學者在描述家內勞動時，亦有同樣之用語。請參閱 Otten, a.a.O., Vorwort.

[40] 例如每週固定幾小時到家中提供課業輔導（所謂家教）的工作，即屬其中之一。

[41] 家事服務人員（或稱家事勞動者）與家事委託者的法律關係，係依據雙方的協議自由約定，可以是勞動關係、承攬關係或其他的契約關係。因此，本書行文中以「家事委託者」稱呼，而不以「雇主」稱之。

[42] 台灣在 2004 年 7 月底間所發生之「羅太太事件」，（如撇掉其政治意義不論，）實際上亦與家事服務有所關聯。例如依據報載，「陳水扁總統表示，依他的了解，羅太太經常工作到深夜十點、十一點，也沒領加班費，……」請參閱中國時報，2004 年 7 月 30 日，A5 版：扁挺羅太太：讓特勤兼差是愛心。

[43] 中國時報，2004 年 3 月 8 日，A3 版：照顧服務 中年婦女就業第二春。

勞動參與率。[44] 雖其僅是短暫在台工作，彌補我國現時家庭政策或社會福利政策的不足，學者因有稱之為「轉包的孝順責任」者。惟其至少有就業服務法及其相關規定給予一定程度的權利保障。

　　整體而言，如果大略檢視台灣的家事服務，大概可以歸納出以下幾點現象，而其法律後果是亟待於解決的：一、家事服務的種類繁多，是否均應將之納入規範？或者擇其要者規範即可？又，外籍家事服務人員被區分成幫傭及監護工，是否有必要？二、鑑於家事勞動者含括有本國人、外籍人士、中國大陸人士（合法的大陸配偶及非法的地下陸勞）、[45] 甚至是配偶（尤其是遠嫁到台灣的東南亞的婦女）（在此，配偶雖然是在從事民法第 1003 條之 1、第 1125 條之家事勞動或家務，但有些勞動已經涉及營業行為，例如賣早、午、晚餐、賣飲料等，則似乎至少可逐點類推適用勞動契約的規定，如工資、職業災害補償等）。是否應將之一體納入法律的規範？或擇其要者規範即可？三、在法制設計的選擇，是以將之納入勞基法的適用範圍、或以制定諸如家事服務法的專法為之、[46] 或甚至令之享有所有勞動法令的保障？凡此，均有待於進一步加以探討。

第二款　內　容

第一目　非家內勞動

　　如上所述，家內勞動約有如下之特色：家內勞動者大多為婦女，但也有身心障礙者及一些男性勞工。家內勞動者具有相當大的工作時間自主性。家內勞動的工作範圍也包括高階的職員工作。而在工作委託者方面，可以節省投資成本及費用，但也會增加品質管制成本及收回成品的成本。如其為家內勞動者投保社會保險（勞、健保），費用也會再增加（理論上，家庭代工者的身分，殆皆為承攬人。但是，如果委託者與代工者的合作互動綿密，雙方亦可約定成立僱傭關係。而在代工者為承攬人身分時，固然可以其代工型態類別加保職業工會。惟如果只是為一或二位委託

---

[44] 依據報載，「已婚婦女每日必須花費約五小時在料理家務上，其中，十五歲至二十四歲的已婚女性料理家務時間甚至長達七小時。其中『照顧小孩』平均為三‧六小時，『做家事』為二‧九小時，『照顧老人』平均花費二小時。」請參閱中國時報，2004 年 7 月 31 日，A7 版：二八佳人未婚率 衝破五成。

[45] 中國時報，2004 年 4 月 10 日，C5 版：大陸配偶延長工時 寬限半年。中國時報，2004 年 7 月 23 日，A6 版：地下陸勞市場 源源不絕。

[46] 張恆豪，中風爸、多障弟……我也要休假，聯合報，2010 年 1 月 21 日，A15 版：「前幾天勞委會擬定家事服務業勞工勞動權益保障法草案牽涉了三個問題：一是照顧工作的本質與計算，二是家庭照顧者的勞動與工時，三是照顧公共化的議題。……討論全職工作的照顧者照顧假的可能。英國已把支持有工作的照顧者視為企業責任的一部分，制度化照顧假。」

者代工，且其生活資財由其而來時，放寬其有加入委託者投保單位之社會保險的資格，以確保其免於一定的社會風險，即具有正當性與必要性）。

由於家內勞動者係在自選的處所（家中或其他自選的工作場所），而家事服務人員則是在他人（通常是雇主）的家事活動範圍工作，且其因身處於他人的家中，故其所受到的指揮命令的強度顯然是高於一般的勞工。因此，家事服務自然不同於家內勞動。[47]

第二目　保護之必要性

雖然如此，德國家內勞動法立法理由之「特別的保護必要性」，對於家事服務人員同樣亦有適用之餘地。其理由約為：兩者均是社會政策上所需特別加以關注的族群。[48] 兩者同樣也都不在雇主的廠場工作。兩者主要都是婦女的工作。兩者在我國均無專法加以保障。[49] 兩者同樣都無工會的組織提供助力。兩者均容易產生社會的弊端。因此，兩者均有賴於國家強制力的介入，由國家監督家內勞動及家事服務之進行，提供弱勢的一方必要的幫助。[50]

第三款　國際勞工公約有關家事服務人員保護之規定

國際組織有關家事服務之規範，其涉及移民勞工者，主要有 1990 年聯合國之「所有移民勞工及其家屬權利保障國際公約」（International Convention of the Protection of the Rights of All Migrants and Members of their Families）、國際勞工組織之第 29 號之「強制勞動公約」（Forced Labor Convention, 1930）、第 105 號（Abolition of Forced Labour Convention, 1952）以及第 111 號之「禁止歧視公約」（Discrimination Employment and Occupation Convention, 1958）等。其中，「所有移民勞工及其家屬權利保障國際公約」係要求聯合國的會員國應對於遷徙勞工的勞動條件、社會福利、以及公民權加以關心。而「強制勞動公約」則是要求雇主不得強制外籍勞工（含外籍幫傭及監護工）提供勞務。至於禁止歧視公約，則是要求各

---

[47] 就此觀之，如要制定專法，稱之為「家事服務法」恐要比「家內勞動法」為妥當，也比較不會引起語意上的爭議。

[48] 針對此一「特別弱勢的族群」，由於其工作人口均較廠場或公司的勞工人數為少，所以官方的統計資料或者付之闕如或者不夠詳盡（至於家事服務人員與家內勞動者，孰多？孰少？則是更不清楚），而有待於法制化過程中一併加以建置或補強。

[49] 對於家內勞動，德、日兩國則訂有家內勞動法保護之。

[50] 其實，就家事服務而言，不少的「家事委託者」也希望能有明確的法律規定，以作為與家事勞動者權利義務之依循。畢竟，家事勞動者在提供勞務的過程中，也有可能發生債務不履行或侵權行為的情事，「家事委託者」權利的保護即不應加以忽略。

會員國禁止基於種族、膚色、性別、宗教、政治意見、民族血統與社會地位的歧
視，其與身為移民勞工的家事服務人員尤其有關。蓋家事服務業中的遷徙女性，不
僅其勞動條件不應受到歧視待遇，更不應該受到家事委託者的性騷擾。

　　尤其值得注意的是，國際勞工組織在 2011 年 7 月 16 日的第 100 屆年會中，通
過了第 189 號「家事服務者尊嚴公約」（Decent Work for Domestic Workers）。針
對家事勞動的特殊性，設定一專門的規範，以補充上述的一般標準。在總共二十七
個條文中，多係關於尊嚴勞動的工作條件規定，諸如：針對家事勞動及家事勞動
者，將其界定在僱傭關係上、在或為一個家庭或數個家庭工作者（第 1 條規定）；
家事勞動者擁有結社自由及集體談判的權利（作者按：此處的結社自由，並不限於
工會法中的各類型工會，而是包括一般的團體，另外，所簽的集體協議也不一定是
團體協約）、消除一切形式的強制勞動、有效廢除童工勞動、消除就業及職業的歧
視（第 3 條規定）；家事勞動應遵守有關最低年齡的公約，並且不得剝奪家事勞動
者接受義務教育的機會（第 4 條規定）；保障家事勞動者免除遭到各種形式的虐
待、騷擾及暴力（第 5 條規定）；保障家事勞動者與其他一般工人，享有公平的及
尊嚴的僱用條件。如果他們住在僱用人家庭中，並應確保其享有包括隱私的尊嚴生
活條件（第 6 條規定）；確保家事勞動者知悉有關的僱用條件（盡可能以書面契約
的方式為之），特別是僱用人與勞動者的姓名與住址、通常工作的地址、工作的始
日及期間（含定期契約）、工作的種類、報酬的計算方法與給付期限、正常的工作
時間、帶薪年假及每日與每週的休息時間、盡可能提供膳宿、盡可能約定試用期、
盡可能約定遣返條件、以及終止僱用的條件，包括任何一方的預告期間（第 7 條規
定）；針對外籍家事勞動者，應保障其去國之前會取得一份包括第 7 條各種僱用條
件的書面契約，並應保障契約終止或到期時的遣返權利（第 8 條規定）；保障家事
勞動者可以自由地與其僱用人協商是否住在家庭中。如果住在僱用人家庭中，家事
勞動者在年休假期間或每日與每週的休息時間，並無義務留在住處或與家庭成員起
居一致。家事勞動者有權自行保管旅行及身分證件（第 9 條規定）；應保障與一般
勞工享有正常工作時間、加班補償、每日與每週休息時間及每年帶薪休假的平等待
遇。每週應至少連續休息二十四小時。如家事勞動者無法自由支配其時間、並且
須停留在住處隨時聽候工作之指示者，該段時間視為工作時間。至於納入計算的
範圍，則依國家法令、集體協議或符合慣例的措施而定（第 10 條規定）；在存有
最低工資制度的會員國，應確保家事勞動者亦受到適用，且不分性別（第 11 條規
定）；家事勞動者之報酬應以現金直接給付之，且每月至少一次。惟如國家法令或
集體協議另有規定，且獲得家事勞動者同意，亦得以銀行轉賬、銀行支票、郵政支
票、匯款單或其他合法的貨幣支付方式給付報酬。另外，國家法令、集體協議或仲

裁決定，亦得訂定報酬中有一定比例的實物，惟其條件不得較普遍適用於其他工人類別者不利、應獲得家事勞動者同意、並符合個人的利益及價格公平合理（第 12 條規定）；家事勞動者享有安全與健康的工作環境，會員國應確保家事勞動者的職業安全與衛生（第 13 條規定）；保障家事勞動者享有包括生育（maternity）保護在內的社會安全保護，其條件不得低於一般工人所設定者（第 14 條規定）；為確保家事勞動者免於遭受到虐待，會員國應設置適當的機構與程序以進行調查，並且以處罰措施落實僱用人及民間就業服務機構各自所承擔的義務。如是跨國的家事勞動者，應考慮以雙邊協議等方式約定預防虐待及詐欺之發生。應採取措施，以防止民間就業服務機構向家事勞動者收取費用（第 15 條規定）；應確保家事勞動者得以有效利用法院、法庭或其他解決爭端的機制（第 16 條規定）；會員國應設置有效的申訴機制與管道，並應在考量家事勞動的特殊性下，設置勞動檢查、執行及處罰措施。這些措施應盡可能符合國家的法令規定，並保障僱用人住宅的隱私權（第 17 條規定）；會員國應在與勞工組織及雇主組織協商後，通過擴大或調整現行的措施，以涵蓋家事勞動者，或者視情況通過一專門適用於家事勞動者的特殊措施（第 18 條規定）；本公約之實施，不影響其他對於家事勞動者更為有利的國際勞動公約（第 19 條規定）。

第四款　德國的法制現況

傳統上，德國勞工的主要分類有工廠勞工、商業勞工、煤礦業勞工、農林漁木業勞工、家事服務勞工（Hausangestellte）及其他勞工等。雖然這些分類已隨著時代的演進而逐漸退色，但至今仍未完全走入歷史，例如仍然存在著一些特別規定（青少年勞工保護法、母性保護法等）。[51]

就家事服務人員而言，可以區分成廣義與狹義兩種。前者，係指為其他家庭提供勞務之人，包括女佣人與保母、清潔婦等。後者，係指被納入家庭團體而提供勞務之人。在各邦的僕役條例（landesrechtliche Gesindeordnung）相繼被廢止後，對於所有家事服務人員的權利與義務，只能求諸於民法典的規定矣。其間雖然有數個家事服務法（Hausangestelltengesetz）的草案被提出，惟均未能通過立法程序。[52]

---

[51] Schaub/Vogelsang, Arbeitsrechts-Handbuch, 12. Aufl., 2007, § 9 Rn. 32 ff. 依據青少年勞工保護法（Jugendarbeitsschutzgesetz）第 30 條的規定：「雇主對於納入其家庭團體的青少年，應提供一住處，雇主並且應為之裝潢、維護，以免青少年健康的成長因使用該住處而受到不利益影響。」該規定對於身處於雇主生活處所的青少年勞工，無論是健康的成長或隱私權的保障，均有相當程度的顧及，其立法顯然較佳，值得我們參考。

[52] Vgl. RarbBl. 21, 809; 29, 145.

至於聯邦社會與勞工部為了統一規範應該投保意外保險的家事服務人員而所發布的
準則，也在 1973 年被廢止而失去了法律效力。[53] 為了正確釐清家事委託者及家事
勞動者的權義關係，工會也提出了一些準則，並且建議家事服務人員的勞動契約以
之為範本。

對於家事服務人員之勞動契約，學者間有以為如該女傭人等完全地或絕大部分
地在營利事業內工作者（例如餐飲店或旅館的服務人員及廚房助手等），則其法律
關係可以工廠法的規定為準。相反地，如其係完全地或絕大部分地在商人的或其他
從事商業行為之人的私人領域工作者，則完全以民法典的規定為準。在此係以客觀
的勞務的種類為準，而不問該當事人的主觀意願。[54]

第五款　台灣的法制設計

第一目　目前的處理方式

台灣對於外籍勞工的規範，主要係見之於就業服務法第五章（「外國人之聘僱
與管理」）及其相關子法的規定中。至於其他的法律，例如性別工作平等法、職業
災害勞工保護法、以及大量解僱勞工保護法等，應亦有其適用之餘地。[55]

由於台灣對於外籍勞工的角色，長久以來係將其定位為補充性的「客工」，故
在處理上係依循下列數項基本原則而為，亦即：一、基本權益上的公平正義原則。
不允許仲介者為獲取不當之利益，而剝削外勞之利益。二、工作權益上的國民待遇
原則。依據世界人權宣言第 7 條之規定，[56] 提供外勞台灣法令的保障。三、生活權
益上的一視同仁原則。促使社會各界接受外勞，並藉由輔導調適之機制，幫助外勞
融入台灣社會。[57] 上述三項原則雖然立意頗為正確，惟由於在法制面台灣並不將勞
基法適用於外傭身上，[58] 致使家事委託者與外傭之權利義務關係大多以契約自由的

---

[53] BarbBl. 1973, 534.

[54] Schaub/Vogelsang, a.a.O., § 13 Rn. 12.

[55] 楊通軒，大量解僱勞工保護法相關法律問題之研究，律師雜誌，第 282 期，2003 年 3 月，頁 47。
當然，對於本國籍的家事服務人員而言，如其僅是部分時間地為家事委託者，且雙方具有僱用關
係或勞動關係時，則有關部分時間勞動的法令及原理原則亦可適用及之。

[56] 世界人權宣言第 7 條之規定：「法律之前人人平等，並有權享受法律的平等保護，不受任何歧
視。」

[57] 行政院勞工委員會 2003 年「外籍勞工權益維護報告書」，頁 1 以下。

[58] 其實，外傭之是否適用勞基法，在實務運作上曾出現過轉折。亦即 1998 年 4 月 1 日服務業納入勞
基法適用之際，在台外傭也一併被納入，「但可依勞基法第 84 條之 1 規定，由勞僱雙方另行約定
工作時間、休假、女性夜間工作，並報請當地主管機關核備，可不受每日工作八小時，女工每日
加班不得超過二小時之限制。」然而，自 1999 年 1 月 1 日起，勞委會卻公告在台家事服務業的外

原則、亦即放任市場自由機制決定，馴致上述三項原則流於不保。

　　由外傭與家事委託者所簽訂的勞動契約，其所約定之勞動條件所產生之問題主要為：一、在工作義務方面，由於勞委會所設定之標準為「如依一般社會通念認為屬於共同居住生活所必須處理之家務，例如在許可工作地為雇主清洗個人家用車、清理、……、看顧幼童等，而不及於營利性質者，自可視為原認可家庭幫傭之範圍。」[59] 由於「一般社會通念」屬於不特定法律概念，難免流於寬泛。二、在工作報酬方面，外籍幫傭及看護工並不適用基本工資，惟雇主如提供膳宿，可以將膳宿費用扣除。三、在休假與病假方面，由雙方自由約定是否每工作七日即有一日例假、及工作滿一年即應給予特別休假或是工資折半發給[60]。四、在勞工保險方面，外傭並不適用勞保條例，惟實務上雇主多有為之投保意外事故保險者。雖然如此，不同於其他的外籍勞工，外傭並無請領喪葬津貼的權利[61]。五、在契約終止方面，由於就業服務法第 53 條原則上採取「不得轉換雇主」的規定，而第 59 條規定四種可以轉換的例外狀況。[62] 因此，外傭並無法自由地與原雇主終止契約而再與他人訂約。

第二目　未來的法制設計 ── 家事服務法？

　　家事勞動者有可能僅是依約至家事委託者的生活範圍提供勞務，結束後即返回自有住宅，但亦有與家事委託者共居，產生公私領域重疊不清的現象。一般的討論重點，係集中於後者。蓋其身處於契約上強勢一方的處所，其弱勢的地位益發顯著，而若其遭受到非法的待遇，黑點數又特別的高，如以外傭為例，學者因有稱之為「法外孤兒的外傭」者。[63] 雖然如此，短暫停留於家事委託者處所之家事勞動者，其亦可能遭遇到非法待遇，況且其勞動條件亦須要受到保障。因此，在法制的設計上理應將兩者均加以納入。[64]

籍勞工不適用勞基法，其理由為「實行上窒礙難行」。

[59] 行政院勞工委員會 88 年 8 月 2 日職外字第 710140 號函。

[60] 張佩雯，外籍家庭幫傭管理之研究，政治大學勞工研究所碩士論文，2001 年 6 月，頁 70。

[61] 司法院於 2003 年 7 月 4 日做成第 560 號解釋，認為 2002 年 1 月 21 日修正前之就業服務法第 43 條第 5 項排除外傭之喪葬津貼請求權，並不違憲。

[62] 此四種狀況分別為 1. 雇主或被看護者死亡或移民者；2. 船舶被扣押、沉沒或修繕而無法繼續作業者；3. 雇主關廠歇業或不依勞動契約給付工作報酬經終止勞動契約者；4. 其他不可歸責於受聘僱外國人之事由者。

[63] 龔尤倩，外勞政策的利益結構與翻轉的行政實驗初探─以台北市的外勞行政、文化實踐為例，台灣社會研究季刊，第 48 期，頁 247。

[64] 依據勞工保險條例的規定，本國的家事服務人員並非強制加保的對象，而僅是可以任意地選擇投保勞工保險而已。詳言之，勞保條例第 8 條第 1 項第 1 款規定：「受僱於第 6 條第 1 項各款規

　　當然，為規範家事勞動者之權義，可以有以下幾種不同的做法：一、可以是主管機關以法規命令的方式制定一「定型化契約」，而要求當事人雙方遵守之。二、可以是將之納入勞基法的適用範圍。三、可以是制定一部（較）符合家事服務人員性質的「家事服務法」的專法方式為之 [65]。四、可以是將台灣的勞工法規全面地適用及之。[66] 其目的要皆在提供一明確的法律規範，以降低家事勞動者所受到的不公平、不合理的待遇。因此，無論採取那一種方式，均應謹守程序簡單、法條淺顯易懂的原則。[67] 倒是，論者間也有主張以派遣勞動之方式，經由台灣的派遣機構僱用外籍的家事工作者，而後將之派往委託者住處提供服務者。本書則以為跨國的人力使用少有以跨國的派遣為之者，況且也會增加派遣勞動法律關係的複雜性，因此並不足採。

　　一旦決定規範的方式之後，接下來即應確定規範的對象。對此，本書以為本國籍的、[68] 外籍的、甚至合法的中國大陸配偶的家事服務人員，[69] 均應納入適用。至於配偶部分，雖然論者間有主張家務有酬化，[70] 而不少的外籍配偶在自家所提供之家事勞務也極為繁重。惟其身分畢竟不是家事勞動者，因此可以暫不將之列入。另外，衡諸國外的做法，少有將外籍家事服務人員區分成外籍幫傭及外籍監護工者，所以在規範上可以將之合一。[71] 至於所規範的工作種類，應該兼含傳統的（如管

定各業以外之員工，得準用本條例之規定參加勞工保險。」行政院勞工委員會 82 年 6 月 28 日台(82) 勞保二字第 11729 號函並謂：「凡受僱於照顧同一雇主之嬰兒或單一嬰兒之褓姆或受僱於同一雇主從事家事服務、病患家事服務之家庭幫傭，得經雇主同意，以自願加保方式，由雇主（自然人）為投保單位辦理加保。」除此之外，家事服務人員已經多有組織「家事服務業職業工會」或類似之團體者，一旦加入，即可享受勞保條例的保障，退休時亦有老年給付可以領取。最後，中央勞政機關也發布「本國籍家庭幫傭、居家式托育服務提供者參加勞工保險審查作業注意事項」（行政院勞工委員會 92 年 7 月 24 日勞保 1 字第 0920035553 號函同意備查）以供參考引用。

[65] 在「家事服務法」中亦可以設計當事人之法律關係應以「書面契約」的方式為之。

[66] 例如香港即是採取將外傭納入勞工法保護範圍的做法。

[67] 聯合晚報，2010 年 1 月 14 日，A6 版：勞委會擬提案 家事服務法 外傭適用勞基法。

[68] 中國時報，2004 年 3 月 8 日，A3 版：照顧服務 中年婦女就業第二春。值得思考的是，本國籍的家事勞動者與外籍家事勞動者是否有替代的效果？尤其是前者的薪資多在 3 萬元以上、且不含膳宿費用，而後者僅有最低工資、且要扣掉膳宿費用？是否會驅使家事委託者以引進外籍幫傭而替代本國籍家事勞動者？當然，目前由於仍有行政管制及行政費用的負擔，並非全面開放的市場，因此，吾人推測此種替代效果可能不高。惟假使家事服務法制化之後，勢必會遷動目前的處理方式，也可能朝向放寬外傭的引進。果如此，則替代效果就有可能升高。

[69] 中國時報，2004 年 4 月 10 日，C5 版：大陸配偶延長工時 寬限半年。另請參閱中國時報，2004 年 7 月 23 日，A6 版：地下陸勞市場 源源不絕。

[70] 有關家務有酬化，請參閱劉梅君，「家務有酬化」的反思 跳脫「資本」與「父權」的邏輯，發表於 2003 年 5 月國立政治大學社會科學學院政策論壇電子報。

[71] 其實，兩者的工作內容如何畫分？並不是那麼清楚。而實務上雇主多有以僱用外籍監護工之名，而行外籍幫傭之實者。請參閱林津如，「外傭政策」與女人之戰：女性主義策略再思考，台灣社

家、保母、居家照顧、清潔服務）及新興的（如課後輔導、到家服務的各種補習、文書服務）家事服務。

之後，更為重要者，係規範的內容，尤其是與勞動條件有關者。在此，當然應該綜合考量目前實務上所發生的現象，而在法條加以妥善設計。吾人以為或可將下列事項列入：一、明確化工作的內容與工作的時間。雖然家事服務常有工作內容、工作與休息不易區分、以及工時連續性等特色，惟為確保其身心健康及工作權益，理應盡量明確其內容及時間。二、工資的保障。雖然本國籍的家事勞動者與外籍家事勞動者的工資差距恐將繼續存在，惟為免後者淪為「便宜廉價的現代家奴」，[72]最低工資或可作適度的調整。而對照本國籍的家事勞動者的超時工作可以獲取加班費，外籍家事勞動者是否可以作同樣的考量？三、性騷擾及性侵害之防止。無論是本國籍的家事勞動者與外籍家事勞動者，由於其身處於家事委託者的私人生活範圍，受到國家機關或勞工組織監督的可能性相對較低，因此，常有聽聞性騷擾之事件者，此其中尤以外籍幫傭為多。[73] 在法制的設計上遂必須特別強化性騷擾及性侵害的防範與處罰[74]。四、勞工安全衛生之提供，以免發生職業災害。國家並應至少給予意外保險的保障[75]。五、國家控制手段的介入。在目前外傭的引進上，政府機關已要求雇主繳納外勞保證金、就業安定費，並且設定一系列的仲介管理制度。而在有違法情事時，並給予一定的制裁。此種國家的控制手段，仍應納入法條之中。除此之外，國家或可要求家事委託者在政府提出要求時，應隨時地通知相關機關有關家事勞動者的工時、工資、及其他的工作條件。以便政府能夠掌握家事服務業的整體動態。

第三目　家事勞工保障法草案評析

多年來，勞委會即有規範家事勞工權義之議，尤以前主委王如玄任內推行最力，但終究未能制定成法。本書針對所蒐集的資料（主要是 2011 年 3 月 15 日送行

會研究季刊，第 39 期，頁 104。

[72] 嚴祥鸞，性別、族群和階級交錯的關係：台灣外傭政策，外籍勞工、經濟發展和勞動市場變化，2001 年 5 月 1 日，嘉義：國立中正大學勞工關係學系暨勞工研究所。

[73] 中國時報，2004 年 6 月 12 日，C4 版：蒙勞疑遭性騷擾 說給誰聽？

[74] 例如法制上如能仿照德國青少年勞工保護法第 30 條的規定，要求雇主提供給外籍幫傭一個私人使用的住處，以明確區隔其與雇主的住處或生活空間，除了可以給予較佳的隱私權保障外，當亦可適度地降低性騷擾或性侵害的比率。

[75] 如前所述，本國家事服務人員目前已可以任意投保勞工保險，故此處之職業災害保險係指強制加保而言。另外，有關喪葬津貼的給予，參酌司法院大法官會議釋字第 560 號之解釋意旨，如國家財政負荷上不致影響保險基金之運作時，當可俟機予以修正允許。

政院審查的版本），略加以評析如下。首先，整體來看，一旦制定施行專門適用於家事勞工的法律，即會與就業服務法發生法律搭配運用的問題。亦即，從規劃中的適用對象僅限於家庭看護工及家庭幫傭（這與國勞第 189 號公約第 2 條第 2 項明文規定適用於所有「家事勞動者」，尚有不同），其包括本國籍與外國籍的工作者在內。所以，針對外籍看護工及幫傭的進入台灣工作，必須根據就業服務法的相關規定處理。就此看來，國際勞工組織 2011 年第 189 號家事服務（勞動）者公約第 9 條第 3 款（旅行及身分證件的保管）、第 13 條第 1 項第 5 款（推介就業費用的收取）規定，就是針對移民家事勞動者而規定，正可作為佐證的例示。前者，我國就業服務法第 5 條第 2 項第 2 款與第 40 條第 3 款有相同規定。後者，我國就業服務法第 35 條第 2 項及私立就業服務機構許可及管理辦法第 4 條第 1 至 4 項也有相同規定。

　　而一旦訂立家事勞動契約後，針對雙方所約定的工作條件，其低於本法之規定者，依本法的規定處理（家事勞工保障法草案第 1 條第 2 項規定參照）。惟如果本法未規定者，即依據其他法律或契約的規定。這表示：在採取專法的規範下，該法即屬家庭看護工及家庭幫傭的最低工作條件法。其規定，可能同於勞基法、也可能異於勞基法；其標準，可能高於勞基法、但也可能低於勞基法。無論如何，勞雇雙方的約定，其高於本法者，即依其規定；其低於本法者，即依本法的規定為準。要注意者，由於該法僅針對勞動條件規範，所以，理論上其他的勞工保護法（性別工作平等法、職業災害勞工保護法等），仍然有適用的餘地（國勞第 189 號公約第 5 條、第 11 條及第 13 條第 1 項規定參照）。又，由於外籍看護工及幫傭本質上仍為外勞，因此，聯合國及國勞組織有關移民勞工的公約，仍然有政治上的或規範上的效力（所以，應注意國勞第 189 號公約第 19 條規定的意旨：本公約之實施，不影響其他對於家事勞動者更為有利的國際勞動公約）。而在規範設計上，與國勞第 105 號強制勞動公約相同的我國的勞基法第 5 條規定，即有適用的餘地（國勞第 189 號公約第 3 條第 2 項第 2 款規定，亦同樣禁止強制勞動）。這並不因勞基法並不適用於看護工及幫傭，而在解釋上有所不同。

　　其次，根據本法的規定，是否表示家事服務者與家事委託者只能訂立僱傭契約／勞動契約？此從契約自由原則的角度觀之，固應採否定的見解。但是，這只能適用於本國籍工作者的身上（換言之，規劃中的家事勞工保障法草案，只適用於本國籍家事工作者與被服務者簽訂僱傭契約的情形）。如果是外國籍工作者，基於目前我國的外勞政策及法制現況，似乎僅能以勞動契約的方式為之。吾人如觀國勞第 189 號公約第 1 條第 2 款規定觀之，「家事勞動者，係指在僱傭關係下從事家事服務之任何人，包含男性與女性。」也是如此。雖然，觀同條項第 1 款「為幾個家庭

提供服務」規定，隱含著部分時間工作的法律空間。至於契約當事人是家事勞動者與家庭中的某一「個人」（不一定是家長），而非「家庭」。蓋家庭並無法作為法律行為當事人主體。惟在簽訂僱傭／勞動契約的前提下，基於家事工作者與被服務者的緊密生活互動關係（類似家屬的身分關係），也必須互相熟悉生活習性，故宜令其得自由約定契約的期限（可以是定期契約），並且採取如台灣民法第 488 條及第 489 條的契約終止自由原則。國勞第 189 號公約第 7 條第 3 款亦採取同樣的規定方式。最好，還有試用期間的約定（國勞第 189 號公約第 1 條第 9 款規定），以了解彼此的個性與能力。

　　承上，家事工作者與被服務者的緊密生活關係，尤其會發生在家事工作者與被服務者同住的情況。而這似乎是目前台灣照顧服務者的實況。也就是在這種同居的生活態樣，才會衍生出隱私權、宗教信仰及提供義務教育（主要是針對年輕的家事勞動者）的問題。對此，國勞第 189 號公約已有隱私權（第 6 條規定：「如果他們住在僱用人家庭中，並應確保其享有包括隱私的尊嚴生活條件。」）及保障義務教育（第 4 條第 2 項規定，不得剝奪家事勞動者接受義務教育的機會）的規定，但並未及於宗教信仰。台灣討論中的家事勞工保障法草案，則是絲毫未觸及隱私、宗教信仰及義務教育。

　　只是，承上而來的是，立法上有必要假設（強制）家事勞動者一定要住在被照顧服務者的住處？答案似乎是否定的。國勞第 189 號公約第 9 條第 1 款及第 2 款規定，保障家事勞動者可以自由地與其僱用人協商是否住在家庭中。如果住在僱用人家庭中，家事勞動者在年休假期間或每日與每週的休息時間，並無義務留在住處或與家庭成員起居一致。這樣的規定，是為了確保其完全自由地支配其休假及休息時間，免受被照顧服務者及其家庭成員的干擾（例如自己可以單獨決定旅行的時間與去處）。而一旦家事勞動者居住於被照顧服務者的住處，即較會發生工資換成實物給付之問題（但這並不能反面推出「未居住於被照顧服務者住處者，即不能約定實物給付」的結論）。對此，國勞第 189 號公約第 12 條第 1 項及第 2 項規定：「家事勞動者之報酬應以現金直接給付之，且每月至少一次。惟如國家法令或集體協議另有規定，且獲得家事勞動者同意，亦得以銀行轉賬、銀行支票、郵政支票、匯款單或其他合法的貨幣支付方式給付報酬（第 1 項）。另外，國家法令、集體協議或仲裁決定，亦得訂定報酬中有一定比例的實物，惟其條件不得較普遍適用於其他工人類別者不利、應獲得家事勞動者同意、並符合個人的利益（作者按：此處並未考慮家事勞動者的家屬也可能一起居住在台灣的情形）及價格公平合理（第 2 項）。」這種並不強制與被照顧服務者同住及工資之一部得以實物給付之規定，亦見之於台灣討論中的家事勞工保障法草案中。只是，國勞公約的報酬只要求現金形

式，似乎並不限於法定通用貨幣，這應該是考量到外籍家事勞動者的特殊身分所致。相反地，台灣的家事勞工保障法草案卻仍然係將之限於法定通用貨幣。

最後，照顧服務最為棘手者，當在於工作時間與休息時間的界定。對此，兼顧被照顧服務者的身體及家庭需要、以及家事勞動者的身體健康福祉，應該是最主要的原則。理論上，無論是幫傭或看護工，都應該謹守每日八小時的工作時間限制。但實際上只有幫傭較有可能回歸到此一工時規定。在此，如果被照顧服務者真的需要連續二十四時的服務，似乎應該取道與三個不同的家事勞動者簽訂僱傭契約的途徑為之，而非思考以非常態的工作時間（延長工時或突發／緊急狀況的服務）、以處理常態的日常生活需要（全日制的照顧服務需求）。此所以在國勞第 189 號公約中，對於工作時間有詳細規定的緣故。依據公約第 7 條第 6 款及第 7 款規定，僱傭契約應約定正常的工作時間、每日及每週的休息時間。第 9 條第 2 款規定，即使家事勞動者與被照顧服務者同住，其每日與每週休息或年休假期間，並無義務停留於住處或與被照顧服務者家庭成果一同起居。尤其重要的，是公約第 10 條規定：「應保障與一般勞工享有正常工作時間、加班補償、每日與每週休息時間及每年帶薪休假的平等待遇（第 1 項）。每週應至少連續休息二十四小時（第 2 項）。如家事勞動者無法自由支配其時間、並且須停留在住處隨時聽候工作之指示者，該段時間視為工作時間。至於納入計算的範圍，則依國家法令、集體協議或符合慣例的措施而定（第 3 項）。」經由上述第 3 項「須停留在住處隨時聽候工作之指示者，該段時間視為工作時間」，已將本質為待命時間者，直接作為工作時間處理。原來，第 10 條的規定立法良善，也是照顧服務契約的中心所在，但是，工作時間規定也是最難以落實執行者。只不過，上述的良法美意因為在第 3 項中加入「至於納入計算的範圍，則依國家法令、集體協議或符合慣例的措施而定」，遂使得其強制性效力大打折扣，甚至萎縮到以實務的做法為準。

第六款　小　結

家事服務業係一兼具老舊的及新穎的行業。只不過現時的家事服務業，其工作內容更為繽紛，而家事勞動者更早已含括外籍家事服務人員在內。由於台灣目前的社會福利政策及家庭政策仍然未臻完善，迫使國人在相當時期內，仍然需求助於家事服務人員的協助。而另一方面，國人投入家事服務行列以賺取報酬維生者，也日益增多。因此，以往法令不明或法令保障有限的情況，理應加以改弦更張，重新思考對策，不宜再放任市場法則自由運作，而允宜合理地規範家事委託者與家事勞動

者的權利義務關係。[76] 如此，也才能促使家事服務業正常的發展。

第六節　電傳勞動

第一項　緒　論

　　由於新科技在所有生活領域的急速發展，現有經由民主程序所制定的法律，乃感受到不得不隨之變革的壓力，換言之，傳統勞工法上的重要概念已經無法適應新科技所造成的生產方式的改變，而且人類經由辛苦奮鬥所得到的勞工法的及社會法上的成果，亦可能因新科技的施行而受到侵蝕；而在眾多高科技中，對人類活動影響最大者，莫過於網際網路的興起，它所帶來的衝擊就如同另一次的工業革命。藉由網際網路，人與人之間的距離已經消失：「秀才不出門，能知天下事」「客戶不出門，購進全球物」「勞工不出門，在家提勞務」的構想，均能藉之實現。晚近，在 2019 年底爆發新冠肺炎（武漢肺炎）後，企業界主動或被動要求勞工在家工作（home office），其中，多以電傳勞動的方式行之。

　　電傳勞動（Telearbeit 或稱 Fernarbeit, Telework）係勞工法上一種新的僱用型態、且具有爭議性。對於台灣或他國來說，實證的資料不是完全欠缺、就是不夠完備，法律上對之有加以明白規範者，亦付諸闕如，在實務上勞資雙方因此只有藉由團體協約或企業協定來加以約定。國際勞工組織於 1996 年 6 月通過 177 號家內勞動公約，亦適用於在家工作的電傳勞動。（有社會對話之規定）

　　由於電傳勞動的法律基礎可以是勞動契約、僱傭契約、承攬契約、委任契約、在家勞動契約或自營作業者等 [77]。因此，電傳勞動者之保護，首先是在於其身分之認定。對此，對於電傳勞動，目前台灣並無專法加以規定，電傳勞動者之法律地位因此必須依照一般的法律原則為之。依據德國學者的見解，電傳勞動者之法律身分可以是勞工、家內勞動者、類似勞工、自由的勞務提供者（僱傭契約）或自營作業

---

[76] 其實不僅台灣的法制需要重新思考對策，即便是國際勞工組織（ILO）又何其不然呢？換言之，本書以為國勞的第 111 號公約係專責對禁止歧視而為，以之適用於外籍家事服務人員，其保障並不周到，國勞實在須要思考一專門規範家事勞動者（含本國籍與外國籍）的公約，以確保其工作環境及工作條件的改善。所幸，國勞組織已在 2011 年通過第 189 號「家事服務者尊嚴公約」，提供給簽署國家遵守之用。

[77] Otten, Heim- und Telearbeit, 1996, Rn. 12.

者[78]，在台灣則因無家內勞動法[79]及類似勞工之規定，因此電傳勞動者之身分只有可能是勞工、自由的勞務提供者或自營作業者。勞工法上之法律效果也只有針對具有勞工身分之電傳勞動者，始能發揮其作用。而關於其法律效果之發動，完全是依法律關係的客觀內容而定，而非以其表面上的名稱為準。

有關勞工身分之有無，在台灣係以從屬性之有無為斷[80]，亦即勞工對於工作地點、時間、方式、內容等能否自由決定為準。此種判斷標準在一般職場集中的勞務提供，較易行之，但在職場分散的電傳勞動，由於有多種型態，判斷上較為困難。雖然如此，所謂勞工工作的「職場」，不應只以空間為準，也應包括空間上雖然在外、但組織上卻屬於同一企業的工作場所在內。就移動的電傳勞動而言，由於對象是從事外勤的勞工，其具有勞工之身分實屬當然。至於其他的純粹外部的電傳勞動者、更替式的電傳勞動及衛星職場與近鄰職場，則是視企業對於該電傳勞動者之工作之時間、方式及內容有無指揮監督權而定[81]。如以台灣實證上之例子[82]，員工必須每兩小時打電話回辦公室，確認語音信箱有無留言、企業訂出種種規定，要求限期交出成果或定期報備，員工已具有從屬性，與企業總部中的勞工無異。

有關電傳勞動者之報酬、升遷等方面，享有與企業體內勞工之平等待遇。如電傳勞動者與部分時間工作連結，由於從事部分時間電傳勞動者大部分為女性勞工，其享有平等待遇原則之適用，更毋庸置疑。

除了勞動契約法外，電傳勞動亦與勞工保護法、勞工安全衛生與職業災害、資訊保護、團結自由基本權、勞工參與、以及社會保險等有關。[83]

第二項　電傳勞動之型態

如上所述，電傳勞動係勞工法上一種新的僱用型態、且具有爭議性。目前的實證資料並不完備，各國法規亦尚未有加以規範者，以德國實務為例，亦僅有少數的團體協約或企業協定有所約定。

---

[78] Otten, a.a.O., Rn. 30 ff.; RdA 1988, 306.

[79] 黃越欽，家內勞動法之研究，政大法學評論，第 38 期，頁 93 以下。

[80] 史尚寬，勞動法原論，1978 年重刊，頁 14；黃越欽，前揭文，頁 111；陳繼盛，我國勞動契約法制之研究，行政院勞工委員會委託，1989 年 7 月，頁 12 以下。

[81] 黃越欽，前揭文，頁 111 以下。

[82] 中國時報，1999 年 2 月 4 日，10 版：家裡蹲上班族　孤立成了最痛。

[83] 有關電傳傳勞動之討論，另請參閱楊通軒，電傳勞動所引起勞工法上問題之研究，2002 年 5 月。

電傳勞動，是指一依恃於計畫控制工具（資訊技術與電子通訊設備）的工作；其工作位置係與雇主或委託人有空間上分離；該工作位置係藉由電子通信設備與企業總部連繫[84]。由於電傳勞動係將企業內的工作外移至電傳勞動者的家中或其他職場，而藉由電子通信設備與企業總部連線，因此電傳勞動要求：一、技術上有利用電子通信的可能性。二、以組織的事先預定來給予其工作。其法律基礎可以是勞動契約、僱傭契約、承攬契約、委任契約、在家勞動契約或自營作業者等[85]。

電傳勞動如從空間上的、組織的觀點而言，由企業總部外移的工作，依其分散化的計畫，可以不同的型態加以實施[86]。

第一款　純粹外部的電傳勞動（家內電傳勞動）

此種型態的電傳勞動，受僱者純粹在家（或在其他地點）工作，而在辦公室中並無工作位置。這是分散化的最極端形式，此處與傳統的家內勞動有其重疊之處，私人生活領域與工作世界的界限已不再存在[87]。論者認為，此種形式的電傳勞動只能適用於少數的工作，無法獲得廣泛的流傳。例如最常見的是受僱者獲得出版社或雜誌社的委託而在家中利用電腦設備處理文書，此類文書處理工作一般係典型的婦女工作[88]。

第二款　更替式的電傳勞動

此種型態的電傳勞動，受僱者有一部分勞務係於職場中提供（企業職場），另一部分勞務則於外部電傳工作位置中提供（家中職場）。經由此種電傳勞動，受僱者享有與職場中其他勞工直接接觸的優點，因此是流傳最廣的電傳勞動形式[89]。

---

[84] Schaub/Schaub, Arbeitsrechts-Handbuch, 12. Aufl., 2007, § 164 Rn. 1 ff.; MünchArbR/Heenen, § 232 Rdnr. 1; Hohmeister/Küper, NZA 1998, 1206.

[85] Otten, a.a.O., Rn. 12; Oberthür, Die Arbeitssicherheit im Mobile Office, NZA 2013, 246 ff.

[86] 黃越欽，前揭文，頁 111；張其恆，資訊網路社會中電傳勞動關係之初探，政大勞動學報，第 6 期，頁 82。

[87] Wank, Telearbeit, NZA 1999, 230; Schmidt/Koberski/Tiemann/Wascher, Heimarbeitsgesetz, 4. Aufl., 1998, Rn. 75; Hohmeiser/Küper, a.a.O., 1206 頁稱此種型態的電傳勞動為「隔離的電傳勞動」（isolierte Telearbeit）。

[88] Wank, a.a.O., 230; Linnenkohl, Tele-Computing, BB 1996, 52.

[89] Wank, a.a.O., 230; Linnenkohl, a.a.O., 52.

第三款　衛星職場與近鄰職場

衛星職場係由企業外移的單位，位於一費用或空間上對於受僱者較有利的地點。此處的勞動者與企業總部的勞工同樣擁有最現代化的科技，勞動者可藉之與總部連繫[90]。從組織上來說，有兩種做法可以採用：一種是將整個部門外移，另一種是由不同部門的勞動者共同至外移的單位工作。

近鄰職場係指不同的企業受僱者共同使用通常在居家附近的辦公處所或電腦通信設備。由於辦公室的基礎設施是共同使用，費用可以按照比例分配，亦可以是個別的公司作為獨立的近鄰職場的股東[91]。由於位處於勞動者近鄰，亦得為他種目的使用，如電傳教育、電傳購物或取得旅遊資訊等。

第四款　移動的電傳勞動

此處係涉及外勤的工作，例如保險外務員、記者、外勤業務員等，此等人員均無需親臨一固定的工作場所[92]。他們是經由現代的通信技術設備與企業總部連絡。相異於前面幾種電傳勞動的型態，外勤工作早已於通信技術設備發達之前，即已於職場外分散地被實行，現在只是藉由通信設備加以簡便化而已，而其他的電傳勞動則是於通信技術設備發達後，才開始出現[93]。

對於支持及反對電傳勞動的兩方，前者的論點為：希望能藉由此種新的僱用型態，來達到增加工作位置的目的。後者的論調為：電傳勞動的實施，將會導致勞工保護的減少[94]。雖然論點的不同，然而可以確定的是：一者，電傳勞動者的人數在各國均在增加中；二者，電傳勞動的增加，除了繫之於雇主的觀點外，亦必須視勞動者對於電傳有關的科技的接受度而定[95]。

---

[90] Otten, a.a.O., Rn. 18; Linnenkohl, a.a.O., 52.

[91] Schmidt/Koberski/Tiemann/Wascher, a.a.O., Rn. 77; 張其恆，前揭文，頁 82。

[92] Schmidt/Koberski/Tiemann/Wascher, a.a.O., Rn. 79: 資料及文書處理、軟體製作（草案、計畫）、文件製作（做紀錄、翻譯）等，亦適合於移動職場中進行。

[93] Otten, a.a.O., Rn. 20; Wank, a.a.O., 230. 又例如內部工程師專門在客戶端從事諮詢或顧問的工作，幫忙客戶尋找解決問題之道，或者到客戶的公司協助設計晶圓及晶片，往往半年之久均不須回總公司。

[94] Wank, a.a.O., 225.

[95] RdA 1988, 305(306).

第三項　電傳勞動之優缺點

第一款　優　　點

第一目　從勞工的立場

一、節省通勤的時間與費用。二、增加時間的彈性利用，使得工作時間與家庭的需要及個人的工作規律相調合。三、使得職業能與家庭義務或照顧義務不相衝突。四、在家庭期間能維持工作的熟練度、年輕的母親能與職業世界接觸。五、使得邊緣的族群（例如殘障者）能融入職業生活。

第二目　從雇主的立場

一、節省空間、設備的費用（只要外移工作位置的設備不是由雇主提供）及企業的社會給付的支出（例如通勤津貼及伙食津貼）。二、數量上及品質上均能改善工作的成果，因此有可能達到合理化的效果。三、人員使用上較大的彈性。四、有效的、較迅速的客戶服務。五、經由電傳勞動，可以將曾經服務於公司的熟練的、且通常具有特殊技能的人力，於其在家休息期間（例如長期的育嬰假），將其留住於公司。節省能源的使用及避免上班車輛所造成的環境污染。

第三目　從整體社會的立場

一、改善基礎建設較差地區（尤其是鄉村地區）的工作機會。二、由於較佳的移動可能性，導致大城市人口的下降。

第二款　缺　　點

第一目　從勞工的立場

一、在家中活動區域的孤立，缺少社會接觸的可能性。二、精神上及體力上由於電傳勞務及照顧幼小的雙重負擔，使得婦女有陷入自我剝削的危險。三、將工作的壓力帶進家庭。四、工作的單調與千篇一律，尤其是非高級人力的工作。五、類似計件的依恃工作能力的報酬。六、由於缺少經由上級指派擔任不同職務的可能性，因此幾乎無升遷的機會。七、造成在企業總部的勞動者與邊緣的電傳勞動者的分裂。八、使得集體地追求權利的促進與維護較為困難。九、企業監督通訊設備的使用，產生隱私權保護的問題。

第二目　從雇主的立場

　　一、對於外移的工作位置所需的高額的設備費用（只要此一費用是由雇主負擔）。二、對於電傳勞動者的監督困難。三、對於企業流程的保密的困難，尤其是經由利用公用的通訊網路，但也發生在受僱者私人間的交換流程裡。四、較高的組織的及協調的費用。五、依賴於外部的因素（公用網路的基礎設施、利用網路的費用）。

　　在企業的計畫係以受僱者需高度與公司配合、或係以小組工作與全部的設施為前提時，電傳勞動很難與之相配合。

第三目　從整體社會的立場

　　一、在合理化經營時，造成失業人口的上升。二、較多數的微量工作者，使得所得的收入減少、且使得請領社會保險給付者增多。

第四項　電傳勞動契約法上之問題

第一款　工作地點

　　工作地點，可以是雇主的廠場所在地、電傳勞動者的住宅、或者由勞工自由選擇的處所。在移動的電傳勞動，更可以是變換的工作地點。在更替式的電傳勞動，則可以是不同的工作地點。為了使電傳勞動者有與其他勞動者接觸的機會，實務上除了少數企業採取純粹外部的電傳勞動（家內電傳勞動）之外，大多在勞動契約中約定，勞工一至兩日在雇主廠場中提供勞務，或者由勞資雙方約定將工作時間分配於廠場內及廠場外的處所。[96]

　　設如電傳勞動需於不同的工作地點提供，例如一部分在電傳勞動者的住宅，另一部分在雇主的廠場所在地，即會產生如下之問題：交通費用由誰負擔、以及通勤時間是否得視為工作時間。對此，由於勞工工作的義務屬於赴償債務（Bringschuld），因此在不同工作場所間的通勤，勞資雙方原則上均不將其視為勞務的提供。[97] 通勤時間既非工作時間，前往企業職場之交通費用亦不得向雇主請求

---

[96] 參德國電信公司及其子公司 T-Mobil 有關電傳勞動之團體協約，附件一「在德國電信 / T-Mobil 中的更替式的電傳勞動」第 3 條。

[97] BAG v. 26. 8. 1960, AP Nr. 2 zu § 611 BGB Wegezeiten; BAG v. 19. 1. 1977, AP Nr. 5 zu § 42 BAT.

補償。[98] 至於移動的電傳勞動，由於其通勤並非為準備提供勞務，而是實際上就是提供勞務的一部分，因此交通費用應由雇主負擔、而通勤時間亦為工作時間的一部分。

第二款　工作時間

由於電傳勞動賦予勞工時間上的及地點上的彈性，因此電傳勞動的實施必將導致勞工的工作時間及工作地點，部分地或全部地與企業的工作時間及工作場所脫勾之結果。勞工對於工作時間，不僅較有彈性，甚且可以自我形成（所謂時間自治）。

有關電傳勞動契約所涉及之工作時間問題，其較重要者約有如下數端：

第一目　時間與長度

對於電傳勞動者之工作時間，必須由勞資雙方約定工作總時數，雙方可以約定每週的工作時間，也可以約定每月或每年的工作時間。除此之外，工作時間的狀況，亦即何時提供勞務，亦具有重要性。對此，必須兼顧雇主及電傳勞動者之利益，亦即，一方面使得雇主可以在特定的時間利用勞務，另一方面則給予勞工得以在自定的時間提供勞務。換言之，工作時間可分為企業所定的工作時間及勞工自定的工作時間，前者是指由雇主所做的將工作時間分配於家中職場及企業職場、以及每日工作時間的分配；後者是指勞工針對雇主分配後所剩餘的時間所做的分配，並且於家中執行。其中勞工自定的工作時間部分，應考量實際上的工作任務，盡可能給予寬廣的空間。工作時間的分配及狀況，雇主應與勞工以書面約定，且可由雇主單方更改之。後者，係指電信設備有系統上毛病或工具損害而勞工無法於家中職場提供勞務時，雇主得改令勞工於企業中提供勞務。[99]

第二目　加　班

在加班部分，雖然電傳勞動者的工作時間較具有彈性，但理論上並不能以此否認其於加班後，亦有延時工資請求權。然而，一者，電傳勞動者在某一時段的加班，可以在另一時段以減量工作作為彌補。再者，是否確有加班的必要性，本應

---

[98] 參德國電信公司及其子公司 T-Mobil 有關電傳勞動之團體協約，附件一「在德國電信／T-Mobil 中的更替式的電傳勞動」第 3 條。

[99] 參德國電信公司及其子公司 T-Mobil 有關電傳勞動之團體協約，附件一「在德國電信／T-Mobil 中的更替式的電傳勞動」第 3 條；Boemke, Das Telearbeitsverhältnis, BB 2000, 150; Hohmeister/Küper, Individualvertragliche Arbeitsgestaltung bei der alternierenden Telearbeit, NZA 1998, 1207.

由雇主決定之，因此雇主得在勞動契約中訂明：加班需事先由雇主指示或由雇主請求，始得為之；不允許事後同意。[100] 如此一來，加班，實際上只有在企業所定的工作時間內（即企業職場），始有可能出現。[101]

第三目　不利工作時間津貼

從事電傳勞動之工作時間，有相當大的部分係在勞工自定的工作時間內進行。對於工作時間的狀況及每日工作時間的長短，勞工有相當程度的自主性。其所選擇的工作時間，有時從社會的觀點來看是「不利的」（例如星期日、國定假日、夜間及星期六工作）。[102] 基於勞務提供的自主性，如在自定的工作時間內出現「不利的」時間的情形，勞工亦無不利工作時間的津貼及其他的補償／休的請求權。換言之，只有事先經由雇主指示或請求的不利工作時間，電傳勞動者始有津貼及其他的補償／休的請求權。如此一來，實際上只有在企業所定的工作時間內（即企業職場），始有可能出現不利工作時間的勞動。[103]

為了避免爭議，勞資雙方得在團體協約、企業協定或勞動契約中明定：如未經雇主事前明示的同意者，電傳勞動者不得於會引發不利工作時間（例如星期日、國定假日、夜間及星期六工作）的津貼或其他的補償的時間工作。[104]

第四目　時間控制

對於電傳勞動的工作時間實際上並無法直接加以控制，其解決辦法之一是由勞工自我登記為之。或者，參考德國的做法，例如經由員工代表會依企業組織法第87 條第 1 項第 6 款共同決定時，工作時間控制亦可以藉由電子設備為之，例如在線上工作時經由計數器（Rechner）控制。[105] 實務上，對於工作時間的控制多有以

---

[100] 張其恆，前揭文，頁 90：占電腦業工資重要比例的延時工資，對電傳勞動者言幾乎不存在。瑞典曾對一百二十八位遠距勞動者（多為電傳勞動者）進行調查，其中有 26% 無延時工資。Kramer, Gestaltung arbeitsrechtlicher Regelungen zur Telearbeit, DB 2000, 1330.

[101] Hohmeister/Küper, a.a.O., 1207.

[102] 參張其恆，前揭文，頁 91：例如，在美國對家內勞動者（主要包括有專業、經理與佐理人員等 46 位）進行一項調查顯示，不論職種皆同意電傳勞動在時間彈性上的優點。只有 40% 的受訪者，在上午七點到九點正常上班時間開始作業；而超過半數的受訪者在晚上作業。尤其以程式設計人員偏好在晚上作業，或是在主電腦較少使用的離峰時段作業。

[103] Boemke, Das Telearbeitsverhältnis, 151.

[104] Boemke, Das Telearbeitsverhältnis, 151.

[105] 德國雇主對於勞工給付的控制，必須依企業組織法第 87 條第 1 項第 6 款由員工代表會共同決定之。依據聯邦工法院的見解，雖然機器設備並非專為行為控制，但如其適合於行為控制的目的者，即需經過員工代表會的共同決定始可加以使用，亦即完全依情機器的構造及行為的特徵而定。設如機器的使用會造成資料的控制及資料的利用的結果時，該機器即是適合於行為的控制。

工作日誌或時間登記卡（Zeiterfassungskarte）的方式為之者，依之，電傳勞動者自行將工作時間登錄，並於月底將之呈給雇主，而雇主依據工作時間法第 16 條第 2 項必須至少將之保留兩年。[106]

第五目　工時保護法

即使在電傳勞動，亦需遵守法定工作時間的規定。[107] 此並不因是在企業職場或家中職場工作而有所差別。原則上電傳勞動者每日工作時間不得超過八小時（正常工作時間），但如採取二週變形工時、[108] 四週變形工時、[109] 或甚至八週變形工時者，[110] 雇主如經工會或勞資會議之同意，則勞工每日工作時數可達十小時，甚至十二小時。

就工時保護的觀點而言，電傳勞動最大的困難，在於其與變形工時及彈性工時（甚至部分工時）結合而生者。[111] 對此，台灣勞基法第 30 條第 2、3 項及第 30 條之 1 已分別規定二週變形工時、八週變形工時及四週變形工時，雇主及勞工本應加以遵守。除此之外，對於部分工時及彈性工時，勞基法或其他法令中並未加以規定（亦未加以禁止），[112] 惟企業亦多有採行者，在將之適用於電傳勞動時，亦必須回歸到勞基法中的工時保護規定，例如每日工時不得逾八小時。[113]

工時保護的另一問題是：電傳勞動者由於在自定的工作時間內，尤其是在家中職場，擁有較多的自主權，因而相對地亦較易疏忽遵守維護其安全與健康的勞動保護法令。為了確保保護法令的被落實、以及讓電傳勞動者知悉法令的內容，雇主應

另外，對於每一行為的資料或給付的資料的加工，均被視為屬於企業組織法第 87 條第 1 項第 6 款對於行為的監督。Sieh. BAG, NZA 1985, 28.

[106] 依據 2015 年 6 月 3 日修正的勞動基準法第 30 條第 5 項規定，雇主應置備勞工出勤紀錄，並保存五年。

[107] 在德國是工作時間法（ArbZG），在台灣則是勞基法第 30 條以下之規定。

[108] 勞基法第 30 條第 2 項。

[109] 勞基法第 30 條之 1。

[110] 勞基法第 30 條第 3 項。

[111] 有關變形工時、彈性工時、及部分工時之一般性討論，請參楊通軒，我國工作時間制度的再思考──建構一個自我負責的工作時間制度，發表於勞動基準法擴大適用對工時制度衝擊及其因應之道研討會，行政院勞工委員會主辦，1998 年 12 月 23 日。

[112] 對於部分工時，原先尚有行政院勞工委員會於 81 年 6 月 29 日台 (81) 勞動一字第 20422 函所發布之「僱用部分時間工作勞工實施要點」可堪充用。惟隨著行政程序法第 174 條之 1 規定的要求，該要點已自 2002 年 1 月 1 日起被廢止。之後，行政院勞工委員會係以「僱用部分時間工作勞工參考手冊」，提供各界參考之用。有關此部分之說明，請參閱楊通軒，各國勞動契約法規制度之研究，行政院勞工委員會委託，2003 年 11 月，頁 67 以下。在 2014 年 1 月 27 日，行政院勞動部另函頒「僱用部分時間工作勞工應行注意事項」，以取代「僱用部分時間工作勞工參考手冊」。

[113] Wedde, Der Schutz der Telearbeiter – eine Herausforderung an das Arbeitsrecht, AuR 1987, 331.

與電傳勞動者在勞動契約中明白約定每日最高工作時間、中間休息時間及每日最少
的休息時間，並且賦予勞工遵行的義務。[114] 配合上述的工作日誌或時間登記卡，
雇主並得於契約中要求電傳勞動者如每日工作時間超過八小時，即需將之登錄，並
於月底將之呈給雇主。[115]

第六目　增入「拒絕連繫權」？

　　晚近，德國學者間有提出「拒絕連繫權」者，以確保電傳勞動者在每日正常的
工作時間結束後，有不受到上司或同事干擾之權。這是因為工作位置既然設在家庭
中，自然會混淆工作與私人生活的界線。如要適度地加以區分，首先便要劃出「勞
工只在正常的工作時間受到企業指揮與連繫」的界線。如此，始能阻止私人生活被
過度企業化及私人勞動力隨時、隨地為企業使用的不良發展。[116]

第三款　工作用具

第一目　費用負擔

　　由於勞工的主要義務係提供勞務，因此，首先電傳勞動者並無提供私有住宅或
第三處所作為工作處所之義務。再者，電傳勞動者亦不負有投資金錢於工作用具之
義務，因此家中職場的設備費用本應由雇主支出。[117] 這也是勞工之所以能夠完成
工作的前提。有關工作用具及辦公用品之備置（包括書桌、卷宗櫃、電腦軟硬體、
電話與電傳機器及其線路、紙張、文具等），可以直接由雇主購買，再讓與電傳勞
動者使用；亦可以由電傳勞動者購買，費用再向雇主求償。前者對於雇主較為有
利，因為其所有權保留在雇主手上，雇主因而得以禁止勞工私自使用或任令第三人
使用。[118]

---

[114] Boemke, Das Telearbeitsverhältnis, 150.

[115] Hohmeister/Küper, a.a.O., 1207 f.; Kramer, a.a.O., 1331. 我國有關電傳勞動者之工作時間登錄，是規
定在勞動部所發布之行政指導「勞工在事業場所外工作時間指導原則」三（二）中。勞動部 104
年 5 月 6 日勞動條三字第 1040130706 號函參照。

[116] Schwarzbach, Telearbeit gestalten, 2002, 45.

[117] Boemke, Das Telearbeitsverhältnis, 152; Boemke/Föhr, Arbeitsformen der Zukunft, 1999, Rn. 190; Otten,
a.a.O., C Rn. 45, 60; Schwarzbach, a.a.O., 35 f. 只不過，如果雙方是承攬關係或委任關係，則承攬人
或受任人即必須自備各種器具設備。為此，政府基於居家就業政策的制定與推動，似應直接予以
補助費用或提供稅捐減免的協助。

[118] 德國電信公司及其子公司 T-Mobil 有關電傳勞動之團體協約，附件一「在德國電信 / T-Mobil 中的
更替式的電傳勞動」第 6 條規定：在家中職場存續期間，勞工為在家中職場提供勞務所需的、且
合於勞工保護法令的工具，由雇主無償提供，惟其所有權屬於雇主。基於勞工的願望，得使用符
合勞工保護法令的私有辦公傢俱。惟其費用及風險由勞工負擔。對於雇主所提供之用具，勞工不

第二目　工具之損害

　　電傳勞動的特色，在於密集地使用價值昂貴的機器設備。該機器設備可能因為勞工的疏忽、過度使用或意外狀況而受到損害或功能減損。除了該損害係可歸責於勞工而由其負損害賠償責任外，依據勞工法的一般原則，更換或修理電腦設備之相關費用應歸由雇主負擔。[119]

　　雖然如此，為了明確雙方的責任，有關工具損害時之處理程序，最好於勞動契約中明白加以規定。一個詳盡的處理程序規定，對於肇因於工具的不適用所導致的無法提供勞務的危險，將可某種程度地予以降低。因此宜於勞動契約中，明白規定勞工於工具發生損壞、喪失或其他功能上的毛病時，負有立即通知雇主之義務。[120]之後，負有修繕義務的雇主，始須決定對此究竟應採取何種措施。如果工具上的損害在運送上沒有多大困難，而且在安裝上也不須要特殊專業知識，則可以在勞動契約中約定勞工在雇主要求時，必須將受損的機具攜帶至企業中或其他由雇主指定的第三處所。至於在其他的狀況，則應賦予雇主有權派遣其他勞工或專業的人士到家中職場，以排除機具上的損害。[121]

第三目　電傳勞動之損害賠償責任

一、電傳勞動者之損害賠償責任

　　機器設備的損害係可歸責於勞工之事由時，對於此一不完全給付，勞工必須依積極侵害債權的原理向雇主負損害賠償責任。亦即一般勞工法上損害賠償責任的原則，亦適用於電傳勞動者。

　　勞工於工作中造成的財產上的及人身上的損害，如完全依照民法上的損害賠償責任原則處理，則對只有輕微過失而造成巨額損失的勞工而言，恐將加予過大的負擔而有失公平。有鑑於此，德國學術界及實務界對於勞工所應負的損害賠償責任，早已採取另一種處理方式。因此，勞工法上損害賠償責任的原則，與民法上的損害賠償責任原則並不相同。

　　詳言之，以危險分攤的角度觀之，對於勞工所造成之損害，雇主一般而言較有經濟上的能力及可能性，將該風險以責任險加以分散，以及將該費用轉嫁給社會大

　　得基於私人目的使用之。雇主所提供之用具，其加裝、改裝或保養，由雇主為之。對於雇主所提供之用具，勞工負有使其免於受到第三人不當接觸之義務。

[119] Boemke, Das Telearbeitsverhältnis, 152; Boemke/Föhr, a.a.O., Rn. 190; Otten, a.a.O., C Rn. 45.

[120] 德國電信公司及其子公司 T-Mobil 有關電傳勞動之團體協約，附件一「在德國電信／T-Mobil 中的更替式的電傳勞動」第 3 條第 7 項即做有如此之規定。

[121] Boemke, Das Telearbeitsverhältnis, 152.

眾。至於勞工則因經濟能力的弱勢，並無法將該風險轉嫁給社會大眾的可能性。[122]
為此，德國聯邦勞工法院大法庭於二次大戰後即表示：對於具損害性之工作要求勞
工於任何過失所造成之損害均必須負擔全部的損害賠償責任，實是對勞工過度的嚴
厲，因其常與勞工之所得不成比例。[123] 所謂具損害性之工作，係指一個由勞工負
責執行之職務，在其本質上具有很高的危險性，雖然個性謹慎的勞工偶爾亦會犯
錯──而該錯誤從個別觀察，似乎每次都能避免，但因人類的能力有限，經驗上
可以預料其正如在典型的勞務提供會發生疏忽一樣。在此，應依其過失的程度分成
三個等級來決定其應否負責：（一）勞工只具輕微過失時，對雇主不負損害賠償責
任。（二）勞工具故意及重大過失時，對雇主負完全之責任。（三）勞工具中度
過失時，斟酌勞工之歸責可能性及雇主之企業風險，決定內部的分擔部分。[124] 德
國聯邦勞工法院所創造的具損害性工作理論，其目的在對民法上之過失責任加以修
正，以減免勞工之責任（所謂對勞工責任之優遇），由於深合於公平正義之觀點，
早為其他各級法院及學者所接受。

二、第三人之損害賠償責任

　　由於電傳勞動的工作位置全部或部分地設在家中職場，因此來自於第三人不當
地接觸或使用所造成損害的風險亦大為提高。此第三人包括共同生活的人或家屬、
或者只是暫時來訪的訪客。至於不法或無權進入勞工家中職場之人（例如竊賊、強
盜），則不包括在內。

　　首先，第三人對於電腦機具所造成之損害，本應負擔侵權行為責任。而勞工
法上對於勞工責任之優遇，本係為減免勞工因提供勞務所造成之損害之責任，並未
慮及第三人。損害的造成，可能係第三人單獨為之；亦可能是勞工與第三人共同為
之。前者，由第三人單獨負損害賠償責任；後者，由勞工與第三人負連帶損害賠償
責任（台灣民法第 185 條、德國民法第 840 條）。即使是未成年人，如其行為時具
有識別能力，亦需與法定代理人負連帶損害賠償責任（台灣民法第 187 條第 1 項、

[122] Brox/Ruthers/Henssler, Arbeitsrecht, 16. Aufl., 2004, Rn. 250 ff.
[123] BAG GS v. 15. 9. 1957 AP Nr. 4 zu §§ 898, 899 RVO. 對於何種工作為具損害性之工作，實務及學說
上一開始是採取類型的（一般的）審視法，例如擔任駕駛的工作，但後來則發展成採取依個別情
況認定之方法。因此，一個本質上（an sich）並不危險之工作，卻也可能在具體狀況是危險的，例
如過度疲勞或工作負擔過重; vgl. BAG AP Nr. 50, 53 zu § 611 BGB Haftung des Arbeitnehmers.
[124] MünchArbR/Blomeyer, § 57, Rn. 32 ff.; Hanau/Adomeit, Arbeitsrecht, 13. Aufl., 2005, Rn. 703 ff.;
Kramer, a.a.O., 1331; Otten, a.a.O., C Rn. 58; Schaub/Linck, Arbeitsrechts-Handbuch, 12. Aufl., 2007, §
53 Rn. 32 ff.; Zöllner/Loritz/Hergenröder, Arbeitsrecht, 6. Aufl., 2008, 236 ff.; 呂榮海、俞慧君，勞基
法實用 2，1988 年，頁 85 以下。

德國民法第 823 條第 2 項）。[125] 又未成年人，不問其行為時具有識別能力或無識別能力，依據 1999 年 4 月 21 日修正民法第 187 條第 3 項規定，被害人如不能受損害賠償時，法院因被害人之聲請，得斟酌行為人及其法定代理人與被害人之經濟狀況，令行為人或其法定代理人為全部或一部之損害賠償。[126] 由此觀之，第三人雖然基於所有權或勞工的同意而逗留於家中職場，並且因而有機會接觸雇主所提供的機具，但其所負的損害賠償責任顯然較電傳勞動者來得嚴厲。

三、雇主之損害賠償責任

電傳勞動者在家中職場，因機器設備而遭致人身上或財物上的損害時，一般勞工法上的原理原則亦適用及之。就人身上的傷亡觀之，如係肇因於電傳勞動，則應依職業災害的救濟程序為之，[127] 此一部分屬於勞工保護的範疇。勞工如係基於其他原因而受害，例如因為螢幕顯示器爆炸所引發的住宅火災而受傷，則完全依照民法上的損害賠償責任求償。至於家屬等第三人如因可歸責於雇主之事由而受到人身上的傷亡，則亦係依照民法上的損害賠償責任處理。由於係依照民法上的損害賠償責任求償，因此勞工或第三人必須舉證雇主具有故意過失。[128]

第四目　私人之使用

相異於企業內的勞工，電傳勞動者在家中職場休息時間，對於職務上所須而使用的電腦，事實上有機會私自利用之或甚至藉之上網找尋資料。設如該工作用具的所有權屬於勞工，則其用之於自己身上法律上並無可苛責之處，然而如契約另有約

---

[125] 依據民法第 187 條第 2 項規定：「前項情形，法定代理人如其監督並未疏懈，或縱加以相當之監督，而仍不免發生損害者，不負賠償責任。」此項法定代理人（監督並未疏懈）之免責要件，應由法定代理人負舉證之責。由於此項免責要件，較推定過失之要求為高，但尚非真正之無過失責任，亦即正好位於過失責任與無過失責任之間，故又稱之中間責任。曾隆興，民法債編總論，1989 年 9 月，頁 115、頁 161 以下；戴東雄、邱聰智、劉宗榮，民法概要，1993 年 12 月，頁 224。

法定代理人必監督並未疏懈，始能免責，至於其認定，學者有主張從嚴者，依之：監督是否鬆懈，並無統一的規定，而應就具體案件，依照法定代理人的地位、資力及受監督人之性格、性別、年齡及精神狀態加以決定。法定代理人想要免責，即應證明沒有鬆懈監督之責，也就是不但應證明就該加害行為已盡監督義務，以防其損害之發生，且應證明就受監護人生活的全面已盡監督的義務，始得免責。曾隆興，前揭書，頁 167 以下；黃碧芬，侵權行為與損害賠償，1992 年 2 月，頁 251、257、265 及 275。

[126] 學者稱此為衡平責任。

[127] 對於職業災害的救濟，在我國係屬於民法上的損害賠償、勞保條例的職業災害給付、及勞基法的職業災害補償三軌制，在德國則是依社會法法典第七編（Sozialgesetzbuch SGB VII）第 104 條以下之規定加以處理。

[128] Wedde, Aktuelle Rechtsfragen der Telearbeit, NJW 1999, 531.

定者，則從其約定。相反地，工作用具如係由雇主所提供使用，則除非另有約定，否則勞工只能在勞動關係的範圍內加以利用，亦即除非雇主同意，勞工並無權為了私人目的而利用之。[129]

　　在勞工例外得私自利用電腦機具之情形，除非在讓與使用時雙方另外存在一個以之作為實物給付的約定，否則對於因此所生的額外費用，原則上應由勞工負擔。至於其額度則依其私自使用的部分而定。對此，如果能夠具體地確認私自使用所生的費用，例如提出每次上網的證明，則以此實際的費用為準。否則，將只能預估一個大概的費用而已。為了避免發生爭議，對於勞工私自使用電腦機具所生的費用，最好由勞資雙方約定一償還費用的總數。[130]

第五目　工具之返還

　　雇主讓與勞工電腦機具在家中職場或自行選定的工作場所使用時，一旦電傳勞動關係終止，勞工自當將工具返還給雇主。此在終局的離職或只是結束電傳勞動而重新歸建到企業內，並無不同。[131] 對於勞工返還義務的前提要件及方式，最好在契約中加以約定。

---

[129] 德國電信公司及其子公司 T-Mobil 有關電傳勞動之團體協約，附件一「在德國電信／T-Mobil 中的更替式的電傳勞動」第 6 條第 4 項中規定，對於雇主所提供之用具，勞工不得基於私人目的使用之。

[130] Boemke, Das Telearbeitsverhältnis, 153 f. Vgl. auch Schaub, a.a.O., 480 f.

[131] 德國電信公司及其子公司 T-Mobil 有關電傳勞動之團體協約，附件一「在德國電信／T-Mobil 中的更替式的電傳勞動」第 13 條第 5 項規定，雇主所提供使用之工具，勞工於終止本約定時，應立即返還之。勞工雖長期地被免除提供勞務，如雇主要求返還用具時，亦同。又依據德國電信公司及其子公司 T-Mobil 有關電傳勞動之團體協約，附件二「在德國電信／T-Mobil 中的移動的電傳勞動」第 10 條第 3 項規定，雇主因勞工在住宅領域工作所提供之用具，勞工於終止本約定時，應立即返還之。

事項索引

國家圖書館出版品預行編目資料

個別勞工法：理論與實務／楊通軒著. -- 七
版. -- 臺北市：五南圖書出版股份有限公
司, 2022.07
　　面；　公分
ISBN 978-626-317-899-1 (平裝)

1.CST: 勞動法規

556.84　　　　　　　　111008229

1R88

個別勞工法：理論與實務

作　　者 ― 楊通軒（315.7）

發 行 人 ― 楊榮川

總 經 理 ― 楊士清

總 編 輯 ― 楊秀麗

副總編輯 ― 劉靜芬

責任編輯 ― 黃郁婷

封面設計 ― 王麗娟

出 版 者 ― 五南圖書出版股份有限公司

地　　址：106台北市大安區和平東路二段339號4樓

電　　話：(02)2705-5066　　傳　真：(02)2706-6100

網　　址：https://www.wunan.com.tw

電子郵件：wunan@wunan.com.tw

劃撥帳號：01068953

戶　　名：五南圖書出版股份有限公司

法律顧問　林勝安律師事務所　林勝安律師

出版日期　2010年 5 月初版一刷
　　　　　2022年 7 月七版一刷

定　　價　新臺幣680元

經典永恆・名著常在

五十週年的獻禮——經典名著文庫

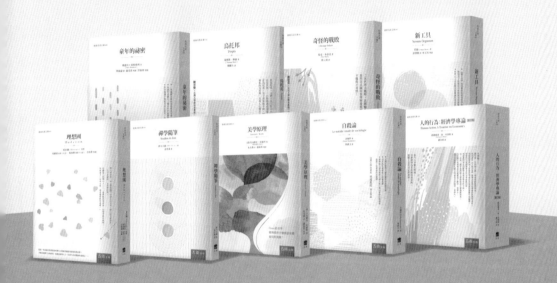

五南，五十年了，半個世紀，人生旅程的一大半，走過來了。

思索著，邁向百年的未來歷程，能為知識界、文化學術界作些什麼？

在速食文化的生態下，有什麼值得讓人雋永品味的？

歷代經典・當今名著，經過時間的洗禮，千錘百鍊，流傳至今，光芒耀人；

不僅使我們能領悟前人的智慧，同時也增深加廣我們思考的深度與視野。

我們決心投入巨資，有計畫的系統梳選，成立「經典名著文庫」，

希望收入古今中外思想性的、充滿睿智與獨見的經典、名著。

這是一項理想性的、永續性的巨大出版工程。

不在意讀者的眾寡，只考慮它的學術價值，力求完整展現先哲思想的軌跡；

為知識界開啟一片智慧之窗，營造一座百花綻放的世界文明公園，

任君遨遊、取菁吸蜜、嘉惠學子！